绍兴文理学院越文化传承与创新研究中心课题
（项目编号：2019YWHJD06）

绍兴文理学院越文化传承与创新研究中心资助出版

越文化研究丛书

# 堕民行当研究

谢一彪　著

ZHEJIANG UNIVERSITY PRESS
浙江大学出版社

**图书在版编目（CIP）数据**

堕民行当研究 / 谢一彪著. —杭州：浙江大学出版社，2021.12
ISBN 978-7-308-21864-1

Ⅰ.①堕… Ⅱ.①谢… Ⅲ.①贱民－研究－中国－古代 Ⅳ.①D691.71

中国版本图书馆 CIP 数据核字（2021）第 214503 号

**堕民行当研究**

谢一彪　著

责任编辑　　吴　超
责任校对　　吕倩岚
封面设计　　周　灵
出版发行　　浙江大学出版社
　　　　　　（杭州市天目山路 148 号　邮政编码 310007）
　　　　　　（网址：http://www.zjupress.com）
排　　版　　浙江时代出版服务有限公司
印　　刷　　浙江新华数码印务有限公司
开　　本　　710mm×1000mm　1/16
印　　张　　32.5
字　　数　　602 千
版 印 次　　2021 年 12 月第 1 版　2021 年 12 月第 1 次印刷
书　　号　　ISBN 978-7-308-21864-1
定　　价　　135.00 元

# 前　言

　　堕民乃宋以来江浙沪地区区域性贱民。关于男堕民的行当,有关专家的专著和论文有过一些研究。经君健在《清代社会的贱民等级》中认为堕民男子从事小本经营或体力劳动。俞婉君在《绍兴堕民》中列举了堕民做些挑货郎担、小手工制作等副业,清代以后戏业成了其重要职业。作家王静在《中国的吉普赛人——慈城堕民田野调查》中,也罗列慈城堕民从事的送娘、值堂、吹行、剃头、阄鸡和详梦等六大行当。关于堕民与音乐的研究成果极少,项阳撰写了《堕民,在底边社会中创造和承继中国传统音乐》,认为堕民与乐户一样,在民间传承了中国传统音乐。李成撰写了《堕民与乐户关系考辨》,认为堕民与乐户属不同区域的同一群体。姜兆周撰写了《金华轿夫曲探微》,分析了金华"小姓"所奏"轿夫曲"的共性。何小全撰写的《会稽古乐——绍兴清音班器乐曲牌调查》,对清音班的经典曲牌《龙舟》做了个案分析。姜华敏所著的《千年礼乐的现代遗存——金华民间礼俗音乐研究》,对浦江的"轿夫"班名及所从事的礼俗音乐有过简单的介绍。关于堕民与戏剧的关系,也有少数论文研究。朱恒夫在《浙东堕民与戏曲》中认为堕民在发展浙东戏曲中发挥了积极作用。俞婉君在《堕民与绍兴戏曲关系考》中认为清末堕民成为戏业主角。丹麦的 Anders Hansson 在《中国的贱民——堕民》中列举了堕民从事捉青蛙、卖饴糖、制牛头灯、打铁以及各种服务行当,作捐客及中间商,做婚丧的鼓吹歌唱、抬轿、喜庆打杂、衙门跑腿。有关男堕民行当的研究,成果较少且不成系统,只是浅尝辄止,且将山西的乐户与堕民混为一谈。其仅限于宁绍堕民,未涉及江苏的堕民,对金华"小姓"也涉猎甚少。

　　有关女堕民的行当,学术界也探讨甚少。经君健在《清代社会的贱民等级》中认为堕民女子主要为平民内宅服务。俞婉君撰写的《绍兴堕民》,列举老嫚从事做媒和伴娘等工作,副业则为主顾提供家政服务。作家王静在《中国的吉普赛人——慈城堕民田野调查》中提及宁波的女堕民"送娘"从事伴娘工作,也为主顾家女性"绞面"。英国传教士戈柏氏(Robert Henry Cobbold)出版英文著作《中国人的自画像》(*Pictures of the Chinese，Drawn by Themselves*),有宁波

"送娘"做媒及捉牙虫的生动描述。丹麦的 Anders Hansson 在《中国的贱民——堕民》中列举了堕民妇女以做媒和伴娘为业,对堕民是否从事妓业持否定意见。关于女堕民行当的研究,大都集中在人生礼俗中的执业活动,成果极为稀少,均集中在指导婚礼以及"绞面",且均为直观的描述。

堕民研究与其他区域性贱民研究,诸如山西乐户、广东疍民等相比,乃是学术界研究最为薄弱的环节,有关堕民的起源、堕民的分布、堕民的人口、堕民的姓氏乃至于堕民所从事的行当,无论是研究的专家和学者,还是出版的论文和著作,都是寥若晨星。堕民行当的研究,有助于加深对堕民这个特殊群体的了解,具有重要的学术意义。堕民乃弱势群体,属于被损害被侮辱的边缘人群,遭到平民的歧视和唾弃,仰仗平民的"恩赐"而苟活,没有人格的尊严,生活在社会底层。堕民行当的研究,有助于学术界对中国底层社会的了解。项阳将堕民称为"底边阶级",处于社会最底层,社会地位低下,被排除于士农工商的"四民之外",从事非生产性劳动,属于边缘群体。堕民位于"下九流"的末流,"七优八唱九吹手",士农工商是良民,"下九流"均为贱民。中国传统社会的研究仅限于从中央到县,阶级也是士农工商,"底边阶级"之外,即"四民之外"的"化外之人",成了"法外之人",并未引起应有的重视。过去认识中国传统社会,更多的是从上中层社会来看,未能从"底边阶级"来了解"底边社会"。要了解中国社会,不能仅限于主体社会,也应从"底边社会"来研究中国传统社会,而堕民正是这样一个"底边阶级"。

堕民作为贱民的标志之一,乃是其所从事的低贱职业所致,且多数从事服务性和娱乐性的职业。堕民所从事的"行当"很多,难于一一列举。徐渭在《青藤书屋》中罗列男堕民从事捕蛙、卖饧、拗竹灯檠、编机扣、塑土牛土偶和打夜狐的行当。不同时期和不同地域的堕民所从事的行当有所不同,但均为平民所不屑一顾,被视为下贱的工作。堕民最有出息的行当就是演戏,演员被称为"戏文子弟",以笑乐娱人。至少从明代开始,堕民世世代代以演戏为业,创造和传承浙东戏曲文化。堕民乃绍兴戏业的台柱,绍剧均为堕民主演,绍兴调腔也由堕民演唱,宁波堕民大都演唱昆剧,苏州有许多堕民演唱昆剧,宁波和舟山堕民也演奏木偶戏。正是堕民这一特殊的社会群体传承了江南戏曲文化。

女堕民以其能说会道的口才,撮合平民青年男女缔结婚姻,也包括凑合"阴婚"。女堕民是平民婚礼中最引人注目的人,代表"娘家人"充当"代言人",成为"新娘"的"保护神"。新生儿举行诞生礼,女堕民负责主持剃头仪式。女堕民也帮助主顾料理丧事,成为丧礼的顾问。主顾家有宴会,女堕民充当招待角色。女堕民也从中获得丰厚的回报,有"嫁个姑娘买亩田"之说。女堕民的主业除了在平民人生礼俗活动中的执业活动外,平时也为女主顾提供全方位的家政服务,定期为女主顾理发。女堕民平时协助丈夫将捡来兑换的废旧物品分类整理,也打棕绳、织发袜等,用这些手工产品来补贴家用。不同地域的女堕民从业习惯不尽一致,有的从事详梦,有的捉牙虫,也有的暗中从事妓业。

中华人民共和国成立后,堕民低贱的行当有的逐渐退出历史舞台,有的获得了新生。特别是改革开放以后,堕民受人歧视的行当成了非物质文化遗产,得到特别的保护和倡导。拍成彩色电影的绍剧《孙悟空三打白骨精》,红遍大江南北。绍兴堕民清音班在民间婚寿喜庆中复兴。由金华小姓"轿夫班"发展而来的东阳画溪民乐,传承优秀的经典民乐。浙东锣鼓异军突起,深受国内外听众赞美。江苏堕民行当"茶担"再次复兴,"跳板茶"发展富有民族特色的舞蹈。舟山堕民腊月"跳灶王"时所跳的舞蹈——"跳灶舞",衍化为"跳蚤舞",成为海岛文艺舞台上一颗永不褪色的明珠。上虞堕民从收购破烂行当中,发展了玉雕产品,进而兴起了玉雕市场,带动一方农户发家致富。堕民专门制作和销售的"堕民糖",现在也成了绍兴安昌"腊月风情节"上一道亮丽的风景线。从慈溪堕民村——庙山村走出的农民企业家,创建了纳税亿元的金轮集团,领导昔日的堕民集体发家致富。由金华小姓为平民迎接新娘的抬轿,衍化成非物质文化遗产"四轿八车"及"武义花灯花轿"。

堕民与"乐户"均为贱民的一支,在民间传承中国音乐,在本质上没有区别,堕民和乐户有自己固定的执业范围,堕民称为"主顾",乐户称为"坡路"。但奏乐乃"乐户"主业,对堕民而言,吹打仅是其众多职业中的一个行当。绍兴有为平民服务的小型吹打班,还有为大户人家服务的清音班;宁波也有由堕民组成的"吹行班",金华有"小姓"的"轿夫班"。宁波涌现出著名的堕民音乐家钱小毛,金华涌现出著名的"小姓"吹打乐手王贤龙,金华小姓演奏的著名"轿夫曲"是《水波浪》,宁波和舟山堕民发展了浙东锣鼓,堕民对发展中国民族民间音乐做出了重要贡献。堕民在人生礼俗中,扮演乐人身份,为平民的婚丧嫁娶及祝寿等场合提供奏乐服务,起着娱人的作用。在迎社赛会中,也有清音鼓手奏乐,起着娱神的作用。

本书开展了许多值得深入探讨的研究:一、堕民与山西乐户均有乐户之称,均从事吹打乐,同属区域性贱民,均有固定的执业范围。但堕民奏乐仅是其行当之一,平时也要从事其他行当才能维持生存;而乐户以奏乐为主业。二、首次对绍兴堕民吹打班和清音班、宁波堕民吹行班,以及金华的"轿夫班"进行详细考察。三、首次对堕民婚丧、寿庆和生日,以及迎神赛会的礼俗音乐进行详细考察。四、用大量事实说明女堕民为生活所迫为妓,也是司空见惯。五、堕民不得从事四民之业,但民国时期,该禁忌被打破。堕民不得做工,但许多堕民赴沪进入工厂做工,有的堕民成为有名的画师。堕民没有买田种田资格,但农村堕民务农却屡见不鲜。堕民不得经商,有些堕民也开设当铺,萧山出现了周顺昌和张大渝两位拥有巨资的堕民"破烂王"。东关彭家堰堕民从收购破烂中得到启发,进而兴起了玉雕市场。六、首次阐述堕民行当的新生。堕民遭人歧视的行当,成为新时期的非物质文化遗产,如绍剧、清音班、吹打乐、跳板茶、跳蚤舞、堕民糖、玉器雕刻、抬轿。堕民问题暨堕民行当研究,乃是一块尚待学者深入开拓的处女地,希望有更多的专家和学者进行深入探讨。

中国区分良贱的标准,乃是从事职业的性质不同。堕民被禁止从事士农工商业,平民所从事的职业,堕民也不得从事;堕民从事的职业,平民不屑于从事。正如徐渭所言:"四民居业不得占,彼所业民也绝不冒之。"中国良贱区分的标准是伺候与被伺候。伺候人的人社会地位低下,被伺候的人社会地位较高。孟子曰:"劳心者治人,劳力者治于人,治于人者食人,治人者食于人,天下之通义者。"堕民乃是伺候人的,为主顾提供家政服务,并以奏乐和演剧娱人,故其地位低贱。凡是士农工商以外的职业,均被视为非正当的职业,特别是堕民的服务业和娱乐业。

# 目　录

# 第一章　男堕民的小商业

良贱区别之一,乃是所从事的行当各异。[①] 堕民禁止从事平民商人所从事的商业,只能从事一些商人所不屑一顾的小商业。堕民平时挑着"换糖担",手摇拨浪鼓,走村串户,收购废品,变废为宝。钓捕青蛙及出售青蛙,也是堕民专利。"屙缸沙"也是堕民贱业之一,"屙缸沙"乃粪缸的沉积物,被誉为上等农家肥,或作为中药材。堕民还开设本小利厚的当铺——"小押",以及供堕民演戏和唱班所需的"叫子店"和裁衣戏具店。也开设糖坊,专为堕民"换糖担"和老嫚"走节"所用。堕民均从事一些小买卖,以博取蝇头小利。

## 第一节　"兑糖担"

男堕民空闲时,就挑"兑糖担",以兑换废品。徐渭在《青藤书屋》称为"卖饧"。《越谚》则称为"换糖"。范寅解释:"春初堕贫担唤为之,即卖饧也。播鼗,不吹箫。"[②]所谓"鼗",为两旁缀灵活小耳的小鼓,执柄摇动时,两耳双面击鼓作响,俗称为"拨浪鼓"。"在绍兴与宁波属下,街头巷尾,常听到'头发换引线'和'换糖吃啊'的声音,这换糖与头发换引线,亦是惰民专业之一。他们将糯米制成了糖,或是到京货店里去,买几包制衣用的针(俗谓引线),挑着担子出门去做生意。破布可换糖,头发可换引线,换下了之后,售给行家,行家就以此种物件,成批运售上海等处,以作布帛原料。"[③]堕民挑着一副圆柱形竹筐的"货郎担",手拿一个拨浪鼓,走街串巷地叫卖。极少有平民挑着"换糖担",故称为"堕民担"。"堕民担"上搁着一块镶着边框的木板,木板上铺着一个极大的饴糖饼,俗称"堕

---

① 关于堕民从事的小商业行当,有关学者有过列举。经君健在《清代社会的贱民等级》中认为堕民男子从事小本经营。俞婉君在《绍兴堕民》中列举了绍兴堕民做些挑货郎担,收购废品行当。

② (清)范寅:《越谚》卷中《风俗》,光绪八年刻本。

③ 何汝松:《浙省之惰民》,《绸缪月刊》1935年第2期。

1

民糖担"。"换糖担"上还有"爆爆豆",又称"豌豆""蚕豆",俗称"罗汉豆",用盐水浸软之后,用沙和盐爆炒。豆内水分受热蒸发膨胀,发生"爆炸",故称"爆爆豆"。另备一些针线、发夹、火柴、纽扣等廉价日常用品。

绍兴堕民挑着"换糖担",穿梭于镇街农村,挨家挨户,边走边摇拨浪鼓,沿途不停地吆喝"破布头,换糖罗""鸡毛、鸭毛好换""换爆爆豆,引线罗""鸡毛毛,鸭毛毛,破布头兑糖"。于是,围上一大群妇女和小孩,拿出破布、羽毛、头发,堕民就拿起两块有刃口的铁片,叮叮当当地凿下一小块糖,或者再给上几枚引线针。"鸡毛换'引线',是'堕贫'的副业。"①凡是废旧的猪鬃、棕丝、废纸、古董,来者不拒。如果没有废旧物品,也可以将粮食或现金兑换日常用品。理发店和杀猪店的头发和猪鬃较多,堕民则以现金购买。堕民也注意路上捡拾遗弃的废旧物品,或者到垃圾堆中寻捡。堕民将收购的废铜烂铁放在前篓,破布头和破花絮放在后篓,晚上则送往废品收购站,将所得变钱,以买米买菜。堕民不仅收购废品,也兼收古玩玉器。"如彭家溇人'堕民糖佬'彭芜荣的丈夫,就在'三年自然灾害'期间廉价收购了十几斤金银珠宝和古董,其中一件属国家级古董,辗转卖到国外,使他差点坐牢。"②这种收购破烂生意,本小利薄,全靠口勤脚勤,但整天跟肮脏的东西打交道,极不卫生,容易感染病菌。绍兴柯桥蔡堰堕民彭志坚收购破烂时,因蚊虫叮咬,小腿上长了一颗红疙瘩,奇痒难忍,他不小心挠了一下,将其抓破。不料,却因此惹上大祸,第二天整条小腿红肿,疼痛难忍,寸步难行,旋即灌脓溃烂,毒水外溢。彭志坚痛得每天以泪洗面,饮食难进,因无钱诊治,母亲只得以草药敷其伤口,但无济于事,一直溃烂了两个多月,烂到里面的骨头都能看见,惨不忍睹。后来,母亲改用盐水每天清洗伤口,才有所好转。待伤口愈合,已过去三个多月,且终身留下形若番薯的疤痕。③

绍兴三埭街男子除了演戏、清音座唱、做鼓手以外,挑"换糖担"也是其主要职业。每天早上,堕民就到糖坊购买专门供挑"换糖担"似蚊香盘旋成圆形的饴糖,放于一尺见方的木板,作为收集废品的资本。妻子就起床为丈夫烧饭,买好饴糖的丈夫回家刚好吃早饭。丈夫吃过早饭,妻子再用蒲包盛上一包饭,夹一些菜肴,权且做丈夫的午餐。堕民出门做生意时,头戴遮阳草帽,肩挑"换糖担",手中不停地摇着拨浪鼓,穿街走巷,往来于城乡收购废品。傍晚时分,丈夫就挑着满满一担收购来的废品回家,妻子则手脚麻利地将废品分门别类地进行

---

① 周冠五:《绍兴的风俗习尚》,《鲁迅家庭家族和当年绍兴民俗》,上海文化出版社2006年版,第228页。

② 俞婉君:《绍兴堕民》,人民出版社2008年版,第104页。

③ 天光:《蜻蜓飞上玉搔头——记绍剧著名乐师彭志坚》,《绍剧名伶录》,中国戏剧出版社2016年版,第426页。

图 1.1　三埭街堕民的"换糖担"（周春香提供）

挑选,再让丈夫送到破布头店进行销售。这是辛苦一天的经济收入,除留下第二天挑"换糖担"的本钱以外,剩下的钱就是全家的日常开销及积蓄。(图 1.1)

　　每年春节期间,乃是挑"换糖担"的堕民赚钱的"黄金时期"。堕民备足交易货源,如饴糖、整箱的火柴、缝衣针、发夹、网罩等妇女用品以及现金,用这些低廉的小商品及现金与平民进行交易,以换取鹅毛、鸭毛、鸡毛、鸡内金等。一些头脑活络又精明能干的堕民,一早出门做生意,中途要返回家中几趟,因为收购的鹅毛、鸭毛、鸡毛等废品太多,箩筐装不下,只得分批挑运回家。碰上晴朗的天气,夫妻俩将这些"赚钱货"搬到有阳光照射的空地摊晒。待鹅毛、鸭毛晒到六七成干燥时,就挑到"破布头店"出售。鸡毛晒干后,请来几个大姑娘和小媳妇帮忙分类进行捡挑,再卖给羽毛商。家禽毛收购店的收购价也是随行就市,按质论价,忽高忽低,上下浮动的幅度也较大。有些家底较为厚实的堕民,并不急于将货物轻易出售,待价而沽,一旦商家开出高价才出售。挑"换糖担"的堕民从腊月中旬开始至阳春三月,其收益格外丰厚,其利润往往超过本钱的十多倍。三埭街人的口头禅曰:"扁担是条龙,一世吃勿穷。"[1]喻义堕民只要肯吃苦耐劳,手脚勤快,不仅足够养活一家人,且吃剩有余。

　　然而,大部分原本靠唱戏度日的三埭街堕民因抗战全面爆发被禁戏而无以为生,加上受到社会歧视,戏子不得从事其他平民的职业,为生活所迫,有的挑"换糖担",有的背起了"二斗篮",加入收废品的行列。但日常生活中的废品毕竟有限,哪经得起这支庞大队伍的冲击? 以至于废品越收越少,生意也越来越难做,三埭街堕民过着度日如年的生活。好不容易盼到抗战胜利,日本鬼子无条件投降,滚回了日本老家。三埭街堕民以为结束了战争,人民可以过上太平安稳的日子,谁知又爆发了三年内战,天灾加上人祸,雪上加霜。兵荒马乱的岁月,人民生活在水深火热之中,依靠收购破烂的三埭街堕民更是苦不堪言。堕民陈顺泰如是说:

---

　　[1]　访问周春香,2017 年 5 月 6 日。

　　最使我至今难忘的是,有一次父亲到南池筠溪做生意,有个骗子说有一些生铁要出售。由于父亲初做生意,不识货物真伪,因手头本钱不多,马上赶回家,吩咐母亲向人家借钱作为本钱。母亲无计可施,只得借来高利贷。父亲兴冲冲地赶回南池筠溪与骗子进行交易,花了九牛二虎之力,好不容易扛着那批货到废品店去出售,满怀希望能够赚上一笔钱。可店主的一番话,犹如当头泼了一盆冷水,原来那批不是通过再次熔化可铸造的有利用价值的生铁,而是一堆分文不值的熟铁。父亲闻言慌忙赶到交易地点,可骗子早已不知踪影。父亲心灰意冷地回到家,气愤交加,无力地瘫坐在椅子上,原来希望赚上一笔钱以养家糊口,不料事与愿违,非但血本无归,还欠下了数目不菲的高利贷。父亲哪经得起这番打击,一连三天不吃不喝,默默无语地病倒在床。这下可急坏了爷爷,自从过继侄子为养子后,一向视如己出。祖父面对如此困境,乃走进自己的卧室,理了几件平时舍不得穿,仍半新半旧的衣服,走到街头兜售,希望卖上一点钱,以暂时渡过眼前的灾荒。此时,穷人也是"泥菩萨过河,自身难保",连肚子都填不饱,哪里还有钞票买衣穿?可恨的是一些为富不仁的有钱人,乘人之危"杀穷汉",对爷爷出售衣服进行大杀价,将羊肉当作狗肉买。爷爷被逼无奈,只得忍痛割爱。这几件衣服卖得的价钱,仅仅够付高利贷的利息。祖父向债主赔着笑脸,低声下气地再三恳求高抬贵手,暂缓几天归还,债主才勉强答应。从此,父亲终日郁郁寡欢,为了早日还清债务,每日起早摸黑,长途跋涉,四处奔波,乃至积劳成疾。"屋漏偏遭连夜雨,行船偏遇顶头风",6岁的弟弟仁安和4岁的妹妹芙蓉,同时患上了麻疹,高烧不退。当时家里连嘴都糊不上,哪有钱给弟妹治病,只得眼睁睁看着一对弟妹夭折。我与父亲流着泪,到离家不足百米的麂儿桥祝家园(乱葬岗)掩埋他们的尸体。我每当想起他俩,就偷偷地跑到乱葬岗去,向他俩述说我的思念,祈祷他俩在阴间保佑父亲早日恢复健康,又到周边捡拾砖头瓦片,为他俩的坟堆垒砖加土。我现在想起那时的情景,心中还隐隐作痛。俗话说"穷人的孩子早当家",这话一点也不假。一些好心的邻居看到我家这么贫穷,托人介绍16岁的大哥陈元洪到上海一家裁缝店做学徒,给家中减少了一张吃口;14岁的二哥陈仁鑫也挑起了"换糖担",多少也能赚些钱补贴家用;年仅8岁的我除了读书、帮做家务以外,晚上还帮母亲做布头草鞋,卖给废品店赚些钞票,这样东拼西凑,买上二斤"六谷粉",加上白菜,一家人总算能维持一天的肚饱。①

---

① 访问陈顺泰,2017年3月28日。

道墟的堕民常常挑着一副"堕民糖担"。糖担用竹编成,长筒形状,一只竹筐上还有盖,上面是一块木板,木板上放着一个特大型的大饼状的"酱结糖"(麦芽糖),手里拿着两片铲形铁板,其中一块铁板磨成刀般锋利。平时,堕民走村串户,用两块铁板互相敲击,发出清脆悦耳的当当声,响遍整个村庄。堕民口喊:"兑糖啦!换鸡毛鸭毛鸡肫破布头啦!"孩子们呼啦啦地围了上来,纠缠着自己的母亲和奶奶,换取那馋嘴的"酱结糖",在孩子眼中那是"顶尖美食"。妇女们则拿些旧衣烂裤、废铜烂铁换些针头线脑,以作平时缝补浆洗之用,"兑糖担"成了小货郎担。上虞彭家堰的堕民过去受到官府压迫,为平民所不齿,社会地位低贱,就业备受歧视,村民既不像商人也不像农民,所从事的职业过去没有平民涉及。堕民以碎米、麦芽制成饴糖,称为"堕民糖",挑一副箩筐,敲着铁片,走村串巷兑换废品,春节前后就兑鹅毛、鸭毛、鸡毛,平时则兑换头发、鸡毛、鸡胗皮、破布、烂铁、废铁、旧蓑衣,本轻利重。逢雨天不便,则背上工具箱,撑着雨伞,在泥泞中四处奔走,替平民修补雨鞋,终年不得闲暇。也兼营收购古玩玉器,将不识货的破落户的古董,以低价收购,进行清洗修补,再以高价出售,从中赚取差价,有些堕民因此成为民间鉴别和修补古玩的专家。彭家堰村的堕民自明代开始贩卖玉石,进而从事玉石制作,成了著名的"玉雕村"。

嵊州籍作家刘金回忆,嵊州乡间有一种饴糖,即"堕民糖"。刘金经常看见"堕民糖佬"在村子里转悠,挑着两只粗篾箩筐,上搁一方镶着边框的木板,摊着一个极大的糖饼,类似山东的姜饼,就是较薄一些。堕民一边"拨龙咚!拨龙咚!"地摇着"摇冬鼓",一边吆喝着:"'鸡毛、鸭毛,头发兑(换)糖'。有的妇女,被孩子央求着,从墙窟窿里取出用稻草包扎着的一团鸡毛,或者长时间积攒起来的几小卷头发,拿去换糖。代价当然是很低的。'堕贫糖佬'接过鸡毛,掂一掂分量(要知道,并非每只鸡都有同样多的羽毛),就左手拿起一把铲刀样的糖凿,凿在糖饼边沿的某个位置上,右手拿起另一块铁片,斜刺里一击,便崩下一片糖来,往孩子手里一塞。"[①]如果做母亲的嫌给的糖太少,便重整糖凿,"当"的一下,又凿下一小片糖。

慈溪堕民每当农闲时节,就从事兑糖行当。堕民肩挑货郎担,手摇拨浪鼓,进村沿路叫卖低廉的针线、火柴、纽扣;或以头发、鸡毛、鸭毛、鹅毛兑针、发夹;或以自制饴糖兑换废铜烂铁。慈城出售堕民糖的堕民称为"兑糖人",挑着一副担子,手握一只拨浪鼓,边走边喊:"鸡毛兑糖——鸡毛鸭毛鹅毛兑糖。头发兑银线(方言,缝衣针),牙膏壳子兑糖嘞——"喊声虽不大,但异常清晰,抑扬顿挫,一遍又一遍,末了还拖着长声。孩子们听见后,一涌而出,急忙拿出积攒的

---

① 刘金:《我所知道的堕民》,《马上随笔》,上海文艺出版社1983年版,第229页。

鸡毛、鸭毛或牙膏壳,沿着槿树篱笆跑过去。"兑糖人"放下担子,掀开一边担子的盖布,露出一块六尺镬盖大小的"堕民糖",约有半寸高,中间略高一些,用箬壳包装。金黄色的糖极为诱人,不时散发诱人的香味,让孩子们垂涎欲滴。孩子们争先恐后地将手里的废品递过去,目不转睛地盯着"兑糖人"的箬叶糖。"兑糖人"拿起一只小榔头,一把小铁凿,凿子对准糖面,用榔头轻轻敲打,一块扇形的箬叶块糖,便分出一块块糖。"堕民糖"较硬,含着很甜,在物资短缺的时代,这是一种甜蜜的享受。"兑糖人"并不经常过来,有时间隔一二个月或更长时间,孩子们便极为盼望。"有人便将家里只用一半的牙膏壳偷出来,有人将锁门的铜锁偷出来。而兑糖人心地善良,如果是崭新的'旧货',或者说没用完的牙膏,他就要刨根问底。有的人被追问得不好意思,只好再瘪瘪地拿回去。此刻兑糖人好像也很伤心,忙从糖盘捞起几块糖屑,给他们解馋。"①"兑糖人"手摇的拨浪鼓,两面黄色中间红色,有些颜色已经脱斑,鼓边有两条线,摇动时珠子敲打小鼓面,咚咚作响。

余姚籍作家余秋雨在一篇散文中,描写了外婆带他去"兑糖"的情景,成为童年美好的记忆:

> 记得小时候每次跟着妈妈来外婆家,总让瘦小的外婆忙坏了,不知找什么招待我们。当时这一带有一个糖挑子,卖一种盘在木板上,撒着白粉的麦芽糖。卖糖人一路敲着铁凿子,听起来非常清脆。那时乡间很少有货币,只用家里的旧衣、旧布换糖。外婆家毕竟是从上海来的破落财主,旧东西多,一旦来客,糖挑子闻讯就过来了。外婆一听到铁凿子的声音,便翻箱倒柜地找,然后乐呵呵地拐着小脚向糖挑子走去。卖糖人从外婆手里接过旧衣、旧布,抖开来,在阳光下细细看一遍,塞进挑子下边的竹篓里,然后揭开遮在竹篓顶面上的一块灰布,露出一大盘麦芽糖,把刚才沿路敲打的铁凿子按下去,用小榔头一敲,叮、叮几声,削下一小片,又一小片。外婆伸手拿起,分给我们。我后来一直觉得,带走这个宅第最后一丝豪华遗迹的,就是那个糖挑子。正是在这里,我们把大墙内仅留的一点往日骄傲,含在嘴里吃掉了。

宁海前童古镇散居一些堕民,专门从事舀屙缸沙、剃头和兑糖等行当。"兑糖人"往往身穿一件蓝布衣,胯间系一条黑色围裙,担着货郎担,手持一只拨浪鼓,走进古镇的石子小巷,边走边喊:"鸡毛兑糖——牙膏壳兑糖嘞——"声音清晰辽远,拖着长音。听到"兑糖嘞"的诱人声音,孩子们都蜂拥而出,手里拿着平

---

① 王静:《中国的吉普赛人——慈城堕民田野调查》,宁波出版社 2006 年版,第 212 页。

时积攒的鸡毛、牙膏壳跑过来。"兑糖人"放下担子，揭开一头担子的盖布，露出一块大约 40 厘米直径的扁圆形的麦芽糖块，由箬叶裹成蒲扇形。黄黄的糖块，散发着诱人的甜香，孩子们早已垂涎三尺。他们将鸡毛、牙膏壳交出，目不转睛地盯着糖块。"兑糖人"拿出一只小榔头，一把宽扁的小铁凿。小铁凿对准糖块，用小榔头轻轻敲打，发出"铛铛铛"的脆响，凿下大小不一、价值不等的糖块。一块小小的麦芽糖，孩子们能吃上半天。在那个物资匮乏的年代，这是孩子们难得的享受。

对于萧山严家底的堕民，捡换破烂是他们的主要生活来源，但能捡的破烂很少，鸡毛和破衣服大都是挑"换糖担"以糖交换。男人挑一副"换糖担"，前担上面搁一块木板，上面放着饴糖做的软糖，板下及后担盛放换来的废品。软糖直径约 40 厘米，厚约 1.5 厘米，按所换废品价值，用刀切糖抵值。堕民走街串巷吆喝："鸡毛鸭毛换糖！破布头破鞋换糖！"以此招揽顾客。萧山人称其为"换糖贫仔"。这行当收入很少，下雨天不能做；所换废品经家人整理翻晒后，由废品收购商收购。清帝逊位，民国成立，束缚堕民的枷锁被打破，严家底人的活动范围扩大，求生方式也有所改变。有的开始做鸡毛掸帚，有的收购贩销废品。20 世纪 30 年代，随着萧山民族工商业的兴起，严家底堕民发挥专长，获得相当收益。二户张姓堕民的废品生意越做越大，一个张姓"破烂王"在村旁盖房做场地和仓储，将收购进来的废品分类整理打包运往上海销售，成为村内大户人家。另一位"破烂王"为张大渝，更是做得红火发达，在萧山城内江寺桥下街拥有一大片房屋，场地用作废品生意。其铺子以"破布头行"著称，远近闻名。其废品收购范围遍及绍兴、诸暨和萧山，雇用工人数十人，整理打包后直接送上海洋行出口。张大渝全家都在萧山城内落户，住房有二进，讨了两个小老婆，子女众多。不仅是堕民村严家底的村中翘楚，也是萧山城中的大富户，为人精明，谦和，身材丰满，一副富态，城区许多年轻人结婚争相聘其前来祝福。经济上的迅速崛起，使这位昔日遭到歧视的"贫仔"，一跃成为萧山的上层人物。中华人民共和国成立后，张大渝被评为"工商大地主"，或许是由于为人谦和，勤劳致富，民愤不大，未受冲击，旋即病逝。

二位张姓"破烂王"的致富事迹，引发了严家底人经商致富的思潮。严家底所从事的社会边缘行业，额外发生了一些社会影响。萧山人多地少，产出又低；资源贫乏，工业刚刚起步，就业异常困难。而废品生意本钱少，无论收购还是整理，所费劳力不重，男女老少皆宜，从业人员也逐渐扩大到其他阶层，收购地域也遍及萧山周边地区，给成千上万的萧山穷人开辟了一条生路。萧山还有"营破布起家"拥有"巨产"的"破烂王"堕民周顺昌，成为堕民发家致富的典范。萧山堕民挑着"兑糖担"兑换废品，构成萧山沙地独特的民俗风情，沈青松将此描

绘得绘声绘色,极富诗情画意:

兑糖担

兑糖担是一种以糖、小百货换取破烂物的生意。以前主要由堕民所为。解放后至上世纪八十年代前,部分人也以此为业。兑糖的人,大多穿对襟衫,戴乌毡帽,系白布绑腿,布鞋外面套草鞋。其行头,主要是一副箩筐,一个"摇咕咚"。两只箩筐上面,一头摆一板麦芽糖,状若一板豆腐,并盖一个圆竹箬。麦芽糖,沙地人都叫做"堕贫糖"。堕贫,是堕民的谐音。另一只箩筐上,是一只扁平的方木盒,中间分隔成许多小方格,装有火柴、纽扣、针线、挖耳、红头绳、铜烟嘴、橡皮筋、钓鱼钩等等。两只柳条编成的箩筐,是存放所收破烂的仓库。兑糖者慢悠悠走在沙地的小路上,"拔咚拔咚"摇一通摇咕咚,就吆喝:"兑——堕民糖!"音调抑扬顿挫,娴雅悠长。偶尔,又会提醒似地叫开腔:"有猪骨头、鸡肫皮、牙膏壳好兑——!"过一歇,又叫道:"有鹅毛毛、鸡毛毛、鸭毛毛好兑——!"听见摇咕咚的声音,小孩子最是兴奋,惟恐兑糖担走远,手忙脚乱地在母亲的针线篮里拣些碎布,或者搞出一两分钱币赶过去。这时节,兑糖的便掀开圆竹箬,拿起凿刀、小榔头,叮叮当当地在整板乳白色的堕民糖中凿下手指那么大的一小条。妇女们对这兑糖担也是很欢迎,上街买一个顶针、一包引线太不值得,拿几块破布向兑糖担换最合适。[1]

# 第二节 捕 蛙

捕蛙,又称钓田鸡,宁波称为"柯瘌四",也是堕民的行当。明代王士性云:"其旁业止捕鳝、钓水鸡,不敢干他商贩。"[2]捕蛙乃堕民特殊行当。"在旧社会,钓田鸡是堕民的一项专利,闲时堕民在家无所事事,就去田间钓田鸡,且非常在行,钓到田鸡,随即'上勒下',田鸡无一逃脱。"[3]识别对方是否是堕民,只要问一下如何钓田鸡即可知晓,如果回答"上勒下",便是堕民无疑;若回答为"下托上",则是钓田鸡的外行,而不是堕民。"钓田鸡似乎也是他们的事,因为儿歌中

---

① 沈青松:《沙地风情》,方志出版社 2005 年版,第 94 页。

② (明)王士性:《广志绎》,中华书局 1981 年版,第 72 页。

③ 《堕民习俗》,《浙江省非物质文化遗产普查成果绍兴县平水镇汇编本》,2008 年,第 164 页。

有'满天月亮一颗星,田鸡来亨钓堕贫'之语,虽系反话亦是一证。"①田鸡,又称水鸡,即青蛙,味道鲜美,胜于鸡肉,为浙江的一道美味。"田(水)鸡,皆蛙,又名青蛙、田鸡。狗不食其骨,相传为狗之舅。"②浙人嗜食青蛙。"杭人食田鸡如炙,即蛙也。旧以能食害稼者,有禁。宪圣渡南,以其酷似人形,力赞高宗申严禁止之。今都人习此味不能止,售者至刳冬瓜以实之,塞诸食蛙者之门,谓之'送冬瓜'。"③堕民除了捕食青蛙作为肉食以外,也会将青蛙作为珍贵的礼物,赠予主顾佐餐。"到了初春的时候,他们又来了,拿着一只小篓,篓内装着几只青蛙,跑到厨房把青蛙放到灶下,这叫做'放田鸡',也就是'活货运进门,财源茂盛'。于是得要一点谷米钱,还有手巾、布,送给她们回家。"④堕民于春夏秋三季,到田边池塘钓捕田鸡,技术娴熟,有"小堕民钓田鸡"和"田鸡服堕民手"的谚语。⑤清代王煦的《虞江竹枝词·丐民专利》云:"平民莫笑堕民低,呼牛呼马百事宜。春唱年糕秋化谷,闲来携眷钓田鸡。"⑥竹枝词将堕民钓田鸡的行当说得颇具诗情画意。

绍兴女堕民有向主顾"放田鸡"的习俗,以获得赏赐的钱物。老嫚常常于端午节携带青蛙到主顾家"走节",主顾回赠节俗食品粽子及新收的小麦。然而,堕民主要是出售青蛙,以增加收入。"钓金钱蛙,卖给酒家,惰民于春夏秋三季,执了钓竿,背了竹笼,捉些蚯蚓、苍蝇一类的小动物。把这些小动物串在钓上,到田野或池边,去钓那些金钱蛙(俗称田鸡)。钓来了后,挖去它们的内脏,剥掉它们的外皮,向酒店饭店铺和人家那里去兜售。据说金钱蛙的滋味胜过家鸡多多,为唯一的下酒物,价值平平,人皆争买之。每年他们的收入,也不在少。"⑦堕民将青蛙出售给酒楼饭馆和居民,收入不菲。绍兴县湖塘镇夏泽村施家乃是堕民,女的做"老嫚";男的做轿夫,当吹鼓手,挑换糖担收购鸡毛,闲暇时间则捉蛇逮田鸡(即青蛙)。"堕民"又称"大瓶",绍谚云"田鸡怕大瓶",道出堕民闲时专捉田鸡的谋生特点。"旧时施家逢年过节祭祀祖宗时,必在祭桌脚上拴上一只捉蛇捉田鸡专用的竹篓,就是不忘自己身份,祈求祖宗保佑平安的意思。"⑧堕民

---

① 周作人:《堕民的生活》《周作人文类编》第6册,湖南文艺出版社1998年版,第168页。

② (清)范寅:《越谚》卷中《虫豸》,光绪八年刻本。

③ (宋)叶绍翁:《四朝闻见录》丙集《田鸡》,中华书局1989年版,第98页。

④ 朱虹:《浙东的堕民嫂》,《妇女杂志》1948年第3期。

⑤ 夏履镇志编纂委员会:《夏履镇志》,中华书局2010年版,第673页。

⑥ 王煦:《虞江竹枝词》,《中华竹枝词全编》(浙江卷),北京出版社2007年版,第839页。

⑦ 慧明:《惰民生活补志》,《民国绍兴县志资料》第2辑。

⑧ 叶寿标口述,单建新、马学凯整理:《施家的旧时乡风》,《绍兴村落文化全书(湖塘卷)》,中国文联出版社2010年版,第43页。

捉蛇逮田鸡常常有被蛇咬的危险。

上虞堕民聚居的彭家堰村，常于春夏两季到田里河边钓捕田鸡，那是一种比牛蛙体形更大的青蛙谓之"闸夯"，叫声洪亮，远播数里，惜已绝种。上虞的傅丽红回忆："上世纪 60 年代出生的表哥曾说过，堕民常在晚上钓田鸡，他幼时常见他们一大早拎着五角钱一串的田鸡上门兜售，那时一斤猪肉大约六角五分钱，堕民往往卖了田鸡就去买猪肉改善生活了，当时一般人家都舍不得吃猪肉的。"①崧厦镇先锋村跃进桥社区，中华人民共和国成立前称"坊里"属于十三保，也是堕民聚居区，男性堕民钓田鸡也是其专利之一，流传有"堕贫吊田鸡"以贬低堕民的顺口溜。

嵊州籍作家刘金回忆，嵊县（今嵊州市）下徐坂堕民捉青蛙、吃青蛙，乃理所当然，却严禁将捕捉的青蛙拿到市上出售。生活于乡间的堕民，因为乡间贫困，捕蛙没有销路，难以成为堕民的职业。"但是他们确实坚固地享有这个特权。古时作祭礼的太牢，既经圣人下箸，先儒们就不敢妄动了。我们家乡的青蛙是，既经'轿夫'捉过，普通老百姓就不敢染指了。因为谁捉青蛙，谁就自比于作为贱民的'轿夫'了。我想，这一定是哪位老祖宗发明的禁捉青蛙的妙法。这确比什么禁令都有效。有谁甘愿因此自堕为'轿夫'呢?"②嵊州有广为传诵神箭手"呆阿大"复述"轿夫"（堕民）钓田鸡言语吓退小偷的故事：

呆阿大兴冲冲回家去，路过塘边，看见一个轿夫在钓水鸡，他就站下来看。有只水鸡蹲在荷叶上，轿夫说："侬坐坐话。"一会儿，水鸡用前爪摸了摸嘴巴，轿夫说："侬将将胡子。"忽然，水鸡一跳，跑了。轿夫又说："侬逃哉，侬逃哉!"呆阿大觉得有趣，边念着边回家去。下村有个小偷，专干挖壁撬洞的勾当。听到呆阿大得了奖赏，发了大财，心里痒痒的，想弄点来开销开销。……正苦于无法时，一眼望见灶上有个铜杓，高兴地说："有了，有了!"二更时，小偷把铜杓系在屁股上，那根尺多长的烟盅往后一插，就上路了。小偷撬开门探身溜进去，忽然听见呆阿大在床上说："侬坐坐话。"小偷一惊，摸摸嘴巴考虑下一步怎么办，谁知呆阿大又说："侬胡子将将!"小偷只当穿绷了，转身拔脚就走。又听呆阿大说："侬逃哉，侬逃哉!"小偷心急慌忙一逃，烟盅不断地打在铜杓上，当当乱响，小偷以为是呆阿大的屁股箭射来了，没命地奔逃。逃到家，自言自语道："呆阿大的屁股箭果然厉害!

---

① 傅丽红：《旧时浙江堕民印象记》，《世纪》2016 年第 6 期。

② 刘金：《堕民丐户及其他》，《吹沙居乱弹》，学林出版社 1997 年版，第 324 页。

还好,亏得我早有防备。"①

萧山堕民也从事捕蛙行当。"蛙俗名田鸡,又名水鸡,生稻田者尤肥,可食。以其食害稻之虫,故谓之'护谷虫'。常为官府所禁,惟堕民窃捕之,以售诸市肆。"②历代官方严禁捕食青蛙。

余姚堕民夏天才会从事卖田鸡和卖牛肉两个违禁的行当。官府禁捕田鸡和禁宰耕牛,但余姚堕民仍出售私捉的田鸡和私宰的牛肉。"卖牛肉的堕民,头戴草笠,上身光赤,肩上搭一方毛巾,一手挽圆形挂篮,篮里装白切熟牛肉和花椒盐,一手提一支铜盘秤。这副形象,余姚人取笑夏天上身不着衣衫的人,叫'赤光膊,卖牛肉',意是讥笑他似堕民。卖田鸡的把田鸡盛在篮子里,提篮时,一只手的中指抵住篮盖,表示里面有活蹦乱跳的东西,为了防止跃出而按住,其实田鸡在篮里早已切了头,剥去皮,穿成一串串的了。"③牛肉论斤卖,田鸡论串卖,味道鲜美,因官府禁卖,不敢大声吆喝,堕民专门到茶楼酒肆之中,找老食客兜售。姚北有一首广为流传的歌谣曰:"在悲苦和被轻蔑的环境下过着日子,没有土地,没有犁耙刀杖,可用锋利的剃刀在乌沙泥田上耕耘,亲帮亲,邻帮邻,田鸡蛤蟆帮堕民。"④余姚歌谣说明堕民被贬时没有土地,以剃头为业,每当青黄不接时,则以捉田鸡为生。

慈溪的堕民也以"柯癞四"作为行当,出售以维持生计。⑤ "癞四即青蛙,是益虫,民间奉它为护公大将,故而视柯田鸡为罪过。而堕民以此业挣钱,颇受人鄙视。"⑥慈溪民众视田鸡为"护公大将",堕民此举被平民所鄙视。

义乌平民严禁钓捕田鸡,连孩子也严禁钓捕田鸡玩耍,但小姓钓售田鸡则无人干涉。⑦ 浦江的小姓,除了钓田鸡之外,也钓黄鳝。⑧ 兰溪童公山堕民端午节给焦石主顾送田鸡,仅仅赠送焦石有钱有势的、有雇佣关系或寄养关系的主

---

① 袁樟永讲述,裴珂雁整理:《"神箭手"呆阿大》,《嵊州市鹿山街道非物质文化遗产普查汇编》,2008年,第44页。

② 彭延庆修,姚莹俊纂,张宗海续修,杨士龙续纂:《萧山县志稿》卷一《疆域·物产》,民国二十四年铅印本。

③ 吕衷才:《谈余姚的堕民》,《余姚文史资料选辑》第8辑,1990年,第176页。

④ 诸水康:《说堕民》,《余姚文史资料》第8辑,1990年,第177页。

⑤ 王静:《中国的吉普赛人——慈城堕民田野调查》,宁波出版社2006年版,第83页。

⑥ 宁波市江北区地方志编纂委员会编:《宁波市江北区志》,浙江人民出版社2015年版,第1818页。

⑦ 义乌丛书编辑委员会编:《义乌民俗》,上海人民出版社2011年版,第282页。

⑧ 浦江县县志编纂委员会办公室、浦江县文化馆合编:《浦江风俗志》,1984年,第210页。

顾,而收受者必赠予端午粽。① 东阳的堕民也从事捕蛇和宰狗等行当,蛇肉和狗肉为平民所欲,但其行当却为平民所不齿。

乐清有"蛙青而大皮多皱名田鸡。一种名蟾蜍,产旧屋中,有毒可治疗"。仲夏群居梅溪,平民颇嗜此味,"丐者争捕而致之"②。

堕民捕食青蛙,伤天害理,备受谴责。明代虞淳熙的《虞德园先生集》载有《劝人弗食田鸡》:

> 青蛙,杭名田鸡,衢名白蛤,惟绍兴惰民钓而食之,北人笑焉,如广人之食蛇也。杭之捕蛙不以钓,而藏灯瓦屋,提入田泽,蛙赴若飞蛾然,日可得数万头。先折其股,纳于竹笼,卖时截项剥皮,刳肠断趾,刑惨于凌迟。皮名锦袄子,脱下袄子,形若婴儿,而截时目摄人,剥时足弹人,入釜尚能游泳,其难死又如此。胡黄门以状闻,宫中赎放,不登御膳,而朝士诋胡为虾蟆给事,其人卒贬炎荒,几伤蛊毒,似亦青蛙之报也。《周礼》有蛙醢,而又设官以禁其鸣,蛙服其禁,灵于螺蚌。至作字象蝌蚪,而审音比鼓吹,将人文之祖,大乐之师乎?予癸巳筑室湖滨,环沼而居,蛙昼夜聒耳,禁以麻灰,其法不验,因默祷曰:尔于戏术案上,学塾师训蒙,又于玄阴池里,幻梵僧作呗,乃搅我诵经读书,何也?越三日,而四围百步寂然无声者。二十五年一日,赎得数千头放之墙内曲池,竟不闻声,亦不见影。与李揆巨盎覆蛙,启之空盎矣,事相类矣。慈向等书放蛙捕蛙之报,历历可睹。近日有一二事得之最真。庆春门捕蛙人王立病,呻吟如吠,蛙捕者提瓦屋灯奔其舍,知而骇去,声绝乃死。楚僧辉天者,梦四百人求救,内四人已不可救矣。偶出城,见蛙笼,投银二钱赎焉。竟曰:蛙股已折,奈何?辉曰:试倾笼数之。正得四百,而四蛙已死,即放菜墅桥官河。唐人谓虾蟆月中之虫,一名天使,余《钱塘志》所载"月路多蟾",信非虚语。食之自远桂阙,不食应步蟾宫,杭人日杀天使数万,宁无恶报乎?当揖怒蛙时,复忧产蛙于灶,方援笔劝毋食蛙,蛙忽鸣往日不鸣之处,三四声而止,觅之了不可得,岂天使命我耶?聊毕其说,以答天使,以奉行天王之身教。③

杭州堕民从事捕鱼捉蛇行当。杭州四月初八西湖有放生习俗,所放水族尤多,间也有牛马猪羊、鸡鹅鸭鸟之类。水族主要放于三潭印月,南北两山大小船

---

① 俞婉君:《浙江兰溪贱民"轿夫"依附习俗考》,《民俗研究》2002年第4期。

② (清)李登云修,陈珅撰:《乐清县志》卷之五《田职志》,光绪二十七年修,民国元年补刊本。

③ (明)虞淳熙撰:《虞德园先生集》卷之二十《劝人弗食田鸡说》,明末刻本。

只往来不绝。"按放生之俗至今未改,湖上为尤盛,穷民丐户先日遍捕鱼鳖龟蛇之属,闭于竹笼,或以长草绳曳之而行,临日叫卖放生,至晚卖不尽者,率槁毙无算,放生而适以戕生,弊俗相沿,安得尽禁革之也。"①原本放生乃是善举,却成了戕生弊端。《点石斋画报》登载了宁波女堕民指使其子给患疥癣失明的丈夫食蛇而病愈的奇闻:

### 服毒愈病

　　《本草》:蕲州产异蛇,可以已大风。又云:蚺蛇能明目祛翳,本处人捕得之,盘旋熏炙,以售于四方,服者有应有不应,若得生者而食之,必有奇效。宁郡西门某,惰民也,少有登徒子癖,逾墙穿穴,靡恶不为,两目以是瞽。近又患疥癣,遍体狼藉,动辄需人。寡妇某系其总角交,今以同居之故,受累不堪。一日向妇索巨鳗食,妇憾于心而口允之,知墙下有蛇窟,命其子掘而得之,煮羹以进。瞽者立食尽,越数日,体奇痒思浴,浴竟两日渐明,肌肤滑腻胜畴昔,乐不可喻,若获更生。而初不知病何自而瘳也。此蛇其遗类与?所可怪者,稔恶如某而顾因祸得福也,不且骚首而呼梦梦之天乎。②(图1.2)

　　江苏如皋的堕民以捕蛇为业。清代钮琇的《觚賸》记载:"长山王进士屼生,素有鹤癖,谒选得令如皋,皋故产鹤,乃大喜,抵任后即于署内,购畜十余只,庭空夜静,唳声彻云,俟其蹁跹竞舞,则辍案牍而玩之。忽见一鹤吞蛇,以为鹤固甘带也,乃谕诸丐户,每人日纳一蛇。有罪应罚锾者,亦许以蛇赎。由是一境之内,捕蛇殆尽。"③后来,王进士因玩忽职守,遭到言官弹劾,罢职而去。

　　青蛙捕食田间害虫,裨益农事,乃是益虫,杭州涌金门建有"青蛙将军"庙,塑有"蛙神"。宁波称为"护谷虫""护公大将"。"宁人俗呼青蛙为田鸡,又名护谷虫,以其能食害稻之虫,故地方官例禁民间买食。乃近日大街闹市,仍多摆摊剥卖,若非暗贿差役,何以公然无忌。如是愿有司察之微也。"④绍兴则尊称为"护谷大将军"。"绍兴萧山县有隔河,其河淤百余年矣。光绪五年夏大旱,乃访求其故道,集民夫濬之。有周姓者与其役,掘得一石门,长广二尺许,启之则如隧道然,疑故时人家泄水之沟也,以竿探之,忽有声若人咳者,异而益穷之,至丈余,咳声愈厉。有青蛙数十跃出,大者如盂,最后一蛙身长尺,色深黄,腹下纯

---

①　龚嘉隽修,李榕纂:《杭州府志》卷七十六《风俗三》,民国十一年铅印本。
②　吴友如:《服毒愈病》,《点石斋画报》丙集五期。
③　(清)钮琇:《觚賸》卷二《吴觚》,康熙临野堂刻本。
④　《宁郡琐事》,《申报》1879年6月25日。

图 1.2　服毒愈病（载《点石斋画报》丙集五期）

白,遍身黑斑累累然,怒目大鸣。人或击以竿,蛙以前足格之,竿为之折。于是人争击之,蛙抱一木桩,兀不动,惟以后足相撑拒,口格格如鸣鼓。有老人急止之,曰:'此非常蛙,杀之恐不利。'众䜑其言,拟纵之河,而蛙抱木不释,爪之入者三分。众因舁其木而投之。甫及河,蛙一跃而去,须臾大雨,四境沾足。"①嗜食青蛙的老饕,只能暗中偷食。"在绍兴等地,堕民也有柯田鸡(即青蛙,作菜肴用)卖钱维持生计的。青蛙,被人们尊奉为'护谷大将','柯田鸡'说成是一种

---

　① （清）俞樾:《右台仙馆笔记》卷五,光绪二十五年刻春在堂全书本。

'罪过'，干这一行当当然是为人们所鄙视和反感的事。"①捕蛙乃堕民专利，也是区别良贱的一个标志，平民自然不屑为之。萧山乡民若见到钓田鸡、抓乌脚爪（乌梢蛇）者，即使不是堕民，也以堕民讥之。唯有堕民干此令人不齿的下贱行当。

## 第三节　舀屙缸沙

宁波堕民从事"舀屙缸沙"的行当。"屙缸沙"乃粪缸的沉积物，属于上等农家肥。以前农村家家户户都有粪缸，有的村庄粪缸较为集中，在村后路边成排摆放。王静绘声绘色地记录了慈城堕民"舀屙缸沙"的行当。"我们常可看到这样的场景，一个中年汉子左手挈一只结实的竹篮，袒露着右臂走向一口又一口粪缸。他的右臂好像从不套进袖管，即使寒冬腊月，破棉袄的右袖子也被带子扎束在腰间，滴着粪尿的右手捏着半爿硕大的蚌壳或者硬木凿成的方形钵盂。他们的身份叫'舀屙缸砂的'。"②通常"舀屙缸沙"并不需要与主人打招呼，只顾径直去刮屙缸就行。堕民在屙缸边蹲下或跪下，把操着的家伙深深地插入粪缸，由下而上沿缸壁慢慢往上舀。有时粪尿很满，舀屙缸的堕民侧转的脸儿乎贴着粪便。一下又一下，将刮上来的黑色沙砾状的东西倒入竹篮，篮子铺着干荷叶或油布，篮子周边淋漓的粪水不停地往外渗滴。堕民"舀屙缸沙"并不受欢迎，一来将屙缸倒腾得臭气冲天；二来据说舀过"屙缸沙"的粪肥肥力会被拔走。如果主人不同意，堕民会随便刮几下以示尊重。"屙缸沙"据说肥力充足，为粪尿的结晶，特别是种西瓜的农民非常迷信"屙缸沙"的肥力，一篮"屙缸沙"能换几十斤稻谷。（图1.3）

从事这种"逐臭营生"的并不限于男堕民，女堕民也"撩屙缸沙"。王静记述了慈溪天门下"撩屙缸沙"的定法孃，只不过她是"撩屙缸沙"卖给中药店作中药，屙虫则作为食物。定法孃并无名字，因丈夫名为定法，村人遂称其为"定法嫂"，孩子则称其为"定法孃"。定法孃还有一个"定法讨饭"的绰号，因新婚时她不困床而困"灶沿地康"（旧时烧火的地方），就在那个"黑得剥落"的地方，她稻草一铺就呼呼大睡。此事在村中传开，老人认定其为"讨饭命"，故"定法讨饭"之名遂不胫而走。定法孃丈夫死得早，无儿无女，孤身一人，一贫如洗，床用砖头搁搁，稻草铺铺，家里唯有许多用来存放讨来年糕的七石缸。"定法孃的一只

---

① 阮庆祥等编纂：《绍兴风俗简志》，1985年，第204页。

② 王静：《中国的吉普赛人——慈城堕民田野调查》，宁波出版社2006年版，第227页。

图 1.3 "舀屙缸沙"的汉子(周尧根画)

袖子管要么缩起,要么答答滴(方言,指湿的,有水滴下)。原来除了讨年糕,她还撩'屙缸沙'。听大人讲,屙缸沙可作中药治病。定法嬷撩来的屙缸沙晒燥后,卖给中药店。当时农村的屙缸,屙虫生得'膏膏动'(方言,意指多),定法嬷常用淘箩撩起屙虫,养在家前的那条小河里,说养养清爽,油氽氽好吃。定法嬷吃屙虫,吃蛇、吃老鼠,样样会吃。屙虫、蛇、老鼠,这些东西听起来多少'秽勃勃、虾势势'(方言,意为肮脏可怕)呵!"①"屙缸撩起晒晒其",村里的孩子经常谈起定法嬷。孩子常向定法嬷通风报信,哪里有蛇,哪里的屙缸屙虫最多,并自告奋勇地为她带路。定法嬷成为孩子们调侃的对象,但她并不气恼,也不生气,反

---

① 王静:《中国的吉普赛人——慈城堕民田野调查》,宁波出版社 2006 年版,第 203 页。

而乐呵呵地与孩子们谈笑。孩子们一起玩耍时,只要一看见蛇虫之类的东西,必定想起"撩屙缸沙"的定法嬷,并要询问对方,你敢吃蛇吃屙虫吃老鼠嘛?定法嬷全都能吃。

　　不管是天晴还是下雨,定法嬷都保持堕民出门带伞的习惯。若遇上下雨,不管是大人还是孩子,不管是熟人还是陌生人,定法嬷都会主动打招呼,询问前往何处?也不管是同道还是不同道,都要热情地撑伞送你回家或到目的地。但定法嬷因为经常"撩屙缸沙",浑身臭烘烘的,行人避之唯恐不及,但她并不以为意。或许是定法嬷和气,尽管身上散发一阵臭气,村里人似乎并不讨厌。"那时,谁家结婚,或者造房子上梁,定法嬷肯定会去的,讨一点喜钱或者讨几只上梁馒头,村里人都愿意给她,也不会把她看成乞丐,因为她出现总是来贺喜的。"①王静在慈城镇政府采访吴师傅时,吴师傅提及自己在 20 世纪 80 年代结婚时,定法嬷前来道喜。吴师傅出手大方,虽然自己工资只有七十多元,却给了定法嬷十多元喜钱。

　　宁海的前童古镇,也散居一些堕民的零星足迹。前童的堕民也从事舀屙缸沙、剃头和兑糖等行当。

　　"舀屙缸沙"乃"逐臭营生",被视为低贱。平民也经常以此训诫孩子,不好好读书,长大"撩屙缸沙"去。平民对堕民的歧视,由此可见一斑。

## 第四节　"糖坊店"

　　堕民开设"糖坊店",以制作饴糖,供堕民挑"换糖担",收购废品,以及老嫚为主顾"放糖"。堕民从商店低价买来碎米、潮米或玉米,经过发酵熬制成饴糖,俗称"堕民糖"。"这一种麦糖,亦归堕民专营,因此一般人叫这一种麦糖为堕民糖。"②或者掺入芝麻、花生仁、玫瑰等,以提高其附加值,加工制成各种形状,其中以旗杆形为多,又称"旗杆糖"。也称"葱管糖",形如葱管,麦糖掺入芝麻,"堕贫做卖"③。也称"小镬糖"。"别有乐户制者,曰小镬糖,以玫瑰桂花姜汁为馅者佳。"④绍兴马山堕民擅长制作这种饴糖,故又称"马山糖"。除了一部分四时八

---

　　① 王静:《中国的吉普赛人——慈城堕民田野调查》,宁波出版社 2006 年版,第 204 页。

　　② 陈延生:《绍兴堕民被压迫和斗争的片断》,《文史资料选辑》第 20 期,1962 年,第 91 页。

　　③ (清)范寅:《越谚》卷中《饮食》,光绪八年刻本。

　　④ (清)储家藻修,徐致靖纂:《上虞县志校续》卷三十一《食货志二·物产》,光绪二十五年刊本。

节送与主顾,以及腊月用于祭灶外,主要用于兑换废品。

　　三埭街堕民挑"换糖担"者甚众,饴糖的需求量甚大,一些唯利是图的"外街人"(平民),在三埭街附近开设糖坊店,著名的糖坊店有王同和、李鼎兴等。三埭街的一些头脑活络的堕民因饴糖销量巨大,也挖空心思学开糖坊店。他们先招收几名伙计应聘到糖坊店做学徒,经过一年半载的观摩学习,掌握了全套饴糖制作工艺,然后再召回学徒,自己开设糖坊店。谚语曰"店多拢市",仅从斜桥直街(新建北路)至新桥河沿一带,开设的糖坊店就有十爿之多。店主为多做生意争夺买主,相互之间打起价格战,挑"换糖担"的堕民和老嬷从中受益。

　　开设糖坊店的设备极为简陋,仅需砌一个七八平方米大的灶台,埋一只大铁镬,铁镬上用七石缸围栏做陶锅以扩大容积,灶旁再放一只七石缸专供撬拌糖汁。店堂上铺两块像柜台一样大小的木板以揉搓原糖。店主亲自掌管营业,仅需雇二名工人制作饴糖。大麦乃制糖原料,每天晚上伙计将一箩箩大麦用清水淘净,倒入埋在大灶上的制糖镬,再加上适量的水。炉膛内用砻糠点燃后以小火焖焐,让麦子慢慢烊化成粥糊状,约于凌晨三点开始制糖,先将麦壳渣滓捞出,称为"糖糟",乃是喂养家禽的上等饲料。再将原汁倒入另一只大缸,以形似小船划桨形状的撬板进行不间断地撬拌,直至糖汁柔软为止,然后放到长板上再次搓匀。三埭街堕民经常半夜被撬糖声吵醒。糖坊没有安全防护,伙计稍有不慎,就会酿成人身伤害事故。周春香回忆:

> 　　我家附近搬来一户姓张的外街人,父亲是个鞋匠,母亲早亡,留下三个儿子,其中一对是双胞胎,三埭街人称为阿大、阿二和阿三,也是一户吃了上顿没有下顿的贫困人家。阿大和阿三子承父业,挑起鞋匠担穿街走巷上门鞔鞋、修补雨鞋以赚钱养家糊口。二十来岁的阿二托人介绍到糖坊店做了伙计。做饴糖十分辛苦,阿二为了生存不得不拼命地干,由于身材生得矮小,撬拌糖汁时个子还够不到缸沿,只得在脚下垫上一只凳子,将个子垫高才能操作。一次在撬拌糖汁的过程中,因用力过猛身子失去重心,掉进糖缸,惊醒了睡梦中的邻居,三埭街堕民连忙上前帮忙,七手八脚将阿二从糖缸中拉出来,又将其浸入清水缸中以缓解伤痛,四个身强力壮的男子将其抬到附近的省立医院(位于东街原第一人民医院)。虽经抢救留得一条性命,遗憾的是阿二四肢伤残,永远失去养活自己的本领——劳动力。旧社会劳动者享受不到劳动法的保障,工作中遭受伤残也只能自认命苦,大概过了五六年之后,阿二带着满身的伤痛与老父相继过世。[①]

---

① 访问周春香,2017 年 6 月 6 日。

早上六时糖坊店准时营业,伙计将饴糖揉搓成长条形,依照顾客所需出售,挑"换糖担"的堕民需要盘旋式糖饼,老嫚赠送主顾的"老嫚糖"则用剪刀剪成颗粒状。迄上午九时,所制饴糖就销售一空,供不应求。

萧山的临浦是个商埠,被誉为"小上海",每当逢年过节,或镇上有大集会时,堕民将做"堕民糖"的摊子摆到街上,边做边卖。

上虞沥海北濒广袤的海涂,乃是一个具有千年历史的古镇,民族英雄戚继光曾在此抗击倭寇的入侵。东门外的纂风镇,明洪武年间为海潮所吞噬。清初,纂风寺旁杂居大量由绍兴迁移过来的堕民。每当农闲时节,堕民即肩挑货郎担,手摇"的笃鼓",以价格低廉的针线、火柴、纽扣、玩具等小商品,走村串户叫卖。还以自制的"小巫糖"换取废旧物品,故称"换糖担"。堕民以碎米、潮米或玉米等为原料,制成"小巫糖",俗称"堕民糖",又称"大冰糖",成为虞北颇有名气的特产。清《沥海所志稿》"物产篇"载:"堕民所制小巫糖以糯米麦粉拌匀,裹以桂花糖豆沙馅,味鲜美,老年人食之可止咳消痰。""做小巫糖,第一步是把糯米蒸熟,拌上麦芽后放在一口大铁锅里恒温发酵,等出现柔软的白色液体后再将其熬制;冷却后拉糖是第二步,拉糖需要相当的力气,粗大滚烫的重达30多斤的糖条在熟练的制糖人手里上下翻飞,自如得像是绕着毛线;第三步是加馅成型,三个步骤完成需要十几个小时。"[①]每逢四时八节,堕民以"小巫糖"送主顾家作为贺礼,以换取赏钱。农历腊月主顾的祭灶糖,也为堕民所赠的"小巫糖"。

## 第五节　破布头店

堕民除了挑"换糖担"收购废品外,堕民也开设"破布头店",即废品收购店。绍兴城区收购废品小贩主要集中在三埭街,既有居住在三埭街周围的"外街人(平民)"开设的废品店,如开在斜桥直街的(今新建北路)较为有名的"破布头店"有王永昌破布头店、彭永盛破布头店、林顺泰破布头店、张鼎兴破布头店,等等,因为并非堕民,所以三埭街堕民称老板为"店王"。也有些经济实力雄厚的堕民,专门开设经营旧货的商店,如林茂源、钱大有、林凤宝等。破布头店主要集中在城区大坊口至斜桥一带。"永福街人除了做鼓手、清音座唱、做戏外,有好几户人家开起了破布头店(废品收购店)。"[②]绍兴最大的堕民聚居区三埭街,

①　《沥海小巫糖》,《上虞名优特产》,西泠印社出版社2011年版,第181页。、

②　访问陈顺泰,2016年9月16日。

"操破布业乱头发大户十余家,污秽之气,依然触鼻"①。破布头店聘有两至四名伙计,专门负责收购废品和打包,另有一名会计记账,一般由其妻子亲自担任出纳,以掌握经济大权。破布头店收购废品后,雇上几个年老的女工进行再次整理加工,销往杭州、上海及北方等地,利润极为可观。

破布头店平时收购日常废品,货源充足,四季都是旺季。逢年过节还迎来旺季的高峰,专门收购鹅毛、鸭毛和鸡毛。从腊月二十日开始直到春节后的二月初,乃是破布头店捞金的"黄金时期"。破布头店从挑"换糖担"的堕民手中收进鹅毛、鸭毛后,打包成件,用4块同样长、宽1.5米的四方木板,像围墙那样将四周围住,围板内铺上麻布块作为包装布,伙计用畚斗盛羽毛倒入其内。因羽毛松散不易拢合,再由两名伙计在围板内不断地均匀踩踏,使其结实。最后打成1.5立方米大小的件头,运往杭州、上海及嘉兴等毛纺厂作为纺制呢绒的原料。而收购进来的鸡毛则转售专营羽毛加工的商家再进行深加工。虽说收购家禽毛非常辛苦,但利润颇为丰厚,每斤家禽毛经破布头店一转手,即可获利40%以上,占全年总收入的五分之三左右。②

周作人对三埭街的堕民开设破布头店做过详细的描述:"这里虽然称作'不齿人',但实际上社会并不加以什么歧视,不过从前法令禁止科举考试,便是不准他们做官,并自为婚姻罢了。关于职业,男的本是乐户,便是做戏,方言称为'子弟',或在家开旧货铺,外出收卖杂物,如破布、烂铁、乱发及鸡鸭毛,这些货色不用钱买,却只以'关东糖'(本地就称为'堕贫糖')、沙炒豆等不值多少钱的东西相兑换,这种生意又没有人来抢做,所以利润是颇有可观的,拿回去之后整理发卖,单只是破布一项,从前人家制作鞋底就需要很多,来源即是从这里来的。他们在城里聚族而居的地方叫作三埭街(在城外大概是散居的),临街就有几家破布厂,有好些妇女在那里工作,路上也闻得到石灰的气味,整理好的碎布成捆地堆放在那里。"③堕民勤俭持家,依靠收废品发家致富者也不乏其人。"堕民除了向东家服务取得报酬之外,主要职业是收买或贩卖破布、鸡毛、鸭毛、鹅毛、头发等废物。富有的设店开行,专门收集此类废物,加以整理之后,就大批地运到宁波、杭州、上海销售,得到的利润,颇为可观。"④废铜烂铁则出售打铁铺。

许多穷苦堕民,以饴糖向人家换取破烂碎布,甚或向垃圾堆中寻捡。

---

① 《绍兴堕民简况》,《绍兴概况调查》,1949年,第118页。
② 访问周春香,2017年6月6日。
③ 周作人:《闲话堕贫》,《周作人文类编》第6册,湖南文艺出版社1998年版,第164页。
④ 陈志良:《浙江的堕民》,《旅行杂志》1927年第6期。

此种破布,数量甚巨,均售于各破布头店。店中大量收集后,以极低工资雇堕民妇女列坐检理,尘埃飞扬,秽气扑鼻,行人过者,莫不蹙额,而她们安然自若,满不在乎。检理后,还要洗,还要晒,然后用麻绳巨网打成一个一个的大包,每一个大包总有出门人大号铺盖四倍大小。据说这种破布生意,均到上海走洋庄,营业颇不小。①

开破布头店的堕民为了拓展业务,还聘请几位师傅,开辟了"布淘"生意。所谓"布淘"乃是将一批蓝色和黑色的碎布片,装入大淘锅,按比例放入老碱和水,在淘锅煮沸较长时间,冷却后再用箩筐装运至河埠头冲洗干净。再放入淘锅,加入一定数量的漂白粉和水,再次煮沸,然后用箩筐装到河埠头。再用长约一尺、宽七寸、厚三寸的木块,边角上有一根圆形木芯,用一根长约两米的木棍,一棍一头凿一个与木芯大小一致的孔装进木棍,制成敲桩板。随着敲桩板的翻动,一边用水不停地冲洗,一边翻动敲打碎布,褪去原色,变成白布晒干。再雇上三埭街的堕民妇女,将白布叠成方把,销往外地。②

## 第六节 小 押

绍兴有些堕民也开设质期最短而取利最高的当铺,谓之"小押"。"小押"者,其利息重,期限短,估价十值不过当三,且营业时间不定,深更半夜,乃至天将破晓,犹有叩"小押"之门而质物者,鸡鸣狗盗之辈,往往以"小押"为销赃之所。稍有身家者,不屑为之,其名也不文雅。堕民乃贱民,只要有利可图,并不顾及名声。"绍兴业此者非尽军犯,亦非良家,其为惰民所开者之十六七。惰民者,元之勋戚,明时编为乐户,凡有婚丧等事,男司鼓吹,女司茶水,男则名为惰民,女则名曰老嫚,其承候之家,亦各有主顾,不能紊乱,且蠹郡有数项生意,专归惰民而良民不屑为,如换糖、收旧制犁耙、造各富、钓田鸡、开糖坊等类。短押亦其一也,以故乐户中人,亦颇有富者,惟出则不敢与齐民抗礼耳。乾隆年间曾经奉过谕旨,令惰民皆去其籍,其有情愿自拔者,官无禁。然而若辈转以不脱籍为乐,盖以不脱惰民之籍,则几多独门生意皆为彼所占,其所获正有可观。即如小押一项,其利则至少三分,为期则不过四月。而一月之中又分为三期,十日一期而收三分之利,一月三期则取利九分矣。凡投质于此等小押者,赎者少而满者多,以故值十者不过当三,满期出售可获厚利,往往有押物持钱而去,而押票

---

① 秦人:《杭甬段沿线的特殊民族》,《京沪沪杭甬铁路日刊》1937年第1913期。

② 访问周春香,2017年6月6日。

即交小押店伙为之收管者,此其早存一不复赎之意可知也。夫果系己物,岂肯先存此心,则其所押之物,其来路可想而知已。绍兴惰民贪图此等生意,以至不肯脱籍,甘沦下贱,而平民则虽知此种生意之必可获利,而不屑与惰民争利之故,鄙而不为,而他处之小押,初非尽如绍地为惰民所开。"①只因未经纳帖,不能比于典当,其资本亦少,故开小押者,尚不敢恣意妄为。

小押出于近代,相传源为清代狱囚,罪犯王某被刑部判决终身监禁,竟熬成小头目。于是,借机勒索囚犯银钱,鼓励犯人赌博,以物折钱,从中渔利,积资渐多。后来,王某遇赦出狱,遂以开小押为业。挂出招牌曰:"指物借钱,无论何物均可抵押,物值十而押五,坐扣利息,几月为期,限期不赎,变卖折本。"显然,小押出现即非正途,其藏垢纳污,秽行无端,毋庸置疑,乃是非经官府批准的"地下生意",见不得阳光。绍兴地方当局屡次予以取缔。周作人撰文痛斥其违法勾当。"重利盘剥,为害闾阎,贫民社会之受小押之蠹蚀也,非一日矣。溯小押之由来,始不过远方流犯,糊口无方,藉是略权子母,俾遂生计。继焉土著之流氓地痞,悍差蠹役,见其有厚利之可图,亦遂相率效尤,以求遂其巧取豪夺之私。"小押本身乃是不正当的营业。"大抵典肆之受质也,千钱质价率在五百上下。而小押之估值,十不及其三、四,或更不及其二、三。职其平日收受赃物,抑勒已成习惯,遇民物之求押者,亦遂以赃物视之,任情抑勒,不留余地。盖小押虽不至收买盗赃,而其收受贼赃,无日或免。试观各地乘间攫物之人,畴不以小押为宣泄之尾闾。小押禁绝,则图窃之风庶几少减。且民之质物于小押也,虽以告贷无门,忍而出此,然亦未必遂易升斗之粮,或困于烟,或禁于赌,饮鸩止渴,贻害无穷。小押禁绝,庶烟赌之风可以少减,亦非始社会之福也。"②周作人支持绍兴地方当局对小押予以严禁。

## 第七节　叫子店

绍兴也有堕民开设的"叫子店"。堕民吹鼓手使用的唢呐,必须配有"叫子",宋代称为"颡叫子"。沈括在《梦溪笔谈》提到:"世人以竹木牙骨之类为叫子,置人喉中吹之,能作人言,谓之'颡叫子'。尝有病喑者,为人所苦,烦冤无以自言。听讼者试取叫子令颡之,作声如傀儡子,粗能辨其一二,其冤获申。"③"叫

---

① 《书汉阳县禁开小押示后》,《申报》1893 年 7 月 5 日。
② 顽石(周作人):《对于封禁小押之感想》,《绍兴公报》1910 年 8 月 6 日。
③ (宋)沈括:《梦溪笔谈》,吉林出版集团有限责任公司 2010 年版,第 106 页。

子"属于单簧气鸣乐器,以两竹片合而夹一薄膜,将其含于舌上腭间,为了防止不慎吞下,以一线拴在牙齿上,以舌抵在上腭上,呼气策动薄膜发音,其原理如吹叶。音亮则取决于呼气缓急,呼气缓而音低,急则音高。如果吹奏声与自身的嗓音合在一起同时发音,能够模仿人声、鸟鸣、家畜等动物的鸣叫,常用于口技表演。既有用木、牙、骨等材料制作,也有用金属片制作。绍兴堕民制作的"叫子"主要采用一小段草芯,拦腰扎以细铜丝而制成。"绍兴还有叫子店,即以麦秆扎以钢丝,扣在叫做梅花的喇叭吹口之上,使其发出嘹亮的乐声来。"①因其技术要求较高,并非任何人都能开设,绍兴全城也仅有五家堕民开设的"叫子店"。堕民所做"叫子"除供应越地堕民戏班、唱班以及和尚、道士之用外,大宗产品运往苏州、上海等地销售。

"猴王世家"起初就是在三埭街开设为堕民绍剧服务的裁衣戏具店起家的。章氏原是上虞道墟的农民,章廷椿以耕田为业,业余爱好就是演戏,演得最多的就是"猴戏",故享有"活猴章"的美誉,也经营一家小灯笼铺。儿子章益生已是戏曲演员,演得最多的也是"猴戏",享有"赛活猴"的美誉。章益生在走南闯北的演出中,发现了开设裁衣戏具店的商机。20世纪20年代,章益生向乡邻借了五块大洋,在三埭街开设专门为绍剧服务的商店,将大城市的服装、道具及水绡纱、马鞭等戏剧用品,贩卖到绍兴的小城镇,做起了戏业生意。"六龄童"章宗义回忆:"我的祖父母早就故世,几乎没给我留下什么印象。我只知道祖居在上虞县道墟乡(原属绍兴府),祖父是一个普通的村民。他为人忠厚老实,常年勤作田业,农闲时则经营一爿小小的灯笼铺,可谓安分守己,胆小怕事,但生活尚可维持。父亲叫章益生,清末民初,为摆脱家庭困境,只身来到绍兴,从此开始了他毕生从事的戏剧事业。他经常走南闯北,运销各种戏剧用品。因为他熟悉梨园巷中人,经常将北方水绡纱(纱巾)等化装品和马鞭等道具运到南方来,销售给绍兴的乱弹班子。由于他不辞劳苦,潜心经营,不久就有了部分积蓄,于是便到上海立足,在老闸桥堍开了家戏院,取名为老闸大戏院。"②章益生通过在三埭街开设裁衣戏具店积累了"第一桶金",来到上海开设老闸大戏院,并将带往上海的绍剧班社扩展成了"同春舞台"。

绍兴有些堕民还开设古董店、麻袋店、打锡店、草鞋店,以及出售锡拗、竹柯等商品的店铺。

堕民被严禁从事商业,即使从事违禁的商业,也是一些平民所不屑一顾的小商业,有些是专门为堕民的贱业服务,如糖坊店专为堕民"换糖担"提供交易

---

① 王静:《中国的吉普赛人——慈城堕民田野调查》,宁波出版社2006年版,第92页。

② 六龄童口述,陶仁坤整理:《取经路上五十年》,上海文艺出版社1988年版,第4页。

所用的"堕民糖",或为老嫚提供赠送主顾的"老嫚糖";叫子店和裁衣戏具店则为堕民"戏子"和吹鼓手提供单簧气鸣乐器和戏剧用品;有些小商业则是为人所不齿的行当,"撩屙缸沙"乃"逐臭营生","挑换糖担"乃是收购破烂,破布头店专门收购堕民"换糖担"所得废品,均为与肮脏的东西打交道,很不卫生。故谚语云:"堕民走四方,晦气自己当,烂手断脚骨,嘴上生个大疔疮。"青蛙乃是益虫,被誉为"护谷大将军",堕民捕售青蛙,遭人鄙视,越地儿歌有"满天月亮一颗星,田鸡来亨钓堕贫"的贬语。衢州俗话云:"天下行业三种低,剃头、剔脚、吊田鸡(轿夫)。"堕民开设的"小押",乃是官府禁止的非法生意,专为鸡鸣狗盗之辈服务。

# 第二章　男堕民的小手工业

堕民不得做工,只能从事小手工业。[①]　堕民制作"竹灯檠",又称"阁富",以细竹拗成,形同小型圆背椅子,主顾用于腊月二十三祭灶之用。清代堕民开始从事剃头行当,分为拎包剃头、肩挑剃头和开店剃头三个档次,形成专业的堕民"剃头村"。阉割禽畜也是堕民从事的技术性行当之一,主要有阉鸡和阉猪两种行当,被贬称"阉鸡佬"和"阉猪佬"。"赶公猪"也是堕民特别行当之一,"栏公"成为堕民的别称。打棕绳也是堕民的主要手工技艺,棕绳分缆绳、箔绳、棕棚线和田丝绳四个品种。定海打铁成为堕民专门的行当,贬称为"打铁堕贫"。随着近代堕民解放步伐的加快,堕民不能做工的禁忌有所打破,有的堕民从事画工,有的堕民进工厂做工。

## 第一节　制作"阁富"

男堕民制作"竹灯檠",又称"阁富""阁火""彩马"。以细竹拗成,形同小型圆背椅子。上面搁一只瓷碟,注上菜油,燃以灯芯,作为照明之用。但越人用"竹灯檠",还有另外的用处,腊月祭灶时,家家户户都需要一只"阁富",外糊红绿彩纸。"厨下灯檠,乡人削竹成之,俗名灯挂。买必成双,相传灯盘底之凹者为雌,凸者为雄。居人既买新者,则以旧灯糊红纸,供送灶之用,谓之'善富'。"[②]古时多用公鸡祭祀灶神,作为灶君坐骑之用。后来,才改为"阁富"。"善富,竹灯檠名,贯以箸,于祀灶时焚之,为灶神之舆,亦土俗之可笑者。旧避'灯盏'盏字音,锡名曰'燃釜',又后为吉号曰'善富'。买必成双,俗以两环微裂者为雌善

---

①　关于堕民从事的小手工业,有关学者鲜有涉及。俞婉君在《绍兴堕民》中列举了绍兴堕民"变废为宝",制作发袜和打棕绳,以及制售竹灯檠、剃头、阉割禽兽等小手工业。王静在《中国的吉普赛人——慈城堕民田野调查》中也罗列慈城堕民从事的剃头、阉鸡等六大行当。

②　(清)顾禄:《清嘉录》卷十二《灯挂挂锭》,道光刻本。

富,否者为公善富。腊月送灶司,则取旧者载印马穿细薪作杠,举火望燎。"①"阁火"实即纸轿,用竹子制成,形状如小圆座椅,糊上红绿彩纸,装上两条小毛竹作轿杠,上搁一只瓷碟,注上菜油,燃以灯花,用来照明。浙东风俗,农历腊月二十三日晚上,都要送灶神上天:

> 俗自二十日起,不呼以日,而呼以夜,念三日送灶,呼为廿三夜也。比户以胶牙饧祀之,俗呼为"元宝糖"。是夕悬钟箸三副,酒饭三盅,素馔十碗,白鸡一双,炒黄豆一碟,上置稻草芯数十寸,饴糖一碟,鸡血一碗,豆腐干青豆各一碟,八两烛一对,主香一股,楮宝一球,素馔是夕忌用豆腐,以示吉祥,蔬菜如香菇、蟳扣、油腐、炖香干、细炒八宝、煎菜笋、醉花生、醉栗子、素悭子、素什锦茶。祭时,妇女不得参拜,礼毕揭下灶君神祃,置诸阁富上,两旁穿以竹筋作轿杠(间有用花轿者,为豪门专有品),奉以木桶盘中,列烛台香炉,茶捧至庭中,焚化送神上天。楮帛化尽时,拨火中篝盘(阁富中之半边竹节)未尽者,箝而纳之灶肚中,谓之"接元宝",寸断稻草芯数十枚,炒豆少许,供鸡之舌,三物撒于屋上,俗呼"马料豆"。其余合家食之,能益眼明目云。送灶素菜多大同小异,或用荸荠、藕脯,或红枣百合羹,如粽子已裹,年糕已捣者,均皆列之。灶君全年茹素,是日乃饷以一鸡开荤,只此一日而已。②

绍兴腊月祭灶,必备"搁富"作为灶王坐轿。"各富,竹灯架也。腊梢祀灶,借为灶神乘舆。贫富皆同,故美其名。"③传说灶神以此乘轿上天。"古时,多以雄鸡祭灶神,谓作灶君上天坐骑,后改用堕民所制之搁富。搁富,竹扎纸糊,形似油灯架,作灶君上天所乘之轿,寓祈来年发财致富之意。送灶时,燃放爆竹,撒草豆于屋面,俗谓备灶神马料。祀毕,将灶神像和搁富一并焚烧,意即欢送灶神上天。除夕迎灶神返户入座,此后,每月朔望,皆供素食。"④祭祀灶神完毕,将灶神像以及像旁的对联揭起,安放"搁富"上面,再将"搁富"连同灶神像放入桶盘,端送到天井。天井中间已事先准备停当,地上铺着一束稻草,抖上烧纸,放上用黄、银两色纸折的元宝间隔穿起来的"太锭",将"搁富"连同灶神像放到"太锭"上面焚化。通常下面还会垫些干燥的豆秆和竹梢之类,焚化时发出"哔哔卜

① (清)陈璂修:《杭州府志·岁时民俗》,《中国地方志民俗资料汇编》华东卷(中),书目文献出版社1995年版,第588页。

② (清)金明全:《绍兴风俗志·念三夜送灶》,光绪二十三年刊本,藏杭州图书馆古籍部。

③ (清)范寅:《越谚》卷中《器用》,光绪八年刻本。

④ 任桂全主编:《绍兴市志》第5册,浙江人民出版社1986年版,第2891页。

卜"的声响,以壮灶神上天的行色。腊月"初十后,特殊民族惰民取竹头、竹梢,削成四方形,中贯以半边,竹梢之头曰'搁富'。店人买之,糊以红纸,穿竹箸一双,供廿三夜送灶之用。贫寒之家,买之中置小碟,贮油作点灯之用"①。"阁富"的制作权和售卖权,属于堕民专有。

十二月二十三日,相传是灶司上天对玉皇大帝作一年来的报告,这一年之中谁好谁坏,玉皇大帝就凭他的报告降福降灾。在这天主持家务的妇女首先须把灶间打扫干净,其次是拿搁灯盏的"各富"(竹制有四只脚,有环备拎移,中有竹爿一块即用以摆灯盏者,这是它的构造),用红纸周身一糊,穿两根竹棒算是轿杠,这就成功了灶司上天的坐轿。杀一只大雄鸡褪去全身羽毛独留着尾部的几根长毛不褪,这就为灶司上天的坐骑,备一桌全素的十碗头,另加三盘水果、荸荠、甘蔗之类并加热粽子、热年糕,还有一盘马料豆是些切断的草和黄豆共盛一盘,还有一盘灶司糖是用竹箸裹着的饴糖,这种糖是由各家的主顾老嫚送来,用作粘灶司的嘴使得灶司的嘴被饴糖粘住,到了天上说话发生障碍的意思。晚饭后燃起香烛行过礼以后,把供在灶司堂的灶司祃揭下来,放在红纸糊的"各富"内就是所谓轿子。另外用一张平时搬饭菜的大型圆桶盘,把"各富"啦,香炉烛台啦,作为坐骑的鸡啦,水果啦,马料豆啦,统统放在圆桶盘里,一人端桶盘,其他的都恭敬严肃地跟在后面,一齐走到天井燃着银锭,"各富"放在锭上一齐焚化,到得差不多的时候,由烧火煮饭的老妈妈,用火钳把焚烬的"各富"中央那一竹爿攃出放在火铳内如同珍宝似的,拎进主妇房中,名之曰"元宝火"。送灶的节目,至此终止。②

萧山腊月二十四祀灶,以堕民所制"竹灯"送灶神上天。"二十四祀灶,各家用竹灯一盏作神舆送神上天,礼灶用糖糕,以灶神言人过于天帝,取胶牙之意,名曰送灶。"除夕再接回灶神。"又用竹灯一盏接灶神归。"③也以"竹灯"相迎。

宁波堕民于农历十二月二十三将"纸马"送到各户祭灶。慈城"堕民以竹枝、彩纸扎成彩马,于旧年腊月廿三分送到各家,以求得东家赏物"④。"纸马"乃慈城堕民为灶神备的马。祭灶是农历十二月二十三,大年夜灶神要回来,上天入地,需要七天快马加鞭,才能打个来回。慈城的祭灶马也是竹扎纸糊,但马的大小档次相差很大。有的小马只糊一层白纸,连毛也没有。而讲究的则是高头

---

① (清)金明全:《绍兴风俗志·买搁富》,光绪二十三年刊本,藏杭州图书馆古籍部。
② 周冠五:《鲁迅家庭家族和当年绍兴民俗》,上海文化出版社 2006 年版,第 111 页。
③ 张宗海等修、杨士龙等纂:《萧山县志》卷一《疆域·风俗》,民国二十四年铅印本。
④ 王静:《中国的吉普赛人——慈城堕民田野调查》,宁波出版社 2006 年版,第 83 页。

大马,浑身披毛,马鞍和马缰用彩色蜡光纸做成,马缨、金铃则用金银纸做成,华丽高贵,气势不凡。送祭灶马上天要在盆里火化,盆里要放水,稻草梗和黄豆,这是马的饮料和饲料,让其吃饱喝足,快步如飞,马到成功。

余姚平民也于农历十二月二十三,以堕民制作的"搁富"送灶司上天,在灶龛前摆放苹果和团子祭灶,然后,撕下灶司像,送往门前焚烧,放炮仗相送。二十四日再掸尘,即大扫除。除夕再迎灶神返户入座,每月朔望均供素食。

宁波东羊巷天一栈基址还因送灶烧堕民所制"善富"不慎失火。"华人于是夜正系送灶日期,各家俱备纸轿或即用灶上所挂之旧竹善富,外糊以红纸,而中贯以竹棒,以作肩舆之状,然后燔以青松以送灶神上天。此吴越相沿之风俗,所以昭其虔恭之意也。"①虽经全力扑救,仍焚去民房十余间。

绍兴还有除夕夜烧堕民所送"搁富"习俗,以祈求富贵。吃过年夜饭后,户主于门前焚烧"搁富",一边烧一边讨彩头:"你也富,我也富,三十夜里烧搁富。"竹枝词曰:"满巷通红烧富贵,轻销几个霸王鞭。"沈锡久注曰:"除夜烧松盘,内架竹灯檠一对,谓之烧富贵。"②旧俗架松柴于门外焚烧,柴堆常高与檐齐,火光烛天,名之曰"烧松棚",内架竹灯檠一对,称为"烧富贵",以祈求新年发财,明年致富。"杭州里巷名有大善富,因熙雍间沈姓居城隍山麓,乐善好施,乡人编大竹灯二,悬门旁之,号曰'善富',劫后犹存。每岁十二月腊前,乡人编小竹灯叫卖曰'善富',户尽购之,以图口号。"③"搁釜灯"乃嵊州旧时山区和农村照明用具,较燃松明、火竹略胜一等。这种灯具由形似铁镬(故称釜)的灯盏头放注青油或桐油,再放几根灯芯在油中,点燃后即亮。既可置于桌上,也可挂在壁上照明。灯芯极轻,乃灯草的茎髓,易吸油,也易结球形灯花,儿童猜"搁釜"的谜语曰:"小小池塘是我家,水底攀藤藤结花,水干藤枯花也落,不结果子不结瓜。"④灯芯结花或爆破,以为有喜事降临。嵊州也于除夕在门口烧"搁釜",以"各釜""搁富"谐音,以图吉利。(图2.1)

绍兴盖新房时,正梁两端也需悬挂堕民赠送的"阁火"。"上梁除择日外,梁上须贴有'吉星高照'之类的红纸,须置放堕民所送'搁富',用以避邪镇宅。"⑤主人以此驱魔镇邪。

堕民享有制作"搁富"的专利。绍兴也有不少堕民以编草鞋出售作为行当。

---

① 《宁城失火》,《申报》1875年2月11日。

② (清)王同编纂:《唐栖志略》卷二十《杂纪》,光绪十六年刻本。

③ (清)佚名:《杭城冬日杂咏》,《中华竹枝词全编》(四),北京出版社2007年版,第503页。

④ 夏春燕:《嵊州市非物质文化遗产大观》,西泠印社出版社2007年版,第231页。

⑤ 任桂全主编:《绍兴市志》第5册,浙江人民出版社1986年版,第2913页。

图2.1　嵊县(今嵊州市)村民用于照明用的"搁火灯"。祭灶使用的"搁火"也如出一辙,只是没有盛油的铁器而已,全用竹制成,略为简陋。

## 第二节　剃　头

堕民的剃头行当始于清朝。清代以前,只用剃刀理发修面,妇女则由女堕民美容。宁波传说:"明朝朱元璋做皇帝后,把元朝忽必烈派到各地的蒙古族官员罚为堕民,堕民及其下代只许干剃头、抬轿、阉鸡、做小戏文、吹行等最下贱的行当。到了清朝,顺治皇帝下了一道'留头不留发,留发不留头'的圣旨,要男人把前半边头发剃光,后半边头发梳成辫子,否则就要杀头。可是冒死留发的人仍有不少,因此,朝廷又下令命天下的剃头匠担上立一面旗杆,象征剃头匠有二品官衔的特权,可以杀不剃头发的人,由此,剃头匠的身份也高了起来。"[①]"身体发肤受之父母,不可毁损",剃头乃是一种耻辱,古代将头发剃光称为"髡刑",自

---

①　张国成口述,屠明华记录:《剃头担上立旗杆的故事》,《甬上风物——宁波市非物质文化遗产田野调查(北仑区·大碶街道)》,宁波出版社2009年版,第19页。

愿剃度者唯有僧尼。清代颁布"剃发令",汉族士民群起反抗,从此,就有"留头不留发,留发不留头"的强制暴力,拒绝剃头者格杀勿论。剃头担的一头是火炉和面盆,另一头则装着剃头家什的箱子,上面竖有一根约三尺高的旗杆,中央有一只小斗。后来,剃头担上立旗杆逐渐失去其原来的意义,改为挂剃头匠的刮刀布。剃头作为堕民的一种行当,确是从清代开始。民国时期,男人剪辫子,要剃头的人更多,不会剃头的堕民也学习剃头,剃头行当成为堕民的主要行当。

宁波从事剃头行当的人,大都是堕民,宁波称为"剃头堕贫",因此,"剃头"行当未能进入八作手艺行列。剃头行当分为拎包剃头、肩挑剃头和开店剃头三个档次。民国男女老少理各种发型,在人口稠密的村镇出现了剃头店,坐等顾客上门。剃头担逐渐被剃头店所取代。作家唐弢回忆:"乡村的小市镇上,随处都有堕民开设的理发店。当我居乡的时候,每三星期终得去光顾一次。他们理发的手艺并不高妙,可是两只耳朵却扫得好⋯⋯但上海理发匠决没有他们扫得俐落、轻快。"①堕民开设的剃头店,发挥自己吹唱的特长,专门备有各种乐器,供爱好乐器的青年学习使用,堕民加以指点,培养了一批民间乐手。宁波作家张良鸿回忆自己幼时接受"剃头堕贫"服务的惬意感受:

> 有句形容单相思的民谚叫做:"剃头担子一头热。"可见当时的剃头堕民是挑着剃头担走村串户的,担子的一头有镜子、脸盆、剃刀、挖耳、木梳、竹篦、刷子、毛巾等物件,另一头则安着一座燃柴禾的缸灶和一口烧水用的铁锅。到得村庄,便拨旺炉火烧滚水,主顾坐上板凳,第一件事情便是用热水焐头发,接着剃头师傅便刷刷地"及锋而试",把主顾头发尽行刮去。我小时候也常被外公逮住,把头剃得活像个小和尚样子。用剃刀刮头皮与如今用推剪理发,滋味是完全不同的,刮真的还挺疼,很不惬意。不过剃头师傅挖耳朵和捶背倒真有绝活,耳朵挖得痒苏苏,好舒服;那捶背和松关节简直如在玩"打击音乐":徐如飘雪,急如骤雨;重若擂鼓,轻若扬絮,直把主顾侍弄得身子像要飞升起来。②

宁波姜山的堕民聚居地——王伯桥村,是个著名的"剃头村"。凡是姜山挑剃头担的人,必是王伯桥的陈姓堕民无疑。吕仰元回忆:"王伯桥村的剃头手艺都是祖上传下来的,传了几代已难于统计。从我这辈子来数,王伯桥村最多的时候一个村有将近20个剃头师傅。一户人家出一个剃头师傅并不奇怪,多的时候,一个家里的男丁全干这行了。"王伯桥村最年长的"剃头师傅"陈德顺坦

---

① 唐弢:《堕民》,华夏出版社2008年版,第33页。
② 张良鸿:《剃头》,《老宁波》,宁波晚报(2007年),第269页。

言："我爷爷有 6 个儿子,6 个儿子全都捧着剃头的饭碗,我有 3 个堂兄弟,个个都是干剃头的行当。只是到了我的下一代都不肯学这门手艺了。"王伯桥村不仅"剃头师傅"多,而且手艺也是一流,刮胡子、剪鼻毛、挖耳朵,只要是"顶上功夫",无不娴熟自如。"一把剃头刀,轻轻地一滑,一片胡须就下来了,再轻轻地一转,耳朵眼儿的脏物就出来了,多邋遢的人这么一修理,立刻就会变得清爽利索。王伯桥村的剃头手艺从顾客落座到理发结束,前后要经过扑粉、剪、挖、洗,最后提神等十多道工序,每道工序都非常有讲究。"①剃头师傅先用热毛巾将顾客的头焐热沾湿,左手拿一把梳子,右手拿着手夹剪从额头开始边梳边剪,头顶"作业"结束。再拿出一把剃刀,打开后在柜子前有一条约两寸宽的皮带上蹭两三下,从顾客的前额往后脑勺顺势刮去,有条不紊,胜似耙田,之后又倒过来刮一遍,手脚麻利轻盈。剃刀用完后,将刀在皮带上蹭两三下,轻轻收好。接着,再用软刷子蘸肥皂涂在顾客的胡须上,一把剃刀在脸上滑过,胡须顷刻间消逝得无影无踪。剃刀又在顾客的耳孔处转了两转,耳孔的汗毛一根不剩,皮肤却丝毫未损。又取出交刀、耳捻子、耳挖子和镊子,夹在左手的指头,将顾客的耳朵掏干净。剃头师傅不能坐等顾客上门,每天清晨都要点起煤炉烧开水,然后,挑起沉重的剃头担子,走街串巷,吆喝不停,以寻找顾客。剃头担的一头是供客人坐的椅子,另一头放着烘炉、水壶、脸盆和理发用的家什,看上去头重脚轻,一冷一热,故有"剃头担子一头热"之说,意即做事一厢情愿,并非双方都有热情。虽说剃头赚钱不少,但心甘情愿当剃头匠的人却不多,剃头匠从事这种服务性行业,被视为"下等人"。

余姚剃头的男堕民,称为"剃头师傅",剃头的女堕民,称为"剃头堕民嫂"。剃头的祖师爷相传就是余姚的堕民。直到 20 世纪 50 年代,"在理发这一职业中,男性堕民仍占百分之八十五以上"②。余姚堕民走街串巷均挑着一副沉重的担子,有火炉、铁锅、竹椅、理发工具、镜子以及自己吃饭的锅碗瓢盆和米等,在脚埭内活动。"堕民学理发与学其他手艺一样,三年才能出师。不过,当时的理发技艺比较复杂,除学理发外,还要学按摩、推拿以及简单的针疗技术。一般的腰酸、背痛,经他一揉摸,会觉得浑身舒畅。如果有生'偷针'眼的,经他一捻泪腺,就霍然而愈,只是不讲卫生,用具亦不清洁。"③堕民不仅要理发,还兼营按摩、推拿和针疚。剃头师傅为了讨好主顾,经常拿出绝活,进行按摩。凡睡落枕的脖子、寒食淤积的腰背,剃头师傅三招五式,手到病除,将颈椎、腰椎端得"咔

---

①　巫莲莲:《王伯桥:"剃头村"的故事》,《鄞州文史》第 4 辑,2007 年。

②　诸焕灿:《余姚堕民浅考》,《浙江民俗》1987 年第 1 期。

③　吕衷才:《谈余姚的堕民》,《余姚文史资料》第 8 辑,1990 年,第 173 页。

咔”发响。民国以后，有了西发、平头等式样，改用轧刀、剪子，在街上开设理发店，店内还备有各种乐器，供人娱乐。(图 2.2)

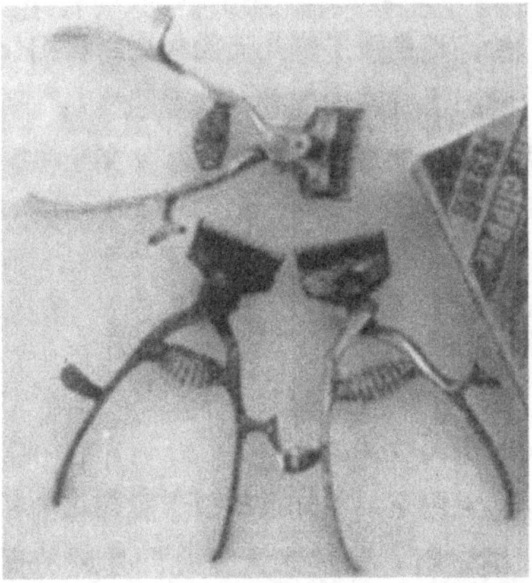

图 2.2　天门下堕民的理发工具(王静供图)

慈城天门下的堕民会剃头的很多，凡做送娘子的女堕民、干吹行的男堕民都会剃头。于是，有人断言：“慈城剃头的大多姓任，但任姓不一定是堕民。”①剃头行当分为拎包剃头、肩挑剃头和开店剃头三个档次，这也是理发的曲折发展简史。堕民目光短浅，无序竞争，自相残杀，致使其收入更加微薄，生活更加艰难，愈加受到歧视。谚语云：“堕贫嫂，屙痨造，草子地里拾把刀；东躁躁，西望望，当作宝贝割卵脬。”慈溪坎墩的堕民，最初也是挑“剃头担”，一头工具，一头炉子。后来，剃头堕民有了店铺，“剃头担”也随之消失。剃头店为了招揽顾客，花样繁多，理发之外，还有掏耳朵。店里备有二胡、笛子等乐器，也有象棋、竹牌，供等候理发的顾客娱乐。平时闲暇，剃头堕民自娱自乐，有人进来就聊天侃大山。堕民的剃头店成了村落的休闲和消息中心，剃头堕民也慢慢获得“剃头师傅”的称号。

嵊县、上虞和新昌等地的理发匠，除了部分来源于天台以外，都是堕民专有的职业。上虞崧厦堕民剃头匠据传清代有过“皇封”：“剃头挑子前一头设有旗杆，上置一只锡制的‘五岳朝天’。扁担为‘尚方宝剑’。当年太平天国起义称‘长毛造反’，为镇压太平军给堕民一个皇封‘留头不留发，留发不留头，凡留长

---

① 王静：《中国的吉普赛人——慈城堕民田野调查》，宁波出版社 2006 年版，第 77 页。

发者,格杀勿论'。"①上虞"百官的男性堕民,多以剃头为生"②。他们走街串巷时,挑着一副沉甸甸的担子,担子一头挑有一个特制脸盆架,上搁铜脸盆,脸盆里放着一条叠得整整齐齐的毛巾。脸盆架下为火炉子,放着木炭以及一把破扇。另一头为坐人的凳子,下面有四个铜拉的小抽屉,犹如百宝箱,里面搁满推剪、剪刀、篦子、梳子、剃刀、刷子、镜子等剃头工具。剃头担上总挂着一块结实的皮刀布,用来蹭剃头刀。剃头师傅只要在巷口吆喝:"剃——头——哉——!"熟悉的主顾就会自动地围拢过来。中华人民共和国成立初期,实行公私合营,百官政府将走街串巷的剃头师傅组织起来,开设了专门负责头上工作的门店,称为"新光理发店",十几个理发员,全是堕民村——横山弄的堕民。"新光理发店"坐落于五福园对面,三开间坐东朝西,营业厅南北靠墙陈设又宽又高的转椅,每个座椅前面都贴着一块很大的长方形玻璃镜面,长长一排煞是壮观。因理发行业与老虎灶、大饼店、酱油店等均属服务行业,故同属商业公司管理。"新光理发店"虽属集体所有,但堕民出身的职工态度和蔼,手艺高超,经常出现排队理发现象。

定海也有谚语"剃头挑子一头热",热的一头有个炉子,上搁铜面盆,一根杆子上挂着刮布刀;一头是带抽屉的凳子,既可放剃头工具,也可以坐人。定海的剃头师傅均为顾姓堕民和桂姓堕民,大都聚居于定海西门头,挑着担子走街串巷为人剃头。剃头刀在刮刀布上刮得生生响,敲背挖耳兼修面光胡子,脑门剃得干干净净。顺口溜曰:"剃头师傅生活好,全靠手中一把刀,一刀两刀加三刀,脑壳锃亮变蒲瓢。"

金华的小姓也从事理发行业,婴儿满月之日,请小姓到家中为婴儿剃头,剃得不整齐不要紧,不可将头皮剃破,否则,婴儿的父母会忌讳破了头而不高兴。旧俗剃满月头时,外婆要给小姓红包,小姓则用包过红包的红纸,将婴儿剃下的胎发包好,交给婴儿母亲挂在门后以压邪。小姓理婴儿满月头,主人必须给予双倍的工资。从过去封建礼教角度而言,小姓多拿多要,似乎是平民的一种"恩赐"。

---

①　徐家林:《堕民习俗文化》,《上虞市非物质文化遗产普查汇编本·民间文学(下)》,2008 年,第 31 页。

②　《堕民村的兴衰》,《老渡口新商都(百官卷)》,大众文艺出版社 2013 年版,第 53 页。

## 第三节　阉　割

阉割是堕民从事的技术性行当之一。主要有阉鸡和阉猪。阉鸡,俗称"结鸡"。余姚的堕民于暇时从事结鸡行当。"空时,堕民臂挽钩子洋伞,腰挂阉鸡手术刀,走村穿户,口喊:'哗,哗,阉鸡。'"①据传其技术为华佗所传。宁波海曙区段塘的堕民,也从事结鸡行当。"凡在二十世纪六十年代以前出生于段塘一带的人,对挑着老式剃头担子的剃头师傅和夹一把黑阳伞的人总留有深刻的记忆,他们几乎都是堕民。"②朱道初曾回忆鄞州堕民结鸡的高超艺术:

> 我的故乡是东乡一个集镇,住户不是农家便是"靠社户",全吃国家供应粮的极少。由于每家都分有早谷晚米,糠秕多,养鸡的也多,而且大多由自家母鸡孵小鸡,因此公鸡母鸡比例失调,须及早阉割公鸡,这也就给专司阉鸡的人提供了施展技艺的机会。小时候看阉鸡者的表演常常饶有兴趣,阉鸡者是个黧黑的男人,也不知来自何方,他用不着大声吆喝,生意就会源源而来。只见他坐在小凳上,全神贯注,目不转睛,先用块乌黑发亮的旧布盖住腿膝,随手接过主人递来的小公鸡,即从帆布袋里取出有弹性的小勾,把鸡控制得纹丝不动,然后拿一把小刀和钳子,极其熟练地从鸡体内挟出两颗白色的睾丸来。整个过程转瞬之间已经完成,而且看不到一点鸡血,动过手术的小公鸡奔跑如初,看了真让人惊叹不已。据说那阉鸡的是个堕民,或者叫做"堕弁""大贫",意思是个"贱民",阉鸡更是"猥下杂役"的典型。当时我对这种叫法不以为然,还是很佩服他的技艺。③

王静在慈城采访了一位七十多岁曾从事"结鸡"的堕民庆钿。庆钿十七岁即跟着父亲学习结鸡手术。但他独自出门营生时,乡人一看是个"小顽"(男孩),颇不放心。"结鸡,作为外科手术,其技术要求是相当高的,如果手术动得不好,鸡会死的。由于人们认为他的技术不牢靠,一天跑下来,他结不了几只鸡,按市价结一只鸡五分的收入,着实让他难以维持生计。他只得再替人剃头。但出门剃头时,他仍腰悬结鸡家什,东家见了,让他试一下,他常常出手不凡。"④

---

① 杨鹏飞、鲁永平主编:《姚江风俗》,浙江古籍出版社2011年版,第118页。

② 王丽珍整理,范月琴口述:《堕民规约》,《甬上风物——宁波市非物质文化遗产田野调查(海曙区段塘街道)》,宁波出版社2009年版,第45页。

③ 朱道初:《故乡的"猥下杂役"》,《鄞州日报》2010年9月6日。

④ 王静:《留住慈城》,上海远东出版社2004年版,第122页。

"小顽"的结鸡技术不断提高,精益求精。"小顽"遂放下剃刀,专门从事结鸡行当。慈城老人还记得这位"小顽",还给他取了一个绰号"咯咯鸡伯伯"。喻小公鸡未结净,公鸡成了半哑,慈城人称为"咯咯郎",以此予以取笑。

堕民经常身穿黑衣,左臂挂黑色有钩洋伞,右手提一网兜,腰悬小皮袋所盛的结鸡家什,腰后挂一只盛阉割睾丸的小竹篓,边走边吆喝。初春,每家都养雏鸡,多者10至20只,少者也有5至10只。雌鸡养大能生蛋,家境好的人家自养自吃,家境差的卖蛋换盐米。雄鸡养大可过年打牙祭,改善一下生活。雄鸡发育后就会啼鸣,常常追逐雌鸡交配,所以,宰杀后的雄鸡肉过于粗糙,吃起来口味太差,慈城称为"燥麸麸",意为缺少水分而味道欠佳。而结过的骟鸡肉质嫩而脆。所以,雏鸡略大,能辨性别时,除留1至2只作为种鸡外,其余公鸡都要进行阉割。公鸡长到45—60天时,体重半斤左右,尚未啼鸡,就请堕民"阉鸡师",俗称"阉鸡佬",实行绝育手术。户主只要远远指出那只公鸡需要阉割,"阉鸡佬"就从背后拿出网兜一挥,将公鸡逮住。将公鸡的翅膀反转,双手并拢拉直,用小木棍夹住,一端抵住鸡肚左侧,双爪连小木棍用绳子捆住。"阉鸡佬"坐在椅子上,双膝并拢,盖上方巾,将鸡的右侧朝上,拔下软肋处鸡毛,置于鸡下。退毛处用左手固定在肋骨下缘,左手持小刀向肋骨边缘水平方向下刀,割开鸡肚,将竹弓铁钩钩住两边刀口,弓架上的两个金属小方扣外移,固定弓钩,使切口张开,将竹签下端的棕丝扣放大,用金属瓢放入棕丝扣内,一边置入金属瓢缺口,将金属瓢和竹签伸入鸡腹内,拨开肠子,可见两只睾丸。用金属瓢盛往,将棕丝扣套住睾丸,固定竹签,慢慢拉动竹签上端棕丝。棕丝两边有小轮,来回数次,即可拉下睾丸,放入清水盆。然后,再取下双钩钩架,将退下的鸡毛缚于切口,抹上一点锅底,以防止刀口进风。手术既无须消炎,也不必缝合,仅需三至五分钟。小公鸡阉割后失去交配能力,不再啼鸣,鸡冠不再长高,颜色从鲜红趋向微红,羽毛也变得油光鲜艳,性情趋于温和,肉质没有腥膻,俗称"仙鸡",又称"鸡公公"。

东阳著名的小姓吹打乐手,也是个"阉猪佬"——王贤龙。"为了谋取一个固定的职业,他一度忍痛舍弃了对艺术的追求,去学自有'堕民'才肯滋事的行当——阉猪。"[①]义乌的小姓也会"阉猪","割掉小猪卵巢或睾丸,使之易于生长和长膘"[②]。阉猪小姓称为"阉猪佬",装有小皮套的阉猪刀用索带系在腰带上,手持一把凉伞,并携带装睾丸的小竹篓,沿途吆喝:"要阉猪吗?"小猪养了一个月后,养殖户就要烧鸡蛋、面条请阉猪佬阉割。公猪摘除睾丸,母猪除去卵巢。

① 《王贤龙小传》,《中国民族民间器乐曲集成(浙江金华分卷)》,1986年,第373页。

② 义乌丛书编纂委员会编:《义乌民俗》,上海人民出版社2011年版,第282页。

睾丸取出归"阉猪佬"所有,收集多了,就卖给人家煮汤吃。猪乃农家的"摇钱树",为了提高生猪的出栏率和猪肉品质,小猪在性成熟前都要进行阉割。小雄猪去势,俗称"破朊子"。将小雄猪倒提或横卧在地,将阴囊外消毒后,用一只手绷紧睾丸,另一手执阉猪刀在睾丸正中末端割破阴囊,睾丸自然弹出。分离睾丸鞘,扭断丝带,拉出睾丸附睾(血筋),在末端用麻丝扎紧血管,割断麻丝和血管。从原切口处进刀割破睾丸纵隔。再用同样方法,取出另一只睾丸。用猪毛将刀口粘住,容易愈合。猪没有汗腺,一般不会发炎。

至于"阉雌猪",则将雌猪摘除卵巢,有"大挑花"和"小挑花"二种。"大挑花"用于性成熟前的"中猪"和淘汰母猪。将猪横卧,腹部向着"阉猪佬",左脚踏住猪的头颈部,助手则拉直后脚,在第二奶头至盆腔骨外端连线的上三分之一向前三至五厘米处,用右手持特制的阉割刀作弧形切口,划破腹壁肌层。用消过毒的左手食指横向切入二至三厘米,再垂直插入,用刀戳破腹膜。用指尖在腹腔内靠上部摸索,触到较硬的卵巢,用手指沿腹壁拉到切口。右手用阉猪刀的另一端弯钩钩出卵巢,用麻丝连卵巢散(花蒂头)切断。再用同样办法,从同一切口取出另一卵巢。切口进行简单的消毒,无须缝合。"小挑花"用于断奶前的小雌猪。将小猪卧倒,背部向着"阉猪佬",左脚踏住头部,在第三个奶头与髂骨端的连线中间位置,用阉猪刀切开二至三厘米的切口。用手指向下挤压,卵巢会从切口弹出,拉住卵巢,连花蒂头和子宫角一起摘除。顺便拉住子宫角,牵出另一只卵巢,用同样方法摘除。无须结扎,也不必缝合切口。取出睾丸或卵巢后,阉猪佬要叫声"快高快大",然后扔到屋瓦背上。倘若掉在地上,养殖户会认为此兆头不好,猪养不大,要卖掉再买。阉过的猪不再发情,生长迅速,肉质鲜美。

宁波姜山王柏桥堕民村的"剃头佬"大都会阉割术,阉割猪鸡与剃头相近,其手艺精湛,世代相传。以前家家户户养猪养鸡,畜禽性成熟前,必须进行阉割。堕民阉割畜禽的行当,专门为家庭养殖业而设。"王柏桥村有许多剃头师傅都熟悉这门手艺,平时剃头生意不好的时候,就靠阉割猪鸡赚点小钱。"[①]王伯桥村的阉割技术一直持续到 20 世纪七八十年代仍兴旺发达,直到改革开放以后,原来每家每户饲养的畜禽全部赶进了饲养场,饲养很短的时间又送入超级市场,不再需要阉割这道工序,其阉割技术也随之失传。阉割禽畜乃低贱秽污的行当,新昌和余姚等地视为堕民特有职业。

---

① 巫莲莲:《王伯桥:"剃头村"的故事》,《鄞州文史》第 4 辑,2007 年。

# 第四节 赶公猪

"赶公猪"也是堕民的特别行当之一,"赶公猪"的堕民又称"栏公",几成堕民的别称。配种之前,应让公猪饱餐一顿,以便生下的小猪又多又胖。母猪发情的时间一般为三至四天,发情早期,食欲减退,烦躁不安。发情中期,食欲明显下降,甚至完全不吃,起卧不安,企图跳墙出圈。发情后期,食欲则逐渐恢复。母猪发情中期,为最佳的配种时机,受胎率最高。公猪进行交配时,需要进行辅助。公猪爬上母猪背后,要及时拉开母猪尾巴,以免体外射精。交配时,还要保持安静,避免高声喧哗,或者进行鞭打。交配结束后,还要用手轻轻按压母猪腰部,防止其弓腰或马上躺卧,也不能马上洗澡或饲喂。应以"老配早,小配晚,不老不小配中间"的原则进行配种。老年母猪发情期短,应提早配种;青年母猪发情期长,配种时间可略为推后;中年母猪发情期长短适中,应在发情中期配种。公猪与母猪交配后,母猪户要走出猪栏百步之外,俗称"追公猪"。"赶公猪"是堕民"贱业"之一,也是"四民"不屑于从事的下贱行当。

上虞堕民也有"配种佬",公猪多为堕民所养。新昌等浙东山区,养种公猪成了堕民的专门行当。"养种公猪,也是堕民其中一种职业。如新昌等地,养种公猪的只能是堕民,种公猪与母猪交配时,须有人辅助,人们认为做这种工作是极不光彩的,视为下等行当,只有低常人一等的堕民去干这卑劣的职业才是符合其身份的,所以养种公猪成了他的专业之一,堕民也因此有了'栏公'的别名。"[1]养种公猪因其行当低贱自然成为堕民的专业之一。(图2.3)

兰溪小姓从事赶公猪的行当被称为"牵猪古"。"在兰溪有一种奇特风俗,以饲养牡猪(即猪公)为失体面,所以普通农家皆无猪公,只有轿夫一类人家养之。"[2]以前兰溪农家依靠猪粪肥田,普遍养猪两头,以解决肥料问题。故有"养猪不赚钱,回头望望田"之谚。农家以饲养肉猪为主,养母猪则视为不体面,非家境贫困者,不养母猪。"养公猪则为贱业,西乡一带农村称为'牵猪古'。"[3]义乌小姓也从事赶公猪行当。母猪俗称"猪娘",新猪娘养至三四十斤重时开始发情,俗称"走栏"或"叫",表现为停食、哼叫、不安,整日行走,企图窜栏外出,阴部

---

① 访问裘士雄,2019年9月23日。

② 冯紫纲编:《兰溪农村调查》,《民国时期社会调查丛编二编乡村社会卷》,福建教育出版社2008年版,第289页。

③ 兰溪县志编纂办公室、兰溪县文化馆:《兰溪风俗志》,1984年,第9页。

图 2.3　嵊州堕民赶公猪（裘士雄供图）

红肿发润。第一次发情前后约四天。如果不招公猪交配，再过十八天就会第二次发情，以后亦如之。如果给予交配，老母猪发情第一天哼叫半日后即可进行。如果新猪娘交配，须在第三次发情时进行。目的是使其充分发育，易于怀孕或多孕。公猪俗称"猪公"，由小姓专养供授精之用。小姓承接养母猪户召唤后，牵送猪公上门交配。公猪到达后，须先以精饲料喂饱再进行交配。"进行时每需人力协助，操作由牵猪公人担任。在一般人心目中，此行不洁不雅，视为下贱。所以养公猪者，寥寥无几。"①母猪受精一次，须付给小姓半斤猪肉的价钱。

浦江从事赶公猪的小姓被称为"配种佬"。浦江养母者甚众，所产仔猪因优质而驰名四邻，诸暨、义乌、兰溪等县竞相购买，外省县市也常来大批采购。浦江农家选购作为母猪的小猪，头要端正，俗称"寿字头"，嘴巴长短适中，上下巴要对齐，耳朵大而薄，毛粗而疏，皮要宽松，四脚粗壮，身材要长，奶头要多。购买时必须细心观察，精心挑选。当小猪长到四五十斤时，开始"走栏"（发情），应立即请"赶公猪"的轿夫牵公猪来"沉"（交配）。公猪务求体型高大，年轻力壮。养母猪的人家请"配种佬"赶公猪前来配种时，要烧鸡蛋和点心给"配种佬"吃，并付给酬金。"饲养公猪者，俗称为'赶公猪'，此业多数人都不愿为。"②因该贱业曾为小姓所专营，到中华人民共和国成立后一般平民也不愿意从事。

永康小姓从事"赶公猪"的行当。21 世纪，永康仍有人从事赶公猪的行当。

---

① 陈允金主编：《义乌风俗志》，1985 年，第 35 页。

② 浦江县文化馆、浦江县志编纂委员会编：《浦江风俗志》，1984 年，第 24 页。

2010年5月16日，养猪户陈根友从猪圈赶出猪娘，大公猪迫不及待要爬上去，杨万林用双手帮助予以配合，公猪得以顺利进行配种，约10分钟完成。永康石柱镇下杨村的54岁的杨万林，饲养公猪已有二十多年的历史。20世纪80年代是人工赶，90年代买了小拖拉机，改为以车代步，颇为省力，其足迹遍及永康的舟山、前仓、石柱、芝英、古山等地。80年代，永康赶公猪的仍有十几户，现在仅剩下两户，另一户在唐先镇，还有几户从事人工授精，效果自然是直接配种较好，成功率达到百分之百。公猪必须饲养到200斤以上才能承担配种任务，杨万林饲养的公猪达400斤以上，现在这头公猪达500多斤。公猪一天只能完成一次配种任务，天气凉时可完成上、下午各一次的配种任务。配种一次收费55元，除去手扶拖拉机耗油11—12元钱，公猪每天耗费8—9元猪饲料，配种一次的利润极为微薄，仅十几至二十几元。杨万林两个孩子都是大学毕业，一个在方岩当村干部，一个在永康市骨科医院当医生。杨万林与妻子卢秀维养了十几头猪娘，三头公猪，三十几只羊，十几亩水田以及两百亩鱼塘（两口水塘），夫妻俩省吃俭用，90年代就是永康农村为数不多的"万元户"，日子过得红红火火。杨万林坦言，赶公猪这行当已成绝唱，下一代已无人问津。新中国的赶公猪者，已非昔日小姓同日而语。①

东阳赶公猪旧时为小姓所专营的行当，俗称"牵公猪"。专为产仔而养的母猪，俗称"猪娘"；专为配种而养的种猪，俗称"公猪"。一般农户如养猪娘则不养公猪。公猪高大肥壮，当母猪发情时，户主前往邀约，小姓应约赶着公猪前去配种。公猪到来后，母猪户依例应给公猪饱餐一顿精饲料，并烧一碗鸡子索面招待小姓。故俗有"一餐两㩐斗"之说。待公猪饱食后，再放出母猪进行配种。公猪与母猪交配，东阳话曰"斗"，繁体字为"鬥"，本义为两拳相斗，有遇合之义。交配完毕，养母猪者要送出百步，并按市价付以报酬。公猪一般一天只能配种一次。如果两户同时相邀，则分上、下午各一次。绝不会半日之内赶到两户人家配种，否则，仔猪的出生率将受到影响。

"养猪豝"（雄猪预备母猪性交所用）也是浙南小姓专营的行当。永嘉县的枫林、岩头、芙蓉、五漱和乐清县西的小姓也从事养猪豝、阉猪等低贱的行当。"例如十年前永嘉县岩头镇养猪豝的副业原为小姓人的独占的作业，今天已丧失其独占性，大姓的穷户也可以养猪豝并不被视为小姓。"②因为从事该行当利润颇丰，致使小姓经济地位上升，日渐富裕，大姓（平民）贫民因为穷困而被驱使加入"养猪豝"的行列。

---

① 陈昌余：《永康民俗》，社会科学文献出版社2012年版，第235页。
② 胡珠生：《浙南社会风俗小记》《胡珠生集》，黄山书社2008年版，第425页。

## 第五节　打棕绳

堕民打棕绳也是一项主要手工技艺,完全用手工操作。"雨雪天不便外出,则他们避在家里,将棕丝用手打成棕线,发售给绳宇店里。"[1]三埭街堕民全家男女老幼一齐参与制作,成为家庭手工作坊。打棕绳所需工具极为简单,只需要用来拆旧棕的铁扒、剪刀,以及几只用来打棕线的竹制发车,革绳合拢需要一只革铲。(图 2.4)

图 2.4　打棕绳的工具——发车(陈立明提供)

制作缆绳和箔绳的原料是旧棕,即破碎的棕蓑衣、棕垫、旧棕棚等,将破烂的旧棕一一拆分,用双手扯开,使棕绳松散,卷成似枕头大小,上面再用一块大石压住,称为"棕脚头"。将"棕脚头"放在一张方凳上,打绳者坐在竹椅上,左手向"棕脚头"捻棕丝,必须粗细均匀,右手不停地摇着发车,待打出的棕线伸展至一手长时,则将其缠绕在发车上。如此周而复始,直到棕线将发车绕满,再另换一只发车。待发车绕满棕线,两线交合挂于革铲钩上,双手各持一只发车,将两只发车按顺时针方向转动,通过革铲不停地旋转,两线合并成一根绳子。

棕绳分缆绳、箔绳、棕棚线和田丝绳四个品种。缆绳需要打得很粗,像婴儿手臂那么粗,合缆绳需要三股棕线革拢,俗称"三股绳"。革绳时需要两人配合

---

①　何汝松:《浙江之惰民》,《绸缪月刊》1935 年第 2 期。

操作,一人手持两只发车朝同一方向转动,另一人右手持发车不停地摇转,左手用大拇指、食指和中指控制分隔三股棕线距离,然后将自己手持的那股棕绳恰当地嵌入两股棕线之中,以使绳子紧密结合。缆绳专门用作船舶停泊时扳在岸边的套索,出售时以支为单位计价。因其需求不大,需要预先定制。

箔绳用作拦隔河面的竹箔,两股合拢如铅笔般粗细,以称斤为单位出售。因棕绳泡在水中不易霉烂断裂,故渔民以棕绳制作竹箔,一年四季销量颇大。家住三埭街的周春香父亲是打棕绳的能手,其棕绳价廉物美,供不应求,颇受渔民好评。周春香如是说:

> 我们周家的棕绳不但质量好,而且价格也比一般人家便宜,久而久之,赢得顾客较高的信誉,彼此之间相互信任。父亲采取灵活经营方式,对于信誉较高的买主,无论数量多少均可以赊欠,允许拖到年底鱼塘牵大网卖鱼变钱时再付清。因此,周家打出来的棕绳销路较好,销售范围几乎承包了整个青甸湖渔场。就连一批城南郊区的渔民也慕名而来,交口称赞周家棕绳质量上乘,粗细均匀一致,没有"大肚细结",还可以分期付款。周家先让渔民拿走使用,每隔二天到城南郊区收一次账,渔民讲究诚信,有时父亲自己忘记该收的账目,他们也会主动交钱付清。有时除了付清款项外,往往将卖剩的鱼、虾、小鳗、小甲鱼等,要么低价抵扣,要么无偿赠送。我们周家除逢年过节需要花钱买鱼虾外,平时无须花钱购买。[1]（图2.5）

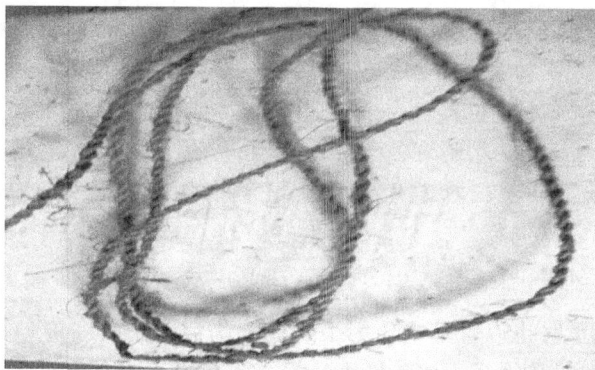

图 2.5　箔绳(周春香供图)

棕棚线顾名思义,乃穿制棕棚所用。其原料为棕榈树上剥下的新棕片,除

---

① 访问周春香,2017 年 5 月 6 日。所有绍兴堕民打棕绳材料,均由周春香提供,特致谢意。

去棕片边上一根"棕骨"后,将棕片扯松,其制作方法一样。只是比箬绳细一半,两股合拢也只是箬绳的二分之一,革绳时也可以较为松散而不必合得过于紧密,也以斤为单位出售。周春香回忆周家专门打箬绳,如需棕绷线需要买主预约。

田丝绳乃春耕季节播种稻秧时,用来间隔标准距离的棕线,必须用新棕片制作,但比棕棚线细一半,而且要求精细光滑,长度为五十米和一百米两种,以支为单位出售。农历三月廿八日乃樊江岳爷爷生日,会市期间也是商品交易会,堕民村后庄溇的妇女将打好的田丝绳拿到集市上出售,获利颇丰。

打棕绳成了家住三埭街的周家全家人的职业,周春香的父亲周梅生勤俭持家,除了去戏班演戏和做鼓手外,其余时间都在家里打棕绳,即使有病也坚持起早摸黑地干,处处以身作则,而且从小就培养最小的女儿周春香成为勤俭的人,要求女儿坐在旁边帮他拆棕丝,合棕绳,并常常讲一些为人处世的道理、民间典故以及周氏家史和往事。周春香向笔者回忆周家打棕绳讲究诚信:

> 周家除了做老嬷、鼓手和演戏外,打棕绳是我家的主要职业。周家原有一杆手提秤,是卖棕绳时秤给买主们的一种衡器。平时,周围邻居们凡在自家门口买鱼、买肉和蔬菜时,经常来向周家借秤。久而久之,爷爷见状心中纳闷,他知道邻居自家有秤,却为何要来向周家借用?他倒不是小气不肯借,而是他想搞明白他们来借秤的缘故。于是,他暗暗地搞起了试验,向邻居借来他们家的秤,用棕绳试秤重量,先用自家的秤,秤一把绳子的重量,然后再用别人家的秤来试秤,结果发现绳子居然多出好几两,爷爷终于明白了这其中的奥妙,气愤地说:"原来是我家的'秤老'(重)的缘故,他们想多占便宜,所以都来向我家借用,这不是在坑害人吗?我家的秤如果再借给别人去用,那是太损阴德了,这是在折自家儿孙的福寿,为了给子孙后代积德造福,我要折断这杆缺德秤,重新再去买一杆标准的秤!省得他们再来借我家的老秤。"说完,把一支秤一折二段,丢弃灶下当柴草。我爹二话没说,立即依照爷爷的话照办了,从此以后,再也无人来向我家借秤了。[1]

萧山堕民平时也以打棕绳作为手工业。临浦乃是著名商埠,有着"小上海"的美誉,来往的船只络绎不绝,集居石塔村的堕民也打棕绳供给船夫做靠垫和船索。[2]

舟山打棕绳的堕民居于定海东大街。"打棕绳的杂姓人家居东大街为最

---

① 访问周春香,2017 年 5 月 6 日。

② 朱冠右口述,吴桑梓整理:《小上海——临浦旧事》,方志出版社 2004 年版,第 158 页。

多。此辈后人重操旧业者前几年还尚有人在,今逐渐减少。"①堕民有摇棕绳、穿棕棚、补藤棚的行当,迄20世纪六七十年代,东大街和西大街摇棕绳的人还很多,棕绳粗细均匀,穿起棕棚来"腾腾"响。穿棕棚既是力气活,又要有技巧,定海的堕民穿的棕棚虽然物美价廉,但后来还是被"海门棕棚"的量大价廉所取代。打棕绳成为堕民的专门技术。

江苏常熟县丐户打棕绳也是其谋生的技艺之一。官府修造沙船,丐户遭到勒索,被迫无偿地提供棕绳。常熟知县赵浚不得不立碑禁止勒索丐户无偿提供绳索,官府需要绳索必须付给相应的价钱。原碑在常熟道前,碑高130厘米,宽69厘米。

> 据常熟县各乡丐户陆三、周文、张大、王定等呈辞奉批,抑苏州府查报勒禁等因奉此,为查修造沙唬船只,俱系给发现银,办料雇匠,不许需扰民间。何该县督工官并经承,通同丐头小甲,辄敢故违功令,批着丐户承值纪续以▲奸▲从中包揽,殊堪发指,合巫饬提等因。县奉经提集一干人犯,批解奉府审,系于上年二月六日,因修造沙舡,需用绳索,滥派丐户拘张巳等,致高荣得借小甲之名,编派乡城丐户,情事确然。招拟高荣重披▲▲▲▲▲▲▲赦▲,有于康熙二十八年六月十五日,详奉本都院批开,据称官去蠹迹,姑如详革当官,除小甲,勒石永禁,张▲壁,仍严缉究追▲等因,批府饬行到县缴此,合就尊行革去当官,拟除小甲,勒石永禁。为此,仰县属官役匠作人等知悉,嗣后凡修造一应船只,需用绳索,即发官价雇匠打造,无论大小工作,不许仍前▲派丐户承值。如有丐头蠹棍,不遵勒禁,阳奉阴违,借公▲派,▲包揽需索扰害等弊,或访闻,或首告,定即严拿究解。官以失察指参,役以蔑▲令处死,决不姑贷,慎之凛之,永遵,总赞须至碑文者。②

# 第六节　打　铁

舟山堕民从事打铁行当。"明代有堕民制竹灯、编机扣、打棕绳、打铁等。"③舟山堕民男女从事百作之艺,有制竹灯、编机扣、打棕绳、塑土牛土偶、打铁、剃头等行当,还有捕蛙、卖糖、换破烂、屠宰、抬轿、绞面,以及婚丧祭祀唱戏乐手、

---

①　阿能:《也说堕民》,《舟山文史资料》第7辑,北京文津出版社2001年版,第344页。

②　《禁止派丐户承造绳索碑》,《江苏省明清以来碑刻资料选集》,三联书店1959年版,第621页。

③　浙江名镇志编纂委员会编:《浙江名镇志》,上海书店出版社1991年版,第441页。

值堂、喜娘。"其中,尤以打铁地位为最低,被定海四民贬称为'打铁堕婢'。"①打铁堕民的生活极为艰难。定海南门外大街的打铁店最多,从沈家门到舟山旅馆仅十米的路段,就有铁铺七八家,炉膛里烈火熊熊,叮叮当当的打铁声,四射的火花,满脸乌黑、汗流浃背,抡着榔头轮流敲击的铁匠,成为一道独特的风景线。(图2.6)

图2.6 舟山"打铁堕民"蜡像(李仁娟供图)

定海南门外大街李厚兴的钉子铺拥有十来个伙计,名气最大,生意也最为兴隆。该铁店建于1910年,创始人李纪生,也是铁匠的儿子,生于1884年,年幼时父母双亡,15岁到宁波拜师学艺,27岁回定海开店,因其排名李氏"厚"字辈,遂定店名为"李厚兴"。刚开店时,缺乏原料,恰逢横街发生火灾,烧毁不少民房,李纪生遂将收购来的废钉作为第一批原料。以前,定海的钉子店均开在靠海的衢头棕揽店弄,船老大就近购货,十分便利,其中沈春茂、顾协森钉子店冠名定海,距离码头较近的李厚兴没有顾客上门,冷冷清清。为了吸引顾客上门,李纪生花重金聘请宁波的钉子师傅,产品质量胜人一筹。凡前来买钉子的老大,都先盛情款待,酒足饭饱之际,再将所购货物送到码头。顾客可以赊账,等鱼汛结束时付款。并将儿子送到虾峙渔村念书,寄宿在船老大家。为了争取呑山生意,李纪生还娶了个呑山姑娘做媳妇。李厚兴很快成为定海最大的铁铺。

① 阿能:《也说堕民》,《舟山文史资料》第7辑,北京文津出版社2001年版,第343页。

李纪生 56 岁逝世,先后带过 10 个徒弟。师徒如父子,李纪生视徒如子,徒弟满师,将手艺过硬的放出去开店,并代放本钱。真漆店弄的侯显同、侯英岳、陈瑞陀钉子师傅,都是李纪生的徒弟。曾任定海农机厂厂长、定海区工会主席的柴友根则是李纪生的徒孙。后来,傅祥兴、汪阿兹、汪忠义等陆续在李厚兴旁边开设铁铺,生产钉耙、锄头、镰刀、沙尖、株锄、菜刀等铁器,形成一个铁器市场,成为定海的小农具主产地。1954 年,南门外铁铺与城里衙头铁店合营为铁器社。1958 年,又与五金社、车械社、万润镀厂合并为国营定海农机厂。渔农业机械化后,船钉、小农具被淘汰,铁匠也完成了自己的历史使命。

# 第七节　画　工

堕民不得做工,诸如木工、泥工、石工和裁缝工,至少民国时期已打破堕民不得做工的禁令,堕民有了更多的职业选择,有的堕民成了有名的画师。绍兴县齐贤镇迎架桥村的韩弄乃是堕民聚居区,有金姓和陈姓堕民,韩弄有不少有名的画师。堕民陈荣清以《芥子园画谱》作为脚本,经过苦练学习,所绘人物、山水、花鸟、虫鱼栩栩如生。陈荣清培养三十多个徒弟,各有所长。中华人民共和国成立后,纸扇业兴旺发达,其高足均成为纸扇面绘画的高师。如陈金林,其技艺出类拔萃,无论人物、山水,还是花鸟、虫鱼,均非常出色,成为王星记扇厂的第一画师,也是绍兴扇业界有名画师。其画远销欧美、日韩各国,颇受欢迎。"其他还有如金维清画的'十八罗汉图';陈氏家族画的'北京万寿山''西湖十景''扬州瘦西湖''水浒一百零八将'。宝祥大嫂和清泉大嫂的花卉鸟虫都画得栩栩如生,翩翩欲飞,真可谓给纸扇锦上添花。"[①]堕民画师人才辈出,名闻遐迩。

绍兴安昌彭家溇的彭运生,生于堕民之家。从小就随大人去婚丧喜事人家做清音坐唱,民间吹鼓,但父亲彭岳友不愿儿子跟自己从事贱业"吃戏饭",在含龙为儿子找了学画的职业。"运生从小性格文静,遇事从不大声大气,却有一股牛劲。每办一件事,不干则已,干则一定要干到底,决不半途而废。到了含龙,他就一心扑在学画上。每天笔不离手,身不离座。刻苦学习,努力钻研。起五更,睡半夜。经过整整三年时间的学习,运生已掌握了扇画的技巧。他出笔秀丽,画法新颖,无论人物、山水、花卉,画得栩栩如生,各呈异彩。他画的扇特别

---

① 叶华严讲述,曹省之整理:《堕民村——韩弄》,《浙江省非物质文化遗产普查成果绍兴县齐贤镇汇编本》,2008 年,第 361 页。

受人喜爱,吸引了不少顾客。'扇花运生'的名字也随之为人们所熟悉。"①但父亲逝世后,为生活所迫,彭运生又重操旧业,成了著名绍剧演员,艺名筱昌顺,在绍剧电影《孙悟空三打白骨精》中,成功地塑成造了唐僧的形象。

也有堕民从事其他一些工作。许多堕民进入工厂工作。上虞道墟的裘泉元乃是堕民出身,父亲裘春生以兑糖、收破烂、做吹俳为生,家庭经济拮据,经常没有隔夜粮,揭不开锅乃家常便饭。"由于家庭生活困难,又出身于堕民之家,受家庭和周围环境影响,泉元从小就学习吹拉乐器,以备将来需用。"父母将家庭的希望寄托在裘泉元身上,8岁时就让他上了学校,但他仅读了4年就辍学。以前男孩长到十多岁就要拜师学艺,以便日后出人头地。"父母托人介绍的单位,竟是上海电珠厂,使他们喜不胜收。父母赶紧为他准备好铺盖行装,于是泉元拜别父母,踏上了十里洋场的上海滩,进了上海虹口电珠厂当学徒。这年正好泉元14岁。"②年少的裘泉元颇有志气,尽管学徒很苦,但他起早摸黑,终日听人使唤不断,硬是撑着,从不叫苦说累,他牢记父母"吃得苦中苦,方为人上人"的道理,希望三年出师后,能够自行独立工作,届时也能赚些钱贴补家用。然而,好景不长,裘泉元干了两年之后,工厂因经营不善而倒闭。所谓的工厂,也无非是家庭作坊,经济力量薄弱,不打自倒,工人星散,只能自谋出路。裘泉元尚是学徒,技术也并非熟练,自然无处可去,只得打道回府。裘泉元被逼无奈,被迫从事贱业,入绍剧"水舞台"敲小鼓,后来成长为绍剧著名乐师。

堕民没有买田种地的资格,只能做些短工、帮工之类的临时工。但农村不少堕民,从事长期或短期的帮工,以种田为生。"至于宁波和慈溪方面,不论男女,都在汉人家做田伙计,往往伙计的财产常超过主人,还情愿在穷主顾处当差。"③堕民务农屡见不鲜,特别是民国时期孙中山宣布贱民在法律上与平民享有同等权利,堕民不得务农的束缚有所松弛。宁波有些入居祠堂庙宇的"祠堂人",种些"祠堂田"或"庙会田",以补贴家用,如宁波王伯桥村的陈姓堕民。"王伯桥村的陈家人不光只干剃头的行当,还有许多在封建社会被称为下等人干的活计他们都有参与。比如看管祠堂、为婚丧喜事吹拉弹唱、阉割猪鸡、'送娘子'等。看管祠堂的人一般为老者,而且大多是没有房子可以居住的贫困家庭,为了生存,他们主动找到族长要求看管祠堂,主要是负责卫生打扫和安全保卫工

---

① 严新民:《梅花香自苦寒来——忆绍剧著名演员筱昌顺》,《乱弹杂咏》,中国戏剧出版社2011年版,第74页。

② 严新民:《却坐促弦弦转急——记绍剧著名乐师裘泉元》,《绍剧名伶录》,中国戏剧出版社2016年版,第421页。

③ 君实:《亡元的遗产——浙东惰民今昔》,《三六九画报》1940年第16期。

作。祠堂一般连着一块田地，免费耕种这块田地就是管祠堂人的劳动报酬。祠堂平时少有人来往，只是到了大户人家有婚丧喜事时才会到祠堂摆桌设宴。这时管祠堂人就帮忙打杂，讨点酒钱。"①慈城堕民自述："从前某家娶媳妇，办了好几十桌酒席，事后收到的红包我置办了两亩田呢！"②慈城涌现一些堕民"地主"。

绍兴农村的堕民，大都是长期或短期的佣工，以种田为主。③ 林聚成回忆："在农村的惰民多种田，我大伯父就是种田能手，母亲也帮农作。"④绍兴县马鞍镇夹漊村（现名安义村）林天栋家于1942年分家时，拥有田产10.273亩，池塘3个，族田2亩，另外还有一些零碎土地。⑤"演戏是惰民最有出息的职业，一旦成名，就可以买田起屋，像名演员汪筱奎，有田好几十亩，被农民看成'地主'。其实，他是演戏所得的一些报酬。"⑥像这样的堕民"地主"，应属凤毛麟角。上虞下管徐家的"公共奴隶"——堕民，因为依赖像徐懋庸家这种欠债和乞讨度日的主顾，"他们的生活，单靠'赏赐'当然是维持不了的，主要靠自己开荒种一些山坡地"⑦。上虞下管徐家的堕民，按徐懋庸的回忆，种田乃主要收入来源。家住学士街的周家原是乐户世家，周春香的太祖父周八斤因家境贫寒，兄弟姐妹又多，到了谈婚论嫁的年龄，还没钱娶亲，遂迫不得已到斗门陈姓人家入赘做"进舍女婿"（俗称"上门女婿"）。周八斤忍受不了陈家的颐指气使，遂带着妻子毅然脱离了寄人篱下的生活，在乡下另外租房居住，并租了几亩田地，夫妻俩过上了男耕女织的生活。⑧后来有了积蓄，又回到学士街附近买房安居，侍奉双亲寿终正寝。堕民是否务农，可能与所居住之处有关，入居城镇者，从事为平民服务的劳动多；而居留农村者，也从事一定的农业劳动。

堕民被禁止做工，仅能从事一些低贱的行当。堕民制作的"竹灯檠"，乃是为主顾腊月祭灶神祈求吉祥，除夕夜"烧松棚"祈求富贵，以及盖房时正梁两端悬挂以避邪镇宅。阉割禽畜乃低贱秽污的行当，"阉鸡佬"和"阉猪佬"成为堕民的代名词。堕民养种公猪，当公猪为母猪交配时，需要有人辅助，这种不光彩的行当，只配堕民从事。定海从事打铁行当的堕民地位最低，谚语云："打铁打到老，不如一根草；""炉前一把火，老来呒结果。"堕民剃头被称为"头等的生意，末

① 巫莲莲：《王伯桥剃头村的故事》，《鄞州文史》第4辑，2007年。

② 尹东兴：《也说堕民》，《古镇慈城》，第26期。

③ 莫高、裘士雄：《浙江惰民小考》，《浙江师范学院学报》1984年第3期。

④ 林聚成：《绍兴高腔点滴》，《绍兴戏曲资料汇编》第10辑，1985年，第100页。

⑤ 俞婉君：《绍兴堕民》，人民出版社2008年版，第82页。

⑥ 林聚成：《绍兴高腔点滴》，《绍兴戏曲资料汇编》第10辑，1985年，第100页。

⑦ 徐懋庸：《徐懋庸回忆录》，人民文学出版社1982年版，第5页。

⑧ 访问周春香，2017年5月6日。

等的行业"，堕民虽然操作的是人家头上的作业，干的却是四民最瞧不起，也最不愿意干的技术性工作。据说石达开曾为自己相熟的剃头店撰写了一副颇有气势的对联："磨砺以须，问天下头颅几许；及锋而试，看老夫手段如何？"然而，旧时剃头店贴出更多的对联为："等下营生，顶上功夫。"下联虽说加工对象为人的颅顶，上联却自承剃头为下等行当。剃头行当在"三教九流"中，被列入"下九流"。"旧俗传说剃头布是用作讨饭袋剩下的布头做的，所以剃头比讨饭还要下等，在酒席上，剃头匠的位置就排在讨饭的后面。"①武义从事剃头的小姓地位最低，列于乞丐之后。凡遇平民婚丧造屋等用餐，位子有高级之分，顺序为木匠、泥水、箍匠、裁缝、理发。理发、剔脚最低。从事理发行当的堕民位于乞丐之下，并不奇怪，堕民乃贱民，而乞丐则为平民，实乃天渊之别。俗话说："天下六个低：剃头、扛轿、赶公猪、吹打、住祠、点水烟。"②均为堕民的行当。

---

① 唐桓臻：《武义风俗志》，中国文史出版社 2009 年版，第 46 页。
② 永康县文化馆编印：《永康风俗志》，1986 年，第 158 页。

# 第三章　男堕民的服务业

　　堕民从事哪些服务业？① 堕民从事不事生产的服务业，主要为主顾提供全方位的家政服务。宁波主顾的婚丧喜宴，由堕民担任"值堂"。江苏苏州堕民从事茶担行当，专门为平民婚丧嫁娶的宴会服务。宁波大量堕民散居于平民村落中，为平民管理祠堂和庙宇，俗称"祠堂人""庙堂人"，也是堕民的代名词。也有的堕民从事埋尸的贱业。

## 第一节　值　堂

　　平民的婚丧喜宴，都有堕民活跃的身影。"男性的堕民在婚丧间充当杂役。值筵席，供使唤，'拜堂''上祭'都由他们承值。会音乐的，就做'吹打手'。红灯花轿是宁波所特有的，也由他们来抬。"②值堂属于礼俗行业，凡是较大规模的红白喜事、寿庆、祭礼，均需值堂的操持，成为总管先生的得力助手。"值堂是在礼堂、喜堂、寿堂、灵堂、祭堂中执勤。根据礼仪性质布置礼堂，代东家为客迎来送往，客来报东家、绞面水、泻茶，客去送客至大门。值堂又是祭祀中的献爵者。平时站在总管旁接受临时差遣。"③值堂为喜堂、灵堂和寿堂的值班差杂人员，客人一到，由值堂禀报东家，舀洗脸水、递毛巾、倒茶。值堂也为总管等执事差遣，也上执事单，不过写在最后低一格，名曰"庙祝"或"祀祝"。值堂受东家雇用，位居东家雇用的第二号人物，位高权重。总管受东家之托，通盘管理。值堂则受总管之托，担任参谋和助手的角色，派人经办所需物资，设计布置喜堂、灵堂、经堂以及环境。"相传云龙有个大财主死了娘，为了孝敬慈母和显耀财富，准备花

---

　　① 关于堕民从事的服务业行当，有关学者有过论述。俞婉君在《浙江兰溪贱民"轿夫"依附习俗考》中专门论述了兰溪"轿夫"的依附习俗。王静在《中国的吉普赛人——慈城堕民田野调查》中罗列慈城堕民从事的值堂等六大行当。

　　② 《宁波的堕民（丙亥拾遗）》，《宁波报》1957年9月21日。

　　③ 谢振岳：《滨海庙堂人》，《嵩江风情》，宁波出版社2012年版，第223页。

一千元银洋来办丧事,要求办完丧事合情合理花完这笔钱,一分不多,一分不少。对东家这一苛刻要求,竟无人'揭榜'。管江东道亲有个张大恒,闻讯后毅然赴任,打出出丧账单,刚好用完这笔钱,决算后一分不多,一分不少,笔笔入情入理,无可挑剔,财主佩服,社会舆论哗然。"①宁波名门望族众多,这些大家族越是大场面,越是讲究排场,一个智勇双全,有较高艺术鉴赏水准、圆滑处世能力的值堂,深受东家的器重与社会的赞誉。值堂穿长衫,剃平头或光头,不能剃西式头,必须腰束撩绞(汗巾),掀起左袍角塞在腰间,正如"送娘子"必须穿蓝色罗裙一样,成为男堕民的显著标志。唐弢也对浙东堕民"值筵"称赞不已:

> 在婚丧宴会上服侍的人,叫做"值筵",也是堕民副业的一种。他们手段灵敏,态度谦卑:丧事上祭的时候,每献一道祭菜,就有一个姿势,动作非常纯熟。看惯上海酒菜馆里侍者的人们,也许会觉得浙东的"值筵"有些殷勤小心得过份吧。②

慈城冯家惠宗祠定期举办"斯文会",乃慈城冯氏合族共祭远祖的祀典。据《慈溪冯氏支谱》记载:"斯文会每年三月初一日,至长溪岭祭文直公墓,十月十二日祭忠贞公暨历代昭穆,午刻专祀文直公,配飨先贤衣冠,子姓入会者,轮当拜祭与胙。"斯文会为家族内部的聚会形式,例由男堕民担任值堂。凡高小毕业,年满十六岁者均可入会,有百余位会员,每六人轮流执持一年的斯文会。执持除了管理日常往来外,还要承办两次重大活动,一是"忠安公"的生日纪念,族中每个男子都可进祠堂叩拜,领取四个菊饼。二是每年农历十月廿的会员聚会,可以吃喝三天,一般族人也可大吃一顿。会费则为祠堂下拨的250亩"大家田"的公租。斯文会一聚就是三天,会员朗诵对先祖的颂歌,饮酒赋诗,还要搭台做戏,下午和晚上各一场。主持斯文会值堂的就是堕民阿三。那次斯文会一共办了六桌正桌,几十桌附宴。正桌供会员聚餐,他们大吃三天加一餐。附宴则接待族人,只能吃"正四四"一顿,即十月廿的中餐。此外,还备了不少桌的"六一"便饭。

"正四四"与"六一"便饭的最大区别是菜肴不同。"正四四"有四镶盘(冷菜)、四大菜、四热炒,外加添菜。"六一"便饭就是六冷盘加一热炒。另外,还要宴请佃户代表(一家一人)、各路人的至爱亲朋和丐帮。这样,吃"六一"便饭的人很多,络绎不绝,几乎排队轮流用餐。而吃"正四四"的会员,或是答答讲讲,或是颂文吟诗,或是喝酒观戏,中餐连着晚餐吃,悠然自得。"那年阿三30岁出

---

① 谢振岳:《鄞县堕民》,《鄞县史志》1993年第1期。

② 唐弢:《堕民》,《唐弢文集·杂文卷(上)》第1卷,社会科学文献出版社1995年版,第6页。

头,头戴鸭舌帽,长衫外套了件背心,左肩挂着一条毛巾,他对这样的场面非常娴熟。这种排场上的待人接物是非常讲究的,不说别的,仅是递毛巾,就要坐落一把,中间又一把,吃好饭再一把,每人三把毛巾,也够阿三忙的。一顿饭,几百客人,而阿三能应付自如,席间还要泻老酒,协调乐队的演奏,全靠他一人。"①阿三协调自如,游刃有余。

斯文会规定,五十岁以上的会员可乘轿,轿钿由会里出。这些人到后,自顾进入祠堂。有的从东门来,有的则从西门来,轿钿也不一样,付费的监房也要问过阿三。斯文会也要请丐帮,请哪一位丐帮,到哪儿去请,唯有阿三最清楚。还有不请自来的乞丐,是请他们吃"六一"便饭,还是用角子直接打发离开,也得由阿三拿主意。平时,会员与会员之间有矛盾,在此公开场合,有人会借故发难,也得阿三出来打圆场。

斯文会一年一次,各家轮流执持,排场上的事众人瞩目,稍有差错,轻则被人取笑,重则受到族规处理。这次斯文会之所以办得如此顺利,"那是由于阿三协调得好,整个过程无人纠缠,也无人闹"。如果有族人吵架,将饭桌掀翻,则触犯大忌,要由族规惩处。阿三不仅协调得好,他还替管家出主意,让厨师送一些菜到执持家里,让女眷们打打牙祭。阿三主持举办的这次斯文会,执持赚了600多元钞票,连讨老婆的铜钿都有了着落。族人曰:"谁入了斯文会,就有讨老婆的钿。""再看看堕民阿三忙进忙出,忙了四五天,他和他的乐队也忙了四五天,一共才赚了20多元的花销。"②尽管如此,阿三及其乐队仍十分满足。阿三后来仍应邀主持冯氏惠宗祠的斯文会,待人接物殷勤,处处为东家作想,精打细算,不失面子。慈城大户人物讲究礼节,不论婚丧大事,还是四时八节,宴请不断,像阿三这样能干的值堂,深受主顾欢迎。

值堂在余姚称为"贰爷"。余姚堕民分为二种,"一曰丐户,一曰郎户"③。"郎户"又可分为数种,"贰爷"位列第一。"郎户中的贰爷,读书识字,是专门服侍士绅的男仆,熟悉礼节,属堕民中的长衫阶层。旧社会士绅穿长袍马褂,叫老爷;老爷的孩子,不论年齿大小,称'少爷'。贰爷见了老爷、少爷,一面打千磕头,一面称呼请安。贰爷着长袍,外套一件无袖子的马褂,一般在客厅上侍候,迎送客人,端茶递烟。贰爷也能胜任喜庆赞礼,祭典司仪,开吊出殡,一应礼节程序,安排得有条不紊。"④贰爷经常在大户人家讨生活,如果主顾家子弟飞黄腾

---

① 王静:《中国的吉普赛人——慈城堕民田野调查》,宁波出版社 2006 年版,第 199 页。
② 王静:《中国的吉普赛人——慈城堕民田野调查》,宁波出版社 2006 年版,第 200 页。
③ (清)周炳麟修,邵友濂、孙德祖纂:《余姚县志》卷五《风俗》,光绪二十五年刊本。
④ 吕衷才:《谈余姚的堕民》,《余姚文史资料》第 8 辑,1990 年,第 172 页。

达,贰爷就跟随其一辈子,服役到老。贰爷乃堕民中的上层——"长衫堕民",知书识礼,专门侍候士绅的男仆。

稍有一点文化,专门吃"文饭"的"长衫堕民",早在明代就有史料记载。沈德符在《万历野获编》回忆:"近日一甄姓者,绍兴人也,善医痘诊,居京师。余幼时亦曾服其药,后起家殷厚,纳通州吏,再纳京卫经历,将授职也。"①后来因同乡以堕民不得为官举报而流产,甄姓堕民不得不行医如故。类似的"长衫堕民",慈城也有,只是数量不多。据慈城任姓堕民回忆:"他的祖父曾替东家的小相公当书童。日久生情,小相公竟还教他的祖父识字读书。"慈城的顾姓堕民后裔也回忆:"他家收藏的一本秘方,就是太公当年走方郎中用的。"②顾姓堕民的太公有文化,不像慈城天门下的其他堕民从事剃头行当,而是专门行医。但并不是固定设堂在某一地方,而是像走村串户的剃头匠一样,是一个"走方郎中"。遇见求医者,便打开布包,给病人搭脉,开设处方。"据传这位太公为了便于他的子孙行医,就将自己的行医处方一一记录,结果成了这本书。这位太公没有儿子,走方郎中因此在顾家只行了一代。这位太公蛮有文化,留下不少书籍。"顾氏后代子孙之所以未能继承这位太公的班,继续行医。因为"剃头容易,行医难,搭脉处方,弄不好要出人命的。再说这位太公之后,没有一人读书超过他的"③。顾姓堕民的父亲珍藏了这本祖传的中药书,在缺医少药的年代,也救了不少急。在物资匮乏的时候,顾氏堕民子女很多,生病看不起医生,其父便用书中的方子抓一些草药,煎一煎喝下,疗效显著。伤风感冒根本不必上医院,在田间地头采些板蓝根,再到邻家的枇杷树上摘些枇杷叶,两者混拢煎汤,一日两碗,连喝几天,咳嗽逐渐好转。有时发寒发热,也采一些药草,煎上大汤,趁热喝下,发过大汗,头不再沉,脚也不再重,很快治愈。(图3.1)

慈城平民举办婚礼时,也聘请能说会道的男堕民担任司仪,称为"众家人"。"众家人"职责类似"送娘",专门"保护"新郎。新郎迎娶新娘,新婚夫妻三日回门。按照浙东婚俗,迎接新娘以及回门之日,娘家人可以戏弄新郎,而且有闹得越厉害,家就越兴旺之说,新郎还不能恼怒。新人拜高堂时,有人会在新郎跪拜的矮凳脚上缠一只木纱团,新郎下跪时因四脚不平而人仰凳翻,引起哄堂大笑。新人依礼拜毕,娘家人请新郎吃肉丸、鱼丸、汤圆做成的"三元汤",以象征将来子孙在科场上"连中三元"。原来图非常吉利的彩头,但裹团人有时故意裹上太

---

① (明)沈德符:《万历野获编》卷二十四《风俗·丐户》,道光七年姚氏刻同治八年补修本。

② 王静:《中国的吉普赛人——慈城堕民田野调查》,宁波出版社2006年版,第75页。

③ 王静:《中国的吉普赛人——慈城堕民田野调查》,宁波出版社2006年版,第169页。

图 3.1　顾氏堕民祖传医书残页(王静提供)

多的馅,致使太油太甜,无法下咽。"阿昌随新女婿回门,在新郎落座之前总会将凳子暗探一下,有时会搜出暗藏的鸡蛋壳,有时会搜出麦穗等。阿昌会接过娘家人递过来的烟,先捏一下,再点燃,以暗探卷烟内是否藏进火柴梗。吃三元汤时,阿昌还会挟开团子,看看馅内是否裹进了辣椒,否则新郎吃上辣椒团,吞咽困难,有失文雅。"①慈城"吹行堕民"阿昌,担任"众家人"十分称职,所陪同的新郎从未出过洋相。

## 第二节　掌　礼

苏州堕民为平民婚丧礼俗服务统称为"六局",又称"乐局",均丐户行当。掌礼属于"六局"之一,也是丐户的行当之一。"江南一带统称帮办'红白喜事'

----

① 王静:《留住慈城》,上海远东出版社 2004 年版,第 114 页。

的各色人等为'六局'，包括茶担、喜娘、傧相、吹鼓手之类。"①"六局"有乡派和城派之分，源于隋唐内宫负责皇族食、药、医、舍、乘、辇等各项生活服务的总称。宋代官府贵族以及京师大酒铺也有"四司六局"设置，所谓"四司"为帐设司、厨司、茶酒司、台盘司。"如帐设司，专掌仰尘、录压、桌帏、搭席、帘幕、缴额、罘罳、屏风、书画、簇子、画帐等；如茶酒司，官府所用名'宾客司'，专掌客过茶汤、斟酒、上食、喝揖而已，民庶家俱用茶酒司掌管筵席，俱用金银器具及暖荡，请坐、谙席、开话、斟酒、上食、喝揖、喝坐席，迎送亲姻，吉筵庆寿，邀宾筵会，丧葬斋筵，修设僧道斋供，传语取覆，上书请客，送聘礼合，成姻礼仪，先次迎请等事；厨司，掌筵席生熟看食、粉饤、合食，前后筵几盏食，品坐歇坐，泛劝品件，放料批切，调和精细美味羹汤，精巧簇花龙凤劝盘等事；台盘司，掌把盘、打送、赍擎、劝盘、出食、碗碟等。"②所谓"六局"为果子局、蜜煎局、菜蔬局、油烛局、香药局、排办局。"四司六局"包罗招待宾客、举行酒宴仪典所要涉及的方方面面，堕民为平民的婚礼服务行业借用"六局"之名，也是名副其实。

苏州婚丧庆吊时，有所谓六局者，乃为不可或缺之执役。盖若辈专业以谋生也。考之宋吴自牧《梦粱录》"四司六局筵会假赁"条："果子局，掌装簇饤盘看果、时新水果、南北京果、海腊肥脯酱切、像生花果、劝酒品件；蜜煎局，掌簇饤看盘果套、山子蜜煎、像生窠儿；菜蔬局，掌筵上簇饤看盘、菜蔬供筵、泛供异品菜蔬、时新品味、糟藏、像生件段等；油烛局，掌灯火照耀、上烛、修烛、点照压灯、办席立台、手把豆台、竹笼灯台、装火簇炭；香药局，掌管龙涎沈脑、清和清福异香、香垒香炉香球、装香簇烬细灰效事、听候换香，酒后索唤异品醒酒汤药饼儿；排办局，掌椅桌交椅、桌凳书桌，及洒扫打渲、拭抹、供过之职。"今之六局，颇有变更，果子蜜煎有店铺可购，菜蔬归菜馆供应，油烛局、香药局所掌，大概属诸茶担，排办局所掌，属诸轿班，故虽云六局，已非完全旧制。惟今之所有制，往往为昔之所无。如乐部、炮手以及外执事（捐旗牌伞扇者等）。然《梦粱录》尚有四司，一为帐设司，一为茶酒司，一为厨司，一为台盘司，盖四司六局，相沿数百年，或存或废，或并或兼，乃有旧称而非旧制也。六局人品既杂，而需索诈欺，无所不至，若非内行，必大吃亏。于是账房乃成六局之领袖，主家赖以指挥开发，则又与《梦粱录》所云："指挥局分，立可办集，皆能如仪。""指直贯熟，不致失节，省主者之劳也。"相合矣。此外尚有一特别之组织，名轿盘头，有地段方位，各不

---

① 许寅：《为昆曲奋斗一生的周传瑛》，《昆剧一代宗师——周传瑛》，中国书籍出版社2013年版，第167页。

② （宋）吴自牧：《梦粱录》，浙江人民出版社1984年版，第184页。

侵越,凡嫁女送妆奁,非经若辈手不可。于是任意索价,骇人听闻,论价多于婚前一日,由执柯者代表乾宅主持,若执柯者口软心慈,鲜有不受欺者。余友娶妇,估妆奁(指器皿)所值,不逾三百金,而轿盘头得犒为一百二十元,王引才长市时,曾有废除之议,卒以若辈生计攸关,恐失业后更为社会之蠹,未敢遽行,然究为陋习,不可不废也。①

　　苏州丐户也称"小百姓",从事"六局"的贱业。"所谓'小百姓',就是那些得罪了朝廷、权贵的犯官和罪人,以及他们的子子孙孙。这些人世世代代被强制定为'丐户''乐户',不准从事农、工、商、学等的'正经行业',更不准仕进,并强迫他们做一些诸如赞礼、茶担、伴娘、轿杠、仵作以及乐优一类所谓的猥下贱役,成为比平民老百姓更为低下的一个阶层,叫做堕民或堕贫。因为比老百姓更低一等,所以叫'小百姓';入了'乐籍'的,就叫'乐局'。"②1949 年前夕,尽管"六局"生意虽已衰落,但其中掌礼一行尚有王耀廷、黄少卿、罗三寿、张逸卿、徐昌荣、黄善祥、陆筱松、倪仁生、袁松彬、王润卿、周莲生、秦云川、周玉堂、秦蟠生、周清轩、周嘉生、顾金奎、章金生、黄老二、姚顺山、庄梦周等 21 家。"六局"为掌礼、鼓手、堂名、喜娘、茶担、扎彩等六个项目。"六局"的另一说为掌礼、茶担、吹打、铳事、执事、门甲,后来将扎彩、轿夫、喜娘、厨师也包括在内。"执事"为临时差遣。"门甲"负责看管大门,如有来宾,必须高声宣唱通报。"六局"之外,还有锣、帽、炮,被列入"外执事",又称"外三局"。还有承办抬轿或扛棺材的"轿埠头",也称"轿盘头",做杂务的拆管以及临时司阍的"门甲",均为婚丧喜事服务。"六局"与"外三局"在服务时均以雇主的"家人"或"家奴"身份出现,"主顾"均为堕民世袭的"门图",代代相承,他人不得越俎承揽业务。从事"六局"职业的堕民大都是世袭传承,掌握传统婚丧仪式中的繁文缛礼,他们既是工作者,又是导演者,平民的婚丧嫁娶不可或缺。"据说苏州'六局'掌握的这一套封建迷信礼节,在全国是可以作为典型而有代表性的。"③平民婚嫁男女双方议定婚期后,男家便备筵宴请媒人和"喜房先生"(丧事称为"账房"),喜房在婚期专门负责缮定礼单、喜帖、收支出纳登记以及指挥"六局"。"六局"及外执事人便与喜房联系,根据主人家意图,布置结婚时场面和服务人数。(图 3.2)

　　"掌礼"在婚丧喜庆负责礼俗,实即"司仪"。包笑天在《钏影楼回忆录》中,描绘了自己结婚时的掌礼仪容:"所有礼节中之跪拜,都受命于一赞礼(苏人呼之曰掌礼)。此人穿方头靴,皂袍皂帽,插金花披红巾,全是明朝服饰,此古典当

---

① 范烟桥:《茶烟歇》,中孚书局 1934 年版,第 188 页。
② 周传瑛:《昆剧生涯六十年》,上海文艺出版社 1988 年版,第 3 页。
③ 徐玉贵:《封建婚礼中的苏州"六局"》,《苏州文史资料选辑》第 5 辑,1990 年,第 393 页。

图 3.2　苏州婚礼中的掌礼

是……清入关时始也。"[1]"六局"的工作在结婚项目中,以掌礼的工作最为繁重,新郎新娘需要表演的一切动作,掌礼始终是一个导演者。掌礼对婚姻礼俗非常熟悉,又具备随机应变的能力,以确保整个婚礼仪式顺利进行,还要有讲喜话,唱喜歌的本领。

新娘花轿到达男宅,男宅要用草席铺地,名为"龙须席"。轿子直上礼堂,停在龙须席上,面对喜神方,也称"龙须方向"。新娘仍端坐轿中,须待"吉时良辰"才出轿。男女双方有姓氏堂名的红灯笼各一盏,分男左女右挂在礼堂正中的烛台上。到了时辰,掌礼先与喜房先生联系并征得同意后,才举行结婚仪式。在鼓乐声中,分成四个阶段,由掌礼唱赞词句,指挥新郎新娘行礼。第一节唱赞:"香罗绣对菊花心,交颈鸳鸯迥艳伦;奉请乘龙攀贵客,画堂春色醉花阴。"接着,掌礼高呼"初请新贵"。掌礼用极慢的动作,将花轿门帘揭开。第二节唱赞:"九重春色醉仙桃,迎鸾接驾有功劳;更见易沾雨露德,青鸾得入凤凰道。"新娘由喜娘搀扶缓缓出轿。掌礼又高呼"二请新贵登毯朝外"。新娘乃站立于红毡毯上。这时,挂在烛台上的女宅红灯笼被撤去,男宅红灯笼仍挂着不动。这意味着新娘已经嫁到夫家"出嫁随夫"了。第三节唱赞:"数遍翰林风月,几句礼部文章;佳人才子成双,惟求夫唱妇随。"掌礼高呼"三请新学士(新郎)登毯朝外"。站在红毡毯上的新郎和新娘并肩而立向外,掌礼交给红绿巾一条,各执一端,男红女绿。第四节唱赞:"夫妇五伦全备,鱼环双合同心;蟠桃会里遇三星,佳时姻缘配定。"掌礼指挥新郎新娘交拜以及拜天拜地等二十四拜,先拜天地,再拜和合,夫妇再相向行礼。新郎结婚时,必须昂首向上,否则难免怕老婆。

结婚礼毕,堂前设筵席两席,新夫妇左右相对坐,不吃也不动,只听掌礼连

---

①　包天笑:《钏影楼回忆录》,大华出版社 1971 年版,第 199—200 页。

篇颂词,名称"做花烛",这筵席也称"花筵"。新夫妇送入洞房坐床后,乐声响起,掌礼再唱颂词,并在床前床后遍撒干果,称为"撒帐果",预祝多子之兆。结婚节目中的掌礼唱词,分为"男宅行聘、女宅发盒、领妆、男宅登堂传道、女宅传事、请女新人上轿下轿、请男新人登堂、参拜天地君亲师和合如意、接宝、谢宝、掠发、祭祖、撒帐、敬酒、敬茶、敬汤、上门帘、上绣毡",等等,每一节目的唱词,少则四句多则十句。这批唱词由于丐户世代口口相传,只记字音不记词义,如果查考其唱词含义,掌礼自己都不清楚。辛亥革命以后,"天地君亲师"中的"君"(皇帝)早已被打倒,可掌礼在婚礼的唱词中,皇帝仍然存在,依然要新郎和新娘参拜"天地君亲师"。[①] 一些所谓的"诗礼之家",办喜事时也不问这一套。至于新郎和新娘除了听凭掌礼摆布之外,对于仪式中掌礼所唱赞的内容,更是莫明其妙。

"扎彩"应先期为喜事人家挂灯结彩。有的富有人家还要搭起七彩牌楼。"外执事"的"锣""帽"和"炮"为迎娶往来时仪仗的一部分。"锣"为仪仗队的鸣锣开道。"帽"乃戴高顶红黑帽的行列。"炮"为放铳的铳手。旧式婚礼除了放鞭炮之外,还有放铳习俗。铳事则专负放铳之责。炮手在花轿出门时和到门时必须放铳四响。铳乃一种金属制成的管状器具,外形颇似老式的手榴弹,里面装上火药,铳事手执木柄,将引线点燃,铳内火药爆炸,即刻发出轰然巨响。几个铳事同时放铳,声势浩大,将喜庆的热闹气氛推向高潮。

"六局"中的茶担、掌礼、鼓手、执事等人,都是当日结束工作,结账回家。而喜娘、扎彩和厨师等行当,不仅要在"正日"之前到主家,在主管的安排下,借物的借物,采购的采购,挂灯结彩,备料烧菜,铺排场面,忙个不停。"正日"过后,也不能马上离开,还要将借来的东西送还,悬挂的灯彩卸下,门窗户阔要重新上好,恢复原样,因此格外辛苦。有些场面大的富有人家,动用几十人甚至一二百人。尽管账房开单调派职务,贴在墙上,但到迎娶吉日,人来客去,难免混乱,有些丐户等趁机将一家老小都带来吃喝,同时接好几家生意,走马灯似的轮流穿梭,他们只要买通账房,瞒上不瞒下,能到几户人家结账拿钱。

苏州这种热闹的结婚场面,在1927年前后还时常出现。后来,仪式虽有简化,但"六局"在喜事场面中仍是主要的组成部分,直到中华人民共和国成立以后,才完全被淘汰。

---

① 　徐玉贵:《封建婚礼中的苏州"六局"》,《苏州文史资料选辑》第5辑,1990年,第395—396页。

## 第三节  茶  担

江苏苏州和常熟等地丐户,专门从事为平民婚丧嫁娶宴会提供服务的"茶担"。"茶担"专门负责茶水供应,并兼顾礼堂桌围、椅披的布置。堕民有一副极为独特的茶担箱,能将火炉、铜吊、茶盏之类烹茶、饮茶用器全部装在里面,扛到喜事人家后,往院子或大厅一放,即能升炉供应茶水,无须主人操心。宴会时,还负责烫酒。过去左邻右舍乃至路人,都可以到喜事人家讨一杯茶喝,茶担任务格外繁重。

著名昆剧表演艺术家周传瑛的祖父和父亲都从事"小百姓"的贱役——"茶担"。"传瑛同志父亲周公永泉,专做茶担。"[1]"所谓'茶担',就是向包头租一套灶壶碗盏,当富贵人家办婚丧寿庆红白喜事时,代主人家给来宾烧茶、泡茶、把盏,做杂事。在封建社会里,这是'小百姓'所从事的猥下贱役。我们苏州当地叫做吃'乐局'的营生。"[2]鱼米之乡的苏州,吃茶乃日常生活习俗。客来敬茶,也是日常生活的礼节。婚丧喜庆人家,宾客如云,主人忙不过来,于是,产生了由丐户从事的特殊职业——茶担。"茶担是专门为婚丧喜庆人家烧水泡茶招待客人的。因为工具比较简单,仅一只烧水用的炉子和若干茶具而已,一担即可挑走,故而名之。据传,在明代初期即兴起此业,后来有所发展,不仅烧水泡茶招待客人,还帮助主人家摆酒席上的碗筷,但人们仍习惯地称呼为'茶担'。就是对从事这种行业的人,也以'茶担'代称。"主办婚丧喜庆的人家,需要办很多事情,最繁忙而又吃力者,莫过于招待客人。客人一批批来,主人忙得焦头烂额,稍有不周,就会怠慢客人。于是,主人请来"茶担",招待客人热情周到,宾至如归。"因为茶担是专职伺候客人的,而且,他们对婚丧喜庆的风俗、礼仪十分精通,不管婚丧喜庆的场面有多大,档次如何高,只要用了茶担,不仅可以不失礼,还可以把招待客人的事安排得有条不紊,办事人家可以省掉许多操心。"[3]客人一进门,茶担就热情地迎上去,招呼客人坐下,送上一杯香茗。筵席开始前,茶担在桌上摆好筷子、汤匙、酒杯等用具。协助主人招呼客人入席,调整位置。筵席开始后,茶担到桌上斟酒、冲茶、递洗脸巾。筵席结束后,揩台抹凳,收拾干

---

① 许寅:《为昆曲奋斗一生的周传瑛》,《昆剧一代宗师——周传瑛》,中国书籍出版社2013年版,第167页。

② 周传瑛:《昆剧生涯六十年》,上海文艺出版社1988年版,第4页。

③ 潘君明、李炎明:《苏州茶担》,《农业考古》1991年第4期。

净。再给客人送上一杯香茗，让客人坐下叙谈。茶担对工钱也不计较，无论富家穷户，凡逢婚丧喜庆，均请茶担帮忙。

茶担的一般招待工作并不复杂，容易应付。最难应对的是旧婚礼中新女婿上门或舅爷进门吃"跳板茶"。这是旧式婚礼中最引人注目的仪式之一，也是最热闹的场面之一。"新女婿进门后，稍坐片刻，立即撤掉正间屋里的台凳，在左右两边靠墙各摆两只太师椅，椅背上衬好红色椅帔，头位、二位由新女婿和舅爷坐，三位、四位邀请同辈的至亲坐。坐好后，茶担就右手托着茶盘，茶盘里放着四只有碗盖的茶碗，身子扭来扭去，脚步一跳一跳的，叫做走如意步，要盘四个如意头。盘如意头有个讲究，第一次盘四个正如意头，第二次盘四个反如意头，每反盘一次，送掉一只茶碗。四个反如意头盘结束，刚好将四个茶碗送到四个人的手里。说声'请用茶'，四个人就双手捧起茶碗喝茶。当新女婿等在喝茶时，茶担又扭来扭去，脚步一跳一跳的，第三次空盘正如意头，接着又第四次盘反如意头，每盘结束一次，收一只茶碗，四个反如意头盘结束，四只茶碗收齐，茶担就退出正间，吃'跳板茶'的仪式结束。"①"跳板茶"中盘"如意头"，乃是讨取吉利的彩头，喻义"四合如意"。

常熟的"茶担"，总称"司茶"。凡平民办红白喜事或节日庆贺，均需请"茶担"帮忙。办喜事的主人放心承托"茶担"安排，"茶担"也能热情周到地办好，主人不必操心。"茶担"中的"司茶"，乃是一位机敏能干的"茶艺司"。"他学有一套行业的本领，特别对红白不同的喜事要会不同的行话，办喜事要说大吉大利的话，这些吉利话要唱出来，如吉日喜庆话、大吉大利话、接待媒翁话、招待亲朋话、送妆起妆话、筵席道贺话、张灯结彩话、鞭炮高升话、喜堂延寿话、燃点花烛话、祭祖拜先话、吃跳板茶话、郎舅换帖话、新娘出轿话、参拜天地话、永结同心话、传宗接代话、送入同房话……唱得看热闹的人哄堂大笑，纷纷喝彩。接着新房道喜新郎敬酒敬喜果，伴娘代新郎发喜糖。这时的'司茶'又要为新郎新娘吃同心酒、同心饭而唱一席洞房花烛话。"②这个"司茶"承担了"司仪"的角色。担任"茶担师傅"，特别是"茶担"中的"司茶"，从师不学习三五年的基本功，是难于掌握整个喜事中各个环节要点的。"茶担师傅"着装也颇为讲究，一律穿短打行服，整洁清爽，其中扮演"司茶"角色者最引人注目。"司茶"穿一套比同行更为整齐而有特色的行服，新理过发，戴一顶红顶子的西瓜皮帽，脚穿玄色尖口布鞋，裤管扎一根黑色带子，上穿蓝青布对胸罩衫，腰系一条青布作裙，下摆拎起来往两边腰间一塞，肩上搭一条搞卫生的毛巾，一天到晚笑容满脸，不停地说着

---

① 潘君明、李炎明：《苏州茶担》，《农业考古》1991年第4期。

② 叶宏：《茶担谈往》，《常熟文史》第25辑，1997年，第213页。

吉语,走起路来总是风风火火。

"茶担"所需的工具用具齐全。一为茶具,根据场面大小,来宾多少,确定具体数目。茶具大致有两套,一套为一般客人所用,泡茶招待客人;另一套为吃"跳板茶"和重点餐桌上使用。二为餐具,按场面设置台面。大致分为三种,一般台面为红木筷、锡酒壶;中等台面为象牙筷、紫铜酒壶;高等台面为镀银筷、镀银酒壶。其余餐具繁多而复杂,置办成本也较大。一至两只大圆形 80 至 100 市斤重的锡炉子,炉子上有三个洞,一个烧柴火生炉子用的约 80 至 100 厘米圆径的朝天洞,两个为烧开水和炖酒筒用的约 40 厘米的朝天洞。开水、开酒用的锡桃子若干只。端茶、端酒用的红漆长方形托盘三至四只。酱油盆碟、调羹、饭碗、酒缸、毛巾等若干。三为喜堂装饰道具,正堂上挂的"国色天香"或"和合万年""三星高照"的轴画堂对。正堂用竹竿横穿挂的大红绣花"玉堂富贵""金玉满堂""万载荣华"的三道堂幔,正堂中间"红堂纸"台前结上鲜艳洒花的台帏,两边六到八张太师椅上披着五色彩绘的椅帏。新郎新娘上轿、拜堂穿的大红绣花喜服,新娘戴的珠帽,新郎肩披的大红绸花,新郎给新娘挑方巾用的大红绣花软巾,一条大红毡毯,新郎新娘送入洞房"传代"用的六至八只大青布袋。四为轿子,抬新娘的花轿,一般也有三种。一为一般新娘用的"青布小轿",仅为举行简单婚礼;二为场面大一些用的大红绸缎绣花轿,三面镶嵌玻璃窗,轿顶有大红绸缎牡丹花;三为讲究排场而装饰华丽的大红龙凤珠子轿,此轿由珠子盘起,轿顶置有珠子孔雀,红轿衣上全由珠子串成,轿顶四周和轿杠两面饰以珠子盘的龙,轿杠也用棕榈树红漆制成,轿搭采用红木,开杠也分开四杠或八杠。

"司茶"在做功、演功、表功、唱功、喊功上格外卖力,拉起高调,以清脆悦耳的喉咙和幽默艺术的表情,博得宾客阵阵欢笑。"司茶"执掌礼仪,主持指导,排场筵席,精心布置。一般开宴席设置有三种,一为普通筵席;一为二等筵席;一为高档筵席。旧时筵席为八仙桌,民国初年才出现十人圆桌。"大好日"这天正日席数人数最多,分三批开筵入席。从下午四点直到晚上十一点才结束。由"司茶"指挥,分席开宴。第一批主要邀请女士和小姐入女酒席。台面为红木筷子和锡酒壶,摆设六糖六果,八冷六热四炒、二点心、一品锅。第二批主要邀请亲朋好友,同事同学、老师、族长等长者,男士入男酒席。台面为象牙筷子和紫铜酒壶,摆设六糖六果,八冷八热八炒、四点心、一品锅。

"司茶"开第二席以后,中间要停顿一段时间。司茶忙着布置拼双台,祭祖先,家人齐拜。礼毕,司茶又在中堂两边排开六至八把太师椅摆茶,邀请"媒翁老相"入座,吃"跳板茶"和"喜圆子"。司茶行"跳板茶"礼,手托红木茶盘,放上六至八只有盖有底衬的茶碗,摆开姿势,从门外边唱边跳,弯腰曲背,飞快地往里边钻,一直到中堂的"红堂纸"台前,再慢慢地后退,向两边发茶给"媒翁老相"

喝。一边直腰唱敬贺口彩吉利歌,一边又持盘小步往里钻,然后退出收茶。

　　吃"跳板茶",是农家婚礼中最大、最热闹的一个高潮。主要是表现诚待"媒翁老相"的。此时要在"茶担"中挑选出一位经验丰富的老茶司出来献演吃茶仪式。"茶司"要以毕生技艺来献演。吃"跳板茶"的大厅设置也很讲究:在"红堂纸"前两边排开四张一面的太师椅,每两只中间放着一只茶几,椅和几上都系上彩色鲜艳的披和帏,当中留着一条两米宽的表演通道。堂上红灯高照,大气的排场,加上热烈的气氛,使厅堂显得富丽堂皇。观众们围得水泄不通,不时掌声雷动。"茶司"一般身穿青布大袄棉袄及单衫,青布裤子,用黑色缎带扎着裤管,腰系青年作裙,裙角对称地插入两边腰间,头戴红的西瓜皮帽,也有拖畚式抑或扫帚式的店小二帽子,肩披一条彩色毛巾,他轻移小步笑迷迷地手持茶盘站立在中堂的左边,以其清脆的喉咙,高声放歌"媒翁老相"和陪座的娘舅、姑夫依次入席品茶(吃跳板茶的位子最多可设八只,正副媒翁四位入座正席北面四只太师椅,陪座品茶的则坐南面位子上,如长辈不在,可由小辈替代,旁人不宜,缺之补可)。"茶司"高声招呼:"观者亲朋好友请看,现在开始献演。"他手举茶盘,先以三进三出跳跃大礼开场,并喝"茶盘一响,敬谢媒翁老相;茶盘二响,敬谢娘舅姑夫;茶盘三响,祝愿娘娘老相福寿无量"(茶盘一二三响,即茶司抬一下高举的茶盘即为一响)。接着,再托着茶盘弯腰曲背地跳进跃出,将茶盘里的圆宵献给每位吃茶者,口唱"团团圆圆,子子孙孙,荣华富贵,万代兴旺"。稍顷"茶司"又托茶盘,二次小步跳跃进厅,此时躬背前行,但放在茶盘里的茶杯决不能打翻,茶杯下衬杯垫,上盖茶盖,内沏香茗,"茶司"一一将茶杯分发给每位品茶者,同时口彩朗朗,敬献"三开",即一敬媒翁老相费尽心,今朝鸳鸯洞房结同心,媒翁功高千秋(掌声);二敬媒翁美言好,小鸳鸯百岁福寿高,心心相印(掌声);三敬媒翁喜笑容,气宇昂昂贯长虹,满面春风(热烈掌声)。接着又唱一则"媒翁老相喜冲冲,今朝跑路很轻松。美酒下肚甜滋滋,开心吃杯跳板茶。新郎新娘同心好,男女双方一担挑。来年早生贵子福,将来再谢老媒翁"。惹得笑声不断,掌声雷动。"茶司"继续弯腰曲背托盘收杯,收毕随手脱帽,喝道:"小司技艺不当,还望指教多多。"举盘表示献茶结束,掌声欢散。①

　　接着行第二道"喜圆子"礼,表演一番后再收碗。"跳板茶"结束后,外面鞭炮齐鸣,新娘的大红花轿已到正堂。"司茶"高声喊道"新娘到",将大红毡毯铺

---

① 叶宏:《农家婚礼》,《常熟文史》第 38 辑,2007 年,第 95—96 页。

到堂前,传请新舅爷暂时等候。由新郎持大红帖子与新舅爷换帖后,由"司茶"边引进边唱吉利话。并请伴娘揭开轿帘,陪新娘步入中堂,二爷伴新郎登堂与新娘同拜天地、花烛,叩拜令尊令堂大人,再拜高堂、长辈。接着,就是"传代"入洞房。新郎新娘面对面手牵红绸带,踏在布袋上,新郎先跑后退,新娘小步向前。"司茶"将青布袋一只接一只传过去,并唱:"传代来哉!传代来哉!"新郎新娘直入新房,双双坐在床沿。伴娘在"星官斗"上拔一根木杆秤传过新郎,为新娘挑"方巾"使用。由此,进入闹新房高潮。

"司茶"接着开第三批酒席,筵席分中堂和两厢房,一律摆"梅花桌",每桌只坐六人,空一方对称和中间正桌上空一方全部结上新的花色鲜艳的绣花台帏。中堂摆五桌,正桌由新娘和陪伴小姐入席,余四桌为表辈和媒翁按序入席。西房中席为新郎及二爷陪随者入座,余四桌为高堂、令尊、令堂以及义父母依序入座。桌面为银筷子和银酒壶,摆八糖八果,十冷八菜六炒,六点心、一品锅。"茶担师傅"忙得不可开交,特别是"领雁"的"司茶"更是喘不过气来。"茶担"在20世纪三四十年代发展到最盛时期,一直延续到60年代,作为"四旧"被破除。改革开放以后,"茶担"再次复兴。

茶担除了从主人家取得工资和赏钱外,也能大饱口福。其他帮忙者只能吃客席剩菜,而"六局"却能吃到原汁原味的菜肴。特别是茶担,整甏头酒尽管喝个够,因为所有的酒经过茶担温烫,他们能喝到不羼水的酒,而客人只能喝到加过水的酒,此乃"近水楼台先得月"。

## 第四节　管理祠庙

鄞县有祠庙517座,族祠则不计其数,大都有祭祀和庙会,而民间婚丧喜庆特别讲究礼俗。宁波有的堕民散居于平民村落中,为平民管理祠堂和庙宇。特别是一些年老的堕民,以及没有房屋居住的贫困堕民,为了生存下去,便主动找到族长,要求管理祠堂,主要是负责打扫卫生以及安全保卫工作。"这些人在外做了坏事,躲过官府,隐姓埋名,没有住房,所以住在祠堂(或庙)里,叫祠堂人(或庙堂人)。祠(庙)堂人地位低,经常受人气,被人耍,经常遭人骂挨人打,但他们只能忍气吞声,老老实实地干活。当地族长太公把村里大家田给他种一点,让他自食其力。族内村民有婚丧喜事,太公有权叫他们帮忙,必须百应百顺。"①祠堂平时极少人往来,大户人家只有婚丧喜事才到祠堂摆桌设宴。管理祠堂的堕民帮忙打杂,讨些酒钱,故称"庙祝""祠祝",俗称"祠堂人""庙堂人",也是堕民的别称。"小时候在故乡浙东生活,遇有哪家红白喜事,常可见一种女的称'送娘子',男的叫'庙道人'的堕民。"②聚落祠庙的居民称为庙籍人口,堕民没有庙籍,凡未入庙籍者,称为"外乡人",备受歧视。

　　鄞南地区的堕民大都居住在平民所建的宗祠和庙院。"因此,他们人数虽少,他们散布的情形是很广了。平民村落至少一村有一村的宗祠,他们便一村有一村的他们了。所以,鄞南一区,无一处不有他们的堕民,他们的势力实在也不少呢。"③鄞县住祠堂庙宇的"祠堂人"和"庙堂人",其主要职责有:"开关祠堂门。平时祠堂不开大门走小门。小门早开晚关。每年(农历)十二月廿四日大送年后开祠堂大门,早开晚关,至次年正月十五日落灯止。以后恢复正常。住庙也是如此。"④还有祠堂冬至祭拜太公,族人来祠堂结婚拜堂办喜酒,死人神主上堂,以及演戏等均需打开祠庙大门。特别是每年清明节或大的节日,村里要祭祀祖先,"祠堂人"都要把祠堂打扫干净。每年除夕,庙堂人必须把庙里菩萨换上新衣服,还要给坐夜人烧茶、陪夜,丝毫也不能马虎。正月初一清早,"祠堂人"要带领一家向族长太公叩头拜年。

　　管理祠堂的报酬支付方式各种各样。有的祠堂连着一块田地,由堕民免费耕种,所得即为其报酬。如果没有祠堂田,堕民依靠聚落祠庙的居民施舍度日。鄞州区横溪的"祠堂人",每年买一些饭盏碗头送到每户人家。"族里每户人家,每天早上送一盏饭,放在窗口。祠(庙)堂人天天去倒,村子大些,两人倒,回到祠堂自己吃不完,就晒饭干。九、十月稻田收割,祠(庙)堂人就到每户稻田里去讨稻桶下脚泥谷,讨时先要分糖、烟等物。主人家把稻桶下巴一些谷给他,各家主人有好有坏,好的就给他两三马嘴。讨完一家再到另一户去讨,全村讨遍,全年约有一千斤谷(碰到丰年),所以祠(庙)堂人一年内做事没有另外工钿。"⑤北仑的"庙堂人"是管祠堂的差役,每年到早晚稻收割季节,可以向该庙境下的农户以少量的西瓜换取价值几倍的稻谷,俗称"兑稻桶"。被兑者也乐于施舍,绝无讨价还价之事。有的"庙堂人"每月都要索取。"至于'祠堂人'和'庙堂人'

　　①　杨世财口述,曾建国整理:《祠堂人习俗》,《甬上风物——宁波市非物质文化遗产田野调查(鄞州区横溪镇)》,宁波出版社 2009 年版,第 203 页。
　　②　沈烈懋:《浙东的惰民》,《宁波日报》1990 年 11 月 8 日。
　　③　德恩:《鄞南的堕民》,《北新》1928 年第 5 期。
　　④　谢振岳:《鄞县的堕民》,《鄞县史志》1993 年第 1 期。
　　⑤　杨世财口述,曾建国整理:《祠堂人习俗》,《甬上风物——宁波市非物质文化遗产田野调查(鄞州区横溪镇)》,宁波出版社 2009 年版,第 203 页。

（也称'祠祝'或'庙祝'），那向人家拿取更其厉害，一月一次米，这叫'月米'，通常至少半升，岁尾年初自然还得多给些。所以他们的产业实在是有些不可思议，并且是奇特得很。"①但管理祠堂的堕民并不像堕民的其他"脚埭"一样可以继承和买卖。"所谓'祠堂人'或'庙堂人'，因为祠主或庙主雇佣他们来管理的关系，由主人给予薪俸，合则留，不合则去，完全是种雇用关系，和一般的堕民与东家的关系有别，不能子孙传授或出顶转让的。"②管理祠堂的堕民"产业"并不固定，犹如草原上的游牧民族。"今年你在此住，产业便给你收取，明年他来了，你便要交给他了。大多数堕民自己是没有产业的，都要靠宗庙里另分些产业给他们，作为他们管理宗庙的薪俸一样。"③族长可以随时将管理祠堂的堕民辞去。

慈溪半浦村有三庙六祠，均住着"庙祝"和"祠祝"。住在安仁庙的"庙祝"从乍山的横街迁来，已有三代七口人。"庙祝"后裔回忆："阿爸管祠堂的，主要是接待主客和清扫环境。一年四季祭祖的主人、宾客，以及议事的乡绅来祠堂，父亲就要沩茶递烟请坐。祭祖的时间是固定的，议事的时间就不确定了，而族里的大小事情一般都在祠堂商议。每次议事前，族长之类的负责人就要父亲去通知参加议事的乡绅。通知书是一张纸，上面横写着乡绅们的名字，父亲拿着这份名单一一到他们家中去通知。父亲很讨厌做这件事，因为他们是上等人，即使是败落乡绅看我们这号人，也是威风凛凛，而我们看到他们就得低头哈腰。所以每次接到通知，父亲选几户路近的，送到就了事。路比较远的或者神气十足的乡绅家，他就懒得去了。那么通知没送到怎么办呢？父亲常常在没去过的乡绅名下，按照去过的乡绅已写的'知'字，依样画葫芦，也画个'知'字，谎称信送到。"④"庙祝"并不识字，也未读过书。幼时当过书童，陪东家儿子读书。"庙祝"当书童的日子不长，看到同龄人读书写字，十分羡慕，也向东家儿子讨支笔，找来一块砖头，蹲在窗外，竖起耳朵隔着窗户听课，用笔蘸水写字。尽管斗大的字不识一升，字却写得像模像样，临摹的"知"字竟然也能蒙骗族长过关。"庙祝"收入菲薄，全家依靠妻子做"送娘"支撑。"庙祝"也心知肚明，尽管终日以酒壶为伴，但对"送娘"妻子也不敢重言重语。

奉化溪口的钱潭庙，有堕民专门管理。钱潭庙有近三百年的历史，庙宇坐西朝东，正堂三开间，"大王菩萨"居中安坐，各方尊神分立两旁，文武判官威武庄严，大有惩恶扬善之气概。东西两壁安插十八支銮驾。正堂前面为平地楼，

---

① 沙羽：《浙东的堕民》，《万岁》1943年第6期。
② 陈志良：《浙江的堕民》，《旅行杂志》1927第6期。
③ 沙羽：《浙东的堕民》，《万岁》1943年第6期。
④ 王静：《中国的吉普赛人——慈城堕民田野调查》，宁波出版社2006年版，第121页。

楼上为庙宇搞小型活动的场所。每逢初一、月半或是丰收节庆之日，好事的村民聚结于此组织演出。有时演出木偶戏，丝竹管弦不绝于耳，悠悠扬扬令人心欢意乐。民国时期，增加了唱小曲儿，扮演活报剧，引入文明之境。每年除夕至正月十八落灯，是庙里最为热闹的时节。除夕那天，村里有头脸的乡绅耆老，或个人或集体向"大王菩萨"拜岁，祈求风调雨顺，国泰民安。"钱潭庙'庙祝'总是毕恭毕敬地站在那里，点头哈腰听绅士们吩咐，祭拜后引入客厅请他们喝茶。'庙祝'服侍管理得好，有时还获得一笔赏赐，称'压岁钿'。'庙祝'地位卑微，历史上称'堕民'。第二天新年开始，'大王菩萨'面前摆满全猪全羊和18大碗36盏，祭祀十分隆重。正月初一至十八，不时有男女老少一拨一拨地来庙孝敬菩萨，他们摆上供品，烧好纸钱，企盼钱潭庙界下黎民百姓安居乐业，消灾脱难，万事如意。这时候的'庙祝'，忙这忙那，为香客和施生差使服务。他们祭毕回家的时候，一般会把果品留下，管庙人千恩万谢，磕头致意。"①最为壮观的莫过于每年七八月间祈求龙王和"大王菩萨"施雨，有千余家丁参加"行稻会"，庙前广场摩肩接踵，"庙祝"忙个不停。

"庙祝"的微薄收入无以养家糊口，特别是那些没有庙产的庙宇，要依靠庙祝的妻子"庙道娘"前去庙境平民家"化缘"。

> 管理神庙的人，家乡称为"庙祝"。《辞海》记载："庙祝，神庙中司香火者，俗也称为香火。"则是所称无误。"庙祝"之妻，称为"庙道娘"，实在查不出来源，大概是专司神庙香火，如日本所谓花道茶道然。"庙祝"没有固定薪给，除置有庙产的庙宇，在附近拨给他一、二庙田地，让他种植禾稻素菜，自耕自食，勉堪温饱外。若无庙产的庙宇，"庙祝"惟赖境下弟子，酬神演戏及过年谢神，新年拜庙岁的时候，得到菲微例规，别无收入，故生活异常清苦。在无可奈何的情况下，"庙道娘"经常奔走于本庙属下富贵之家，求些金钱米谷，来维持生活。她的行动，和"送娘子"（喜娘）相差无几，进门来满面春风，吉言利语，滔滔不绝，处处恭维，步步讨好，借博主人的欢心，冀可获得较厚的赏赐，用心良苦。因此乡俗对于频频进出朱门，阿谀奉迎的女人，背地里叫她为"庙道娘"，窃笑其目的是希望有所收获也。②

最著名的庙祝莫过于清代著名画家蒲华，幼时曾管理寺庙。"种竹道人蒲华，祖先为明代社会最为人所歧视的丐户（也称堕民），幼曾为庙祝，刻苦自学，能诗文、善书画，寓沪时短袍长褂，一身油腥，人称'蒲邋遢'。一生贫困鬻画自

---

① 《钱潭庙》，《奉化文史资料》第23辑，2012年，第47—48页。
② 汤强：《宁波乡谚浅解》，东方文化书局1974年版，第157页。

图3.3　堕民画家蒲华幼时管理寺庙(1834—1911)

给。"①据说蒲华的父亲乃嘉兴府城隍庙卖"保福饺"的人。(图3.3)

查蒲姓,《百家姓》赫然在榜。但据当地流传,姓这种姓氏的人家,实际上是明朝开国皇帝朱元璋的手下败将张士诚、陈友谅、方国珍的部下。残兵游勇,余孽偷生。从明朝开国时起,这些人群便蜗居蛰伏于社会底层。统治者有明文规定,此类人等不得参与上层社会活动,不得参加应试考试,不得从事比较体面的生计。统治者给予他们的社会生存空间相当狭小:只能在一些诸如婚丧嫁娶活动中作为下手帮忙,充当杂役。他们所从事的工作,称之为"贱业"。②

贫困的平民,因走投无路,恳求族长和族中长辈入居祠庙,沦为管理祠庙的"庙祝",自愿从事贱民的行当,也被歧视为堕民。黄连父亲黄铭齐因管理族中祠庙,被村人歧视为堕民,贬称为"庙阿齐"。黄连于1921年生于余姚县左溪乡

---

① 卞中恒:《八十春未晚——五味集》,纽约商务出版社2008年版,第37—38页。

② 陈源斌:《温岭时期的蒲华》,《品位温岭》,解放军出版社2006年版,第30—32页。

南黄村，按照南黄黄氏辈分的排列，属于"开"字辈，父亲为其取名"开铨"，也因住在新兴庙中，被贬称为"庙阿铨"。黄连的童年与新兴庙的泥菩萨相伴，在饥寒交迫中度过，每天一早就提着竹篮向村民乞讨上供菩萨的供饭，也是一家人一天的口粮。"庙阿铨"幼时到财主家乞讨早供，被财主家的狗咬得鲜血淋漓，痛倒在地。

　　黄连的父亲名叫黄铭齐，是一个忠厚老实的农民，兄弟姐妹多，他是老七，最小。家里人口多，住在几间破房子里，生活极其困难。等到兄弟长大成家了，姐妹出嫁了，按照农村的习惯，兄弟分了家，自立门户。家里人口多，没有房屋可分，黄铭齐只好叩求村里的长辈、族长，得到同意，一家住进了村中新兴庙的侧房里。族长提出的条件是：可以不付房租，但要义务为寺庙打扫清洁，负责寺庙的保护，每天一早向村民乞讨第一勺早饭，讨回后，燃香点烛为庙里的三十六尊菩萨上供；每逢初一、十五，村民前来进香拜佛，要负责接待，供应茶水。为了有房可住，黄铭齐一一答应。每天为菩萨上供后的供饭，就成了全家一天的口粮。有时乞讨来的供饭少，全家就半饥不饱，偶尔有几次乞讨来的供饭多，就晒成干粮，以备作乞讨供饭少时的口粮。黄铭齐夫妻二人还要无偿替村民理发，也要为村里办红白喜事的人家帮助劈柴做饭，干点杂活。后来有了子女，家里人口多，又没有固定的收入，生活是很艰难的。当时黄铭齐一家不仅是生活的艰难，更大的是精神上的压力。住寺庙、替人理发，帮人家办红白喜事做杂工，是被人所看不起的，在村里抬不起头，常受到村里一些尖刻人的讥讽、白眼。黄连的父亲黄铭齐就因为住在庙里，被人叫为"庙阿齐"。在浙东一带，为人理发，帮办红白喜事人家做杂工是堕民的职业，堕民属于贱民，是浙东城镇农村中的"另类"。黄铭齐一家虽然不是堕民，但在一些人的心目中与堕民差不多。精神上的压力大于生活上的艰难。①

黄连二哥黄开春无法忍受村人的歧视，借了七角钱，乘船到上海打工，省吃俭用，积了一笔钱，让父亲搬离新兴庙，盖了三间草房。然而，尚未住到三年，又被日军一把火焚毁。黄连的一个姐姐和一个妹妹，还有父亲，都被活活饿死。三个兄长离家出走。剩下黄连和母亲在破庙相依为命，黄连独自负责打扫新兴庙的清洁，每日为上供菩萨供饭向村民乞讨。1938年，黄连投入抗日救亡活动，参加革命队伍。组织上为了免除黄连对栖身新兴庙的母亲生活的后顾之忧，每

---

　　① 黄志万、邵水炳口述，黄和明、黄永锦整理：《贫困的家庭，苦难的童年》，《四明之子——黄连》，2009年，第6—7页。

月特批 25 斤大米。1943 年,陈布衣将其改名为黄连。"开铨同志出身贫困,童年受的苦难比中药黄连还苦,就叫黄连吧。记住童年的苦,不忘本,好好革命。"①黄连后来成长为党的优秀干部。

金华也有"轿夫"管理祠堂。永康的芝英流传"芝英大,祠堂多"的说法。第三次全国文物普查时,不到 1 平方千米的芝英镇,竟保留 81 座宗祠。目前保存完好的宗祠仍有 52 座,其中属于省级文保单位的有 2 座。芝英的宗祠,最早可追溯到东晋三国时期,相传芝英东晋就存在"护祠部落"。目前,芝英生活的杂姓居民,均为以前"护祠人"的后代,约有二三百人。这个所谓的"护祠部落",以王姓人口最多。75 岁的王明钱自述祖上从永康黄泥坑搬到芝英,到其孙子辈已有五代。早在清代,王明钱的祖上就来到芝英,守护恢祠。随祖上一起来到芝英的还有一大帮叔伯兄弟,分别守护大宗祠、思文公祠等 10 多个宗祠。东晋应氏祖先应澹渡江而南,迁居于此。应氏家规中,将"建祠宇,守封茔"列为首句,故芝英宗祠众多。恢祠原有三座大殿,王明钱一家就住在靠东的一个厢房,约有 30 平方米。他们每天的工作,就是料理宗祠的日常生活,包括打扫卫生、防漏等工作。"护祠人"大都擅长烧菜。

应氏家族建立大宗祠管事会,各房宗祠设有分管事。从明代嘉靖迄 1949 年,历年有管事 18 人。宗祠有自己的田地,称为"常产",目的是帮助子孙后代。各宗祠建有"常平仓",粮食丰收时,宗祠会派出管事收购部分粮食,一旦遇上灾荒,管事就会开仓平价销售,平抑市场粮价,并救济一些贫困的人。各宗祠还为贫困死难者建立救济制度,为无力安葬者准备一副棺木,免费举行安葬仪式。不少宗祠建立义务教育和宗教制度,本族子孙可免费接受教育,所有费用均由宗祠负担和支出。芝英有一个领红漆竹筹的风俗别具特色,通常在清明前后祭祖的时节,各人领到红漆竹筹的多少,与其年龄、学历、功名的高低有关。依据民国时期的标准,一个应氏男性子孙至少可分到 1 支;如果年满 60 岁,可加 1 支;年满 70 岁再加 1 支,逢十累加。此外,进乡试的加 1 支,中举的再加 1 支,依次类推,最多的曾领到 10 支。民国以后则改成小学毕业的加 1 支,初中毕业的再加 1 支,依次类推。最初,1 支红漆竹筹代表一份麻酥,后来代表一份裹肉的单麦饼。每到祭祖时节,管事会都会在祭祀仪式中特别摆放一张桌子,上面摆上一排红漆竹筹。"护祠人"符合条件,也能领得一份。"护祠人"陈锦福叔叔是小学毕业,比其他读书人多领一份。从宋至清,芝英应氏中举者 39 人,考中进士者有应典、应廷育、应炜、应振绪、应德完、应济川、应凤仪等 7 人。宗祠管事

---

① 黄志万、邵水炳口述,黄和明、黄永锦整理:《贫困的家庭,苦难的童年》,《四明之子——黄连》,2009 年,第 7 页。

还要组编纂修宗谱,筹建义庄和义会,建立文会,成立消防水龙会等一系列事务。遇有族人违犯族规公德,大宗祠即采取"开大宗祠"的办法严肃处理。开大宗祠时,总管理坐在正中,族人立于堂前两侧,违者罚跪于堂前,接受处罚。管理宗祠的管事分布在芝英以及邻近应姓的村民中,宗祠有事,管事前来恢祠商议,王明钱一家负责为他们准备饭菜。(图 3.4)

图 3.4　芝英思文公祠

　　最热闹的则是春分和秋分祭祖时节,各地前来祭祖的应氏后人齐聚一堂。"护祠人"先是烧全羊供奉祖先,然后再准备十多桌菜款待应氏族人。应氏家族通常并不支付工资给护祠人,而是以较低的价格将田租给王氏家人,作为补助。"古代有'小姓人'一说。'小姓人'是比'大姓人'低人一等的人。旧时,应氏宗族给小姓人立有规矩:嫁娶不能坐花轿、穿旗袍、戴凤冠;办酒席不能讲排场;新媳妇过门三天要向村里大姓叩拜,方承认其家之媳妇;一般不能同大姓通婚。由于有这样的规矩,所以在芝英镇,渐渐形成了护祠人和护祠人之间的联姻。比如王明钱的父亲王樟木,就娶了另一座宗祠护祠人的女儿为妻,跟他们一起护祠的,还有来自前仓镇大陈村的应炉春一家,应炉春一家原本姓陈,考虑到这个原因,干脆改姓应了。"①"护祠部落"的成员,除了永康本地人之外,还有外地人。82 岁的陈锦福也是"护祠人"的后代,祖上陈阿玉就是从绍兴逃荒过来。宗祠乃供奉祖先神主、祭祀的场所,被视为宗族的象征。"护祠部落"正是芝英宗族文化的见证者。

---

① 　叶朦朦、蒋中意:《芝英"护祠部落"的前世今生》,《金华日报》2012 年 3 月 16 日。

## 第五节　埋　尸

北仑堕民自述,有的堕民从事看风水的行当,只是不看活人居室——阳宅的风水,而是看阴宅(坟墓)的风水。抬棺材是浙南小姓专门从事的贱业,后来,穷困的平民征得小姓和族长同意后,也可以从事抬棺行当。"永嘉县五漱村原有小姓绝嗣之后,至今抬棺工作由族中穷苦的农民执使。然而他们除服饰有差别外,不再被视为小姓。而这些穷苦农民执使贱役,首先须全族公认。此后族中其他穷人希望抬棺,也须首先得到他们同意。这种情况说明了一种蜕变没落的过程,亦即异性的小姓职务被本族的贫民所代替了。"①倘若大姓无法维持生活,希望从事习俗上小姓专营的职业,必须获得小姓的同意,因为这是小姓的特权。如果小姓不同意分碗饭吃,完全有权排斥大姓从事贱役。

宁波堕民也帮主顾料理丧事。胡万春回忆典来的祖母在鄞县姜家弄病逝:"来了一批穿短打的人,乡下人都叫他们堕贫(即是堕民),也就是贱民。他们利索地放好黑漆的棺材,填好石灰等物,就把祖母的尸体放进了棺材。在钉棺材盖之前,亲属都要最后一次瞻仰遗容,这时哭声骤起。接着一阵砰砰锤子敲钉子的声音,棺材盖被钉死了。"②慈溪坎墩的堕民为死者换衣、入殓、哭轿杠,坟头充当孝子。宁波鄞州区横溪镇"村里有人死了,就叫祠堂人去报丧,报到的户给他一双草鞋钱。报丧要越快越好,一天要报好多户,报好后速回村替主人家帮忙做事,一切由主人支配。祠(庙)堂人在封建社会是下等人,做下等事,人死要给死人洗身洗脚换衣,再给死人理发刮须等。主人只给他吃一顿便饭,工作由主人安排,叫做什么就做什么,每样事情都不能不做,每样事情都要认认真真做,丝毫不能有半点马虎"③。作为管理祠堂的堕民,也负责操持村民的丧事。

乾隆《华亭县志》和光绪《华亭县志》均记载,华亭丐户从事埋葬尸体的"贱业"。"文武衙门张挂告示,城门着门军,寺庙着僧道,津桥路口着居民,枷犯着铺司看守典刑,尸首着丐户收抬,摆设公案着岳庙住持,各有遵守,不得遗累保甲。"④奉化堕民从事掩埋婴儿尸体的行当。奉化谣传堕民乘掩埋婴儿尸体之机,嗜食死去婴儿的尸体。"愚昧的人们都依着他们的集体无意识,坚持着历史

---

①　胡珠生:《胡珠生集》,黄山书社2008年版,第426页。

②　胡万春:《苦海小舟》,东方出版中心2008年版,第43—44页。

③　杨世财口述,曾建国整理:《祠堂人习俗》,《甬上风物——宁波市非物质文化遗产田野调查(鄞州区·横溪镇)》,宁波出版社2009年版,第203页。

④　(清)杨开第修,姚光发纂:《重修华亭县志》卷八《田赋下》,光绪四年刊本。

图 3.5　由"堕民老狗"捡回重生的作家巴人（王任叔）

形成的偏见，说他们嗜血如命，常半夜三更到乱坟冈子挖死尸吃，刚死的小孩子乃至活着的小孩子，那更是他们的上等佳肴。于是大人吓唬哭闹的小孩子就有了资料：'你还哭，堕民老狗来拖了。'"①著名作家王任叔（笔名巴人）原籍奉化大堰村，出生几天后突然"死去"，被母亲丢在后门外的破木盆里，由"堕民老狗"送去掩埋。（图 3.5）王任叔自述："而我据说生下七日，曾经死去，母亲已给放在脚桶上，丢在后门，让一个善埋孩子听说还在坟地上偷偷烹吃死孩子的堕民来拿去埋掉，但不幸却在他一翻弄之间，这个婴儿竟'哇'地叫出声来了，于是有了活到现在的我。"②住在村外破庙的堕民老焦照例带了铁锹、草苫子赶来。老焦将王任叔用草苫子卷起，挟着往后门山上走去，来到荒茔地，挖了两尺的深坑。老焦将草苫子解开，把褓褥中的死婴放进坑去。老焦盖好草苫子正要举锹填土时，呱呱的叫声把老堕民吓了一大跳。老堕民以为活见鬼，打了个寒战，往地上吐了几口唾沫，用脚跺着。老堕民确认声音由土坑里不断发出，乃大胆上前，揭开草苫，婴儿张着小嘴哭得越发响亮。老堕民用皱黑的手，将婴儿抱起，兴冲冲地送回"狮子闻门"的后院。"四叔公"王景舒为起死复生的儿子取名为"朝伦和

---

①　王欣荣：《大众情人传——多视角下的巴人》，上海社会科学院出版社 1990 年版，第4 页。

②　巴人：《关于巴人》，《巴人杂文选》，人民文学出版社 1985 年版，第 521 页。

尚"，据说和尚乃小鬼不缠，阎王不叫的"方外人"。不知是否因为感谢"堕民老狗"的救命之恩，成为作家以后的巴人，特别关注"堕民老狗"这个弱势群体，写了不少有关堕民的作品。

堕民乃生存于封建社会底层的贱民，以《清史稿》的标准曰："四民为良，奴仆及娼优为贱。"区别良贱的主要标准就是凡士农工商之外，从事非生产性工作的人，即服务行业的人，成为主流社会鄙视的贱民，堕民乃是其中的一种。孟子曰："劳心者治人，劳力者治于人；治于人者食人，治人者食于人，天下之通义也。"孟子以伺候人与被人伺候说明此二元的对立。这说明被人伺候者是统治者，而伺候人者是被统治者。"其间的各种社会阶级因伺候与被伺候程度的高低而决定其社会地位的高低。"①堕民为平民的宴会提供"值堂"和"茶担"服务，管理平民祠庙，妥善料理丧事。堕民因犯罪免于死罪，改罚为伺候平民，提供优质服务乃是其义不容辞的职责。堕民因为伺候平民而成为地位低下的贱民。

---

① 乔健、刘贯文、李天生：《乐户田野调查与历史追踪》，江西人民出版社 2002 年版，第352 页。

# 第四章　男堕民的抬轿业

平民出访，需要由堕民提供抬轿服务，绍兴富有堕民开设轿行，备有各式轿子，并雇佣"轿佬"；宁波和舟山堕民从事抬轿行当，故有"轿惰贫""抬轿堕卑"的别称。金华堕民也从事抬轿行当，男堕民称为"轿夫"，女堕民则称为"轿夫婆"，堕民聚居村被称为"轿夫村"。苏州丐户有雇请轿夫，出租轿子，为平民婚丧喜庆服务，且形成垄断特权，称为"轿盘头"。堕民出卖苦力，从事抬轿工作，属于封建社会底层阶级的贱役。

## 第一节　绍兴轿佬

乘轿文化始于南宋，宋室南渡以后，由于南方气候潮湿，城市道路泥泞，骑马易滑也易弄脏衣裤，乘轿乃最佳的选择。早期唯有政府高级官员才有乘轿特权，一般平民不得乘轿。抬轿也属官府衙门的贱役之一。明清时期，轿子已在官民之间广泛使用。明代王士性在《广志绎》中，提到绍兴堕民担任"舆夫"。[①]明代叶权在《贤博编》中，也提及堕民职业有"舁桥"。[②]轿子为陆上主要交通和礼仪工具，替人抬轿也是绍兴堕民一种重要职业。"不仅红白两事需要用轿，叫堕民去抬，连绅、商、学、医各界人士和官宦(包括他们的夫人、小姐)凡出门去，需用的轿夫都是堕民。"[③]平民坐轿时，堕民颇多忌讳。"坐轿时，不可在轿杠中的正前方进出，而要在轿杠的旁边进出。否则，轿夫以为在他的肩上要生疮。"[④]明清时期，文官坐轿，武官骑马。大轿按官衔或人物身份等级分为十六抬、八抬和四抬、二抬不等。十六抬乃一品高级官员或代天子巡狩的特任官所坐的轿

---

① （明）王士性：《广志绎》，中华书局1981年版，第72页。
② （明）叶权：《贤博篇》，中华书局1987年版，第32页。
③ 阮庆祥等编纂：《绍兴风俗简志》，1985年，第203页。
④ 绍兴市军事管制委员会：《绍兴概况调查》，1949年6月20日，第123页。

子,轿旁有亲兵相随。八抬坐的乃省级藩臬两司和道府两级官员。知县则坐四抬。大轿的装饰也不相同,十六抬为红呢金顶,八抬乃绿呢银顶,四抬则蓝呢铜顶,二抬为灰呢木顶。大轿为长方直立型,三面包裹,正面有轿门出入,轿门上有亮窗,考究的则用珠帘。

花轿为旧时姑娘出嫁、喜庆专用的代步工具,姑娘将出嫁坐花轿视作人生头等大事。越地习俗,寡妇再嫁或大户人家纳妾,均不得坐花轿。对一个女子而言,一生一世只有一回坐花轿,故越谚曰:"大姑娘坐花轿——头一回。"花轿用竹木制成,高约 2 米,宽 1 米有余,方形尖顶,轿身饰以彩绸,绣有龙凤花卉,轿顶用锡制成五角形,称为"五岳朝天",四边结扎红绿彩球,用 4 至 8 名轿夫抬送。花轿由轿行置备出租,少者备有一至二乘,多者备有四至五乘。清末每天租银 4 至 5 元。绍兴城内有轿行 10 多家,花轿 100 多顶,头陀巷前孟福兴等四五户比较有名。城区大坊口有一家花轿店,店主姓车,因排行老三,故称"花轿阿三"。"旧时轿子是绍兴主要交通礼仪工具,平民开设轿行,备有花轿、快轿、小轿等各种轿子和操办红白喜事所需的乐器、用品,而所有夫役全由堕民充任。"①除了花轿外,还出租对锣、厅炉头灯、龙凤灯、子孙灯和厅堂挂灯等。各地集镇和较大村子,也有花轿行。抬花轿的轿夫要绕"福禄寿喜",无论桥、弄、河、村均可,城区可绕"福禄桥""寿星埠头""常禧坊"等地,以象征吉祥。

乌篷小轿由竹木制成,方形,上有拱形轿顶,漆以黑色,前有轿帘,两旁有小窗,2 至 4 人抬杠,主要供官绅富户探亲访友或营商就医使用。既有自备,也有轿行出租。

兜子轿由木头制成,两根细长的轿杠有 6 至 8 米,杠中配以木架(可携带二三十斤小行包)、座椅、靠背,再用麻绳搁一块吊脚板,2 名轿夫扛抬,大都供老师、学生以及医生求学授业、出诊等用,或在旅游胜地供游客租用。1948 年 3 月,鲁迅先生夫人许广平来绍时,见禹陵有兜子轿出租供游人租用。山区和农村也有用两根竹竿代替木头轿杠的兜子轿。(图 4.1)

眠轿用木头制成长方形轿架,前后装有二只木制"耳甩",一根杠棒贯穿其中,用 2 名轿夫抬;用竹篾编制椭圆形,前低后高的竹筐放入后架,人在轿中可躺可卧。此乃老弱病残求医、访友或妇女生育、探亲的交通工具。有的也用作姑娘出嫁抬送嫁妆。(图 4.2)

绍兴富有堕民开设轿行,"他们备有眠轿、花轿、喜事仪仗、丧事仪仗、棺材罩、像亭、柱亭,所有夫役全由轿行负责招请"②。所有夫役均由堕民充任。湖塘

---

① 裘士雄:《鲁迅笔下的绍兴堕民》,《绍兴话旧》,中国戏剧出版社 2011 年版,第 78 页。
② 郑公盾:《浙东堕民采访记》,《浙江学刊》1986 年第 6 期。

图 4.1 兜子轿(绍兴市交通局供图)

图 4.2 绍兴眠轿(绍兴市交通局供图)

镇夏泽的施家乃是堕民,男性堕民主要职业就是做"轿夫"和"吹鼓手"。"夏泽施家有不少人家旧时都有轿子。这些轿子有不同式样:花轿,是新娘子坐的;青衣轿,是新郎倌坐的;斗子轿,是陪伴新娘子的老嫚坐的。四近村坊结婚的人家,都到施家去雇轿子,当然连吹鼓手也一起雇了。"①绍兴堕民在喜事中吹打和抬花轿的收入,比不上做喜娘的老嫚,故有"好鼓手不如孬老嫚"之说。

　　居住在浙东山区的堕民以抬轿为业,故称"轿佬"。"居住在新昌、嵊县、诸暨等处山地地区的堕民,男子主要的职业是抬轿和做吹鼓手,女子的职业是剃头和做喜娘。因此,这一带的一般人民,称呼堕民为轿佬。"②堕民属于贱民,新昌的世家大族"役皆为之,独不为轿夫"③。新昌堕民所抬轿子称为"肩舆",分官轿和民轿两类。官轿顾名思义,乃官府使用的交通工具,旧时知县乘坐红漆朱顶蓝呢,由 4 名轿夫抬的轿子,民国初年废弃。民轿则有花轿、文明轿、藤轿和眠轿。花轿也称彩轿,四周以各种花线编织物遮盖。文明轿又称玻璃轿,轿的

---

　　① 叶寿标口述,单建新、马学凯整理:《施家的旧时乡风》,《绍兴村落文化全书(湖塘卷)》,中国文联出版社 2010 年版,第 43 页。

　　② 陈延生:《绍兴堕民被压迫和斗争的片断》,《文史资料选辑》第 20 期,1962 年,第 91 页。

　　③ (明)田琯纂:《新昌县志》卷之四《风俗志》,万历刻本。

上部和前门均用布遮盖,两边镶有玻璃,两侧贯以两根竹杠,由 4 名或 2 名轿夫抬送,作为婚轿迎亲之用。藤轿乃竹制藤编,由两名轿夫抬送,多用于营业性客运。眠轿则以竹制成,四周以及顶上有盖,乘者可坐可卧,用一根杠贯轿上部,由两名轿夫抬送,较为轻便,多用于山区民间老弱病残以及孕妇乘坐,也用于婚嫁时抬送嫁妆。民国时期新昌城关陈伦标轿行有轿 20 顶,常年有临时轿夫 20 余名,也出租轿子,每天出租约五六顶。新昌到嵊县轿价为大洋两块,外加小费 8 角。轿夫常在中途小憩,如有相向而行的轿则互换乘客,以减少空程。1937 年,新昌有轿 102 顶,以旧第一区为最多,有 56 顶。时单位运价为每千米 8 分。1947 年,城关高锦元建轿行,有文明轿两顶,花轿 1 顶,经营出租,租费一次五升米钱。新昌以抬轿为业的堕民称为"轿头佬",为平民的红白喜事提供全方位的服务。"'轿头佬'在旧社会是一个很小很小的弱势族群。是被贬称为'小百姓'的,他们的子孙是不能进考场的,就是读书,也与他们无缘,被歧视为'下等人',他们是世袭相传的,解放前夜儒岙还有三四户人家。'轿头佬'是为社会上婚丧、寿诞、新房落成……的服务团体。他们服务范围涵盖本村以及附近各村。他们会自找上门进行全程服务的。如结婚,他们会来婚前预约,来为你借足婚宴不够的桌子、凳子及其他物品,约好迎婚乐队人员,通知参加宴席的宾客,宴席上托盘端菜,婚后帮助你归还借来的物品、用具等等;女的则来帮助布置新房,摆置嫁妆,告知新娘应知道的礼节等等。办完婚宴后,新郎家要给男、女'轿头佬'酬金和粢糕、馒头、红鸡蛋、花生等礼物,男女'轿头佬'就告辞回家。"①新昌"轿头佬"所获甚丰,满载而归。(图 4.3)

嵊州男堕民也称"轿夫",女堕民自然就是"轿夫婆"。据明弘治《嵊县志》记载,县内娶亲嫁女,已盛行坐轿。轿夫所抬的轿子分为彩轿、小官轿、藤轿、凉轿、斗子轿、眠轿 6 种。彩轿,又名花轿,为木制长方形,上有顶盖,四周围以帘幕,专供婚嫁新娘乘坐。小官轿形如彩轿,外表棕黑色,民间亦称文明轿,乘者多为士绅商贾。藤轿形如躺椅,以竹制成框架,编以藤皮而成,三面垂帷,前挂布帘,多用于客运。凉轿竹制,形如椅子,故又称椅子轿,既有坐式,也有卧式,用于接送农村老弱病残。斗子轿用三块木板缀成一座垫,一踏脚,一靠背,用两杠抬送,轻巧灵便,多用于山区崎岖山路抬行。眠轿用木或竹制成,乘者卧于其中,天气寒冷时可覆以被,故又称被笼,用长杠贯穿上部抬行,重心低而稳,多用以抬送病人和老弱孕妇。多者需要 8 人,少者需 4 人抬送。其他轿子多用 2 名轿夫。轿杠采用较有弹性的木条或竹杠制成。全面抗战前县城有轿行有近 10

---

① 潘瑞千口述,章柏波记录:《轿头佬》,《新昌县儒岙镇非物质文化遗产普查汇编本》,2008 年,第 202 页。

图 4.3　1923 年,绍兴商贾、医生、士人以及大户人家女眷出行的两名轿夫抬的小轿,三面装镶玻璃,轿门有帘。小轿略作装饰,成为贫民娶亲的简陋花轿。(楼立伟供图)

家。三星埠轿行设于神农殿路口,有藤轿 7 把;明星埠轿行设于太祖庙对面,有藤轿 3 把;大通埠轿行设在东桥边,有藤轿 5 把;王炳水轿行设在龙头街,有藤轿 7 把;双井头轿行有藤轿 2 把。另有专营婚丧用的轿行 2 家,分别开在赵家祠堂和大丰商店旁。三界镇有 2 家轿行,各有斗子轿五、六把。崇仁、长乐、黄泽等镇也有轿行。"抬轿者大都是外地的堕民,住宿在轿行,膳食自理,每天以抬轿工资的 1/10 缴入轿行。"①抬轿工资一般每轿 1 华里收费 4 分,后因物价飞涨,乃折米 4 合计费。

　　嵊州长乐堕民"其所业都是当时认为低贱的行当,男的多为婚丧抬轿、鼓吹者,俗称'轿夫'。其妇称为'轿夫婆',以习媒,为新娘化妆、侍奉,平日替妇女梳发、挽结、绞面(用两股白线,绞合拔除脸部、颈部毫毛)为职业"②。嵊州大洋村北面的地弄自然村乃是堕民村,男人称为"轿夫",擅长吹吹打打,由于能说会道,被称为"轿夫嘴",周边村庄办婚丧喜事,都主动免费服役。"相传,轿夫这个名称是明太祖朱元璋定的,因为他们的祖先为元朝……朱元璋就把他们贬为下等人,其子孙世世代代为大众服务,以赎罪恶,这个轿夫的名字直到解放了才消除。"③嵊州相传"轿夫"祖先原是元朝官吏。崇仁平民婚礼所用花轿从轿行租

---

① 　嵊县交通局编:《嵊县交通志》,1989 年,第 164 页。
② 　长乐镇志编纂委员会编:《长乐镇志》,浙江人民出版社 1999 年版,第 216 页。
③ 　汪银苗讲述,汪银苗整理:《轿夫》,《嵊州市黄泽镇非物质文化遗产普查汇编》,2008 年,第 45 页。

赁,轿夫则由堕民充当。所租花轿因贫富而异,富裕人家租最高档的全彩花轿,二档为半彩花轿,均为八个轿夫抬的"八抬大轿",挂灯结彩,颇为显赫;中等人家租用四个轿夫抬的"小官桥";而贫困人家只能租订两名轿夫抬的"腰轿"。

嵊州广为传诵抬轿的"轿佬"误将新娘送错洞房的《错到底》故事。"错到底"是光绪乙亥年发生在嵊县衙门里的一个故事:

那年的金秋十月廿六日,东门外有两户财主,一个姓董叫董天天,另一个姓张叫张地地,他们两家相距五里路,娶媳妇都在同年同月同时辰,都说这天是大吉大利的好日子,佳时辰,喜事都办得特别热闹,男方吹吹打打,女方十里红妆。夜幕来临,女家双方用松明点燃起数十盏火燎,都把门庭的里里外外照得既火红又明亮,以示家业兴旺。好酒不怕醉,喜筵上的"五金魁""十大全""独占鳌头"的发拳声四起,输者喝罚酒,可有的不服输,连喝数杯,脸上红得像个杀落猪头。特别是"抬轿佬",个个红脸酒气,酒醉话多,各自吹着力大如牛,十八般武艺还看今。"起轿"这个令下来了,张家的媳妇含泪告别父母,父亲吩咐说:"囡呀,出嫁后要孝敬公婆,尊重丈夫、善待叔伯亲友!"母亲走上前,含着热泪,抚摸着女儿的脸说道:"你父亲的话说得有理,要听进去,更要做得好,天下一等人是忠臣孝子贤媳呢!"父亲插着嘴:"乡邻好胜似宝,乡邻亲胜黄金,要善待人,才是好女儿!"女儿不住地点着头。这时爆竹声锣鼓声响起,那梅花吹起小开门,新娘随着乐曲移步出门,表兄按风俗习惯抱着妹妹上了大花轿。前后二十六盏火燎灯照得一路通红。

约莫半小时,董家的那支婚队,从西边过来,张财主的婚队从东面来了,两支队伍真像一个"丫"字形,快速向前前进。"快快快,决不让张家的抢前!""追追追,不能让董家的占先!"两支队伍像挨了打的骏马,由快,再快,到飞也似得快。两家媳妇的心肝五脏几乎都要"蹦"出来了。突然间听到"叮当"一声响,双方的火燎队在大路上相遇,谁也不肯让谁,死活都要争着领先。双方"抬轿佬"奋勇上阵,打声、骂声、交织在一起,数分钟过去了,双方都不肯罢手,新娘子们再也坐不住了,都从轿子里走出来相劝,满口好言好语都不买账,没奈何两位新娘只好双膝跪地。张家的媳妇恳求说:"尊敬的各位,和为贵,礼为上,请董家的婚队先行,我家的随后。"董家的媳妇听了挺受感动,连忙放开嗓子大声嚷着:"还是请张家的婚队先行!"人总是通情达理得多,这场争吵就慢慢地平息下来。漆黑的夜里,董家的媳妇摸着花轿,一看轿内空空,总以为是自己的轿,便坐了上去。"抬轿佬"认为媳妇上了轿,马上抬着向前而去。而那位张家新娘子,见董家的花轿已抬走,留下的当然是自己的,也就马上坐进轿里头。

旧社会的婚姻，是父母之命，媒妁之言，男女双方皆互不相识，他（她）们婚后的第三天，都过三朝去了。"抬轿佬"熟门熟路，歇轿后，谁知两家人意想不到的事情终于出现了，女儿不认识爹娘，女婿错认了岳父母，可木已成舟，且恩爱有加，实在分也难留也难。消息像闪电一样传开，成为嵊县城乡的一柄笑谈。而两家人的长辈都是哑子吃苦瓜，一言难尽，心头里涌上来的苦水，只有硬着头皮又咽下肚里。时间很快过去半个月了，有人给张家财主出主意，说事件完全是董家媳妇坐错轿子而造成这个天下奇闻，就请讼师写好状子告上县衙。县衙经调查取证，定于十一月廿六日开堂。经双方申辩，县官认为董家媳妇坐错轿子，应负事件的主要责任，但张家的媳妇也不应该坐错轿子，也要负重要责任，为什么"抬轿佬"的轿子不会抬错？别的东西可以调换或赔偿，何况双方夫妻已度过蜜月，都难舍难分，既然错了，都不要互相埋怨吧，让错成为历史。县官判决三个字："错到底！"①

诸暨旧时官绅富商出行以轿代步，流行于诸暨的轿夫所抬轿子有乌篷轿，因外形乌黑而得名，以木竹简制轿厢，轿前挂帘，腰贯两杠，2名轿夫抬行。过山笼的座为竹椅，罩以布幕，串两杠抬行。火夹轿，两杠横系一板，无布幕，2名轿夫抬行。藤轿则两杠穿藤椅，罩以布幕，2名轿夫抬行。花轿乃姑娘出嫁的专用工具，以木亭作轿厢，四周悬挂彩花须，两侧串两杠，4人抬行。另有被笼，民间常用的交通工具，形状如腰子篮外加一个木架，架上直串一根杠棒，由2名轿夫抬行，多为山区老弱病残使用，山区农户迎亲嫁女，也用被笼抬嫁妆。被笼流行于20世纪三四十年代。诸暨有专营轿业的轿行，起初仅城关才有，自从赵家埠成为汽车码头后，亦设有轿行。枫桥也有一家轿行，专赁各种花轿、蓝衣轿，供"轿佬"抬新娘。枫桥"轿佬"有陈姓、李姓，以梁姓为多，全国劳动模范梁焕木在中华人民共和国成立前就是枫桥的"轿佬"。②"解放前诸暨乡间有祖辈相传，以抬花轿为业的村庄。"③同山的解放村，均是"轿佬村"。④ 中华人民共和国成立前，楼家村、毛阳村多残疾人，沿山人非常苦，上王村人以抬轿为职业。故民谣曰："楼家跷佬多；毛阳癫子多；沿山后金鸡，吃格荞麦糊；上王轿佬多，肩膀当大

---

① 钱校焕讲述，裘雅苗整理：《错到底》，《嵊州市雅璜乡非物质文化遗产普查汇编》，2008年，第52页。

② 梁傅来口述，骆健儿、郑建兴整理：《枫桥民间轿佬》，《诸暨枫桥镇非物质文化遗产田野调查汇编本》，2008年。

③ 诸暨市交通局编：《诸暨交通志》，团结出版社1993年版，第122页。

④ 访问郦勇，2019年9月20日，诸暨"轿佬"资料，均由郦勇提供，特致谢意。

路,狗肉当豆腐。"①堕民村也称"轿夫村"。(图4.4)

图4.4　诸暨轿佬

　　诸暨应店街紫阆村平民结婚新娘所坐的花轿由被称为"轿佬"的堕民抬送。"结婚抬新娘就要用轿老。在旧时,我们村的轿老是低人一等的,人称堕民。据说轿老的祖宗做过大官,为官不清正,专做坏事,被皇上发现,将他们革去官职,连同子孙贬到农村中去做轿老,给人们抬轿,传承下来。凡是婚庆人家,都叫他们去抬轿。以后,就有这样的规定:抬轿人不能与村中其他人通婚。在婚宴中,几个轿老一桌,不准坐堂前,要坐在廊下的。宴请中,他们一边吃一边用乐器吹打,如果菜肴吃不完,他们可以打包回家。由于习惯成自然,他们当然也不怕难

①　楼仲光口述,楼仕荣整理:《地方歌》,《诸暨大唐非物质文化遗产调查汇编本》,2008年。

为情了。"①"轿佬"受到歧视,吃饭不得与平民同桌,只能坐在廊下用餐。"轿佬在当时属贫贱之流,在经济条件上,政治、社会地位亦低下,颇受歧视。世代传习抬轿这类并无技术含量的、纯粹出卖体力的行当。"②"轿佬"属于贱民,处于社会的底层,受到歧视在所难免。

安华镇曹家、张家园不少村民以抬轿为生,被视作贱业,相传其子民为蒙古族的后裔,明灭元后将其聚居地隔离,迫其抬轿以示歧视。"轿佬"上午十时左右到达女家,临近村庄时放上几筒火炮,表示客人已到,女方才派出几个小工迎接。过去女方发嫁妆,床桌几厨,铜锡器皿,五事帐帏,应有尽有,箱笼少则一对,多则五对。中华人民共和国成立后,一般是一扛被笼,作为抬新娘的花轿,其中放一条大红棉被,称为"太婆被"。一扛被笼架子,抬棉被、枕头、大小脚桶、马桶之类。杠棒若干根,抬小柜箱子。小方箩一双,扛热水瓶等小件物品。嫁妆必须凑单,嫁妆多少没有规定,视女方的条件和面子而定,自古"有钿的卖田嫁囡,无钿的卖倪卖囡",财主人家嫁囡,大到用耕牛开路(俗称"踏路牛"),小到烧镬矮凳,一应俱全。平常人家嫁妆为 7 至 11 个,最少也得配上大小脚桶、马桶(又称子孙桶)、棉被(至少一条)。抬送嫁妆者均为"轿佬"。中华人民共和国成立后,"轿佬"职业取消,发嫁妆者均是新郎的好友或堂(表)兄弟。③

上虞崧厦有专门租用"轿子"的"轿彩店","轿夫"均为堕民。"轿,古代民间的一种迎嫁工具,人们需要时都向'轿行',又叫'轿彩店'租用。如抬花轿,轿夫一般都是堕民。姑娘出嫁用八角轿,由四人抬,轿顶有五鹤朝天彩旗,前后都有乐队。再嫁女出嫁,用青衣轿,只有 2 人抬,无乐队吹奏。"④上虞松厦非物质文化遗产馆由"菊花老人"徐家林指导复原的堕民抬花轿、当吹鼓手,女堕民做老嫚的蜡像,栩栩如生。(图 4.5)

## 第二节　宁波抬轿堕卑

宁波轿子有官轿和民轿两类,民轿又分花轿、小轿和快轿等。宁波堕民因

---

① 徐文健讲述,徐文健整理:《抬轿》,《诸暨市应店街镇非物质文化遗产普查汇编本》,2008 年,第 284 页。

② 《枫桥大部弄"轿佬"》,《诸暨日报》,2015 年 9 月 30 日。

③ 王忠安讲述,周洪达整理:《发嫁妆》,《诸暨牌头镇非物质文化遗产调查汇编本》。

④ 沈金友口述,姜云芳记录:《抬花轿》,《上虞市崧厦镇非物质文化遗产普查汇编本》,2008 年,第 202 页。

图 4.5 上虞崧厦非物质文化遗产馆的堕民抬花轿蜡像(徐家林提供)

从事抬轿行当,"为诸佣作独耻为轿夫"①,故有"轿惰贫""抬轿堕卑"的别称。"堕民抬轿者,俗呼为'轿堕贫'。轿有公轿、客轿和帮忙轿三种。公轿为义务抬轿,属管祠庙本身职责。如庙神出殿抬神轿,族长清明上坟坐轿等,客轿指为大户人家出门和香客进香坐轿,属雇用性质;帮忙轿,如结婚抬花轿,大出丧时抬魂轿、像亭、香亭等,拿点花销作报酬。堕民抬轿不是专行,由抬公轿引申出来的。"②陶公山九月十六日为医神鲍盖的"画船殿"庙会,神轿也由堕民抬送。"画船殿改为陆路迎神,四堕民抬无顶神轿,张黄龙伞,以示菩萨眼观六路,耳听八方。"③外国传教士于 1845 年访问宁波时,发现"几乎所有街角都能租到轿子,轿夫全为堕民"④。施美夫(George Smith)乃牛津大学文学硕士,英国圣公会来华传教士,香港圣公会首任主教。1844 至 1846 年,施美夫相继对中国各通商口岸以及香港、舟山等地进行实地考察,并确定宁波为该会在中国的传教中心。1847 年,施美夫将其在华考察的经历撰文出版,即《五口通商城市游记》(A Narrative of An Exploratory Visit to Each of the Consular Cities of China and to the Islands of Hong Kong and Chusan),并有专章介绍宁波。施美夫还注意到明清时期浙东地区的贱民阶层——堕民,并在书中介绍了堕民的行当——轿夫。

　　宁波的大街小巷,每个街角都有轿夫可雇。他们似乎属于一个世代沿

① (明)宋奎光纂:《宁海县志》卷一《舆地志》,崇祯五年刊本。
② 谢振岳:《鄞县堕民》,《鄞县史志》1993 年第 1 期。
③ 周时奋:《宁波老俗》,宁波出版社 2008 年版,第 191 页。
④ [丹麦]Anders Hansson:《中国的贱民——堕民》,《绍兴学刊》1999 年第 4 期。

袭的阶层,地位卑微,被大众鄙视。轿夫,通常被称作"堕贫",据说起源于元朝,而在明朝人数大增。据说他们是罪犯的后代,由于犯罪,使整个家庭都不能从事正当职业。这些罪犯中,有的曾经为官,因勾结倭寇而被治罪。当前,这个受压迫的阶级为附近地区提供所有的轿夫。他们也被雇作剃头匠,还可以做苦力的活。为数不多的还被雇用来做最低等的贸易,私下里赚了不少钱。他们的女人被雇作保姆,从来不会被其他女人尊称为"嫂子"。堕贫一族不许戴有地位的中国人通常戴的帽子,不许穿他们通常穿的衣服。许多堕贫成为戏子。他们人数并不多,估计在 2000 到 3000 人之间,仅在浙江省可见,主要居住在宁波、绍兴、台州。尽管四五个世纪过去了,他们仍然因祖辈的罪行遭世人唾弃。①

宁波是最早的五个通商港口之一,不少堕民从事以劳力换取微薄收入的"脚班"行当。"尚因地制宜地谋求其他低卑劳务,如宁波三眼桥堕民,由于地处江滨,多兼做脚夫,但均视为副业收入。"②所谓"脚班"乃"码头搬运工"。

奉化抬轿也是由堕民专营。奉化的陆运工具有官轿、小轿、花轿、山轿四种。官轿乃古代文官外出乘坐的交通工具,轿式精细不一,按官衔分为 2 名、4 名或 8 名轿夫扛抬。小轿也称便轿,木制轿壳,四周围以竹帘,外形黑色,少数富绅、医生、妇女等外出乘坐,由 2 名轿夫扛抬,民国颇为盛行。花轿乃姑娘出嫁时乘坐,木制亭子或轿箱,装有各种花饰,分为 4 名或 8 名轿夫抬行。山轿也称"爬山虎",由两根竹杠夹持轿箱,四周敞开,仅轿顶有白布一块,以遮阳避暑。山轿制作轻便,适于山行,少数官僚、资本家游赏山景时乘坐,由 2 名轿夫扛抬,轿夫须身强体壮,健步行进,故曰"爬山虎"。偏僻山区还有两根竹杠夹持的竹椅,由 2 名轿夫抬送,为老弱病人走亲访友或就医的代步工具。奉化堕民抬轿训练有素。奉化籍作家巴人回忆:"请客大都由堕民专办,吾乡堕民,副业抬轿,两腿训练有素,跑来自然快速,便于招请客人。"③奉化的婚丧大事,均由堕民抬轿迎送客人赴宴。

慈溪堕民抬的轿子又称肩舆,有清衣轿和花轿两种。清衣轿由 2 名轿夫抬送,通常以轿代步。花轿则雕木嵌珠,外观华丽,大都由 4 名轿夫抬送,专为婚嫁时迎娶新娘所用。南部山区有一种称为"元宝篮"的民间交通工具,形似元

① [英]施美夫著,温时幸译:《五口通商城市游记》,北京图书馆出版社 2007 年版,第203 页。

② 全一毛:《堕民的新生》,《文汇报》1950 年 12 月 18 日。

③ 巴人:《杂家,打杂,无事忙,文坛上的华威先生》,《巴人杂文选》,人民文学出版社1985 年版,第 240 页。

宝,由两名轿夫抬送,多供老弱病残代步所用,篮内可坐可卧。清代慈溪童谦孟作有《龙江竹枝词》云:"剃头店里轿堪呼,每店路头两轿夫。西上慈溪南上府,朝朝抬得气唏吁。"堕民从事剃头行当,"童氏剃头店俱是路头惰民所开"[1]。堕民兼职轿夫,剃头店即可聘请。民国时期,慈溪、观城、浒山、周巷等集镇均设有轿行,备轿供人赁用,轿夫大都是堕民。迎亲队伍中,敲锣打鼓、吹乐器、举高灯、抬花轿的人,大都是堕民。在余姚和慈溪至今还流传着这样一句俗语,叫作:"轿彩师傅吃独桌。"这轿彩师傅就是轿行专门指派跟随花轿到男方家的,其工作就是专业装卸花轿,并在路上护理新娘花轿,因为大多数也是堕贫所担当,因此,只能在某一偏僻房间吃酒,简称吃独桌。[2]

慈溪十里长街的坎墩,由西东行,有两条同名的里弄——轿彩弄,两弄相距仅 2.5 千米。清代中叶,十里长街就开设了两爿轿彩店,店面正好开在两条街轿彩弄口而得名。据轿彩师傅陆文吉回忆:"过去人家结婚之日,大多租轿接新娘。从接送新娘到拜堂成亲,再送入洞房,这一系列的礼节活动均由轿彩师傅安排。"[3]轿彩师傅除了代表东家出租轿子,还兼有婚礼司仪角色。

添妆:当把新娘用轿子抬到男家时,出轿前必须由一位小姑娘为新娘扑粉。

出轿:由轿彩师傅提着嗓门高喊:"出轿——"然后新娘就从轿子里出来。

接服:由一位女的"老祖宗",手托桶盘(一种木制的圆形盘子),上面放有幅丈(是盖在新娘头上的一种服饰),由"堕门嫂"(过去女性的理发师傅)给新娘戴上。

由轿彩师傅宣布婚礼仪式开始,并进入庆典活动。

一拜天地:新郎新娘双双面向堂外跪拜天地。

读祝文:由男性儿童朗诵,内容为祝颂的话语。

拜高堂:论次排辈进行,新郎新娘依次做"跪""拜""起"三大动作。跪,左脚上前一步,右脚跪地,再左脚跪地。拜:双手合拼举至头顶上方。起,右脚起,再左脚起,做立正姿势。

夫妻对拜:夫妻相对敬三鞠躬。

送入洞房:由两小男孩扶着新郎,两小女孩扶着新娘送入洞房。同时

---

① 童谦孟:《龙江竹枝词》,《中华竹枝词全编》第 4 卷,北京出版社 2007 年版,第 22 页。

② 慈溪市宗汉街道地方志办公室主任、《慈溪市宗汉街道志》执行主编陈长云提供,2020 年 2 月 21 日,特致谢意。

③ 沈建余:《轿彩师傅》,《慈溪旧闻》,浙江古籍出版社 2009 年版,第 285 页。

送嫂（女方陪送新娘的主角）和取嫂（男方接待新娘的主角）陪入洞房，然后送嫂叫新郎新娘喝糖茶。

抢座和抢床：喝糖茶后，由新郎新娘开始争抢座位，位置在眠床檐。意思是谁先抢到座位，今后谁在家庭中的权力就大。据说好多新郎新娘事先都有长辈施教。

新娘解红蛋：新娘把随身带来的红蛋包解开，让小孩争抢，示意新人早得子。

新娘由婆婆领着，送嫂陪同去厨房，这时送嫂就会边走边说："婆婆前，婆婆后，跟着婆婆走。"这话的意思是，新娘应继承婆婆的持家作风和为人美德。①

轿彩师傅完成以上仪式后，宴会才能开始。轿彩师傅也随之入席。但轿彩师傅既未送礼，不能入宾客席，也不是像厨房专门为酒席劳作的帮忙师傅，与他们共坐一桌。因为他是堕民，只好一人一桌，由此形成"轿彩师傅吃独桌"的独特场景。

余姚旧时陆上主要交通工具乃使用人力的轿子，官家和士绅以轿代步，官宦缙绅所乘大轿，轿夫多至八名。商贾、医生、民众则乘青布小轿，为木制立式长方形，前面轿口以青布遮挂，余三面饰以青布，两侧上部镶有玻璃，中间安插用优质木材制作的轿杠。由两名轿夫抬行，官绅多有自备，主要集镇的贳器店均有出租，姚江以北地区较为常见。花轿乃旧时迎亲专用工具，由四名轿夫抬轿，装饰华丽，有轿珠、轿帘、彩带、彩球，轿杠漆成朱红色。客桥又称呢轿，三面围以布帘，正面悬挂轿珠，两边轿杠，考究的三面用玻璃，上绘五彩缤纷的图画，又称玻璃轿，冬暖夏凉。四明山区的交通工具是较为简单的肩舆，用竹椅或藤椅扎上两根毛竹作为抬扛，即可翻山越岭。山轿俗称"爬山虎"，用两根竹杠、藤制轿椅捆缚而成，上撑花边白布，由两名轿夫抬行，多为山区老弱病残乘坐。20世纪60年代，偏僻山乡急送老弱病残求医时，仍用两根竹杠夹持躺椅捆缚后抬行。轿子向轿行传唤，轿夫均为堕民。"余姚城内有五、六家轿行，摆着几顶空轿，堕民在轿行里候差，随叫随到。路近，轿夫两人，远路则须三人轮着抬。如婚丧出殡有四人、八人大轿，甚至有十六人抬的八抬八揽的'天平'（出殡用的玻璃框架制的装饰品）。轿夫是练就一身功力的，确有其特色：速度快、耐力长、步伐齐，坐在里面既有弹性而又平稳，不像乡下人挑担，抖动得厉害。"②"抬轿堕卑"自编有一套抬轿行话，凡过桥、爬坡、上落台阶、跨越门槛、左右转弯、靠边让

---

① 沈建余：《轿彩师傅》，《慈溪旧闻》，浙江古籍出版社2009年版，第285—286页。
② 吕衷才：《谈余姚的堕民》，《余姚文史资料》第8辑，1990年，第173页。

路,以及加减速度,均用行话前呼后应,音调各异,配合默契,步调一致,有声有色。如果轿子里坐着一位官绅大老爷,则吆喝的格外响亮,步伐也更加矫健。余姚妇女怀孕六个月后,岳父要专程前往女婿家行"催生礼"。催生礼由"送衣箱"和"送红蛋"两部分组成。由堕民用轿子抬送衣箱到女婿家。"送衣箱"是外公外婆第一次送给未出世孩子的礼物,选择黄道吉日的上午,岳父亲自到女婿家,出门放两只吉利炮仗,寓意出门顺风,雇一顶小轿或毛竹杠轿,用红纸糊轿杠,由堕民抬送,不用乐器伴奏。到女婿家后,轿放道地不进屋,"亲家公"立门口放六只大红花炮,寓意催生"六六顺溜"。再迎"衣箱"入正堂。"衣箱"均选上等樟木制成,杂木次之,放置春夏秋冬四季小孩衣服鞋帽各四套,尿布六十四块。箱内衣裤由"亲家婆"一一验看,再送往媳妇房间。

## 第三节　舟山的轿堕贫

　　舟山堕民也从事抬轿行当,称为"轿堕贫",亦称为"轿行里"或"庙行里"人。自宋元以来舟山渔业发达,加上大陆文化传入,定海、岱山、六横、金塘、衢山、普陀山诸岛以轿代步逐渐成为岛民的一种风俗。每逢春夏鱼汛,前来经营水产的渔行老板、客商、官绅以及执行公务人员络绎不绝,多以轿子代步。后来,逐渐用于婚丧喜事,新娘必坐花轿出嫁。20世纪30年代,舟山轿子达到鼎盛时期,轿子1000余乘,轿夫2000余人。

　　　　轿子是旧时岛上习惯使用的交通工具。轿子分花轿、小轿、香轿、兜子四类。姑娘出嫁用花轿,用八人或四人抬,花轿出门,路上不可对面去兜,否则认为会冲轿神,将灾星临头。寡妇改嫁和出丧送葬都是用小轿,两人抬,俗称"便轿",又称"乌壳轿"。香轿主要是上普陀山敬香拜佛的香客乘坐的轻便小轿,其形类似高靠背椅子,上无顶盖,轿前可放香盘,轿后插黄龙小旗,头顶撑一柄遮阳伞。兜子是一种山岙小路上使用的最简便轿子,一般是老年人或生意人出门代步的工具。抬轿人过去俗称"轿夫",多以堕民为之。解放后,除普陀山香轿外,其余轿子都已废弃。①

　　据传岱山最早的轿子由定海运至山港,再过渡到南浦渡口,由四名脚夫轮流抬到东沙角。鸦片战争爆发后,岱山轿子逐步增加。民国建立后,轿子代步的作用凸显,岱山境内的轿子迅速增加。岱中蟹钳岙、南浦;东沙新道头、铁畈

----

① 浙江民俗学会编:《浙江风俗简志》,浙江人民出版社1986年版,第609页。

沙；宫门、泥峙；高亭闸口、沙涂、大岙等个人制轿出租，生意兴隆，尤其是婚丧大事，非租轿不可。岱中乡蟹钳岙的方春茂及其儿子两代以租轿为业，置有两顶大花轿、两顶简易便轿和魂轿。蟹钳岙于文德开设的轿行，置有花轿、板轿、媒轿、魂轿、材架轿出租。轿行户为照顾岱山的风俗习惯，还备有新娘穿的花袄、红袄、凤冠珠花、架箱等，每逢姑娘出嫁，披红戴绿，喜进花轿，五彩缤纷，四壁生辉，前呼后拥，吹吹打打，小孩攀杠张望，轿夫伴随小调，有节奏地爬山登岗，热闹非凡。

　　舟山轿子以其工艺精、制作巧、式样多、装饰美、轻巧实用，乘坐舒适而闻名。轿子种类繁多，仅婚丧礼仪所用的轿子就有多种，花轿也称板轿，有两名轿夫抬送，也有四人抬送，此乃岱山一般人家迎娶新娘必须的交通工具。花轿乃木制正方形的亭阁式轿箱，外围均用花板精细锯出游龙戏凤、牡丹花开、福禄鸳鸯等象征夫妻恩爱、百年好合的图案，色彩艳丽，雕刻精细，轿顶似伞形，绸缎作门帘，四周均嵌有圆形小玻璃，轿箱四角悬挂丝绸花结、彩灯，或排须、响铃，轿夫抬动轿子时，彩带随风飘扬，铃声不绝于耳，镜子玻璃在阳光下闪闪发光，颇为引人注目。媒轿也称蓝布轿，由两名轿夫抬送，男婚女嫁时，专供媒婆乘坐，新娘第一次回娘家，也乘坐该轿。其轿架大都用竹编成，做工较为简单，轿箱顶以及四周均由蓝布围成。轿夫抬行时，媒轿首当其冲，花轿紧随其后。客轿也称小轿，由两名轿夫抬送，竹编，结构较为简单，迎接一般客人。男方结婚时，轿夫用客轿提前两至三天将娘舅、舅妈等接来新郎家喝老酒。魂轿也称丧轿，有竹编也有木制，蓝布为顶，轿身四周悬挂白色飘带，由两名轿夫抬送，长辈亡故出丧时，大女婿坐在轿中，双手捧盘，盘中立着写有亡故长辈名字的魂牌，坐轿向坟地行进，一路招魂。到达坟地，待棺木入土后，改由大儿子或大媳妇坐轿托魂盘，俗称"顶香火"，由原轿返回。材架轿，出丧时作为棺材的外壳，由四名轿夫抬送，四人抬棺，依照棺木的长、高、宽制作，精雕细刻，绘红绣绿，挂灯结彩，以示小辈孝敬之心，因轿身连着棺木，颇为笨重。

　　身份不同，出行所乘的轿也有很大差别。官轿制作较为考究豪华，由八名轿夫抬送，专供官绅作为交通工具，四壁紧闭，乘坐者可通过壁窗小孔，观察外界动向。彩轿，又称夫人太太轿，由两名轿夫抬送，轿架既有木制也有竹制，轿身由彩布围成，以示乘坐者的高贵身份。岱山此种轿子并不多见，东沙镇偶尔有富家太太、夫人、小姐外出游玩、探亲访友时乘坐。仙轿又称菩萨轿，顾名思义乃专供抬送菩萨之用，岱山高显庙盛大出会时，以该轿抬送菩萨，挂灯结彩，八名轿夫抬送，路人一拥而上，争相观赏，颇为壮观。玻璃轿，也称先生轿，两名轿夫抬送，宫门一带较多，轿身上段配装玻璃，绘有各色图案，书写名人题词，颇为文雅，专供师爷、文人、先生乘坐。风凉轿也称通风轿，由两名轿夫抬送，轿身上方无木板、玻璃、布围等,四周通风。轿夫抬送时,凉风习习,颇为舒服。此轿结构简单,制作方便,高亭、东沙等地轿夫,夏季将轿身的木板卸下即成。软杠轿,由大帆布制成,由两名轿夫抬送,一般为有钱人家的私人交通工具,形似躺椅,两杆柔软,高亭的韩家、东沙的汤家、石马岙的於家、念亩岙的费家,均备有该轿。

岱山轿子以地区区分,还可以分成数种。南浦轿,主要设于渡口边,用作交通工具。民国时期定海与岱山南浦,每天都有航船两艘,特别是鱼汛时,宁波、温州、象山、穿山、镇海、奉化等地客商,纷纷来到岱山,他们上岸后,从南浦乘轿代步。南浦乘轿至东沙角一次付三块银洋,若有零星货物挑送,需雇脚夫挑运,每100斤付5角工钱。蟹钳岙轿,岱中於文德家备有两顶大花轿、两顶便轿,供岱中、岱东、高亭冷岙一带娶新娘时租用。宫门轿,设于宫门理发店附近,轿夫有堕民村的村民冯祥云等,不仅有花轿、媒轿,还备有新娘穿用的花红绸袍、凤冠珠花,以及酒席所需的碗盏、架箱等婚宴用品。东沙轿,东沙镇铁畈沙、新道头的冯阿宝、时丰祥、俞国民等均备有花轿、媒轿等出租,1966年冯阿宝还保留魂轿两顶、材架轿两副,惜被作为"四旧"在东沙镇大操场焚毁。高亭轿,高亭乃小渔村,故发展轿子较慢了一些,闸口、沙涂、大岙的龚家、邱家都有轿子出租,有钱的韩家、沈家还有自备轿子。

民国时期岱山轿子虽然数量较多,发展也快,但真正享受者仅有少数富豪、官绅、客商,一般渔民除婚丧等事必雇轿以撑门面外,作为交通工具则难于问津。1929年,定海县长前来岱山视察时,在安澜亭埠头上船,径直乘坐官轿,路过高亭大街时,警察沿路吆喝,驱赶围观者,还有红男绿女沿途吹吹打打舞蹈迎送。1934年,岱中乡五里塘大批盐田种植棉花,挖洞排水,但南浦郑家却非要蓄水种植水稻,引起诉讼。定海县长亲临现场处理,乘坐考究的官轿从东沙经竹行跟到五里塘现场,后又抬到浪激渚海晏宫,召集两方调处,最后做出种棉裁决。1935年,缪光(绰号缪大头)前来岱山出任两浙岱中盐务稽放局局长,从定海山港渡船到岱中南浦,由官轿接往东沙大岭墩下,径直往东沙新道头汤家,路上戒备森严,四人抬轿,十几人扶送,并先后三次乘轿拜访汤家。1936年7月,岱山发生大规模的盐民渔民抗暴斗争,缪大头被处死。两浙盐务总署张立中率绥南舰来到岱山,从东沙山渚头上岸,乘官轿到达驻地。随后,国民党浙江省政府也先后派鄞县督察专员赵次胜和定海县长沈溥来到岱山,均于夜间乘坐官轿摸黑到达驻地。

乘轿官绅,作威作福似梦中,抬轿脚夫,汗泪如雨苦难伸。旧时抬轿人,肩为人路,俗称"轿肚皮""剃头阿嫂",社会地位极其低下,任人欺侮摆布,抬轿时,稍有不慎,客主拳脚交加。高亭至东沙路途遥远,大都是饿肚皮来回赶路。所行线路是越过磨心岭的慈云庵凉亭,经超果寺到枫树,穿越宫门、桥头到东沙,一路翻山越岭爬坡,故抬轿人又称爬山虎。由于磨心岭是必经之路,故磨心一带身强力壮的汉子当轿夫的不乏其人。抬轿人在路途长、坡度大、劳力重的困境下,磨破脚底,湿透衣衫,收入低微,不得温饱。东沙到高亭抬轿,若抬新娘子的,供一餐饭,算一工工钿,两人一元银洋;而抬其他轿的,无饭供吃,一人一块银洋;倒是"轿行主"收入还可以。岱中张文德出租的花轿,每租一次,按两天计算,共一担米价(约 160 斤米);东沙轿行出租计费办法灵活:一是按里程计算;二是按时间(天数)计费。①

1945 年抗战胜利后,岱山轿子逐步减少。1949 年国民党军队败退岱山,由于军用汽车运入,官轿停用。岱山在中华人民共和国成立后,抬新娘的花轿也被禁用。现在局部地区办丧事时,偶尔还能看见无人乘坐的"小魂轿"和装饰精致的"材架轿"。轿子的兴盛史,见证了海岛堕民的苦难史。

## 第四节　金华的轿夫

金华小姓称为"轿夫",小姓婆称为"轿夫婆"。"金华的惰民是干抬轿生涯的。"②旧俗新娘不肯走路上门,唯恐日后夫妻失和,被视为"上门货",所以必须坐轿。花轿有八人抬和四人抬之分,八人抬的花轿俗称"八仙轿"。一般家用由两人抬,浦江称为"乌轿",金华称为"皮笼",武义和义乌称为"过山笼"。新娘花轿由东家自备,由四名小姓抬轿,再配上一组小姓吹打乐队,如果是晚上迎亲,还要再配两人提火斗照路。

义乌堕民"短衣肩舆以食其力,而嫁娶红轿给有利市,公家差遣轮均承应,主顾向有定门专行,非类徭役,工银有数,站银有例,利市亦禁多索,承应亦皆现支"③。义乌小姓为衙门官吏抬轿,也为娶亲的人家花轿。"过山笼是便轿之一。由小姓的轿夫抬,其他人不抬,但其他各种便轿都由普通人抬。官员坐的轿子,新娘坐的花轿,也由小姓轿夫抬。过山笼用一把轻巧的竹或藤躺椅,安上两根竹质抬竿,再用小竹装上方筐,外罩白幔。坐者斜靠躺椅,脚踩系于椅前的木

---

① 徐彬:《岱山轿子》,《岱山文史资料》第 3 辑,1991 年,第 168 页。

② 何汝松:《浙江之惰民》,《绸缪月刊》1935 年第 2 期。

③ (清)诸自谷修,程瑜、李锡龄纂:《义乌县志》卷七《风俗》,嘉庆七年刊本。

板。两人抬,爬山越岭都能使用。不抬时,一人背躺椅,一人背竹竿,重量不大。"①义乌人力运输工具分为肩抬和肩舆两种。肩抬顾名思义,以肩负重,乃古老而落后的运输形式,也是一种艰苦繁重的体力劳动,多用于抬送笨重而体积大的物件,有二人抬、四人抬、八人抬,乃至十六人抬,此种抬杆形式随着道路高低曲直,每人负重时有不同。另一种为较好的抬运工具,进行货物的空间转移,就是"便笼",其形式有两种,一种为竹制长形,高一米左右,篷顶为竹编,呈半圆形状,一般抬老人病人较多;另一种为木制长形,高一米左右,篷顶为竹编,形似亭阁,雕刻精致,漆上油漆,颇为美观,一般用于民间婚娶、抬送嫁妆,大都在"文化大革命"时期的"破四旧"中被烧毁。肩舆也称轿子,为旧时客运主要运输工具,古代为皇帝及其至亲使用,后来普及文官,称为官轿,以二人、四人以及八人抬送以区别官衔级别。义乌轿子制作精美,轿式多样。花轿俗称仙轿,为正方亭阁型轿箱,木质墙栏携龙雕凤,竹编篷盖,设有椅子型座凳,腰贯两根抬扛,两头短杆,巧妙轻便,外罩轿锦,绣花挂帘,五彩缤纷,前设门帘,由四名轿夫抬扛,八人吹打,热闹非凡。古为官吏代步工具,后来普及为民间婚娶之用。在"文化大革命"期间,作为封建产物,大都焚毁。便笼轿为长方形半圆顶,全为竹制,横贯一根抬杆,二人抬扛;也有一种竹编形似婴儿篮形,四角穿绳,一杆抬送,一般作为病人担架或老弱残疾人代步之用,或妇女走亲访友使用。凉轿也称"兜",又称"过山轿",在两根篙上加以椅式竹兜,顶部加盖布篷,供富人绅士等"上等人士"乘坐。

浦江境内山岭纵横,丘陵起伏,地形复杂,既无车马之便,也无舟楫之利,交通运输全靠人力肩挑背负。浦江有各种类型的轿,有乌轿、四轿,为亭阁式木框架结构,篾制轿身,前遮布或篾为轿门,平底圆顶,腰贯二长杠,二人抬行。轿身漆黑者为乌轿,一般用于婚嫁喜事,也有富户以此代步。四轿为官用轿,以四名轿夫抬送,故名四轿,明清的教谕和训导常用,故又名厚师轿。清时巡检也乘坐,民间富户嫁娶摆阔气,有用"红花四轿"抬送。游篮也称被笼,轿身为矩形轿箱,也有篾制椭圆形,顶盖小篾垫,上贯一木杠,由两名轿夫抬送。贫民婚嫁无钱雇用小轿则以游篮替代。民间还有过山龙(椅轿)和兜子,制作较为简便,过山龙用一竹躺椅,两边扎以两竹杠,上以布篷遮阳,浦江县东南乡常见。兜子则将3块板座凳,两边扎以两竹杠,中华人民共和国成立前马剑地区颇为流行。大都为官吏富商或大户所享用,民间唯有婚娶抬新娘时才雇用。平民只能坐"游篮",简单方便。而轿夫均为"小姓"。"旧时本县以抬轿为业的有 20 余

---

① 义乌丛书编辑委员会编:《义乌民俗》,上海人民出版社 2011 年版,第 96 页。

村。"①浦阳镇有 4 家轿行,有轿 16 乘,中华人民共和国成立后均停业。平民死后也由小姓抬棺材,俗称"材脚",亦称"棺材头",一般为四人,自备有"棺材扛"。棺材起抬前,必须请小姓吃"上轿饭"。棺材抬到坟地,必须放正,以示公平,保佑子孙。(图 4.6)

图 4.6　光绪二年(1876)金华知府继良乘坐八抬大轿出衙门

兰溪"小姓业抬轿。俗叫'轿夫'"②。"轿分花轿、过山笼(篾便轿)、便笼三种,前两种属轿行专营,昔被视为贱业,城乡都备有,作为代步工具。"③花轿专供婚嫁喜庆之用;过山笼乘坐者多系富户,殷实之家也有自备。农家则备有便笼或称幼篮,单杆抬行,一般供病人求医以及妇女走亲访友之用,式样不一。旧时娶亲必须用轿抬,无轿非明媒正娶,如果结婚没有坐轿,必遭讥笑,新娘也引为终身憾事。轿夫不仅健步有力,而且训练有素。几名轿夫统一行动,快慢一致,步调协调,配合默契,即使快速行进,也能不颠不晃,保持平稳。轿后的轿夫其视线为轿身遮挡,看不清路面,为了防止滑跌事件,轿前的轿夫经常示意,且形成一套轿夫专门用语,前面的轿夫喊一句,后面的轿夫则复述一句,以示知晓。"如前面喊'左门照',意即左前方有障碍物;'右蹬空',意即右前方地方有坑;'左脚滑',意即左前方地面有水冰。又如,前面喊'右边一朵花',后面应'看它

①　浦江县交通局编志办公室编:《浦江交通志》,1991 年,第 152 页。
②　陶敦值主编:《兰溪风俗志》,1984 年,第 84 页。
③　兰溪交通志编审委员会编:《兰溪交通志》,浙江大学出版社 1990 年版,第 218 页。

莫采它',实际上右边地面上有一堆马粪,不要踏在上面。"①兰溪日常乘坐的轿子有两种:"一为竹制,双杠,外覆布,前有门帘,土名'过山龙',属轿行专营,抬轿者称轿夫。轿行一般兼做吹鼓手,为贱业。"乘坐者均为富户或社会地位较高的绅士。"解放后,无贱业,亦无轿行,'过山龙'自然淘汰。"②另外为人口较多的农家置备,供妇女回娘家、走亲戚或远途拜别之用。其式样不一,最简单者乃由筏编成椭圆形的筐,后端较高,可以倚靠,系以绳索,单杠抬行,遇雨天烈日则以草席覆盖,俗称"便笼",或称"幼篮",抬者多是家中男子或请来的邻居。

兰溪也有专门的喜轿铺,专门向外租赁花轿、锣鼓、执事和彩衣。兰溪城关镇有专门的轿行,备有花轿、篾轿、过山笼(篾便轿)。"有轿夫(旧时称小姓,受人歧视),男的抬轿作吹鼓手,女的为喜丧人家作杂工,社会地位低贱。"③花轿有四人抬和八人抬,轿围以红绸或红缎制成,上有彩绣,还有专备女宾坐的绿轿。轿夫、锣鼓手和举执事者身穿长及膝的绿衣或青色上有红、黄色图案的彩衣,头戴斜插鸟翎的大帽,与鼓轿、执事相映生辉。轿夫、锣鼓手以及执事者,均为喜轿铺临时雇佣的临时工,当天结账。因嫁娶者经济条件不同,所雇花轿规模大小不一。小规模者,仅一乘四名轿夫抬的小轿;中规模者乃一乘八抬大轿;大规模者,新娘坐八名轿夫抬的红喜轿;送亲、迎亲女宾各坐一乘绿喜轿。轿的花色品种也较多,通常有彩轿、花轿和软面轿三种。彩轿用玻璃珠串成五龙五凤装饰轿顶,四周悬挂大小珠子串成的彩屏和长穗子,四角均有灯,金光闪耀,豪华异常。花轿轿上挂满各种绒花,四周挂彩丝长穗,四角有灯,后用玻璃做成花屏,挂于四周,五彩缤纷,金光闪闪。软面轿用绸布绣成龙凤呈祥、百鸟朝凤等图案,挂于四周,轿身仅用绣花布挂于四周,轿小巧玲珑,适合平民租用。

轿夫抬轿太久,须停轿休息,但规定抬新娘的轿夫须将花轿落在备用的芦席上。如果在途中或女家门前落轿,轿夫可以每人脱鞋一只,垫于轿的四角,即可落轿休息,称为"垫轿"。如果花轿行驶途中与其他花轿相遇,双方迎亲队伍各自拥立轿边路边高地。如无高地可抢,则应抢占上风,以显示自家门户高于对方。也有互不相让争斗者,比试之后,双方新娘下轿互摸裤带,再分别登轿。轿夫抬花轿进入女家,男方须以羹饭在大门口致祭花轿,才能进门。一说为祭奠门神,请门神给予方便进门;二为娶重婚妇时,祭奠前夫才能上轿。"轿在途中,轿夫有意摇晃轿子上下颠簸,使新娘坐卧不安,戏闹取乐,作为对新娘子迟

---

① 林马松、林鹏:《兰溪民间风俗》,中国戏剧出版社 2018 年版,第 37 页。

② 陶敦值主编:《兰溪风俗志》,1984 年,第 28 页。

③ 兰溪城关镇志编纂领导小组编:《兰溪城关镇志》,浙江人民出版社 1987 年版,第 174 页。

迟不上轿的惩罚。倘若过分，新娘就将轿内盛灰的脚炉踢出轿门，以示警告，抬轿夫就不敢再恶作剧了。"轿夫抬新娘上路时，女方也会安排专人护送，誉为"帮轿"。"过去新娘子坐轿，轿夫会故意摇晃轿子，作弄新娘，有的新娘因不适应，就会翻肠倒肚，呕吐不已。这时帮轿就会出面制止，或者用力压住轿杠，使轿子保持平衡。遇到成心使坏的，双方互不相让，争吵起来，有时候还会因此动手。"①"帮轿"到新郎家中还要保证新娘不被伴郎或婆家人作弄。

　　兰溪女埠有专门的"轿夫村"，男的抬轿和吹鼓手乃其专业。"旧时女埠乡有'轿夫村'，村中居民男者抬轿兼作吹鼓手，女的为喜丧家作杂工，社会地位低贱，不如乞丐。"②女埠的男堕民从事吹打和抬轿，女堕民则从事"讨彩头"的活动，俗称"做轿夫"。女埠的童公山村为远近闻名的"轿夫村"。以聚居地为"做轿夫"的团体，童公山村就是一个"做轿夫"的团体。每个聚居地都有自己的"做轿夫"的组织，称为"某某村轿夫班子"，如"童公山轿夫班子"。"因为'轿夫班子'的所有权是该村的，故该村所有家庭都为该班子成员，岁末年首轿夫班子对主顾村吹吹打打'讨彩头'的活动每户出一人。轿夫班子为首的叫'轿夫头'，其地位相当于族长，由村中德高望重的长者担任，据童公山人说最后一任'轿夫头'叫王晶晶。至于'轿夫头'是如何产生及其权限，童公山人已难说清，但有一点是清楚的，他的最主要职责是派工和与主顾商榷工钱，即根据主顾所需安排鼓手、轿夫和讨彩头的轿夫婆人员，以机会均等和适当照顾能者和贫者家庭的原则派工，结合所需花轿大小及新娘的凤冠服饰等租用情况与主顾讨价还价。"③宁绍地区的堕民以个体为单位，从事抬轿行当。而兰溪女埠的"轿夫村"，则以村为单位，组织"轿夫班子"，由推选的"轿夫头"分派"轿夫"从事抬轿等行当。

　　20世纪30年代，游埠有三家轿行，两家在关公殿前雨台后，一家在郎家，从业的轿夫有30余人，都是目不识丁的堕民，平时以种田为主，遇有生意则随唤随到。轿夫主要是送客下乡，其活动半径均不超过10千米，一个来回收费两三块银圆。轿行按照市场需要，也提供婚礼所需的器具器皿，包括花轿、新娘的凤冠、彩衣以及大锣、金鼓等乐器，也出租丧礼所需的用具，诸如绣花的棺材罩，仪仗队用具，以及抬棺材的杠子和麻布丧服，所以，轿夫既抬轿子，也抬棺材。

　　永康轿夫专门从事剃头、杠轿、赶公猪的下贱行当，既不能入谱，也不能考取功名。永康人力工具有轿子，也称"竹轿"或"笕"，形似竹椅，座部四周以竹篾

① 林马松、林鹏：《兰溪民间风俗》，中国戏剧出版社2018年版，第40页。
② 陶敦值主编：《兰溪风俗志》，1984年，第84页。
③ 俞婉君：《浙江兰溪贱民"轿夫"依附习俗考》，《民俗研究》2002年第4期。

图 4.7　1928 年 8 月至 1930 年 2 月，时任义乌县长的鲍思信乘坐便笼出行

编成方形"轿箱"，后有靠椅，前垂布帘，下有四足，上披床单或篾席以遮挡风雨，腰贯两长竹竿供人抬杆。旧时官绅外出，姑娘出嫁均要乘轿。永康城内设有轿行，专供轿子租用代步，以王廷康轿行最为有名，乡间也有轿夫以此为业。1936年，黄包车引入并逐渐取代竹轿，1966 年作为四旧破除后消失。笕笼以长方形木架作底，椭圆形竹筐放置架上，铺上被褥以供坐卧，木架四端系绳，一杠横穿可抬，上披竹席，1966 年以后很少见。（图 4.7）

　　永康方岩镇上胡坑村，是个远近著名的"轿夫村"，全村小姓均以杠轿为生，被称为"小姓佌"。明代程文德高中榜眼荣归故里，欲乘八抬大轿出门拜客。上胡坑村的"小姓佌"闻讯，赶紧准备了一乘既庄重又豪华的大轿，并精心挑选了 8 位精明能干的"小姓佌"，到"程榜眼"所在的独松村迎接。程文德拜客后，"小姓佌"又将程文德送回。有个"小姓佌"颇为羡慕程文德的才学，取出一张早已准备好的宣纸，恭请程文德题诗，以留个纪念。程文德颇为同情"小姓佌"的遭遇，吩咐家人取来笔墨，摊开宣纸，挥毫题写了八句藏头诗："屈身为民苦奔波，祖祖辈辈可奈何？轿杠压肩代人步，夫贱妇贫难张罗。应天承运乾坤转，与民齐唱公平歌，废去旧习梳新政，除怯苦役欢乐多。""小姓佌"如获至宝，欢天喜地地跑回家中，将诗贴在房间最显眼的地方，似乎身价也提高了十倍。后来，一位识字的人来到"小姓佌"家中，看了点头赞叹："榜眼公知民疾苦，可敬可佩，但他一个人也无力改变，这'屈祖轿夫'的恶习，不知要到啥时才能废除啊。"[①]"程榜眼"虽然同情"小姓佌"的悲惨遭遇，却无法改变其卑贱地位。

　　永康还广为流传小姓"宠子害子"，何涣"卖人头"的故事。何涣字仲浩、潜庵，江西余干习太乡湾头何家村人，宋徽宗宣和三年（1121）辛丑科进士第一，乃

---

①　访问程庐屏，2019 年 9 月 14 日。

余干县历史上第一个状元。何涣祖籍浙江永康，祖父何执中，宋徽宗崇宁四年
(1105)任尚书右丞，政和二年(1112)，与蔡京并任左右丞相。史载何执中"有吏
才，知世情，惜人才，宽民力，居富贵而不忘贫贱"。相传，永康外城的何村，有一
百来户人家，村东有一座颇为气派的三间瓦房。中秋节时，年仅 8 岁的何涣从
这间瓦房提着小竹篮出来，沿街高喊"卖人头"。何涣父亲大惊失色，询问何涣
为何乱喊，此乃杀头之罪。何涣以竹篮番薯人头展示，只见用毛笔画着眼睛、鼻
子、耳朵、嘴巴，嘴巴下面还黏着一张纸，纸条上写着"何涣"二字，被砍下的头颈
部位用红颜料涂成血红一片，颇为吓人。何涣一家人都来到门口，围观何涣的
吓人游戏，以为何涣脑子有病，争相抚摸其脑袋。何涣躲开众人的手，辩解自己
并没有病。爷爷何执中谴责该游戏并不好玩，何以要"卖人头"？何涣如实相
告，刚刚听了"宠子害子故事"才"卖人头"。原来何涣家乃四乡八邻的富贵人
家，何涣父亲四十多岁才有何涣这个独生儿子，因此，成了家中的"小皇帝"。何
涣已经八岁，奶奶还要给他盛饭，爷爷拿筷子，母亲喂饭。早上起床也是母亲给
他穿衣服，如果不让穿，还会不高兴。何涣已经上私塾，还要爷爷当书童，学友
们都予以嘲笑，拍手唱道："宠狗上屋背，宠猫踏镬盖，宠个独子象芋艿。"何涣来
到村中街口游玩，街口有个测定摊。测字先生是个白胡子老爷爷，讲了轿夫"宠
子害子"的故事。

　　离何村五十里有个胡村，是个轿夫村。村里的胡宠，是专门给办喜事的人
家抬新娘花轿的轿夫。胡宠虽然过着贫困的生活，对于独子胡唤却宠爱有加，
每次抬轿都将婚宴上赠送的两个夹肉馒头省下不吃，一定要带回家给儿子胡唤
吃，从三岁直到十八岁，从未间断。事有凑巧，有一次离家远，胡宠回来时走到
半路上，肚子已饥饿难耐，忍了一段路，饿得实在走不动，就拿出带回来的一双
馒头，吃了一只，将留下的一只带回家给儿子。胡唤一看只有一只馒头，眼睛瞪
得像田螺，怒不可遏，他气冲冲地到厨房拿出一把菜刀，对着胡宠大喝一声，你
吃我的馒头，我就要你的人头。手起刀落，将胡宠的头砍了下来，村人连忙报告
官府，胡唤被逮住坐牢，判处死刑，有人看见其砍下的人头被两只恶狗争抢，惨
不忍睹。

　　何涣将听来的故事说完，家人均表示听说过该故事，何涣表示自己担心以
后也会像胡唤一样被官府逮住，砍下的头被狗争咬，所以，早点将自己的人头出
售。刚才听了故事，就偷偷回家画了番薯人头，又跑到门口叫卖，不想你们吓成
这样。测字先生恰好过来，道歉给何涣讲了该故事，想不到何涣这么聪明，并叮
嘱何涣不要再玩该游戏。何涣的长辈向测字先生表示感谢，"宠子害子"的故事
给他们敲响了警钟。何涣家人再也不敢过分宠爱何涣，能自己做的事尽量让何
涣做，何涣读书颇为用功，终于成为金华八县第一个状元，而何涣"卖人头"的故

事也广为传颂。

磐安的轿夫、剃头、阉割、吹鼓手、做山人等行当,多数由小姓担任。"大姓嫁女时要小姓给新娘开面。大姓娶亲时由小姓人抬轿。"[①]小姓为大姓抬轿服务,约定俗成。旧时磐安大户人家娶媳嫁女,都要坐由轿夫抬的"仙轿",现在已衍化为磐安的非物质文化遗产项目"四轿八车"。

武义小姓也从事平民不屑于从事的抬轿等行当,轿子分成四种,花轿、乌壳轿、小轿、皮笼轿,据民国初期武义县城、柳城、履坦、俞源等地不完全统计,有各种轿100乘,有私人轿房12家,也有自备轿子,可供随时租用。轿房花轿出租每天4块银圆,小轿出租每天6分至2角不等;运费每华里4分至6分。花轿乃姑娘出嫁喜庆的专用工具,以竹木制成,方形尖顶,装饰大红轿幕,绣有龙凤花卉,美观凝重,由4人或8人扛抬。乌壳轿因其外幕黑色故名,以木或竹精制轿箱且轿前挂帘,周边有4个八仙,由4人扛抬,供官绅使用。小轿由竹制成长方形,有靠背踏足,形似竹椅,故也称竹椅轿,外面套有浅蓝色布篷,由2人扛抬,供地方绅士租用,新娘出嫁时也供大舅租用,也有贫苦人家以此代花轿。皮笼的制作十分简易,以木制井字架,下部放椭圆形竹编箩盖,人可躺坐,两人扛抬,此乃老弱病残就医以及妇女走亲访友时租用。

东阳小姓也从事扛轿行当,有肩抬和肩舆两种。肩抬,是用以负重的一种运输形式,历史悠久,只有简易工具抬杆、绳索、牛(短杆),有2人抬、4人抬、8人抬乃至16人抬,抬时一人领头喊号子,其余齐声接号,以便步调一致。此种抬轿形式随着道路高低曲直,各人负重时有轻重。另一种较好的抬运工具,进行货物的移动,有便笼乃便舆,相传崇祯十六年(1643)闰六月,张国维为扈送鲁王,连夜赶制抬鲁王过山工具,因此轿方便,故称"便笼"。便笼为长方形,竹木结构,高一米许,竹编篷顶,形似亭阁,雕刻精致,油漆贴金,大都用于抬送嫁妆。便笼还有两种变体,一为篾篷竹底,四周围以竹制栏杆,简朴雅致,多用于乡绅出行、接送先生以及抬送病人。另一种俗称"猪槽便笼",为竹篾编制的团扁形大篮子,上加一尺高围栏。篮子可坐可卧,四角有绳子套在抬杆上,翻山越岭篮子保持垂直,便于山路上抬送病人和孕妇。中华人民共和国成立前有1859把。"文革"时作为"四旧"被毁。20世纪80年代因婚嫁需要,各地重新仿制,时有1414把。

东阳轿子也称肩舆,为旧式客运工具,以前为皇帝及至亲使用,后来普及文官,称为官轿,有二人抬、四人抬、八人抬以区别官衔高低。花轿俗称"仙轿",正方亭阁轿箱,木质墙栏,镂龙雕凤,竹编篷盖。设有椅子式座凳,外罩轿锦,绣花

---

① 杜锡瑶主编:《磐安风俗志》,1984年,第74页。

挂帘,五彩缤纷,前设门帘,四名轿夫抬扛,八人吹打,古为官吏代步工具,民间以其为婚娶礼仪用具。中华人民共和国成立前有383把。1951年颁发土地证,以轿抬送土地证欢天喜地回家。"文化大革命"时期,作为"四旧"大都被焚毁,仅存13把。改革开放之后续有添置。便笼轿乃长方形半圆顶,全部竹制,横贯一根抬杆,二人抬行。也有一种竹编成婴儿篮形,四角穿绳,一杆抬送,代用病人担架或老弱病残代步,或妇女走亲访友使用。兜也称凉轿、过山笼,两根竹竿上加把椅子,顶盖布篷,为有钱人或官员的代步工具,中华人民共和国成立前有128把。"抬花轿或兜的称为'扛轿佬',多系小姓,旧时贫困户有的以此为业。"①中华人民共和国成立前县城南街盐坊里有轿行待客,每百华里二日行程约五元,轿行营业所得大都归老板所有。"俗语有'穷人的肩头,富人的道路',堪称轿夫之苦。轿夫的社会地位低贱,有'小姓'之称,封建社会不准他们参加科举,不准他们'入谱'。"②1933年公路修通后,轿行门庭冷落。21世纪有人标新立异举行仿古婚礼,再现坐花轿的新娘,但已为数不多。

衢州小姓从事抬轿行当,轿子也称"肩舆",分为官轿与民轿两种,官轿较为奢侈豪华,清道台以上的官员均使用八名轿夫抬的轿子,知县用四人抬的轿。民间用轿有三种,花轿、小轿以及简便轿。花轿做工精细而华美,插烛挂灯,显得格外荣耀美观,专供婚嫁迎亲之用,由四名轿夫扛抬;小轿有竹制和木制两种,顶部有黑篷,又称"乌篷轿",由两名轿夫扛抬,较为轻便,专供富有人家外出雇佣。另有一种竹制的简便轿,毛竹躺篮上加杠棒,或毛竹躺椅两侧捆扎两根抬杆而成,乡村中较常用,主要是供老弱病残出门代步。

开化小姓也从事抬轿行当,轿子乃旧时客运工具。③ 开化有官轿和民轿两类。官轿的式样为框式木结构,左右侧及背后有小窗,前面小门,顶部四角上翘,中间顶上有葫芦锡顶。民轿有花轿、乌篷轿、便轿三种。花轿制作相当考究,似箱式木结构,两侧及背后开有小窗,装有玻璃,前面有两扇小门,轿顶四周装有三星菩萨,四角有点烛用的灯,四周排有四只凤凰,嘴挂四只花篮。轿衣采用丝绸绫罗,绣有龙凤图案,罩盖在轿的四周以及顶部,披红挂彩,华丽夺目。乌篷轿的座位用毛竹或木材制成。靠背活络,顶部有用粗布或毛竹编织的篷,并涂有黑漆,故称"乌篷",其座位和顶部均可拆卸,由两名轿夫抬扛。简便轿是在毛竹躺椅的两侧捆扎两根抬杆制成。中华人民共和国成立前夕,开化城关和

---

① 东阳民俗编委会编:《东阳民俗》,西泠印社出版社2015年版,第88页。
② 浙江省东阳市交通局编:《东阳市交通志》,1989年,第257页。
③ 开化县文化馆编:《开化风俗志》,1984年,第68页。

华埠两镇就有轿行 5 个,花轿 15 至 20 顶,乌篷轿 70 至 90 顶出租。①

龙游丐户从事抬轿行当。龙游婚事用轿分为三等,上等花轿,中等花轿、中等官轿和八仙轿,下等轿(又称乌壳轿)。豪富之家必用花轿,而且必用吹打,有的还要用一对写上堂名、标上姓的大灯笼、两双宫灯,再加接新娘舅的轿一顶,队伍相当庞大可观。抬轿乃丐户垄断行业,形成哄抬工价之势。知县高英对轿夫的工价,予以规范,以免无厌需索。光绪十三年(1887),高英颁布《禁止喜庆丧葬等事夫役勒索并酌定工价告示》:

> 查龙邑婚娶抬喜轿之夫,城乡皆有夫头分管。如遇嫁娶,无论绅民,必须先向夫头说定夫价,如不遂欲,不允前往。非但殷富之家常被需索,即贫乏之户亦时被刁难,本县今为酌中核定,城乡一律。惟喜事与常事不同,且伺候工夫为日较久,自应比寻常略加丰润,以昭平允。嗣后凡有力之家,花轿用四夫,须两日者,每名酌给钱四百文,出城以十里为则,每远二、三十里,每名加给钱一百文。媒人轿每乘每天五百文,每远三、四十里,每名加给钱五十文。伞夫一体照给。贫户用二名者,路在三十里以内者,每日每乘给钱六百文,路在四、五十里须二日往返者,每乘给钱一千二百文。其余执事散夫,十里内外每名给钱一百文,每远十里,再加给钱四十文,以次递加。男女两家酒饭,听酌中办理,不得过索丰盛,折给钱者听。此外升轿、彩名等项名目概行革除。②

## 第五节　严州的轿帮

自宋以来,建德的运输业就形成水路运货以舟,陆路运人以轿的格局。水路运载以九姓渔户为主,而陆路运人的轿夫以"小姓"为主,二者均为贱民。三江(新安江、兰江、富春江)两岸航埠如林,轿行普及城镇。由于轿夫劳力低廉,山多路窄,以轿代步、以轿代车适合浙西山情,因而轿业特别发达,且久盛不衰,成为婚丧喜嫁、观光访友、办事求医的主要代步工具。漫长的岁月,轿子也在不断更新,从笨重的木板轿,发展到简便的笼椅轿,再到精致舒适的豪华轿。清末民初,尽管有自行车的冲击,但梅城、寿昌、更楼等 7 个集镇,就有轿行 12 家,各种轿子 100 余顶。还有各村富户、宗族祠堂自备大红喜轿、绿衣便轿 2 至 4 乘,

---

① 开化交通志编写组:《开化交通志》,浙江人民出版社 1990 年版,第 75 页。
② 余绍宋纂修:《龙游县志》卷三十二《掌故十五》,民国十四年铅印本。

也有 60 余家,俗称"季节轿行"。主要用于婚嫁喜事,向用户收取轿租,主要以小姓为轿夫,收取利市红包作为酬金。

建德城镇轿行常年经营,有男轿、女轿以及婚嫁轿一应齐全,主要以载客为主,按路途远近,道路好坏计价,在外过夜租金加倍。规模较大的轿行,如梅城东、西门街的 4 家轿行,寿昌西湖桥边、更楼上街的轿行,均备有大红花轿、黑色乌篷轿(又名"四季轿")、过山笼等 10 至 18 顶。各家备有大红花轿一顶,用以婚嫁喜事,绿衣便轿 2 至 4 顶,供女家租用。黑色乌篷轿 4 顶,供男客租用。过山笼 2 至 3 顶,专供进山越岭租用,其构造颇为简单,两根长竹杠,中间夹一把特制靠椅,上支四柱,覆盖蓝色布蓬,躺在椅上极为舒适。

大红花轿也称"四人大轿",装饰颇为讲究,中农以上娶亲,非用此轿不可。该轿轿身宽 3 尺,长 3.5 尺,高 4 尺,轿内有座位、扶手,以帘代门,新娘上下轿时,将锦帘掀起。装饰特别精致,雕梁画栋,轿顶呈宝葫芦塔形,轿盖四周直立木雕八仙或龙飞凤舞,油漆描金,富丽堂皇,锦帘四周描金绣凤,悬挂珠纱宝翠,喜字高照。迎娶时,新娘穿的圆领凤冠、彩裙霞帔、双喜大红灯笼、红绿彩旗,轿行和轿夫都有全套出租。另备有上轿前穿的彩衣一套,以免新娘跪地哭别和"吐金银饭"时,弄脏凤冠霞帔。起轿时,鞭炮齐鸣,成双成对的大红灯笼、火把、吹鼓手以及彩旗仪仗在前面开路。新娘花轿在前,新大舅的轿紧随其后,逢桥过沟,新大舅均掀起轿帘向大红花轿撒茶叶米,以示吉利平安。贫苦人家娶亲,以绿衣便轿代替花轿,褪下四周蓝色轿衣,再换上红色轿衣,或者悬挂一圈一尺多宽的大红彩绸。轿行还备有两人抬的各种便轿,造价低廉。黑色乌篷轿稍具长方形,宽 2.5 尺,长 3 尺,高 5 尺,以竹篷盖顶,竹编轿身,门窗竹丝卷帘,外涂黑漆,以载客为主,乘坐舒适。绿衣便轿,比大红花轿略小,轿身木制,轿盖竹编,宽 2.5 尺,长 3 尺,高 5 尺。四周蓝布垂帘,最受女客欢迎。

建德轿业之所以发达,与当地的道路、历史条件,以及封建礼教、婚嫁习俗有关。以前新娘不坐花轿出嫁,将成为终身的遗憾。建德城乡新娘出嫁,首要条件乃四人花轿。如果婆媳有了口角,媳妇则用"你家是用四人大轿抬我来的"作为回敬的资本。加上婚嫁喜事,均选择黄道吉日。遇上吉日,婚嫁甚多,仅靠轿行无法应付。经济条件较好的富户,有宗祠房族的村子,或独家或独资出资,雇请名师花匠,自制花轿、便轿,购置凤冠霞帔,以备自用或租用。寿昌西门蒋家一户并不太富裕的家庭,自制两顶大红花轿、两顶绿衣便轿,凤冠霞帔也一应俱全。冬季乃婚嫁旺季,应接不暇,季节性轿行大大超过常年轿行。"轿行、轿夫都喜欢婚嫁户用轿。在旧社会里,轿夫属低层下等之辈,甚至不入祠堂,不上宗谱,被人看不起。但在婚嫁时抬轿,却和接亲人一样同桌同宴,受到婚嫁两家的器重。而且轿租和轿夫的红包都比载客时加倍,所以轿行为争取生意,也积极添制新装,改进花轿。"①各村临时充当迎娶抬轿的村民,并不以"轿夫"相称,但红包照样赠送。

梅城有两家轿行,为了扩大业务范围,还出租丧事用的棺材罩、绳索杠、男女孝衣、长子长孙的麻布衣服,白棉球孝帽、全套素色仪仗,以及披挂素色轿衣的便轿、乌篷轿。富户出丧或墓地较远,年老体弱的遗孀、孝女孝媳,均以轿代步送葬,轿资也比平时载客要高。轿行与轿夫的分配关系,资方并不提供轿夫膳食,除收取适当轿租以外,收入部分由资方提取一成,其余均归轿夫所得。

桐庐的"小姓"(堕民)也抬轿,桐庐的轿子分为花轿、乌壳轿、凉轿、兜子之类。花轿又称"红轿""彩轿",以木为架,竹编为墙,精制而成,上部四周画有小菩萨,四角挂有大棱头,内饰红罗裀褥,软屏夹幔,外有围幛以及门帘、窗帘,门上方扎有红彩球,装饰颇为华丽。花轿专为迎娶新娘所用,一般由二至四名轿夫抬行。乌壳轿因轿顶似龟壳而得名,又名"小轿",因髹以黑漆而名"黑轿",左右开窗,前悬布帘,内设一座,装饰简单。此轿专为富绅富户出门,请名医出诊,缠小脚太太进香或出远门所雇佣,由两名轿夫抬行。如果路途较远,则另备一人作为替力。凉轿,也名"藤轿",乃用竹或藤编的躺椅,上加布蓬,两杆作扶手,轿身轻便,拆装容易,此为民间自便,大多为病人出诊或年长者出行所用。兜子,也称"爬山虎",制作较为简单,以双杆穿过踏板,再用绳索系悬一高一低的坐板和踏板,乘坐者双手扶杆,兜子无遮无盖。主要用作游览工具,翻山越岭灵活自如,从桐庐前去游览钓台,不少散客乘坐兜子早晨从桐庐县城出发,傍晚返回桐庐,途中备有茶水点心。轿夫二人,另有一人为替力。

桐庐的轿子无处不在,无往不至,与之相应的轿业也特别发达。民国时期桐庐县城有孙水根等轿行数家,备有轿子近四十顶,有的在东门外码头备有"快轿",供人雇佣。农村有世袭以抬轿为业的轿夫世家,如石阜小潘的陈家、钟山万家岭的小市村等,所备轿子或自抬或供人出租。许马尔如是说:

> 说起轿子就得提及抬轿人——轿夫,旧时,桐庐民间贬称"抬轿佬"。按老辈人的说法,从前大凡抬轿的人均属"小姓"。所谓"小姓"即下等之人,其地位比平民百姓还要低一层。比如过去桐庐人的规矩,抬轿佬为讨亲嫁女人家去抬轿,吃饭时不得在堂前与主要的亲朋一起上桌用膳,而只能弄点菜在灶披间吃饭。又如按旧时的定例,轿夫身份如同娼妓、优伶、隶役、剃头、剔脚等人一样,其子孙不得应试赴考的。②

---

① 傅骏荣、倪孜耕:《建德的轿行》,《建德文史资料》第9辑,1992年,第254页。
② 许马尔:《轿子往事》,《山水推富春》,中国文史出版社2006年版,第267页。

桐庐出卖苦力的劳动者分为脚帮、轿帮和船帮。商店诸如经营南货店兼营粮食与山货者，经常需要与搬运业打交道。商店零星收进，整批卖出，依靠脚帮搬运。脚帮伙计将200斤的谷袋背在肩上，从船上搬到岸上，或从岸上搬到船上，吃力地前行。脚帮被雇佣搬取重物以赚取酬金。"轿帮是陆上交通工具，也是婚丧喜庆不可缺少的辅助行业。按理说，轿帮和脚帮一样是卖力气，所不同者，脚帮搬运的是货物，轿帮搬动的是人，货物自己不能动，所以要人搬，人自己能走，为什么要人搬？这里面有文章。桐庐人把轿夫叫作'抬轿佬'，语气带点轻蔑的味道。据了解，历史上只有当官的坐轿，让人抬着走。其次是财主们，可以花钱雇轿让人抬着赶路。"①轿行备有供人雇用的一般是两名轿夫抬的乌壳轿，县太爷坐的官轿，由衙门自备，还有专用的轿夫。民国县衙门改称政府，县太爷改称县长，四人抬的专用官轿也被取消，县长出行也不得不雇用轿行的乌壳轿。

富春江和天目溪是桐庐的两条水上动脉，也是桐庐船户赖以生存的河流。其中为交通服务的定期航班称"快船"或"航船"，不定期而专为近程雇用的称为"划船"，江上撒网捕鱼的小艇称为"渔船"，停靠码头接待风流人物的妓船称为"交白船"。这些水上活动的船帮，形成一个特殊的社会。生活习惯与语言发音与岸上人家均不一样，与岸上人家不通婚，女人不缠足，与男人一样劳作。"他们也和轿帮一样，是在元末明清时期被列为'贱民'的又一种职业。又有人说，船帮的祖先是元末严州府的降兵，'轿帮'之被戴上'贱民'帽子比这还早几个朝代。"②这些说法有的已为各县县志所证实，有的仍是一种口头传说。轿夫作为贱民备受歧视，但却流传《轿夫作诗》的故事，财主们坐轿前往严子陵钓台游玩，他们登上钓台后，摇头晃脑地做起诗来，无非是歌颂汉光武帝如何英明，如何礼贤下士的陈词滥调。唯有轿夫所做的四句诗，颇有新意：

> 伟哉严子陵，鄙哉汉光武。
>
> 子陵有钓台，光武无寸土。

中华人民共和国成立后，轿行与坐轿习俗逐步消失，由于新婚姻法的宣传贯彻，封建礼教受到有力的批判。随着航运业的改善，加上公路的畅通，汽车的普及，各种机动运载工具的发达，新娘以走路、乘车、坐船为荣，且以新式秧歌队伴送，而视坐轿为人压迫人的资产阶级思想和封建残余，遂致城镇轿行、乡村临时轿行以及各色大小轿均相继淘汰，严州昔日作为贱民的轿夫也不复存在，退出历史舞台。

---

① 叶浅予著，山风编：《叶浅予自叙》，团结出版社1997年版，第41页。
② 叶浅予著，山风编：《叶浅予自叙》，团结出版社1997年版，第41页。

## 第六节　苏州的轿盘头

晚清苏州丐户专有行业"轿盘头",专门为婚丧人家雇用轿夫、出租轿子。"轿盘头"虽以"轿"称,但其业务范围远远超过其轿子一行,凡扛、抬、挑、搬之类的苦力活,全是"轿盘头"的服务项目。"轿盘头"乃专门为主顾提供劳务服务的"盘户"或"盘头"发展而来。"苏州是水城,城里有许多桥,大一些的桥,以前都有一个'上天王'的庙堂。这庙堂里聚着几个无业游民,中间有一领袖,向领域里几个大户投靠为'轿班',那领袖就指挥无业游民去当差,得到的酬劳,领袖抽一些份儿去。因为主要工作是抬轿,所以叫做'轿盘头'。"①苏州较大的宅第,大门以内都有"轿厅",原本是置自备的轿子和上轿之处,为了俭省起见,需要用轿临时向"轿盘头"租用"轿班"。水乡苏州以盛产大米、水产、丝绸而著称于世,每年从苏州运往外地的货物源源不断,因此从事上下水短驳及搬运的苦力甚众,而这些在出卖苦力从事搬运工作的人,是为"盘户"。苏州话中的"盘",原来就有搬来搬去之意,"盘点"乃其喻义。推而广之,不限于苦力,所有需要帮忙的事务,诸如红白喜事之类,"盘头"均会组织劳力,上门为主顾提供服务。《史记·项羽本纪》记载,项羽的叔叔项梁曾在吴中从事搬运工作。"每吴中有大徭役及丧,项梁常为主办,阴以兵法部勒宾客及子弟。"项梁经常组织苦力,为豪门富户办理丧事,并以此作为掩护,暗中发展其反秦力量。据传苏州"轿盘头"体制的由来,其源头可以追溯到秦末的项梁。

轿子由辇、舆发展而来,南宋时宋高宗以江南多雨路滑,始许朝臣乘轿,民间也陆续普及乘轿。水城苏州城内河道纵横交错,自古以舟楫作为交通;陆上往来于小街窄巷,经过商家低垂和幌子,踏过高高的石拱桥,驴马车辆无法通行,唯有轿子成了城内最主要的代步工具。苏州乃著名商埠,缙绅大户不计其数,出门都喜欢坐轿;官商眷属更是乘轿往来,串门走亲访友;连医生出诊,也需要坐轿子。特别是晚清大家巨室的家奴已日渐减少,出门就必须临时雇佣轿夫。提供抬轿的劳力的盘户成了最经常的服务项目,"盘户"的名称也改为"轿盘头"。

清道光年间,地方政府加强了对"盘户"的管理,正式确立了"盘户"的世袭制,各户分地段经营,不得越界争抢业务。因抬轿成为其经常的服务职司,故称为"轿盘头"。咸丰三年(1853),吴县正堂又为境内各盘户立花名册登记在案,刻碑立此存照,并以桥面、河道为界,将城内外划分成一百零八条半"桥面"。每

---

① 范烟桥:《主办与轿盘头》,《紫罗兰》1944年第15期。

个桥面都有一个"盘户"负责,所以俗称苏州有一百零八个半"轿盘头"。而半个桥面就在阊门外安桥一带,因其范围不大,仅算半个桥面。每一个地段的"轿盘头"向各家投靠,立有"靠单",说明平时抬轿的资费标准。除了抬轿以外,凡辖区内所有大户人家的婚嫁丧葬,家里的收拾和铺排等所有事宜,均由当地的"轿盘头"受理承办,依照行规外人不得越俎代庖。"凡有红白喜事,就有一个头,叫'轿盘头',解决轿夫、轿子、吹鼓手、堂名、掌礼、喜娘等等需要。他们在桥头的茶馆里,要办事情,就去找他,只要他到了,有关的服务人员也就都到了。每个地区都有个门图,这个地区是我的范围,那个地区是他的范围,这应该是奴隶制的遗留,官府后来就不能够随便使唤他们了。"①晚清"轿盘头"的服务项目,已经包括"六局"的全部内容,即掌礼(司仪、执事之类)、喜娘(伴娘、媒婆之类)、吹打(吹鼓手、礼乐之类)、厨师(上下灶之类)、扛抬(挑夫、脚班、土工之类)、茶担(茶水、喜酒供应之类)。乃至当地的乞丐和丐头均归"轿盘头"管辖。

"轿盘头"属于世袭,各有地段,不得争夺,"轿盘头"营业都有固定的"门图"。由于"轿盘头"营业各有地区界线,在其辖区内的人家,因婚丧喜事须雇抬轿工人时,本地区"轿盘头"享有专利,他人不得越界承揽。因此,对花轿的代价可任意提高,较普通轿价高至二三十倍不等,一般以喜事人家门第与是否殷富为索价标准,轿盘头须相当满意后始能就妥;迎娶所用的花轿种类繁多,分红勒脚绿呢轿、彩蓝呢轿、金织锦轿、花轿、花灯轿,前三种由四个人抬,花灯轿须八至十二人抬,价钱也按级递增。只是租赁花轿的价钱不菲,以1930年为例,每顶花轿租金就需一、二十元,加上轿夫的费用以及他们索讨喜封应付的赏钱,加上也有数十元,即使是小康之家,也不堪重负。至于其他旧式呢轿,外出租费以每里小洋三角计费;藤椅以1里为站,每站60文,各城门至玄妙观以四站计算。

新嫁娘方面的女家,同时亦由本地区的"轿盘头"到来和喜房先生联系,主要谈判新娘妆奁送往男家的搬运费。这笔搬运费与男宅所雇迎娶花轿同样是"轿盘头"的好买卖。索价标准亦以女家的声望门第衡量,而且须论件计算。物质无论大小,照例按件计工取费。当时有些富厚的有产阶级人家嫁女所备的妆奁,总是应有尽有,巨细靡遗,而可以陈列几间屋的。所以,这笔搬运费,也需要一个相当的数字。如果搬运费的谈判"轿盘头"不能满意,他即以拒绝运送相要挟。由于除本地区"轿盘头"外他人都不能搬运,因此对"轿盘头"总是予以满足的。②

---

① 王馗访问顾笃璜,2006年7月。《赛社与乐户论集》下,中国戏剧出版社2006年版,第480页。

② 徐玉贵:《封建婚礼中的苏州"六局"》,《苏州文史资料选辑》第5辑,1990年,第395页。

旧嫁妆以箱笼为主,有四橱八箱,两橱四箱、两橱两箱。两橱两箱已是普通,若是一橱一箱,则要让人瞧不起。还有桌椅、盆桶、碗盏、盘匣等木器、瓷器、铜器、锡器,乃至陈设品和化妆品,连生孩子的用品也预备在内,还要饰以棉袄、绣帔。这些嫁妆先在女家陈列,称为"铺行嫁"。"轿盘头"以此确定需要多少人力,男家借此与媒人讨价还价,索要"盘头钱"。出嫁时,"盘头"部署众多脚夫,抬的抬、扛的扛,排列成整齐的行列,有序送到男家,并按"奁簿"点交。盘头指挥若定,有条不紊。

遇上丧事,也少不了"轿盘头"张罗。顾笃璜回忆:"比如大出丧,家庭人不够,很多需要多人参与的队伍,就增加了很多假扮的身份,就是轿盘头找来的人,这里面就有丐户,当然主家也要付钱。他们戴帽子,拿棍子,衣服自备,而且有自己的服装。这些在全国性抗战以前有,以后就没有了。我幼年的时候,祖母出丧,我参加过行走。用白布围起来,孝子、孝孙就在白布围中,打白布的就是丐户。还有一种人是专门替人哭的,叫'哭丧婆',也是丐户里面的,因为丧事要哀,不哭的话就意味着死去的人是不受尊重的,但是哭不动,就需要有人代哭。吊孝的时候,掌礼的就向里面说,外面客人来了,女太太们哭起来了!里面就哇哇地哭。"[1]如果遇上大户人家殡葬之事,盘头少不了又要忙碌一番,设灵堂、扎素彩,天井里以铺板搭棚,乃至出棺材所抬的魂轿以及牵行的"开路神",也由"轿盘头"招揽乞丐以供差遣。

最大的希望是"丧"和嫁,逢到大户有丧事,"轿盘头"总是首先来当差,从内而外,不论粗细、轻重,各项差使,都是他们去承当的。假使出殡时有些排场的,"轿盘头"就去招呼无业游民来,在工钱上占几成的光。那么项梁不是就干这行业么?但是"嫁"的进益更大,照例在未嫁前几天,女宅把妆奁在厅堂上摆得齐齐整整,请男宅媒人来吃饭,要他讲"盘头钱"。意思是嫁的那天,要他们运妆奁到男宅去的,并且要一起运送,妆奁越多,需用的人越多,那运送费自然也大了,这一笔钱是归男宅开销的。那狡黠"轿盘头"用主人虚荣的心理,总说妆奁怎样丰富,怎样华贵,人手必须加多,照料必须周密,这运送费不能过少。假使媒人说得少,就是看贱了妆奁,侮辱了主人。所以媒人吃这一顿饭,是很费心思与唇舌不容易消化的。主人也是要这笔钱的数目越多越有面子,一方面又讨好"轿盘头",让他多赚一些钱,以偿平日当差的辛劳。那些"轿盘头"也有说话的技术,索价非常的大,媒人老练些还好,否则唯有"吃瘪"。在战前最大达千元,最少也得一、二百

---

① 王旭访问顾笃璜,2006 年 7 月。《赛社与乐户论集》下,中国戏剧出版社 2006 年版,第 480 页。

元，实际他所给与游民的工资不至一半呢。他们虽然是游民，为了惯于干这项工作，所以杠棒绳索一切端正好，扎起来也是十分到家，抬起来也是四平八稳。假使不经他们的手，一定弄得历落无序，所以他们认为独行生意。并且别的"轿盘头"也不能抢生意的。玉蜻蜓弹词里，说申大娘打巷夺埠，我是为了这抢生意的纠纷。因为"轿盘头"是世袭罔替的一种职业。①

"轿盘头"除了与喜房谈判迎娶新娘所用花轿的价钱，"必须连'走马'（在前后画有一匹马的抬轿工人的号衣）、'后凑'（抬轿工人专为婚庆服务戴的拖有一根倒挂绿羽毛的帽子）一并讲明，如喜房先生非老于所事而讲价时又未能满足轿盘头要求，则迎娶时抬花轿工人就可能不穿不戴'走马''后凑'，这在当时便认为不成体统而有失体面的"②。必须别加费用，才肯穿戴"走马""后凑"。

不仅苏州城内陆上划分"轿盘头"的地段，连城外也划分有"船埠头"。"也是各有其主权，大概'轿盘头'连带拥有这主权的。凡是有婚丧大事，船舶须停泊在某处埠头的，也得给钱与'轿盘头'。"③显然，"轿盘头"的势力也延伸到城外。

"轿盘头"划地垄断的封建霸持制度，原来是避免彼此争夺生意，以维持社会治安。但是一经垄断，却生出种种弊端，欺行霸市时有发生。清代苏州娄门外的脚夫由万氏和顾氏等"轿盘头"垄断，他们欺行霸市，强行扛抬。康熙十三年(1674)长洲县遂颁布《严禁脚夫勒索》告示，民间婚嫁丧葬以及铺行买卖客商卸货，一律听从民便雇请脚夫，不得恃强霸踞桥梁以及河下，强拉硬截，讹诈骚扰，否则，以光棍律惩治。该碑立于苏州娄门外下塘毛家场 11 号，碑高 101 厘米，宽 42.3 厘米。

> 长洲正县堂李，为□□敢违□宪禁横行已极，恩赐文申各宪，再行严饬等事。奉巡抚都察院慕批，该本县详据娄门外一、二十六等图民李见可、倪复阳、王郁之、倪复心、王升生、王平一等连名呈词前事内开。地方冲要桥梁，向被脚夫恃强霸踞，各宪通行禁革。今有娄门外脚夫万□顾□等贿匿宪示，投仗势豪，从未常遵纤毫之令，敛片刻之□者也，河下俱业油坊，凡有客舡载卸煤饼等货，则挟众拥挤，强截扛抬，宪禁何在？民命何堪？伏乞申详各宪，颁示严饬，勒石永禁等情，据此，为查民间嫁娶婚丧及铺行买卖客商装卸货物，自应听从民便，或在家僮仆，或平价雇倩，扛抬挑运，奚堪恃称

---

① 范烟桥：《主办与轿盘头》，《紫罗兰》1944 年第 15 期。

② 徐玉贵：《封建婚礼中的苏州"六局"》，《苏州文史资料选辑》第 5 辑，1990 年，第394—395 页。

③ 范烟桥：《主办与轿盘头》，《紫罗兰》1944 年第 15 期。

脚夫，霸踞桥梁，纠党炙诈，强截扛抬。案查此项久奉各宪严行禁革，复敢恣肆耶，事干蔑灭宪禁，虐炙商铺。今据前情，相应详请宪示，再行严饬勒石永禁，以靖地方，以除罡囡等情，具详本院，蒙批脚夫各踞一隅，垄断强霸，恣意勒钱，久已严禁，何娄门外各□□□尚敢肆横。仰县再行饬禁，如有违犯，查拿惩处缴等因，奉苏常道布政司批，详前事蒙批仰苏州府严行给示禁饬缴等因，又奉本府正堂高批，详蒙批脚夫肆横勒索，久经饬禁，何物□□□敢蔑抗不遵，仰候再行严饬勒石永禁缴等因，奉此，合亟给示严禁，并着各该图地方见总遵宪勒石永禁，为此仰各该图地方现总军民人等知悉，嗣后民间嫁婚丧葬及铺行买卖客商装卸货物，听从民便，或本家僮仆，或平价雇倩，扛抬挑运，敢有脚夫恃强，仍前霸踞桥梁河下，拉载扛抬，炙诈扰害者，各该图地方现总人等协拿解县，大法究处，解宪以光棍律惩治，决不姑恕，须至示者。①

"脚夫"乃"轿夫"的泛称。该告示说明盘头和脚夫的服役范围，越来越广；各家除僮仆（家奴）之外，还要雇请脚夫。商业铺行装卸货物，也是脚夫的重要服务项目。然而，官府的一纸禁令，无法消除约定俗成的"轿盘头"垄断地段的局面。苏州乃鱼米之乡和米粮的主要集散地，粮食交易量巨大，米行自有工人搬运，无须再请"轿盘头"雇请"轿夫"。"轿盘头"自然不愿轻易放弃这笔大生意。康熙二十一年（1682），山塘脚夫装卸粮米，仍"擅起陋规，名曰笆仓酒钱，又名下脚酒钱。……自山塘栈房籴米，必经斛脚，半被浸渔，闾阎深困"。倘若再"擅立陋规，多勒斛钱及笆仓，恣肆不法，阻市病商者"，许即指名报县，严惩不贷。② 康熙二十五年（1686），江苏巡抚赵士麟再次予以严禁。"东西南北除杂货外，米之上下动以万计，彼等虎踞枭占，非其类不与，家有使令者不得用。自禁革后，听民雇募。"③吴县胥门外粮行，每遇货物上下"恃众霸持，勒价硬索，不许自船载运，其前买客凶殴滋扰"④。道光八年（1828），官府再次出令严禁。苏州城内的桃花坞发生盘户"恃豪霸夺，拉不容挑"之事。米行业主忍无可忍，遂向官府控告。道光二十二年（1842），吴县又出台《严禁盘户脚夫不得把持》的告

①《遵奉各宪严禁脚夫勒索碑记》，《江苏省明清以来碑刻资料选辑》，生活·读书·新知三联书店1959年版，第239—240页。

②《奉宪严禁斛脚多勒陋弊碑》，《江苏省明清以来碑刻资料选辑》，生活·读书·新知三联书店1959年版，第242页。

③（清）张承先、程攸熙：《南翔镇志》卷二《营建》，嘉庆刻本。

④《吴县严禁船户脚夫把持阻挠粮食豆等行上下货物碑》，《明清苏州工商业碑刻集》，江苏人民出版社1981年版，第233页。

示:"自示之后,如有行内买卖米石,应叫本行工人,自行挑运,盘户、脚夫如敢恃强霸持地段,勒索凶殴,以及藉端滋权者,许即指名禀县。"[1]因为米行自有工人,不需要雇佣脚夫,但考虑到脚夫的垄断权利,也贴给盘户每石二文的报酬。苏州乃米粮的集散地,买卖数量巨大,盘头不肯放弃这块肥肉。至于其他铺行,并没有多少工人,不得不另外雇请脚夫。

1913年左右,苏州开始流行藤椅,苏州丐户开始改抬藤椅。因缺少组织管理,屡次发生轿夫深夜劫财谋命的刑事案件,破案不易。于是,有人遂在皮市街和乔司空巷口开设了"六门藤椅公司",专门以租藤椅为业。据1919年的记载,苏州城厢内外共有藤椅1200乘,数量也颇为可观,每乘藤轿警厅收捐银洋1元,每月警厅就能收入捐银1200元。民国建立后,社会风尚发生巨大变化,轿子因其封建气息浓厚而渐渐舍弃。特别是20世纪30年代以后,马车和人力车逐渐取代了轿舆,轿子逐渐失去存在价值,面临逐渐淘汰的局面。有关当局曾拟予以废除,但鉴于失业后酿成事端而罢。"此外,尚有一特别之组织,名'轿盘头',有地段方位,各不侵越,凡嫁女送妆奁,非经若辈手不可。于是任意索价,骇人听闻。论值多于婚前一日由执柯者代表乾宅主持,若执柯者手软心慈,不临市面,鲜有不大受竹杠之敲者。余友娶妇,估妆奁(指器皿)所值,不逾三百金,而轿盘头得犒为一百二十元,王引才长市时,曾有废除之议,卒以若辈生计攸归,恐失业后更为社会之蠹,未敢遂行,然究竟为陋习,不废使主婚者大受厥累也。"[2]"轿盘头"依然存在,因为苏州的奢侈之风并未减弱,大操大办婚丧的习俗没有改变,嫁妆和丧葬的仪仗还需要不少脚夫前来扛抬挑举,凡是婚嫁人家仍要用雇佣花轿迎娶新娘。

苏州各"轿盘头"都要在所辖的桥面供奉"上天王"(驱蝗神刘猛将)和关帝,桃花桥和虹桥均建有神庙。阊门乃明清以及民国时期苏州经济商业中心,阊门内是繁华的中市街,与之隔中市河平行的乃是下塘街,下塘街沉积深厚的历史文化,由东而西有陆路陆润庠状元府、崇真宫、明清钱币制造局(宝苏局)、福济观(神仙庙)和泰伯庙。下塘街全长432米,有崇宫桥、虹桥和庙桥等七座桥与中市街交通。清代虹桥原名红桥,宋《平江图》就有著录。位于阊门下街中段,架于中市河上,原系拱式石板桥,桥西南河面高桥亭,内供关帝像,为"轿盘头"聚集之地。每年农历五月十三和九月十三,均要请堂名娱神。虹桥桥亭不似廊桥,乃悬水贴桥而建的"空中楼阁",约有30平方米。"桥亭是轿盘头聚集休息

---

①　《吴县严禁盘户脚夫霸持地段滋扰米行挑运米石碑》,《明清苏州工商业碑刻集》,江苏人民出版社1981年版,第234页。

②　烟桥:《六局》,《申报》1934年2月24日。

待工的场所。如果不需全体出工，就在亭内关帝像前焚香抽签决定出工人选。轿盘头是一群苦力。他们主要是在水码头替人上下货物和运输物件，同时还承接婚丧搬运等业务。他们备有婚事的花轿和全套仪仗、'大出丧'八人抬的'独龙'和纸扎的'开路巨神'方弼方相等。此外还行轿小轿等等。"①"轿盘头"乃兼营搬运工、装卸工、轿夫和仪仗队多种职业的城市社会下层的体力劳动者。相传，头牌妓女、"状元夫人"赛金花乃过驾桥的"轿盘头"的女儿。虹桥的"轿盘头"曾因故招来灭顶之灾：

> 上世纪初某年，虹桥轿盘头们遭了大难。吴探花家办婚事。花轿仪仗等项是虹桥轿盘头承办的。新娘的嫁妆极丰厚。运嫁妆的队伍就有一里多长。当时的下塘街宽仅4.5米，二侧都是商店，多数商店的招牌是挂在店外的，有的几乎扩展到街中心，而且招牌的下端离地面仅2米左右。因为正在运送的被子堆得高高的。轿盘头在途经一大招牌时不慎，最上面的被子在通过时被这大招牌扎了一个口子。吴探花大怒，负责轿盘头的章氏老太和轿盘头们吓得四散而逃躲了起来。吴县衙门四处缉拿抓不到一个，就不问青红皂白把章氏老太的独子抓进衙门重打四十大板。章某是一个文弱的裱画师，和轿盘头毫不相关，却因此而被打得皮开肉烂。不久，章某在悲愤交加中含恨而亡，留下九岁、七岁二个孤儿，这是轿盘头的悲剧，也是封建社会下塘街人的悲剧，俱往矣。②

轿夫以出卖苦力为生，属于贱役，生活艰苦，有些无家可归的轿夫晚上只能在上天王庙里过夜。1944年，富户临时租用"轿班"价钱较贱，一班每名只有二百文，另外给些酒钱。"轿盘头"于新年、端午和中秋三节向辖区内富户贺节，另外有些节赏。然而，除了绅士和医生，一般民众难得雇佣"轿班"。苏州以前骂人没有出息，贬为"困桥头的"。后来，轿夫连桥头也没法落脚。《明报》报道："迩来轿夫多改拖车，每有非本桥面之车夫，亦投宿桥头上天王庙内，良莠不齐，漫无限制，爰经集议，以后不论轿夫或车夫，概不留宿。"③苏州轿夫为了争取生存的权利，曾于1929年成立"轿夫职业工会"，但不久即由县府奉江苏省建设厅命令，以"轿夫不得组织工会，奉令解散"。到了军阀混战时期，"轿盘头"经常奉命"应卯"，差遣"出伏"运送辎重，不堪其累，不得不放弃那块世袭的领地。

堕民依赖出卖苦力为生，抬轿被视为"贱役"。清人刘锦藻云："轿夫贱役，

---

① 吴生：《虹桥和轿盘头》，《姑苏日报》2009年4月29日。

② 吴生：《虹桥和轿盘头》，《姑苏日报》2009年4月29日。

③ 《明报》1925年4月7日。

劳其筋骨,以糊其口,免死而已。"①武义俗语云"扛棺材,带撮骨",讽刺小姓"兼而多得"。浦江有句骂人俗语云:"你不要一副轿夫相!"轿夫因生活贫困难乎为继而受人鄙视,往往失去自尊自重自爱之心,常常做出不顾形象,乃至不要脸面的事情。收了该给的价钱,又要求再给点"添头";让其肚皮吃饱了,还会再讨点带回家去,此乃谓之"轿夫相"。兰溪轿夫不可上桌坐着用餐,只能站在门后或门边吃,轿夫因从事重体力活,容易饥饿,经常身带一只毛竹筒,将剩饭剩菜倒入毛竹筒内,以便途中备用。兰溪打油诗曰:"身无长物凭力气,靠山吃山谋生计。只要来者有雅兴,滑竿背架随处取。来去匆匆气喘急,抬举游人上云梯。眼前风景寻常看,山色难填肚肠饥。"舟山的"轿堕婢"因抬轿、送嫁妆颇费体力,肚皮大胃口好会吃饭,故民谣讥曰:"戛儿戛儿送,堕婢抬夜桶。抬到吃大肉,袋皮有铜铜。"苏州无家可归的轿夫晚上只能留宿破庙,"困桥头的"是苏州骂人没有出息的贬语。这是旧时轿夫悲惨生活的真实写照。

---

① (清)刘锦藻:《清朝续文献通考》卷四十八《征榷考》二十,民国景十通本。

# 第五章　绍兴堕民吹打班和清音班

堕民又有"乐户"之称,堕民何以被称为"乐户",南北"乐户"有何质的区别? 堕民对中国民间音乐有何贡献? 堕民有何不同的音乐表演组织?[①] 堕民与"乐户"均为贱民的一支,在民间传承中国音乐,在本质上没有区别,但奏乐乃"乐户"主业,但对堕民而言,吹打仅是其众多职业中的一个行当。绍兴有为平民服务的小型吹打班,还有为大户人家服务的清音班。

## 第一节　堕民是宫廷音乐的传承者

堕民作为区域性的贱民群体,主要聚居在南方的江浙沪地区。"乐户"聚居在山西和陕西等北方地区,也是一种区域性的贱民。堕民又有"乐户"之称,《三风十愆记》载,明朝剪灭元朝以后,将流寓中国内地的蒙古人,编入贱籍,"其在京省,谓之乐户。在州邑,谓之丐户。丐户多在边海之邑"[②]。新昌的堕民,也称"乐户"。《民国新昌县志》载:"又有乐户十余姓,业鼓吹歌舞役,自相婚配。男妇多听大家使令,凡饮宴率用之行酒,游侠之徒多聚饮于其家,使其女供歌唱,或宿卧于其房,不拒也,不如意则唾骂鞭挞之,不敢逆。"[③]堕民的职业之一即在平民婚丧嫁娶时奏乐。"其男子每候婚丧家,女则习媒或伴良家新娶妇,又为妇

---

① 关于堕民音乐的研究成果极少,项阳撰写的《堕民,在底边社会中创造和承继中国传统音乐》,认为堕民与乐户一样,在民间传承了中国传统音乐。李成撰写的《堕民与乐户关系考辨》,认为堕民与乐户都在中国传统社会乐籍制度下,不同区域的地域性称呼,两者的社会属性、音乐文化特征等方面有高度的一致性,乃不同区域的同一群体。何小全撰写的《会稽古乐——绍兴清音班器乐曲牌调查》,对清音班的经典曲牌《龙舟》做了个案分析。

② (清)瀛若氏:《三风十愆记·记色荒》,《丛书集成续编》第 224 册,新文丰出版公司 1978 年版,第 397 页。

③ (明)田管撰:《新昌县志》卷之四,明万历刻本。

女使用而已,其所业捕蛙、卖饧、拗竹灯檠,凡四民中居业彼不得占。"①堕民与乐户相提并论,二者作为一南一北的区域性贱民,并无本质上的不同。雍正元年御史噶尔泰在奏折中,以堕民"丑秽不堪,辱贱已极,实与乐籍无二"。据此,"伏乞皇上特沛恩纶,请照山(西)、陕(西)乐籍一并削除"②。堕民、丐户与"乐户",是中国传统音乐文化的承载者,仅是不同区域对贱民的不同称呼而已,实质相同。

堕民与乐户在职业上有相同之处。明朝祝允明在《猥谈》中提到奉化堕民的职业,将其比之为金陵的教坊:"金陵教坊,称十八家,亦然。"③鲁迅也认为"看他们的职业,分明还有'教坊'或'乐户'的余痕"④。袁枚的《子不语》也记载,绍兴有堕民巷,"男为乐户,女为喜婆。民间婚嫁,则其男歌唱"⑤。1928年的《浙江民政月刊》列举了堕民从事的主要职业有吹唱、抬轿、演戏、鼓乐、舆夫、剃头之类,以及作为新娘的伴娘,与北方"乐户"的基本职能也大同小异。"在灯烛辉煌、音乐悠扬的每个喜庆丧吊的场合中,终有他们的足迹。吹唱是惰民男子职业中最普通的一种。每从客人进门祝贺或吊唁之时,他们就细吹细打地奏音乐,直到仪式过后才止。逢有盛宴华诞,他们还得唱几句绍兴高调来佐兴。"⑥《清史稿》也将堕民与乐户的职业相提并论,"山西等省有乐户,先世因明建文末,不附燕兵,编为乐籍。雍正元年,令各属禁革,改业为良。并谕浙江之惰民,苏州之丐户,操业与乐籍无异,亦削除其籍"⑦。堕民与乐户均属"操业无异者",被打入"另册"。

各种版本的堕民源于"乐师说",也说明堕民与音乐有千丝万缕的联系。三埭街的著名调腔艺人"黄胖正生"陈连喜如是说:"为什么'外街人'说我们'大贫'而犯了众怒?因为我们'里街头'('三埭街'人自称)人,虽然以做鼓手、清音座唱、做戏文为业,身份低一等,受社会歧视。但我们的祖先一向说道,我们原

---

①　金城修,陈畲等纂:《民国新昌县志》卷五《原风俗》,《中国地方志集成浙江府县志辑》第38辑,中国书店1993年版,第748页。

②　《朱批谕旨》170《朱批噶尔泰奏折》,雍正十年编,乾隆三年成书,《景印文渊阁四库全书本》第222册,第832页。

③　(明)祝允明:《猥谈》,《古今说部丛书》第5集第2册,中国图书公司和记1915年版,第6页。

④　鲁迅:《我谈"堕民"》,《鲁迅全集》第5卷,人民出版社1973年版,第260页。

⑤　(清)袁枚:《续子不语》卷七《喜婆》,《笔记小说大观》第20册,江苏广陵古籍刻印社1984年版,第210页。

⑥　何汝松:《浙江之惰民》,《绸缪月刊》1935年第2期。

⑦　赵尔巽撰:《清史稿》志二百二《食货一·户口田制》,民国十七年清史馆铅印本。

是唐明皇宫廷奏乐、歌唱的'乐工'。因唐明皇酷爱音乐、歌唱，不管朝事，后众臣愤之，将乐工以'乐而忘忧罪'遣为堕民，遭贬斥而流落江南，绍兴尤为多数，为度民，唱'度曲'以度日，人称'度民'，贬称'堕民'。'堕'与'度'乃一声之转，因此，乐师李龟年也同遭厄运。"①有的堕民直言不讳自称是"唐玄宗梨园子弟六姓之后，说他们的祖先本是'六部大臣'，因游惰获遣，贬落为堕民"②。堕民吹奏的音乐，系大雅之堂古典法曲的声乐，其创始年代已不可考。"《法曲》"原称"法乐"，据东晋《法显传》，因其用于佛教而得名。原为含有外来音乐成分的西域各族音乐，传到中原以后，与汉族的清商乐结合，迟至梁代，清商乐为主的"法乐"即已出现，后来发展为隋代的《法曲》。有铙、钹、磬、幢箫、琵琶等乐器。演奏时，金石丝竹先后参加，然后合奏。唐代《法曲》又掺和道曲，发展到极盛。著名《法曲》有《赤白桃李花》《霓裳羽衣》等。唐太宗酷爱《法曲》，命梨园弟子演习，称为《法乐》，中唐以后渐衰。

　　堕民为"六部公卿"之后，说是过去有裴、叶、应、干、柯、彭六姓，原是皇帝御前的六部大臣，因触犯皇上，犯了罪，被贬为堕民的。所以，他们相互自称为"六老门眷"，为喜庆婚丧人家去鼓吹坐唱，称为做"六卿"，若表示自己或他人是堕民，亦称做是"六卿堂"的。不过，也有人认为，在吴方言地区的语言中，"六""乐"同音，皆读为入声"lo"。所谓"六老门眷""六部"及至"六卿"都是"乐户"这一个称谓，通过"六""乐"同音而假借的叫法。堕民是一个侮辱性的称谓，他们自己是决不会拿来自称的，而他们所处的堕民地位，又是一个严酷的现实，因而也有必要用"六老门眷""六卿"来代替堕民这个称呼，为他们相互之间的称呼。③

陈顺泰认为堕民号称"六部大臣"与唐代设置"六部"有渊源关系。唐代即设立雅乐部、清乐部、鼓吹部、熊罴部、胡部、鼓架部。晚唐雅乐部为掌管朝贺、郊祭、内宴时乐舞的机构，归太常寺卿节制，所用音乐均属《法曲》，乐队包括打击乐(有编钟、石磬、鼓)和管弦乐(有箫、笙、筝、埙、篪、籥、跋膝、琴、筑)两类，演奏《凯安》《广平》《雍熙》等乐曲。舞蹈则有《八佾舞》，舞者文武各半，文舞者执翟(用雉鸡尾装饰的舞具)，武舞者执戚(斧)。乐队则称为"坐部伎"，舞队及其伴奏者称为"立部伎"。清音部为唐代掌管清乐的机构，清乐在唐代已逐渐衰落，但晚唐尚有《弄贾大猎儿》等戏。鼓吹部为唐代掌管宫廷礼乐的机构。鼓吹乐源于北方少数民族，汉代开始用于宫廷。分为四种，其中黄门鼓吹用于皇帝

---

① 访问陈顺泰，2016 年 9 月 16 日。

② 王静：《中国的吉普赛人——慈城堕民田野调查》，宁波出版社 2006 年版，第 23 页。

③ 罗萍：《绍剧发展史》，中国戏剧出版社 1996 年版，第 95 页。

宴乐群臣；骑吹则用于皇帝出巡。唐代专设鼓吹部，以钲、鼓、角、弦鼗、笳、箫、哀笳为主要乐器。由鼓吹署节制，为仪仗队的一部分。乐工均骑马，故又称"骑吹"。皇帝出巡时，用鼓一百二十面，钲七十面，前有警鼓二人引导，称为"大全仗"。皇后以下则递减。胡部为唐代掌管胡乐的机构，胡乐由西凉以及南诏一带传入，有西凉乐的成分。时称"胡部新声"，以琵琶、五弦、筝、箜篌、觱篥、笛、方响、拍板为主要乐器，亦有小鼓、钹等打击乐，有歌也有舞伎。熊罴部也称"十二案"，为唐代掌管宴饮乐曲机构。演奏时以丈余高的木雕熊罴为架，上安彩绘木板和栏杆，四面围以帘幕。熊罴架有十二座，乐工于其上演奏雅乐，有《唐十二时》《万宇清》《月重轮》三曲。宫廷中在含元殿宴饮时则演奏此乐。鼓架部为唐代掌管乐舞、百戏的机构，所用乐器有笛、拍板、答鼓、两杖鼓，演出《代面》《苏中郎》《踏摇娘》等戏和寻童、跳丸、吐火等杂技。

唐玄宗精通音律，酷爱弹唱和歌舞，不理朝政，沉湎于声色。"安史之乱"以后，宫廷乐师辈以"乐而忘忧罪"，其所奏音乐被称为"堕乐"，遭到贬斥，流落浙江绍兴等地，以"度曲"度日，人称"度民"，贬称"堕民"。陈顺泰据此认为三埭街的乐户与唐代的"六部"有渊源关系："一、唐代'鼓乐部'的黄门鼓吹，专为皇帝宴乐群臣所用，然而，遭贬斥流落在江南绍兴民间的'三埭街'人，为'度命'，唱'度曲'以度日，只得操起祖先传教的老行业，组织清音班、鼓手班，专为'主顾'人家婚庆、做寿、添丁等操办酒筵时群乐所用；二、唐代'骑吹鼓手'用于皇帝出行，而清音班、鼓手班因身份变迁，只得用于民间迎娶新娘，花轿游行；三、唐代的'熊罴部'整套的格式、摆设和装饰，一直被绍兴清音班保留运用，只是把'熊罴部'名称改成了'清音大棚'而已。'清音大棚'呈长方形木棚，它以二市尺高度的脚架，上铺优质木板，四周围栏，用绸缎帐帘装饰得格外漂亮，底景竖立三层大牌坊，采用上档木材雕刻八仙、和合二仙、龙凤、名贵花卉等，正中央可坐身穿绣花衣衫的童男童女（陈顺泰幼年时也曾扮过童男）。清音班乐师坐在棚内，演奏乐曲和歌唱，气势十分雄伟壮观。当时，三埭街最有名气的清音大棚，要算乐户松棠先生和他的外甥越棣了。'清音大棚'与'熊罴部'一样，也叫'十二案'，其形态十分相同。"[1]堕民吹打班特别是绍兴三埭街的清音班乃是源于唐代鼓吹部的皇家宴乐和出巡的黄门鼓吹以及骑吹，"安史之乱"后，流落民间为婚丧嫁娶的礼仪服务。熊罴部的"熊罴架"，演变为民间堕民吹打班的彩棚，如清音班的"清音大棚"。

清乾隆年间，会稽人鲁忠赓作有《鉴湖竹枝词》，其中有："子弟清音选教坊，

---

① 访问陈顺泰，2016 年 9 月 16 日。

玉箫金管度宫商。开元法曲梨园遍,元夜灯花供老郎。"①乾隆年间堕民的清音班已经成熟,演奏《法典》且遍及梨园。所谓"教坊",乃古代管理宫廷音乐的官署,唐代开始设立,专管雅乐以外的音乐、歌唱、舞蹈、百戏的教习、排练、演出等任务。唐高祖设教坊于禁内,其官隶属太常。武则天时,改名"云昭府",后又复旧名。玄宗开元二年(714),置内教坊于蓬莱宫侧,长安和洛阳又设左右二教坊,以中官为教坊使,遂不隶属太常,宋、元二代也有教坊。明代有教坊司,隶属礼部,至清代雍正时始废。所以,鲁迅曾在《我谈堕民》中指出堕民的吹打职业,明显遗存"教坊"和"乐户"的痕迹。无论是鲁忠赓还是鲁迅所述,再结合堕民吹打班、清音班的习俗程式、活动表演、所用乐器以及摆设,或多或少地有唐代宫廷音乐的缩影。

　　堕民起源于宋时的传说,也与音乐有关。"赵宋亡,子孙见哀于人,民间婚丧岁时,青衣侑食,遂多不事生产,以丝竹娱人,日流于惰,故曰惰民。"②而持堕民起源于元蒙之说,根据之一为蒙古人擅长"天魔舞",故在平民的婚丧嫁娶中以吹打为生。"元人善天魔舞,工靡靡之音,且擅长绘事,故堕民迄今恒为歌舞生涯。"③杨祖谋得诸堕民遗老传闻:"堕民为元末贵胄,被明太祖贬为丐户者,此辈平日嬉游,无所事事,惟以丝竹自娱,一旦遭贬,别无长技可以谋生,乃渐以乐户为业,犹民初八旗子弟之以玩票下海与笼鸟待沽者然。"④"六龄童"章宗义认为自己为元末蒙古族后裔,男堕民世代以吹打为生。"吹唱道士在人家举行婚丧喜庆时专事吹打、唱戏和念经忏,也可以说是一项宗教活动。唱的有调腔和乱弹。乱弹中以'二凡'为主,与秦腔相近。它实际上是受蒙古族的音乐影响很深的一种声腔。这就和堕民的由来有密切的关系。"⑤堕民从事吹打与演戏行当,绝非偶然。

　　另有持堕民源于项羽余部之说,其根据之一也与音乐有关。"绍兴的堕民,实为项羽的后裔,现今舟山(今绍兴州山)项里,本是项羽的发迹地。项羽以八千子弟兵,渡江入关,及乌江战败,子弟之在项里者,抱田横五百义士之慨,誓不臣汉。及叔孙通定朝仪,抚之不降,杀之不忍,遂视为不臣之民,任其自存。楚歌悲壮,有燕赵雄风,故其族善吹歌唱,盖鸣其亡国之商音,沦而为优伶,今越剧

----

① 鲁忠赓:《鉴湖竹枝词》,《越中竹枝选》,西泠印社出版社 2008 年版,第 65 页。

② 秦人:《杭甬段沿线的特殊民族——堕民》,《京沪沪杭甬铁路日刊》1937 年第1912 期。

③ 绍兴县立民教馆:《绍兴堕民简况》,《绍兴概况调查》,1949 年,第 117 页。

④ 《杨祖谋述堕民故实函》,《民国绍兴县志资料》第 2 辑第 4 册,广陵书社 2011 年版,第 101 页。

⑤ 六龄童:《取经路上五十年》,上海文艺出版社 1988 年版,第 3 页。

伶人,尚以子弟相称。"①绍剧曾称为"越剧",中华人民共和国成立后绍剧与越剧才泾渭分明。

民俗学家项阳在浙东作堕民田野调查时,竟意外地发现堕民传承唐宋以来音乐文化传统的实物。项阳在浙江音乐学院李文军老师的家里,发现其收藏的堕民演戏的依靠——数十本堕民乐谱。其中一本乐谱,不仅没有封面,内页纸张也比较脆弱。这本工尺谱除了记录传统乐曲外,还在乐谱的前面绘有唢呐和笛子的孔序以及对应的谱字和各种调的名称。其中一幅唢呐图,格外引人注目。"在这幅名为'小提尺调'的唢呐图中,自上而下,前七背一,8个音孔排序为'五凡工尺上一四六',筒音为'合'字,这不由使人想起了中国音乐文献经典著作之一的宋代陈旸《乐书》。本书是最早明确记载工尺谱与管乐器孔序的对应关系者,甚至这工尺谱的创制都可能是与管乐器有极大的关联。"②《乐书》云:"觱篥,一名悲篥,一名笳管,羌胡龟兹之乐也。以竹为管,以芦为首。状类胡笳而九窍,所法者角音而已。其声悲栗,胡人吹之以惊中国马焉。唐天后朝,有陷冤狱者,其室配入掖庭,善吹觱篥,乃撰《别离难曲》以寄哀情,亦号《怨回鹘》焉。后世乐家者流,以其族宫转器,以应律管,因谱其音为众器之首,至今鼓吹教坊用之,以为头管。是进夷狄之音,加之中国雅乐之上,不几于以夷乱华乎?降之雅乐之下,作之国门之外,可也。圣朝元会乘舆巡幸,并进之以冠雅乐。非先王下管之制也。然其大者九窍,以觱篥名之。小者六窍,以风管名之。六窍者犹不失乎中声,而九窍者其失盖与太平管同矣(今教坊所用,上七空,后二空,以五凡工尺上一四六勾合,十字谱其声)。"③《乐书》所载的"觱篥"后称"管子"的乐器,其音孔特点是"前七背二",加上筒音为十孔,对应谱字即"五凡工尺上,一四六勾合",此为宋代以前的传统。陈旸所述唐代被陷冤狱其家室配掖庭的在籍乐人,以觱篥抒发自己的心曲,这种乐制可以上溯到唐代。(图5.1)

元代以下的典谱中记载管乐器音乐排列,已不见这种前七背二的形式,多为前七背一。其背二孔为"勾"字,这个音孔多已不用。即元代以下的管子多是八孔。唢呐在中国大规模使用是在元代,此时的管子也为八孔。管子和唢呐共同成为中国最具影响的乐种——鼓吹乐的核心主奏乐器,至于其所用乐谱也是共通的。就音乐文化而言,最能体现和保持传统的要素反映在本体中心特征

---

①　绍兴县立民教馆:《绍兴堕民简况》,《绍兴概况调查》,1949年,第117页。

②　项阳:《堕民,在底边社会中创造和承继中国传统音乐文化》,《接通的意义——历史人类学视域下的中国音乐文化史研究》,中国文联出版社2014年版,第113页。

③　陈旸:《乐书》一百三十卷《乐图论·胡部》,清文渊阁四库全书本。

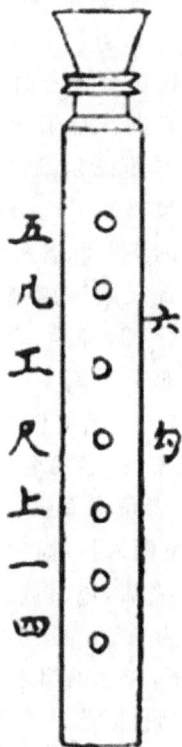

图 5.1　觱篥

（律调谱器）的层面，这些要素不变，乐曲怎样变化均可视为同一体系内的创造，本体中心特征的稳定，即为传统的稳定。音乐为时间艺术，必须有活体传承方能延续不断。乐曲和演奏形式产生一定程度的变异，并不代表传统音乐有质的变化。而堕民音乐保存了中国传统音乐文化的根基。现实中的唢呐和图中的唢呐音位除了缺少背二孔的"勾"字之外，其余工尺谱字与《乐书》中的记载完全一致。堕民所持有的工尺谱自宋代即有形式，乐曲也是传统乐曲，唢呐和管子同为传统管乐器，这种乐器承继乐律和乐调，使用工尺谱在全国的传统音乐中乃是一种普遍现象。因此，堕民传承的音乐即是中国传统音乐文化的典型形式。宋代这种谱字与音位的对应形式在堕民后人中得到严格传承，这是堕民对保存中国传统音乐文化的重要贡献。

# 第二节　绍兴堕民鼓手班

吹打乐是绍兴民间器乐的一个主要乐种,以唢呐为主加上打击乐演奏。婚事喜庆时用"号筒"(即铜角),丧事或迎神时则用"招军"。这种大型吹打乐的特点就是打击乐器较为丰富,其特色乐器有五个小锣(个、斗、争、尽、丈五音),四个大锣(争、尽、才、冬四音),强弱幅度宽广。以唢呐为主奏加丝弦乐器的旋律与大段打击乐器合奏,吹打相间,富于变化,使整个乐曲风格粗中有细,情绪热情欢快,抒情流畅,有《大辕门》《绣球》《将军令》等代表性曲目。绍兴各地的小型吹打乐,主要用于婚丧喜庆。这种小型吹打乐队,数量众多,繁文缛节,礼仪拘谨而隆重,其活动的装饰也类似于庙会,张灯结彩,院内高搭彩棚供民间乐队演奏和坐唱。据明张岱的《陶庵梦忆》记载,此俗早在明代就已存在,一直相沿至今,遗痕犹在。"旧时,对服务于这一习俗的民间乐队,均贬称为吹鼓手、轿夫、乐户、堕民、小百姓等。"绍兴所属各县都有堕民,而以城区的三埭街最为集中。"堕民在旧社会备受歧视和欺压,政治地位低下,子女不能进学,人都没有文化,更无固定职业,因此专心一意在吹唱上下工夫,多数成为民间艺人。另外,绍兴堕民还长年受雇于地主、富翁、绅士等大户人家,男的往往当吹鼓手,女的则做'老嫚'(喜娘)。"①堕民为主顾的婚丧喜庆提供奏乐服务。

堕民无论男女,从小就接受系统的乐艺教育。堕民没有什么文化,完全凭借坚强的意志和毅力,学习吹、拉、弹、唱。由前辈口传,自身默记,年仅六七岁的堕民孩子就开始熟悉各种乐器,将"五、六、凡、工、尺;双、上、乙、四、合",十个"工尺"的音量高低哼准,并将七种指法掌握,根据需要轮番调换;特别是吹唢呐(又称梅花),先要在满碗水中,用麦草管长吹不停,运气均匀。再按"工尺"学会诸如《一枝花》《大开门》《点绛唇》《朝天子》《风入松》《水龙吟》《调龙》《将军令》等曲牌。且要练习过桥廊、跨河埠,边走边吹,左腋下还得夹一把雨伞,如此风雨无阻,冬练"三九",夏练酷暑,以求尽善尽美。堕民吹鼓手被称为"吹叭先生",上门服役时,免不了要步行过桥以及碰上雨天,必须模拟实地练习,以便遇上类似情况,能够临阵不乱。堕民孩子以坚忍不拔的精神,博闻强记,将笙、箫、管、笛各种乐器,运用自如,精益求精。天刚蒙蒙亮,还得去"吊嗓"。

家住三埭街学士街乐户世家出身的周春香也不例外,小春香是家中唯一的

---

① 　绍兴市民族民间器乐曲集成分卷编委会编:《中国民族民间器乐曲集成·浙江卷·绍兴分卷》,1986年,第7页。

图 5.2　学士街乐户周梅生家（陈顺泰坐于岳父家门口，陈顺泰供图）

女儿，父母视如掌上明珠，但年仅五六岁时，就开始随大人外出赚钱。（图 5.2）每年正月初一，父兄们都前往绍兴城隍庙，给前来烧香拜佛的善男信女们演奏。父兄吹唢喇，小春香在一旁敲小锣，前来参拜菩萨的人，对此惊讶不已，纷纷慷慨解囊。周春香回忆自己四个兄长从小学艺的辛酸经历：

> 父亲周梅生对四位兄长要求十分严格，每天清晨都叫醒他们起床学吹唢呐、笛子以及学习锣鼓经，要是一时学不会，父亲就将兄长的头按在水缸边上撞，水缸边十分坚硬，可怜兄长不是撞得头破血流，也要被撞起几个大包。母亲钱阿花看不下去，背地里多次哭着埋怨父亲："你又不是晚爹（继夫），对待亲生的孩子也这么狠心。"父亲无奈地说："我自己亲生的孩子哪有不心疼地？我是要让他们长点记性，少壮不努力，老大徒伤悲。我要让孩子们懂得吃得苦中苦，方为人上人。我们周家没有财产留给他们享用，只能凭我手里的一点技艺教给他们，希望孩子多学点手艺，学好了吃饭的本事，将来贼偷不去，火烧不掉，他们可以凭借自己的本事吃饭，以后长大了还要娶妻生子，养家糊口。"父亲的爱是真诚、无私而伟大的爱，也是无可奈何的爱，周春香现在才理解父亲周梅生为子女前途着想的良苦用心。①

吹鼓手一般由六人组成，主要乐器有唢呐、铜角、招军以及打击乐器。这种

---

①　访问周春香，2016 年 9 月 16 日。

堕民小型吹打乐班的特点是人数少，一副箱担就能装下全部乐器和道具，行动方便，演奏灵活，乐曲短小，活泼轻快，旋律流畅，还可以多次反复，可长可短。或者根据司鼓者预先约定，利用锣鼓点衔接其他曲牌，常用《骑马调》《小开门》《中和乐》等曲目，婚事有专用曲牌，如闹场有《三通》，行轿有《行路吹》，搜轿有《搜轿吹》，祭祀有《谢神台》，做亲用《五子调》，跪拜则用《拜牒》。也演唱一些吉利的调腔片断，如《九世同居》《兄弟联芳》等。绍兴丧事礼仪繁复，权贵人家更加讲究排场，死人三天称为"接三"，并按七天为一周期，请僧人、道士做佛事和道场。大丧七七四十九才出殡，其中"头七""五七"最为隆重。丧家台门之内也要高搭素色彩棚，丝毫也不亚于庙会彩棚的豪华，既请道士班、和尚班、尼姑班，也请清音班。丝竹吹打乐的曲目在婚丧喜庆的小型吹打乐队中也能通用，只是较为简化或摘用其中一段，俗称《辕门鼓》《武辕门》等。小型吹打乐队绍兴通称为"吹打班"，嵊县、新昌则称"轿夫班"，丧事乐队称"道士班"或"乐师班"等。"此类乐队遍及城乡，深山冷岙，似星罗棋布。他们绝大部分出身或师承于堕民。"①除了擅长器乐演奏外，还兼坐唱，熟悉多种乐器，广取博览，世代继承，不断发展民间器乐。

安昌彭家漊的男堕民大都会唱戏，拉琴弄笛，敲锣吹唢呐，专门为红白喜事服务。受雇于普通人家的称为"吹鼓手"，每班一般由六人组成，俗称"三双"。吹鼓手能唱《福寿图》《龙凤呈祥》《八美图》等片断，供喜庆人家点唱，只会坐唱，行当为分生、旦、净、末、丑，腔调则有绍剧、昆曲、徽调、高腔和绍兴滩簧，他们不会演戏，故也称"乐户"。夏履镇的男堕民几乎都能操琴弄笛，吹拉弹唱，为民间婚丧喜庆服务。受雇于一般人家的称为"鼓手"，也由六人组成，俗谐"三双"，必备《龙凤呈祥》《八美图》《福寿图》等片段，以供喜庆主家点唱。由于他们不会演戏，故称"坐唱"。钱清的男堕民也能鼓吹演唱，擅长操琴弄笛，为民间婚丧喜庆服务。受雇于一般人家也称"鼓手"，由六人组成，俗谐"三双"，也能唱《福寿图》《龙凤呈祥》《八美图》等片段，供喜庆人家点唱。鼓手也不会演戏，称为"坐唱"。漓渚镇的堕民职业之一也是当"吹鼓手"，一般由八人组成，使用大小铜锣、钹、鼓、喇叭等乐器，吹吹打打，为婚庆提供奏乐服务。

绍兴民间丝竹锣鼓与吹打班以及戏曲的关系十分密切。绍兴清音班艺人徐四九回忆："绍兴早期艺人多为'鼓吹清音'，以后才发展为坐唱，请昆剧徽班

---

① 绍兴市民族民间器乐曲集成分卷编委会编：《中国民族民间器乐曲集成·浙江卷·绍兴分卷》，1986年，第8页。

等艺人来传唱,直至清代绍剧兴盛,清音班艺人才坐唱绍剧为主。"①堕民演奏的小型吹打乐曲,许多借用绍剧锣鼓曲牌,如《大开门》《小开门》;相反,堕民吹打班的乐曲,如《辕门》《妬花》,也被绍剧所吸收,双方起到相互补充、继承和发展的作用。而在形式上,堕民小型吹打班一般都是多面手,无论吹打、丝弦,乃至唱、念,无不精通,因此,又称为"坐唱班"。但堕民吹打班仍以演奏为主,而绍剧则称"某某舞台",均为各自独立的一种艺术形式。(图 5.3)

图 5.3  绍兴堕民吹打班(绍兴市非物质文化遗产馆供图)

新昌也有堕民吹打班,称为"轿夫班"。新昌境岭属于新昌的边远山区,位于天台、磐安、嵊县和新昌四县交界之地。该区"轿夫班是一种专门为红白事搞吹打的一种音乐团体。西坑、安山二村有轿夫班,现都没有传下来,估计曲牌不是很复杂的,是小开门,过场骑马调。也有一种说法,是细敲细打"②。西坑还留有新昌保存较为完好的戏台,建于道光年间,有的说建于同治,舞台高 1.55 米,深 5.40 米,横 5.35 米,台面高 3.10 米,台上雕有花草、狮子和麒麟。新昌沙溪镇的"轿头佬"还要无偿地参加地方"求雨""庙会"等无报酬的公益活动。"到了春节,他们三、四人一伙串村走户去唱'小唱'。"③其乐器很简单,只有笃鼓、小锣、小铜鼓之类,唱的是"的笃班"的小戏《五更调》。

----

①  绍兴市民族民间器乐曲集成分卷编委会编:《中国民族民间器乐曲集成·浙江卷·绍兴分卷》,1986 年,第 8 页。

②  何梦成:《境岭区民间戏曲普查情况》,《绍兴戏曲资料汇编》第 8 辑,1985 年,第 4 页。

③  陈慧良口述,盛正良整理:《轿头佬》,《新昌县沙溪镇非物质文化遗产普查汇编本》,2008 年,第 191 页。

嵊县也有由堕民组成的"坐唱班",亦称"吹唱班"。"吹唱班,以堕民、丐户(小百姓、轿夫)组成,专为婚丧家作仪仗吹打演奏而服务于人的专业组织,但也有临时拼凑的。"①嵊县堕民称为"轿夫",故又称"轿夫班"。嵊县志载:"男子每候婚丧家备鼓吹,索酒食。"②堕民聚居的割鸡山村周洪柄回忆:"在以前,至少有十个音乐班社。一般六个人一个班,其中锣、鼓各一人,板胡一人(兼唢呐),横箫一人(兼唢呐),钹一人,大锣一人。《好姐姐》《红绣鞋》《小开门》都会弄(奏)。"周洪柄主要负责司鼓,13岁就跟村里的乐师学习,三五七、正调、尺调、小工调等,都会演唱。也会演剧,如《宝莲灯》。还有很多曲子。割鸡山的周小林回忆:"(我)拉琴是大约七八岁的时候跟堂哥学的。堂哥是有师傅教的,都是那时候村里班社里的师傅。堂哥拉琴水平很好。会拉会唱,而且别人怎么唱他都能拉。(我)自己也是非常喜欢音乐的,也很崇拜堂哥,所以小时候就跟堂哥学了。……以前小时候和堂哥在空的时候一起坐在家门口拉琴,感觉很舒服。堂哥手把手教我怎么拉。'二凡''三五七''梅花'等都会拉。两个人拉比一个人拉有意思。两个人一起拉,像说话一样,有来去的。"③周小林的堂哥比他大三十岁。嵊县的"绍兴大班"被称为"紫阳班"。"'紫阳班'的早期基本成员是坐唱班,而坐唱班的基本成员又多来自'堕民',嵊县人称为'轿夫'。"④"坐唱班"乃专门为平民的婚丧嫁娶作仪仗吹打演奏服务的专业组织,也有的属于临时拼凑。

上虞也有堕民组织的为民间红白喜事服务的吹打班,奏乐堕民也被称为"吹叭先生"。"民间许多吹敲艺人,一般都精通一门和多门吹、打、唱等技艺,通过祖祖辈辈一代一代地传承下来。如上浦村的董连根,长塘镇下堡村的娄尧根均是第五代传人。过去的'乐户班',作为一种谋生职业,只在家族内传教,决不外传。"⑤民间婚丧寿庆吹敲,俗称"红白喜事"吹敲。上虞婚丧寿庆吹敲,过去大都请堕民演奏。有的也请民间"十番班""道士班"吹敲。中华人民共和国成立后,堕民解放,不再以此为业,婚丧寿庆吹敲也打破了堕民与民间"十番班"的界线,代之而起的是大敲、婚丧寿庆乐队混为一体,继续在节日喜庆和婚丧寿庆等场合演奏。"过去,上虞民间婚事吹敲有二种形式:一种是单纯性的吹敲班,一般七八人组成,乐户称'小工尺';另一种是既吹敲又坐唱戏曲的吹敲班,乐户称

---

① 黄士波、俞伟编著:《嵊州越剧》,浙江摄影出版社2008年版,第10页。

② 牛荫麟修,丁谦纂:《嵊县志》卷十三《风俗》,民国二十四年版。

③ 李成:《堕民与乐户的关系考辨》,《中国音乐》2012年第2期。

④ 严新民:《"紫云班"探胜》,《绍兴戏曲资料汇编》第8辑,1985年,第3页。

⑤ 彭尚德主编:《上虞民间吹打乐》,《上虞市非物质文化遗产集锦》,中国文化艺术出版社2009年版,第115页。

'六数',也叫'大工尺'。"①上虞习俗,结婚筵席八人为一桌,吉数成双。丧事的转丧饭七人一桌,丧事成单。婚事请堕民演奏和坐唱戏曲,一般在檐口廊下放一张八仙桌,六人一桌,演奏坐唱,故称"六数"。乐器有梅花、小堂鼓、次钹、冬锣、叫锣、对锣组成。大户人家请"六数",普通人家则请吹敲。酒席中,"六数"吹、拉、弹、唱,民间称为"小唱酒"。婚寿喜庆演奏的主要曲牌有《一路风》《柳叶青》《行路歌》《花烛吹》《马上吹》《拜笛》等,乐曲短小活泼。丧事所奏主要曲牌为《一枝花》《骑马调》。堕民吹敲班有很大一部分曲牌来自目连戏、调腔,甚至京剧、绍剧等曲牌。清代以后,随着绍剧的发展,演奏的曲牌也有绍剧的《小开门》《大开门》《将军令》《过场》等。寿诞则唱《大赐福》《东方朔偷桃》《郭子仪做寿》;婚事则唱《双阳公主追狄青》。(图5.4)

图 5.4　上虞民间吹打(上虞市文化馆供图)

上虞崧厦堕民组织的乐队,俗称"吹鼓",又称"堕民班",富裕人家的婚丧大事,均请"吹鼓班"演奏。乐队分为二种,一种是单纯的吹鼓班,一般由七八人组成,俗称"小工尺";还有一种既鼓吹又唱戏曲的乐队,俗称"六书"或"大工尺",

---

① 彭尚德主编:《上虞民间吹打乐》,《上虞市非物质文化遗产集锦》,中国文化艺术出版社 2009 年版,第 112 页。

吹奏的代表性曲目有《调龙门》《疙瘩子》《柳腰金门上》《一枝花》等。独奏由唢呐,合奏用二胡、竹笛、月琴、琵琶等乐器。婚寿喜庆演奏《一路风》《柳叶青》《花烛吹》等曲调,具有热烈、欢快的特点。丧事演奏《一枝花》《骑马调》等曲调,具有悲伤、忧郁的特点。堕民唱班在丝竹乐器伴奏下,演唱许多折子戏。今崧厦先锋村有十几支乐队,一大批民间乐人。崧厦堕民有一年一度的聚会——"迎礼拜"的习俗,十分"闹猛",除小敲、流星之外,还有十二支炮担、十二支铳,堕民聚集在谢氏祖堂,自奏自乐,场面蔚为壮观,不少周边地区的平民也赶来观看。这天的广福庵高挂祖传国画——"灵山老母",据传该画为唐伯虎所作,画中猴子的双眼能随人而转,活灵活现,栩栩如生。

上虞的屠仲道在参与编纂《中国民族民间器乐曲集成(浙江卷)》时,得知上虞存在"堕民音乐",主要以婚丧为主要内容,形式独特,颇有研究价值。为了采集"堕民音乐",屠仲道找到曾是堕民吹鼓手的老人,却吃了闭门羹,遭到断然拒绝,宣称其早已忘记,什么曲子也想不起来。屠仲道深知,一般民间音乐,大都口口相传,很少有曲谱,如果不及时记录,可能永远失传。屠仲道并不急于求成,他了解到老人原本已经答应录音,不料却被人指责为"出卖祖宗",这才顾虑重重。屠仲道走访了七八次,耐心地做思想工作,说明保护民间音乐的重大意义,堕民音乐的特殊价值。老人终于被打动,屠仲道用简陋的录音机,录下每一个音符,每一句歌词。屠仲道准备整理几十年收集的上虞民间音乐包括堕民音乐曲谱,编纂一部翔实的《上虞民间音乐集》。

萧山也有堕民为平民婚丧嫁娶奏乐服务的音乐班社"吹唱"。萧山"人家婚丧,以堕民司鼓乐,称为吹唱,堕民自称为小唱"[①]。

## 第三节　绍兴的堕民清音班

绍兴的堕民清音班,明末清初就流行于绍兴、余姚和钱塘一带,主要聚居在绍兴城区的三埭街,为旧时堕民组织的音乐团体。"绍兴清音班,亦名清音唱班,业类同堕民吹鼓手,集居在绍兴城中有'E'形的三条小街,名前街、中街、后街(后改名学士街、唐皇街、永福街),统称'三埭街'。早期有荣华堂、秀华堂、福寿堂、万寿堂、百寿堂等闻名乐户。"堂名由班长自定,如荣华堂班长为张志宏,住所门口高挂一灯笼,上写"荣华堂"三个大字,傍晚则点上蜡烛。"富翁绅士人

---

① 张宗海等修,杨士龙等纂:《萧山县志》卷一《风俗》,民国二十四年铅印本。

家有婚、丧、喜庆之事,见灯笼字号进门议价,邀请雇用。"①清音班执业时,有用绸缎制作上绣清音班堂名三个大字的一块围桌。公元1700年前,绍兴有六十多副清音班。(图5.5)

图 5.5　三埭街清音班"荣华堂"旧址(陈顺泰供图)

1830年,松堂先生及其外甥越棣,在原来清音班座唱的基础上,创制了木材雕刻,彩旗招展的彩棚,又名"西洋大棚""清音大棚"。形如立体石牌坊,高者达二丈八,一般为二丈,有三五顶之分,均雕龙绣凤,五彩缤纷,为清音班增添华彩。最为讲究的莫过于班长李文僖的"百寿堂",由著名雕刻师华宝制作,上雕八仙,龙飞凤舞,栩栩如生,高达三丈,中层坐人。于是,各班纷纷效仿,将"堂"名改为"台",如"鹿鸣同春台""铜雀台""盖楼台""福禄鸳鸯台""百寿万年台"等。后来,清音班由城市发展到农村,如昌安门外廿一堡、偏门外牛角湾头、安昌彭家溇、下方桥云石岸头、华舍韩弄、柯桥蔡堰柯山下、马鞍夹渎、拓林、马山方里、南池雾露桥、斗门戚墅、樊江后庄溇、陶堰瓜山、漓渚九板桥、南钱清三里塘、杨汛桥江塘、坍石下、湖塘下宅等地。农村堕民与城区三埭街堕民,有的是

————————————

① 　陈顺泰:《绍兴清音班介绍》,《绍兴戏曲资料汇编》第6辑,1985年,第72页。

同胞兄弟姐妹,有的是堂房兄弟姐妹,有的是姑表亲,有的是姻亲,大都在以三埭街为核心的亲戚间相互走动,虽形如同族,却并非同姓。农村清音班被称为"楼",有"楼外楼""彩月楼""月香楼""逍遥楼""鸳鸯楼"等乐班。

绍兴清音班曲牌有《醉花阴》《粉蝶儿》《排歌》《上小楼》《下小楼》《小楼九》《黄龙滚》《满江红》《雁儿落》《驻云飞》等近百首,每只曲牌均有唱词,大致等同于昆剧、徽剧和乱弹曲牌。主要吹打乐有《将军令》《武辕门》《春夏秋冬》《嘉兴鼓》《龙舟》《十番》《三通头》《马上催》《滴落金钱》等四十余首,颇具绍兴水乡风味。清音班乐曲分为三大类,吹奏曲、管弦曲和唱腔曲。吹奏曲有《将军令》《后三通》《武辕门》《中和乐》《浪淘沙》《水龙吟》《大开门》《大敲》《马上吹》《滴落金钱》等曲牌,大都以唢呐(梅花)吹奏,伴以大锣、大鼓击之,气势磅礴,雄壮威武。以五面锣(争、斗、赛、叫、太锣)伴击,具有细吹细敲欢乐和喜庆的特色。五面锣的形状虽似现在的云(韵)锣,但与云锣音质不一,例如争锣,锣边为8厘米而铜质厚为0.5厘米,击之发音别具一格,清脆响亮,传远悦耳。斗锣直径大小似量米的斗而得名,既像手锣,且又不像手锣,其发声为云锣所缺。五面锣平放于竹架子八仙桌的平面上,由一人击之,击奏者必须熟记每首乐曲中"王、同、丁、次、争、当、太、镗、丈"的锣鼓谱,五面锣乃清音打击器所独有。管弦曲为笙、箫、管、笛、埙、海笛以及五弦筝、三品码小扬琴、箐、阮、月琴、三弦、皮二胡、徽胡、板胡等乐器演奏的乐曲,如《四扑头》(即春夏秋冬),以及《嘉兴鼓》《龙舟》《十番》《七凡》《竹山马》《蝶恋花》《拜笛》《小开门》《三弄》等,具有典雅清丽、悦耳耐听、令人陶醉的特色,其独特的风格和特点,才有了清音之座右铭。现代江南丝竹音乐,也有清音班的影子,如《舟山锣鼓》类似于清音班的《武辕门》,广东音乐《雨打芭蕉》类似于清音班的《蝶恋花》。

　　绍兴清音班有"春夏秋冬"四首套曲组合而成的《四扑头》乐曲,据我师等先辈传言,有唐代"法曲"遗音,乐器有笙、箫、管、笛、筝、琵琶、阮等,这些乐器具有优雅悦耳,古典朴实之特色,有皇宫及大雅之堂的风格。[①]

清音班执业时坐着自拉自唱,故又称"坐唱班",由十至十二人组成。大户人家有了红白喜事,都要雇用清音班。每班至少六人,雇请多少人,视主人家阔绰程度而定。"清音班活动情况分城内、城外;城内,如果结婚日期是廿四日,清音班艺人于廿三日凌晨二点左右,每人手拿班长堂名灯笼到主人家,敲开门吃了茶,摆好乐器,首奏乐曲是《三通头》,此曲由《祝英台》《竹三马》《望妆台》《后三通》等乐曲以及吹奏铜角、号头组合而成。演奏到主人家摆开三牲福礼、祀祭

---

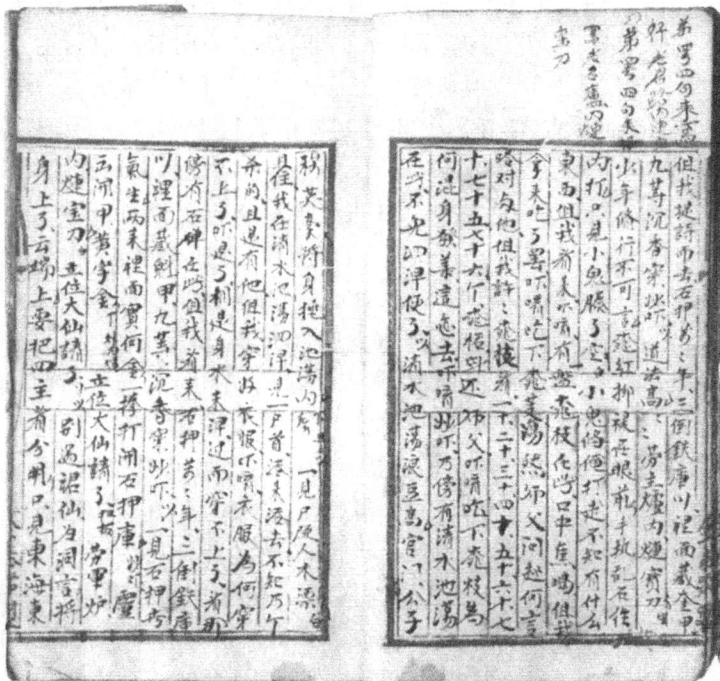

图 5.6　清音班唱本（董建成摄影）

菩萨前结束,演奏一小时半左右。天亮早餐毕,演奏《将军令》以及《头场》(又名《闹台》),然后乐曲与戏剧轮流演奏,座唱;城外,如果结婚日期是廿四日,清音班艺人于廿二日下午就要到主人家,先演奏《将军令》《武辕门》,然后逐出随唱。主人家点唱某戏,就得付赏钱。"①清音班演员不化妆,唱戏时挑选十岁左右的一男一女,称为"金童玉女"。服装为书生帽,海青衫,脸上化妆,主要起活跃现场气氛作用。

　　清音班既有丝竹,如笙、箫、管、笛、徽胡、二胡、月琴、三弦,也有敲打,如筝、斗锣、焦锣、小锣、黄锣、咚锣,也有演唱,生、旦、净、末、丑行当齐全,根据戏的不同,能够演唱昆曲、调腔、徽调、滩簧、乱弹以及民间小调。艺人边担任剧中人物道白歌唱,边演奏乐器、锣鼓。唱本包括元明杂剧传奇本,诸如《荆钗记》《琵琶记》《白兔记》《铁寇图》《九世同居》《绿柳庄》《七星剑》《古玉杯》《彩楼记》《三官堂》《渭水河》《二进宫》《大回朝》等百余本剧目。清音班所唱曲种早期以昆腔、徽戏、滩簧为主,绍兴乱弹次之。乾隆年间,因绍兴乱弹兴盛,且学习昆腔、徽

---

① 陈顺泰:《绍兴清音班介绍》,《绍兴戏曲资料汇编》第 6 辑,1985 年,第 74 页。

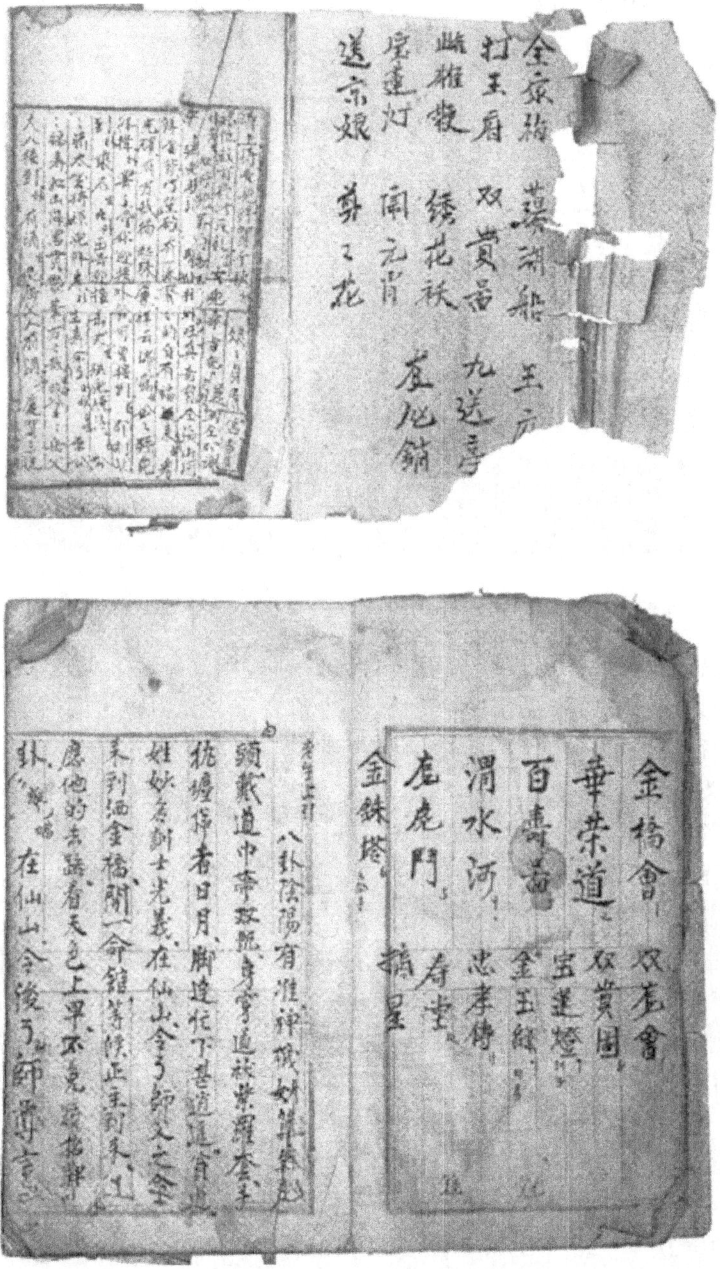

图 5.7　清音班演唱的部分剧名（董建成摄影）

戏、滩簧需要请苏州艺人前来传教，颇感不便，遂弃学昆腔、徽戏和滩簧，改以乱

弹为主。唱腔和念白以平、上、去、入四声以及绍兴官韵为基础和南方语音为标准。(图 5.6—5.8)

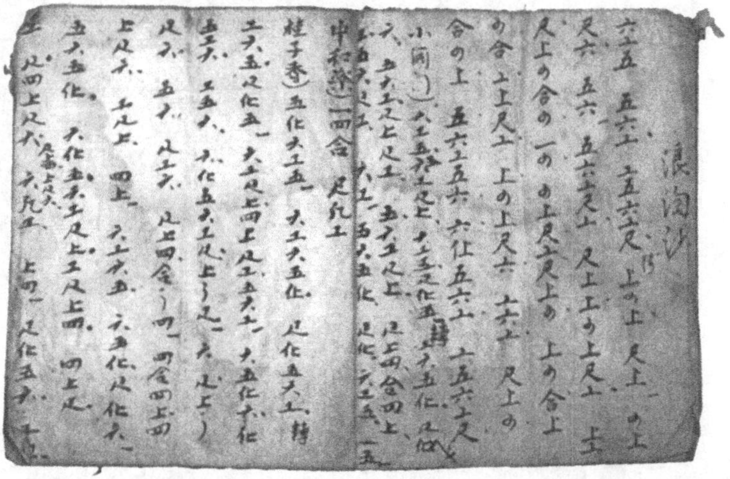

图 5.8　清音班曲谱(董建成摄影)

安昌彭家溇的男堕民既会唱又会演的档次则高一些,他们受雇于小康人家,自备桌帏、风灯、帐幔等戏曲行头,称为清音班。其中嗓音圆浑洪亮,演艺出众者,往往成为绍剧舞台的撑门柱。"民国末期,彭家溇稍有名气的坐唱班有(陈)阿荣班、(陈)阿秋班、(陈)阿童班、杨鹤轩班。"①他们主要唱《三状元》《大团圆》《忠孝节义》《九松亭》《珍珠塔》《宝莲灯》等吉利戏。吹的唢呐,常用工尺曲调。夏履镇的男堕民"受雇于小康人家者称'清音班',略备帏幔、桌帏、风灯等装饰物,能演唱《双龙会》《金玉缘》等脚色齐全、人物众多之剧目"②。他们吹吹打打为主顾迎娶新娘。钱清的男堕民"受雇于小康人家者,称'清音班',略备桌帏、风灯、帐幔等装饰物,能演唱《双龙会》《万里侯》《金玉缘》等角色齐全、人物众多之剧目,演奏一些《将军令》《得胜鼓》等乐曲,更有一种搭有彩棚,装饰豪华,能细吹细打之'大棚清音'"③。清音班档次更高,要价更贵,非豪门巨贾难于雇用。

---

① 胡彩多、陈水藕、陈老犬口述,李贤生撰稿:《话说彭家溇堕民》,《绍兴村落文化全书·安昌卷》,中国文联出版社 2010 年版,第 160 页。

② 夏履镇志编纂委员会编:《夏履镇志》,中华书局 2010 年版,第 673 页。

③ 钱清镇志编纂委员会编:《钱清镇志》,中华书局 2013 年版,第 191 页。

## 第四节　绍兴著名的堕民清音班艺人

早期清音班艺人有荣华堂的张志宏、福寿堂的张宇良、秀花堂的韩剑瑛及倪佬(绰"老郎菩萨")、小华倌、阿羊师傅、毛鼓板、培师傅(胡培青)、林传忠、大六、李文僖等著名清音班艺人。最负盛名的是李文僖为班长的"百寿堂",名伶荟萃,艺术高雅,阵容齐整,深受雇主欢迎,同行倾倒。绍兴大班(乱弹)兴旺发达后,许多清音班艺人改学乱弹,并且为乱弹输送了不少人才,如著名老生筱昌顺、林芳锦、王茂源、筱芳锦、筱月楼、卖糖阿皋(陈鹤皋)、猪肉阿长(陆长胜)等,或曾入坐唱清音班,或曾受过清音坐唱的影响,有的成为绍剧著名乐师,有的成为著名演员。(图5.9—5.12)

图 5.9　筱昌顺(彭运生)从小就在清音班以"小老生"而著称

绍剧著名老生筱昌顺因扮演《孙悟空三打白骨精》而闻名遐迩。筱昌顺原名彭运生,生于安昌堕民村彭家溇,该村又称梨园村。父亲彭岳友也是绍剧老生演员,人称"岳友老外"。"运生出生于堕民之家。所谓堕民,其渊源众说纷纭,但是直到解放前夕,这个阶层仍受歧视,是中国南方一支'不可接触的贱民',其职业世代相沿,都是十分低贱的。唱戏和当吹唱道士,清音这是堕民的主要生活来源。由于上述原因,运生从七八岁起,便开始学习拉胡琴、吹笛子,

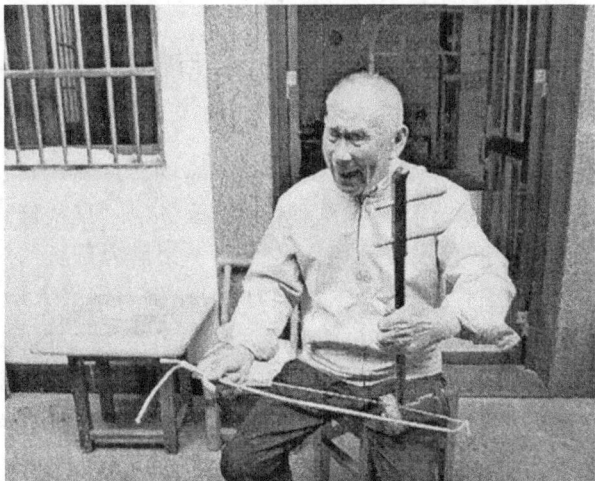

图5.10　绍兴清音班艺人陈志犬（祝妍春供图）

学唱腔了。他学得认真，进步很快。经常在家自拉自唱，不时吸引着不少过路行人。周围的邻居都夸他聪慧过人，是一个'出山货'（指有出息）。有的说：'运生将来去唱戏，在台上一定是好脚色，要超过伊拉阿爹哉！'"①筱昌顺听了，自然心里高兴，并促使他更加勤奋地学习。从12岁开始，筱昌顺就跟着大人去婚丧喜庆人家做清音坐唱，民间吹敲。由于他人小伶俐，嗓音清亮，唱腔清脆，尽管年纪幼小，却要演唱大人角色。在《双人会》中，演唱杨令公的角色，"天波府闷坏了杨家将"一句倒板，听者众口称赞，招来不少听众，有的甚至从几里路外赶来听其演唱。筱昌顺的唱腔一鸣惊人，邀请者络绎不绝，东家也要求他独唱的戏。从此，"小老生"的名声远播。

筱昌顺因有清音坐唱班的经历，其唱腔前期为"怪堂喉"，后期为"堂怪喉"。筱昌顺幼年进清音坐唱班学艺，使其唱腔有一个较高的艺术起点，同时，他又学会了板胡等乐器的拉奏，掌握了绍剧演唱的伴奏艺术。十九岁倒嗓失音后，未采取一般强喊硬叫的练声方法，而是顺应自己的嗓音特点，遵循发声机理，悉心体味，循序渐进，终于练就一条亮丽宽厚的嗓音。绍剧演员按行当有不同的嗓音要求，大致可分为"阔口腔"与"子口腔"。"阔口腔"指老生、老外、副末、老旦、大花脸、二花脸、四花脸各行以真嗓演唱的唱调和唱腔；"子口腔"又称"细口腔"，乃小生、正旦、花旦、作旦、五旦、小丑以假声演唱的唱调和唱腔。"阔口腔"

①　严新民：《梅花香自苦寒来——忆绍剧著名演员筱昌顺》，《乱弹杂咏》，中国戏剧出版社2011年版，第73页。

用真嗓,艺人称为"堂喉";"子口腔"用假嗓,艺人称为"子喉"。"二凡"运用"海底翻"并且提高了调门以后,绍兴乱弹的"阔口腔"用真嗓颇难胜任,于是,有的老生用假嗓演唱,这种假腔较"子口腔"的假腔粗犷有力,艺人称为"怪喉"。堂喉、怪喉、子喉,乃绍兴乱弹演唱的三种基本发声状态。至于以真假嗓结合而演唱"阔口腔",以真嗓为主,以假嗓为辅,艺人称为"堂怪喉";以假嗓为主,真嗓为辅,艺人称为"怪堂喉"。而筱昌顺自称前期嗓音明亮宽厚为"堂怪喉",后期嗓音清越委婉为"怪堂喉"。

图 5.11　柯桥清音班艺人在演奏(柯桥非遗馆供图)

陈鹤皋有"卖糖阿皋"的绰号,阿皋自制糖果出售,长期沿街叫卖,居然练就了一条好嗓子,买主赞叹:"阿皋有介好一条喉咙,去唱戏肯定是个出山货!""当时,绍兴农村坐唱班很盛,经常有人请他去唱,他一边卖糖,一边参加了坐唱班。因他嗓音响亮,唱腔悦耳,受到多方邀请,他会唱的戏也越来越多,名气也越来越响。"[①]天长日久,陈鹤皋已不满足坐唱清音,他要登台演戏。于是,19 岁的陈鹤皋进了"目连班"学戏。陈鹤皋嗓音清亮,音色宽厚,共鸣音强,全用真嗓演唱,是绍剧中一副独一无二的好嗓子,被誉为"钢嗓",久唱不败。其唱腔富有激情,高亢澎湃,耐人寻味,鼓人士气。"他的音域并不宽阔,只是在八度之间流动,然而这八度正是他嗓音最亮的音区,是他最能发挥音色能量之处,因此在演唱时会感到字字珠玑,声声震耳,激情满腔,热血沸腾。他唱腔的旋律走向并非大起大落,而以 23,32—56,65—34,43—为其特征性音调。虽然旋律比较简单,

---

　　① 严新民:《不用扬鞭自奋蹄——记绍剧表演艺术家陈鹤皋的艺术特色》,中国戏剧出版社 2016 年版,第 410 页。

图 5.12 绍兴清音班艺人陈阿园女儿陈阿花暨外甥陈炳灿(董建成供图)

但却形成了他的演唱风格,受到观众的热烈欢迎,也受到戏迷的广为传唱。"陈鹤皋所唱《龙虎斗》成为绍剧传统剧目中的经典,至今常演不衰,民间家喻户晓,且熟悉其中的台词,鲁迅笔下的阿Q经常吟唱。

　　堕民胡阿培,乃清音班坐唱高手,盖有"全福堂"的焕门"大棚",这是档次最高、装饰最精致的清音坐唱班,服务于大户人家,这种清音"大棚",寥寥无几,实属凤毛麟角。"全福堂"的"大棚"乃形若屋宇的彩棚,四周雕龙刻凤,彩绘金描,富丽堂皇。"全福堂"的演唱人员,由班主精心挑选,均有较高的艺术水平,因其演唱并非单种声腔。高腔戏有《九世同居》《兄弟联芳》;昆曲戏有《思凡》《下山》《戏叔》《挑帘》等;乱弹戏有《杨家将》《五龙会》等;徽戏有《二进宫》《渭水河》等;滩簧戏有《阿必大》《白牡丹》等;时调则多"节诗",如"庆寿"节诗、"对花"等。尚有器乐曲《将军令》《武辕门》《龙舟》《嘉兴鼓》。"大棚"乃喜庆人家雇用,届时戏班递上"戏本",任东家挑选节目,若是挑中的节目戏班不会演唱,不但到时工钱难算,而且名誉扫地,今后生意冷落,无法营业。胡阿培十分重视演唱和演奏的质量,平时没有生意时,就将艺人聚集家里,摆弄丝竹,切磋技艺。

　　胡阿培的儿子胡碧云,从小耳濡目染,长期受到音乐的熏陶。胡碧云天资聪慧,脑子敏捷,颇有艺术细胞。每当大人练习时,他往往一人静静地坐在那里,全神贯注地聆听,有的台词大人还没记住,他倒先会背诵;有的曲牌大人没学会,他却先会演奏。胡家家庭经济并不宽裕,但尚能温饱。胡碧云八岁时,胡阿培就将其送往附近的堕民学校上学,这是一所"解放了的奴隶"的子弟学校,即同仁学堂。一晃六年,胡碧云小学毕业时,已是十四岁。堕民子弟毕业等于"失业",但胡碧云家有"本作货",有一只敲不破的饭碗,那就是子承父业,做清音坐唱。胡阿培倾囊而为,尽力而教。"小碧云自辍学后,也别无他求,一心扑在学艺上,在父亲的指导下,勤学苦练,潜心钻研。读剧本,练唱腔,拉胡琴,吹唢呐,当然地成了'全福堂'清音班的一员,经常随父出去坐唱。"①胡碧云天生有一条明亮的"子喉",音色悦耳,以演唱旦角为主,也兼唱小生。在传统戏曲中,花旦、小生均以小嗓(子喉)演唱,以示老幼以及性别区分。清音坐唱班大都唱乱弹,因为乱弹(绍剧)热闹,唱调高亢激越,有情有节。绍剧剧目众多,可根据演唱者嗓音好坏,随点随唱。胡碧云因嗓音响亮,唱腔悦耳,东家经常点其拿手戏,如《倭袍》中的"游四门"、《龙凤锁》中的"哭箱诉舅"、《宝莲灯》中的"二堂放子";小生戏如《五郎削发》《回衙写状》《罗成大显魂》等,这些戏乃旦色、小生的热门戏,胡碧云早就学会,在演唱中不断揣摩,润腔不断丰富,自然越唱越精,越唱越老练。胡碧云仅仅跟随父亲三四年,在艺术上就大有长进,不但高、昆、乱、徽、滩的声腔剧本基本掌握,在乐器上也能吹、拉、弹、敲全拿得起,尤其是让业内人士望尘莫及的"三口风",也已学到家。所谓"三口风","一口风"为吹笛子,气息平稳,音色华丽。"二口风"为吹唢呐,循环运气,久吹不走音。"三口风"为号头,业内人士称为"长把",乃铜制三节的"目连号头",不过比"目连号头"小,称为"招军",音色尖厉,非常难吹,乃清音班"龙船鼓"器乐中必用的乐器,以上三种乐器全要吹奏的功力,若没有口风上的过硬工夫,难以胜任,故称"三口风"。

　　钱瑞宝也是著名的堕民乐师,书名钱越樵,绍兴马山西安桥村人。"吹、拉、弹、敲样样拿得起。上三把,把把位子坐得转,被艺人誉为'肚里货色多,做来生活好'。"②父亲钱臆棠,乃清音坐唱班高手,育有三子,长子钱瑞宝,成为绍剧鼓板师傅;次子钱瑞根,从事兑糖;三子钱瑞友,艺名"筱月楼",著名绍剧小生。清音坐唱及上台演戏,乃钱家堕民世袭祖业。家里凡有男丁,均教授音乐知识,使其耳濡目染,以继承祖业。长大后,要么入清音坐唱班,要么演唱绍剧,要么兑糖收破烂,三者必居其一。钱瑞宝从小聪慧,稳重老实,学乐器专心致志,且记性特好。12岁即跟随父亲做清音坐唱,兼唱大面,出入于婚丧人家。起初只能穿花披,敲掌锣。过去清音班均有"金童玉女",穿上红绿袄子,戴上花神巾,陪

　　① 严新民:《梨园弟子白发新——记绍剧著名乐师胡碧云》,《绍剧名伶录》,中国戏剧出版社2016年版,第410页。

　　② 严新民:《满腔热情育新人——记绍剧著名乐师钱瑞宝》,《绍剧名伶录》,中国戏剧出版社2016年版,第396页。

伴迎亲花轿左右，以增加喜庆色彩。钱瑞宝嗓音响亮，演唱韵味淳厚，一出《高平关·赵匡胤借头》，赵匡胤唱道"催马加鞭进高关，御石狮子将马绊"，听众无不啧啧称奇。为了学习唱念和演奏技艺，钱瑞宝拜"全福堂"班主、著名的清音班高手胡阿培为师。钱瑞宝跟着阿培师傅学习三年，打下了扎实的唱腔与乐器演奏功底。

从事声乐（演唱）的男性青年，每当十五六岁发育期，都会变嗓。如果变好，长期演唱就有了本钱；如果变坏，那就一蹶不振，与演唱无缘。钱瑞宝属于后者，变嗓后声音沙哑，如梗骨在喉，难以演唱，父亲看在眼里，痛在心里，不得不及早改换门庭，改拜"大毛鼓板"门下，学敲绍剧鼓板。"大毛鼓板"在乱弹班中名气很大，艺人尊称为"老郎菩萨"。尽管钱瑞宝在清音班学得一定音乐基础，但隔行如隔山，在演唱的舞台上，行若陌路，还得从头学起。钱瑞宝人小志坚，立志学艺，不敢懈怠。他潜心记背，勤学苦练。然而，最使钱瑞宝难过的是"睡眠关"。绍剧日夜两场演出，夜场最早也要演到三更以后才可以息锣，有的地方要演到"两头红"，从太阳下山开锣，演到第二天早上太阳出来结束。睡眠时间严重不足，每当夜戏演到两更，就瞌睡不已，眼皮难睁，实在难熬，钱瑞宝没少挨师傅的"鼓扦"。三年学徒结束，师父较为开通，任其飞翔，不留"四年半作"。其实，钱瑞宝早在清音班就打下扎实的音乐基础，只是没有舞台经验，不愿听"不经师父手，弄来酱泊臭"的闲话而已。

钱瑞宝投"时庆丰"正式坐打鼓位子，他出手灵活，能随着演员的感情变化即兴打出各种点子，颇得好评。"时庆丰"的大阿胡鼓板、胡琴小毛均是绍剧音乐高手，有时也会互不服气，钱瑞宝就由他们挑选位子，由于他正吹、副吹、板胡、打击乐等样样精通，别人也不得不心服口服。班社到上虞演出，该地"斋堂"地甚多，均能演唱绍剧。凡戏班一至，总要暗地窥其优劣，劣者当场让其出丑。日戏开锣，钱瑞宝演完"五场头"（即闹头场、唢呐曲牌二场，《庆寿》《跳加官》《大赐福》），知音已分出斤两，纷纷走上台来，竖起大拇指，称赞其鼓板"稳而不乱，快慢得当"，从此传为佳话。

钱瑞宝又搭"文华景台""双和新吉庆""新同福"多年。钱瑞宝加入班主胡福奎的"新同福"班，坐上了鼓板位子。钱瑞宝在"新同福"敲的鼓板，扦子灵活，节奏感强，能敏捷地应对舞台上的各种表演，根据剧情发展，打出轻、重、缓、急、高、低、快、慢的各种节奏，使剧情发展合情合理，演员表演恰到好处，深得班主器重。绍剧戏班乐队称"场面堂"，规定"六个半人"组成，其中分上三把和下三把，半个乃大锣，还管茶炊，故编制为半个在"箱房堂"，半个在"场面堂"。而钱瑞宝哪把位子都坐得转。钱瑞宝坐过鼓板师傅位子，也坐过正吹位子。20世纪40年代，钱瑞宝应邀与三弟筱月楼赴沪加入"玲珑顺舞台""同春舞台"，先后在

"天香戏院""通商戏院""老闸戏院"演出。钱瑞宝的司鼓技艺日趋成熟,掌握演员不同的表演风格,及时应对,配合默契。谚语云"演员吃外行,鼓板吃内行",观众乃外行人,对演员好坏进行评价,而唯有内行人才能评价鼓板师傅的优劣。钱瑞宝的鼓板技艺得到演员肯定,各班争相邀请,直到1949年,戏班偃旗息鼓,才返回绍兴。

1950年,钱瑞宝参加汪筱奎为团长的"新民绍剧团"。中华人民共和国成立初期,百废待兴,绍剧也面临继往开来的局面。时艺人年龄明显老化,青黄不接,遂决定开办绍剧训练班,选派德才兼备的艺人担任教师,新民绍剧团推荐钱瑞宝担任乐师。钱瑞宝时已56岁,但他壮心不已,欲在退休之际,培养一批绍剧接班人。第一期绍剧训练班招收44名学员,其中乐队9人,成为钱瑞宝的学生。绍剧音乐打击乐、吹奏乐、弹拨乐和弦乐,都由钱瑞宝一人指导,从早到晚,没有休息的时间,尽管家在咫尺,也睡在单位,半个月才回家休息一天。训练班开排《昭君和番》《贵妃醉酒》《卖胭脂》和《劝农》等四出短剧。这是绍剧旦行中,唱腔难度较高的戏,即使舞台当红旦角,也望而生畏。训练班确定由钱瑞宝担任主教,其他教师为陪教。每天上午,花旦组、音乐组的学员,围坐在乒乓球桌前,钱瑞宝手执教方压板,居中而坐。他一丝不苟地教授,学员潜心学习,《昭君出塞》等四个小戏在内部演出后,艺人交口称赞。1957年,浙江省举行第二届戏剧会演,钱瑞宝获得"乐师奖"。第一届绍剧训练班学生毕业后,钱瑞宝又担任了1957年第二届绍剧训练班的音乐教师。钱瑞宝晚年加入教艺育人行列,为绍剧培养不少音乐人才,使绍剧后继有人,为振兴绍剧,弘扬绍剧艺术做出了特殊贡献。

钱如林也是著名堕民乐师,绍兴马鞍夹渎人。父亲钱聚兴系绍兴清音班坐唱艺人,熟悉昆(曲)、调(腔)、徽(班)、乱(弹)诸腔,擅长弦乐、吹管和打击乐。他自幼性格内向,胆小怕事,十分孝顺。6岁随父下田畈,帮做杂活。9岁随父亲学会了吹唢呐,11岁就能单独拉板胡、敲锣鼓,每当父亲外出做清音坐唱,常带钱如林凑个数,为家庭增加一份收入。由于酷爱音乐,不断刻苦钻研,加上耳濡目染,年仅15岁就到陈四喜班长的"全鸿禧"班,坐上了"副吹位"(即拉板胡兼吹唢呐)。板胡(绍剧主胡)倒还可以胜任,但唢呐曲牌却并不十分熟悉。钱如林深知自己的不足之处,平时尊敬"场面堂"的一些长辈,手脚勤快地为他们倒茶、买烟酒,凡是差其办事,无不尽心尽力,以博得长辈欢心,大家毫不保留地手把手指导,使其艺术上进步更快。长兄钱如泉也是个司鼓,艺高一筹,平时经常予以提调。通过舞台演出实践,钱如林积累了丰富的音乐知识和经验,学会了许多曲牌,演奏技艺也不断提高。钱如林由"副吹位"晋升到"正吹位"(即吹笛子),由"下三把"逐渐向"上三把"过渡。1919年,长兄钱如泉身患重病,不治而亡。父亲钱聚兴忧郁成疾,也驾鹤西去。"全鸿禧"失去一名优秀的鼓板师傅,19岁的钱如林化悲痛为力量,继承了兄长的"龙头位"(乐队最高指挥)。钱如林随"全鸿禧"班赴上海"大世界"演出,第一次司鼓,就指挥得当,发挥灵活,对戏中每一段唱腔、曲牌、锣鼓,都能紧密地配合演员在台上的表演,尤其是演员一招一式动作,锣鼓配合得天衣无缝。钱如林名声大振,先后应邀到"森桂舞台""天荣舞台"司鼓。

抗战全面爆发后,各地禁止演戏,钱如林不得不回到马鞍,租种几亩薄地为生,有时也背起"二兜篮",走街串巷收购破烂。抗战胜利后,"泉源第一舞台"班长林泉源特地租了一艘乌篷船,赶到马鞍夹溇村,上门聘请钱如林司鼓,一干就是五年。后来,又受"奎锦舞台"之邀,重返上海演出。1950年,钱如林加入新民绍剧团,剧团乐队阵容较强,仅鼓板师傅就有钱如林、陈珊瑚和钱瑞宝,由钱如林任"主鼓板",陈珊瑚任"三把",钱瑞宝为"正吹"。绍剧团乐队向来惯用"工尺谱",钱如林于1951年到浙江省文化局在黄龙洞举办的音乐理论培训班学习,学成回团后,第一个将"工尺"谱翻译成简谱,各剧团也照例进行改革。绍剧用上简谱后,大大提高了演出水平和质量。

旧社会过来的艺人,大都抱有"教会了学生,饿死了师傅"的旧观念,要为自己"留酒碗""留饭碗"。但钱如林胸怀坦荡,不藏不掖。钱如林的徒弟、著名绍剧乐师陈顺泰回忆:"他把我视同亲生儿子一样看待,每天睡在他的脚后,我因年轻贪睡,每天凌晨五点,他就会把我从睡梦中叫醒,我拿了唢呐、板胡随同他到远离人居的地方练功。到了七点多,估计演职员们已经起床了,师徒俩回到剧团,吃过早餐,他再手把手教我怎样拿鼓扦打鼓、三块如何捏法、如何敲鼓才能使声音响亮的诀窍,怎样坐着打鼓既好看又不吃力的姿势,还怕我学得枯燥乏味,换着花样让我学习演奏吹、拉、弹、奏技巧,并举一反三地考问我,让我真正学懂学透。"[1]钱如林桃李满天下,培养了周小蛇、张香林、彭友根、彭水土、韩顺裕、胡阿毛、陈顺泰、邢思一、蒋世钧、彭尚林等几代绍剧乐师。1960年,钱如林退休后,仍参与《浙江省传统剧目汇编》工作,编辑的绍剧传统剧有12册。1986年,陈顺泰参加编纂《中国戏曲音乐集成·浙江卷》绍兴本,为了收集绍剧原始调腔《南唐》《梳妆楼》剧本和唱腔,86岁高龄的钱如林和79岁的筱月楼口述剧本,录制了全剧唱腔,保留了弥足珍贵的绍剧遗产。

绍兴堕民鼓手班和清音班艺人以乐娱人,生活异常艰难,且备受歧视,谚语云:"世上三样丑:王八、戏子、吹鼓手。"特别是近代兵荒马乱的岁月,有的艺人

---

① 陈顺泰:《功深艺湛 华藻纷呈——忆我的恩师钱如林》,《绍剧名伶录》,中国戏剧出版社2016年版,第407页。

连生命也没有保障。谢玲玲回忆自己的老师陈美根（艺名筱兰芳）在绍兴沦陷后跟随清音班艺人前往皋埠演唱时，艺人周阿毛被日军打死，陈美根也差点丢掉性命。"一次，美根实在熬不住了，未经父亲同意，擅自搭清音班去到绍兴皋埠东堡演唱，就在月圆星繁入戏正浓时，突然，汪伪和平军借口搜查游击队到演唱地方进行扫荡。霎时听戏的惊慌奔跑，和平军抢走了艺人的钱和首饰，见美根人小没有东西，就把她身上的毛线衫剥走了。清音班只得懊丧地乘船从皋埠回来，谁知船到东湖，又有日本兵的关卡，汉奸翻译高叫：'船靠拢来！'撑船的'老头脑'耳背，动作稍慢了一点，日本兵就开枪了，子弹穿过船舷，打在了美根身边一个叫周阿毛艺人的胸口上，霎时，船内鲜血流淌，阿毛痛苦地嚎叫夹杂在大家惊慌失措的抽泣声中，吓得美根蜷缩身子瘫倒在班船里。有力气的赶快和老大一起奋力划船，班船飞驰着穿过绍兴城的五云门，还未靠拢埠头，周阿毛已血尽人亡。"①周阿毛之死不过是清音班艺人血泪史上悲惨的一页。

---

　　①　谢玲玲：《幽兰芬芳——记著名绍剧艺术家筱兰芳》，《绍剧名伶录》，中国戏剧出版社 2016 年版，第 271 页。

# 第六章　堕民音乐班社

不同地域的堕民有何不同的婚丧礼仪乐队?① 宁波有由堕民乐手和乐队组成的"吹行班",金华有"小姓"组织的"轿夫班"。舟山有堕民吹打的"小唱",著名的吹打班莫过于"高家小唱班"。苏州有丐户组织的"堂名",既演唱戏文,也演奏音乐。宁波著名的堕民音乐家钱小毛,能够熟练地演奏十面锣。舟山闻名遐迩的"小唱王"高生祥,能熟练地演奏"三番锣鼓"。金华著名的"小姓"吹打乐手王贤龙,演奏的著名"轿夫曲"是《水波浪》。堕民对发展中国民间音乐做出了一定的贡献。

## 第一节　宁波的吹行班

浙江旧时婚丧喜庆礼仪极为繁缛,敬神祈愿活动也很频繁,民间吹打班社如雨后春笋,遍地开花。无论城镇,还是农村,随处都有组织,分别称为吹打班、吹行班、锣鼓班、敲打班、鼓手班、轿夫班、坐唱班或唱曲班,这些班社虽然称呼不一,均以演奏吹打乐为主,有的兼事坐唱戏曲、曲艺。许多班社组织严密,人员相对固定,技艺世代相传,有会、社、堂、轩、台、座、楼等专门名称,也有的班社并无固定人员,由少数骨干临时组织而成,为主顾完成演奏任务后随即散伙的临时组织。"在这些组织中,凡受雇于红白喜事人家为礼仪演奏者,多属职业或半职业性质。其中有的班社组织规模较大,常演奏大型套曲,兼事坐唱;也有以演奏小型吹打乐为主的小型吹打班,像绍兴、金华一带的'轿夫班',宁波、台州一家的'吹行班'等。有些班社旧时全由堕民组成。因堕民社会地位低下,许多

---

① 关于堕民音乐班社组织的研究成果极少,姜兆周撰写了《金华轿夫曲探微》,分析了轿夫曲的共性,与戏曲曲牌音乐存在千丝万缕的联系,以某种"信号"的形态出现于现实生活中,以及艺术形式上的特点。姜华敏所著的《千年礼乐的现代遗存——金华民间礼俗音乐研究》,对金华的轿夫班名及所从事的礼俗音乐有过简单的介绍。

人专门从事鼓吹，为婚丧人家服务，以取得报酬维持生活。"①参加迎会、灯会等活动者，大都属于业余组织，农村成员一般为生活较为稳定的农民和手工业者，城镇则为商店店员，一般不取报酬，常置一定田产作为活动经费。

民国鄞县方志载有堕民的职业，其中就有"吹行和吹唱"，并附有详细注释，"凡喜庆哀祭等事，作乐以侑酒者，谓之吹行，亦曰吹唱，亦为堕民之专业"②。宁波由堕民组成的乐手和乐队，统称为"吹行"或"吹行班"，又称"敲班"或"敲打班"。"这是一种以吹打乐为主的小型乐队，最少一二人，多至三四人，五六人不一。它的活动范围最广，深入城乡各个角落，多为婚丧喜庆场合作礼仪性演奏。"而在市区以及大的集镇附近，还有一种文艺组织，名为"歌书台"，又名"歌书班"或"吹唱班"。"也是堕民乐手组成。"其规模较大，少者五六人，多者十余人，其演出水平也较高。"歌书台"除了器乐外，还兼坐唱。备有一套类似屏风的装饰性牌楼，或三块、五块不等，围成演出台，这种牌楼，制作极为精巧。"有用木雕的，称为'木台'；有用珠串的，称为'珠台'；有用抛光铜片缀成的，则称'铜台'。人就坐在里面，进行吹、拉、弹、唱。'歌书台'之名，即由此而得。它纯粹是一种娱乐性的演出活动，受雇于大户人家的婚丧喜庆场合和赛会游行队伍。"所奏曲目也比较大型和复杂，如宁波闻名全国，被称为"浙东锣鼓"的代表曲目《万花灯》《将军得胜令》以及《划船锣鼓》，就是经常演奏的乐曲。"堕民中还有一种称为'龙凤吹'的民间乐队，人员固定为八个人。乐器有双笛、京胡、板胡、二胡、月琴、尺板加一对引磬（碰铃），专门演奏丝竹乐。"③演奏者还有统一的彩色礼服，内穿翠绿长袍，外罩毛葛马褂，头戴黑呢大礼帽。乐器还缀有用珠子串成的龙凤状饰物。大多用于迎娶仪仗花轿之前，出丧仪仗棺材之后。至于赛会和其他喜庆场合，也经常被雇用演奏。室内演出时，兼唱流行戏曲（昆曲、徽笛）、折子戏（四明南词）和地方曲艺以及民歌小调。赛会游行，则光演奏而不演唱。（图6.1）

鄞县堕民的"吹行"以乐艺为主，兼唱昆曲。"吹行"之名也得之边走边吹，一般以唢呐为主，也有打击乐器相配，为最简单的乐队。"是由堕民组成的乐队。堕民原是浙江一个特殊的社会阶层，倍受社会歧视，不准读书，不准做官，只准堕民内通婚，子孙后代不得改籍。他们从事被人视作最下贱的社会职业，

① 中国民族民间器乐曲集成编辑委员会编：《中国民族民间器乐曲集成（浙江卷）》（上），中国ISBN中心1994年版，第490页。
② 张传保修，陈训正、马瀛纂：《鄞县通志（二）文献志·方言》，上海书店出版社1993年版，第748页。
③ 刘思维主编：《中国民族民间器乐曲集成（浙江卷宁波分卷）》，1986年，第13页。

图 6.1　堕民小戏班(周时奋供图)

如唱戏、吹鼓手、值堂、送娘、抬轿、阉鸡、阉猪等行业。一般以庙宇、祠堂为家,也有聚居一地的。他们学会吹打和江南丝竹,组成半职业性的小型乐队。较有影响的姜山陈鉴桥、五乡漕江村、云龙戴江岸、茅山王伯桥等会班,他们活动在各地迎神赛会和大户人家婚丧喜庆等场合。"①"小唱班"分为五档、七档和十二档,在贺郎酒和寿酒中有器乐演奏和唱昆曲,又称"小唱酒"。使用胡琴、笛箫、唢呐、笙和鼓、锣、钹、的鼓、擦板,丝竹乐器和打击乐器相结合。演奏民间古典乐曲《梅花三弄》《柳青娘》《将军得胜令》等多种曲调,也会演唱京昆戏曲。常被雇用于喜酒、寿宴中演奏,名为"小唱酒"。音乐一起方能动筷,起了宴筵开始的作用。也有被雇唱堂会,唱必京剧和昆曲。还有祭祀中放焰口蔽八剧头,行纸会大型会具纱船、抬阁的民间乐队,也是堕民的行当。城区较有名的为三眼桥的"小堂茗"(唱堂会),乡间有姜山陈鉴桥的"小唱班"。民国时期堕民自己开设"剃头店",店中备有胡琴、笛子等乐器,提供给音乐爱好者免费使用,并提供义务指导,"剃头店"成为旧时"农村俱乐部"。鄞县堕民在长期的艺术实践中培养了优秀音乐人才,姜山陈鉴桥"小唱班"的笛子手,新中国成立初参加全国古典乐曲舞蹈会,荣获一等奖。②

　　宁波北仑区也有堕民的"吹行班"。吹打乐一般用两支唢呐吹奏,在迎神赛会游行时,增加到四支或六支,加上大锣、小锣、钹等打击乐。既可单独组队,也可跟在鼓亭后面演奏。其曲目多为曲牌。迎神赛会时,吹打乐作为一种乐种,

---

① 浙江省鄞县文化馆编著:《鄞县群众文化志初稿》,1990 年,第 51 页。

② 谢振岳:《嵩江风情》,宁波出版社 2012 年版,第 223—224 页。

与丝竹锣鼓交替使用。"吹行源远流长,起源于明末清初,原为堕民组成的乐手和乐队。"[①]"吹行班"由唢呐和打击乐组成,人员可多可少,多在民间丧事中演奏。后来,又广泛地运用于婚嫁迎娶,老人祝寿和婴儿满月。民国时吹奏者大都身穿长衫,头戴大礼帽,脚着布鞋。演奏时以屏风围成圈台,吹奏者坐在里面吹、拉、弹、唱。主要吹奏《黛玉葬花》《楼台相会》《孟姜女》《紫竹调》等曲调。乐器也是唢呐、二胡、铜锣、鼓、钹等。(图6.2)

图 6.2　宁波的吹行班子(周尧根画)

---

① 沈岳君口述,沈光良整理:《吹打音乐》,《甬上风物——宁波市非物质文化遗产田野调查(北仑区梅山乡)》,宁波出版社 2009 年版,第 55 页。

民国早期，北仑区(原镇海县)贵驷、城关有"晶鑫社""永香社""明德堂"等民间器乐演奏组织。"其成员一为堕民，二为北方南迁本县定居的京徽班艺人及少数当地人。"①这些演奏班社人员遇上庙会、灯会、节日、婚丧喜庆(诸如生子、升官、发财、造屋)时，参加演奏，人数多少不定，视主人的需要而定。如果遇上大型庙会、灯会等场合，则以竹、木、纸扎成长丈余，宽三至五尺，高过人腰的船形物，内置大小锣、鼓钹等乐器，由一人在内演奏，余皆围绕"船"旁，且奏且行，称为"鼓阁"。1955 年，贵驷镇大市堰的 11 个民间艺人演奏的《将军令》《凤妆台》参加浙江省第一届民间古典音乐舞蹈观摩演出大会。

北仑区的吹打乐乃吹管乐器与打击乐器合奏的音乐，不论贫富，丧葬都要雇用民间乐队吹打。北仑区白锋镇郭巨在 1949 年前分为东门的"东升社"，南门的"南熏社"，西门的"平安社"，北门的"春云社"，每社都有自己的民间乐队和民间舞蹈队，民间乐队以"春云社"和"南熏社"为优。"郭巨旧时就有从事'吹行班'职业的人，一般由堕民组成。从灵堂开吊，吹行班就开始吹奏到深夜结束。第二天灵棺出殡，吹行班在前面开道。一直把灵柩送上山，入穴。再把灵带回(这里的灵指的是死者的灵魂)，才告结束。"②吹打乐主要吹奏《得胜令》《朝天子》《柳青娘》《文妆台》《送丧唢呐》《入木灵》。吹打乐器有唢呐、大云锣、小锣。中华人民共和国成立后，曾破除以吹打乐送葬的"旧习"。20 世纪 80 年代后，郭巨再次兴起丧葬吹打，现在更盛，遍及每一个乡镇和街道，也以盈利为目的，但"吹行班"已不再有身份的歧视。柴桥街道也有堕民组成的"吹行班"，每班人数不定，现在一般为五人，人数须为单数。"吹行班"虽然是堕民的一种职业，但并没有固定成员，多数为临时雇用，成员也是临时拼凑。中华人民共和国成立后，演奏吹打乐送葬曾被废除。20 世纪 80 年代，演奏民间吹打乐送葬的习俗再次复兴，也以赢利为目的。梅山镇也有堕民"吹行班"，沈岳君为吹打乐传承人的代表，其吹打乐传自父亲沈瑞金，主要为民间丧事服务。20 世纪 80 年代，梅山能演奏唢呐、箫、笛、琴、瑟的人才众多，营业性的乐队有两个，俗称"梅山吹行"和"梅西吹行"，队员十名。使用打鸣器、管弦乐器和说唱形式为丧事服务，现在农村尚有少数吹行班，属于职业性团体，由死者家属出资聘请。

北仑区柴桥也有以吹奏唢呐著称的堕民顾氏家族。据传明清时期柴桥就有人吹奏唢呐，除用来伴奏唱腔、吹奏曲牌以外，还在民间娱乐和婚丧嫁娶中吹

---

① 宁波市镇海区北仑区文化广播电视局编：《镇海县文化广播电视志》，1990 年，第48 页。

② 张万国口述，汪康祥整理：《北仑民间音乐》，《甬上风物——宁波市非物质文化遗产田野调查(北仑区白峰镇)》，宁波出版社 2009 年版，第 38 页。

奏。"顾如祥祖居在柴桥街道芦江村(俗称潘家),村内以潘、顾两姓为主。解放前该村村民属堕民(即下等人),生活十分贫困。为了养家糊口,男人学'吹行'(唢呐),女人做'送娘子'或当女佣。顾如祥祖上从民间艺人处学会吹奏唢呐,从而世代相传,至今他是村里唯一长寿的唢呐老人。"[1]第一代为顾如祥的太祖父;第二代为顾如祥祖父顾良本;第三代为顾如祥父亲顾定林;第四代为顾如祥,顾氏膝下无子,遂传承柴桥街道下龙泉村的梅企泉和霞浦街道霞南村的张永常和胡志道。顾氏经常身穿彩服,头扎彩巾,在民间庙会、婚丧嫁娶以及戏剧表演中吹奏唢呐。如今唢呐大都用于丧事。从守灵第一夜起到上山殡葬,均有吹行(吹唢呐者)伴行,所奏曲目以哀乐为主。唢呐吹奏的特点为音质高亢、嘹亮、悦耳,频率尤为突出。民间歌会、秧歌会、鼓乐班、地方曲艺、戏曲中经常有唢呐吹奏。演奏唢呐较为费气,音调越高耗费的气量也就越大。而吹奏起来,又不能无间歇地长时间表演,但经过专门训练的演奏者,尤其是民间艺人,吹起唢呐时,相互较劲的就是持久的耐力。

余姚堕民的"吹行"为其艺术行当,以乐艺为主,兼唱余姚高腔。"吹行班"有五档、七档、十二档。"旧时婚嫁喜庆、寿辰、添丁、祭祖扫墓以及开吊出殡,均会有唱班到场吹奏,喜曲哀乐,样样都能包揽。"[2]男性堕民都会吹奏唢呐等乐器。吹行班在清代发展为职业"坐唱班",俗称"响团"。"在余姚堕民的人数很多,如后横埭、兰士桥,都有堕民村,特别是姚北朗霞应家堕民村,该村凡20岁以上的男子几乎都会吹唢呐《一枝花》,其中堕民的'吹唱班'也就是后来姚滩的'坐唱班',他们代代相传,如余姚丰北的'肖家班'、低塘的'八车班'、朗下的'明山班',至今犹存。"[3]自从四明调腔绝响之后,堕民"吹行"唱班改学"绍兴大班"(绍剧),"二凡""三五七""阳路"等腔调逐渐在"坐唱班"盛行。堕民在婚丧行列、神会祭扫队伍中担任吹鼓手,演奏各种曲调。

## 第二节　奉化的九韶堂

奉化吹打源远流长,明代文人余怀的《板桥杂记》以及张岱的《陶庵梦忆》,记载了江浙一带的吹打乐情况。奉化的吹打闻名遐迩,谚语讽刺堕民在

---

① 顾如祥口述,孙兆钧、梅金山整理:《唢呐吹奏》,《甬上风物——宁波市非物质文化遗产田野调查(北仑区柴桥街道)》,宁波出版社2009年版,第27页。

② 吕衷才:《谈余姚的堕民》,《余姚文史资料》第8辑,1990年,第173页。

③ 蒋中崎、黄韶、严亚国编著:《姚剧发展简史》,百花文艺出版社1994年版,第10页。

宴席上的威风:"萝卜芋艿羹,小唱拉拉响。"奉化堕民与绍兴最大的不同,就是堕民中的男人不像绍兴那样有以唱戏为业的。他们仅在红白大事中当吹鼓手,虽则多半会哼几段,对于丝弦都能来一手,但没有正式登台串戏的。"红白大事中的吹鼓手,在奉化叫'小唱'。司小唱的都是堕民,一般平民是不屑学的,所以'小唱'成了堕民的专业。从事小唱的便叫'小唱堕裸'。小唱不单是吹吹唱唱便算了事,还得唱上几段戏词。普通小唱以三四人组成一班,唱戏的也便是奏乐的。与演戏固然不同,和清唱也不一样,因为清唱的人还需要旁人给他拉琴;和自拉自唱的有点相像,但自拉自唱,多是独个儿干,而小唱则是合班而来的。有时一人主唱,众人随唱,有时一人一句,一问一答,情形很热闹。他们唱的调调儿不像四明文词,不像绍兴高调,也不像绍兴乱弹(越剧之一种),又不像徽腔,不知唱的是什么,不曾请教过,不敢瞎说,但总之是戏词。"[1]绍兴也有"小唱",由于绍兴堕民有演戏的组织,"小唱"乃其附属的职业,无足轻重。

宁波著名的职业性堕民婚丧礼仪乐队,莫过于奉化的"九韶堂"。根据民间口头传说,奉化民间吹打乐曲《将军得胜令》,乃是明嘉靖年间为胜利归来的抗倭英雄戚继光演奏的乐曲。奉化吹打的最大特点就是在原打击乐器中新增加的"十面锣"和多面鼓。奉化吹打自从钱小毛加入堕民职业性的民间音乐团体"九韶堂"以后,逐步走向鼎盛。在此之前,奉化民间乐队一般使用二至三面锣,最有名的"九韶堂"也只使用四面锣。"十五岁那年,钱小毛与张阿盛、林佩道等人一起探索、试验增加用锣数量,从一个人打五面锣开始,逐渐发展到六面、七面、八面、九面,到二十岁时,钱小毛已能熟练地演奏'十面锣',并在锣经的编配上也做了相应的发展和变化,极大地丰富了锣这一打击器乐的音色变化和表现能力。"[2]十锣由大小不同的锣组成,垂直分布于锣架上,自下而上分列为大锣、柴锣(四面)、令锣(二面)、闹锣、张板锣和狗叫锣。四鼓由板鼓、扁鼓、小堂鼓、大鼓组成。道具有八仙桌(坐奏)、船鼓(行奏)。十面锣和多面鼓均由一人演奏,打击乐的音乐变化更加丰富,个人演奏技巧充满炫技性和灵动性。奉化吹打另一特点为行奏时使用了极具艺术价值的"鼓架"——船鼓、鼓亭。"船鼓"俗称"鼓架",也称"画船",始于民国初年,外形似船,其内中空,中设鼓架,四人抬行时,鼓手站在中间,边行进边敲打,指挥随后的丝竹管弦乐队;"鼓亭"为亭状造型,大鼓置于鼓亭下部的八角形鼓箱,上露大口,以供击鼓,板子放在口子左

---

①　越人:《奉化的堕民》(上),《京沪沪杭甬铁路日刊》1937 年第 1916 期。

②　汪裕章口述,裘基贤整理:《奉化吹打》,《甬上风物——宁波市非物质文化遗产田野调查(奉化市萧王庙街道)》,宁波出版社 2009 年版,第 17 页。

边,扁鼓放在口子右边,其功能与船鼓相同,同为鼓架。现存溪口博物馆的"船鼓",全长250厘米,宽82厘米,高270厘米。整座"船鼓"造型古朴,雕刻精美,漆朱贴金,金碧辉煌。1995年6月29日,国家文物局鉴定"船鼓"为一级文物。(图6.3—6.4)

图6.3　划船锣鼓(宁波市文化广电新闻出版局供图)

奉化吹打集吹管乐、丝弦乐、打击乐为一体,以"上、尺、工、凡、六、五、一"汉字记谱,主要有唢呐、笛子、板胡、二胡、三弦、琵琶以及十锣、四鼓、饶钹等乐器。演奏时,乐手众多,场面壮观,所奏曲目多为气势恢宏、激情飞扬的大型套曲,为浙东锣鼓的重要组成部分。奉化吹打以大型合奏曲见长,其代表性的曲目有《万花灯》《将军得胜令》《划船锣鼓》《八仙序》《三打》等。乐曲结构庞大而有序,音乐有开有阖,有静有动,具有浓厚的浙东地方特色。其中,《万花灯》《将军得胜令》《划船锣鼓》三首民间吹打乐曲,被誉为"奉化吹打三大名曲"。《划船锣鼓》采用的乐器除了十锣外,还有板鼓、扁鼓、堂鼓、大鼓、小锣、京钹等,其中以十锣的演奏最具地方特色,乐曲情绪粗犷热烈。《万花灯》为笛吹锣曲,曲中所用第一个曲牌原有歌词,首句为"万花灯,庆元宵",故曲名为"万花灯"。全曲分为引子和尾声,中间部分为两个段落。所用乐器有笛、箫、笙、二胡、三弦、琵琶、板鼓、同鼓、喜锣、齐钹、大锣、梆子等,其中以笛子为主奏乐器。此曲曾录制唱片,曲谱载入1980年人民音乐出版社出版的《十番锣鼓》。《将军得胜令》全曲由引子、将军令、得胜令、尾部四部分组成。所用乐器有小堂鼓、扁鼓、大鼓、钹、小锣、十锣以及笛子、唢呐、板胡、二胡等。以四鼓和十面锣领导,既有气势磅礴、激动人心的散板锣鼓,又有热烈欢快、调

图 6.4　鼓架的衍生——船鼓（宁波市文化广电新闻出版局供图）

动情绪的快板锣鼓；既有以唢呐领奏、威武雄壮的行板段落，又有以丝竹演奏、
热情奔放的四分之一拍段落。将古代将士凯旋归来时万民欢腾夹道相迎的情
景，描绘得淋漓尽致。

　　奉化吹打以"堂、班、社、会"形式组成职业性或半职业性婚丧礼仪乐队。
"奉化吹打为旧时堕民的谋生手段，且演奏时乐手可多可少，随主顾操办场面大
小而定，故乐手流动性较大，传承关系较为松散。"①民国时期，以大桥九韶堂、萧
王庙白柞杨徐鑫堂、吴家埠张潮水班等较为有名。另有南浦利星社、方桥阮家

---

　　①　汪裕章口述，裘基贤整理：《奉化吹打》，《甬上风物——宁波市非物质文化遗产田野
调查（奉化市萧王庙街道）》，宁波出版社 2009 年版，第 19 页。

奉光社、董李永昌会、永丰会等小乐队。有钱忠道、张潮水等代表人物。钱忠道一脉的传承脉络较为清晰，其同仁及弟子有张阿盛、林佩道、钱小毛、钱得万、张月兴、周小如、周祥元。其从业人员多为居于祠堂和庙宇的"堕民"。奉化吹打的表现形式有两种，一为队列行进式，七至八名乐手分二列纵队边走边演奏，如有"纱船"在前，则随"纱船"之后，队形相同，走在前面的是十面锣、四鼓、铙钹等主奏乐器，后面为唢呐、笛子、二胡等辅助乐器，此形式适应婚嫁迎娶、庙会、行会和出丧等动态场合。二为室内坐乐，十二至十五名乐手分三面围坐八仙桌前演奏。八仙桌正中为十面锣和四鼓，左手依次为板胡、三弦、琵琶、二胡，右手依次为铙钹、笛子、唢呐，此形式适应祝寿、满月酒、祈祷、庙会、祭祀、做七等静态场合。堕民吹打乐队与民俗礼仪相随，常在迎神赛会、喜庆婚嫁、丧葬祭祀时演奏。不同场所演奏的曲目均可套用混用。举行婚庆时，吹打乐队随花轿到新娘家，从新娘出房门上轿开始吹奏，行轿时则一路吹奏，中途可适当休息，到新郎家后继续吹奏，以烘托喜庆气氛。

　　宁波著名的堕民吹打乐代表人物就是钱小毛，生于奉化市大桥镇（今岳林街道）后方村一个堕民职业乐手之家，家中二胡、三弦及锣鼓等物齐全。爱好乐器之士常聚集一起，吹拉弹唱，自得其乐。受到父亲影响，钱小毛幼年就喜欢摆弄乐器，十二岁就因家境贫寒，被迫辍学随父亲学习吹唢呐和敲锣鼓。由于天资聪慧，勤奋好学，没过几月就随父亲外出赚钱，养家糊口。钱小毛的成长，离不开大桥镇堕民乐队——"九韶堂"的熏陶。十四岁即由父亲介绍，拜"九韶堂"的班主钱忠道为师。钱小毛全身心地投入钻研民族器乐演奏技巧，严寒酷暑，从不间断。奉化民间乐队一般使用两至三面锣，最有名的"九韶堂"也只使用四面锣。唯有为民间舞蹈的龙灯和马灯伴奏时，才有一人敲五面锣的形式。受此启发，年仅十五岁的钱小毛和张阿盛、林佩道等人一起，摸索增加锣的数量，从五面锣开始，逐渐增加。到二十岁时，钱小毛已能熟练演奏十面锣，并对锣鼓经的编配做了改进。为了准确地敲打十面锣，只要一有空闲，右手就上下左右穷挥猛舞，即使手臂肿痛麻木，仍不停息。钱小毛不仅熟练地掌握唢呐、笛子、二胡、三弦及各种打击乐的演奏，还成了"九韶堂"民间乐队中独一无二的十面锣手。钱小毛求知若渴，学会了坐唱"乱弹"、调腔、昆腔、京剧、甬剧等戏曲。只要获悉某地某人有新的曲牌和唱段，总要登门拜访，虚心求教，不会记谱就用心记。（图6.5）

　　随着十面锣的出现，"九韶堂"演奏的《万花灯》《将军得胜令》《划船锣鼓》《茉莉花》《老八板》《三打》《十大番》《四合如意》《梅花三弄》等三十多首曲目深受欢迎。不仅活跃于奉化地区，还经常接到周边地区的邀请。民间也有"九韶堂乐师，太清寺和尚"的谚语。抗战时期，钱小毛为了避免"抓壮丁"，被迫逃亡

图 6.5　浙江堕民音乐家钱小毛正在演奏十面锣（宁波市文化广电新闻出版局供图）

上海做茶房。但他并没有放弃自己所喜爱的民间音乐，他结识了不少民间艺人，互相切磋技艺，陶冶性情。

## 第三节　舟山的小唱班

明朝永乐年间，抗倭的戚家军就在沈家门、定海一带建水寨操练军队，常伴以鼓号军乐以壮军威，舟山吹打乐就常在迎神赛会、婚丧喜庆、木龙"赴庶"、丰收"拢洋"、逢年过节演奏，尤以定海最为盛行。舟山堕民吹打乐分为大型和小型两种。大型吹打乐的乐队有唢呐二、三支，曲笛、高音笙各一支，京胡（俗称"徽胡"）、越胡或板胡各一把，二胡一至二把，小三弦、琵琶各一只，大小堂鼓二、三只（其音响从低到高的音色念作同、通、冬），大小锣三至五面（其音色从低到高念作丈、庄、推、令、丁），大小镲各一副，狗叫锣一面，酒盅、盆子各两对，大小南梆子各一只,乐队人数 13 至 17 名。大型吹打乐从乐器组合而言,又分为粗打、细敲。粗打部以大鼓、大锣、大镲为主的各种打击乐器合奏(清锣鼓),或在以吹奏乐器为主的旋律中,加入大音量的打击乐器,其音响铿锵有力,震耳欲聋,情感粗犷,振奋人心。而细敲部则以地方流行的丝竹乐为主,由击鼓者兼任指挥,配以南梆子、酒盅、碟子等小件打击乐器,其音响细腻灵巧,动听悦耳。小型吹打乐人数为五至七人,主要乐器有唢呐、笛子加两三支鼓,三五面锣以及镲、狗叫锣。

舟山堕民吹打乐,无论乐队大小,乐器多少,锣鼓打击都很突出。丰富多变的鼓点自始至终处于主宰地位,击鼓的乐手乃是乐队的指挥。吹打乐曲大多由一个或几个曲牌,加上打击乐的前奏、间奏、华彩、尾声以及"剖锣"等处置手法组织而成。在结构形式上,大致归纳为三类:小型锣鼓曲的结构、多段循环体结构、大套复多段体。"乐队的演奏,有坐奏、行奏二种形式。打锣的在背腰间用红绸带绑扎一条从头顶弯向前胸的弓形竹片,三五面不同音色的大、小锣,用竹筐固定着悬挂在竹片上;司锣手一手握竹框,一手执锣锤,边走边打。"击鼓者的鼓架有多种装置:"一是把二、三只不同音色的扁鼓,装在一直木框中,挂在击鼓手的胸前,边走边擂;或由一名击小镲的乐手反背着;若鼓的外形较大,鼓框则由两个人横抬着行奏。"①不管是哪种装置法,鼓框边上均有两只大小不一的南梆子,供演奏者使用。后来,为了美观起见,堕民艺人从船上渔民击鼓、锣的实际生活中受到启发,创造出具有渔乡风味的"船形彩轿",也称"船鼓"或"鼓鼓亭"。"船形彩轿"由前后两人抬着行进,轿内用木框固定三只鼓、二只南梆子。框前站着化妆的鼓手,边走边擂。"彩轿"一侧悬挂着用木框固定的三五面锣,司锣手边走边敲,另一侧为一群敲打击乐器的演奏员。轿前有一对旗锣鸣锣开道,而轿后则是一群吹、拉、唱的乐手。边走边奏,浩浩荡荡,煞是威风。

舟山堕民吹打乐称为"小唱",堕民吹打乐队称"班"。舟山享有盛誉的堕民吹打班有定海县白泉乡以高生祥父子为主的"高家小唱班"的锣鼓敲打以及岱山县泥虾乡宫门地区的"宫门吹行班"的丝竹演奏。1926 年 7 月,高如兴出生在定海白泉乡一个堕民"锣鼓世家"。高氏原籍余姚,祖父高孝金乃敲打锣鼓的艺人,父亲高生祥创建了白泉"高家小唱班",每逢婚丧喜庆,做寿祝福,迎神赛会,均应邀吹打,活跃于定海城乡。吹打乃堕民专业,属于"下等行业",平民不屑参加。余姚的高氏长辈闻讯,怒不可遏,以"参与堕民吹打,有辱高氏族风",将其逐出祠堂,子孙不得入谱。"他父亲是闻名十里八乡的乡村才子,不仅精通各种

---

① 何直升主编:《中国民族民间器乐曲集成(浙江卷舟山分卷)》,1987 年,第 8 页。

民族乐器,还会自编剧本,表演越剧、弹唱、京剧等戏曲,京剧的净、末、生、旦、丑等不同角色,父亲一个人都能独自演下来。"①高生祥能拉会唱,精吹善打,不但二胡、三弦、笛子、锣鼓样样技艺精妙,且从戏班中学习昆曲、乱弹、京剧等唱腔,并自己动手创作了一批民众喜闻乐见的曲目。平时为民间吹打演唱的除《龙凤呈祥》《天官赐福》《打龙袍》《武家坡》《李太后回朝》等传统曲目,也采录、整理演出民间《贺郎调》《红绣花鞋》等新曲目。高生祥的民间技艺远近闻名,人称"小唱王"。高生祥四个子女皆得家传,擅长此艺。(图6.6)

图6.6　高家小唱班在码头边演奏舟山锣鼓(蒋元福摄)

高如兴从小耳濡目染,尤为酷爱民间音乐。(图6.7)1939年,年仅12岁的高如兴就随父学艺。父亲对兄弟三人练功要求十分严格,一天必须学习一定的时间,没有足够的练习不许吃饭,也不得睡觉。小孩贪玩,有时练功分心,高生祥就用棒槌教训,头上起了包,也严禁哭泣。高如兴从小痴迷敲打锣鼓,只要有空,不分日夜地苦练技艺,有时夜深人静,为了不影响家人休息,就在床上击打枕头苦练手法。中华人民共和国成立前,"高如兴一家三代一直从事乡间的'小唱班'的演奏,同时进行理发。因为他们家的人在'小唱班'起主要作用,因此,这个'小唱班'被人们称为'高家小唱班'。那年头,吹鼓手、剃头匠低人一等,尽

①　《敲响中国渔家交响曲——高如丰传》,《海岛非遗的文化记忆》,浙江工商大学出版社2014年版,第12页。

管鼓槌不离身,剃刀不离手,还难以养家糊口"①。旧时民间举办婚丧喜庆和迎神赛会时,也有锣鼓的演奏形式。由一人背负三只小鼓缓缓而行,另一人则在其后随行击打,锣手则用左手持竹片制作、内挂几面锣的框架,右手持槌边行边击。若坐堂演奏,则用长凳或椅子扎绑几面锣,由一人击打。高如丰回忆:"那时候他的父亲带着他们兄弟三人组成的高家小唱班,在定海为岛民的红白事做锣鼓演出,当然那时的装备和人数都很简陋,几个人在做佛事的人家敲敲打打收点小钱。"②高家组织的"高家小唱班",从事平民不屑一顾的"小唱",由于难于养家糊口,故也从事剃头行当。

图 6.7　高如兴在演奏排鼓(蒋元福摄)

岱山堕民吹打乐也称为"小唱"。"兴于清光绪年间。民国时,有泥峙小宫门等三家吹打乐队,相传百余年。"③岱山有三家著名的吹打乐队,即泥峙小宫门、摩星邱家和枫树墩邱家,而以泥峙小宫门为最佳,有 30 余人阵营,历代领班传人有金富令、张华里、王和斌、邱后福、金友生、张宝友等。主要乐器有唢呐、笛子、凤凰箫、二胡、三弦、琵琶、金铜腿、锣和鼓,常奏乐曲有《西则》《梅花三弄》《一江风》《朝元歌》《将军令》《龙虎斗》《昭君出塞》,并演唱京剧和昆剧曲牌,常

---

① 何直升:《舟山锣鼓著名演奏家高如兴生平简介》,《中国民族民间器乐曲集成(浙江卷舟山分卷)》,1987 年,第 244 页。

② 《敲响中国渔家交响曲——高如丰传》,《海岛非遗的文化记忆》,浙江工商大学出版社 2014 年版,第 12 页。

③ 岱山县志编纂委员会编:《岱山县志》,浙江人民出版社 1994 年版,第 596 页。

应邀为民间婚丧吹打，兼以京戏清唱，如《牧羊居》《狸猫换太子》和"三国"戏等。除在岱山演奏外，还赴上海、定海、普陀和嵊泗等地吹打。1958年后逐渐消失，20世纪90年代又逐渐兴起。

舟山有号称"海天佛国"的普陀，也有堕民乐手组成的"念伴班"，主要为丧事、中元节驱鬼以及渔民葬身大海的"招魂"服务。"在舟山城乡，有一种以宗教活动面目出现的民间文艺演出队伍，从事这种职业的团伙俗称'念伴班'。'念伴班'的成员称为'念伴先生'。他们是'不俗不道的巫祝'，打的是'祝念释道'的招牌，但'不斋戒，不蟠发'，会多种民族乐器，能演唱民间小曲和地方戏曲，凡民间建坛、放焰口、祷神、驱鬼之事，都要请他们去主持仪式。"①"念伴先生"自称"佛教道"，演奏丝竹乐曲、丝竹锣鼓以及清锣鼓。其演奏的曲目丰富，有清锣鼓，如《潮音》。《潮音》的乐器组合是堂鼓、酒杯、京镲、冬锣等。狗叫锣、酒杯、碟子发出清脆的"叮咚"声与低沉的"起"声，在音色和音量上形成强烈的对比，较形象地表现了海潮发出的音响。也有丝竹乐，有《三宝赞》。除有板胡、笛子、二胡等丝竹乐器，以及板、鼓、磬等小件打击乐器外，乐曲演奏中间还插入人声演唱。演唱的旋律较差，属垛板性质，故不受唱段、唱句以及长短的限制，可反复诵唱。也演唱流行于江南一带的民间小曲牌以及各种小调，俗称"禅门小曲"。也有一定的仪规和程式，开始时进行称为"上香赞"的仪式，乐队演奏地方小曲，领奏的乐器用笛子或唢呐，笛子领奏并不配锣，唢呐领奏时配锣。接着为"行香""敬酒"仪式，乐曲仍奏地方小曲，所奏曲子较为优雅，选奏的地方乐曲有《怕春归》《柳春娘》《水龙吟》《一枝花》等。再就是吹奏焰口上台曲，"念伴班"开始各就各位。选奏《得衣卫》《良少山》《火字韵》《月园圆》等曲，演奏乐器一般是一支唢呐配锣镲等打击乐，吹奏时节奏较散。吹过此曲后，开始念唱赞曲，赞曲的唱词是经卷上的词句，什么样的词，唱什么样的曲，念唱到经卷上的每一段词时，才开始唱《三宝赞》。念唱完一定章节，就停止演唱和演奏，纯粹用念白朗诵经卷，称为"小白板"，最后吹奏送佛曲，结束整个焰口仪式。送佛曲也有专门曲牌。乐曲的转换，在念唱处，听随打鼓师傅念唱的转换而转换；若无念唱处，则听随领奏乐曲的转换而转换。除了唱颂、奏乐外，进入高潮的晚上，还要举行"破天门"的仪式，并伴有舞蹈性的跳跃动作。舟山渔民以打鱼为生，渔民翻船落水，找不到尸体的事故时有发生，因此常用稻草人代替死者，在夜间潮水初涨时，在海边搭起醮台，请"念伴先生"念佛召唤死者阴魂，俗称"招魂"。

---

① 何直升主编：《中国民族民间器乐曲集成（浙江卷舟山分卷）》，1987年，第3页。

## 第四节　金华的轿夫班

　　金华的"轿夫班",乃是指由"小姓"等从事抬轿和剃头等贱民组织的吹打班,由坐唱演变而成。"民间习惯上称这类乐队为'轿夫班',其所奏乐曲被称作'轿夫曲'。'轿夫班'仅出现在各县的'小姓'当中。所谓'小姓'是封建社会等级观念的畸形产物,其来源众说纷纭。一说为战争中失败者的后裔;一说为落荒的'贱民';还有一种则认为是因有辱族规而被从家谱上除名的望门子弟。其实这三种情况都属可能,一旦沦为'小姓',则社会地位极端低下,如不得与平民通婚,不能与平民同席而坐等等。"①小姓处于社会的底层,所能选择的职业多为婚丧杂役、抬轿、抬棺之类,故被称为"轿夫",所居村庄被贬称"轿夫村",为红白喜事组织的职业性器乐班社,称为"轿夫班"。金华所属的金华、义乌、浦江、东阳等地农村,"轿夫班"为数不少。"仅浦江一县,就有十余班,其中以溪下、金山头两班较有影响。东阳千祥乡的'百公堂林姓器乐班'、马宅乡的'田心班'也都较为突出。"②"轿夫班"一般为偶数,通常6至8人,少至2人,规模最大者达24人。以6人为例,乐器配置为大唢呐2人,扁鼓、大锣、次钹、狗叫锣(一种很小的平面小锣)各1人。"吹打班,也称'轿夫班',通常在各种民俗活动中所用,如娶亲、嫁女、迎灯、迎神、出丧、做谱。"③吹打方式分为坐吹、走吹两种。红白喜事和宴会上所奏,称为"坐吹";迎神赛会、送丧出殡时所奏鼓乐,称为"走吹"。吹打乐曲也有文武之别,以唢呐为主奏,加上打击乐为"武吹";以笛子为主奏,加以丝弦伴和为"文吹"。"行路"(即在行进中演奏)时,唢呐在前;扁鼓、大锣次之,次钹、狗叫锣最后。坐奏时,位置没有特别固定。这种编配,又称"武堂",或"武吹"。如果是"文堂"或"文吹",所用乐器为竹笛二或小唢呐(吉子)、竹笛各一,提琴(或二胡)、小三弦(或牛脚琴)各一,打击乐器为大、小乳锣(民间俗称为"大铜锣",小的为铜尖,个别地区如永康称小的为"丢子")各一,"行路"时双双依次排列。这两种形式并非绝对,在主乐器确保的前提下,其他乐器可因人员和条件不同而略有差异。

　　"轿夫班"乃职业性的婚丧礼仪乐队,为了扩大影响,争取雇主,各"轿夫班"所拥有的曲目的多寡,乐曲质量的优劣,演奏质量的高低,颇不一致。"由于活

---

① 朱朝献主编:《中国民族民间器乐曲集成(浙江金华分卷)》,1986年,第6页。

② 朱朝献主编:《中国民族民间器乐曲集成(浙江金华分卷)》,1986年,第4页。

③ 《东阳画溪民乐吹打》,《金华非物质文化遗产大观》(上),线装书局2009年版,第40页。

动频繁,且有一定的竞争性,所以'轿夫班'艺人都有相当的演奏技巧,并熟记大量曲目。"①因为竞争激烈,客观上要求"轿夫"乐手对演奏技巧精益求精,提高艺术素质,促成乐曲区域性特征的形成。金华的"轿夫曲"乃是"小姓"留下的一笔丰富的文化遗产。"目前所掌握的近二百首'轿夫曲',各地、各班通行的只是少数,大部分则在各地区、班社'内部'传承。"较有影响的"轿夫曲"有《玉芙蓉》《梁州序》等,据"轿夫班"的老艺人回忆,这些"牌子","是祖宗手上传下来的,大约有三四百年了"。"轿夫曲"与戏曲曲牌音乐存在千丝万缕的联系,二者为互补性的双向行为。"轿夫班"的老艺人直白地说:"他们(戏曲)好的我们就拿来用,我们好的他们也拿去。"②双方为适应各自的需要,进行了再创造,出现同名异曲。就"轿夫曲"的《玉芙蓉》与婺剧乱弹曲牌《玉芙蓉》而言,两曲骨干音基本相同,调式基本一致,节拍相同,风格近似,但在节奏、句幅、音调上,二者既有内在联系,也有互不相同的特点。"轿夫班"能在婚丧仪式中,用同样的乐器,演奏相同的乐曲。较有影响的一曲多用的曲目有《梁州序》《玉芙蓉》《天地人》《节节堂》《石榴花》《海棠花》《凤期》《芙蓉花》《月月红》《桂胡》《合阳》《平和》《时花》《双茶》。但一曲二用或多用的"轿夫曲",大都节奏平稳,节拍单一,速度中庸,旋律较少跌宕变化,缺乏明显的感情倾向。

"轿夫班"为数不多的人员要在婚丧仪式进程中,作长时间的持续性演奏,既不能随意中断,也无法轮番进行,客观上造成"轿夫曲"结构简单,篇幅短小,风格相近,适宜联辍。"所奏曲目,大都短小精炼,因为这种曲目易于反复,可短可长。"③"轿夫曲"多为单乐段结构,由主题音调通过加花变奏、扩充、压缩等手法发展而成,常因吹奏乐器简音的改变而使旋律产生微妙变化。其篇幅通常仅三十小节,或更短;旋律多为五声徽、商调式,宫、羽调式较少,角调式没有。节奏、旋法也比较统一,乐曲风格近似,既可一首乐曲随意反复,也可几首乐曲联辍演奏,衔接自然流畅,毫无生硬之感。"轿夫班"乐人还对乐曲进行特殊处理,句逗或乐节间间歇性休止,可减轻吹奏过程中的疲劳。"轿夫班"无意形成的演奏方法,赋予乐曲以独特的节奏。为了稳定情绪或预示节奏,乐曲前往往加一句带有引子性质的散板旋律或大锣、鼓同时"碎敲"以示开头,俗称"发锣"。

浦江最早从事婚丧嫁娶仪式的班社,就是"轿夫班",他们是生活在社会最底层的群体,通过操办婚丧嫁娶的仪式收入以养家糊口。浦江籍的高级记者张林岚回忆:"江浙农村早年有'小堂名'的乐队。有非职业性的,迎神赛会、玩花

---

① 朱朝献主编:《中国民族民间器乐曲集成(浙江金华分卷)》,1986年,第4页。
② 姜兆周:《金华"轿夫曲"探微》,《中国音乐》1994年第3期。
③ 朱朝献主编:《中国民族民间器乐曲集成(浙江金华分卷)》,1986年,第4页。

灯、舞龙灯时,出来伴奏;也有职业性的,专在婚丧人家作吹鼓手。在我的家乡浙东一些地方,是轿夫的第二职业。乐队的社会地位卑微,只比乞食略胜一筹了。"①"轿夫班"成员演奏的技术和水平较高,人人擅长多种乐器,以唢呐为主奏乐器,配以各种打击乐器。"浦江的'轿夫曲'《哭皇天》,分别运用大小不同的三面、两面乳锣演奏,具有独特的风味。"②浦江著名的"轿夫班"有郑宅金山头、岩头下扬、大许辽塘、花桥西门外、潘宅大塘元、傅宅、生水塘等十几支乐队。"轿夫班"主要从事四个方面的服务:"一是给有钱人家抬轿,抬轿由八个人组成,四个人抬轿,二个人吹(唢呐),二个人敲(锣与鼓)。二是给有喜事和丧事的人家吹奏。三是春节迎龙灯或喜庆时节吹奏。四是庙宇开光与做佛事的时候吹奏。"③《梁州序》为浦江一部分"轿夫班"经常使用的婚丧礼仪乐曲,乐队编制为6人,其中唢呐2人,小鼓、狗叫锣、次钹、大锣各1人。《玉芙蓉》也是浦江"轿夫班"流行甚广的民间吹打乐曲,也是必备曲目,学艺之初就必须先学此曲,作为"启蒙教材"。老"轿夫"如是说:"学此曲就象旧时读《三字经》一样。除了用于婚丧礼仪外,迎灯、接菩萨、祭祖均可使用。"④浦江"轿夫班"还常演奏《天地人》《节节堂》《双茶》《石榴花》等"轿夫曲"。中华人民共和国成立初期,因为小姓地位低下,婚丧嫁娶和迎灯庙会的吹打演奏由"什锦班"完成,"轿夫班"从此销声匿迹。

义乌"轿夫"吹打班专为民间婚嫁喜庆服务的器乐团体,由进不了族谱,受人歧视的"小姓"组成。"小姓"生活在社会下层,以抬轿吹打作为谋生的手段。义乌的"轿夫班","一班6至8人,两名吹唢呐,兼吹号筒与喇叭,敲小鼓、吉勾锣、汤锣、钹各一人,称'轿夫吹'。"⑤轿夫班少则2人,多则24人,根据需要组合,多为偶数。所吹奏的曲牌,统称为"轿夫调"。分为"大吹"和"小吹",俗称"大小吹打"。大吹由8人以上组成,所用乐器为梨花两把、"呱鼓"(黄檀木镂空制成)、夹板、梆、小扁鼓、次钹、撞铃、狗叫锣、号筒、先锋。吹奏时先吹三记号筒,接三记先锋,然后为梨花吹奏牌子,以及其他乐器击节。小吹又称"文吹",由6人以下组成,演奏乐器为笛、板胡、徽胡、呱鼓、梆、撞铃。所奏牌子与大吹基本相同。轿夫调板式上分为快板与慢板二种,即4/4拍子,与1/4拍子。主

① 张林岚:《农村又闻"小堂名"》,《一张文集》第2卷,生活·读书·新知三联书店2013年版,第581页。

② 朱朝献主编:《中国民族民间器乐曲集成(浙江金华分卷)》,1986年,第70页。

③ 姜华敏:《千年礼乐的现代遗存——金华民间礼俗音乐研究》,中国文联出版社2006年版,第113页。

④ 朱朝献主编:《中国民族民间器乐曲集成(浙江金华分卷)》,1986年,第231页。

⑤ 义乌丛书编纂委员会编:《义乌民俗》,上海人民出版社2011年版,第282页。

要牌子有《小桂枝》(1＝D　4/4)、《集圣旨》(1＝A　1/4)；《水波浪》(1＝G　1/4)、《三声娇》(1＝D　4/4)；《春天乐》(1＝D　1/4)、《采棠花》(1＝D　1/4)。《新水令》(1＝D　4/4)、《四大京》(1＝G　4/4)；《采兰花》(1＝G　4/4)、《种播调》(1＝D　1/4)；《观音送子》(1＝D　1/4)、《渔家傲》(1＝D　1/4)；《跳板》(1＝G　1/4)以及《万年青》《进番调》等一些佚名曲牌。有些牌子源于昆曲，也有一些婺剧常用曲调，如"三五七"和"芦花"等，也兼奏"踏八仙"。艺人均有相当的演奏技巧。"轿夫班"吹打主要用于婚嫁喜庆，也用于宴席吹奏。义乌"轿夫班"主要演奏《茶花》《芙蓉花》《八仙过海》《小筋国》《月月红》《满江红》《紧板》等小型吹打曲。"它们大都用于婚礼，同时，亦常被迎灯、叠罗汉等活动所采用。这类乐曲的特点是结构方整对称，情绪热烈欢快，可作任意反复。常在八分音符后作暂短的休止，然后在弱拍上起下句，这种处理方法，演奏者可为自己连续吹奏时赢得了短暂的休息机会。"[1]因"轿夫曲"主要用于平民婚嫁，需要边走边吹，只吹不唱。宴席则坐着吹奏，惯例为上一道菜吹奏一曲。(图 6.8—6.9)

图 6.8　义乌"轿夫班"的演奏乐器(王建华、方梦虹供图)

　　义乌廿三里街道华村书院自然村，乃远近闻名的"轿夫村"，专门从事红白喜事的唢呐吹奏。"旧时吹夫、轿夫职业被人们贬为'小姓'。唢呐吹奏传统上被当作一种吃饭手艺，学的人也多，有的跟随长辈学，也有的正式拜师。如今，由于经济的发展，学习吹奏的人也少了，而今书院能吹唢呐的也只有 4 人，且年纪最轻的也已 60 岁了。年轻的无人肯学，技艺面临失传。传统的'吹夫班'已演变成如今的'锣鼓班'，遇有红白喜事、迎亲嫁娶、生日祝寿、起屋竣工、春节迎

────────────────

① 　朱朝献主编：《中国民族民间器乐曲集成(浙江金华分卷)》，1986 年，第 276 页。

图 6.9 义乌"轿夫班"正在演奏（王建华、方梦虹供图）

灯、寺庙开光等便邀请他们前去助兴。"[1]1950 年，中央文化部前往义乌收集民间乐曲，"华溪乡'轿夫班'的《水漫》《状元花》等曲子被收集录音"[2]。义乌"轿夫班"吹打被列入义乌市第二批非物质文化遗产代表性名录。（图 6.10）

图 6.10 义乌"轿夫班"正在演奏（王建华、方梦虹供图）

兰溪"小姓业抬轿，俗称轿夫，旧时女埠乡有'轿夫村'，村中居民男者抬轿兼作吹鼓手"[3]。兰溪游埠下李村乃清初著名戏剧家李渔的故乡，受其影响，清

---

① 义乌丛书编纂委员会编：《乌伤遗韵——义乌非物质文化遗产撷英》，上海人民出版社 2015 年版，第 103 页。

② 义乌县志编纂委员会编：《义乌县志》，浙江人民出版社 1987 年版，第 515 页。

③ 陶敦植主编：《兰溪风俗志》，1984 年，第 84 页。

代中叶前后，游埠以及兰溪全县昆剧颇为盛行，有正规的演出班子和乐队。农闲时节，农村还有培训班，教演、教唱，乃至教奏乐器，轿夫子弟也有勤奋学习者，成为民间的吹鼓手。

## 第五节　东阳的轿夫班

东阳"轿夫班"有许多吹打小曲，不仅结构简练，篇幅短小，而且打击乐的配置也较为轻松、细巧，多用小锣、次钹、狗叫锣，即使加大锣，也属于色彩性。少数用乳锣，显得清淡质朴，风采别具。"民间器乐，俗称吹打，以笛子或唢呐主奏。民间婚嫁喜庆、丧葬祭祀、迎神庙会及龙灯狮舞等活动，均以吹打领先。民间艺人组建吹打班，演奏民间曲目。"①这种"轿夫班"流行的乐曲，逐渐被其他班社，特别是"太子班"所吸收。"东阳县的民间器乐曲多为此类风格，就是'太子班'吸收了'轿夫班'乐曲的结果。"②这种曲目较为丰富，代表性的乐曲有《水波浪》《一枝香》《海棠花》《玉芙蓉》《梁州序》，等等。多为五声音阶，各种调式都有。东阳的"轿夫班"人数一般为八人，也分为"文吹"和"武吹"，以唢呐主奏，加上打击乐为"武吹"；以笛子为主奏，加丝弦伴和为"文吹"。文武轮番，吹打相间。"武吹"每人均持一件乐器，主要乐器有先锋、号筒、大锣、大唢呐、小鼓，鼓筒选用梧桐、香椿等材料，鼓面则用牛皮张拉而成，有小钹、小锣、撞钟、板等乐器。其乐器独树一帜，先锋代表"龙吟"，号筒代表"虎啸"，大锣代表"狮吼"，小锣代表"犬吠"。"在推动当地民间器乐活动的开展，以及继承、发扬民族民间器乐艺术传统等方面，'轿夫班'是有着不可低估的作用。如东阳、金华等县为数不少的民间吹打班，就是受'轿夫班'器乐艺术感染，'大姓'人自发组成的自娱、消遣性民间组织。与以器乐演奏作为谋生手段的'轿夫班'不同，这类吹打班具有非职业的、纯娱乐性的特点。因此，有'太子班'之称。"③"大姓"受到小姓影响，也组织"太子班"以自娱自乐。

东阳画溪王氏五代十国时由太原迁居，原是名门望族，吸引了许多文人雅士来依附。宋末元初和明末清初，许多文人不愿出仕，隐居山野，他们熟读诗词，深谙音律，作了许多独特的古朴谱律，乡土曲牌，流传乡间。"如此丰富而优雅的民乐，旧时却为'大姓'所排斥，只能由'小姓'从事。'小姓'在封建社会里

---

① 王庸华主编：《东阳市志》，汉语大词典出版社 1993 年版，第 716 页。
② 朱朝献主编：《中国民族民间器乐曲集成（浙江金华分卷）》，1986 年，第 7 页。
③ 朱朝献主编：《中国民族民间器乐曲集成（浙江金华分卷）》，1986 年，第 5 页。

其受歧视,政治上没有地位,生活上经济困难,所以学会吹打而谋生。画溪村附近的联丰村上坞,是旧时'小姓'集聚区,画溪民乐就从上坞流传而来。把民乐从上坞传到画溪的是一位叫王和海的村民。王和海的祖父原是画溪村人,因爱好民乐而被族人驱逐出村。出生于1896年的王和海成年后回到画溪三村居住,但仍受歧视。王和海怀着报复的心理,想方设法向'大姓'村民传授吹打技艺。由于民间器乐魅力的吸引,很多大姓人开始学习吹打,加上乡村文人的参与,组织吹打坐唱班,并吸收戏曲(婺剧)表现形式,人们称之为'太子班''什锦班'。这样,民间吹打就不再限于'小姓'组织了。"①王和海祖上原是"大姓",因酷爱"小姓"吹打而被驱逐出族。已沦为"小姓"的王和海返回王氏"大姓"村居住,乃采取"报复"手段,引诱"大姓"子弟习"小姓"吹打。"大姓"子弟为"小姓"吹打所吸引,纷纷组织吹打班。

1933年,画溪村已有7个吹打班,加上附近村庄的9个,共有16个吹打班,享誉一时。1945年,画溪四村创办昆曲、乱弹坐唱班,又名"什锦班"。"因民间器乐多在抬轿、抬棺时演奏,所以画溪人称吹打班为'轿夫班';吹打民乐则称为'吹轿夫'。""轿夫班"的名称,浸透着"小姓"艺术工作者的辛酸血泪。"对画溪这个大村落来说,直到改革开放初期,吹轿夫还是卑贱的职业。"②王人盛回忆40多年前自己学习民乐时,遭到家人竭力反对。即使十多年前,如果画溪村民家中有白事,排席位时仍习惯性地将吹打者与抬棺者排在一起。

画溪"轿夫班"的曲牌名非常雅致,《水波浪》《渔家傲》《海棠花》《清水令》《心响》《四大景》《鱼鳞鱼尾》《平和》《溪翁》《一枝花》《状元花》《桂枝香》等,充满诗情画意。这些吹打乐曲,结构简单,篇幅短小,而且打击乐的配置也比较轻松、细巧。"据考,吹打曲目传承于宋、元、明、清时期,在沿袭传承过程中,曲目不断丰富,吹打技艺日臻纯熟。"③画溪"轿夫班"所奏的乐曲中,影响最大的莫于过《水波浪》。据画溪老艺人王加模回忆,"解放前,王坎头村(今画溪)每逢闰月年,就要挂灯,从正月十三开始至正月十六止,全王坎头有五台(台即指厅,每厅约三间屋面积),每台挂灯一百多盏,春夏秋冬四季彩灯均齐,中间最大堂厅有六片,点大蜡烛五十四支。灯光辉煌,绰约多姿。微风吹拂,观灯人犹如置身灯海彩披之中;烛光闪烁,满堂喜气洋溢。"④"轿夫班"均要演奏《水波浪》。该乐曲结构如同水波浪一浪推一浪,渲染喜庆气氛。其风格清新雅致,粗中有细,明暗

---

① 吴旭华、吴笑宇:《轿夫班,小姓制度的产物》,《东阳日报》2014年7月23日。
② 吴旭华、吴笑宇:《轿夫班,小姓制度的产物》,《东阳日报》2014年7月23日。
③ 《东阳画溪民乐吹打》,《金华非物质文化遗产大观》(上),线装书局2009年版,第40页。
④ 朱朝献主编:《中国民族民间器乐曲集成(浙江金华分卷)》,1986年,第222页。

相生,情绪欢快,寓情于景,气魄端庄,为宫廷乐之外的民间器乐的佼佼者。每逢元宵灯会,喜庆场合,吹打班都要演奏《水波浪》。(图6.11—6.12)金华各地"轿夫班"均吸收该曲,成为婚嫁庆典乐曲。

图6.11　王坎头(画溪)民乐队正在演奏《水波浪》(1986年摄,石龙星供图)

图6.12　画溪民乐队

　　东阳的王贤龙乃是造诣匪浅、名闻遐迩的堕民吹打手。"他1904年出生在李宅附近新宅的一个身处社会地位最底层的'小姓人'家里。祖祖辈辈干的是抬轿、吹打、理发、阉猪等'贱业',世世代代遭受歧视与凌辱。旧社会里,尽管贤龙聪敏过人,也无法摆脱那历史积沉的世俗偏见。自然只得幼承庭训,秉承'祖艺'。"①王贤龙出生于东阳县塘栖乡新宅村的一个堕民家庭。天生好乐,勤学苦练,少年时期就掌握了笙箫鼓笛,能外应于器内得于心。尤以铜管乐见长,如先锋(长喇叭)一上口,就能哗哗哗地对天长鸣,山鸣谷应。能用循环运气法,一延数息,强弱自如。高奏二凡,声扬十里。"至青年时期,其唢呐演奏技巧,在东阳诸多'轿夫班'中,已属佼佼。"②王贤龙不仅在吹打方面艺冠群英,对金华的戏曲音乐也十分精通。每当戏班在附近演出,不论是昆腔、徽剧和乱弹,均能登台充当"义务"正吹或副吹。二十岁左右的王贤龙,先后受聘于著名的"老紫云""大联""王玉林""大鸿福""北新舞台"等戏曲班社,担任正吹。台下的观众也传诵"贤龙的吉子(小唢呐)会叫人,贤龙的二弦(小科胡)会吊人"。王贤龙如鱼得水,在戏曲音乐海洋中尽快畅游,不仅自身声誉不断获得提高,且为所在班社赢得了声望,成了各大班社争相聘请的对象。然而,尽管王贤龙是一位声望颇著的乐师,却没有其艺术天地。就像所有贱民艺人一样,王贤龙的"黄金时期"也是昙花一现,班社的兴衰决定其艺术生涯的沉浮,随时面临失业的危险。王贤龙也曾学习小姓的贱业"阉猪",具有"阉猪佬""吹鼓手""正吹"等多种"小姓"身份,在饥饿线上苦苦挣扎。

## 第六节　苏州的堂名

苏州"堂名"演出主体最早是丐户,即堕民。顾笃璜回忆:"堂名和表演艺术本身不发生关系,不过是坐在(灯担)里面的,所谓的装扮就是等于是穿演出服,不是扮成剧中人,一般穿龙套衣,这实际上是乐户的遗存,是奴隶制度的遗留,他们是奴隶,就要穿奴隶的衣服。比如六个、八个、十二个人,一起在那里唱,边演奏,边唱,但是不扮演,没动作,也不化妆成剧中人。苏州的乐户,也叫作丐户、堕民,都是一类,以前虽然演出也有报酬,但是必须去服务,服务之后,主家会给钱;但到后来,就变成了一个职业,完全可以不去,因为是自由民了。正因如此,也就有了'门图',有契约,地区的营业归某一堂名,他有经营权,另一个地区的人不能够到这个地区来做买卖,凭着门图来表明这块地盘是我的。凡有红白喜事,就有一个头,叫'轿盘头'(苏州话),解决轿夫、轿子、吹鼓手、堂名、掌礼、喜娘等需要。他们在桥头的茶馆里,要办事情,就去找他,只要他到了,有关

---

① 陈崇仁:《唢呐声声震京城——记民间吹打手王贤龙》,《东阳文史资料》第 11 辑,1992 年,第 275 页。

② 《王贤龙小传》,《中国民族民间器乐曲集成(浙江金华分卷)》,1986 年,第 373 页。

的服务人员也就都到了。每个地区都有个门图,这个地区是我的范围,那个地区是他的范围,这应该是奴隶制的遗留,官府后来也就不能够随便使唤他们了。"苏州堕民的堂名,乃是世袭。"乐户中的没有去唱演昆曲的,即便是装扮起来,也只能装扮衙役,扛着牌,这种装扮代表了历史上的身份,民国以后不重要了,但还有,叫行牌,如果有吹奏的话,就叫行街,在大街上,音乐一路地吹。丐户也参加抬阁,因为要抬啊。艺人们在雍正以后就不参加了,这可以证明,开始时是参加的,后来不参加了。'大出丧'都是贵族的,肯定不是商人,商人都没有资格。堂名都是祖传,后来也收徒弟,但大部分还是祖传,也就是因为社会地位低,不能从事其他行业,不能做旁的事情,不能考试,不能做官,这种风气一直延续到解放之后。"①中华人民共和国成立后,随着堕民群体的消失,堂名也随之销声匿迹。

"堂名",又称"清音班",最初乃苏州丐户的一种乐班组织名称,也是普及昆曲中形成的一种坐唱演出形式,明末清初兴起,盛于清末民初,以苏州为中心的苏杭沪宁一带。"昔之江宁,今之苏杭等处皆有之。以尝自称福寿、荣华等堂,故以为名。每班用十岁至十五六岁之童子八人,服色皆同。领以教师管班,佐以华丽装饰品及九云锣诸乐器,喜庆之家多雇用之。乾隆时,江宁之清音小部,有单延枢、朱元标、李锦华、孟大绶等,至末叶,次第星散。后起者为九松、四松、庆福、吉庆、余庆诸家,而脚色去来,亦鲜定止,而以庆福堂之三喜、四寿、添喜,余庆堂之巧龄、太平为品色俱精。挟妓之游客辄携之,使并载之舫,无嫌竹肉纷乘也。未几,而亦饰以玻璃、灯球、灯屏,析木作架,略如汤湖船式,有招之往者,日间则别庋一箱,礛晦洒合楢成之,绛蜡争燃,碧箫缓度,模糊醉眼,几疑陆地行舟也。"②早在清代乾隆年间,"堂名"即已兴起,并蔓延至苏松杭嘉地区。另说为丐户乐班常受雇于喜庆人家的堂会演出,故称"堂鸣",后来讹称"堂名"。

"堂名"又分为"小堂名"与"大堂名",以及"京堂名"和"昆堂名"。其命名大都选用吉祥如意,荣华富贵,以讨个好口彩,有的从曲艺特有的典雅上取名。"堂名"作为一个既能演唱戏文,又能演奏器乐的班社,其成员极为精干,人人一专多能。既能扮演角色,又能担任乐手;在器乐演奏上,既能伴奏戏曲,又能演奏十番锣鼓以及十番吹打;在器乐掌握上,能娴熟地使用吹拉弹打诸色乐器;而在角色扮演方面,有的还可表演各种行当,谑称为"戏抹布"。丐户演出时,不必搭台化妆,轻便易行,既能登入达官贵人的厅堂,也能深入寻常百姓之家。

堂名成员学艺,往往自幼由家长言传身教。后来就作为下手,到"主客"家

---

① 王馗访问顾笃璜,2006 年 7 月。《解行集》,北京时代华文书局 2015 年版,第 34 页。

② (清)徐珂:《清稗类钞》第 36 册《音乐类》,民国六年刊本。

聊以充数,无非是出去"见见世面"。再后就是家长请"过房先生"拍曲,正式拜师学艺。天长日久,师徒感情深厚,随时予以请教。虽有父辈精湛技艺,但非拜师不可,以避"偷吃戏饭"之嫌。"由于中国封建社会有子承父业的传统习惯,因而艺人们往往一家几代甚至十几代连续以艺为业,许多老艺人都讲到祖上已有多少代人从事昆剧清曲活动了。其中永和堂后裔高慰伯老艺人讲得更为具体,他家祖上已有十代人连续以此为业,并能报出祖上几代名讳。"①个别投师学艺,双方订有学艺合同,规定"学三年、帮三年",但堂名班子并非每天都有生意,"主客"之家有婚丧喜庆之事才有生意,乃聚集成员一起坐唱;无生意时则各理自己的专业。"堂名"投师合同的规定,与正式剧团班子稍有差异。习艺尚未期满,另投他师或搭班演唱也是司空见惯,师父并不计较。开通的师父见徒弟技艺日长,自己无技艺可传,也会主动劝徒弟另换高师,一人多师也极为常见。外出"访友"也是习艺途径,艺人之间互相交流,互教互学。堂名艺人虚心求学,能背唱一百出戏也不足为可,二三百出也大有人在。艺人虽从小习艺,但文化水平低,依靠口传、心传、死记硬背,尽管会戏甚多,但有的艺人到老仍不知所云。

高慰伯自述八岁即跟随父亲高柄林学堂名鼓手,先习笛、唢呐吹奏曲牌,后拆拍曲学昆曲,第一个拍的是《赐福》,以后陆续学会《训子》《赏荷》《游园》《思凡》《养子》《琴挑》《佳期》《定情》《惊变》《闻玲》等数十折。高柄林要求很严,今天教一支曲子,明天就要背出来。高柄林出去演唱,高慰伯就在家里练习,不敢丝毫松懈。高慰伯17岁时,高柄林能教的昆曲已全部学会,再学就要另拜师父。当时名气大、水平高的吴秀松和许纪根信奉"教会徒弟饿死师傅"的原则,不肯收徒弟。高慰伯千方百计地"偷学"。高慰伯学艺后,就边学边随高柄林出去演唱。后来,又自学箫、笙、弦子、提琴、鼓板、钹、小锣、大锣等乐器。做一名合格的堂名,吹、打、弹、拉、唱、念,样样都要精通。高慰伯18岁时,正式成为永和堂的堂名艺人,开始了演唱昆曲的生涯。

苏州城区的"堂名"一般仅做"神家",为民间喜庆服务。之所以称其为"神家",据传为供奉梨园祖师老郎神。老郎神或指唐玄宗李隆基,或指李隆基之长子李太子,或指五代后蜀主孟昶。另传为在演出前要祭告当地诸路野神以求保佑而得名。苏州农村的"堂名"则"神""道"兼做。"道家"乃特指道教醮仪,为丧葬、荐亡、驱邪、消灾等法事活动。堂名第一类的服务为民间喜事活动,包括娶媳、嫁女、招婿、招夫、并亲、续亲、回门、上宅、下宅、待筵等。第二类为民间丧事活动,多为"出材""约拜"等。第三类为做社、酬神活动。第四类为岁时民俗活动。如正月"闹元宵";二月"花朝";五月"划龙船";七月"乞巧会";八月"看潮

---

① 黄国杰:《昆剧故地堂名活动续谈》,《昆山文史》第6辑,1987年,136页。

头";以及"庆寿","上匾、挂牌""悬屋""汤饼会""冲喜""换龙衣"等。

堂名从事"神家"生意,既演奏十番锣鼓、十番吹打以及江南丝竹,也演唱各种戏文,如昆曲、京剧、滩簧等。民国以后,由于昆曲衰微,有些"堂名"增添了滩簧等曲种,有些"堂名"以青少年为主,并改唱京剧,故称"小堂名"或"京堂名"。丐户在表演形式上也做了创新,如穿戴服饰,略作化装,以此招揽观众,盛极一时。但不论演唱何种戏文,器乐演奏内容主要还是十番锣鼓和十番吹打。

中华人民共和国成立之前,苏州"堂名"遍及城乡,仅苏州城区知名"堂名"就有几十个,每个农村乡镇都有一至几副"堂名箱担",因"堂名"演出时所用乐器及饰物等用品,均装挑担至演出场地而得名。"堂名"有六人、八人、十人、十二人不等,最多不超过十四人。富庶大户均要求"全堂"形式,乃至有做"双班""三班"的情况。经济条件较为欠缺的人家,只能聘请由六人或四人的堂名担子。六个人出堂,人手不齐,其演唱和演奏的质量均受到影响。四个人的出堂形式,称为"响家堂",只能演奏简单的十番吹打,仅仅吹打,而不唱戏,仅用一对唢呐、一对笛、一只号筒以及绰板、点鼓,不拼"堂名台",坐于客堂长几前,演奏简单的乐曲以迎送往来客人。以十人组织较为普遍,谓之"十勿折"。十二人以上的"堂名"则称为"全堂"或"满堂"。艺人除了演唱戏文、演奏音乐外,有时还要兼司其他业务,如果主人不另雇掌礼,其礼仪主持一般由艺人担任。

农村吹鼓手的业务也由堂名艺人担任,故有"堂名鼓手"的称呼。"除堂名外,民间有称吹鼓手的。他们除了为丧事活动吹打曲牌外,也能演奏十番锣鼓,常被堂名和当家道士请去当帮手。有些堂名艺人,无生意做时也会被邀去当吹鼓手,称为堂名鼓手。堂名和吹鼓手的最大区别在于:堂名会说唱戏文,都能演奏十番锣鼓曲;鼓手只能演奏一些吹打曲牌。"[1]堂名与鼓手本属不同职业。"一般说来,鼓手主要是吹奏曲牌,演唱昆剧的水平比堂名低,要达到一定水平才能当上堂名,因此在称呼上有所区别,鼓手称师傅,堂名称先生。实际上堂名和鼓手密不可分,人们往往把他们连起来称为堂名鼓手,而不去细分他们的区别。"[2]乡村堂名与鼓手并未完全区分,"堂名鼓手"一身而二任。

班社中有"堂名担子"一人,专门负责演奏乐器的置办,包括一切响器以及松香、丝弦、锣锤、鼓箭等易耗物品,出生意时向班社提供装有乐器的"堂担",也称"堂名灯担"。苏州昆曲博物馆收藏清末民初宝和堂名灯担,由一百多块红木雕版拼插组合而成,上镂松梅竹鸟,顶层镶有彩绘瓷画,四周悬挂十余盏莲花玻

---

① 中国民族民间器乐集成编辑委员会编:《中国民族民间器乐集成(江苏卷)》,中国ISBN中心1998年版,第475页。

② 高慰伯口述,吴必忠整理:《高慰伯谈艺录》,《昆山文史》第16辑,2002年,第25页。

璃彩灯，下部正面左右设门，方便堂名艺人出入，堂担内有竹椅，可供数人围坐以及放置弦索、箫管、鼓板等乐器。"堂名"负责人称为"班头"，也称"主客"或"知客"，由水平较高，颇有威望的人担任，负责接谈生意、联系业务、召集本堂成员练乐以及出堂会。"堂名"艺人平时聚会、谈生意或扯帮手的地点多设于茶馆，故名"茶会"。各地"堂名"都有自己的活动范围以及往来客户，称为"门图"，情况熟悉，生意频繁，他人不得染指。遇上演奏人数不足，班社之间通过互借予以解决。

堂名班社的收入分为四种：一为场钱，类似于现在的剧团票房收入；二为堂唱，即唱堂会时的收入；三为点唱，为点唱者的曲目所支付的费用；四为贴头，即额外加赏。堂名收入按人头平均分配，如八人演唱，分成十份，"堂名担子"与班主各一份，其余八人平分秋色。堂名收取报酬有约定俗成的规矩，唱堂名并不明码标价，大致价钱只有一个"基本数"，事先并不讲明。待演唱结束吃过晚饭算账时，若是大户人家，到账房就要讨价还价，多争一文钱也好。若是小户人家，甚至较为贫困，就随主家给多少得多少，二话不说，拿钱走人，行话曰："看瓜削皮。"

堂名的竞争颇为激烈，艺人应掌握尽可能多的戏目和乐曲，以提供良好的服务，提高自己的生存能力。从上午唱到晚上，又从晚上唱到天明，结束时还要加演一二折苏滩，称为"四戏一滩两锣鼓"。"堂名"演唱一"排"为一场，共唱四只折子，奏两首十番锣鼓，费时约两小时。每次堂会单班演唱四"排"，已是深夜，有些人家还要求加演一二折诙谐逗趣通俗易懂的苏滩曲目，如《卖橄榄》《卖草囤》《卖青炭》《卖布》《捉垃圾》之类，艺人有求必应，其精彩表演让主人赏心悦目。清末民初，由于京剧的影响日益扩大，其受众也不断增加，为了迎合这种文化消费的需求，苏南城市的一些"堂名"改唱京剧，出现不少"京堂名"。据不完全统计，历史上苏南"堂名"艺人演唱的戏文，目前见于各种手抄本，属于昆剧折子戏约为 227 个，多来自元明杂剧以及传奇中的经典剧目。苏滩约有 30 多个，主要为苏滩"后滩"中的剧目。京剧折子戏约为 52 个，均为流传广泛、脍炙人口的剧目。至于十番锣鼓、十番吹打的曲目，据说有近百套，后来逐渐失传，近现代以来也只有"锣鼓十二、吹打十四"之说。目前收集有三十九套（首）左右，其中十番锣鼓十四套，其余均为吹打曲目。

20 世纪三四十年代，苏州有名的"堂名"及艺人很多。苏州城区有"多福堂"，在临顿路蓑霞巷，班主史少亭，成员包括儿子史新民、史阿盘、史文焕，以及帮手有王炳卿、李永祺、方南生等，常应官差前往胥门外接官亭演奏。李永祺被誉为"笛王"，曾为梅兰芳伴奏，后来参加浙江省昆剧团。方南生被誉为"琴王"，所奏二胡及提琴闻名遐迩。"多福堂"有一副灯担，全用珍珠串编而成。"荣和堂"堂址在严衙前(今十梓街),班主汪金绶,兼任乐业公所负责人,其四个儿子汪根生、汪寿生、汪福生、汪炳生,以及帮手张镇华、张阿毛、徐小呆、马巧金、潘阿七、陆根生等,为灯担最多的"堂名",专应大户人家堂会。"荣和堂"人多戏多,有钱人家办事颇讲排场,一般"堂名"班子难于胜任,往往让给"荣和堂"去做。"荣和堂"能够分几桌同时演出。汪金绶母亲的寄子崔敬亭,乃是"保和堂"班主,也兼任过乐业公所的负责人,该堂制作了一副能装能卸的红木灯担,历时数年而成,雕有戏曲人物,巧夺天工,现藏于苏州戏曲博物馆。苏州市郊还有"永和堂""喜和堂""聚和堂"等。吴县黄埭"万和堂"影响很大,名人辈出,还衍生了"北万和堂""中万和堂""新万和堂"等班子,惜已解散。吴县还有"合和堂""鸿和堂""世德堂""春和堂""九如堂""九和堂"等;常熟和太仓有"春和堂""全福堂""中和堂""洪福堂""瑞霭堂""永乐堂""合和堂"等。苏州市区及其所辖常熟、张家港、昆山、太仓、吴江、吴县六个县级市,曾有"堂名"100余家,包括以"神家"为主,"神""道"兼做的"堂名"。(图6.13)

图6.13 苏州戏曲博物馆所藏"宝和堂堂名灯担"(祁连庆供图)

苏州堂名艺人公所名"九成公所",咸丰年间由苏州"春和堂"昆曲堂名班班主发起创建而成,原址位于苏州北局珍珠巷内,民国初年由尤凤皋、史永龄、孙长生等人经管。堂名艺人也将老郎神奉为行业祖师,公所也悬挂老郎神像,每年旧历六月十一日、十一月十一日,相传为老郎神的正副诞辰日,艺人聚集所内祭祀祖师,并敬献堂名一台,由各班轮流演唱敬神。

清代中叶以后,战乱频仍,苏州"堂名"深受其害。大型班子逐渐解体,至全面抗战前苏州城区尚有"堂名"25家,从业者200余人。抗战全面爆发后,"堂名"日益凋零,苏州城区所剩无几,仅各县农村还有一些"堂名"活动,规模日见萎缩。中华人民共和国成立前后,"堂名"大部分停业,艺人中技艺较高者被各级专业艺术团体吸收,如"万和堂"的蔡惠泉参加中央广播民族乐团;"保和堂"的邱培南进入江苏省戏曲学校,田兴根、王府君进入江苏省锡剧团;"富贵堂"的顾金福进入江苏省京剧团;"永和堂"的周骏华进入上海民族乐团,周祖荫进入江苏昆剧院。一般艺人则纷纷改行,有的成为业余文艺宣传队成员,参加城乡文艺宣传以及其他群众性演出活动。"堂名"本有的民俗功能也随着"堂名"的消失而不复存在。"文化大革命"期间,"堂名"艺人再遭劫难,幸存的乐器、谱本、箱担、道具被付之一炬。20世纪80年代,苏南乡村经济迅速发展,"堂名"活动也在农村逐渐复苏。吴县、常熟、太仓、吴江等地,不少"堂名"重新建立,为喜庆人家服务,并参加当地民俗活动,诸如节日、庙会的演出,有的还受到文化部门的关心,成为群众文化队伍一个组成部分。

堕民奏乐无疑属于贱业。吹鼓手虽在传统的民间红白喜事中演奏以助丧增喜,但习俗却将其列入下九流中最后一流,顺口溜曰:"一流玩马二玩猴,三流割脚四剃头,五流幻术六流丐,七优八倡九吹手。"吹鼓手与剃头、衙役、娼妓均列入下九流的行当。民谣曰:"吹鼓手,把门口;吃冷饭,喝冷酒;来客人,抱着家伙就动手。"相传吹鼓手绝大多数在拜师学剃头时,同时学鼓手。因此,没有喜丧事需要帮忙时,就去剃头。吹鼓手自称为"丁"行,剃头匠则为"漂"行,互为姐妹行。吹鼓手助办丧事,经过剃头铺时,要停乐以示尊敬和礼貌。东阳的轿夫班的轿夫为丧事奏乐时,也与抬棺人一起用餐。宁波吹鼓手在手艺人的地位中,位于"九佬十八匠"之末,甚至不如手持长柄雨伞的"揭鸡佬"。

# 第七章　堕民的婚礼音乐

　　堕民在平民的婚礼中，究竟扮演什么角色，有关学者并未予以探讨。堕民在平民的婚礼中，扮演十分重要的乐人角色。通过田野调查，将破碎的资料联结起来，仍能找到堕民在婚姻礼俗中的清晰影像。一般平民举办婚礼，仅请鼓手班吹打，以增加喜庆气氛；富裕人家则雇请艺技高雅，搭配彩棚的"清音班"演奏。江南水乡的婚礼，别具一格，也活跃着堕民的身影。

## 第一节　浙东平民婚礼音乐

　　绍兴一般平民尽管没有多大的经济能力，但为了自己子女的婚姻大事，也不遗余力，尽自己所能，将婚事办得体面而热闹。平民请不起清音坐唱班，乃聘请价钱较为低廉的"鼓手班"，由 4 至 6 名鼓手组成，亦称"吹叭先生"，亦无彩童。"好日"人家（结婚）于正日前一天早晨，都要请"大菩萨"。"比如说，'好日'定在农历十二月廿二日，鼓手乃带上全部行头，包括两支梅花（唢呐）、两支号头和一套锣鼓。于廿一日清早就须到达'好日'人家。"①主人早就预备好了场地，在喜事人家门前的屋檐下，靠墙摆放一张八仙桌，桌边有三条长凳和两只方凳，"吹叭先生"将梅花、筒角号头、锣鼓等乐器，摆放在桌子上，各就各位。4 人"鼓手班"分工为一人司鼓，两人吹梅花，兼吹号头，带大钹与小锣，一人敲铜锣带小钹；6 人"鼓手班"分工为一人司鼓，两人吹梅花兼吹号头，一人敲铜锣带小钹，一人敲大钹，一人敲小锣。

　　每逢年底，乃是"好日"人家旺季，前来约请"吹叭先生"的很多，堕民常常应接不暇，鼓手班很难聘请，有些堕民就叫上自己年幼的子女凑数。堕民孩子从小耳濡目染，且有一定的天赋，节奏感很强，敲击锣鼓，从不出"洋相"。有时确

---

　　① 访问陈顺泰，2016 年 9 月 16 日。绍兴堕民在平民和富裕人家婚礼中的奏乐资料，均由陈顺泰先生提供，特致谢意。

实人手不够,还得掺入外行的"萝卜"充数,连被鼓手班雇去的"划船头脑",也滥竽充数,用三埭街人的行话,称为"忙头刘庆(六卿)"。而且平民娶亲,要求也不高,只要锣鼓会响,"闹热"就行。堕民林芳钰带上自己年仅七岁的儿子林玉麟去一户"好日"人家坐唱清音,为了考验儿子的学艺程度,让他演唱《龙凤锁·哭箱诉舅》中金凤的唱段。小玉麟不慌不忙,镇定自若,将大段的"慢二凡"唱腔,十分顺利地一气唱完,虽然有点奶声奶气,但唱得咬字清晰,韵味浓郁,运腔婉转,悦耳动听,被誉为"小神童"。[1] 周春香回忆周家前往"好日"人家做鼓手充数所遭遇的"尴尬":

> 我大哥、二哥、三哥随戏班去了上海老闸大戏院,家里只剩下父母、四哥和我四个人。那年冬天,绍兴罗家庄是我家的"主顾",其中有一户人家要"好日"(结婚),母亲去做"老嫚",同时要四个"鼓手",当时我三个兄长已去了上海,不能参加,老爹原打算叫堂兄周麒麟、四哥、老爹和我四个人凑数,不料堂兄已经答应别的人家了,一口回绝没有空,父亲只好另请一位邻居去。到了"好日"那天午后,男家已经发轿,我们随花轿一路吹吹打打,已把花轿抬到了女家迎亲,正准备吃"夜酒"之际,堂兄却突然赶到了女家,他说他应承的那份人家泡汤了,他是我们周姓本家,他要来做就理应让他来做,这样一来,鼓手不是五个人了?"好日"人家是非常讲究数字成双,最忌讳的是单数(只有丧事人家请道士才要成单数),岂不是乱套了吗?阿爹想让我回家,我那时只有六岁;让四哥回去,也只有 13 岁,让他一个人回家,路上又不放心;另请的那位邻居是绝对不能遣回。堂兄这么搞"突击",真让老父为难,再说当着女家的面又不好吵,怕影响"好日"人家的气氛。我爹经慎重考虑之后,决定自己退出不做回家,当我和四哥送他到公路口临别时,我爹再三叮嘱我们兄妹,夜里新娘坐进花轿后,行郎们抬起花轿一定走得飞快,要我们紧跟火把走,千万不可掉队,并要四哥好好照顾我。我那时年纪还很小,父亲离开时,我和四哥都哭了,父亲也是泪眼汪汪,我们兄妹俩在黑夜里走田埂路他很不放心,我骂堂兄太自私自利,害得阿爹要离开我们。我爹却说:"你不要骂你麒麟大哥,要原谅他是因为家里穷才这样做的。你们是我生养的,就是要讲道理,宁可别人委屈我们,而我们千万不要去伤害别人,人要学会宽容,要以德报怨。如果碰到蛮横无理的人,也犯不着同他对着干,不要气,就是长点记心,以后少同他交往,敬而远之,你们要牢牢记住。"他走的时候是一步三回头,我哭喊着要追上去,四哥拼命地

---

① 陈顺泰、林越胜:《绍剧大家,林氏门宗——记绍剧名伶玉麟馆家史艺术》,2016 年 5月 26 日,陈顺泰提供。

拉住我。我望着步履蹒跚的父亲背影,哭着问四哥:"阿爹走在公路上,会不会被汽车轧死呀?"四哥紧捂着我的嘴说:"不要胡说!你不是在咒阿爹呀!"父亲的心胸如此的宽阔和大度,处处为人着想,宁可委屈了自己的小孩,也要周全别人。①

"吹叭先生"跨入"好日"人家的大门,先敲《三通》。"据先辈乐师们传授说:《三通》内所用乐器是意味着虎、豹、狮、象共欢舞;即筒角吹起是虎啸,梅花吹奏如豹叫,铜锣敲响像狮吼,号头之声似象嚎。也有一般水平的鼓手,一开始就敲大敲的。每当锣鼓一响,喜庆的气氛马上就浓郁起来。然后,首奏《浪淘沙》《竹山马》《后三通》等套曲。"②"鼓手班"与清音班有天壤之别,二者编制不同,清音班乐师有 8 至 12 人,而"鼓手班"只有 4 至 6 人;清音班不仅有锣鼓响器,也有管弦器伴奏,演奏的江南丝竹、歌唱,声音轻盈高雅,而鼓手班则全凭吹敲为主,故以"大敲"为基础,以营造欢快的气氛。

"鼓手班"大都受聘于农村"水村埭"(农村水乡)的农户人家,娶亲一般只有两艘赤板船作为交通工具,前舱和中舱为敞篷,后舱有船篷。前一艘为鼓手船,沿途吹打,"吹叭先生"在后舱垫有稻草,以便见缝插针略作休息。"旧时堕民是低人一等的,不能享受普通百姓的平等待遇。所以给他们坐的船不盖船篷,不放凳子,放上几捆干燥稻草作坐垫,让他们任意困坐,下雨天也不例外。故堕民均是自备雨具,在行路时他们也是腋下挟一把雨伞。"③后面一艘为花轿船。花轿外四角和内四角由竹木相隔组建而成。轿外中层四周用油画玻璃绘制百鸟花卉图案,外四角龙头铜钩上缀满红蓝黄白绿五色相间的小布球。轿盖分为三层,下层与中层四周布满彩色布球作瓦,四角边上插满彩色三角旗,轿顶搁置锡制五岳,上插三根雉鸡挑毛。花轿左右和背面,撑起五彩缤纷的珠帘,装饰漂亮而雅致。轿里外隔层中间处,左右两边设有通道,用于通轿扛抬轿。尽管花轿外观宽敞,但轿内空间却很小,仅够新娘一人坐下,并无多大活动空间。

十二月廿一日吃过"便菜饭",由"好日"人家选派具有一定权威的长辈担任"食桶先生",分派迎亲的"行郎"任务,按照各自职责,做好发轿准备。对锣背面贴上堂名,两个对锣手在门前练习敲打"三击——十击——三击——三击",两人节奏一致,不得有落差。农村人家一般没有专职的赞礼,由厨师兼任。鼓手

---

① 周春香:《纯朴家风代代传——忆我的父亲周梅生》,《绍剧名伶录》,中国戏剧出版社 2016 年版,第 392 页。

② 访问陈顺泰,2016 年 9 月 16 日。

③ 孙长耕:《绍兴的婚嫁习俗》,《绍兴村落文化全书(柯桥卷)》,中国文联出版社 2010年版,第 210 页。

船在前面开路,船篷两边贴上红绿喜联。船头放两盏头灯,由两名行郎守护。头灯用竹篾扎成,直径约一尺二寸,高两尺,椭圆形灯笼,外面糊上涂有清漆的牛皮纸,灯杆长约两米,底下有专用木制脚架,杆与木架均涂有红漆。灯笼正面贴有主人家姓氏的斜方角红纸,灯笼背面贴上主人家堂名的长方形红纸。中舱坐着鼓手班,一路上吹吹打打,直到女家。花轿船紧随其后,轿船既宽大又漂亮,船头画有"虎头",既宽又长的船舱,用彩蚨瓦搭成高大明亮而又宽敞的彩棚,但过于贫困的人家没有如此装饰。对锣手和放铳手坐在船头,其次为"红纱灯""龙凤灯""子孙灯"和"厅炉",皆置于花轿前面;花轿后面坐的是"媒人"和"食桶先生"。到达目的地后,花轿的仪仗队依次排列为:一、两名放铳手或鞭炮手;二、两盏头灯;三、两面对锣;四、鼓手班;五、两盏红纱灯;六、两盏龙凤灯;七、两人抬大厅炉(四方形木架上搁一只尺八镬,内有燃烧木炭);八、两盏子孙灯;九、两位媒人和食桶先生;十、四人抬的大花轿。

花轿抬进女家,停放大厅中央,轿门朝外,两盏子孙灯分搁轿门两旁,一只大厅炉摆在轿门前,头灯摆放门口,鞭炮、铳、对锣以及巡夜火把也摆放停当。"食桶先生"拿出两对蜡烛,一对点在"灶司堂"。另一对点在"祖宗堂"。女家招待行郎喝"三道茶",再吃"盘头点心"。"吹叭先生"则坐在女家屋檐下的八仙桌旁,吹打一阵"大敲"后,也坐下吃炒年糕或炒面,喝农家自酿糯米酒;较为阔气的女家,也让"吹叭先生"吃"盘头点心"。吃过点心后,行郎开始搬嫁妆。"吹叭先生"敲打"游戏鼓",在锣鼓声中,行郎小心翼翼地将嫁妆一一搬下花轿船。"吹叭先生"吹吹打打,将嫁妆运回男家,搬入新房后,两艘赤板船原路返回女家。

女家的夜酒,也是女家的正酒,菜肴极为丰盛。一些至亲好友、左邻右舍均来赴宴,场面异常热闹。"吹叭先生"边敲边吃,时而唱几出彩头戏,为"好日"人家讨个吉利;时而吹奏悦耳动听的乐曲,营造浓郁的欢乐氛围。吃过夜酒,"吹叭先生"吹敲一阵,再歇一阵。到了晚上九点以后,"吹叭先生"就不再敲打,以免影响邻居休息,坐在门外廊檐下,耐心坐等新娘上轿的良辰吉时。陈顺泰回忆:"那时候我还很小,总觉得时间过得特别慢,又是在寒冬腊月,数九寒天,穿着单薄的衣衫,怎经得刺骨的寒风,冻得我瑟瑟发抖,忍不住寒冷与瞌睡,就依偎在父亲的膝盖上,昏昏入睡,时不时睁开朦胧的双眼问父亲:'阿爹,现在有几点钟了? 新娘啥时上轿啊?'老父哄我说:'快了,再过两个钟头,新娘子就要上轿了。'我眯一会眼睛再问父亲:'阿爹,还要等多长时间?'阿爹又说:'快了,快了,再等三个钟头,新娘子就上轿了。'我产生疑虑:'阿爹,时间总是越过越少,你怎么越过越多?'老父哈哈大笑:'呆小人,我这是逗你玩! 让你醒醒瞌睡虫,省得你再睡觉,等下花轿抬走了,把你遗忘在这里。'"①花轿店的伙计,开始拆卸花轿上的彩球、彩蚌、珠帘、三角小旗以及"五岳"上的雉鸡毛等五彩缤纷的装饰,花轿显得古刹、隆重、雅致,轿顶上的"五岳"也更显耀眼,这才是娶亲花轿的"正身"。

良辰吉时一般选择半夜子时,行郎敲起头遍对锣,女家急忙放"吞吞"(即小汤圆);再间隔十五分钟,敲起第二遍对锣,女家搬出"吞吞",请行郎和"吹叭先生"吃"上轿吞吞"。再过十五分钟,对锣第三遍响起,一声比一声急迫,这是催促新娘赶快上轿。此时,锣鼓喧天,鞭炮齐鸣,四位行郎点燃巡夜火把,等候在大门口,两盏子孙灯守候房门口迎接新娘,房内难舍骨肉分离,母女依依哭别。胞兄或胞弟抱起哭泣中的新娘,送入花轿坐好,"送嫁老嫚"给新娘换上一双红色绣花鞋,俗称"闹堂鞋",喻义新娘到夫家后,家庭兴旺发达。新娘将此鞋穿至新婚满月后收藏,待公婆去世时,用"闹堂鞋"作白鞋,鞋外包缝一层白布。行郎先用小杠将花轿抬出门外,再换上大杠,在原地按顺时针转三圈,再逆时针转三圈,然后抬起花轿直奔河埠头,抬落轿船,并立即摇离岸边。说时迟,那时快,娘家人掏起一盛满河水的料勺,泼向轿顶,此乃"嫁出了囡,泼出了水",新娘母亲照例坐在堂前"哭肉"。

花轿到达男家后,新娘还要在轿子里"坐稻篷",静候良辰吉时的到来。厨师手托念佛老太太念过经佛的"五谷"茶盘,口中念念有词。厨师致过"开篷词",在"吹叭先生"的吹打声中,行郎将花轿抬入男家大厅,轿门朝里。一般平民人家由厨师担任赞礼,"做亲"也较为简单。

赞礼:婚礼开始,献茶,奏乐。

(鼓手吹奏《朝天子》乐曲。)

赞礼:请新贵人入华堂,奏乐。

(鼓手吹奏《朝天子》乐曲,两盏子孙灯引新郎出厅,面向华堂,站于左侧,音止。)

赞礼:请新玉人降彩礼,奏乐。

(鼓手吹奏《朝天子》乐曲,"送嫁老嫚"拨开轿门,打开轿门,在两盏子孙灯引导下,"送嫁老嫚"挽扶头上蒙着"盖头红",身穿凤冠霞帔,手持掌扇的新娘出轿,面向华堂,站于右侧,音止。行郎把花轿抬出门外。)

赞礼:新郎新娘同拜天地,奏乐。

(鼓手吹奏《小开门》乐曲,新郎新娘转身,面向门外,四跪四拜,"主顾老嫚"为新郎撩袍,"送嫁老嫚"挽扶新娘,用掌扇伴拜作揖,拜毕转身,面向

---

① 访问陈顺泰,2016 年 9 月 16 日。

华堂,音止。)

赞礼:二拜高堂,奏乐。

(鼓手吹奏《小开门》乐曲,新郎新娘转身,面向华堂,四跪四拜,"主顾老嫚"为新郎撩袍,"送嫁老嫚"挽扶新娘,用掌扇伴拜作揖,音止。)

赞礼:请祝寿翁祝词。

祝寿翁手持祝寿杖,在新娘头上轻轻伴击,口中念念有词:

> 祝福祝寿祝男子,越富越贵越康宁,
>
> 男个像像我,女个像像伊老太婆,
>
> 多子多孙,有福有寿,好!好!好!

赞礼:请祝寿翁回玉,奏乐。

(鼓手吹奏《小开门》,祝寿翁退出华堂。)

赞礼:夫妻对拜,奏乐。

(鼓手吹奏《小开门》乐曲,新郎新娘转身,面对面站立,四跪四拜。"主顾老嫚"为新郎撩袍,"送嫁老嫚"挽扶新娘,用掌扇伴拜作揖,拜毕转身,面向华堂,音止。)

赞礼:礼成,送入洞房,鸣锣,掌号,升炮![1]

平民百姓的喜宴,既经济又实惠,以价廉物美的"十碗头",代替丰盛的筵席。一、扣肉(上面走油肉,底下芋艿或黄花菜);二、三鲜(即绍什锦);三、醋熘鱼(胖头鱼加萝卜);四、扣鸡(上层花椒鸡肉,中层白鲞,底层萝卜);五、扣鹅(上层花椒鹅肉,中层白鲞,底层萝卜);六、肉丝小炒(肉、萝卜、冬笋、香干切成丝,加上黄芽);七、炒时件(家禽内脏、萝卜、冬笋切块);八、综炒(萝卜、肉片、豆腐干、培蕻菜);九、芋艿豆皮;十、鱼圆汤(小鱼圆加培蕻菜)。酒席上,"吹叭先生"忙个不停,照例吹、拉、弹、唱,主要唱几出绍兴调腔戏,如《九世同堂》《兄弟联芳》《跳魁》等。席间,由"主顾老嫚"引导,"吹叭先生"吹吹打打到新房"送子"。

晏酒用过后,"吹叭先生"就向东家结算工钱,吹打任务圆满结束。凡是"吹叭先生"吃剩的菜肴,例归"吹叭先生"所有,吃不了可以兜着走。"吹叭先生"乘坐雇来的小船,满载而归。越中竹枝词有《越中十先生竹枝词》,提到"十先生"之一堕民"吹鼓手":"进门鼓吹发三通,好日人家喜气融。箫管曲传长寿乐,梅花调谱满江红。登科驸马筵开燕,送子张仙梦叶熊。领得封筒先谢赏,阿拢供

---

[1]　访问陈顺泰,2016 年 9 月 16 日。

奉要回笼。"①俗言娶亲为"小登科",堕民称"新郎"为"驸马老爷"。堕民吹鼓手除领得赏钱外,还将称为"阿拢"(即残羹剩菜)也带回去,按例以"阿拢"先敬奉祖先。"好日"人家颇为讲究吉利,堕民如果触犯忌讳,主人也会克扣应得的工钱。周春香忆起一个细节:

> 我爹是个极其善良的人,尽管自家十分贫穷,但总是先人后己,为别人的困难考虑得多,为自己着想得少。距周家不远有个邻居,名叫顺昌的小男孩,十五岁那年父母不幸染上瘟疫相继病逝,家境本就清贫,成了孤儿后更是家徒四壁,举目无亲,生活异常艰难。我爹见其幼小父母双亡,无依无靠,时常接济一些衣食。记得有一次周家沙地决有份主顾人家要娶亲,请我们做鼓手。我爹为了让他吃几餐饱饭和赚点钱花,于是带上他跟我们一起做鼓手。我爹因一时疏忽,忘记关照"好日"人家的忌讳与规矩。而年幼无知的顺昌竟然项上套着一根麻素(代表孝子专戴的绳子),脚穿一双白鞋,此乃代表父母刚死身戴重孝,站在"好日"人家门槛上特别显眼,待我爹发现欲予以关照时,已被主人发觉,顿露不悦之色。待喜事办完,我爹向东家结算工钱时,主人毫不客气地发话说:"梅生店王,我以为你懂得事理,想不到你却带了个戴重孝的人来做鼓手,岂不是触犯我家的霉头?我念你是个忠厚老实人,不与你计较,但这个鼓手的工钱我要扣下一半,让你长长记性。"我爹连忙赔不是:"茂元店王,对不起,对不起,我话好说,我话好说,我并非有意冒犯,我看顺昌这孩子无爹无娘,实在可怜,只想带他出来饱食几餐,挣几个铜钱,好糊几天口,你要扣工钱就扣,我保证下不为例。"我爹回到学士街后,丝毫未责备顺昌,并且工钱照付,这让顺昌感激涕零。我爹只是关照顺昌,要吃一堑长一智,以后再出来做鼓手,千万不可戴孝,应将白头绳藏进内衣,不可被人看见,白鞋千万不能再穿。顺昌无奈地解释自己只有这么一双白鞋,还要穿满一年再换。我爹一时无语,想到顺昌与三哥年纪差不多,就将三哥的鞋送给顺昌,并叮嘱以后在家就穿白鞋,出门做鼓手就穿三哥的鞋子。三埭街有一条自律的规矩,不论家里死了什么亲人,如果到"好日"人家去做鼓手或"做老嫚",都必须抑制自己的悲痛心情,竭力隐藏穿戴在身上的素孝头饰,对主人和来客必须强颜欢笑以迎来送往,不然的话,非但得不到自己应有的报酬,还会永远失去这户主顾人家的信任与收益。②

---

① (清)寄庐主人:《越中十先生竹枝词》,《越中竹枝词》,西泠印社出版社 2008 年版,第 249 页。

② 访问周春香,2017 年 5 月 20 日。

宁波北仑区柴桥的堕民"吹行班",主要参加婚事奏乐。"在明清时期农家村姑出嫁大都乘坐花轿(花轿分头号花轿、二号花轿和青布小轿),送轿和迎亲均用唢呐、锣鼓、二胡、钹等,演奏《三六》《细则》等民间曲调,以示庆贺。"①宁波鄞州区集士港江沿村的堕民,喜庆吹奏一般以4至6人为一档。"先是器乐合奏,锣鼓玲珑,笙箫琴笛,《万花灯》《将军令》《八仙柱》等锣鼓经热闹动听。唱腔以徽腔为主,一折'二进宫',有时一人兼唱净、旦、末三角。"②堕民乐手多才多艺,擅长各种乐器。

义乌的"轿夫班"在婚庆仪式上,要"踏八仙",吹《文武八仙》《花头台》等。"踏八仙"又称"赐福八仙",乃民众喜爱的舞蹈,流行于金华、衢州、严州、丽水等地区。天官:手如意、项挂金颈圈;福星:手朝笏、头相貌;禄星:手如意花;财星:手托盘元宝;寿星:左手拐杖、右手托桃、中背套拂尘、丝套吊加官服、葫芦;张仙:左手执弓、右手拂尘。众仙齐聚一堂,赐福人间,祈福天下太平。拜堂前,唱婺剧,有乐队伴奏,用《百寿图》《三请梨花》《双阳公主》等文戏。忌用《辕门斩子》。

# 第二节　浙东富户婚礼音乐

封建社会因政治和经济地位不同,操办红白喜事的档次也不一样。军政、富商、地主、土豪属于上层,特别讲究体面与排场,娶亲非聘请上等清音班不可,雇请8至12名乐手,彩童2人,在宽阔的场地上搭起五彩缤纷、雄伟豪华的"清音大棚",台基高60厘米,宽1.6米,长2米,棚架高1.8米,用红色油漆木架搭成。前有欢门,两边均有雕花窗格,镶以油画玻璃。台后用屏风挡住,屏风左右留两个小欢门,挂绣花门帘。棚架上方四角挑檐,悬挂五彩流苏。台前有踏步两个,供乐手上下。台中间放八仙桌两张,前挂绣花桌围,上放琉璃风灯一对。桌上放乐器,乐手分坐两边,吹奏弹唱。并请来绍兴大班上演彩头大戏,以增加喜庆气氛。经商富豪人家,经济实力雄厚,娶亲也要雇请8至12人的清音唱班,但无彩童,不搭"清音大棚",仅在桌前悬挂绣花欢门,也显得颇有气派和体面。绍兴城区三埭街的清音班以"主顾"为第一产业,将乡下的农户,分地段划

---

①　顾如祥口述,孙兆钧、梅金山整理:《唢呐吹奏》,《甬上风物——宁波市非物质文化遗产田野调查(北仑区柴桥街道)》,宁波出版社2009年版,第27页。

②　鄞州区集士港镇镇史编纂委员会编:《罂湖沧桑集士港》,宁波出版社2011年版,第62页。

成自己的固定服务对象,作为"家产","主顾"越多,"家产"就越大。这种"主顾"世代相传,也可作为"家产"传给子孙后代。若是家境困难,也可将"主顾"变卖他人。三埭街每家乐户门前,设有一个石墩,石墩上插入一根约四至五米的粗竹竿或木杆,顶端有一顶"斗笠",装上滑轮,用绳索自由升降,晚上挂上点燃的长型小灯笼,灯上写明清音班的堂名,如"荣花堂张"等。"主顾家若有婚庆、添丁、做寿、丧事,见到红灯就进门邀请,约好日期,上门为主顾家吹打、歌唱。"①根据"主顾"家的条件,上等富裕人家如官僚、绅士、富商,雇用艺技高雅,由十二人组成的清音班。中等人家雇用八人左右的清音班。

有钱人家雇请清音班由八人组成,另有两个童男,是"穿花披"的,头戴花神巾,身穿花褡子,伴随新郎新娘身边,作为点缀。由两顶方桌直拼摆放,桌前挂桌围,上绣堂名,桌上两盏风灯,点燃蜡烛,两只板箱放在长桌左右,上插"小帐帘",演唱人员对面而坐。清音班开场先敲"头场",以"将军令"开场,欢快热闹。接下来则是演唱节目,往往是《双龙会·点将》《五龙会·骂关》《渔樵会·对答》《轩辕镜·寿堂》等折子或片断,唱的都是乱弹"二凡""三五七"。有的东家还要点戏,必须另给封赏。清音班做一场,一般三天时间,第一天是"开锣",第二天是"发轿""迎娶""做亲"(典礼),第三天是"拜三朝""送子"等。

"焕门""大棚"乃服务于大户人家的"清音班",搭着雕龙凿凤的木质棚宇,形似门楼,艺人坐在棚内演唱,为清音班的凤毛麟角。其档次最高,参加的艺人也是最高水平。吹奏的乐曲有"将军令""武辕门""出嘉兴""十番""闹龙舟"。"焕门""大棚"清音班由十人组成,东家如果需要还可以增加人员,但必须成双。演唱的剧目有高腔、昆曲、乱弹、徽调、词调、滩簧。高腔有《梳妆楼》《磨串》等,昆曲有《思凡》《封相》等,徽调有《渭水河》《征北海》《二进宫》等,滩簧有《水斗》《合钵》等。词调则多唱"节诗",如《庆寿》《对花》,艺人自拉自唱,一人扮演一个角色。乱弹兴起后,多改唱乱弹剧目,如《忠岳传》《渔樵会》《宝莲灯》《双龙会》等。所用吹管器有竹笛、洞箫、笙、头管、唢呐,丝弦乐器有二胡、板胡、徽胡、月琴、三弦。

清音班艺人感叹:"清音好唱,做亲难对。""做亲"乃结婚典礼,"花烛"大礼,凡大户人家婚庆,"做亲"是最隆重的仪式,不得有丝毫差错。"做亲"又称"做花烛",大户人家有四个礼生(司仪)轮流念"花烛",并不时点出节目,清音班必须一一应付。每人各持乐器,全力以赴。"当听到'奏京徽乐',就京剧'头场'锣鼓响起;当听到'金玉良缘',那就是双阳公主与狄青的《金玉缘》;当听到'唱精忠

① 访问陈顺泰,2014 年 10 月 17 日。

报国',那就是《忠岳传》。"①艺人演唱时,只需抓住中心环节唱上一段,时间不能太长,"做亲"时间一般为两个时辰。等"花烛"结束,艺人心里的一块石头才算落地。

绍兴大户人家,婚礼持续三天,第一天的凌晨四时左右,就有八至十二名清音班乐师,手执写有清音班班长堂名的灯笼,来到主人家里。清音班乐师坐在厅堂门槛外左侧,由二顶八仙桌拼拢一起,桌前围上绣有堂名的桌帏,桌上则摆放两盏风灯和笛架,插上笛、梅花(唢呐)。乐师分两边就座,首奏乐曲为《三通》。厅堂正中悬挂福、禄、寿三星画,左右有两副对联。画桌上摆放"五祠",属于锡制供具,中间是二龙戏珠或狮子滚绣球,左右两边另外摆放蜡烛台、掌扇或万年青。四张彩色绸缎分挂两边墙上,上写"鸳鸯对舞,鸾凤和鸣,花开并蒂,缘结同心,志同道合,花好月圆,天赐良缘,白首偕老"。(图7.1)

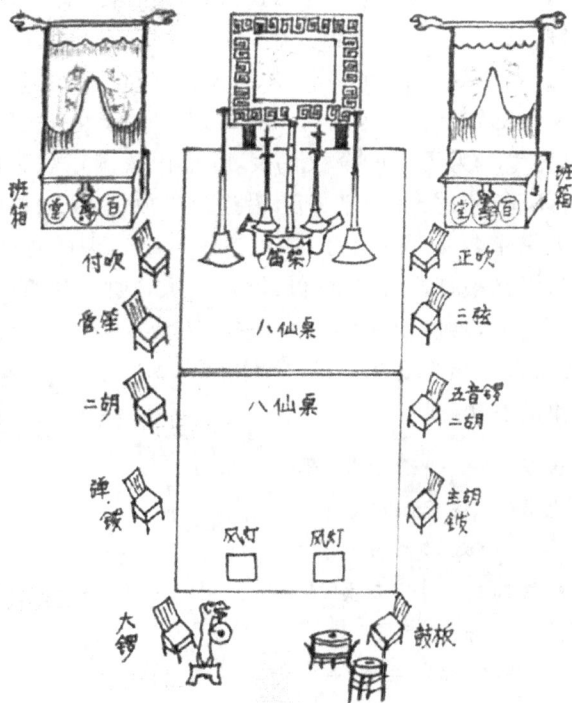

图7.1　陈顺泰手绘清音班座位表(2014年10月17日提供)

男家请菩萨,由二张八仙桌拼成长桌,直放厅堂中央,围上桌帏,桌上方摆

---

① 严新民:《绍兴乱弹史料发微》,《乱弹杂咏》,中国戏剧出版社2011年版,第209页。

有"三茶六酒",即三盅茶叶,六盅酒。摆上八盘水果。中间放置"五牲"福礼,即猪头、鹅、羊羔、牛羔、鲤鱼,再放上盐盘、豆腐干盘和一把菜刀,桌前摆大小两副锡制的蜡烛台,大烛台放中间,小烛台分摆两旁。大蜡烛台插上一斤以上的一对"大斤统",小烛台挂一副用锡箔纸糊成的大元宝——"太宝",两旁则用二两或四两头蜡烛作为帮烛。男家行"拜菩萨礼"时,主人身穿绸缎长袍、马褂,头戴秋帽,足登新鞋和新袜,走上厅堂,由内向外行四跪四拜,管家则在旁帮主人撩袍,随主人起跪,但不能拜。清音班乐队吹奏《一枝花》。男主人拜毕,由新郎继拜。新郎不会拜,由管家教拜,称为"教拜"。清音班乐队吹奏《一枝花》。请大菩萨的说法不一,有的说是请舜王,有的说是请秦始皇。

上午,男家还要请许多迎亲仪仗队人员,又称"行郎",前往女家搬运"嫁妆",搬到男家来进行摆设,因为嫁妆极为丰厚,行郎捧的捧,挑的挑,抬的抬,接连不断,故有"十里红妆"之说。男家吃过"晏酒"(午餐)后,作发轿前的准备。乐队练习"敲对锣",以三击——十击——三击——三击,以此类推。敲锣每遍短声三下,长声三下,称为"十三记锣"。原来是官老爷鸣锣开道的威仪,官老爷才能享此特权,但新郎结婚三天为新科状元待遇,所以,也有此待遇。迎亲的总指挥,又称"食桶先生",为男家的全权代表,其桶内放满蜡烛和许多红包。"食桶先生"分派"行郎"任务,"放铳手"二名,沿途负责放炮,或放鞭炮;扛"头灯"二人,灯上写有主人家堂名,故称"头灯";"对锣手"二名,锣的背面贴上用红纸写的主人家的堂名,沿途敲打。另有提"红纱灯"二人,执"龙凤灯"二人,抬"厅炉"二人,提"子孙灯"二人,均应由新郎长辈提执。"抬轿"八人,依次排序,在厅堂恭候。男家的发轿仪式颇为复杂,两位"赞礼官",即"礼生",主赞立于画桌的左边,副赞位于画桌的右边。

> 主赞:伏以,行——迎亲礼,奏——乐。
> (乐队吹奏《一枝花》曲牌。)
> 主赞:鸣——锣。
> (两面对锣同时击打,三击——十击——三击,敲二遍。)
> 主赞:掌——号。
> (乐队吹"长号"嚎——嚎——嚎——嘟。)
> 主赞:迎彩轿入华堂
> (乐队吹奏《竹山马》曲牌。两盏子孙灯引花轿扛入厅堂,轿门朝外,待轿放稳,乐止。)
> 主赞:请新贵人登堂。
> (乐队吹奏《朝天子》曲牌,子孙灯迎新郎,新郎不出,音止。)
> 主赞:再请新贵人登堂。

（乐队重奏《朝天子》曲牌,子孙灯迎新郎,新郎仍不出,音止）

主赞:三请新贵人登堂。

（乐队再奏《朝天子》曲牌,子孙灯迎新郎,新郎出华堂,音止。）

主赞:面朝华堂作揖。

（新郎四跪四拜,乐队吹奏《小开门》。）

主赞:朝南作揖。

（新郎朝轿门四跪四拜。）

主赞:请新贵人启彩门。

（新郎移开轿门横销,开轿门,站立一旁,乐曲止。）

主赞:祝词生致祝宏词。

副赞:伏以莲花开并蒂,兰带结同心。

　　　　　　摄成双璧影,缔结百年欢。

　　　　　　喜见红梅放,乐迎淑女来。

主赞:请接媳妇喜娘入华堂。

（乐队奏《小开门》乐曲,"接媳妇奶奶"上堂,此职一般由新郎的上辈或平辈女眷担任）

主赞:面朝华堂作揖。

（接媳妇奶奶作一一恭纳。）

主赞:行——巡轿礼。

（乐队奏《小开门》乐曲。巡轿礼,俗称"搜轿","接媳妇奶奶"坐进花轿,由"主顾老嫚"将一只点燃的蜡烛台和一面铜镜,递交给"接媳妇奶奶"。"接媳妇奶奶"一手拿着点燃的蜡烛台,一只手又用铜镜在轿内周围伴照,表示在搜索轿内有无异物、暗器等。搜轿毕,"接媳妇奶奶"出轿站立。）

主赞:"接媳妇喜娘"退入华堂。

（接媳妇奶奶退入后堂。）

主赞:请新贵人封彩门。

（新郎将花轿门关上,插上铜销。）

主赞:行——迎亲礼,起轿奏乐、鸣锣、升炮![①]

于是,开始行轿。如果在绍兴城内行轿,必须经过两座有吉利桥名的桥,靠北是"长安桥""保佑桥";靠西是"万安桥""福禄桥";靠南是"五福桥""大庆桥";靠东是"金斗桥""玉带桥",象征"吉祥"和"平安"之意。行轿时有专门的排列次序,先是放铳手,遇桥和转弯都必须放铳,以驱凶避邪。次为"食桶先生",以便

---

① 访问陈顺泰,2016 年 9 月 16 日。

前后指挥。再为两盏头灯，随带能插头灯的木架子，以方便中途停顿时使用。依次为两面对锣、两盏红纱灯、两盏龙凤灯、清音班乐师吹奏手、厅炉、两盏子孙灯。最后为花轿，媒人则在轿前走。

女方一早也要举行请"祖宗"仪式，新娘也必须举行"开脸"等一系列仪式。新娘端坐在大厅上陈列"嫁妆"，等候男家派"行郎"前来搬运。吃过"晏酒"后，女家也须准备迎接花轿的一系列准备工作，如迎接"行郎"到来要吃的"盘头点心"、搓"吞吞"（即小汤圆）等。当迎亲队伍即将到达女家时，热闹的景象达到高潮。鞭炮、号角，接连不断，喜乐齐鸣，女家虽大开正门迎接花轿进门，却有一班顽童和邻居用门闩竹杠拦住头门，不让迎亲队伍和花轿抬进门，称为"拦头门，要红包"。这时，"食桶先生"就从食桶内拿出数份红包来摆平，拿到红包的笑嘻嘻离开，未拿到红包的继续拦住不让进，"食桶先生"遂再次分发红包。迎亲队伍吹吹打打，抬着花轿进入大门。"食桶先生"马上拿出两对蜡烛，一对点在"灶司堂"，另一对点在"祖宗堂"。花轿停放大厅正中，轿门朝外，两盏子孙灯置于轿门两侧，"厅炉"停放在轿门前，"头灯"放在台门口，其余灯具置于天井，待大家坐定，鼓手们停止奏乐。

女家招待"行郎"及鼓手，先送上三道茶，即糖茶、莲子茶、龙井茶，然后摆上二十多盘点心，其中有水果、糕点、炒货、冷盘和酒。清音班的鼓手一边吃，一连吹奏乐曲，有《大敲》《春夏秋冬》，还唱几出折子戏，如《渔樵会》《岳传·长亭会》等剧目。傍晚时分，女家摆出夜酒，这席喜酒，乃是女家的"正酒"，酒宴排场十分隆重。酒席上山珍海味，美味佳肴，应有尽有，洋溢喜悦欢庆气氛。清音班演奏《五场头》，即头场《头场》、二场《浪淘沙》、三场《庆寿》、四场《跳魁星》、五场《跳加官》《跳财神》以及彩头戏《掘藏》《天官赐福》等。他们边唱边吃，场面更加热闹。夜酒结束后，清音班演奏丝竹乐曲《竹山马》《滴落金钱》《大敲》以及折子戏。（图 7.2）

女家闺女要等到半夜"子时"才能上轿。"子时"以前，属于"单日"。过了"子时"，就算第二天日子。一般的"好日人家"，均选择逢双日为吉利。吃过夜酒后，只能静待"子时"到来。子时一到，"食桶先生"就命令"对锣手"敲起第一遍对锣，告知女家上轿时间已到，让女家准备，女家厨师开始放"汤圆"。第二遍对锣再次敲起，催促上轿，女家将烧熟的"汤圆"送到"行郎"手中，这是绍兴习俗，吃汤圆图吉利，喻义新郎和新娘今后团团圆圆的生活。新娘与父母依依惜别，说不完的吩咐，道不完的关照。当第三遍对锣敲响，这是请新娘上轿的最后通告，厅堂口有八个"行郎"，手持熊熊燃烧的"巡夜火把"相迎，两盏"子孙灯"在闺房楼梯口迎接新娘上轿，大厅锣鼓齐鸣，鞭炮震天。内堂则哭哭啼啼，骨肉亲情难舍难分。一派群情沸腾、悲喜交加的场景。最后，由新娘的胞兄弟抱住哭

图 7.2　绍兴清音班艺人正在演奏（王雷供图）

泣中的新娘,往花轿前走去,等新娘坐进轿里,"送嫁老嬷"马上给新娘换上一双"红绣鞋",喻义新娘不能将娘家的泥土带往夫家,这泥土代表娘家的"黄金和财富"。接着,"送嫁老嬷"又递给新娘一只"铜手炉",让她在轿内取暖,若在轿内时间过长,也可暂时应付内急。

"行郎"将花轿抬出门外,按照习俗,要将花轿向右转三圈,再向左转三圈,然后抬起花轿朝男家方向而飞奔而去。女家亲戚马上朝花轿泼水,喻义"嫁出了囡,泼出了水"。花轿抬出门外时,新娘母亲就坐在厅堂中央号啕大哭,这也是绍兴的习俗,据说母亲哭得越起劲,出嫁女儿在夫家就会越发达,称为"哭发",实乃母亲难舍女儿的心情。"行郎"抬着花轿快步如飞,轿前有四把"巡夜火把",为抬轿者照明,"行郎"若见路有不平之处,马上通告后面的"行郎"。花轿在中途可以暂停片刻,便于"行郎"轮流交替。轿后也有四个火把,照亮后面的迎亲队伍,一路上,吹吹打打,吆喝声,鞭炮声,接连不断。到达男家后,"行郎"将花轿抬进大厅,轿门朝里。"做亲"(结婚典礼)也有时辰规定,假如时辰未到,新娘得坐在轿内等候,称为"坐稻蓬"。据说新娘"坐稻蓬"的时间越久,将来新娘的涵养功夫就会越深。

"行婚大典"时辰一到,赞礼官和管家吩咐各位亲友就位,"子孙灯"和"接媳妇奶奶"分立两旁。"乐户以鼓乐导引至婿家中堂,乐户赞礼,男与女皆三请,然后扶掖出轿,行交拜礼。"①主赞立于画桌左边,副赞立于画桌右边。"做亲"绍兴称为"做大蜡烛"。

　　主赞:行——迎婚礼,奏《进军乐》。
　　(清音班乐队敲击小半个《头场》锣鼓。)

---

①　(清)唐煦春修,朱士黻撰:《上虞县志》卷三十八《杂志·风俗》,光绪十七年刊本。

主赞:鸣锣。

(两面对锣齐鸣:三击——十击——三击止。)

主赞:掌号。

(乐队吹长号:嚎——嚎——嚎——嘟。)

主赞:升炮。

(放三声铳或三个鞭炮。)

主赞:起鼓一通。

(乐队鼓司擂大堂鼓一通。)

主赞:鸣金三点。

(乐队大锣司敲击锣边三下:镗——镗——镗。)

主赞:行新拜礼,奏乐。

(乐队用弦乐、海笛演奏《小开门》乐曲。)

主赞:献茶,奏"中乐"。

(乐队吹奏《一枝花》曲牌。"主顾老嫚"手托茶匙桶盘,盘上摆有两盅桂圆茶,先面向寿星呼:"茶来哉!"转身朝外呼:"茶来哉!"再转向寿星:"成双富贵茶圆哉!")

主赞:起鼓二通。

(乐队鼓司擂大堂鼓二通。)

主赞:鸣金五点。

(乐队大锣司敲击锣边五下:镗——镗——镗——镗——镗。)

主赞:奏西乐。

(乐队用弦乐、笛演奏《七凡》乐曲小半段。)

主赞:起鼓三通。

(乐队鼓司擂大堂鼓三通。)

主赞:鸣金七点。

(乐队大锣司敲击锣边七下:镗——镗——镗——镗——镗——镗——镗。)

主赞:奏《魁笔联辉》。

(乐队敲击《跳魁》锣鼓,其中报名:魁星出华堂,御笔写文章。产下麒麟子,得中状元郎,会元、解元、状元,连中三元,独占鳌头。)

主赞:祝词生初祝宏词。

副赞:伏以百年佳偶今朝合,万载良缘此日成。

百年恩爱双心结,千里姻缘一线牵。

吉人吉时传吉语,新人新岁结新婚。

主赞:行——迎亲礼,奏《辕门乐》。

(乐队奏《武辕门》最后一段乐曲。)

主赞:祝词生掌灯。

(副赞吩咐执"子孙灯"俩老分立两旁准备。)

主赞:请新贵人登堂。

(乐队奏《小开门》乐曲,两盏"子孙灯"到厅堂口迎接新郎,新郎不出,灯回原地。)

主赞:再请新贵人登堂。

(两盏"子孙灯"到厅堂口迎接新郎,新郎仍不出,灯回原地。)

主赞:三请新贵人登堂。

(乐队奏《小开门》乐曲,两盏"子孙灯"到厅堂口迎接新郎,新郎步出厅堂,"子孙灯"归原位。)

主赞:新贵人面朝华堂作揖。

(新郎四跪四拜。)

主赞:朝南作揖。

(新郎朝花轿四跪四拜。)

主赞:奏"加官晋爵"。

(乐队敲《跳加官》锣鼓。)

主赞:祝词生二祝宏词。

副赞:伏以,十香车拥门生彩,八骏马驰凤嫁龙。

    翔凤乘龙双姓偶,好花圆月百年春。

    玉堂金马三学士,清风明月二仙人。

    鸾凤和鸣昌百世,麒麟献瑞庆千祥。

主赞:行——降彩礼,奏《中和乐》。

(乐队演奏《中和乐》曲牌。新郎启铜销。)

主赞:祝词生吩咐掌灯,迎新玉人降彩礼。

(乐队奏《小开门》乐曲,两"子孙灯"轿前迎新娘,新娘不出,"子孙灯"归原位。)

主赞:再请新玉人降彩礼。

(两"子孙灯"轿前迎新娘,新娘仍不出,"子孙灯"归原位。)

主赞:三请新玉人降彩礼。

(乐队奏《小开门》乐曲。两"子孙灯"轿前迎新娘,"送嫁老嫚"搀扶新娘出轿,新娘头戴凤冠,上盖大红绸帕的"红盖头"遮脸,身穿霞帔,足穿红绣鞋,手执掌扇,由"送嫁老嫚"陪同,站立在新郎右边。)

主赞:奏——"指日高升"。

(乐队敲小锣小鼓《跳魁鼓》《武财神》锣鼓。)

主赞:奏——《忠孝双全》。

(乐队演唱《岳传·长亭会训子》。)

主赞:行——交拜礼,"传点开门"。

(乐队吹奏《大开门》曲牌,即止。)

主赞:新贵人、新玉人同拜天地。

(乐队弦乐、海笛奏《拜碟》乐曲。)

副赞:秋——!

(示意新郎起立,"大拜毕",音止。)

主赞:奏《全家福》。

(乐队演唱《全家福·赐匾》一段。)

主赞:祝词生三祝宏词。

副赞:伏以沧海月明珠献彩,蓝田日暖玉生香。

　　　　　紫云秀绕芙蓉第,玉树花飞玳瑁梁。

　　　　　采莲君子新求偶,百年好合结新婚。

主赞:行——福寿礼,"奏大乐"。

(乐队敲《大敲》,吹奏《骑马调》曲牌。)

主赞:迎南山祝寿翁登堂。

(乐队演奏《小开门》乐曲,两"子孙灯"迎祝寿翁入堂,祝寿翁必须是俩老夫妻健在,而且儿孙满堂、有福有寿、德高望重、已达到高寿、新郎的长辈担任,祝寿翁身穿长袍马褂,鹤发童颜,身体健朗、精神饱满。)

主赞:请祝寿翁祝词。

(祝寿杖用稍扁的竹,制成祝杖,或用二支红皮甘蔗洗净,裁成等长,用红头绳扎住,代表祝寿杖。副赞将祝寿杖交与祝寿翁。)

祝寿翁在新娘头上轻轻地祝,口中念道:

　　　　　祝福祝寿祝男子,越富越贵越康宁,

　　　　　男的像像我,女的像像伢老太婆,

　　　　　多子多孙、有福有寿! 好! 好! 好!

主赞:请祝寿翁传五代荣封。

(副赞将五个红封套交给祝寿翁,祝寿翁每念一个,就交给新郎一个。)

祝寿翁:一祝得子,二美必合,三星在户,四季平安,五子登科。

主赞:请祝寿翁回玉。

(乐队演奏《小开门》乐曲,祝寿翁退入后堂。)

　　主赞:祝词生四祝宏词。

　　副赞:伏以海枯石烂同心永结,地阔天高比翼齐翔。

　　　　　　夫妻情似青山不老,伉俪如意碧水长流。

　　主赞:行——合婚礼,奏"滴落金钱"。

　　(乐队奏《滴落金钱》曲牌。)

　　主赞:新贵人、新玉人双双交拜。

　　(乐队演奏《小开门》乐曲。)

　　副赞:秋——!

　　(新郎、新娘直身。)

　　主赞:奏——"金玉良缘"。

　　(乐队演唱《金玉良缘》中狄青与双阳公主成亲一段戏。)

　　主赞:请新贵人喜结同心。

　　(新郎在八卦铜镜的丝带上,系个"抽股结"。)

　　主赞:送入洞房,鸣锣、掌号、升炮![①]

　　此时,对锣齐鸣,鞭炮连声,长号吹响,锣鼓喧天,乐队吹奏《大开门》,两位
"接媳妇奶奶"将系着大红彩绸的绸带两端,分别交给新郎新娘,由新郎牵着新
娘步入洞房,俗称"牵红"。"接媳妇奶奶"双手各持一只点燃的蜡烛台,在前面
引路,新郎双手牵着新娘,沿着从厅堂直铺到新房的红地毯上,步入新房。也有
用四五只麻袋轮番铺垫,代表红地毯,让新郎新娘走过麻袋,这种形式,喻义"传
宗接代"。新郎新娘到了新房,举行坐床仪式后,新郎与众人退出,由"送嫁老
嫚"陪伴新娘过夜。

　　第二天是结婚的"正日",早上六点左右,清音班的鼓手就手执乐器,来到新
房门口,吹奏《望妆台》乐曲,以海笛、弦乐、小吹打伴奏,称为"催妆"。(图7.3)
"送嫁老嫚"在新房陪新娘梳洗,等梳妆打扮后,在"送嫁老嫚"的陪同下,走出新
房。新娘头戴珠冠,身穿粉红色的绣花旗袍,外披粉红色纱罩,脸上略施胭脂花
粉,美丽标致,楚楚动人。她缓缓步入厅堂,厅堂早已摆下一桌丰盛筵席,新娘
在八仙桌右首入座,与新郎面对面。过去均为包办婚姻,男女双方大都从未见
面,今日虽能与新郎相见,但也不敢抬头看新郎。新娘前面放了一碗饭,盛得满
满的,四周放了红枣、莲子、桂圆、花生、鸡腿,上面还插了一朵花,称为"开心
花",新娘只能看不能吃。筵席上首和下首,坐着媒人和亲友,这餐称为"头聚
饭",意为新娘第一次与家人共进早餐。清音班乐师伴奏各种曲调、曲牌和折子
戏唱段。待众人吃完,新娘才回新房吃早饭。

---

① 访问陈顺泰,2016年9月16日。

图 7.3　清音班部分乐器和用具（董建成摄影）

　　早饭后，"食桶先生"带领新郎和新娘以及部分亲戚，步行到附近庙宇"上庙"，清音班乐队一路吹打伴奏陪同。进入庙宇，在各尊菩萨前面点上香烛，摆上供品，新郎新娘双双"大拜"，祈求神灵保佑。拜毕回家，先到厨房拜灶神。接着再"拜三朝"。佣人在厅堂上用两张八仙桌拼成供桌，摆满丰盛的荤素菜肴，清音班乐队吹奏《拜蝶》曲牌，先由新郎新娘拜祖宗，随后全家按辈分大小，"轮大落小"，一一拜祭。

　　"正日"午餐称为"晏酒"，为"好日"人家的正式"喜酒"。厅堂内外，摆满了酒席，有三四十桌之多，其场面之气派，菜肴之丰盛，体现了主人的地位以及经济实力。前来喝喜酒的亲友，陆续入座等待。正午时分，主人吩咐鸣炮开宴。酒宴正式开始。清音班乐队演奏《武辕门》《嘉兴鼓》《四扑头》等乐曲，而且还演唱《九世同堂》《兄弟联芳》等调腔小戏，以增加筵席的欢乐气氛。酒过三巡，清音班乐师为主人家献吉祥，将穿着绣花衣裤的小木偶，即"送子菩萨"放入茶匙桶盘内，由"主顾老嫚"端着前面领路，乐队在后，吹吹打打送到新房，喻为"送子"。"送嫁老嫚"接过"送子菩萨",放入床内,用"当家被"盖住,取意为"早生贵子"。新娘仍与"送嫁老嫚"在新房吃午饭。

"晏酒"后稍微休息一会,两顶"文明轿"停放在大门口,新郎与新娘分别坐进轿内,媒人在轿后跟随,佣人抬上满装礼品的"四盒担",路上乐队边走边吹,吹吹打打,浩浩荡荡前往女家,称为"三朝回门"。其喻义有二:一为新娘虽仅离开父母一夜,但相互牵挂,今日回到父母身边,以宽慰父母;二为再次回到娘家后,父母以"三从四德""女子无才便是德"教诲,还关照女婿,以后要善待女儿,希望夫妻和睦,互敬互爱,相敬如宾,同心同德。在厅堂吃过点心,新郎和新娘原轿返回,分别时母女俩少不了又要哭别。

男家的夜酒,灯火辉煌,高朋满座,热闹非凡,猜拳、喝酒、行令,谈笑风生,喜气洋溢。清音班乐师演奏助兴,一派欢乐景象。夜酒后便是"吵房",也称"闹房",参与者有小伙子、已婚妇女,既有老人,也有小孩,不论辈分大小,俗话"吵房之中无大小"。他们用种种方式戏弄和挑逗新郎和新娘,引得大家捧腹大笑,却难博得新娘的"千金一笑"。新娘为了保持静定,即使是十分好笑的言行,也忍住不笑。据说"越吵越发",吵房吵得越热闹,新婚夫妇以后就越发达。"吵房"要持续到深夜,才能博得新娘一笑,大家才心满意足地各自回家休息。

## 第三节 绍兴水乡婚礼音乐

绍兴是个水乡,水村埭的娶亲仪式,大致相同。女家也是第一天上午"发嫁妆",将陪嫁的"嫁妆"摆放大厅展示,等待男家派船前来运载。男家一般派四只装饰豪华的大船前往女家搬运"嫁妆",清音班乐队也随同前往,一路上敲锣打鼓,吹奏乐曲,热闹非凡。到达女家后,先吃点心,再搬"嫁妆"。男家派来的四只船装不下,女家再自备四只船,帮助送到男家。每当"嫁妆"船摇过时,河边总是站满看热闹的人群,均为"十里红妆"赞叹不已。"嫁妆"船到达男家后,也在大厅上一一展示,让亲戚朋友以及邻居观看。中午吃过"晏酒"后,就准备"发轿"。

水村埭的发轿仪式也大同小异,但因娶亲是水路上航行,就用两只大船作为运载工具。头一只船为鼓手船,坐着清音班乐队。船头上放二盏"头灯",由两名"行郎"看守,中舱坐着乐队,一路上要吹吹打打。两边的船篷,贴着红绿喜联。花轿船则紧随其后,既宽大又漂亮,船头上有"虎头",在宽而长的船舱上,用彩蚌瓦搭成高大、明亮而宽敞的彩棚,"对锣手"和"放铳手"坐在船头,依次为"红纱灯""龙凤灯""子孙灯"和"厅炉",均放置花轿前面。轿船过桥时,必须吹打乐器和鸣锣放炮,以示"震慑"。到达女方河埠头上岸时,也应鸣锣放炮,吹打乐器。轿船回转时,沿途不得停顿,铳、炮、锣、吹鼓手相互调换。

水上迎亲仪式,也十分壮观。住在河边的人家,听到锣鼓声,纷纷前来观看。俗话说:"锣鼓响,脚底痒。"男女老幼,均争先恐后地观看热闹的大场面。未出阁的大闺女,不敢挤在人群中看,只能打开楼窗偷偷地看。花轿到达女家后,也有"拦头门"、吃三道茶等仪式,不同之处只是轿顶泼水。待花轿船摇离河埠头时,才往船篷上泼水,以示"水发"。泼水时必用料勺舀水,因为料勺用来戽粪,粪乃肥料,有"助兴"之意必用此具。也有"嫁出去的囡,泼出去的水"之意。

花轿到达男家,"做亲"时辰未到,新娘在轿船上"坐稻篷",坐在轿船内静静等候"做亲"时辰到来。水村埭"开稻篷"的仪式别具一格,乡下请道士先生"开篷"。道士身穿道袍,头戴道冠,手托茶匙桶盘,盘内装有念佛老太太念过经的稻谷、麦子、豆、玉米等五谷,来到轿船河岸前,面对花轿,彬彬有礼地念开篷词:"伏以:降彩女在船中,貌视于神仙,受父母之身恩,就玉郎之保障,燕庆成眷,迎到门前,恐有五方花眚相缠,须伏龙船打散。(撒谷)一撒东方甲乙木,天龙邪术尽降伏。(撒谷)二撒南方丙丁火,辕门心经收鬼祸。(撒谷)三撒西方庚辛金,太白星金收鬼精。(撒谷)四撒北方壬癸水,南行神卷镇杀鬼。(撒谷)五撒中央无基土,一切杀鬼不入户,天眚生还天,地眚生还地,卅六眚、七十二眚,尽回宫殿,恐眚奉来,按东南西北集中央,自从一脚花墙界,迎亲降彩女上金阶。"此时,唢呐吹《一枝花》曲牌,敲《行船锣鼓》。开篷礼毕,对锣声齐鸣,随着清音班乐队的吹吹打打,众行郎将花轿抬至岸上,按行轿仪仗队排列:放铳手、"食桶先生"、两盏头灯、两面对锣、两盏红纱灯、两盏龙凤灯、清音班乐队、厅炉、花轿、媒人。花轿抬往男家大厅,将轿门打开,称为"坐稻篷",唢呐吹奏《调龙》曲牌,细吹细打,长奏不停。(图7.4)

婚礼分八赞八祝、六赞六祝、四赞四祝等三种,视大赞水平高低,主人要求而定。良辰吉时已到,大赞吟:"行新人礼!乐奏京(徽)头场!"吹鼓手敲《京头场》。大赞吟:"再奏二场!"吹鼓手敲《延头场》,即用大锣、大钹。大赞高唱"供驾福、禄、寿三星"。此时,三礼生持果品,在礼堂正面挂有"福、禄、寿"三星图案像的香案上供奉。吹鼓手用《朝天子》曲牌吹奏,迎接新郎登场后,转入《调龙》曲牌,细吹细打,长奏不停。

大赞再吟:"东边一朵紫云开,西边一朵紫云来,两朵紫云来相会,并蒂莲花相映美!请新贵人入堂,奏乐!"由两个十岁左右的男童,手持"子孙灯",三趋三回,将新郎迎入礼堂。大赞吟唱"端立"鸣锣升炮。新郎由大赞引导,向南鞠一躬,向北鞠一躬,再由两位十多岁男童送入内房。大赞再请新玉人降彩舆。唢呐转入《朝天子》曲牌。大赞高呼"升华堂",鸣锣升炮。笙箫管笛齐奏。大赞再

图 7.4　清音班正在船舱演奏

请新贵人入堂。由两位男童将新郎迎出。新郎袖内藏有喜果,有意向地上一甩,抛出果品,众人抢夺,增加喜庆气氛。

大赞请礼生祝鸿词。一礼生手持红纸书写的祝词,摇头晃脑,有声有色,平仄押韵,长腔短调地读曰:"维某某朝代某年某月某日地,在某地选定吉日良辰。新倌人某某与新玉人某氏结为秦晋之好,往后为某门某氏,享受人伦之乐,永结同心!"乐师演奏《水龙吟》曲牌。大赞吟唱:"夫妻打同心结!会打个同心结,不会打打个糊把结!"新郎新娘则在一根红头绳上,同打一个同心结。婚礼接着为唱贺戏,由大赞点出戏名,廊下乐师即唱。第一出戏一般唱《龙凤呈祥》片段,第二出《五子登科》。贺戏唱两出,不多唱,戏停。

大赞请寿翁入堂,鸣锣升炮。乐师吹奏《水龙吟》曲牌。大赞宣布"赐如意"。礼生将预先准备的"如意"交给祝寿翁。官宦豪绅是"如意",平民百姓则用"幅撑"。大赞请寿翁赐福。寿翁轻轻在新娘头上敲打三下,祝曰:"福而贵,寿而康,百年偕老,五世其昌,好!好!好!"大赞向寿翁致谢,请寿翁听戏。戏文由大赞指定,无非是《风云际会》《大登殿》《长亭训子》等,均为彩头戏。有的大赞捉弄寿翁,点的戏文又长又多,寿翁年事已高,站立乏力。大赞请新贵人新玉人交拜天地。新郎四跪四拜,新娘子由老嫚挽扶,用遮阳扇微微作揖四下。乐师奏《调龙》曲牌,长吹不停。大赞高声宣布"起立",送新人入洞房,鸣锣升炮。两男童将"子孙灯",前后晃三下,由福星公公手持花烛,稳步缓引新郎与新娘互牵红绸,踩踏麻袋,步入洞房,行礼如仪。乐师则奏《风入松》曲牌。

上虞平民婚庆也有请堕民演奏的习俗。婚事乐队有两种:"一是单纯的吹鼓班,一般七至八人组成,俗称'小工尺';二是既吹鼓又坐唱戏曲乐队,俗称'六书'或'大工尺'。"①请堕民"吹鼓班"主要演奏《一路风》《柳叶青》《花烛吹》《马上吹》《拜笛》等曲牌,乐曲短小活泼,热烈欢快。还要唱《双阳公主追狄青》。上虞大户人家婚事喜酒三天,请"六数"的堕民吹敲班吹打。男家第一天待媒酒,先敲《五场头》,坐唱彩头戏,如《赐福》《掘藏》等。第二天发轿酒,晚上发轿。第三天,为过门酒,包括中午的"三朝酒",是女酒。晚上的过门酒,请岳父舅爷坐席,是男酒。其间都伴以吹敲和坐唱。男家和女家酒席,吹敲曲牌相同。发轿迎亲,行郎吹奏有三十六人之多,由男家自备。迎亲队伍中,有旗、锣、铳、伞、子孙灯、火把、彩担等。吹敲在前,轿后有四盏庭耀火把。"婚事吹打的曲牌有《一路风》《抑遥金》,也称《柳叶青》《搜轿吹》《一支花》等。男家女家都有搜轿这一形式,吹敲《搜轿吹》曲牌,梅花闷凡。发轿和迎亲路上吹敲的曲牌为《行路吹》《长路吹》,也称《行路调》。"②路上吹吹打打,还有对锣间隔敲打,婚事有两面对锣引路开道。婚事大锣节奏头尾为一拍三击的间奏音型,中间单击十下,为双数,以示吉庆。(图7.5)

图7.5 上虞婚礼吹打(上虞市文化馆供图)

上虞习俗婚事作丧事办,丧事作喜事办。婚事姑娘出嫁"死打扮",头戴"花冠菩萨",上身穿寿红棉袄,下身着红底蓝边寿老围裙,棉袄和围裙向族中最有福气的"寿婆婆"借用,据说"寿老棉袄"借用的人越多越脏,"寿婆婆"来世福气越好。"死打扮"典出民间"桃花女"的故事。虞俗婚礼仪式较为繁复,按照程式演奏的曲目也各不相同。请菩萨用《谢神台》,做亲用《五指调》,四跪四拜用《拜蝶》,男家女家搜轿均用《搜轿吹》。即使同一曲目,也略有不同。比如《行路

---

① 上虞县志编纂委员会编:《上虞县志》,浙江人民出版社1990年版,第661页。"六书"似为"六数"之误。

② 《上虞民间吹打乐》,《上虞市非物质文化遗产集锦》,中国文化艺术出版社2009年版,第113页。

吹》，曲调活泼欢快，去女家路上吹敲比较缓慢、优美、抒情。返回男家路上，为了不耽误"做亲"时辰，催促赶路，吹敲就热烈、欢快和紧迫。

## 第四节　苏州婚礼音乐

苏州有丐户从事的"六局"为平民的婚礼提供全方位的服务，堂名也属于"六局"之一。苏南富有之家，请"堂名"到家里演奏。所谓"堂名"，即"乐部"，曾是堕民专业乐班，由于这些乐班常以"某某堂"命名，民间即以"堂名"相称。"曲艺之道，在旧社会中不被重视，社会地位更是低微，因为他们服务于千家万户的婚丧喜庆。尽管在旧社会中人们少不了他们，然而他们的技艺，既不会被载入史册，其人员姓名也鲜见于地方志书。但是真正使昆曲得以流传，支撑着残破局面的，他们却是一支重要力量。"①这种乐班常有一种独特的"堂名担"，即可以方便拆卸和拼装的小木屋，这些屏板拆散后可以放在担子里挑运，然后拼装到喜事人家的大厅，乐师坐在里面演奏。"堂名担"常以红木等名贵木材制成，拼板上常镂刻名贵的纹饰图案。"堂名"在礼堂前面吹打演唱，在男宅唱《送子》，在女宅则唱《合家欢》。

> 一般结婚都要请鼓手 4 至 6 人，也要请堂名，安排在天井内，鼓手靠东厢房，摆一张半方桌，堂名靠后厢房，摆两张方桌，中间留有过道，有的人家请两班堂名，另一班堂名则摆在后一进天井内。鼓手在迎客、送客、接嫁妆、接新娘、拜堂、宴会时都要吹奏"普天乐""河西六娘子""小开门""大开门"等曲牌，在客人到齐吃中饭前也要唱昆曲，但不限折数，一般唱 1 折或 2 折即可。堂名主要唱昆曲，四折为一段落，夏季白天长要唱 24 折，冬天白天短则唱 16 折。②

"堂名"的坐唱和坐乐，以围坐"堂名台"的形式进行。"堂名台"用两张八仙桌拼成，横放于厅堂一侧。前端朝向厅堂中央，东有绣着"堂名"的桌帏。桌面至桌边铺有垂挂边穗的台毯，上面放置作为摆设的花瓶。系挂十面小云锣的云锣架按坐于台桌前端，披上绣有"福禄寿"或"万年粮""聚宝盆"之类吉祥图案的"云锣衣"。大锣架绑在台桌后端左侧，鼓架则在台锣后端居中位置，单皮鼓在前，单堂鼓在后。艺人围坐"堂名台"的左右后三侧演唱和演奏，每人均有相对

---

① 王业、黄国杰：《玉峰山下曲不尽激扬幽抑有传人——昆曲"堂名"班社流传散记》，《昆山文史》第 5 辑，1986 年，第 170 页。

② 高慰伯：《我的堂名生涯》，《苏州文史资料》第 62 辑，文汇出版社 2015 年版，第 5 页。

固定的位置,通常八人沿南北东西向相对而坐,上首从前至后的艺人为"司长尖、云锣及其他乐器""司笛、唢呐及小齐钹""司绰板、小木鱼及胡琴和其他乐器""司戏锣、七冒及胡琴和其他乐器";下首从上例依次为"司长尖兼提琴及其他乐器""司曲弦、唢呐兼扑钹""司大齐钹、笙及其他乐器""司大锣、春锣、马锣及其他乐器"。若是十二人的"满堂",唱台背面正中还可多坐一人"司鼓(单皮、单堂、点鼓、绰板)兼双磬、木鱼、汤锣、南方板胡、旺锣等",其左侧加坐二人,右侧加座一人,分别"司汤锣及其他乐器""司琵琶、双清、箫、管等乐器"。① 乐器随个人座位安放。做"单班"时,"堂名台"设于厅堂左侧。若是做"双班","堂名台"则于厅堂左右分设。特别多班同堂轮番进行表演时,均以各显神通的绝招欲压到对方,往往将气氛推向高潮。(图7.6)

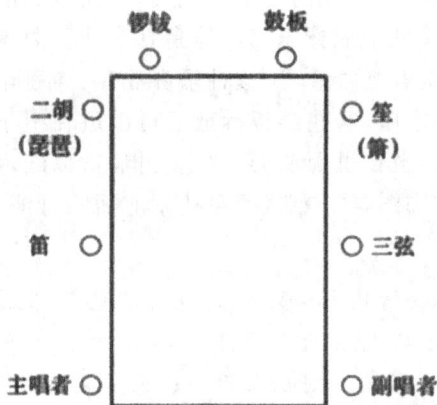

图7.6　八名堂名艺人座次图(陈有觉供图)

"堂名"坐唱戏文主要为昆剧折子戏,除了粉墨登场外,也分生、旦、净、末、丑的角色。唱腔之间穿插有"宾白"及"锣鼓",讲究声情并茂,还根据情节使用一些道具,诸如马铃、课筒、链条、拨浪鼓等。曲目分为两类,一类为必唱曲目,诸如吉庆戏"三星""赐福""上寿""咏花"之类。第二类为点唱曲目,艺人演唱前,将戏单呈送"主客",主客可根据戏单曲目选择自己喜欢或认为吉利的曲目点唱。堂名的演出,有固定程序,以"四戏一锣鼓"进行:

　　　　每一排(场)先演奏一套十番锣鼓,再坐唱四出昆曲折子戏。一般先唱一折同场戏,如《上寿》《赐福》《仙聚》等,然后再分角色唱老生戏、官生戏、大面戏、旦角戏等,要求唱曲念白、角色配搭、锣鼓伴奏一应俱全,只是不妆

---

① 苏州市文化局编:《苏州民间器乐曲集成》,古吴轩出版社1999年版,第103页。

扮而已。唱双堂（对台戏）时，甲、乙两班轮流，各唱一折（或一排），甲班先唱《牡丹亭》中一折戏后，乙班就不能再唱《牡丹亭》中的任何一折了。四戏一锣鼓演出后，太仓的部分班子常加滩簧（苏滩滑稽南词）二支，所以太仓南郊瑞霭堂即按"四戏、二滩、一锣鼓"的规格来安排演出。一般以四折戏为一排，如果是唱堂会，需唱四排或五排，主客可以点戏。①

有时客户的主人及其朋友请来几个"堂名"同时演出，形成做"双班""三班"的局面。"堂名"之间约定俗成，如果几个"堂名"品种不同，如各为京、昆、滩等，可以各唱各的，以自己的技艺和特色争取观众。如果属于同一品种，则轮番表演。"一个'堂名'唱四排戏，每排四个折子，双班共唱八排 32 个折子。戏文的构成方面有'双记''单记''一三记'之分。'记'即剧本，因昆曲剧本常名为《××记》。'双记'即在两个本子中各选两折组成一排；'单记'即在四个本子中各选一折组成一排；'一三记'即一个本子中选一折，另一本子中选三折共组为一排。"②单班坐唱要唱四排戏，每排四个折子戏。四个折子戏的顺序以及行当均有规定，第一折为老生戏，第二折为小生戏或花旦戏，第三折为大面（净）戏，第四折为丑角戏。若是做"双班"，则要坐唱八排 32 个折子戏。其中又有"单记""双记""一三记"之分。"单记"表示每排的四个折子戏分别取自于四种传奇。"双记"表示从二种传奇中各摘出二折组成一排。"一三记"则表示在一种传奇中摘出一折，在另一种传奇中摘出三折组成一排。甲班唱过的折子，乙班不能再重复演唱，必须另换其他折子。因此，堂名艺人掌握的"记"越多越好，能多唱一折或一排戏即是赢家，也能多得东家赏钱。否则，应付不了"双班"或"三班"的局面，不仅没有赏钱，且颜面尽失。每个堂名班子在节目安排上都极为慎重，由资历深厚、经验丰富的老先生决定，尽可能做到知彼知己，尽量发挥自己的长处。

"堂名"坐乐乃指演奏十番锣鼓和十番吹打。每排戏演唱之前，先吹三声"招军"，再演奏一套丝竹锣鼓或奏"将军令"之类曲牌作为开场，以渲染气氛，吸引观众，类似乡村戏班演出前的"闹台"锣鼓。一排戏唱完之后，还须再演奏一套丝竹锣鼓收场。这种以器乐曲开场以及结束的形式，被称为"包头包场"，苏南民间有"听堂名先生唱戏敲锣鼓哉"的说法。如果遇上做"双班"的情况，以每班唱四排戏计算，双班至少要演奏十六套十番锣鼓曲目。有时到最后大家都包不住了，只好以粗吹打来聊以充数，真正能掌握十六套曲目的艺人乃凤毛麟角。这种轮番的演奏形式常具有"对答"的意味，如果甲班开场演奏《香袋》，乙班开

---

① 吴新雷主编：《中国昆剧大辞典》，南京大学出版社 2002 年版，第 314 页。
② 沈石：《"堂名"简介》，《苏州民间器乐曲集成》，古吴轩出版社 1999 年版，第 107 页。

场则演奏《十八拍》;甲班结束演奏《寿亭侯》,乙班结束必须演奏《阴送》;如果甲班开场演奏《下西风》,乙班开场必须演奏《万花灯》;甲班结束演奏《花信封》,乙班结束必须演奏《四时景》。

图 7.7 《姑苏繁华图·拜堂吹打》(徐扬)

"堂名"在婚礼上演奏应特别注意,所演奏的应是喜庆的昆曲。苏州懂昆曲的人很多,许多人本身也是"曲友",唱得很不错,所以艺人出去做生意应格外谨慎,要善于察言观色。雇主请班子点戏,艺人必须都会唱,生戏得连夜学会,还必须记熟,否则第二天演唱必定出"洋相",有损班子的声誉。有的雇主不点戏,由班子自己安排,必须根据主人的意愿,根据具体的场合,鉴貌辨色"轧苗头",反复揣摩主家心意,然后选定合适的戏目,让主家过目。即使看上去主家并非书香门第,也万万不可马虎大意。高慰伯至今尚记得,幼时永和堂前往一户人家去唱堂名,正好先前也有一户乡绅读书人家也请永和堂去唱,两家定了同一日子。生意多多益善,两家当然应该兼顾。吴秀松等著名艺人都派到那户乡绅人家,派到小户人家去的都是普通的堂名鼓手。

好在这家主人没点戏,关照他们随便唱,热闹就行。这更让小堂名们误认为他根本不懂戏,只晓得"轧闹猛",便真的开始"自说自话"了。大家商量了一下,不如唱一出《闻铃》,这出戏比较难唱,趁此机会练练熟。坐定后,笛子唢呐鼓乐齐鸣,拿腔拿调地刚唱了没几句,主人勃然大怒道:"简直是岂有此理,欺人太甚,我家今天结婚办喜事,你们却唱《闻铃》,世界上哪有这样的道理! 讨吃'生活'(挨打)还是怎么的? 滚,统统给我滚出去!"招呼在场的亲戚朋友将小堂名们连推带搡扫地出门,"滚"得慢一点的还真吃了"生活",堂名灯担都被他们丢在大街上散了架,当然更不会算到一文钱的账，主家还声称要告上县府讨一个说法，追究永和堂的责任。街上围观者很多，纷纷议论说永和堂这样的名班还会犯如此低级的错误，太不像话了！一片谴责声搞得小堂名们狼狈不堪，"坍"足了"台"，灰头土脸地回到班里。后来还是班主一帮人带了礼品赶过去赔礼道歉，这才没有酿成祸端，回去免不了一顿训斥，还被罚了跪。原来，《闻铃》乃是《长恨歌》第二十九出，讲的是杨贵妃死后，唐明皇对她念念不忘，逃难途中听到剑阁夜雨铃声，遂凄然泪下，唱道："……忆荒茔，白杨萧瑟雨纵横，此际孤魂凄冷。鬼火光寒，草间湿乱萤……我独在人间，委实的不愿生……"这样的戏文显然同喜庆的气氛格格不入，背道而驰。这家主人原来也是个懂戏的，起先只是含而不露而已。其实那些小堂名们虽然会唱，但对于词义大都不甚了了，可能也是"小和尚念经有口无心"，并非有意去"触"那家的"霉头"，但后果是差点闹出大事来，深刻的教训让高慰伯永远不会忘记。①

鼓手属于"六局"之一。"鼓手"乃吹鼓手，一般有唢呐、铙钹、手板鼓等乐器，办喜事少不了吹吹打打，以制造喜庆热闹气氛。婚礼中吹鼓手多少不等，分为两个、四个、六个、八个，多则十人，喜事双数，丧事则单数，所用乐器与吹打调门均不相同。鼓手除随掌礼吹打进退外，开始奏《合家欢》，贺客来时奏《迎宾》曲调。昆山城内玉山镇高家乃是"堂名鼓手"世家，高慰伯祖父参加过1862年创办的"吟雅堂"，父亲高炳林是1911年创办的永和堂的艺人，工老生，也是有箱担的鼓手，传到高慰伯时，已是第十代。"在旧社会，大户人家每逢婚丧喜庆，讲究摆阔气、排场，就请堂名鼓手到家里热闹一番。鼓手起源较早，经常以唢呐为主吹奏乐器，所以近代也有人称他们为吹鼓手。在迎客、送客和宴会时，吹奏曲牌，以衬托热闹气氛。"②鼓手最初并不唱昆剧，后来与堂名结合，才兼唱昆剧。鼓手由于没有固定班社，但实行"主客制"，就是鼓手的固定客户。鼓手对于固定的客户享有独占的服务特权。（图7.8）

堕民在婚姻礼俗中，活跃热闹气氛的作用，却被以贱民对待。诸暨轿老一边吃，一边用乐器吹打，如果吃不完，可以打包回家。宁波吹行堕民只能吃"下桌饭"。"如被雇佣的吹行，席间为客演奏音乐和唱戏。宴毕，吹行的餐桌摆在阶沿下的天井里，被称为'下桌饭'。"③"下桌"与"下作"谐音，也是对堕民的一种语言侮辱。堕民"服务期间，堕民同样享有酒席，但绝不允许与主客同席，于边

---

① 郑涌泉：《高慰伯传》，《一代笛师——高慰伯的昆曲生涯》，上海人民出版社2006年版，第37—39页。

② 高慰伯口述，吴必忠整理：《高慰伯谈艺录》，《昆山文史》第16辑，2002年，第24页。

③ 谢振岳：《嵩江风情》，宁波出版社2012年版，第220页。

图 7.8　苏州的"堂名"艺人

席设堕民桌,即使只是一人,亦让一人一桌进餐"①。堕民因婚礼服役于主顾家,只能在廊下、檐下、灶间等地休息,不能擅自登堂入室。故有"吃的十碗头,坐的廊下头"之谑。

_____

① 　谢振岳:《鄞县堕民》,《鄞县史志》1993 年第 1 期。

# 第八章　堕民的礼俗音乐

堕民在平民的人生礼俗中以及迎神赛会中,扮演什么角色?目前也无专文予以探讨。平民操办丧礼,聘请堕民的吹打班奏乐,堕民穿着专门的服饰,以屏风围成圈台,坐在里面吹拉弹唱。平民举办寿庆喜宴,也请堕民吹打班助兴,大户人家还请"绍兴大班"唱"堂会"。各地庙会兴盛,也有堕民乐师活跃的身影,以祈求风调雨顺,消灾除祸。

## 第一节　绍兴丧礼音乐

越俗入殓要请道士唱"花鼓夜"和堕民吹打锣鼓和曲牌。"人家婚丧以堕民司鼓乐,称为吹唱堕民,自称小唱。"[①]绍兴入殓的仪式颇为复杂,程序很多。孝子穿上孝衣,到附近的河埠头去"买水"。由一面锣开路,沿路敲击单数,一名头戴道袍的道士陪同,五名堕民鼓手沿路吹打,另一人为孝子撑伞,土工拎着水桶和银锭。一班人悲悲切切地到达河埠头。道士面向江河,口念咒语,孝子恭拜,土工焚烧银锭,并在河中汲取半桶河水后,一行人循原路打道回府。到了堂前,孝子踏上"笼筛栻",脱下寿衣,土工拿起一梗无秤砣的秤杆,勾住寿衣佯装称衣的样子,立在门槛高喊:"前头还是后头高,后发兴隆步步高,这件六斤四两给啥人穿?"孝子马上回答:"给我爹爹(姆妈)穿。"然后,土工将水桶里的水倒入脚盆,放下一块毛巾备用。

接着做"笼筛羹饭"。在"耗帘布"下,长条桌的前面,摆好祭桌,供上九碗荤素菜肴,每桌必须有一个鸭蛋,一盅酒,一碗饭,一双筷子放在桌子上首,点燃蜡烛。堕民吹鼓手伴奏《拜蝶》的乐曲声中,以长子为首,次子第二,凡是男性,以长幼依次排列,一一叩拜。女的以长媳为首,二媳第二,也依长幼次序排列,一一叩拜,拜毕化纸。再进行穿衣仪式,长子将浸在脚盆的毛巾绞干,往死者身前

---

① 张宗海等修,杨士龙等撰:《萧山县志》卷一《风俗》,民国二十四年铅印本。

一揩,表示为死者沐浴。由长子捧头,次子按脚,女婿托腰,帮助死者脱下外衣裤,换上寿衣。在场人员在旁忍住伤悲,沉默旁观。寿衣穿戴完毕,套上"招魂袋",内置念过经佛的银锭、手巾、银器以及死者生前喜爱的物品,遗体外面再包上"衾"。如果死者为男性,则省略梳头这一仪式。

堕民吹鼓手吹奏《一枝花》曲牌,将寿材(棺材)抬入大厅,放在挺尸板右侧,取下棺材盖,放在挺尸板旁边,把遗体从挺尸板抬至棺盖上。然后马上将挺尸板撤去,轻放在较冷僻的地方,不能横放和竖放。再将棺材抬到原来放挺尸板的长凳上。接着摆设第二桌,俗称"入殓羹饭"。土工将新棉花,给在场送入殓的人员各分一束,放在自己身前,俗称"焐心花"。堕民吹鼓手吹奏《大开门》乐曲,土工用三根较长的竹篾,分别插入遗体的头、腰、脚三处部位,在子婿们的帮助下,将遗体由棺材盖抬入棺材内,遗体进入棺材后,称为"灵柩"。土工将早已准备好的十三包"石灰包",塞入遗体四周各个部位,以确保遗体平正,不使遗体歪斜,众人检验无误后,遂将胸前的"焐心花",纷纷放入棺材内。

清音班艺人晚上要为丧家"唱过夜"。绍兴堕民演员筱昌顺(《孙悟空三打白骨精》的唐僧扮演者)在安昌清音班艺人配合下,亲自为自己的母亲丧礼"唱过夜",别具一格。蒋宝堂回忆:

> 记得1961年我外婆在老家安昌彭家溇过世,舅舅带着我们兄弟姐妹和二位徒儿去奔丧。"筱昌顺回安昌奔丧"的消息很快传开,因那时浙江绍剧团刚刚在上海拍完彩色电影《孙悟空三打白骨精》,名声大震,我舅舅在电影《孙悟空三打白骨精》中扮演唐僧,安昌镇的人们几乎家喻户晓。丧期首日,安昌镇以及彭家溇的左邻右舍,远亲近邻,认识的,不认识的,老朋友,新朋友,戏迷,票友都从四面八方聚拢,欲睹舅舅筱昌顺的风采,不一会就把老屋围得里三层,外三层。舅舅见此情景,非常热情地招呼大家,忙着敬烟递茶,同时很有礼貌地告诉大家:"老娘年事已高,如今过世,应是'喜丧',我们一切从简,谢绝奠礼,不请道士做道场;不请和尚做佛事;更不搞封建迷信活动。"街坊乡邻们说:"你是安昌的绍剧名人,是我们安昌人的光荣;你又是彭家溇的孝子,我们为老太太骄傲,她多有福气啊!虽说不搞迷信活动,给她热闹热闹也总应该,平时我们都看不到你演的戏,今日得见你这位大名人,无论如何也要唱几句,满足乡亲街坊们的要求。"在大家的呼应下,舅舅爽快应允,叫我拿出乐器,并在丧帮人员中(彭家溇唱清音班的乡邻)挑选良将共同参与,由我舅舅打鼓,敲起了京剧头场,这样一个没有迷信色彩的"唱过夜",就在我舅舅的亲自指挥下开场了。先由我与舅舅的两个徒弟演唱,接着彭家溇唱清音班的乡邻演唱,最后由我舅舅压轴,他自拉自唱,直唱到乡亲们满意为止。在场听唱的乡亲街坊、亲朋好友无不赞

誉我舅舅没有名人架子，孝子给娘做"唱过夜"，一则告慰了在天之灵，二则饱了我们的耳福，筱昌顺给娘做"唱过夜"，在当时的安昌镇上曾传为一段佳话。①

绍兴大户人家的出丧场面颇为隆重，俗称"大出丧"，请清音班奏乐。起丧前，先摆一桌祭奠酒，九碗荤素菜肴，称为"起丧羹饭"，又称"起灵羹饭"。先由男丁按长幼次序轮流恭拜，再由女眷按长幼次序轮流恭拜。祭奠完毕，马上撤去祭奠酒席，孝子贤女均披麻戴孝跪在厅外恭迎灵柩。一切准备就绪，长老高喊一声"起丧"。在锣鼓吹打声中，八个抬材者抬起灵柩，在空地顺转三圈，又倒转三圈，寓意后代子孙兴旺发达。于是，出丧队伍开始行走，其次序如下：一、六名放炮手或放铳手；二、大引路幡；三、懒狮，一人戴着懒狮头套，边走边从嘴里吹出"买路钱"；四、四尊开路神；五、两盏白色头灯；六、两面大对锣，锣手必须击单数。七、小幡队伍，后面跟随纸人纸马。八、清音班吹打锣鼓队；九、两人抬的"主亭"；十、和尚吹敲队；十一、小幡队；十二、两人抬的"像亭"；十三、道士吹敲队；十四、小幡队；十五、鼓手队；十六、披麻戴孝的孝子孝女；十七、八人抬的灵柩；十八、尼姑敲打队；十九、穿素服的亲戚。② 灵柩到达河埠头，送丧的船共有七艘。第六船为主船，船身特别高大，船头画有虎头，称为"雁鹅船"，专门停放灵柩以及坐死者嫡系家属。第七船载有坟头祭奠的饭、菜、酒、红箱、米桶和银锭等坟头应用之物。到了山头，停船上岸。按出丧时仪仗队排列，一路上吹吹打打，哭哭啼啼，送到山上。下葬以后，大家取下头上白帕，送丧人员按原船打道回府。堕民在平民丧事中，与道士班以及和尚班作用不同，后二者为超度死者，而前者为增添丧事悲哀气氛。绍兴歇后语曰："外行搭生手，堕民放焰口。"外行加上生手，让堕民在丧事中放焰火，喻为"办事没有能力"。

上虞堕民"乐户班"也参加丧事的吹敲。上虞"丧事各地都比较简单，一般人家送葬只有对锣，没有吹打乐队。上等人家请十番坐唱班，请乐户吹敲，请道士做道场，拜亡忏，超度亡灵及送葬。吹敲曲牌，一般为《一枝花》《骑马调》等。"③上虞平民与富户丧事，也聘请档次不同的堕民"乐户班"。

---

① 蒋宝堂：《追忆舅舅二三事——纪念筱昌顺诞辰一百周年》，《百年昌顺》，美猴王文化传播有限公司 2011 年版。

② 访问陈顺泰，2014 年 10 月 17 日。绍兴堕民为平民丧事服务的资料，未注明出处者，均为陈先生提供，特致谢意。

③ 《上虞民间吹打乐》，《上虞市非物质文化遗产集锦》，中国文化艺术出版社 2009 年版，第 112 页。

## 第二节　宁波丧礼音乐

　　宁波堕民在平民出丧时从事吹手的"猥下杂役",属于微贱行当,也是其专业之一。"当初出丧按照各户经济条件,吹打分为各种档次,最简单的是单一地敲打大铜锣,复杂的有请专业乐队班子来吹打,他们都由堕民组成,无论敲打鼓板,还是吹奏喇叭,或者表演笙箫,尤其是声声长箫,宛转哀切。还有人在送葬时作类似今天'清口秀'的表演,将逝者的平生'演绎'得有声有色。其实他也不过把早已背诵得滚瓜烂熟的程式化说辞即兴添加了逝者的简历而已。丧家该用什么礼仪,整个过程应该如何安排,他们也会给丧家以切合实际的指导。"①宁波集士港江沿村是个只有二三十户的小村子,也是堕民聚居区。江沿人出入婚丧之家为人吹唱,人称"吹行",行话为"杨花"。吹行世代相传,各有"脚埭",不得侵越。堕民多才多艺,一人擅长多种乐器,自拉自唱,且能净末角色。初学时先学会吸气,口含麦秆在水中吹气,务使水泡不断上冒出声,徒弟受尽业师鞭策,艺徒父母也屡次到老郎菩萨神案前点上大红蜡烛许愿,祈祷吸气成功。尤以唢呐见长,高亢凄婉,余音袅袅。丧事聘用的吹手限于中上人家,但不做筵间吹奏。"开节前先吹'闷筒',如号角,如虎啸,如狮吼,低沉凄切,令人毛发悚然。随着司礼的吆喝,分'大吹''细吹''合吹'三部,'大吹'鼓号齐鸣,烘托肃穆气氛;'细吹'单用管弦,如泣如诉;'合吹'有朝天子、大拜门等曲名,急处如暴风骤雨,缓时如行云流水。拜灵时伴奏于'小拜门'为主,抒情悦耳。出殡时光吹唢呐,反复吹奏,经久不息。"②吹行喜则给人以欢乐,哀则与人共悲凄,其高超的音乐技艺与情感工夫,非旦夕所能练成。

　　宁波北仑区白峰镇郭巨旧时有堕民演奏吹打乐,即吹管乐器与打击乐器合奏的音乐。平民不论贫富,均雇用堕民乐队吹打。"郭巨旧时就有从事吹行班职业的人,他们一般由堕民组织。从灵堂开吊,吹行班就开始吹奏到深夜结束。第二天灵柩出殡,吹行班在前面开道,一直把灵柩送上山,入穴,再把灵带回,才告结束。"③中华人民共和国成立后,吹打乐送葬旧俗曾一度被废除,但20世纪80年代以后,郭巨再次兴起,普及每个乡镇和街道。北仑区梅山乡人逝世后,均

---

　　①　朱道初:《堕民的行当》,《宁波晚报》2010年9月5日。

　　②　鄞州区集士港镇镇史编纂委员会编:《鄮湖沧桑集士港》,宁波出版社2011年版,第62页。

　　③　张万国口述,汪康祥整理:《北仑民间音乐》,《甬上风物——宁波市非物质文化遗产田野调查(北仑区白峰镇)》,宁波出版社2009年版,第38页。

雇用堕民吹行班演奏哀乐。梅山堕民"吹行班"由唢呐和打击乐组成，人员可多可少。吹奏者大都身穿衣衫，头戴大礼帽，脚穿布鞋。演奏以屏风围成圈台，演奏者坐在里面吹拉弹唱。"演奏场合分三个程序：停尸与火化途中用民族音乐配合西洋乐器演奏哀乐；入殓吊孝场合以《黛玉葬花》《楼台相会》《孟姜女》《紫竹调》和以怀旧叙事为内容的流行歌曲；送葬途中，以民族乐器配合西洋乐器的号鼓等演奏为主的吹打音乐。演奏的班子称'吹行班'，是职业性团体，临时受雇于丧葬人家，从丧葬到祭祀的众多场合，如烧经、入殓、落材、出殡，行走、跪桥头、入墓等进行时吹打各种曲调。"①吹打乐队全神贯注，舒缓庄严的乐曲，增添对失去亲人的悲痛之情。

奉化堕民吹打应邀参加丧葬祭祀时，从丧葬到祭祀的整个场合，诸如烧经、入殓、落材、出殡、行走、跪桥头、入墓、转七、七七、百日、周年，都要用到吹打乐队。其中落材、跪桥头、入墓为"重头戏"。此时，吹打乐队全神贯注，《大开门》乐曲使整个丧葬祭祀活动高潮迭起，淋漓尽致地表现了丧事的沉痛气氛。

据《蛾术斋笔记》记载象山民俗："我邑旧俗，于居丧之日，张宴作乐，歌唱以侑吊客，饱醉竟同庆会。""又有将敛之前，必令乐户唱戏数小时，名为闹材。"②象山平民举行葬礼也要邀请堕民吹唱。

舟山堕民因擅长吹打技艺，也会做佛事，称为"念伴"。舟山城乡人死入柩、出丧、造坟、并穴以及渔村中"招魂"，雇佣"念伴班"来奏乐、唱诵。李世庭回忆："早先定海城里有一班会吹拉弹唱的'念伴'，有钱人家办丧事会请他们来做佛事。佛事的形式很多，有各种名堂，最普通的是放焰口，还有叫'开地狱门'的'采花叹灵'的，笔者幼时邻居家死了人，这样的事就看到过一回。那些人会演奏各种乐器，敲打起来非常好听。笔者只知道那时有一曲《梅花三弄》，他们演奏得特别拿手。"③每年阴历七月半，又称"中元节"，按照习俗都举行"盂兰盆会"。民国定海县志载："中元节前后数日，居民醵资延僧道建醮罗酒食于地，谓施野鬼食也。悬冥铤纸衣于道旁而焚之，谓施野鬼衣也。迩年此事盛行，自朔至晦，几无间日。"④南城为定海最繁华的地区，南大街各商家集资搭台放焰口，举行盛大祭礼活动。南大街自状元桥至南城门口所有店铺均不打烊，店堂摆设香案，供上糕点果品、香茶水酒。街道两旁拉起两根很长的草绳，从每家店门口

①　沈岳君口述，沈光良整理：《吹打音乐》，《甬上风物——宁波市非物质文化遗产田野调查（北仑区梅山乡）》，宁波出版社 2009 年版，第 55 页。

②　罗士筠、陈汉章修纂：《象山县志》卷十五《典礼考·丧礼》，民国十六年刊本。

③　李世庭：《穿街走巷的"堕贫嫂"》，《老定海风情》，中国文史出版社 2008 年版，第 164 页。

④　陈训正、马瀛纂修：《定海县志》卷十五《风俗》，民国十三年铅印本。

横穿而过。各店负责在自己门前的草绳上挂满锡箔、银锭之类的各种纸钱。晚上,南城门口用八仙桌搭起高台,台上供奉地藏王菩萨和招魂幡、灵师等物,台前高悬一幅布做的鬼王像,鬼王青面獠牙,鬃毛倒竖,手持夺魂铃,形象狰狞可怖。天黑以后,一个戴毗庐帽穿袈裟的法师登上高台,敲响引钟,带领坐在台下桌子两旁的"念伴"诵念各种咒语和真言。南城门口放完焰口,法师走下台来,领着"念伴"敲敲打打到每家店铺的羹饭前来拜一拜,往南往北一家家拜过来,所有店铺全部拜过才结束。最后一个节目就是将拉在街道两旁挂满纸钱的草绳收去,堆在源大南货店门前的空地上焚烧殆尽。堕民以"逐鬼为业",兼做佛事,也理所当然。

## 第三节　金衢沪丧礼音乐

金华平民丧事也雇请小姓吹打班。(图 8.1)浦江平民殡葬,"灵轝前陈列方相、铭旌,兼作僧人、乐户鼓吹前导,喧阗而出,亲串毕送"①。义乌"轿夫班"经常应邀参加丧事奏乐。清晨,在丧家演奏的吊丧音乐,曲牌或剧目有《闹花台》《小开门》《九头八仙》《僧尼会》《三请梨花》等。出丧路上,有《一条枪》《小开门》《哭皇天》等。出丧曲牌一般采用《一条枪》《六条鞭》。安葬前,先由长子哭丧,吹奏《大过场》《莲花牌子》。安葬时,鸣锣,乐器有大锣、小锣、大钹、小钹、鼓,曲牌用《杨六郎发兵》或奏《大过场》等。安葬后回来的路上,采用比较欢快、热闹的曲调。随后,到丧家的各子女家踏《小八仙》或唱一段历史剧,如《观音送子》《双阳公主》《辕门斩子》等,以示去除晦气,讨取吉利。兰溪游埠的轿夫吹鼓手,为平民丧礼服役。章人骏回忆:"1924 年春,送父亲灵枢归葬潦溪桥马鞍山祖茔,途中吹鼓手独奏唢呐,一支望乡调,抑扬顿挫,音调高昂肃穆,把喧哗的送葬队伍吹得鸦雀无声。路边耕田的老农也停犁倾听,可见音乐感人至深。"②

衢州龙游丐户婚丧喜庆中需索无度,县令也不得不出面进行规范。光绪十三年(1887),衢州龙游知县高英在《禁止喜庆丧葬等事夫役勒索并酌定工价告示》中提到:"查龙邑乐户无多,每遇绅民之家有婚丧之喜庆事务,需用鼓乐,辄索多钱,不遂所欲,即不前往。而居民人等不能因此废礼,不得不遂所欲。此等恶习,亦属可恶。本县今为酌定雇价,嗣后上户用乐户二名,每天给工钱六百文,中户用二名一天者,给钱四百文,均给酒饭。下户用乐一天者,给工食钱三

---

① 张景青撰:《浦江县志》卷三《舆地志·风俗》,民国五年铅印本。

② 章人骏:《兰溪游埠市的轿夫和吹鼓手》,《兰溪文史资料》第 18 辑,2007 年,第 358 页。

图 8.1　金华轿夫班吹奏丧葬锣鼓（金连升供图）

百文，不给酒饭。如用乐户四名六名，城中乐户无多，该乐户须在乡间邀请客师，比如用两天须照三天工钱给付，以此类推。此外彩包等项名目概行革除。"[1]乐户不达目的，誓不罢休，成为地方陋习。

　　昆山平民办丧事，颇讲规矩，不得哑丧，必请丐户鼓手三四人，乐器大都用唢呐、笛、鼓、钹等，迎客或客吊孝磕头时，吹奏《忆多娇》《到春来》等曲牌。大殓时，由一名鼓手兼任掌礼，其他鼓手继续吹奏曲牌。"五七"开吊时，因为"五七"属于大"七"，大户人家尤为重视，必请鼓手五人、七人或九人不等，丧事用单数忌双数。"五七"前一日先举行"点主"，死者神主牌位上事先写好"王"字，加上一点成"主"，鼓手伴以吹奏曲牌，"五七"当日凌晨天未亮，鼓手就要到丧家门外街道上吹奏曲牌《接灵》，意即将死者灵魂由街上接回家中，谓之"接灵"。正式开吊后，鼓手则分列于墙门迎客或客人吊孝时吹奏曲牌。下午四时许"闭灵"，接着"抬灵"，将死者神主牌位送到祠堂归位，鼓手随之吹奏，还要演唱《长生殿·闻铃》等戏中情绪悲伤的曲子。[2]

　　上海川沙县北蔡镇丧俗大殓俗称"入木"，人死后家属即行焚化锭箔，妇女号哭致哀。家属在此守夜，昼夜不断。议定成殓日后，通知亲友。如有远道亲人，则稍延时日。一般在三天之内成殓。成殓之日，众亲戚携带白衣白裙前来参加丧礼。丧家也备有白布数匹，扯成条块，分发吊丧者佩带。"是日有堕民不请自来应差。亲戚上门后，妇女在尸体前嚎哭致哀。午后举行大殓，堕民奏起呜呜哀乐，名为'噩气'。先为死者沐浴（揩身），然后着衣，一般人家都备有香花被褥，内外共穿多件衣服，以衣领为准，领头越多，家属越发风光。每一过程，用一次'噩气'、放一次铳。"[3]死者穿戴完毕，由儿女抱头抱脚，扶着尸体仰卧棺盖。

①　余绍宋纂修：《龙游县志》卷三十二《掌故十五》，民国十四年铅印本。
②　高慰伯口述，吴必忠整理：《高慰伯谈艺录》，《昆山文史》第 16 辑，2002 年，第 27 页。
③　北蔡镇人民政府编：《北蔡镇志》，1993 年，第 342 页。

然后,孝女为先妣梳头,插上针簪,戴上寿帽,裹上衣衾。家属与亲戚绕棺三圈后盖棺。自始至终哭声不绝。大殓结束后,贫困人家即时出殡,将棺材浮厝田头。富有者存殓三年或更长时间,直至埋葬。

# 第四节　浙东富户寿礼音乐

大户人家结婚、做寿以及还愿请菩萨,必请堕民清音班奏乐,请绍兴大班唱"堂会",以增添喜庆气氛。寿诞称为"桃觞"或"正寿",正寿前一天谓之"暖寿",例由女儿操办。正寿则由儿子操办。据绍兴斗门镇屠尚炎回忆:"我记得解放前夕我外祖母做七十大寿,请来了马山华富堂清音班。寿期三天。第一天暖寿,清音班到场吃中饭,下午开始唱。凡大班应有的丝弦、锣鼓、梅花等乐器他们都有。"[①]"大棚清音",俗称为坐着唱的"绍兴大班"。开唱前,也像绍剧一样,有"头场""二场"和"跳加官"。清音班备有"金折",载有戏文剧目,供主人参考。剧目有《万里侯》《落帽风》《秦琼卖马》等,主人一般点与做寿有关的喜庆剧目。清音班将两顶八仙桌拼在一起,系上有清音班堂名的缎底绣花桌围,上置两盏玻璃风雨灯,正中置"福禄寿"三尊小菩萨,清音班艺人围坐桌边。桌上放着板胡、二胡、梅花等乐器,清唱时每个角色都有一种乐器自拉自唱。艺人以演奏丝竹为主,既热闹又文雅,为暖寿增添无限喜气。下午还有一场。吃过晚饭后,休息一小时再唱,直到半夜为止。"暖寿"时,寿星身穿吉服,由女儿女婿陪同,宴请前来送礼的宾客,听奏丝竹,尽一日之欢。

第二天乃"暖寿"正日,大户人家全宅遍布大红寿幛、寿轴、寿联,书房一般添挂"万寿图""松鹤图"。上午先祀神,如过大年一样的"祝福"规格。然后祭祖,做"全堂羹饭"。无论祀神还是祭祖,均由寿星率儿孙跪拜。祭祀毕,寿星端坐堂前正中,接受儿孙行"拜寿礼"。旧时大家庭儿孙满堂,小辈们按长幼依次四跪四拜。先儿子儿媳、女儿女婿,再第二代、第三代。如果"四世同堂""五世其昌"之家,只能按房头分系统集体行"拜寿礼"。家中若雇有佣人,也集体向寿星叩头。清音班在旁边吹梅花奏乐,直到拜完为止。主人设酒席宴请前来祝寿的亲朋好友。酒席开始后,清音班艺人到每桌前,手捧"金折",请客人点戏。演唱者仅表演戏中精彩唱段,唱完后由点戏者付赏钱,多少不论,此乃清音班艺人的额外收入。也有即兴客串的表演。屠尚炎回忆:"我记得西街有个叫章老二

---

① 屠尚炎:《旧事杂忆》,《斗门文史》2007 年第 11 期。

的，人称'梅兰芳'。客串唱了一段《牧羊卷》中的花旦角色。"①第三天祝寿，由祝寿人家到附近寺庙、庵堂烧香点"满堂红"，清音班也跟随而去，拜佛时吹奏乐器助兴。

也有的大户人家寿庆，邀请"绍兴大班"的堕民演员"唱堂会"。寿戏节目大多为喜庆、欢快和圆满的传统剧目，结尾也以大团圆谢幕。寿星坐在中间主桌，地位显赫者围坐两侧，儿孙等家庭成员坐在第一排，按辈分依次坐定。演员化妆成福星、禄星和寿星，在音乐的伴奏下，到寿星面前唱第一段曲牌："家住在蓬莱山下，每日里无牵无挂，终日里饮酒赏花。渭水养鱼，不种桑麻，也无春，也无秋，无也冬夏，每日里乐陶陶对着神泉山下。"然后，分别由扮演福禄寿星的角色念白。福星云："寿烛团团转。"禄星云："寿花朵朵鲜。"寿星云："寿山并寿海。"合念："福寿万万年。"接着唱第二段曲牌："礼三星忙顿首，众仙们打恭稽首，向金母筵前该问候。提起那蟠桃的话头，被东方朔吃二三偷，但吃得多交有寿，但吃得永远千秋，全仗俺神通广厚。这正是仙乐福辏。俺啊！只落得德修、道修，祝一个圣寿现万载青风有寿。"第三段唱"清江引"曲牌："瑶池也，奉献蟠桃酒，福禄寿三星宿，富贵几千秋。永庆长生寿，真个是老荣华万年寿。""做寿戏"乃是儿孙们显耀的大好机会，有条件的人家将戏台搭在天井里，贺客均坐在大厅嗑瓜子、剥花生、吃糖果，欣赏"绍兴大班"演出的《甘露寺刘备招亲》《大登殿王宝钏封后》《佘太君百岁挂帅》等"彩头戏"。而打头炮的总是《麻姑献寿》，以大团圆终剧。而旧时越剧、莲花落、鹦歌班都属于"小歌班"，难登大雅之堂。寿戏一般延续三天。

绍兴城内有富甲一方的朱仲华和金汤候两家豪门富户。朱仲华自幼酷爱绍兴乱弹，朱府每逢做寿、添丁或宴请宾客，都要在府内的荷花池中搭建戏台，邀请三埭街的"玉麟舞台"来"做戏"或"唱堂会"。朱仲华与林玉麟关系十分密切，常来常往。"玉麟倌"若有危难之事，第一个想到的就是请朱仲华帮忙。而朱仲华也是"有求必应"，义不容辞，竭尽全力帮助其解脱。"玉麟倌"十分尊敬和佩服朱仲华，称赞其为人正义，胸怀坦荡，行善济贫，堪称民众心中的楷模。

绍兴若要说最富的人家，屈指可数的要算豆姜鲍家。豆姜鲍家的财富，绍兴家喻户晓。绍兴民谣曰："横抱囡，筹被缎。"凡鲍家新生下一个女儿，就开始为女儿准备"嫁妆"，喻义鲍家财产之富有。鲍老爷六十大寿时，闻知三埭街的"玉麟舞台"享有盛名，特地坐轿来到永福街 68 号的林芳钰家。林芳钰得知鲍老爷亲自登门造访，连忙出来迎接，以上宾接待。鲍老爷说明来意："为自己庆六十大寿，特来聘请'玉麟舞台'戏班到他家做三天三夜的寿戏，愿付给戏班双

①　屠尚炎:《旧事杂忆》,《斗门文史》2007 年第 11 期。

倍的戏价。"①鲍老爷为表示诚意,当场就预付订金 100 大洋。林芳钰得知鲍老爷要做寿,且亲自登门定戏,极为感动,乃请堂弟林泉源("泉源第一舞台"班主)以及绍剧名伶王茂源作陪,招待鲍老爷到兰香馆共进午餐。为了答谢鲍老爷的厚爱,林芳钰精选绍班中所有的"窜头火"(绍剧名角),组成行当齐全、阵营强大的戏班,老生有筱芳锦、李玉水、筱昌顺、筱凤仪;老外有杨鹤轩、王来顺、盖张富;小生有陈素云、筱月楼、筱友生、周月明;花旦有爱锦俉、筱月英、玉麟俉;花脸有蔡宝裕、彭少山、筱黄胖、盖玉兔、彭沛林;丑角有王茂源、盖茂源、阿七小花脸,群星璀璨,相映生辉。"玉麟俉"身为班长,亲自担任主角,在《金水桥》中演寇承御,《龙凤锁》中扮金凤,《朱砂球》中饰曹彩娥,《凤凰阁》中演周月英,《吕布戏貂蝉》中演貂蝉,文武俱佳,场场吃重,汗流浃背。鲍老爷三天三夜寿戏乃破天荒的经典精品,场场精彩,掌声不断。鲍老爷也很满意,每场都向台上甩"赏钱",演员在鲍家吃饱喝足,卖力演唱。

> 唐代宫廷设有鼓吹部,专为皇帝出行吹奏,而三埭街子弟被贬为堕民后,虽不能为皇帝吹奏,但为求生存计,只得凭借原有的吹拉弹敲艺术,为平民婚庆、做寿、迎会、添丁等活动吹吹打打,在酒宴中鼓吹、唱曲,给喜庆增添更多的欢乐气氛,深受民众欢迎。凡是社会上有婚庆喜事,雇主都愿到三埭街来雇用。三埭街子弟虽然也觉得此种行当被人视为下贱,但又别无他业可以赚钱,为了养家糊口,天长日久,也只得认命,干起了吹鼓手这一行当。三埭街人习以为常,自认为凭借自己的一技之长,给主顾人家带去欢乐和喜庆,自己不但能与四民一起喝喜酒,还能从中得到微薄的收入,虽说该行当为下贱,但不偷不抢,光明正大,何乐而不为。②

上虞平民做寿也请堕民奏乐。"做寿则唱《大赐福》《东方朔偷桃》《郭子仪做寿》。"③乐曲有梅花、小堂鼓、次钹、冬锣、叶锣等。

余姚堕民的"吹行",又称"小唱酒"。民间迎亲,开始进行"小唱酒",作为婚宴的序曲。"尤其在喜宴寿筵,摆开酒席,一饮总要二三个小时,席间就由唱班唱戏助兴。自从四明调腔绝响之后,唱班改学绍兴大戏。在婚丧行列、神会祭扫队伍中担任吹鼓手,粗细都来。"④余姚堕民学戏,与绍兴堕民不同,只唱不演,也不必练功,但要将所有乐器学会,既能自拉自唱,又能胜任兼唱生、旦、净、丑、末等数角的本领。戏目繁多,任凭主顾点唱。

---

① 访问陈顺泰,2016 年 5 月 26 日。
② 访问陈顺泰,2014 年 10 月 17 日。
③ 上虞县志编纂委员会编:《上虞县志》,浙江人民出版社 1990 年版,第 660 页。
④ 吕衷才:《谈余姚的堕民》,《余姚文史资料》第 8 辑,1990 年,第 173 页。

慈溪的婚礼酒、寿宴时的长寿酒均有堕民的器乐配奏和唱昆曲。"吃小唱酒时,领队在席间还指挥大家。大家团团圆圆围坐在一起,待打击乐器奏停,笙声吹响,宴席才开始,宾客才能动筷。"①宁波堕民在寿宴被雇唱堂会,一般唱京剧和昆剧。

义乌"轿夫班"也在"富户做寿、结婚等摆酒场面上奏乐助兴,专设一席,同享菜肴"②。宴席奏乐,坐着吹奏,上一个菜吹一曲,称为"坐吹"。

兰溪游埠的吹鼓手也非常活跃,经常参加各姓祠堂冬至祭礼,以音乐为祭礼伴奏,在细腻的丝竹管弦声中落成大典。"一帮轿夫子弟竟能登大雅之堂和荣任乐师,真是大大出乎意料。"③

定海民间发财还愿、祝寿、中举等喜庆声场合,堕民也应邀演出"小戏文"。

昆山堂名艺人也应邀参加寿庆,常唱《称庆》《赏荷》《上寿》等昆剧折子,以增加节庆和欢乐气氛。有时也兼请鼓手,在迎客时吹奏,以增加热闹气氛。④

## 第五节　绍兴迎神赛会音乐

绍兴的庙会,也请堕民清音班奏乐。庙会分成二种,一般的庙会,往往只是祭祀演戏,另一种迎神赛会,则将神像抬出庙外巡行。迎神赛会有的在菩萨诞辰日或忌日举行,以祈求丰收、平安、消灾除祸;也有于久旱未雨,择日举行,以迎龙王。迎神赛会每队"会货",均有伴奏乐队。乐队也因"会货"不同而别具一格。若是"跳无常",伴奏的为"目连嘻头",即号筒。若是舞狮、舞龙,则用锣鼓等打击乐器,称为"大敲棚"。若是扮演"三十六行"和各种戏文角色,则由堕民"清音班"的细乐伴奏,以笙、笛、瑟、琵琶等乐器为主。"'清音班'有'随排'和'围排'两种。随排,即随队伍走着伴奏,由四人站立前左右角,用四根竹竿撑起一个布篷,'清音班'在篷下吹奏'将军令''武辕门'等种种曲牌。'围牌'是在扮戏文故事的'抬阁'里坐着伴奏。"⑤"抬阁"乃赛会中常见的游艺,也是"会货"中最引人注目的。"抬阁"像亭子一样,用木料制成。亭顶用明瓦片为盖,四周用锦缎围住为檐,四角有宫灯,阁里有"金童玉女"扮演戏剧人物,也有成人串演。戏文故事形式多样,有折子,也有整本。文的有《白蛇传》《八仙过海》《貂蝉拜

---

①　王静:《浙东堕民揭秘》,《鄞州文史》第3辑,2007年。

②　义乌丛书编纂委员会编:《义乌民俗》,上海人民出版社2011年版,第282页。

③　章人骏:《兰溪游埠的轿夫和吹鼓手》,《兰溪文史资料》第18辑,2007年,第358页。

④　高慰伯:《我的堂名生涯》,《苏州文史资料》第62辑,文汇出版社2015年版,第5页。

⑤　绍兴市文联编:《绍兴风俗简志》,1985年,第187页。

月《西施浣纱》等,武的有《唐僧取经》《哪吒闹海》《孙悟空大闹天宫》《十八罗汉收大鹏》等。扮演者穿红着绿,涂脂抹粉,化妆得与戏中人物酷肖相似,神采奕奕。小台阁四人一台,数十台合成一剧或许多折子戏。大的台阁由二十四名身强力壮的大汉抬着。"肩搁"则将椅子缚在长竹竿上,扮演者坐于椅上,由身强力壮的大汉擎在肩上走,一人一肩阁,合数十肩阁扮一剧。堕民以清音丝竹伴奏,余音袅袅。叶久能回忆绍兴"清音班"在迎神赛会的演奏盛况。

> "轻(清)音班"演奏的是江南丝竹,故绍兴人称它为"轻(清)音班"。这队人马每人手中徒手演奏一种乐器,大致有二胡、三弦、琵琶、笙、洞箫、笛子、月琴、秦琴、磬、木鱼等。乐队的规模有大有小,规模大的同类乐器有好几件,演奏起来的气势也很大,曲目则大体是一些古曲。他们一路行走一路演奏,远远地就能听见他们悠扬的乐声。我家台门里有个章先生,对于古曲十分在行,他远远就能听出在奏出什么曲子,什么《春江花月夜》《虞舜熏风曲》《梅花三弄》《鸟归林》……他说的曲目有几十种,那时我还小,这些曲名自然是记不住的。①

除了"陆会"以外,绍兴是个水乡,还有"水会"。绍兴水会文雅清幽,乐队大多聘堕民清音班。"每艘吹鼓船有六至八人组成,一艘接一艘徐徐行驶,风展旗幡,鼓乐喧天,气氛热闹,其中有吹打、有唱、有扮演'三十六行'、有扮演戏文的'台阁',也有兼唱戏曲等。清音班艺人以水上迎会情景,用套曲形式连接起来,每段锣鼓演奏表现由远及近,由近及远的意境,作为完整的一首演奏,名曰《龙舟》。"②《龙舟》成为旧时"水会"演奏的一种专用曲目。(图 8.2)

《龙舟》为绍兴清音班别具特色的古老乐曲,借鉴绍兴民间传统迎神赛会的场境及形式作为题材,由早期清音班艺人创作而成,早在乾隆年间即已问世,约有三百年的历史。龙舟,又名"泥鳅龙船"。原是水上一条狭长的小划舟,长约13 米,宽 0.97 米,船头雕刻龙头,船尾雕有龙尾,有十三、十一、九档之分,档必成单为奇数,每档坐两人成双数,以偶数为吉利,舟内可容纳二十四、二十、十六名身强力壮的小伙子划桨,身穿号衣,扮作"水军"。船尾有握稍舵位,后稍有一名划舟手掌舵。其行速如飞,灵活非凡,犹如泥鳅,故名"泥鳅龙船"。(图 8.3)"泥鳅龙船"表演和比赛的日期有五:"(一)各乡、村出演社戏日;(二)五月初五端午节;(三)五月二十分龙日;(四)久旱求雨祈神日;(五)各种迎神赛会日。"③

---

① 叶久能:《叶久能自选集》,中国国际出版社 2015 年版,第 61 页。

② 绍兴市民族民间器乐曲集成分卷编委会编:《中国民族民间器乐曲集成(浙江卷绍兴分卷)》,1986 年,第 11 页。

③ 何培金主编:《绍兴泥鳅龙舟》,《中国龙舟文化》,三环出版社 1991 年版,第 222 页。

图 8.2　1983 年参与龙舟乐曲录音的绍剧乐师(陈顺泰供图)

平时龙舟搁于大庙或祠堂,迎神赛会节日投入河中,为菩萨船水上迎神之用,也可用于乡间划船比赛的体育活动。

图 8.3　泥鳅龙船(陈顺泰供图)

龙舟快速行驶时,有些舟手还在船头作"倒竖斛斗"等武术表演,或在舟内敲打花式锣鼓,有的还能唱几句民间小调。《龙舟》并非一成不变,历代清音艺人不断创新,分为《迎神下舟》《脱布衫》《十件绣花袄》《苏滩老调》《武辕门》《端午节词》《风吹荷叶飘》《满江红》《大拷》《对决——跳无常》《迎神进殿》等十一舟乐,有古曲、器乐曲和歌唱曲。陈顺泰如是说:"《龙舟》乐曲,颇有研究价值,本人在1983年间,先后求教于吾师钱如林(八十五岁)、徐四九老师(八十一岁)、母舅薛栢松(七十八岁),根据他们的口述,认真记述、整理出一首完整的《龙舟》乐曲,并于同年九月,在绍兴市群艺馆徐星岩先生的大力协助下,组织了二十多名绍剧乐师和演员录了音,这首珍贵的音带,我至今珍藏着。"①《龙舟》蕴含清音班独特的复古风格,传承了古代宫廷遗风,颇具绍兴水乡民间音乐特色。

> 从"序曲"至"尾声"共十首舟乐,细腻地描述了解放前绍兴水乡庙会(迎神赛会)的景况,"序曲"表达菩萨出殿前,四、五十名衙役、校尉,吹着长号敲着锣,庙前"排衙"及迎神下舟的雄伟、宏大场面。当龙船(菩萨船)向前行驶,迎会开始,河面上传来龙舟里的吹打、唱歌之音乐声,这就以十段套曲组成的《龙舟》锣鼓表达了,每舟每曲的特点,由弱至强(说明龙舟由远驶近)、由强至弱(说明龙舟由近驶远)。每舟乐的锣鼓及演唱,既保持清音班的独特风格,又有绍兴水乡民间音乐的特色。②

《迎神下舟》为序曲,源于绍兴水乡传统习俗,为打击乐曲,由双锣、铜角、昭君号演奏,紧锣密鼓,场面热烈,神秘庄严。《脱布衫》为第一舟乐,管弦乐吹奏曲,乐器包括曲笛、徽胡、二胡、月琴、三弦、中胡、笙、撞铃、叫锣、枣树板。前面散板用曲笛演奏,接着为器乐合奏,没有唱词,主奏乐器为弦乐,旋律优美,风格独特。舟乐《武辕门》为闹场的吹奏乐,类同舟山锣鼓,丝竹与唢呐交替出现,争斗锣加以伴奏,有快有慢,变化丰富,板眼有序,丝丝入扣,曲法合理,烘托出热烈气氛。《大拷》又称《花鼓龙船吹打曲》,其喻义为"大敲",唢呐配锣鼓,旋律高亢激昂,节奏强烈,形成激烈对决气氛。最后唢呐在高音上延长减弱,锣鼓反复演奏:"才台!才台!"减弱减去。双锣接着奏起诡异的节奏,扮演者随着节奏跳起无常,就是《对决——跳无常》。最后,舟乐进行《迎神进殿》,敬拜神位之时,唢呐在锣鼓声中演奏《一枝花》,乐曲表现古代宫廷礼乐的神圣与庄严。在社戏演出时,唢呐在锣鼓声中演奏"庆寿选段",体现古代礼仪音乐的典型特征,表现喜庆祥和的欢乐场面。

"黄神"在绍兴被称为"黄老相公",在绍兴所建庙宇不下数十座,以西郭门蒋家溇为最盛。封建社会科学不发达,医药治疗条件落后,对许多疾病缺乏认识。尤其是天气转暖,疾病易发,有时霍乱流行,横尸百里,绍俗称五六月为"凶月"。"黄神"乃掌管疠疫之神,封为"瘟部副元帅"。所以,"黄老相公会"乃绍俗

---

① 访问陈顺泰,2016年9月17日。

② 陈顺泰:《绍兴清音班介绍》,《绍兴戏曲资料汇编》第6辑,1985年,第73页。

规模最大的迎神赛会之一。"至诞日上午,辇像落船,首以龙船开路,继以大拷音乐船、衔牌旗伞船、十番细乐船、香灯船、台阁船、无常船、花鼓船;菩萨船则用大龙船牵引之,末殿以执事船、会首船等巡行各村。村中皆搭彩棚,悬流苏灯,棚外列清音鼓手,棚中陈设祭品。村皆搭台订班演戏。神船到时,锣铳交鸣,音乐杂奏。老幼趋船膜拜,一时人声鼎沸,佛号喧腾。戏班须至船头请寿,请神点戏。"①每年四月初六"水会",在青甸湖举行竞渡报赛,四乡龙船云集,几十人共一舟,每条龙船都彩旗锣鼓,船上扮演各种戏曲故事,竞相驰逐。各地"黄老相公会"都演戏几天几夜。陆路迎会,从西郭迎至偏门外钟堰头,队伍长达数里,观者不知其数,城里民众也纷纷赶会市,四乡倾巢出动。《青田湖竞渡词》描绘了赛会的盛况:

> 青田湖上相公祠,四月嬉春未算迟。
>
> 二百年来人事少,太平长日赛神时。
>
> 金碧楼台缓队来,锦衣细乐共徘徊。
>
> 前头忽擂春星鼓,更看鱼龙舞一回。

舜王属于五帝之一,每逢九月廿六至廿八日,乃会稽山区王坛双江溪"舜王庙会",必请堕民戏班演出三天以娱神,不是聘请调腔班,就是聘请绍兴乱弹班。"玉麟舞台"阵容齐整,剧目丰富,"头家先生"到永福街68号林玉麟家上门洽谈演出事宜。1948年农历九月初八,"头家先生"邀请"玉麟舞台"戏班前往王坛舜王庙,演出庙会戏,双方签下演出合同。

> 立定票人林玉麟,今定到玉麟舞台班做戏,在双江溪大舜庙神戏三天,定于九月念六日夜戏开演,念八日天明止,面议每天戏价米拾贰石五斗正,其箱脚花把帽盒铺盖等,接送上灶埠头,又轿拾贰乘接送,柴炭茶叶一切由头家负责,恐后无凭,立此定票为凭,再批艺员名额列后,大化蔡宝裕、老生筱芳锦、又外王来仁、二化盖玉兔、又生幼凤彩、小生盖月楼、小化盖茂元、老外盖章甫、又小生筱友生、副小生周月明、花旦盖玲珑、坤角花旦筱月英、又花旦玉麟倌,原班艺员不及载明,再批定票上选请艺员,如有缺席者恁凭减价,此据,并民国叁拾柒年古历九月初八日,立定票人林玉麟亲笔,再批米价照绍城市中等计算,当收米拾石正,并保证人,中人董忠贵整。②

---

① (清)金明全:《绍兴风俗志·青甸湖黄老相公神会》,光绪二十三年刊本,存杭州图书馆古籍部。

② 陈顺泰、林越胜:《绍剧大家,林氏门宗——记绍剧名伶玉麟倌家史艺术》,2016年5月26日,陈顺泰提供。

　　"玉麟舞台"前往舜王庙,天刚蒙蒙亮演员就必须去藐儿桥河沿搭班船,摇到上灶埠头已是九点多钟,到达双江溪,还有三十多里山路。双江溪农民备有竹杠、绳索和简陋小轿,恭候在上灶埠头,将班箱、铺盖一一搬运上岸,用绳索捆绑扎实,一捆一捆抬上山去。班长约定的十几乘小轿,由二支毛竹杠扎成,用绳子串联,扎一块木板当座椅,再缚上一块小板当搁脚,专供一些主要演员乘坐。一般演员每人发一双草鞋步行。从上灶埠头上山,沿着蜿蜒的羊肠小道,翻过桃宴岭、青坛,直上王坛,到达舜王庙已是中午十二点。演员吃过中午饭,略作休息,晚上开锣演戏。

　　从九月廿六开始,舜王庙就非常热闹。坐北朝南的舜王庙耸立在依山傍水的舜江之巅,太殿内外香烟缭绕,灯火辉煌。左右两偏殿及后殿,数百名念佛老太太从青坛、王坛等地赶来"宿山念佛"。庙台上铿锵的锣鼓声,预告戏文即将开始。九月廿六日的戏,乃是给舜王"暖寿"。九月廿七日,才是舜王寿诞的日子。给舜王大帝庆贺寿诞,要举行隆重的"迎帝赛会"。早晨吉时,舜王大帝坐上八抬大轿,沿着各乡村依次绕道而行,再返回大殿,迎神赛会结束,已是中午十二点。舜王大帝入坐佛龛后,戏台上早已供上三茶六酒以及三牲福礼、时鲜水果,戏班立即上演《三星庆寿》剧目。一些贵宾和筹办这次活动的绅士,依次虔诚参拜,祈求风调雨顺,五谷丰登,太平盛世,祭祀舜王大帝后,戏文即可开演。

　　诸暨大宗祠举行祭祀仪式时,雇佣轿佬乐队演奏。大祭祀的工作人员,有唱赞(司仪)一人、领祭一人,轿佬乐队七人,包括吹梅花二人、吹笛子一人、敲汤锣一人、敲小钹一人、敲大铜锣一人。祭祀开始,唱赞按程序大声呼赞,其声有调有韵,既肃穆又动听。祭祀仪式如下:

　　　　起乐——族长就位(站于大厅正中,面朝九张祭桌)——跪——叩首——再叩首——三叩首——起乐(同时站起)——停乐——读祭文(读祭文者必须是有名望的绅衿)——起乐——跪——叩首——再叩首——三叩首——起乐(站起)——叩头——再叩头——三叩首——起乐——领祭。[1]

　　族长主祭后,接着房长参祭,其过程与族长相仿。房长过后为各绅衿和执事个人参祭或集体参祭。最后全体参祭人员在领祭的带领下,交叉穿行于九张祭桌间,活动进入高潮,在鼓乐和礼炮声中宣告礼成。大祭祀需要一整个上午,历时三小时左右,焚烧大量佛经元宝,蜡烛点得满屋通明,炮仗声此起彼伏,均为上等的"双响"。

---

① 郦勇提供,2019 年 9 月 20 日。

# 第六节　宁波迎神赛会音乐

鄞县堕民"九月社火会参神送圣、迎灯走马"①。鄞县庙神出殿行会,由堕民抬神轿,堕民吹行沿途司乐。"大型会具中纱船、抬阁伴奏的民间乐器,如九面锣鼓的打击乐器和笙笛琴的丝竹乐器,能奏古典乐曲《将军得胜令》《梅花三弄》等,初期雇请堕民演奏。随着庙会的增多,由堕民培养出一批又一批的乐手,并为乐坛输送了民乐人才。"②杨树桥都神会,为鄞东一大庙会。都神殿位于泗港乡杨树桥旁,供奉五都元帅和中军府,一年四季香火兴旺。每年二月初八、初九、初十三天,菩萨出殿巡迎。爵献乃群众酬神的一种方式,贯穿迎神活动的始终,大献 42 处,小献 50 余处,共计百余处。分为茶献与酒献,以茶献为多。还有四处特别贡献,江六柱在陆氏宗祠献演京剧,朱家堂房供酱生、酱桃和各式菜肴,戴江岸贡献堕民的木偶戏(俗称"下弄上"),陆家桥在绿脸中军神献桌上多放一碗酒闷蛋。

　　堕民原是浙江一个特殊的社会阶层,倍受社会歧视,不准读书,不准做官,只准堕民内通婚,子孙后代不准改籍。他们从事被人视作最下贱的民间职业,如唱戏、吹鼓手、值堂、送娘、抬轿、阉鸡、阉猪等行业。一般以庙宇、祠堂为家,也有聚居一地的。他们学会吹打乐和江南丝竹,组成半职业性小型乐队。较有影响的有姜山陈鉴桥、五乡曹江村、云龙戴江岸和茅山王伯桥等会班。他们活动在各地迎神赛会和大户人家婚丧喜庆等场合。③

北仑区郭巨堕民"吹行班"参加迎神赛会演奏,吹打乐各曲之间用打击乐器过渡,使之串联成套。北仑民间吹打乐既有节奏鲜明、粗犷豪放的特点,又有韵律优美、曲调流畅的特征。北仑柴桥的顾氏堕民,乃是吹奏唢呐的世家。凡民间庙会、婚丧嫁娶和戏剧演出时,均有唢呐吹奏。独奏时用唢呐一支。合奏演出时需二胡、三弦、锣鼓、琵琶、钹等配奏。代表性的曲目有《朝天子》《小放牛》《高山流水》《彩云追月》《将军令》。"表演形式一般有两种,即独奏或合奏。独奏时,演奏者在舞台上,根据曲目迈动舞步。如独奏《抬花奏》时,双脚'进三退二',双臂上下松动,犹如一乘八人大轿在轻歌曼舞中一颠一簸徐步前进。在独

---

① 张传保修,陈训正、马瀛纂:《鄞县通志(二)文献志》,中国书店出版社 1993 年版,第 706 页。

② 谢振岳:《鄞县庙会风俗》,1993 年,第 15 页。

③ 浙江省鄞县文化馆编著:《鄞县群众文化志(初稿)》,1990 年,第 51 页。

奏《百鸟朝凤》时,嘴巴运气时急时松;奏《惊鸟起飞》时,表演下俯上仰,作鸟儿起飞状。唢呐在合奏时,作主音犹如鹤立鸡群,其他乐器陪衬。"①演奏时身穿彩服,头扎彩巾。

余姚"岁时祭神,各行于香火庙,如赛社行蜡,水旱禳雩,必召乐人歌舞。"②余姚迎神赛会分为两种,一种在神佛生日或忌日举行,以祈求丰收平安,消灾纳福;一种是遇到灾害时临时择日举行,如天旱求雨迎龙王,灭蝗虫迎刘猛将军,驱瘟疫迎瘟神菩萨。余姚迎神赛会以迎东岳神和迎观音菩萨为主。每年农历三月十二日至二十日,余姚城迎东岳神礼拜会,参加有 13 个乡镇,礼拜之会,分为数十社,每社数十百人,鸣金曳旗而唱佛号,邑中丛祠无不遍至。泗门迎东岳大帝的赛会于农历三月初六举行,届时附近各村和镇上商界有 10 多个会参加,其规模在姚北首屈一指,仅大旗就有 100 多面,布龙几十条,鼓亭(乐队)40 多班,形形色色的杠头 100 多种,巡迎队伍长达十里,沿途有十多个戏台演出。姚西和姚西北五年举行的天医胜会,由周巷镇商家附近富户事先向沪甬等地出重资贳赁各种精工细雕的鼓亭、洋船、抬阁、马采等十分高档的执事,夜迎队伍长达 5 里,执事多达六七百杠,沿街笙笛锣鼓响彻云霄,焰火和盒子五彩缤纷,灯火辉煌如同白昼。

奉化境内有许多迎神赛会,必有堕民吹打乐队参加,主要曲目有《满堂红》《柳青娘》。奉化吹打有二种表现形式,一种为队列行进式,乐手分两列纵队边走边演奏,如有"纱船"在前,则跟随"纱船",队形相同。"此形式主要适应于婚嫁迎娶、迎神庙会、行会、出丧等动态场合。"另一种为室内坐奏,乐手分三面围坐八仙桌前演奏。"此形式主要适应于祝寿、满月酒、祈祷、庙会、祭祀、做七等静态场合。"③以"请龙王"为例,每年盛夏天干地旱之时,各地都要召集乡民前往龙潭(山塘)请龙王,此时堕民吹打乐队大显身手,随着请龙队伍一路吹打。特别是请到了龙王(泥鳅、黄鳝、青蛙、水蛇之类)后,更是大吹大擂,直到把龙王吹送到祠堂供奉为止。(图 8.4—8.5)

一些女堕民也参加宁波的迎神赛会,在木制四方形的小阁里,堕民女子扮演戏中人物,由众人抬着行赛。"送娘"后脑梳成假后鬓。宁波谚语《扮送娘》云:

---

① 顾如祥口述,孙兆金、梅金生整理:《唢呐吹奏》,《甬上风物——宁波市非物质文化遗产田野调查(北仑区柴桥街道)》,宁波出版社 2009 年版,第 27 页。

② 杨积芳、张宝琛:《余姚六仓志》卷十八《风俗》,民国九年铅印本。

③ 汪裕章口述,裘基贤整理:《奉化吹打》,《甬上风物——宁波市非物质文化遗产田野调查(奉化市萧王庙街道)》,宁波出版社 2009 年版,第 18 页。

图 8.4　奉化吹打坐奏(宁波市文化广电新闻出版局供图)

图 8.5　奉化吹打行奏(宁波市文化广电新闻出版局供图)

带鱼饼,油炸脍,小小姑娘看小会。

小会大校场,抬阁扮送娘。

送娘梳头像剪刀,红红胭脂贴蜂糖。

小小姑娘要时道,青青背单绿夹袄。

# 第七节　金华迎神赛会音乐

金华庙会甚多，以农历八月十三日"胡公大帝"的庙会最盛，虽以"太子班"为主，也有"轿夫班"身影。相传北宋仁宗年间，金衢严地区连年灾荒，民不聊生，户部侍郎胡则（永康人）为民请命，奏准豁免地丁税三年，百姓感其恩德，立庙朝拜，奉胡则为神灵。农历八月十三日为胡则生日，举行庙会，举行"迎佛""抬阁"等活动。所谓"迎佛"，即将庙中神祇另塑小佛像或立纸牌，置一形如亭阁的花轿中抬出游行。前面以香灯、乐队引路，继以纸马、神像、旗队、火铳；轿后还有各类吹打、说唱队伍相随，浩浩荡荡，颇为壮观。"抬阁"则由孩子装成戏剧人物，用木板拼成台，由大人抬着游行。前有香案、锣、铳、龙虎旗、长旗，后有乐队演奏。庙会时的各类娱乐活动，均离不开民间器乐演奏。义乌的"轿夫班"就"用于迎神、迎灯、接亲等行进路中吹打"①。"迎重阳"乃义乌民众纪念胡公的活动之一，各地均以"都"为单位，抬着胡公香案，前置旌旗幡铭，伴以民间吹打，列队前往德胜岩胡公殿，朝拜"胡公大帝"，沿途均有罗汉班护卫，队伍往往长达数里。

元宵迎灯也有金华小姓的奏乐助兴。"元宵'吹打'是小姓的苦差使。"②东阳画溪村每逢闰月就要挂灯，从正月十三开始，至正月十六止。仅画溪村有"五台挂灯"，每台挂灯一百多盏，分春夏秋冬四季彩灯，中间最大堂灯有六片，点大蜡烛，灯光辉映，婀娜多姿。微风吹拂，烛光闪烁，满堂喜气洋溢。（图8.6）迎龙灯乃武义元宵节最重要的活动，俗称"闹元宵"，嘉庆《武义县志》记载，此时武义"各家悬灯于门街衢，或接竹为棚，挂灯其上，笙歌喧阗彻旦，各坊做龙灯长数十丈，多扎花灯，为人物、亭台数百盏，迎于街市，以赛神斗胜"③。武义迎灯时间比其他地方都长，正月初十夜就已有龙灯活动，迟至正月二十才结束，但大都在正月十四和十五举行。武义龙灯种类繁多，有布龙（跌蛟龙）、草龙、纸龙、板龙，其中以板龙最长，也最为壮观。《东阳风俗志》云："几列龙灯相遇，则要赛灯。龙头赛高或灯列赛阵。此时，各列龙灯时圈时奔，或滚或绕，尽献其技。各村乐班鼓吹高奏，爆竹齐鸣，纷争光彩。"④欢声雷动，迎龙灯活动进入高潮。武义俗语

①　义乌丛书编纂委员会编：《义乌民俗》，上海人民出版社2011年版，第282页。
②　浙江民俗学会编：《浙江风俗简志》，浙江人民出版社1986年版，第482页。
③　周家驹撰：《武义县志》卷之三《礼俗》，宣统二年石印本。
④　周耀明、王庸华编：《东阳风俗志》，1985年，第99页。

云："小姓好做，吹打难过。"①平民迎灯庆祝风调雨顺，小姓却为迎灯吹打苦不堪言。

图 8.6　由"轿夫班"发展而来的东阳画溪民乐队（东阳非物质文化遗产馆供图）

　　堕民在平民的人生礼俗中，提供奏乐服务，起着娱人作用。在迎社赛会中，也有堕民奏乐，起着娱神作用。从事吹奏的堕民被列入"下九流"的末流。谚语云："一打狗二卖油，三修脚四剃头，五抬食盒六裁缝，七优八娼九吹手。"《大清会典》规定："凡民之著于籍，其别有四，一曰民籍，二曰军籍，三曰商籍，四曰灶籍；四民为良，奴仆及倡、优、隶、卒为贱。"以乐娱人乃是贱民。东阳小姓大都在抬轿和抬棺时吹奏，被贬称为"吹轿夫"，若"小姓"参加白事，安排座位时，习惯将吹打的小姓与抬棺者排在一起。"下九流"乃社会下层人物，属于社会地位低下的一类人物，反映封建社会对从事娱乐业的堕民的歧视。

---

①　唐桓臻：《武义风俗志》，中国文史出版社 2009 年版，第 220 页。

# 第九章　堕民与戏剧

堕民最有出息的行当是什么，堕民在传承戏剧中起何作用？[①] 堕民最有出息的行当就是演戏，演员被称为"戏文子弟"，以笑乐娱人。至少从明代开始，绍兴堕民世世代代以演戏为业，创造和传承浙东戏曲文化。堕民乃绍兴戏业的台柱，三埭街为绍兴戏剧的大本营和发源地。绍兴调腔主要由堕民演唱，谚语云"绍兴堕贫唱高调"。余姚堕民分为"丐户"和"郎户"，演戏收入较高，余姚滩簧主要演员为"郎户"。宁波堕民也以演剧为业，堕民大都演出昆剧。苏州也是堕民聚居区，苏州许多堕民演唱昆剧。宁波和舟山堕民也演木偶戏，以酬神还愿。"娼优皂隶"乃全国性贱民，演戏在封建社会属于"贱业"，"堕民"演剧乃理所当然。

## 第一节　堕民乃绍兴戏剧的支柱

绍兴乃戏剧的大本营和发源地。"习伶人者，大半为堕民子弟。堕民为越中贱族，在昔为士大夫所不齿。"[②]绍兴相传："越剧产生于明末，尔时升平日久，宗室之派驻各郡者，养尊处优，丰衣足食，了无所事，日维以丝竹管弦、声色犬马

---

① 关于堕民与戏剧的关系，也有少数论文研究。朱恒夫在《浙东堕民与戏曲》中认为堕民在发展浙东戏曲中发挥了积极作用，堕民参加民俗演艺活动，"打野狐"，浙东的调腔、宁海平调、绍兴乱弹、诸暨乱弹、台州乱弹、湖州滩簧、余姚滩簧、宁波滩簧与越剧等十多个剧种，都有堕民参与，也演木偶戏，参与最多的是绍兴乱弹。俞婉君在《堕民与绍兴戏曲关系考》中，认为清末堕民成为戏业主角，民国绍兴戏业为堕民独霸；戏业融入堕民民俗，如打夜胡、唱像、收获季节持乐器到田间讨谷；民俗活动中，充当鼓手，组织清音班和戏班。堕民戏业服务场合有庙会戏、节令戏、祠堂戏、喜庆戏、事务戏。扮演戏弄的程式有五场头、突头戏、整本戏；堕民对绍兴戏曲的贡献有唱腔优美的海底翻，自树一帜的舞台表演。

② 郭绎之：《越中戏剧》，《民国绍兴县志资料》第 2 辑第 4 册，广陵书社 2011 年版，第 159 页。

为消闲之具。明社即屋,昔之所谓金枝玉叶而逍遥自在者,都一变而为阶下囚。驻越郡者,独以平时醉心戏剧,精音乐,解歌唱,无壮志而得赦免,不过命男子永为鼓吹手,女子永为喜娘,即所谓'堕民'者。此辈既禁与他姓为婚,复不得读书预岁试,仕宦之途既绝,遂不得不于平日嗜之成癖之戏剧中求生活矣。至是越剧乃大昌,今之绍兴剧,实其进型也。初,宗室驻越地者,子息甚繁,分炊异居,行之有年,当明清易代之际,惧遭灭族,多变姓氏以图苟活,及赦书下,仍多不敢公然言真姓氏,是以'堕民'姓氏甚杂,时日既久,即其子孙亦鲜有知者矣。"①"绍剧"原称"越剧"。据传元代宗室子弟玩物丧志,唯以丝竹管弦为乐,醉心于戏剧。元朝灭亡后,留居越地的宗室子弟被贬为堕民,以演唱戏剧为生。

三埭街是浙江乃至全国最大的堕民聚居区,艺人有许多关于戏剧的传说。昔日三埭街四面环河,建有不少桥梁通往彼岸。据传明洪武年间,朱元璋听说绍兴三埭街有被贬为贱籍的堕民,心存疑窦,带着军师刘伯温到三埭街微服私访。朱元璋来到中街(唐皇街),只见一班青壮年男子,在耆老的指挥下,拿着真刀真枪,演练武艺,吓得心惊肉跳,心中暗忖,三埭街人个个武艺高强,如果图谋不轨,大明江山岂不危在旦夕。午时开膳之际,刘伯温见艺人二三人一堆,三四人一撮,背靠着背,各自吃饭,放下心来,以三埭街人吃饭未成群结队地聚在一起,人心不齐,难成大事。其真刀真枪演练,无非出于练习,乃台上搬演"戏文"所需而已。但朱元璋以三埭街乃风水宝地,可能出帝王将相,深感不安。刘伯温也发现三埭街乃风水宝地,环绕三埭街察看一圈,乃是"荷叶地"。三埭街东面有一条小横弄,状似一条龙,其间建有一座高大的五彩亭阁,名曰"五显阁",屋顶两端塑有翘角,恰似龙角,墙的两旁开有两扇窗门,活像龙眼,一条上下五显阁财神殿的石扶梯设在街面,犹如龙舌,从整体结构而言,五显阁的建筑造型,酷似一条龙的头。封建社会将皇帝当作龙的化身,五显阁这般设计,将来肯定出"真命天子"。明真观正对面(临河边)有一座"石行牌",像一只守护门口的神蟹,保卫三埭街人不受外人欺凌。三埭街果然名不虚传,是块发祥之地,确为出皇入相之地。

刘伯温寻思破除其风水,招来地方衙门官员,责令三埭街堕民家家户户必须掘井,美其名曰为民生着想,实即使"荷叶"戳破漏水成废叶。三埭街堕民不得不照办,不仅在室内打井,还在室外打井,几乎家家户户打井,还在街面挖了几口大井,如街井头、新桥河沿的双井头等,据说共打了 164 口井,将"荷叶"戳破,破坏风水。(图 9.1—9.2)此乃刘伯温破"荷叶地"的第一计。第二计就是命令地方官差,将"五显阁"的石梯敲掉,将龙首的舌头割去,龙疼痛难忍,乃飞往

---

① 《越剧由来的一页血泪史》,《申报》1941 年 5 月 15 日。

他乡。三埭街堕民给五显阁装上能装卸的活动木扶梯。第三计就是命令将"石行牌"用红漆涂红,此举乃神蟹被煮熟,变成了一只死蟹,失去了神力,再也无法显威。"实施完三条计策,刘伯温还不放心,唯恐这片荷叶载着'帝王将相'漂往别处,继续'谋皇篡位',威胁主子朱元璋的皇位安全。于是,刘伯温又命令手下围绕三埭街四周河边,搭起十座桥,这十座桥就像十条铁攀,将'荷叶'牢牢地钉死,再也难于漂动。"①这便是通往三埭街的保佑桥、长桥、探花桥、斜桥、小江桥、利济桥、大善桥、日晖桥、新桥、瑞安桥(即滑桥)。

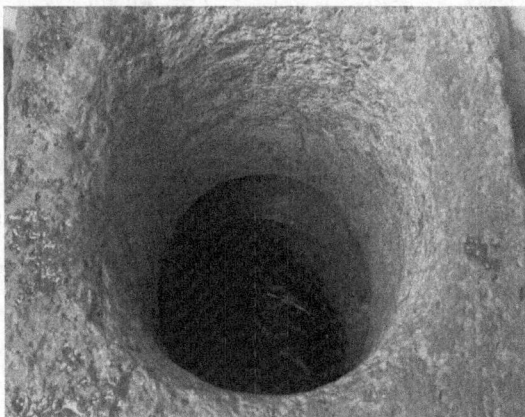

图 9.1　三埭街的家井(陈顺泰供图)

图 9.2　掘在三埭街街井头的井(陈顺泰供图)

① 访问陈顺泰,2015 年 1 月 16 日。

　　朱元璋和刘伯温破除三埭街的风水后,再次来到三埭街察看。朱元璋见三埭街有人头戴皇冠,身穿皇袍,也有人似宰相和将帅以及文武百官,聚在一起议论纷纷。朱元璋不解所议何事,仍忧心忡忡。刘伯温留下四言:"头戴纸糊盔,锣鼓像虎威,金线包穷骨,一世欠债胚。""三埭街人再也不可能出皇帝将相,只得头上戴着纸糊的帽子,身穿金线绣出的假蟒袍,锣鼓虽然敲得热闹,骨子仍是低贱,总以借贷度日,乞讨为生,一世欠债的'大贫佬'。三埭街的风水被刘伯温点破,从此,三埭街没有做官从政之人,只能在舞台上扮演帝王将相、才子佳人。"①三埭街子弟遂以唱戏或"做鼓手"为业,无戏可演,无"鼓手"可做时,男的就挑着"换糖担",穿街走巷,收购废品,聊以为生。女的除做老嬷(喜娘)以外,还在家打棕绳,做发袜赚钱,以补贴家用,世世代代过着贫困的生活。

　　还有另一版本是关于三埭街艺人演剧的传说。据说明初国师刘伯温巡视浙东海防后,来到越国故都绍兴,游览会稽山下雄伟的大禹陵,寻访山阴道上的古兰亭,饱赏稽山鉴水的秀丽景色。刘伯温登上卧龙山巅,极目远眺,西边绿峦青嶂,峻岭险峰,气势磅礴;北边无边原野,纵横河流,水天一色;俯视绍兴城内景色,屋脊鳞次栉比,重重叠叠,大街小巷,均被江河叉开,富有水乡特色。城东北一块四面环水,形似一片荷叶形的土地时,刘伯温皱起了眉头,询问随从,得知名为"荷叶地",唐朝皇帝玄宗曾命"千秋太子"李亨在三埭街的明真观内,请贺知章传学,现为堕民聚居地,从事为人所不齿的吹鼓手、伴娘等贱业,不入户籍。刘伯温上知天文,下识地理,知识渊博,可与三国时的诸葛亮媲美。刘伯温亲自到实地勘察,以为"荷叶地"荷叶叶大而圆,柄细而长,浮于水面,正有扶摇直上之势,气脉旺盛,乃是发祥之地,日后必定出"真命天子"、公侯将相。如果不及早破坏其"风水",肯定危及朱家天下。刘伯温看在眼里,急在心里,一时无计可施。走过鉴湖旁的一家酒坊,从补缸匠用"蚂蟥攀"补缸中受到启发,决定以"攀"攀住"荷叶地",缚其手足,杀其生气,将其钉死,不再出"真命天子"。

　　为了防止荷叶受日月精华,漂出海外,产生"真命天子"。刘伯温来到"荷叶地",绕河转了一圈,作了细致盘算,随后返回行辕,以利于交通,方便百姓作为借口,责令绍兴知府速在"荷叶地"四周造桥。于是,绍兴知府乃征集民工,大兴土木,先后在"荷叶地"四周造起了十一座桥,即香桥、长桥、保佑桥、瑞安桥、县西桥、日晖桥、大善桥、利济桥、小江桥、斜桥和探花桥,像"蚂蟥攀"一样,将荷叶四周钉住。这些桥竣工后,刘伯温亲自复查踏勘,叹道:"荷叶虽然被钉住了,但

————————————
① 访问陈顺泰,2016 年 9 月 16 日。

余气未断,今后真的帝王将相不能出了,假的帝王将相仍将是千百年不绝。"①这块"荷叶地"就是绍兴城内著名的三埭街。三埭街堕民从此只能在舞台上扮演帝王将相。

杨祖谋也叙述了大同小异的有关三埭街堕民何以成为"戏文子弟"的民间传说,因三埭街原本风水极佳,欲出帝王将相。"三埭街四面环水,地下有坛,有如莲形,更有王家山塔奎星点斗之说,风水极佳。嗣有人欲谋破坏,乃在题扇桥之'晋王右军题扇处'碑以挡奎星之笔。又在通泰桥(即新桥)立石门框,使人出入低头。以魇魇之明真观,旧有二井牌坊,亦在观前,其形如蟹,后为人将井填没,谓为瞎其眼,将坊移置,谓为去其鳌。于是,此中人语言习俗,永与人异矣。"②因为三埭街风水被破坏,从此堕民世代以演戏为业。

三埭街是老一辈堕民艺人的聚居地,有几百年演唱传统历史剧的历史,扮演帝王将相,演得惟妙惟肖。三埭街不同版本的传说,说明早在明朝时期,三埭街的子弟即以演戏为业。三埭街乃是绍剧的发祥地,堕民世代扮演帝王将相。三埭街不仅是绍剧的戏窝和发源地,还是绍兴调腔戏窝和发源地。学士街居住的大部分男性堕民,主要是做鼓手、清音坐唱班的乐户人家。如早期绍兴清音坐唱班"荣华堂"创始人张志宏、张宇良等;有唱调腔班著名演员张华仙(小生)、陈连喜(正生)、小羊倌(旦)等;还有绍剧界"二面泰斗"汪筱奎、"泰斗老生"筱芳锦(陈灿齐)、筱昌顺(彭云生)、七龄童(章宗信),绍剧表演艺术家六龄童(章宗义);绍剧名旦爱锦倌、章艳秋;名丑盖茂源等,学士街乃名伶辈出,群星璀璨之地。(图9.3)

唐皇街因唐明皇李隆基被三埭街的子弟尊为"祖师爷"而建造老郎殿而得名。"每家乐户专门雕刻一尊小木偶,头戴皇帽,身穿皇袍,一副皇帝装饰,三埭街人尊称为'老郎菩萨'。凡是出门做鼓手或清音坐唱,必须带上'老郎菩萨'。就连做戏时,也由班长带上,打开衣箱,首先捧出'老郎菩萨',让他坐在高处,再点燃香烛,接受梨园弟子一一恭拜;开盔帽箱时,先取出老郎盔和太监帽,以示对'老郎菩萨'的无比尊敬。为了纪念唐明皇,三埭街人在中街还建造了一座老郎殿,这条街也因此改名唐皇街。每逢正月十五日老郎菩萨生日,殿外锣鼓喧天,鞭炮齐鸣,家家户户,手拿香烛前往老郎殿朝拜。"③唐皇街也是创建绍兴乱弹班最多的一条街,唐皇街的子弟自动组织戏班,自任班长,诸如林四海、陈阿

---

① 阮庆祥:《荷叶地》,《绍兴文艺》1980年第11期。

② 《杨祖谋述堕民故实函》,《民国绍兴县志资料》第2辑第4册,广陵书社2011年版,第101页。

③ 访问陈顺泰,2016年9月16日。

图 9.3 绍兴市越城区学士街 93 号七龄童和六龄童故居（小七龄童供图）

兔（筱兰芳之父）、王茂源（十三龄童祖父）、王纪法（十三龄童之父）、陈四八、林泉源、王桂发、筱柏龄（周六五）、陈阿法、筱凤彩（幼凤彩之父，住街井头）、陈四八（住街井头）、林小羊、筱玲珑、筱兰芳等；还创办过"小天仙徽班"。唐皇街居住许多梨园弟子，从小学戏，打下了扎实的基本功，如著名小生王桂发、筱柏龄（周六五）、盖月楼（林张生），名旦筱玲珑、筱兰芳等。他们为弘扬和发展绍剧事业，做出了不可磨灭的贡献。

永福街住着许多"乐户"，也涌现很多绍兴乱弹名伶，有文武乾旦林芳钰（芳钰倌）、其子林玉麟（玉麟倌）、大面胡福奎、胡继生，小生陈素云、筱柏龄（周六五之师），二面盖玉兔（陈阿荣）、老生林芳锦、盖昌顺（张运来）等。①

三埭街乃是绍兴名副其实的"戏窝"。"绍兴三埭街乃绍兴堕民世代聚居之地，三埭街人以演戏为业。因此，三埭街成为绍兴闻名的戏窝。1918 年首次组织戏业会馆时，登记注册的就有百数以上的戏班。"②据不完全统计，绍兴三埭街的梨园子弟，创办过二十余副调腔班，七十余副绍剧文班，三十余副绍剧武班，另外还有六副徽班。详见表 9.1—9.5。③

---

① 访问陈顺泰，2016 年 9 月 16 日。

② 陈顺泰：《小天仙科班》，《绍兴戏曲资料汇编》第 8 辑，1985 年，第 1 页。

③ 访问陈顺泰，2015 年 1 月 16 日。

表 9.1　绍兴三堍街创建的调腔班①

| 班社名称 | 成立时间 | 班长 | 班长家庭住址 |
|---|---|---|---|
| 老双鱼景林 | 1846 年 | 汪锦益 | 唐皇街 89 号 |
| 老大舞台 | 1904 年 | 高云生 | 永福街 71 号 |
| 共和舞台 | 1910 年 | 薛顺梅 | 唐皇街 55 号 |
| 丹桂越中台 | 1920 年 | 小羊倌 | 学士街 43 号 |
| 桂仙舞台 | 1906 年 | 桂仙 | 永福街 61 号 |
| 新大舞台 | 1910 年 | 宗棠 | 学士街 25 号 |

表 9.2　绍兴三堍街创办的绍剧文班②

| 班社名称 | 班长姓名 | 创建时间 | 班长家庭住址 |
|---|---|---|---|
| 老长安吉庆 | 陈连生 | 1894 年 | 永福街 61 号 |
| 双和新吉庆 | 高阿炳 | 1900 年 | 学士街 44 号 |
| 荣孝新吉庆 | 小牛倌、林世海 | 1900 年 | 唐皇街 48 号 |
| 文明新吉庆 | 张藕生 | 1902 年 | 学士街 59 号 |
| 日月新吉庆 | 陈阿增 | 1902 年 | 街井头 20 号 |
| 长安霞庆 | 陈爱生 | 1905 年 | 永福街 71 号 |
| 日月吉庆 | 陈六八 | 1905 年 | 唐皇街 77 号 |
| 顺舞台爱记 | 陈爱生 | 1905 年 | 永福街 71 号 |
| 文鸿福 | 裴阿茂 | 1905 年 | 永福街 11 号 |
| 天禄春阳台 | 林芳玉 | 1912 年 | 永福街 35 号 |
| 蕊芝长春 | 周胡宝 | 1916 年 | 学士街 71 号 |
| 越州景春台 | 陈阿兔 | 1916 年 | 唐皇街 44 号 |
| 文明新霞庆 | 慈生 | 1910 年 | 永福街 60 号 |
| 越中天兰记 | 王玉兰 | 1910 年 | 永福街 41 号 |
| 新同福 | 胡福奎 | 1910 年 | 永福街 65 号 |
| 茂源舞台(新双和茂记) | 王茂源 | 1920 年 | 唐皇街 54 号 |

---

①　访问陈顺泰,2015 年 1 月 16 日。
②　访问陈顺泰,2015 年 1 月 16 日。

续表

| 班社名称 | 班长姓名 | 创建时间 | 班长家庭住址 |
|---|---|---|---|
| 全鸿禧 | 陈四禧 | 1920 年 | 永福街 43 号 |
| 老天荣舞台 | 陈阿法 | 1920 年 | 学士街 62 号 |
| 四季长春 | 阿松 | 1920 年 | 永福街 60 号 |
| 天地神 | 王玉兰 | 1920 年 | 永福街 41 号 |
| 财源霞关 | 梁老虎 | 1924 年 | 学士街 86 号 |
| 正风台 | 林泉源 | 1920 年 | 唐皇街 52 号 |
| 祥金舞台 | 陈四八 | 1925 年 | 唐皇街 82 号 |
| 改进新舞台 | 筱宝生 | 1915 年 | 唐皇街 74 号 |
| 森桂舞台 | 汪森桂 | 1926 年 | 永福街 16 号 |
| 同春舞台 | 赵春（前）、章益生（后） | 1920 年 | 学士街 75 号 |
| 平安越舞台 | 筱凤彩 | 1926 年 | 街井头 21 号—6 |
| 四香霞庆 | 赖阿乜 | 1930 年 | 唐皇街 75 号 |
| 碧霞仙 | 森泉源 | 1930 年 | 唐皇街 52 号 |
| 纪法舞台 | 王纪法 | 1930 年 | 唐皇街 54 号 |
| 友生舞台 | 林友生 | 1930 年 | 五显阁直街 5 号 |
| 玉麟舞台 | 林玉麟 | 1930 年 | 永福街 35 号 |
| 麒麟舞台 | 张麒麟 | 1930 年 | 街井头 21 号—4 |
| 大中央舞台 | 张大龙 | 1932 年 | 唐皇街 82 号 |
| 中央舞台 | 徐冰 | 1934 年 | 永福街 66 号 |
| 共舞台 | 汪筱奎 | 1934 年 | 学士街 66 号 |
| 柏龄舞台 | 周六五 | 1934 年 | 唐皇街 57 号 |
| 第一舞台 | 林泉源 | 1943 年 | 唐皇街 52 号 |
| 昌顺舞台 | 筱昌顺 | 1945 年 | 行牌头 12 号 |
| 五王舞台 | 陈来大、陈鹤皋 | 1945 年 | 学士街 62 号 |
| 越舞台 | 胡阿江 | 1946 年 | 唐皇街 41 号 |
| 越中第一舞台 | 林小 | 1946 年 | 唐皇街 43 号 |
| 玲珑顺舞台 | 筱玲珑、吴昌顺 | 1946 年 | 唐皇街 100 号 |

续表

| 班社名称 | 班长姓名 | 创建时间 | 班长家庭住址 |
|---|---|---|---|
| 素云舞台 | 陈素云 | 1946 年 | 永福街 46 号 |
| 大发舞台 | 韩大发 | 1946 年 | 永福街 30 号 |
| 桂发舞台 | 王桂发 | 1946 年 | 唐皇街 74 号 |
| 麟童大舞台 | 裘松源 | 1947 年 | 学士街 88 号 |
| 兰芳舞台 | 筱兰芳 | 1947 年 | 唐皇街 44 号 |
| 运来舞台 | 盖昌顺(张运来) | 1947 年 | 永福街 35 号 |
| 继生舞台 | 胡继生 | 1947 年 | 永福街 72 号 |

表 9.3  绍兴三埭街创办的绍剧武班①

| 班社名称 | 班长姓名 | 创班时间 | 班长家庭地址 |
|---|---|---|---|
| 锦秀吉庆 | 兰生 | 1900 年 | 永福街 27 号 |
| 大春元 | 阿喜 | 1905 年 | 唐皇街 97 号 |
| 义兴玉成 | 小牛 | 1910 年 | 学士街 47 号 |
| 天仙华景台 | 桂林 | 1910 年 | 永福街 108 号 |
| 老鸿秀 | 毛豹 | 1910 年 | 学士街 35 号 |
| 老鸿秀吉庆 | 春生 | 1912 年 | 唐皇街 78 号 |
| 景鸿福 | 于阿桂 | 1912 年 | 永福街 34 号 |
| 浙东第一台 | 春生 | 1920 年 | 唐皇街 78 号 |
| 小天仙 | 陈四八 | 1921 年 | 街井头 24 号 |
| 老如意 | 张万 | 1925 年 | 永福街 26 号 |
| 新鸿福茂记 | 阿茂 | 1930 年 | 唐皇街 87 号 |
| 春生舞台 | 春生 | 1930 年 | 唐皇街 78 号 |
| 老春华 | 钱顺老 | 1928 年 | |

① 访问陈顺泰,2015 年 1 月 16 日。

表 9.4　绍兴三埭街创建的徽班①

| 班社名称 | 班长姓名 | 创班时间 | 班长家庭地址 |
|---|---|---|---|
| 小丹桂 | 小羊倌 | 1910 年 | 学士街 43 号 |
| 天仙越舞台 | 陈四八 | 1914 年 | 街井头 24 号 |
| 小蕊芝 | 胡坤 | 1915 年 | 唐皇街 98 号 |
| 模范台 | 何辈孚 | 1917 年 | |
| 天仙第一舞台 | 陈四八 | 1920 年 | 街井头 24 号 |

表 9.5　三埭街的名伶②

| 行当 | 姓名 | 代表作 | 住址 |
|---|---|---|---|
| 坤旦 | 林奎宝 | 落绣鞋、凤凰图、金玉缘等 | 永福街 55 号 |
| 老生 | 林芳锦 | 卖花龙图、轩辕镜、双钉记 | 永福街 55 号 |
| 老生 | 筱凤彩（张金奎） | 潼关、高关、紫金鞭、潞安州等 | 学士街街井头 21 号—6 号 |
| 老生 | 梁幼侬（阿乜老生） | 宝莲灯、双金锭、双贵图等 | 永福街降诏弄 |
| 老生 | 吴昌顺 | 宝莲灯、龙凤锁、清官册等 | 小保佑桥 35 号 |
| 老生 | 筱芳锦（陈灿齐） | 包公、关公、济公（人称三公老生）、潼关、青龙关等 | 学士街 76 号 |
| 老生 | 麒麟老生（张杏生） | 独木关、潼关、高关、朱砂球等 | 学士街街井头 21 号—2 号 |
| 老生 | 筱昌顺（彭运生） | 金水桥、滑油山、芦花记、西游记等 | 学士街行牌头 12 号 |
| 老生 | 七龄童（章宗信） | 青龙关、高关、西游记、清官册等 | 学士街 73 号 |
| 老生 | 盖昌顺张运来 | 青龙关、潼关、打登州、渔樵会等 | 永福街 78 号 |
| 老生 | 十三龄童（王振芳） | 青龙关、清官册、海瑞、于谦等 | 永福街硝皮弄 8 号 |
| 老生 | 王纪法 | 双金锭、英烈传、千秋甲等 | 唐皇街 54 号 |
| 老生 | 幼凤彩（张松标） | 潼关、龙虎斗、包公戏等 | 永福街降诏弄 |
| 老生 | 胡天松 | 打登州、三奏本、双金锭等 | 永福街 69 号 |
| 老生 | 张天红 | 天缘球、定天山、牧羊卷等 | 唐皇街 52 号 |
| 老生 | 筱长胜（韩阿六） | 双核桃、千忠会、三奏本等 | 唐皇街 43 号 |
| 老生 | 周炳元 | 打登州、龙凤锁、打严嵩等 | 蕺儿桥河沿 13 号 |

---

① 访问陈顺泰，2015 年 1 月 16 日。班长家庭地址根据 1981 年门牌号码记载。

② 访问陈顺泰，2015 年 1 月 16 日。

三埭街堕民男子以演剧作为主业,堕民戏班数以百计。"堕民又多以演戏为业。民国初年堕民所组织戏班多至百余,执戏业者占全数人口的十分之一以上,名角以下不止五六千人,戏班有高调、文乱弹、武班、水陆之分。戏本多由口授,每班各有主管人,戏子前额剃光,使人一望而知,名角多采包银制。在全面抗战以前还有数十班,战后只剩十数家了。"①堕民乃绍剧的支柱。"在绍兴乱弹的班社中,不论是演员,还是乐师,大多出身于堕民。据说占到班社人数的百分之八、九十。他们一代继着一代,专以演戏为业,继承和发展着绍兴乱弹的艺术传统,可以这样说,过去绍兴的戏曲舞台,自堕民加入以来,一直是由他们撑持着,借此养家糊口,并且施展着他们的艺术身手。"②绍兴有民谣云:"东乡目连西乡表(孟姜女戏),绍兴堕贫唱高调。"秦人如是说:

> 绍兴本地的戏剧,几为堕民的专业,门口粉墙上写几个什么班什么舞台,就表示一个戏班,主持人所在。重要演员亦有平时约定关系,零碎角色则俟有生意时临时纠集,报酬由班主临时酌送,平常不演戏时,即无报酬。演戏机会多为城乡各处庙宇,时令社戏,或神诞或大户人家喜庆寿辰,或争执斗殴,败方被罚的讨饶戏。文演剧场所在庙即为庙台,无台者则就地搭台,或在河中搭台(称为"湖台"),在人家则就厅院搭台。赴约演戏时,全班演员共乘班船出发,班船形状特别,容积很大,全体食宿都在船,各班行头有自备的,有租用的。专备行头出租而不组班社的称为"行头主",三埭街有座"迎春观",供祀他们的职业神"唐明皇"。这个庙同时也就是他们的公所,有什么问题都到这里商量解决,所以也称"戏业会馆"。出发演戏时候,有一尺许木雕的小型"唐明皇"供在后台,他们叫做"老郎菩萨",演戏是他们男子的主要职业。③

演绎绚丽多彩的浙东戏曲文化者,就是这样一群社会地位极其卑下,被剥夺学习文化权利且目不识丁或略能识字的堕民艺人。从明代开始,堕民世代以演戏为业,其子弟从幼年开始,或弄丝吹竹,或练嗓学唱,稍长即随父兄加入戏班观摩演出。堕民数百年来在戏曲园地里辛勤耕耘,成为调腔和绍剧的台柱,创造和传承浙东的戏曲文化。《越中竹枝词》云:"羽衣霓裳一曲歌,村台庙会雅奏多。落拓王孙悲日暮,无可奈何郑久和。"④

---

① 郑公盾:《浙东堕民采访记》,《浙江学刊》1986年第6期。

② 陶仁坤、罗平、严新民:《绍剧史料初探》,1980年,第12页。

③ 秦人:《杭甬段沿线的特殊民族》,《京沪沪杭甬铁路日刊》1937年第1913期。

④ (清)无名氏:《越俗竹枝词(堕民)》,《越中竹枝词选》,上海文艺出版社2011年版,第15页。

## 第二节　堕民与绍兴调腔

绍兴调腔，又称"高调"，迟至明代崇祯年间即已流传于浙东地区。采用"一人启口，众人接腔，徒歌清唱，锣鼓帮扶"的演唱形式。据说调腔唱腔高昂，近似"直声喊"，但其动作和道白，却讲究细致逼真。台上使用的道具，乃真实的日常生活用品，如香油灯（即菜油灯）、蜡烛、香用以舞台演出时，均予以点燃，还有锄头、碗筷、外线等，其表演贴近生活。陈顺泰直言："绍兴调腔艺人大都是堕民。"①六龄童回忆堕民"唱的有调腔和乱弹"②。"他们的职业唱戏，演绍兴剧高调的唱法，演唱前半句，后半句由后场齐声接唱，叫做'接代口'，也是堕民的专业。"③清代范寅在《越谚》中提到绍兴有调腔戏班（文班）和乱弹戏班（武班）。"文专唱和，名高调班；武演战斗，名乱弹班。皆堕贫为之。"④据中华人民共和国成立前统计，"绍兴戏剧（调腔班、乱弹班）中从业人员，有百分之九十五以上是堕民"⑤。最早见于记载的调腔班是清代李慈铭在《越缦堂日记》所提到的"群玉班"，此乃调腔班的通称，所谓"群玉"，为戏班演员的十二行脚色，个个唱演精湛，技艺非凡，群玉荟萃。后来，又有"玉茗群玉"，又名"汤群玉"。接着，又有"应群玉""双鱼群玉"等以"群玉"为名的戏班陆续组建，而称原群玉班为"老群玉"。此后，出现了"双鱼锦林""双鱼贤记"等班社。民国时期，有"老大舞台""丹桂越中台""天蟾舞台""文秀舞台""牲生舞台""新大舞台""共和舞台""桂仙舞台""春仙舞台"。

中华人民共和国成立前，绍兴三埭街的乱弹班有几十副，但调腔班只剩下两副。其中之一就是"老大舞台"，组建于 1904 年，班长汪锦益，家住唐皇街 89 号，也是调腔旦脚演员，艺名为"锦益倌"。1906 年，老大舞台易主，由家住永福街 71 号的高云生接任班长。老大舞台的主要艺人先后有正生陈连喜、正生林阿金、小生张华仙、贴旦小龙倌、小旦正福倌、大花脸钱阿牛、二花脸宝泉、小花脸泉源等近三十人。而以正生陈连喜最为著名。著名堕民调腔艺人陈连喜，字良胜，因患黄胖病，被称为"黄胖正生"，为绍剧著名作曲家陈顺泰祖父。陈顺泰

---

① 访问陈顺泰，2015 年 1 月 16 日。

② 六龄童：《取经路上五十年》，上海文艺出版社 1988 年版，第 3 页。

③ 金文图书公司编辑部编：《中国民俗搜奇》第 1 辑，金文图书有限公司 1977 年版，第 141 页。

④ （清）范寅：《越谚》卷中《不齿人》，光绪八年刻本。

⑤ 严新民：《绍兴乱弹史料发微》，《乱弹杂咏》，中国戏剧出版社 2011 年版，第 203 页。

回忆"祖父陈连喜出生于乐户,自幼受其父传教,能吹、拉、弹、唱。十二岁拜老双鱼景林调腔班班长汪锦益为师,聪明好学,堪称奇生"①。陈连喜擅长《汉宫秋》中的"游宫""饯别",饰演汉元帝,唱做兼美,韵味浓郁。1908 年,转入老大舞台,在《铁冠图》中,饰演崇祯皇帝,演至煤山自尽时,身立高台,提足将穿在脚上的一尺八寸的高靴,自头顶踢至下场口守候的盔箱师傅手中,称为"背身踢靴"。其演艺与激情密切结合,具有感人的戏剧效果。"如在《双凤钗》中,陈连喜饰巡按,当其惊闻妻、妹被冤赴斩后,他一掼头抛去纱帽,变成油脸,半披官袍,肩搭高靴、搁带、脚蹬草鞋,以飞快地台步,边跑边唱,火把、黄伞紧随其后,把巡按惊恐焦急的情绪,强烈地表现出来,到了法场,见胞妹被斩,他又以迅捷的身段,卸掉身上的蟒袍、搁带、高靴,以快速的碎步扑向尸体,用凄切、暗哑的声音,唱出悲恸欲绝的心声,使观众无不动容;在'怒审'一场中,他对凶犯大段的审斥道白,念得字字分明,铿锵有力,念至末尾,突然连人带桌,向前推俯成 45 度角,如利剑直逼凶犯,形成强烈的戏剧气势。"②陈连喜不仅技艺精湛,而且戏德高尚,为人急公好义,深受调腔界敬重,为调腔观众所喜爱。1954 年逝世,享年 71 岁。(图 9.4)

老大舞台常演剧目有《彩楼记》《白兔记》《蝴蝶梦》《北西厢》《汉宫秋》《白罗衫》《铁冠图》《还金镯》《雷峰塔》《双金钗》《碧玉簪》《白门楼》《双喜缘》《兰香阁》《龙凤图》《油瓶记》《双玉配》等剧目。戏班常年在宁绍地区演出,尤以余姚、嵊县、新昌、上虞为多,南至天台和黄岩,北达上海一带。1924 年,老大舞台散班。

三埭街创建的另一副调腔班是"丹桂越中台",创始人为堕民林福生。林聚成回忆:"我的祖父林福生,世居昌安门外洞桥下岸,是被人看不起的'惰民'。据说,在绍兴的'惰民'共有九个姓,相互间自称'三双'。聚居中心地是城内学士街、唐皇街和永福街,即'三埭街'。其次是樊江后庄楼、东关彭家堰、陶堰的瓜山、马山的众安桥、柯山下、戚墅等村,与平民互不通婚,每逢婚丧喜庆,男的做吹鼓手,女的做喜娘,其实惰民不惰,平时,男的多做废品兑换生意,如换鸡毛、鸭毛,女的打棕绳,捡鸡毛。在农村的惰民多种田,我的大伯父就是种田能手,母亲也帮农作。"③堕民从事演戏,成为堕民"最有出息"的职业,一旦成名,名利双收,可以置田买屋。林家成员都入班中担任演员。林聚成如是说:

我祖父带的调腔班"丹桂月中台"最有名,我的二伯父小毛倌和三伯父三二倌,都是唱旦的。后起之秀的花旦是二伯父的独生子林德仙。我父亲

---

① 访问陈顺泰,2015 年 1 月 16 日。
② 罗萍:《绍兴戏曲史》,中华书局 2004 年版,第 114 页。
③ 林聚成:《绍兴高腔点滴》,《绍兴戏曲资料汇编》第 10 辑,1985 年,第 100 页。

图 9.4　绍兴调腔著名表演艺术家"黄胖正生"陈连喜（2015 年陈顺泰供图）

林筱扬唱小生，叔侄搭档，很受观众赞赏，生意很好，尤其是农历正月的灯头戏和三月的上坟戏，预订者很多，祖父自己置备一套戏服道具，盛满十二箱，称为一台。[①]

"丹桂月中台"的名伶荟萃，济济一堂。"白脸堂老生胡福友（马山众安桥人），是我父亲的师傅，他熟悉'统纲'（即整个剧本）。'外'是堂姐夫林德胜（柯山下人），'末'是堂兄林德意，我父亲是小生，他收了一个徒弟（是戚墅人）做副小生。花脸堂大面有时候请皋埠牛大花脸，二面是著名的天宝二花面（也是堂姐夫），只有长胜二花脸可以与他匹敌，唱腔是长胜二花脸嘹亮，然喜剧做功是天宝二花脸的。旦堂正旦是我三伯父（二伯父去世早），花旦林德仙的演技与唱腔的确是可以与筱玲珑齐名的。音乐组叫作场面堂，打鼓是龙头位，高腔班要由音乐组接调（所以又叫调腔班）。当时的鼓手赖头六十，是终年住在我家中的，我父亲对他特别优待，我很喜欢他，因为不演戏他可以在家里讲戏给我听。他也是熟悉'总纲'的，否则他就没法接调了。我父亲对大衣师傅也特别优待，因为全台戏服要由他保管。"[②]高腔剧目主要是家庭剧，也有历史剧，以细腻的唱做为主，全部都是文言文，如昆曲一样。高腔最为流行的家庭戏（文戏）有《牡丹

①　林聚成：《绍兴高腔点滴》，《绍兴戏曲资料汇编》第 10 辑，1985 年，第 100 页。
②　林聚成：《绍兴高腔点滴》，《绍兴戏曲资料汇编》第 10 辑，1985 年，第 102 页。

亭《西厢记》《白兔记》《琵琶记》《碧玉簪》《玉蜻蜓》《蝴蝶梦》《庄子劈棺》《苏秦赶考》等剧目。尤以《西厢记》中的"游寺""拷红"以及《碧玉簪》最受欢迎。历史剧一般为闹剧，即武剧，多在开场时演出，三国戏有《辕门射战》《白门楼》《双龙会》《水擒庞德》等剧目。高腔流行于余姚、上虞，特别是余姚梁弄、上虞下管。其次是嵊县崇仁、三界，再就是萧山戴村。

林福生逝世后，"丹桂月中台"和全套戏服道具由其子林筱扬继承。林筱扬鉴于联系业务有诸多不便，便于 1923 年移居三埭街的学士街小学隔壁。这是"丹桂月中台"的黄金时期，戏业生意兴隆，林家高朋满座，米店、酒店、南货店、菜馆仅凭林筱扬的折子就可以买货而不用付现金，逢年过节商店才到林家结账，林家很讲信用，从不拖欠。1941 年绍兴沦陷后，林筱扬带着"丹桂月中台"逃往嵊县崇仁，成了"难民班"。由镇长裘祝馨安排，戏班在崇仁的每个乡村轮流演出达一年之久。嵊县沦陷后，"丹桂月中台"未再演出。1945 年 4 月，班主林筱扬病逝，戏服被出售，不再有人组织。

调腔演出程序，分为"五场头""彩戏"和"正本"。"五场头"曲牌丰富，音乐性很强，每场的内容和形式，均有鲜明特色。"一场"为"闹头场"，又称"文头场"，以打击乐为主，由"三击头"开始，接着为"三出场""蛇脱壳"，"直场""煞尾"，由"关门"结尾。

"二场"以吹打牌子为主，调腔无管弦托腔，唱腔高低颇难把握。"二场"通过这些吹打曲牌，定下调高，让演员心中有数。"二场"演奏牌子第一套为"望妆台""浪淘沙"；第二套奏"半通"，又名"花二场"，有"都花""万年青""江儿水"；第三套奏"中和乐"；第四套奏"四季"，即春、夏、秋、冬。可任选其中一套。

"三场"则转入以演唱为主，内容有"庆寿"与"大庆寿"两种，可因时因地任选其一演奏。"庆寿"分为"三星庆寿"和"八仙庆寿"，祝福长寿平安，两种庆寿的形式和演唱内容均一致，唯有登场人物一为"福禄寿"，一为"八洞神仙"。全体人员均登台齐声合唱，伴有热烈的梅花与打击乐，气氛极为欢快。演唱曲牌有两套，一为"小梁州""沽美酒""清江引"；二为"园林好""山花子""大和佛""红绣鞋"。"大庆寿"演出东方朔偷桃故事，又名《三窃桃》，第一出为东方朔趁护桃仙子酣睡之际，窃取仙桃；第二出为岳飞等奉旨率天将追赶，将东方朔擒获复命。第三出为福、禄、寿三星为王母庆寿。

"四场"演出以舞蹈为主，其演出形式一为"魁锣"，又名"跳魁星"；二为"风、调、雨、顺"；三为赵玄坛打虎。可根据地区和季节不同，任选一种。"魁锣"分为"踢魁"和"五魁"两种，二者锣鼓大致相同，只从"五魁"中删去某些段落，即成"踢魁"。凡文人荟萃集镇，多演"踢魁"，以示"魁星点额，连中三元"之吉兆。"风、调、雨、顺"由四人分饰，多在农村演出，以祈求五谷丰登。"赵玄坛打虎"则多在山区演出，为一小型剧，第一出"爬虎"，猛虎为患，民受其害；第二出"追虎"，"赵玄坛"奉命除虎，四下追索；第三出"打虎"，"赵玄坛"抓住猛虎，全剧进入高潮。"赵玄坛"要土地前去询问，猛虎是"放生"还是"打死"。土地询问观众，观众齐声表示"打死"。于是，"赵玄坛"开鞭将猛虎打死，以祈不受山兽侵害，确保四季平安。

"五场"以表演为主，内容有"跳加官"和"财神捧元宝"。"跳加官"，又名"调白面"，或"文财神"，饰文财神演员戴上白色假面，慢悠悠地在台上作滑稽表演，该哑剧含义为仕途得意，连升三级。"财神捧元宝"，又名"武财神"。

"彩戏"为演出的第二部分，多演《大赐福》《儿孙福》《五代荣》《春富贵》等。"彩戏"与"五场头"一样，也是作"福、禄、寿、喜"，富贵荣华与吉祥如意等祝词。"彩戏"结束后，"正戏"正式上演。此时，络绎而至的观众将台前挤满。调腔班将能演之戏，登载戏本之上，由地方缙绅挑选。凡戏本有者，一经选定，不得推故不演。观众喜欢演出有大团圆结局，如果"正戏"不以大团圆结束，必须加演《劝扮》，由一生一旦演《梁祝相会》故事，吹打"谢神台"曲牌，再吹打"过场"曲牌，以示戏已结束。有时，另有"扫台"习俗，以示驱逐邪祟。唯有三种情况采用，一为开新台，结束时扫台以驱邪；二为若迭遇灾祸，民众集资驱邪，演出结束也必扫台，以祈合境安宁；三为某些地方习俗，常规演出结束，要求演员扫台。凡演出扫台，必须另给班社厚礼。

堕民对调腔的重要贡献，就是练就了"背身踢靴"等绝技。此乃调腔正生行当中的演技，源出《铁冠图·煤山》，明末崇祯帝在李自成兵临城下时，仓促奔上煤山自尽的表演情节。由台上负责演出的杂务人员"值台"师傅先做好准备，在台口鼓板师傅所坐的"九龙口"台柱上置一竹篓，篓口直径应能容纳一只靴子。当崇祯皇帝打着油脸仓皇上场时，突闻一记响鼓，声同裂帛，崇祯受惊跃起，一个"从跌"，皇冠甩飞，随即一足上翘，说时迟，那时快，足上的靴子已朝脑后踢飞而过，不偏不倚落入篓中，此时台下欢声雷动。著名堕民调腔艺人陈连喜擅长此技，能从高台上将高靴踢向下场口盔帽师傅的手中。此绝技需要娴熟的技艺，擅演此技的著名调腔正生潘岩火云："看看一点点，练练二三年。"

长达十四年的抗日战争，内忧外患，民不聊生，对绍兴调腔给予了毁灭性打击。抗战胜利后，多数艺人年事已高，力不从心。年轻人也不愿重操旧业，另谋出路。学调腔的难度较大，堕民都愿意演绍剧而不愿演高腔。"当时的秀才举人后半夜人静了，打着拍子，看着原著听戏，所以学戏的人不多，因为难度大，包银少，已经学会的不愿丢，没学会的就不愿学。"林聚威如是说："我父亲从小就教育我不要学戏。他说唱戏是吃开口饭的，像叫化子一样；又是水面上的饭，在走江湖的路上,生活没有保障,所以我家中虽有二台戏服道具,我却没有学戏。"①调腔多演长本传奇,演出繁杂冗踏,唱腔也无丝竹伴奏,显得单调平板。调腔剧目文字艰深,晦涩难懂,多唱曲牌,板眼严峻,没有文化的艺人殊难掌握,农民观众也不易看懂。鲁迅在《偶成》中云:"台上群玉班,台下都走散,连忙关庙门,两边墙壁都爬塌,连忙扯得牢,只剩下一担馄饨担。"绍兴城区的堕民调腔班因此偃旗息鼓,销声匿迹。

## 第三节　堕民与滩簧

"余姚腔"乃中国古代南戏四大声腔之一,与浙江海盐腔、江西弋阳腔、江苏昆山腔,并称为中国古代四大戏曲古腔。"余姚腔"产生最早,影响深远,为各种戏曲新兴声腔所吸收,风靡全国。"堕民善于唱曲,专以唱班为业的较多,自明代至解放前凡唱戏的多为堕民,兴盛于明代的古典四大声腔之一的'余姚腔',与堕民有着密切的关系,没有堕民的唱曲,可能不会有'余姚腔'的产生。"尽管"余姚腔"早已失传,在余姚堕民的唱班中仍有迹可循。"如横河潭子湾村有唱班所唱的古调,余姚人称之为'潭子湾调',就保留了'余姚腔'的古唱法。"②堕民对"余姚腔"的发展也有过贡献。

余姚堕民分成二种,一为"丐户",一为"郎户"。生活较为富裕的堕民被称为"郎户",而演戏乃是堕民收入较高的职业。姚剧前身为余姚滩簧,又称"灯戏""串客戏""花鼓戏"。滩簧的表演朴实风趣,具有浓郁的生活气息和江南农村特色。演出剧目大都为对子戏,一丑一旦,插科打诨,表演风趣幽默,对白巧嘴伶舌,唱腔婉转动听,恰如对对鹦哥,惹人喜爱,故又称"鹦哥戏"。秧歌为江南水乡的田头山歌,农民在水田中播秧插秧,趟田耘田,有唱有说,自娱自乐,内容涉及爱情故事,夹杂"田头野语",滩簧的台词唱腔也有此类成分,故也称"秧歌戏"。许多堕民从事戏曲度日,从事滩簧的堕民艺人也不少。"所谓堕民,主要是住在浙江的一个社会阶层,相传宋王朝将俘获的叛军遣送临安以东地区,史称堕民'远徙浙东',而在滩簧艺人中确有不少属堕民阶层的。堕民在历史上受政治压迫,从事的职业也受到限制,而戏子在旧社会是'下九流',象叫化子一样,被人看不起,是堕民可以从事的职业之一。余姚、绍兴都有堕民从事戏曲业以度日的,在绍兴地区被称做'乐户'。在余姚堕民人数很多,如后横堟、兰士

---

① 林聚成:《绍兴高腔点滴》,《绍兴戏曲资料汇编》第10辑,1985年,第102页。
② 季学源主编:《姚江文化史》,浙江古籍出版社2006年版,第253页。

桥,都有堕民村,特别姚北朗霞应家堕民村,该村凡20岁以上的男子,几乎都会吹唢呐《一枝花》,其中堕民的'吹唱班',也就是后来姚簧的'坐唱班',他们代代相传,如余姚丰北的'肖家班'、低塘的'八车班',朗下的'明山班',至今犹存。"①余姚滩簧深受浙东民众欢迎,俗语云:"村里来了滩簧班,男的忘了下田畈,女的忘了落灶间。""年三十夜躲欠债,正月初一看滩簧。"

堕民戏班信奉"老郎菩萨",余姚滩簧传说也与唐明皇有关,据传"唐明皇创造戏文,皇后娘娘创造滩簧"。余姚滩簧艺人从艺学习的第一个节目就是《小唐皇》。"相传该剧目唐明皇所作,而代表唐明皇的即老郎神,因此各班社每逢正月半、八月半都要拜老郎神,进行'敬茶',并在敬茶仪式上演出《小唐皇》。"然而,据说作为争取女权的"娘娘",却又定下藐视皇上尊严的两项规定,以示对"老郎神"的不敬。一是将"老郎神"作为道具,演出《大闹花灯》《捉蛇》等传统剧目时,都将"老郎神"作为婴儿抱上舞台戏耍;二是换台基装箱时,将"老郎神"从戏服缝隙中倒置直插箱底,取意"不让他坐享供奉,叫他去钻台基,为演出效劳"②。余姚滩簧在演出中,旦角必坐上位(左边),以显示女性的尊贵。这些传说和习俗在滩簧艺人中代代相传,这是艺人的一种假托。滩簧艺人为了抬高剧种的地位,将滩簧的渊源牵扯到唐明皇和娘娘上并不奇怪。所谓"娘娘造滩簧",事出有因,查无实据。余姚滩簧艺人供奉的"老郎菩萨"乃木刻制,不足一市尺长,演毕放入班箱中,用倒置的方法,将老郎头从衣缝插入箱底,含有钻台基之意,以讨演出兴隆的彩头。余姚滩簧形成于明末清初,清乾隆时已极为盛行。

堕民艺人带着余姚滩簧很早就晋京演出,却遭到清政府的查禁。康熙十年(1671),清政府颁布驱逐演唱"秧歌"的堕民妇女的"圣谕"。"凡唱秧歌妇女及堕民婆,令五城司坊等官,尽行驱逐回籍,毋令潜住京城。若有无籍之徒,容隐在家,因与饮酒者,职官照挟妓饮酒例治罪;其失察地方官,照例议处。"③康熙四十五年(1706),清政府再次颁布驱逐演唱"秧歌"的堕民妇女令:"将秧歌脚惰民婆,速行尽驱回籍,毋令潜住京城;嗣后若有无籍之徒,将此等妇女容隐在家,并同与饮酒者,有职人员,照挟妓饮酒例议罪,系旗下人鞭一百,民责四十板,妇女亦责四十板,不准收赎,仍行追回原籍;其失察之地方官,交与该部议处。"④乾隆

---

① 蒋中崎、黄韶、严亚国:《姚剧发展简史》,百花文艺出版社1994年版,第10页。

② 蒋中崎、黄韶、严亚国:《姚剧发展简史》,百花文艺出版社1994年版,第9页。

③ 《康熙十年禁唱秧歌妇女》,《元明清三代禁毁小说戏曲史料》,作家出版社1958年版,第20页。

④ 《康熙四十五年九月驱逐秧歌妇女》,《元明清三代禁毁小说戏曲史料》,作家出版社1958年版,第23页。

三十四年(1769),清政府再次颁布《严禁秧歌妇女及女戏游唱》:"民间妇女中有一等秧歌脚堕民婆及土妓流娼女戏游唱之人,无论在京在外,该地方官务尽驱回籍。若有不肖之徒,将此等妇女容留在家者,有职人员革职,照律拟罪。其平时失察,窝留此等妇女之地方官,照买良为娼,不行查拏例罚俸一年。"[1]清政府三令五申,将演出余姚滩簧的堕民妇女驱逐出京,查办不力的官员则予以严惩。然而,清末慈禧太后却在宫中欣赏"秧歌"禁戏。"秧歌,南北皆有之,一名鹦歌戏,词甚鄙俚,备极淫亵,一唱百和,无丝竹金鼓之节。孝钦后自光绪辛丑巡返跸,衰老倦勤,惟求旦夕之安,宠监李莲英探孝钦意,思所以娱之,于观剧外,辄传一切杂审进内搬演。慈意果大悦,尤喜秧歌,缠头之赏,辄费千金。"[2]余姚滩簧以委婉的清唱为主,丝竹偶用于"过门",无喧哗热烈的大锣大鼓,深受慈禧太后所喜爱。

## 第四节　宁波堕民与昆剧

宁波堕民也演剧,有的演员也风光一时。宁波堕民顾斐章不屑于像自己的父亲一样,头戴缨帽,身穿青布衫,梳着高结,出入绅士之家,担任值堂之役。"他最爱干的是唱戏,他常常见自己的伯叔和舅父等,明明是着短衣穿草鞋的武人,一经袍笏登场,似乎真的变成了皇帝或大官了。最奇的,他一个堂哥子,平时跟孩子耍,怪凶恶的,一经扮了女人上戏台,婀娜柔媚,似乎真的做了小姐奶奶了。因此,他非常羡慕,以为一个人都可变了样子,独个儿在家里的时候,老是装着建文帝的模样,嘴里唱着从人家地方听来的:'收拾起大地山河一担装。'"[3]堕民演戏不仅仅因为收入较高,还能够在舞台扮演帝王将相和才子佳人,满足其现实生活永远无法实现的出将入相的愿望。

宁波堕民以演昆剧者为多。"堕民经济上能摆脱依赖,最高职业是演戏。从前的昆腔班就是他们所组织的。现在有些人沾染了旧意识,看不起演员,究其根源就在这里。"[4]宁波"戏班有昆班、徽班、绍兴班、台州班之别,昆班邑中堕民为之。徽班则天津人为之,杂以新昌嵊县人,绍台两班则自绍台两属而来。其所唱之曲调,昆班是最雅,徽班次之,绍台班又次之。其班有班主,管理全班

---

① 《严禁秧歌妇女及女戏游唱》,《元明清三代禁毁小说戏曲史料》,作家出版社 1958 年版,第 18 页。

② (清)徐珂:《清稗类钞》第 11 册,中华书局 1986 年版,第 5067 页。

③ 尺蠖:《惰民的生活》(二),《宁波大众报》1936 年 12 月 2 日。

④ 《宁波堕民(丙亥拾遗)》,《宁波报》1957 年 9 月 21 日。

之事,俗称行头主。旧时堕民之有资产者为之。"①堕民"还有一部分的男子,是专演戏的,那就是我们常说的'江湖班'。"②清乾嘉年间,宁波已有昆班。光绪年间,宁波有"老庆丰""新庆丰""老聚丰""老风台""老绪元""老景荣""老三绣""大庆丰""时庆丰""余庆丰""大聚丰""大庆荣"等十多副昆剧班。各戏班演员阵营整齐,名角辈出。

> 昆班虽发源于昆山,实以吴中为最盛,故其发音吐字,多以吴音是法。维时风气未开,倡优隶卒,不齿齐民,故吾甬伶官,多以堕民子弟隶之,虽其中不乏隽才,究以学识所限,未能与吴伶抗衡。驯至字音沿变,声律渐漓,不能行之及远。当其盛时,吾甬昆班,多至三十余家,率以丰字命名,如新庆丰、老庆丰、余庆丰、老绪丰等,不胜枚举。其中脚色,如正生仇云奎,官生郑月楼,老生戴金官、徐月楼,白面徐黑虎,二面戴礼文,四旦王月仙,五旦顾九兰,六旦徐云标、顾文兰等,皆为一时之选,尝数度来申演唱,一在胡家宅天华旧址,曰大诚,曰众乐;一在满庭芳同庆广东戏园旧址,曰雅仙,其领班者曰周阿虎。是时京伶小叫天隶大新街之桂仙,见仇云奎之《别母乱箭》,亦自叹勿如。而徐云标、顾九兰等,亦尝享名于时,卒以土音杂糅,不获沪人称赞,乃先后偃旅而退焉。嗣虽尝于宝善街春仙旧址、虹口四卡子路及苏州鸭蛋桥华丽旧址等处,创设戏园,终以营业不振,仅如昙花一现,为时至暂。而班主周阿虎,且以负债累累,赖票友徐凌云君等发起苏申票友大会串,酿资三千金,得返故乡云。③

各戏班均有拿手好戏,以"老庆丰""新庆丰""老聚丰"三家尤负时誉,称为"上三班";后来,"老风台""老绪元""老景荣""老三绣""大庆丰"五副班子人才辈出,好戏增多,称为"五公座"。1928年,昆剧日趋衰败,仅存七副戏班。迄1933年,仅剩"新庆丰""老风台"和"老绪元"三家戏班,旋即全部散班。

宁波昆剧演出地区遍及宁波邻近各县,包括鄞县、镇海、定海、舟山、奉化、慈溪、象山以及石浦、沈家门、桃花、陆横、金塘、沥港等地。定海"邑中无戏班,皆来自甬郡。先由人向戏业包赁,谓之'包班'。亦曰'包头',再由包头转赁于各庙会,从中可以获利。故俗数末业之得厚利者曰'一包班,二看鸭(读如唵)'。戏班有昆班、徽班、绍兴班、台州班之别,其实优伶皆绍台两帮及甬之堕民为之,惟以其所唱曲调为别耳"④。由于时序不同,各地演戏,称谓也不同。正月初二

---

①　张传保、汪焕章修,陈训正、马瀛纂:《鄞县通志·演剧》,民国二十四年铅印本。

②　沙羽:《浙东的惰民》,《万岁》1943年第6期。

③　张乙庐:《宁波戏剧溯源》,《上海宁波公报》,1940年第36页。

④　陈训正、马瀛等纂修:《定海县志》卷十六《方俗志·风俗》,民国十三年铅印本。

至十二,称为"前灯戏";正月十三至十八,称为"正灯戏";正月十九至正月三十,称为"后灯戏"。凡正月上演的戏,均称为"灯头戏"。二三四月则演"年规戏";五月演"关帝戏";六月已经停锣歇夏,也要演夏戏。七月开始演"焰口戏";八九月有"龙船会戏";十和十一月为"祠堂戏",也称"冬至戏"。其余时间,最多的是"庙会戏",直到十二月中旬才"歇年"。还有临时邀请演出的"愿心戏",婚丧喜庆人家的"堂会戏",火灾后敬火神的"火烧戏",以及期望一方平安的"太平戏"。宁波地区庙宇林立,每逢所供神佛生日,都要举行庙会,邀请戏班演戏酬神,称为"庙会戏";因为是年规必演的戏,也称"年规戏"。因此,宁波昆班业务兴盛,按时逐月在各地巡回演出。

正戏演出之前,或演出前后,插演其他节目,称为"饶头戏"。这类戏目繁多,形式各异,目的在于讨好观众,奉承主顾,讨取吉利。由三榜小花脸扮演,蒙加官脸,头戴文丞相帽,身穿大红蟒袍,腰束角带,手执朝笏,侧身鹤步登场,场面用"帽头子"打出场,然后用小钹、小锣打魁锣。跳财神则由二榜花脸扮演财神,头戴三叉盔,两边插金花,身穿玄色蟒袍、角带,蒙"财神脸",手托茶盘,内置金元宝。开戏第一天,开锣以后,冲场戏以前,例演《赐福》。赐福有大小之分,小赐福一般由七人扮演,扮成福、禄、寿三星和四个仙官,喻为"三星赐福"。大赐福则有二十五人,由全班演员全体登场。庙里菩萨生日,或主家寿辰,开戏前加演《上寿》,即上《满床笏》中的"卸甲""封王"。"跳加官"除开场跳外,逢到官宦人家女主人寿诞,另要加"跳女加官"。来宾中如有官员到来,即使戏正在演唱,也要停演,插播"跳加官"。官员陆续到来,"跳加官"则随时加演。若来宾乃官员眷属,也随到随演"女加官"。山区有虎患,每逢庙会戏,必加演《伏虎》节目。有人生病,演戏敬神,称为"太平戏",即"愿心戏",必加演《逐鬼》。新生孩子做满月酒,向例要剃头,请戏班演"剃头戏",加演"张仙送子"。庙宇的菩萨诞辰,除演《上寿》以外,有时还要加演《偷桃》,为菩萨祝寿。庙里新塑菩萨开光,请戏班演"开光戏",必演《叠寿》《招花》《仙园》三折。

堕民艺人家境贫寒,学艺乃为生活所迫。戏班学徒年龄幼小,且不识字。艺徒拜师学艺,必须签订"关书",有家长、介绍人、保证人签字,交由师父收执。"自拜师之后,随师教训;倘有中途而废,会上理论;如有钱板铜钱,与师对分。"[①]学艺年限一般为七年,最短不得少于五年。师傅体罚学徒,父母也不得过问。因故终止契约,邀集同行中人、介绍人、保证人、学徒家长,开会评理。艺徒除了艰辛学艺之外,还要代师父提饭篮,打铺盖,侍候师父洗脸、吃饭,以及一切零碎杂务。师父出门,也必跟随。晚上遇上暴雨,艺徒睡在戏台底下,任凭雨淋水

---

① 苏州市戏曲研究室编:《宁波昆剧老艺人回忆录》,2002 年,第 26 页。

泡。学徒经常备受欺侮,无端遭到殴打。艺人学徒时非常艰苦,可是一旦满师出班,经济独立以后,不少艺人却挥霍浪费,不是赌博,就是染上不良嗜好。虽然收入不少,还是经常入不敷出,尽管预支包银,也是寅吃卯粮,以至于借高利贷维持生活。有的债台高筑,穷困潦倒而死。也有的误入歧途,害人害己。《申报》载有宁波演戏堕民因沉迷赌博,欲纵火自焚的报道:

> 宁波西门内老郎殿东首堕民徐某,年逾弱冠,秀外慧中,一曲登场,万人倾靡,其叔无嗣,抚为继子。迩来饱暖而思淫佚,渐渐入于下流,酷嗜樗蒲,挥金如土,米盐琐屑置若罔闻。其叔恨之,将情遍告亲族,亲族遂誓不借贷,冀其穷途知悔,或可稍悛。一日岳父陈某收得会洋,欲贷之,陈恐非正用,坚不肯与,徐由是抑郁成病,似痴非痴,扬言于众曰:与我为难者,三日内必遭横事。闻者并不介意。至本月初五夜,家人从睡梦中惊醒,闻有毕剥声,急起视之,见火起板壁,由徐方取水以泼。家人大声呼救,众人麇集,得以竭力浇熄,仅焚去小屋两椽,然邻里被其害者已不胜言。火熄后群勒令地保将徐送交白马庙保甲局,局员饬笞一千板,移县究办。①

## 第五节 苏州丐户与昆剧

苏州也是堕民聚居区,苏州堕民称为丐户,许多丐户演唱昆剧。昆剧著名表演艺术家周传瑛就是苏州人,他在回忆录《昆剧生涯六十年》中,自称出身于"小百姓"——丐户。丐户只能从事四民所不屑一顾的赞礼、茶担、伴娘、轿杠、仵作以及乐优。凡是从事演剧职业,则称为入了"乐局"("六局")。苏州丐户也称"小百姓",不得从事四民职业,只能从事"猥下贱役"。"所谓'小百姓',就是那些得罪了朝廷、权贵的犯官和罪人,以及他们的子子孙孙。这些人世世代代被强制定为'丐户''乐户',不准从事农、工、商、学等的'正经行业',更不准仕进,并强迫他们做一些诸如赞礼、茶担、伴娘、轿杠、仵作以及乐优一类所谓的猥下贱役,成为比平民老百姓更为低下的一个阶层,叫做堕民或堕贫。因为比老百姓更低一等,所以叫'小百姓';入了'乐籍'的,就叫'乐局。'"②仅苏州甫桥堕民出身的著名昆曲名伶就有父亲做茶担的周传铮(周根生)(《十五贯》中饰油葫芦)和周传瑛、父亲事掌礼的赵传珺、父亲做茶担的华传萍。周传瑛祖父周大

---

① 《疯人纵火》,《申报》1891 年 1 月 19 日。
② 周传瑛:《昆剧生涯六十年》,上海文艺出版社 1988 年版,第 3—4 页。

龙,也做"茶担"营生,后来开了一爿小小"开水灶",又称"老虎灶",以卖水度日。父亲周永泉,学了织布手艺,做了一个织布工人。辛亥革命虽然推翻封建帝制,孙中山也颁布贱民解放令,但堕民依然生活在最底层。资本家纷纷使用机器织布,手工织布被淘汰,周永泉失业,不得不重操祖上贱役"茶担"。"传瑛同志出身寒微。父亲做'六局'为生,收入菲薄(江南一带统称帮办'红白喜事'的各色人等为'六局',包括茶担、喜娘、傧相、吹鼓手之类)。传瑛同志父亲周公永泉,专做茶担。"①母亲生了十三个子女,周传瑛排行第九。(图9.5)

图9.5　1984年的昆剧表演艺术家周传瑛(周世瑞供图)

周家乃是"小百姓",原来从事猥下之役"茶担",周家的孩子入"乐局",也是别无选择。"我的祖先在哪朝哪代手里,为了什么事得罪了哪一代皇上,我们一点都不知道。大概知道了也不能说,所以老辈早已就不清楚了。'乐局'里的人地位虽低,不过'天高皇帝远',有些规定做起来也马马虎虎;反正亲眷朋友和隔壁邻舍都是穷人家,大家地位都低,风吹雨打日头晒,一生一世为了糊一口苦饭,也不管你是什么'五局'的、'六局'的。"②周家孩子众多,难以度日,周传瑛9岁时,父亲听说苏州办了"昆曲学堂",吃饭不要钱,就不管三七二十一,将其和哥哥周根生送了进去。"本来嘛,堂名唱曲、优伶做戏原是分不开的,何况'乐局'又是名亡而实存,所以,当父亲母亲、祖父祖母把哥哥周根生和我送进昆剧

---

①　许寅:《为昆曲奋斗一生的周传瑛》,《中国戏曲》1988年第4期。
②　周传瑛:《昆剧生涯六十年》,上海文艺出版社1988年版,第4页。

传习所去学戏的时候,他们便叹口气说道:'乐局里的小囡学唱戏,也算是门当户对吧。'"周传瑛的长辈也认为"小百姓"的孩子入"乐局",也是"门当户对",并以此自慰。周传瑛学剧时,昆剧已走向没落。"我们这些孩子,一则是家里穷;二则是学堂好,三则都是苏州人,而苏州乐局的小堂名一直是唱昆曲的。"①"小堂名"乃"乐局"艺人坐唱清曲班的特称,也唱昆曲,分脚色行当,只是不扮演。苏州"乐局"做"小堂名"的人家,也愿意将孩子送入昆剧传习所。周传瑛幼年就跟着父亲的茶担进出,每天早晨路过一座深宅大院时,就会被里面传出的昆曲所吸引。父亲已走出数条巷子,按原路返回寻找,周传瑛仍迷恋在大宅门口,依依不舍。周传瑛从小就与昆剧结下不解之缘。

进入昆剧传习所学艺,必须签订"关书"。"小囡在传习所里读书三年,帮唱二年,以后才能独立。读书帮唱期间,按照传习所的规矩去做,违纪退回。学习三年,管吃管住,不用学费"②。昆剧传习所待遇优厚,学生一律住校,所有费用包括膳食全包。每人发一顶蚊帐,一床草席,被铺衣裳则由学生自备。二十天理一次发,半个月到澡堂洗一次澡。伙食由"包饭作"办理,一稀二干,七人一桌,各推选一位桌长,由年长者担任,每个月放三天假。这对贫苦人家,尤其是堕民的家庭,极具吸引力。然而,昆剧传习所尽管在上海作了义演,舆论也肆意宣传,大街小巷也贴满招生广告——"红招子",六十名的原定招生指标却招不满。"在旧社会,戏子……叫化子原是归入同类的。只要家里有口苦饭吃,哪家父母舍得把孩子送去学唱戏?就算学戏吧,不如去京班学,出来即使拿不到大包银,养家糊口总还不用发愁,谁去学眼看没了梢的昆剧?我们头批四十来个同学倒有一半是'乐局'里的孩子。说来也惭愧,我年纪小,身材矮,体质弱,喉咙又不太好,大约也只在那种情况下才进得了这个学堂。学生招不齐怎么办?上海有个贫儿院的院长,也是个清唱的曲友,名叫高年云,挑了六个'贫儿'小囡送来,其中有三个得了'传'字,即邵传铺、龚传华、张传湘;后来又招了几位插班生。"③昆剧传习所勉强招了不到六十位学员,大都是丐户或贫民的孩子。

昆剧传习所的学员毕业后,进入大上海演出。但是,昆剧艺人乃"贱民",受到歧视。"在旧社会,有谁把戏曲当作什么事业?昆曲是高雅之至的了,但唱昆剧的戏子终归是下贱的。真爱昆曲的也是有的,但仅当作个人爱好而已,没有什么人把办剧团作为事业来看待。老板们把我们多数人看作为卑奴贱业,只对

①　周传瑛:《昆剧生涯六十年》,上海文艺出版社1988年版,第12页。

②　潘伟民:《昆坛周传瑛》,中国戏剧出版社2013年版,第14页。

③　周传瑛:《昆剧生涯六十年》,上海文艺出版社1988年版,第20页。

个别的加以特宠,那就是捧角。"①"新乐府"刚成立,老板对"传"字艺人厚此薄彼,对少数几个角儿,推崇备至,工资也高得离谱,每月达一百多元,而其他人只有三四十元,有的只有二十元,周传瑛也仅三十多元。"捧角"的所作所为,破坏了昆班的传统,也破坏了昆剧传习所学员之间的亲密关系,损害了艺术,导致进入新世界的"新乐府"昆剧班的解散。

后来,又组建了"仙霓社",四处招揽生意。经常跑码头,到杭嘉湖地区巡回演出,其艰辛可想而知。"仙霓社"唱水路班,长包三条绍兴乌梢船,吃住都在船里。头船是箱船,有刀枪把子、盔箱衣箱、乐器以及有关人员,装刀枪旗幡的长箱放在船头。强盗见了戏船也不敢招惹,据传戏船有菩萨、阎王、皇帝和鬼卒,惹了招来祸祟。后两条船为演员和其他人员。"走江湖毕竟是很苦的,吃睡都在船上,每人只有六尺长两尺宽一点的地位,像坐牢笼差不多。几天一个码头到处跑,不管日晒雨淋、刮风下雪都要演出,农村的庙台、草台,十个九个没遮拦,不比戏园和剧场。熬不住吃苦就难免要远走高飞。"②艺人过着颠沛流离的生活。

抗战全面爆发后,"仙霓社"名存实亡,昆剧艺人有的改行做工做茶房,有的投奔京班打杂度日,也有的夹一根笛子以教曲为生。"上海滩上一些醉生梦死的老爷太太,日子过得发腻,想着附庸一点风雅,于是就叫个把戏子来陪他们寻开心。他开心了,通知你去,你去了,他还没起床;起床后他先在楼上吃花酒搓麻将,等到他们玩够想起来了,才叫你上去吹一段,给几个钱。"③昆剧艺人仅靠一家两家唱唱昆曲难以养家糊口,还得挽人托情,请朋友帮忙,东奔西走。"说得好听点,是'拍先',说得确切些,是'吹拍'——吹吹笛,拍拍曲,看人脸色而吹吹拍拍。到人家家里去,身上披件哔叽长衫,可棉被却送进了当铺;打起精神又吹又唱,肚皮倒饿得咕咕叫。真叫脸上赔着笑,眼泪肚里咽。所以我以后情愿上台唱戏出丑,也不愿做'拍先'教曲。"④于是,周传瑛又组织一些艺人,与前台老板商量开中场,即日场散后夜场未上之前,演唱两个钟头,每场唱四至六个折子戏或一出小本头戏。"仙霓社"又时断时续地苟延残喘了两三年。太平洋战争爆发后,日军占领租界,昆剧艺人四散逃命,纷作鸟兽散。昆剧艺人有的病死,有的饿死,有的冻毙街头,没有棺材收殓,侥幸活着的艺人也像孤魂野鬼似的四处飘荡。坚守昆剧舞台的周传瑛等人,吃了上顿没有下顿,要是能吃

---

① 周传瑛:《昆剧生涯六十年》,上海文艺出版社1988年版,第56页。
② 周传瑛:《昆剧生涯六十年》,上海文艺出版社1988年版,第72页。
③ 周传瑛:《昆剧生涯六十年》,上海文艺出版社1988年版,第74页。
④ 周传瑛:《昆剧生涯六十年》,上海文艺出版社1988年版,第74页。

上一顿白米饭，几十个人沾着一块霉豆腐，已算是"上等"的生活。周传瑛陷入人生低谷，既要养家糊口，携儿度日，却囊中羞涩，生计毫无着落，被逼入进退两难的地步。

从（全面）抗日战争开始到浙江昆剧团成立为止，整整十八个年头，用传瑛同志自己的话来说，过的都是"高等叫化子"的生活。最艰苦的时候，他和王传淞、包传铎几位，搭在朱国梁同志的剧团里，经常忍饥挨饿。偶然弄得一支二支香烟，便像拾得了宝贝，你吸一口，我吸一口，直到烫痛嘴唇皮，也舍不得丢掉。整个剧团，只有一个乐师。他一个人得管住五样乐器——大锣、小锣、鼓、板、笛。这样堆满艰难困苦的生活，不是过了几天、几个月，一年、二年，而是整整十四、五个年头。①

## 第六节　堕民与小戏文

浙东堕民多才多艺，也会演奏"小戏文"，即木偶戏，以酬神还愿。"平时男的除干此管理庙务、服侍新郎当值堂之外，还会吹打，会演一种称为'下弄上'的木偶戏，有些还挑着担子去理发。"②中国是木偶戏起源最早，历史最悠久的国家。从汉朝开始，木偶戏从雏形走向成熟，从活动木偶到娱乐表演，从歌舞百戏到戏曲故事，从宫廷到民间，直至宋朝，形成了悬线木偶、杖头木偶、水傀儡、药发木偶和肉傀儡五种。明朝出现布袋木偶，清代为木偶戏的全盛时期，不仅遍及全国，还传入东南亚和日本等地。木偶戏，又名傀儡戏。《定海县志》云："傀儡戏有二种，俗皆称之曰小戏文，一种傀儡较巨者，谓之'下弄上'，皆邑中堕民为之。围幕作场，大敲锣鼓，由人在下挑拨机关，由傀儡自舞动矣。其唱白也在下之人为之。一种小者，其舞台如一方匣，以一人立于矮足几上演之，谓之独脚戏，亦曰'凳头戏'，为之者皆外来游民。傀儡大者，多民间许愿酬神演之。小者，多在街市演之。演毕向观者索钱，亦有以此许愿酬神者。"③堕民演奏的"小戏文"，又名"下弄上"，为杖头木偶，表演者用竹竿操纵木偶的手脚，可以"亮相""起霸"，也舞枪弄棒相互拼杀。演出舞台以"围布"作场，在一空阔处，四周用一人多高的布围起来，表演者躲在围布里将高半米的木偶伸到围布高处进行演

---

① 　许寅：《为昆曲奋斗一生的周传瑛》，《昆剧一代宗师——周传瑛》，中国书籍出版社 2013 年版，第 169 页。

② 　沈烈懋：《浙东的惰民》，《宁波日报》1990 年 11 月 8 日。

③ 　陈训正、马瀛纂修：《定海县志》卷十五《风俗》，民国十三年铅印本。

出。演的多为武戏,木偶头插翎毛,身穿盔甲,背插四面令旗,脸上画京剧脸谱,白底厚靴,十分威武。另一种"小戏文",为布袋木偶,由平民演出,木偶套在表演者的手掌上进行演出,舞台只有木箱大,所有演出器物仅用一根扁担即可挑起。到了演出场地,扁担在道具箱上一插,将整个舞台支撑,故又称"小戏文"。这种布袋木偶只需两个人即可演奏,一人操纵木偶进行表演,一人拉琴敲响器。"下弄上"的木偶个头较大,场地较宽,表演幅度也大,唱腔与后场自然响亮,场内和场外气氛也好。

堕民在许愿酬神时演奏"小戏文",定海中元节必上演"下弄上"。南门街商铺有约定俗成的做法,七月半每家店堂都要焚香点烛做羹饭,上演"小戏文"。"这种木偶戏俗称'下弄上',每年阴历七月半在南门街演出,木偶的手脚由竹竿操纵,木偶的头和身子要比'小戏文'的布袋木偶大好几倍,演出的场面也比"小戏文"要大得多。这班人多为原来的堕民。"①城门口放焰口,恒山蜡烛铺演出"下弄上"的木偶戏,太保庙则上演"凳头戏",祭祀菩萨,每家店铺都在店堂焚烛燃香做羹饭,整条街灯火辉煌,热闹异常,人流如织。"'下弄上'是用竹竿来支撑和操纵木偶的,应为杖头木偶。'下弄上'的演出远比'扁担戏'要精彩。'下弄上'的木偶头子大如鸡蛋,画的都是京剧脸谱,身子长约半米,服装也仿照京剧中人物制作,相当精致。演出时用一人高的布围成个小圈子,参加演出的人员以及各种家什都在这围布里面,操纵木偶的艺人将木偶举到围布上面进行表演,观众就站在围布外观看。'下弄上'的木偶手脚都能活动,甚至能舞刀弄枪进行对打。记得当年在南门街看'下弄上'演出,演的是'三国'戏,扮演关公、张飞、周瑜、赵云的木偶个个披甲戴盔,头上插令箭,戴田雉毛,形象十分威武、逼真。"②南门街放完焰口,"小戏文"也已收场。

乡民逢灾遇难,即向神灵许愿,事后请堕民演奏"小戏文",向神灵赎罪和致谢。当代定海籍的古典文学家金性尧,曾用笔名文载道,深情地回忆故乡堕民演出的"小戏文"。

> 吾乡本一浙东孤岛,人民的娱乐和消遣,固不常有。纵有也必与宗教有关,偕神道的名义,合公众的力量,或者正是村落社会的风尚。"小戏文"首先是娱神,其次才是娱人。别有傀儡戏者,吾乡名曰"小戏文",演者皆属堕民,因他们原职是"吹打",故可以应付弹唱。乡民逢灾难疾病,或向神明许愿,待稍愈即演之,以示忏悔与酬祷。演时围幕作场,敲锣鼓,奏唢呐,有

---

① 李世庭:《走街穿巷的堕贫嫂》,《老定海风情》,中国文史出版社 2008 年版,第 164 页。

② 李世庭:《定海木偶戏》,《舟山文史资料》第 8 辑,北京文津出版社 2003 年版,第 711 页。

说白和动作,然而就只没有表情:这正是傀儡悲哀之处,啼笑一任他人也。演者两手各执一偶,则幕之下方伸弄于上,故俗名"下弄上"。傀儡的面部也绘脸谱,此则戏文无分今昔,总少不了大花脸和小丑的支撑场面,至于调兵决策,俨然将相风度,两军相遇,也有勇猛决斗。其驰驱用命,盖不亚于舞台上的武行。手法敏捷而灵活,所缺者就是中间全没心肝耳。少时看了引不起感触,今日回想未免惘然良久。①

嵊泗黄龙岛也有堕民的木偶戏演出,"下弄上"的木偶个头很大,脸上有脸谱,还穿着华丽的衣服。演出时,场地由一人高的蓝花布围着,堕民艺人举着木偶在高出布围上表演,并用竹竿操纵,手舞足蹈,能动也能开打,似真人演出一样逼真,颇为引人入胜。但这种演出需要较大的场地,人员和道具也较多,收费自然较高。不及"凳头戏"简便而普及。

岱山也有"小戏文",俗称"下垅上",由定海传入,有百余年历史。岱山唯有堕民村——小宫门村的王阿宝、王阿能父子擅长此艺,应邀于民间酬神演出。1957年,小宫门艺人张阿能创作并演出《东郭先生传》,参加省和地区会演获奖。1978年,岱西公社六名艺人组建木偶戏团。1983年10月,以《薛丁山与樊梨花》参加舟山地区木偶戏交流演出获奖。

宁波堕民的木偶戏,又称"小戏文""帐头人案"。鄞县有小唱班和木偶戏班三四十班。著名的姜山陈鉴桥木偶戏班于中华人民共和国成立后批准为"鄞县姜山木偶戏剧团"。北仑区堕民聚居地大碶石湫村的"小戏文",清末从定海传入,陈和合、邱阿云、王友富等组成"小戏文"班。唱腔以京剧、绍兴大班为主,由若干人组成一个乐队伴奏。演出《火焰山》《三盗芭蕉扇》《三打白骨精》《珍珠塔》《狸猫换太子》《宝莲灯》等剧目。演出者能担任生、旦、净、末、丑,有打击乐器、二胡、弹拨乐器。木偶头部如茶杯大小,用木杆作空心手脚,冠戏帽,套彩服以标志人物角色。舞台宽约1.2米,三面围以帐幔。演出时,坐在天幕(后幔)后的操作人用双手的食指插入木偶的人头内,大拇指与中指套在木偶左右手中,将木偶上身伸出布幔,凭这三指操纵戏中人物的动作。剧中的唱、白、念、武打,均为同一人,乐队仅配兵卒、旗牌声音。戏中如需三个人物同时出场,只得将其中一个人物插在围架上,作坐或立状。"农闲时,剧组派人背着卷有黄布的竹竿,串村挨户叫喊:'做发财戏。'"②民间流传"小戏大做"的俗语,意即戏文虽小,但戏情、人物与大戏班一样,小富户也能请小戏班做"大戏"。20世纪50年

---

① 文载道:《故乡的戏文》,《中艺》1943年第2期。

② 李一伟口述,乐柄城整理:《小戏文》,《甬上风物——宁波市非物质文化遗产田野调查(北仑区大碶街道)》,宁波出版社2010年版,第50页。

代中期,石湫村的"小戏文"班经常活跃在四乡八村,大多演出于庙会、祠堂和个人喜庆堂会。

北仑区新碶大同村,堕民也演出木偶戏——"小戏文"。1948年,传承人郑福忠的父亲郑惠鑫从定海金塘迁入大同村,带来了"小戏文"。演出剧目有《珍珠塔》《云中落绣鞋》《杨家将》《西游记》《樊花楼》等。能上演越剧、京剧、绍剧等各种流派,生、旦、净、末、丑均能演唱。"小戏文"又称"下弄上"。舞台高1.8米,深1.2米,雕刻精细,周边饰以绸缎绣品。自制道具有各式木偶头和各种木偶服饰,以及刀枪棍棒。伴奏乐器有二胡、京胡、板胡、小号、锣、鼓。木偶头大小如鸡蛋,服装为布套子,艺人手伸入布套,用手指操纵木偶的头和臂进行表演,有乐器和锣鼓伴奏,一边舞动木偶,一边念白或说唱戏文。"这种木偶戏多是流放各地的堕民的一种谋生之道。"[1]演出时,用一人高的布围成小圈子,演出人员以及所有家什均在围布里,操纵木偶的艺人将木偶举到围布上面进行表演,观众站在围布外观看。"下弄上"的木偶手脚都能活动,甚至能舞刀弄枪进行对打,栩栩如生。郑惠鑫加入镇海县曲艺队,20世纪60年代曲艺队解散,"文革"期间演出器材也被作为"四旧"毁坏,并停止演出。(图9.6)

图9.6  观众观看堕民表演"下弄上"

---

① 郑福忠口述,王全兆整理:《木偶戏(小戏文)》,《甬上风物——宁波市非物质文化遗产田野调查(北仑区新碶街道)》,宁波出版社2010年版,第39页。

　　余姚从事吹行和演出木偶戏,都是堕民的艺术行当,为一个班子两个行当。吹行以乐艺为主兼唱昆曲,演木偶戏时以吹行为乐队,能唱者配唱,加木偶和支撑表演,成为木偶戏班。平时服从吹行服务,闲时演木偶戏,应邀演于乡间庙会和节庆等。堕民演奏的木偶戏,也称"小戏文",用木头雕成三尺长的戏剧脸谱,穿衣戴帽。堕民能演《白蛇传》《狸猫换太子》《孙悟空大闹天宫》。一年之中主要集中在正月灯头戏、三月清明戏、十二月冬至戏。民间还有发财还愿戏,做寿、中举、婚丧、放焰口也表演,视东家的喜好而定。偏僻山村也邀请堕民演出"小戏文"。民国时期,姚北的周巷、泗门、临山一带的木偶戏班和小唱班有二十多班。

　　封建社会的"戏子"属于"下九流",犹如乞丐一样,受到平民的歧视。宋洪迈《夷坚志》曰:"俳优侏儒,固伎之最下且贱者。"绍兴凡提及"戏子",乃堕民专职。"业此者,纯系一般特殊民族,又为社会人士所不甚重视。"①刘伯温形容"戏子"的诗句极为形象:"头戴纸糊盔,锣鼓像虎威,金线包穷骨,一世欠债胚。"堕民唱戏被贬为"吃开口饭"或"水面上的饭",漂荡江湖,像乞丐一样,吃了上顿没有下顿,生活没有保障。宁波堕民专门唱昆曲,平民若涉及,也被视为堕民。堕民"唱昆曲,实在值得钦佩,可是平民们往往是十分蔑视他们的。所以平民有会唱昆曲的,就被人讥笑为'惰民',这也可想见平民与惰民的殊隔了"②。苏州堕民学习昆剧,被贬为入了"乐局(六局)",昆剧艺人过着颠沛流离的生活,周传瑛自称为"高级叫化子"生活。苏州梨园地位低下,被蔑称为"戏子",社会上流传"一妓二乞三戏子"的说法。雍正乃颁布包括堕民在内的贱民解放令的"开明皇帝",却也发生"杖杀优伶"之骇人听闻的事件。据《啸亭杂录》记载,雍正观看常州刺史郑儋打子的杂剧,因"曲仗俱佳",颇受青睐。然而,优伶竟得意忘形,询问现任常州刺史是谁。雍正勃然大怒:"汝优伶贱辈,何可擅问守?其风实不可长。"竟被"立毙杖下"。优伶因其地位卑贱,无关痛痒的问话,竟招来杀身之祸。(图9.7)

---

　　①　《评绍兴班之失败》,《民国绍兴县志资料》第 2 辑第 4 册,广陵书社 2011 年版,第162 页。

　　②　沙羽:《浙东的惰民》,《万岁》1943 年第 6 期。

图 9.7　昆剧《郑儋打子》

# 第十章 堕民与绍剧

堕民在绍剧中扮演什么角色？[①] 堕民乃绍剧的台柱，除了绍兴的堕民演出外，绍兴旧辖的余姚、上虞，均有堕民演出，新昌和嵊州堕民出演的绍剧被称为"紫云班"。堕民的戏业演出形式为"社戏"，起着娱人娱神的双重作用。从事戏业乃是堕民最有出息的"贱业"，堕民子弟从小就接受系统的戏业教育。堕民过着漂泊不定的水上流动生活，"金线包穷骨，生就讨饭坯"乃其生活的真实写照。绍剧名伶辈出，形成许多戏曲世家，以"南猴王"为代表的"猴王世家"，乃是最有名的一支。正是堕民这支特殊的社会群体，传承了绍剧戏曲文化。

## 第一节 堕民是绍剧的台柱

清代有关堕民从事绍剧的记载大量见诸地方志书。嘉庆《山阴县志》提及堕民的职业时，谈到堕民"学鼓吹歌唱"之业。[②] 清中叶乱弹盛行，绍兴乱弹班几为堕民所垄断。范寅在《越谚》"不齿人"的中称："班子，唱戏成班者，有文班、武班之别。文专唱和，名高调班；武演战斗，名乱弹班。皆堕贫为之。民间有游荡子好声歌，败业无生涯，流入其班，亦为诸民所不齿。"[③] "高调"乃"调腔班"，其唱

---

① 有关堕民与绍剧的关系，许多专家和著作有所涉猎，鲜有深入探讨。朱恒夫在《浙东堕民与戏曲》中提及堕民在发展绍兴乱弹中发挥了积极作用。俞婉君在《堕民与绍兴戏曲关系考》中认为清代堕民成为戏业主角，民国绍兴戏业为堕民独霸，堕民将绍剧推向杭嘉湖地区，乃至立足上海滩，同春舞台成为绍兴堕民艺人展示演艺的最高殿堂。严新民在《紫云班探微》中提及上虞有少数堕民绍剧戏班。周建华、钱百治、寿建立主编的《姚江戏曲》，也提及余姚几个绍剧戏班，并介绍了四大绍剧戏班。罗萍撰写的《绍剧发展史》，辟有专节介绍堕民及其戏业，叙述绍剧发展历史。

② （清）徐元梅修，朱文翰撰：《山阴县志》卷十一《风俗》，嘉庆八年修，民国二十五年绍兴县修志委员会校排印本。

③ （清）范寅：《越谚》卷中《不齿人》，清光绪八年刻本。

腔是"一人启口,众人接腔,徒歌清唱,锣鼓助节"。"乱弹班"则以帝王将相,征战杀伐为内容。清代堕民以唱戏为业,"游荡子"从事戏业也为人所"不齿"。民国时期,绍剧仍为堕民所独霸,民国《浙江新志》云:"在绍前之堕民,平日亦学演戏。今之所谓绍兴班社者,其演员皆堕民也。"①堕民"拿唱戏做正当职业",特别是"春夏之交的时候去做绍兴戏,所以绍剧之中堕民实占多数,以致一般的人有很好的绍剧天才,喜唱平剧不喜唱绍剧,正因为绍剧里的堕民太多了,他们讨厌与堕民为伍"②。堕民将演戏作为主业,平民即使有演戏的"天才",也不出演绍剧,不愿与堕民"同流合污",以免被人误会,遭到歧视。三埭街乃著名的"戏窝",1918 年首次组织戏业会馆时,登记注册的就有百数以上的戏班。会馆即设于学士街的"明真观",1926 年改名为"千秋模范剧场"。"绍兴堕民中历来以演戏为业的甚多。二十年代绍剧全盛时期,以做戏为业的堕民占总数百分之二十左右,自名角以至杂差,总计四五千人左右。"③1931 年,据征收的戏捐推算,尚有五十多个戏班。1934 年,戏捐改为官办时统计,只剩下二十五个戏班。

新昌和嵊县的绍剧被称为"紫云班",乃是整个绍剧不可分割的一个部分。新昌和嵊县与绍兴毗邻接壤,历来属绍兴管辖。绍兴与嵊县有水路相通,从绍兴乘船经蒿坝,溯剡溪而上较为方便,商业交流频繁,人员往来不断,绍剧早期戏班经常到新嵊演出,播下了绍剧种子。"紫云班"的唱腔与曲调,与绍剧也完全相同。"紫云班"除少数剧目外,其余一百多个剧目也与绍剧相同。"紫云班"的角色行当,也与绍剧一样。"紫云班"也供奉"老郎菩萨",相传为唐明皇,正月十五的元宵节为其生日,届时艺人点烛焚香,顶礼膜拜,以祭祖师。"紫云班的早期基本形式是坐唱班,而坐唱班的基本成员又多来自堕民,嵊县人称为'轿夫。'嵊县县志载"堕民"从事"打野胡"等职业。"这是一般人们所绝不从事的贱业,其中所提到的'打野胡'之类,都是具有迷信色彩,带有动作性的舞蹈表演,装神弄鬼,边跳边念,虽然粗俗,毕竟还要有一定的表演能力。由此可知,堕民不但有吹唱的基础,而且还有一定的表演基础,要接受一个外来剧种,在本地立足生根的任务,义不容辞地落在了他们的身上,何况那时的唱戏被视为'贱业',决不是良家子弟所为的事。"④也有上无片瓦,下无寸土的贫苦农民,因饥寒交迫所逼,投入"紫云班"学艺,以求得一个栖身之地。绍剧在新昌和嵊县形成后,起初也统称为"乱弹班",艺人觉得"乱弹"(乱谈)难听,乃煞费苦心地从《八

---

① 姜卿云:《浙江新志》,杭州正中书局 1936 年版,第 186 页。

② 《堕民生活》,《民国绍兴县志资料》第 2 辑第 4 册,广陵书社 2011 年版,第 95 页。

③ 浙江民俗学会编:《浙江风俗简志》,浙江人民出版社 1986 年版,第 280 页。

④ 严新民:"紫云班"探源》,《乱弹杂咏》,中国戏剧出版社 2011 年版,第 160 页。

仙追桃》中的"紫气云霄"中取出二字,取名"紫云",以图吉利,与绍剧早期的"吉庆班""长春班""景福班"相仿,此乃"紫云班"的由来。

上虞是浙东的鱼米之乡,文物之邦,也是民间戏曲音乐发达昌盛之地。上虞以唱绍剧为主,演员大致分为三类,一为道士组织,二为堕民组织,三为绍剧爱好者为主,亦有道士参加,称为"嬉客班"。民国年间,较有名气的堕民班社有"通明乡郎桥村及皂湖乡黄家堡村的堕民班"①。由堕民组建的绍剧班社,"通明乡郎桥村,群众叫'老十八',就是说能演 18 只老戏。全系大本戏,一场戏演一本,名演员有史一奎、炎标。建团历史有一百年以上。据反映他们可能有剧本保存,需进一步调查。皂湖杭家坝(似应为黄家堡——引者),也有一百余年历史。最后一代演员尚有数人。当时有名演员成奎(武生)、炳荣(二花)、培金(花旦)、高升(四花)、王松(老外)等。"②上虞堕民绍剧戏班资料有限,其详情不得而知。

余姚旧为绍兴府属县,两地往来密切,民俗颇具越地特色。余姚也是堕民聚居的地区,绍剧也在余姚流行。"至二十世纪四十年代,余姚城郊以及姚西北地区堕民村的坐唱班纷纷邀请绍剧艺人为师傅,排演绍剧。先后有临山姚江班、新江班、泗门后塘河班、弯桥头班、大庙周班、低塘八车班、马渚大施巷班、方桥西街班、丰北尚家班、老西门十三村班等十余副绍剧戏班出现在余姚乡间,颇受乡民欢迎。"③余姚有著名的绍剧四大班社,即余姚镇绍剧团、丰北肖家班、低塘八车班和泗门大庙周班。

慈溪有徽班、调腔、绍剧、越剧、姚滩五大传统戏,其中绍剧又称"绍兴大班"。"长河一带流行绍剧,其原因有三:一是长河原属绍兴府,其风土人情有绍兴风,迎神赛会演绍剧。二是部分先民从绍兴迁来。三是解放前喜庆唱班(男性,堕民操作)唱绍剧,连道士做丧事也唱绍剧。因此绍剧那激昂慷慨的唱腔,爱国爱民的内容,深受群众欢迎。农民在田头地角、茶余酒后,也会来一段《渔樵会》什么的。绍剧是当地人们喜闻乐见的剧种之一。"④1950 年,长河组建了垫桥业余绍剧团,曾在慈溪、余姚和上虞等地 200 多个乡镇演出,深受群众欢迎。

堕民不得入学和应试,成为被压迫被侮辱的"贱民",被剥夺接受文化教育的权利,却承载了绍剧文化,致使绍剧具有极为鲜明的艺术个性和特色。"绍兴

---

① 上虞县志编辑委员会编:《上虞县志》,浙江人民出版社 1990 年版,第 655 页。
② 石元诗:《上虞县民间戏曲班社调查》,《绍兴戏曲资料汇编》第 2 辑,1985 年,第 52 页。
③ 周建华、钱百治、寿建立主编:《姚江戏曲》,浙江古籍出版社 2009 年版,第 232—233 页。
④ 戴尧红:《长河垫桥业余绍剧团简史》,《慈溪文史资料》第 9 辑,1994 年,第 25 页。

乱弹的剧作可说无一本是文士所写的。这许多剧本是所谓'不识字的戏子'——演员们结合场上实践自编自演的,其文辞通俗易懂,浅白无文;其本子只问宜与不宜场上搬演,不在乎是否可供案头阅读;一般来说无刊本,无定本,其民间所见之抄本,大都较为粗疏,稍好者(如上虞斋堂抄本)即已非出'堕民'之手。"①绍剧经过长期演出实践,逐步积累数量众多的剧目,形式古老质朴,语言通俗易懂,内容丰富多彩。许多剧目的故事情节,为浙东民众所熟知,年深日久,乃至衍为口语,如冲突的突然暴发,称为"哑子开口龙虎斗",源于绍兴《龙虎斗》;称专横凶暴的婆婆为"潼关老太婆",源于绍剧《散潼关》;说冒功邀赏的卑行是"薛仁贵征东,张士贵受封",源于绍剧《征东传》。

20世纪三四十年代,绍剧流入上海,受到其他剧种影响,绍剧不仅增加机关布景,还产生"连台本戏"。这种"连台本戏",没有唱白俱全的演出剧本,只有根据故事情节编排一些人物场次,演员上台演戏,带有很大的即兴性。出生于堕民戏剧世家的七龄童没读过几年书,仅有小学文化,但其悟性很高。其编导的"连台本戏"《济公传》和《西游记》,以原著为基础,加上二次创作,精心构思,别出新意,或除恶扬善,或除暴安良,再加上机关布景、武打技巧以及滑稽噱头等情节,多姿多彩,为沪上绍剧戏迷和观众所陶醉,回味无穷,难以释怀。"七龄童编导的每本《济公传》,待夜戏散场后,演员们吃完夜宵,就在舞台正中放上一桌两椅,桌上放着'幕表纸',一茶一烟,七龄童端坐正中,一旁坐着执笔薛某某先生。七龄童一边吸着烟喝着茶,一边开始讲戏,首先分配角色,随后就讲一场一场的剧情内容、矛盾冲突。"②"连台本戏"以"幕表戏"的方式编排,一本接着一本,每本自成段落,主要人物连续贯串。主要"连台本戏"有七十二本《济公传》、三十六本《西游记》,还有《水泊梁山》《纣鹿台》《狸猫换太子》《海公大红袍》《目连救母》《乾隆》《粉妆楼》等剧目。通过三十六本《西游记》的编演,逐步形成绍剧颇具特色且为观众所喜闻乐见的"悟空戏"的表演艺术。《西游记》中的《平顶山》《三打白骨精》以及《三盗芭蕉扇》为其中较为优秀的剧目。绍剧的彩色戏曲片《孙悟空三打白骨精》,即由《平顶山》《三打白骨精》二剧综合改编而成。(图10.1)

绍剧艺人多为身处社会底层的堕民,所以其演出的内容很少为家长里短的家庭生活剧或缠绵悱恻的男女爱情剧,大都为忠奸斗争、征战杀伐,表演粗犷豪放,演唱高亢激越。封建王朝的忠奸斗争,乃是绍剧传统剧目中经常表现的题材。这种忠奸斗争,有时与治国安邦的大计无关,较多地表现为奸臣在皇帝跟

① 罗萍:《绍剧发展史》,中国戏剧出版社1996年版,第104页。
② 小七龄童:《"活八戒"七龄童"南猴王"六龄童》,浙江人民出版社2007年版,第18页。

图 10.1 上海老闸大戏院外观（小七龄童供图）

前参奏忠臣藏宝不献，以此引申其心有贰志，里通外国，显示奸佞以诬陷谋夺，邀宠于帝王，欲置忠臣于死地的险恶用心；或是帝王贪恋美色，国丈大权独揽，国舅横行乡里，妃嫔僭用帝后仪仗，以致忠奸发生冲突，忠良屈斩，其子女外逃，或遇豪杰侠义相助，或受庇于父亲的同僚，或占山为王，徐图复仇。忠奸斗争激烈，跌宕起伏，最终除奸灭佞，封官授爵，效忠帝王。虽然这种忠奸斗争于史无据，然而在民众心目中，却代表正义与邪恶的生死搏斗。忠臣的蒙冤受屈，正是封建社会正义与善良遭受扼杀现实的真实反映，而除奸灭佞，伸张正义，乃是民众理想和愿望寄托的一种表现形式。

绍剧还有一类"申冤戏"，或称为"清官戏"，其中的清官，以包青天为最多，海瑞次之，也有顾鼎臣等其他人物。戏中主人公不是被诬身陷囹圄，屈断待斩，便是被害而冤死郁结，死不瞑目。其遭遇显示仕途的险恶，为人的艰难。遭到封建压迫和剥削的民众，目睹这些悲剧性的故事进展，既对剧中人物的不幸遭遇表示惋惜同情，也自感身世坎坷而有所联想，待包青天一类的清官平冤昭雪，甚至蒙难者起死回生，自然大快人心。焦循称赞花部乱弹的戏曲，"其事多忠、孝、节、义，足以动人；其词直质，虽妇孺亦能解；其音慷慨，血气为之动荡"。绍剧的传统剧目，有包拯出场的戏为数不少，或以忠奸斗争为其一节，或以冤狱屈害为内容，包拯总是一个主持公道、伸张正义的人物，也是民众心目中妇孺皆知颇受敬仰的人物。

古代战争故事也是绍剧传统剧目中常见的题材之一，大都表现为武将的英勇善战，威武刚强，文韬武略，忠君爱国，以《潞安洲》《岳飞传》以及杨家将、薛家将、呼家将的故事为内容的剧目为其代表。绍剧《潞安洲》衍金兀术进犯中原，潞安洲守将陆登，忠勇刚毅，据城杀敌，誓与潞安洲共存亡，屡挫金兀术的奸计。终因孤城被困，救援不至，潞安洲被金兀术领兵攻破，陆登乃自刎中堂，立尸不倒，威武不屈，其夫人也自尽以殉国，成功地塑造了正气凌云的民族英雄形象。以战争故事为题材的绍剧自然是戴盔披甲的武打表演为多，被称为"靠把戏"。绍剧还有一批塑造英雄侠义人物的剧目，其中的一部分歌颂梁山英雄除暴安良、造反聚义的斗争精神，剧中主人公都是武艺高强，见义勇为，惯于路见不平，拔刀相助，剪灭邪恶的侠士。虽说不能将自身解放寄托于这类侠士，但在戏曲舞台上，让邪恶势力遭到应得的惩罚，也是大快人心。

绍剧剧目深刻地体现了"复仇精神"。绍兴乃是越国故都，越王勾践卧薪尝胆，奋发图强，报仇雪耻的故事，已成千古佳话。明人王思任曾说会稽乃报仇雪耻之乡，非藏垢纳污之地。绍兴民众反抗外敌入侵，反对封建统治，英勇顽强，浩气长存。这种"复仇精神"也是被压迫被奴役的民众对于旧制度的呐喊。作为绍剧主体的艺人——堕民，积郁一股"不平之气"。"这种'不平之气'，不仅可'厚遇之'而'得其死力'，为平海（倭）寇而立下战功；所谓'不平则鸣'，绍兴乱弹的这种粗豪激越的特点，或许正是他们的'不平之气'在戏曲艺术上的反映。"[1]绍剧所表现的朝廷内部的忠奸正邪的斗争，保家卫国的征战杀伐，冤屈之人的报仇雪耻，行侠仗义的英雄好汉，均流露被损害和被侮辱的堕民艺人的不平之气，反映了堕民对参政议政的向往，表现了其性格中潜在的刚毅、坚韧、不甘人后的品格。

## 第二节　堕民戏业服务的场合与程式

绍剧主要演员乃至主要班主都是堕民，其演出方式也受堕民原先职业性质的影响。堕民承担所在地区迎神赛会以及祭祀的演艺活动，发挥娱人娱神的双重功能，故绍剧演出性质多为"社戏"。"凡做戏，总带着一点社戏性，供着神位，是看戏的主体，人们去看，不过叨光。"[2]"社"乃是以村落或宗族为单位的组织形式，并于春秋两季定期举行，名为"春社"和"秋社"。"春社"主要祭祀土谷神，祈求一年风调雨顺，六畜兴旺，五谷丰登。"秋社"则在秋收之后，庆贺丰收，以享平安。社日演戏由来已久，南宋陆游《社日》诗曰："太平处处是优场，社日儿童

---

①　罗萍：《绍剧发展史》，中国戏剧出版社1996年版，第105页。

②　鲁迅：《女吊》，人民文学出版社1998年版，第615页。

喜欲狂"。至清代,社戏成为绍剧的主要演出形式。社戏演出的内容丰富,大致可分为庙会戏、节令戏、祠堂戏、喜庆戏、事务戏等。六龄童如是说:

> 演社戏都是有由头的,或则谢神,或则祭鬼,或庆丰收,或消灾孽。如果有人意外地发了财,也得演戏谢财神。还有的大病初愈,说是菩萨护佑,也演一台还愿戏。倘或哪家失火,则是非到火神庙演一场戏不可。诸如此类,可谓名目繁多。当然,由于演戏的目的不同,戏班也是分高下的,凡庆贺大抵演行头戏,班子正规,角色出挑;而一般的祈神、祛灾,也就只演班戏,角色和行头都比较蹩脚。还有戏台前的标志也不同,庆贺戏的台前贴的是红纸,谢火神一类的戏,台前贴的是绿纸,观众从那纸上便可分辨出戏班的好坏。①

庙会戏为关帝、包公、龙王、火神、岳帝、五猖、城隍、土地等神道诞辰祭祀活动演出的戏曲。绍兴城乡的庙会戏演出十分频繁,李慈铭在《越缦堂日记》中记载:"越人好鬼,多淫祀,自农历二月至五月赛会无虚日,大率非鬼之祭,唯(马臻)太守功德在人,虽远益彰,歌舞其下,犹为近古。"实际上,庙会戏的演出,并不限于二月至五月,几乎全年陆续不断。绍兴最大的庙会,莫过于四月初六青甸湖的黄老相公会,从西郭门外至城内水澄巷,沿途五六里,临河均搭上戏台,二三十付班社云集,此乃一次文艺盛会,许多艺人都是"眼睛凸出,不认血迹""弯起眉毛,刹起裤腰",使出浑身绝技。七月十三昌安门外的朱太守会,也十分热闹,除了庙会演戏外,还在临河搭起几座"穿台",用木架作台柱,上铺台板,顶蒙布帐,绍人称其为"一百根木头,一百个锒头,勿用斧头,造起的大楼"。远远望去,几十副绍剧戏班演出,蔚为大观。届时各地专门接洽戏班的"成头"也赶来观剧,品评高下,预约演出业务。戏班的演出也特别卖力,以求较高的戏价。此外,二月初三,城郊西郭门外花神庙有"百花会"。二月初五,曹娥有"娘娘会"。二月中旬,余姚有"大旗会",浒山、庵东、瓯东等地,都有各种会市,迎赛时各村持大旗而来,五颜六色,争奇斗艳。至于三月十八涅渚的岳会,三月廿八樊江的"岳爷会",四月十一安昌的"元帅会",五月廿三东关的五猖会,六月廿九平水的笋箬会,也都热闹异常,戏班云集。详见表10.1。

---

① 六龄童:《取经路上五十年》,上海文艺出版社1988年版,第6页。

表 10.1　绍兴的庙会①

| 时间 | 会名 | 时间 | 会名 |
|---|---|---|---|
| 二月初二 | 西郭花神庙花神会 | 二月十一 | 章镇花迎会 |
| 二月十九 | 香炉峰观音香市 | 三月初五 | 禹王庙祭祀 |
| 三月初六 | 会稽山南镇庙南镇会 | 三月初六 | 张神庙张神会 |
| 三月十八 | 漓渚东岳会 | 三月十九 | 太阳菩萨生日 |
| 三月廿八 | 新昌城关镇关帝会 | 三月廿八 | 东关、樊江东岳会 |
| 四月初六 | 西郭蒋家溇黄老相公会 | 四月十一 | 安昌元帅会 |
| 四月二十 | 朱天会 | 四月廿八 | 药王庙药王会 |
| 五月十一 | 祭祀范蠡大夫 | 五月十三 | 关帝会（关平诞辰日） |
| 五月十四 | 杨公旗会 | 五月十五 | 天地荷叶会 |
| 五月十六 | 百官桑王会 | 五月十六 | 五云黄老相公会 |
| 五月廿二 | 曹娥娘娘会 | 五月廿三 | 东关五猖会 |
| 五月廿七 | 会稽县城隍会 | 六月十六 | 包爷爷会 |
| 六月二十 | 关帝会（关羽诞辰日） | 六月廿三 | 火神会 |
| 六月廿四 | 雷神会 | 六月廿五 | 元帅会 |
| 六月廿九 | 平水箩簟会 | 七月十三至十五 | 盂兰盆会 |
| 七月十五 | 新昌城隍会 | 八月初三 | 华佗会 |
| 九月初八 | 府城城隍会 | 九月十二 | 柯桥城隍会 |
| 九月十二 | 沥海小二相公会 | 九月十五 | 枫桥杨神庙会 |
| 九月廿七 | 双江溪舜王庙会 | 十月十五 | 大市聚真君殿宗泽元帅会 |
| 十月廿六 | 儒岙彼苍庙禹帝会 | | |

　　绍兴节令戏也大都在庙台或搭台演出，如元宵节依例上演"灯头戏"。"元宵节前二日，官府弛禁，纵民偕乐。朱门画屋尽出器币以矜豪华，其寺观庵宇悬诸花灯，街市结棚张彩，作烟楼月殿，穷奇竟巧，珍玩咸备。箫鼓讴歌，喧阗彻旦。"②城内演戏"竟五夕乃已"，农村有的则演到月底。故绍兴农村有做"十八日

---

　　① 阮庆祥等编纂：《绍兴风俗简志》，1985 年，第 176—182 页。
　　② （清）徐元梅修，朱文翰撰：《山阴县志》卷十一《风俗·岁时》，嘉庆八年修，民国二十五年绍兴县修志委员会校排印本。

灯头戏"之说。诸暨也不例外,"五十五都东山纸绘徐神庙,每岁元宵前后赛夜会,汤村、全堂、阮村、毛家、东山俱演神戏,俱有龙灯"①。庆元宵的"灯头戏"演期三至五天,五日灯头为"大灯头",三日灯头为"小灯头",常演《调大头》和《闹花灯》,以戏剧形式表现民众载歌载舞的欢庆场面。绍兴昌安门外的潞家庄以及陶家堰的"灯头戏"颇为讲究,村边搭起高高的牌楼,龙凤花台,挂灯结彩。

七月十五中元节,照例必演"目连""大戏"之类。"大戏和目连是同一类型的戏剧,所不同的是大戏由堕民扮演,目连由农民演出。"②按照迷信说法,七月中旬各种冤鬼从阴间放出,扰乱乡里,其中横死鬼还要乘机"找替代"。其时正值盛夏酷暑,时疫流行,死于疫病者甚众。民众只得祈神求鬼,以驱邪降逆,演戏以娱鬼魂。演戏之前,醵资为首者称为"头家"。"资既集成,再由'头家'向月池坊及三埭街(此为特殊民族专区)茶店中与戏班班长约定某日演出,戏价若干;订时须先付若干元,名为'定洋',亦名'定头钱'。"③约定演戏的时间后,则以大张红纸,书写每月每日,敬神演"平安大戏"全台,左角书"某某班,某某大戏",下书"某某坊司会公具",张贴演戏的海报,称为"标红"。海报贴出以后,再向行家接洽搭台之事,戏台有一台或一个半台之别,根据戏的规模而定,如果点戏热闹,则需一个半台。戏台对面必搭明瓦棚,即"神桌台",为"头家"看戏以及供神之处。"午后二时开演。先行祀神,由戏班乐人张乐,礼毕焚帛,鸣大小火爆、望燎,酹酒毕,班中即开始吹打,闹头场,二场。其时由班中小旦,涂脂抹粉,身着红衫,头戴书生帽,手执戏目手折,由帮闲领导,至头家处拜门请点剧目,再由头家陪同赴本处出钱较多之家,或有势力场面之家,登门点戏。"④除"头家"以外,其他点戏者,在演出中间必须犒以赏封。

绍剧并不上演整本《目连救母》的戏文,只是从中挑出几出鬼魂出场的折子,插入正本戏中,称为"大戏"。据说演出整本"大戏",可保地方一年平安,故名"平安大戏"。"越郡之名演戏曰'大戏'者,示与普通短剧有别也。大戏者,自晚间开演至天明方罢;一宵之中所演之戏为自首至尾全本,不间他种之剧。所与平戏区别者,以日戏终了时,台上出一扮王灵官者,坐台中间,其他扮鬼卒数目不定,或由台下观客扮者,类皆蓬头画脸,皆狰狞可畏之状;身穿兵勇红色号褂,手执镗叉,疾驰至荒冢丛中,手执之叉,向坟上乱戳数下,群皆蜂拥回台,向王灵官缴令,以油纸抹去涂脸色彩,散走而去。戏中重要人物多遭非命丧亡之

---

① (清)陈遹声修:《诸暨县志》卷十七《风俗》,宣统二年刊本。
② 周冠五:《鲁迅家庭家族和当年绍兴民俗》,上海文化出版社2006年版,第215页。
③ (清)金明全:《绍兴风俗志·补遗》,光绪二十三年刊本。
④ (清)金明全:《绍兴风俗志·补遗》,光绪二十三年刊本。

时,则出死、活无常,阴差鬼卒拘魂。至时则插入男吊女吊,七十二种吊态,名曰'掉吊'。其余与普通之戏相同,所不同者为全本演也,一也;重要人物丧时则加演男吊、女吊而已,二也。"[①]"大戏"通常有《千忠会》《龙凤锁》《倭袍》《五美图》《双合桃》《玉蝴蝶》《两重恩》等剧目。全剧演完后,再烧"大牌"。绍俗以为"平安大戏"与目连戏一样,也有保佑地方平安的功能。堕民演出"平安大戏",有一定的规范和禁忌:

> 一、起殇,黄灵官高坐台中,召来鬼王命其带领众小鬼速召各鬼魂看戏,于是,鬼王与小鬼跳落台下,振响镗叉,往荒郊乱冢处召鬼,稍时回来,鬼王在前,小鬼在后,上台向黄灵官作揖,表示鬼已召到,下面接着要镗叉,开始演出;二、鬼王帽的禁忌,演鬼王的演员戴上鬼王帽即禁止开口与人说话;三、黑无常帽的禁忌,黑无常帽只能挂在台前两侧处,禁止拿进厢房内,扮演黑无常的演员出台时有盔箱师父在出场口拿帽等候,待要出场时给他戴上,戴上后绝对禁止开口;四、男吊、女吊的禁忌,未上台时不能画上舌头,临出场时再画,画上舌头后禁止开口,放过焰头出场后才能开口;五、演鬼戏的各种纸帽与大牌都要挂在舞台两侧,禁拿进厢房,用时再拿进来,用后仍挂好,死无常帽绝对不能拿进厢房;六、戏散后,观众不能直呼家人的名字,叫其回去,否则鬼要跟到家里去。[②]

祠堂戏,顾名思义,乃祭祖之戏。浙东世家大族,均建有宗族祠堂,以祭祀族人的共同祖先。祠堂置有专供祭祀活动经费的产业,由族中各房轮流值年,负责筹办一年的祭祀活动。有的祠堂建有戏台,如诸暨边村祠堂的清代戏台,建筑精致美观。祠堂每年祭祖,依照惯例,必演"年规戏"。演出时中央供奉神位,拜毕再演"彩头戏"。"年规戏"于秋后举行,上虞、余姚等地颇为盛行。

喜庆戏,通常为"寿戏"。绍兴富家大户,其辈五十以上寿诞,后辈子孙必为其"做寿",届时贺客临门,热闹非凡,除雇请绍兴词调、绍兴平湖调等唱说艺术外,还雇请绍兴乱弹戏班"做寿"一至数日,以示庆贺。除正常寿戏外,还有为过世长辈做的"寿戏"——"阴寿戏"。

事务戏,有当事人因违犯《山林禁约》等乡规民约被处以请戏班演出的"罚戏";也有纠纷双方通过调解和好的"和事戏";也有同业会馆商业活动中所演的"行会戏"。

三埭街人以唱戏为业,不但在绍兴城内、城郊以及周围农村水乡演出,

---

① (清)金明全:《绍兴风俗志·补遗》,光绪二十三年刊本。
② 十三龄童:《绍剧班社的习俗与班规》,《绍兴戏曲资料汇编》第10辑,1985年,第90页。

也到外地去演。其演出规律大致为：正月"灯头戏"，从初一至十五日（月半），称为"前灯头戏"；十六日以后至月底称"后灯头戏"。一些莫逆之交的亲朋好友，给对方新年拜年，主人为招待宾客，请戏班做戏，戏台一般设于世家大族的祠堂。二月为"春台戏"，除在绍兴本地演出以外，大多到萧山、上虞、余姚、慈溪、新昌、嵊县、诸暨以及杭嘉湖和上海等地演社戏。三月为"愿心戏"，家中有人生病，或有其他祸事降临，许愿者在菩萨面前祈祷："某某菩萨：如能保佑得大病痊愈，或逢凶化吉，大事化小，小事化了，我愿出资做戏一台，以谢神灵庇佑。"各地都有庙宇，做戏的机会很多。越地谚语云："油菜花儿黄，弟子像霸王。"喻义想做戏的"头家先生"（当地东家）多，乃戏班演出的黄金季节，稍有技艺的演职员，为了增加工资，就会向班长提出加薪要求，班长为恪守演出承诺，只得依从弟子要求，因此称"弟子"像"霸王"。三月演"三茅会戏"，戏台搭在东郭门外渡东桥，看戏的人人山人海，热闹非凡。四月为"会市戏"，解放前凡乡镇庙宇有菩萨生日，都有集市庙会，解放后改称"物资贸易交流会"，都必须做戏，但各地会市日期不一。比如，绍兴城郊西郭门外的"车担会"，足有五里之遥，农副产品、绸缎布匹、日用百货、副食品、农具琳琅满目，摊位林立，应有尽有，且价廉物美。尤其是戏班众多，应地方"头家先生"之邀，在集市上沿路搭台演戏。此时戏班做戏，乃"弯起眉毛，刹起裤腰"，演员均拿出自己擅演的戏目，各显技能，做起戏来格外卖力，以此吸引众多"头家先生"向戏班订戏。许多准备做戏的"头家先生"，特地从上虞、余姚、慈溪、新昌、嵊县、诸暨等地赶来，一路看戏，一路评比，看哪个戏班演得好，"窜头火"多，就订哪个戏班，并当场签订合同，付下定洋，届时戏班前往该地演出。五月、六月为"外湖戏"，戏班若要从上虞曹娥江到余姚等地去演出，从内河到曹娥江就得"拖坝"。曹娥江称为"外江"，内河到曹娥江交界处有一道高高的堤坝，那里设有专门拖船的架子，班船航行到堤坝处，为了减轻船的重量，船上的演员必须全部上岸，船中仅乘下班箱，用钢丝绳牵引船只，把船拖过堤坝，演职员再上船，班船向东行驶，直达五车堰、方桥、肖家、魏家、回龙、马渚、余姚等地，在那里演戏称为"外湖戏"，演出达一二月之久。名义上虽曰演戏，实际乃聚赌行为，以戏召集一班赌鬼。他们从四面八方赶来，到演戏场进行"打铜宝""赌三颗头"等赌博活动，并将其赢来的钱，支付戏班连续演三天至五天戏，再次以戏召赌。七月演"大戏"，又称"平安大戏"。每年七月十三至十八乃"鬼节"，农村水乡难免有死于"五殇"（即烧死、吊死、溺水、阵亡等非正常死亡者）之人，事故发生的村庄，必须于"鬼节"期间，做"平安大戏"，从中插入《男吊》《女吊》《调无常》《施食》《放星宿》《开天门》等目连戏，以超度亡魂，祈求一方平安。八月、九月乃演戏淡季,演戏弟子在家休闲,或搞些家庭副业。十月、十一月乃"庙会戏",大多在余姚、上虞一带演出,因为当地菩萨生日多。十二月演"祠堂戏",纪念亡灵做阴寿。①

堕民在民俗活动中有固定的演出程式,从"五场头"到"突头戏",最后则是"整本戏"。演剧之初,有"闹场"。"头场"演奏套式锣鼓,俗称"闹头场",又称"开台"。"头场"乃是以音乐表演为主的节目,并无具体情节内容。由后场乐师以大锣大鼓敲得震天响,以吸引观众,俗语云:"锣鼓响,脚底痒。"乡社与演出场地相隔有一段距离,"头场"的锣鼓越响,听见的观众就越多。"二场"虽比不上"头场""闹猛",但有两个目的,一是提醒演员做好化妆和出场准备,闹场以后就要开演"彩头戏",除挂头牌的生角和旦角外,还得出台亮相;二是稳住前来的观众,安定其情绪。乐师主要演奏唢呐吹打牌子,日场吹打《浪淘沙》,夜场吹打《水龙吟》。乐队水平体现戏班水平,闹二场的吹奏水平高,证明戏班阵容强大和演员技能高超,俗称"头场闹哄哄,二场显本领"

"闹场"之后,接着上演"五场头",由五场喜庆小戏组成,又称"彩头戏"。第一场为"庆寿",请出福、禄、寿三星,演《三星庆寿》或《八仙庆寿》《大庆寿》,唱《寿延开》《园林好》等曲牌,念白为"寿席团团转,寿花朵朵鲜,寿山比寿海,福寿万万年"。第二场为"跳加官",有《文加官》《武加官》以及《女加官》。由大面扮一财神,身穿红蟒,腰系玉带,头罩白面老生面具,戴貂帽的首辅大臣模样。据传原型为唐太宗时的宰相魏徵,其一生辅佐李世民治理国家,政绩卓著,铁骨铮铮。魏徵去世时,唐太宗哀叹"孤失一面镜子矣"!另说为宋璟白面"跳加官"。"唐开元中,玄宗李隆基好声色。宫中建梨园以演戏剧,人物多为椒房、宦寺组成,玄宗每恒自充角色。一日,宰相宋璟应召陪观演出,玄宗兴发,命宋亦要粉墨登场。宋素谨讷自重,然圣命已下,不敢违抗。无奈一手执笏,一手以白巾蒙面,未脱冠带袍履,登台连绕数圈,未曾说白扬声,旋即迅速退下,引得众人哄笑。嗣后,梨园弟子每学宋以自娱,玄宗遂喜而定作常例。即后世'跳加官'之滥觞。"②"跳加官"出场走着舞蹈步,举起手中条幅,上书"天官赐福""一品当朝""风调雨顺""国泰民安",祝为官者官运亨通,为民者财源滚滚。第三场"跳魁星",主要满足读书人的要求,传说主宰天下文章兴衰的是"奎星",顾炎武在《日知录》云:"以奎为文章之符,故立庙祀之。乃不能象奎,而改奎为魁。"绍谚云"魁星点斗,独占鳌头","魁星"成为功名和才学象征。水乡社戏中扮魁星者为戏班小花脸行当,演员身穿魁星衣,头戴魁星面具,左手捧斗,右手执笔,出场走

---

① 访问陈顺泰,2016 年 6 月 16 日。

② 马士敏:《宋璟白面"跳加官"》,《绍兴戏曲资料汇编》第 4 辑,1985 年。

"矮子步"，口念："魁星出华堂，提笔写文章，麒麟生贵子，必中状元郎。"第四场为"小赐福"，由付末扮天官，引导四太监登场，唱《点绛唇》等曲牌，以文赐福。第五场"掘藏"，兄弟俩出场前，先有小花脸扮"财神"，身穿财神蟒头，头戴财神面具和纱帽，手捧一只硕大的金元宝，出场踏着狐步，做出各种滑稽动作，藏东藏西藏宝，找不到保险的地方，听到兄弟俩上场的脚步声，仓促中随手弃于屋角，扬长而去。兄弟俩荷锄，掘得一只金元宝，欣喜若狂。绍人以为运气好容易掘到，但没有运气则掘不到。越谚云："少年去游荡，中年想掘藏，老来当和尚。"

　　"彩头戏"乃是满足人们对"福、禄、寿、喜、爵、财"的心理渴望。除此以外，堕民还需根据主人的需求，演出不同的剧目。元宵节的"灯头戏"照例要演《月明和尚度柳翠》，这折戏无白无唱，以哑剧形式搬演，剧中的月明和尚戴着硕大的光顶"头壳"表演，俗称"跳大头"。清代《鉴湖竹枝词》云："奏罢霓裳却风笙，首春逐疫半严城。踏歌角底余风在，夜夜高棚演月明。"其注云："元夜，村巷演《月明度柳翠》之剧，以逐疫也。"和尚与柳翠与之偕奔，柳翠为"疫"，与和尚偕去为"逐"。"寿戏"的"彩头戏"为《寿红袍》《百寿图》《庆寿》，预祝益寿延年。"和事戏"的"彩头戏"有《六国封相》《桃园结义》《和番》《麒麟阁》，以示团结和睦。如果是送子"彩头戏"，则演《送子观音》《大团圆》，扮演观音的正旦将"喜人"（布衲包成婴孩的道具）抱入内房，念几句吉利台词，将其塞入被窝。如是正月时令戏的"彩头戏"，则演《偷蟠桃》，台角柱子上缚一桃枝，枝上挂着象征蟠桃的馒头，偷到的蟠桃被抛给观众，得蟠桃者红运高照。团圆"彩头戏"，演《双贵图》《王华买父》《教场会》《兄弟会》，寓意祸中得福，家庭团圆之意。

　　如果演剧村庄最近发生火灾，"彩头戏"则为《水擒庞德》《哪吒闹海》《泗洲城》，以示火来水灭。整折戏无唱，完全为习俗所需而设。农村演出社戏，有青苗"彩头戏"《劝农》《柯油虫》《跳五魁》，驱邪灭灾，祈求丰收。《柯油虫》又名《稽山大王柯油虫》，"油虫"乃蚜虫。春耕以后，青苗已抽齐封行，天气炎热，田水蒸发，稻田易生蚜虫和各种疾病。于是，演出正剧前必加演《柯油虫》。由演员着绿袄，裹黑色长挂，戴上面具，扮作"油虫精"，残害稻苗。另一演员扮"稽山大王"上场，与"油虫精"搏斗。虫精蜷缩待毙，为"稽山大王"杀死。"稽山大王"在台上宣布："油虫杀死，年成倒有十三成半。"祈求无虫无灾，五谷丰登。如果是在山区演出，则要加演伏虎擒兽"彩头戏"，如《武松打虎》《伏虎》《斩蛟》。由一演员扮成老虎，张牙舞爪，翻滚腾扑，继而跳出一个伏虎大汉，据说此乃玄坛菩萨，手执乾坤圈，与老虎搏斗。几个回合以后，玄坛菩萨将老虎打倒在地，便向观众询问："猛虎收服，放生还是打死？"观众齐声回答："打死！"于是，玄坛菩萨将老虎打死，以保村坊平安。山里人演戏驱虎，水乡农民演戏灭虫，以朴素的戏剧形式，反映其征服自然，除灾灭祸的美好心愿。

"彩头戏"喻义"万事开头求吉利"的心理。绍兴自古以来认为凡事开头大吉大利就会一帆风顺，顺流到底。如果开头磕磕碰碰，以后则诸事不利。因此，戏班安排社戏，将吉祥如意、幸福美满的"彩头戏"安排在闹场之后，正戏演出之前，使观众有一个喜气洋洋的场面，以符合观众的心理诉求。

"彩头戏"之后，就是"突头戏"，又称"骨子戏""肉子戏"，实即"折子戏"。大都是一些唱做齐全，穿蟒扎靠，剧情紧凑热闹的短剧，如《反五关》《双龙会》《后朱砂》。一时，紧锣密鼓，大将齐出，金戈杀伐，"闹猛"非凡，既显示戏班的脚色阵容，又展示戏班的行头服饰。绍兴乱弹常演的"突头戏"有《后朱砂·曹彩娥大破火门阵》《下河东·赵匡胤叹营龙虎斗》《大明英烈传·渔樵会》《列国志·负荆请罪将相和》等戏目。"突头戏"在绍兴水乡演出有一定的限制，一般以三折为限，所以"突头戏"又称"三折头"。"折子戏"作为"突头戏"，有打头阵之意。一般选取能够充分显示戏班技艺特色和角色的看家本领的戏目，新民绍剧团擅演《五美图》，"突头戏"就取《游园吊打》，以吸引观众。"折子戏"的演出为后面的"正戏"起预告作用，展现戏班演出内容和演员演技水平。但戏班的精华并未亮相，"挂头牌"演员并不参与"突头戏"演出，因为他们仅在正本戏中出场，其身份比一般演员要高。绍兴乃水乡泽国，绍兴乱弹戏班都有自己的"班船"。一般班船为"灰塔锚"的大船，演出的戏具、戏服均盛于戏箱，绍兴方言喻为"行头"。刀枪则架排于船头，班旗高高树于船首，为长方形锯齿边的杏黄旗，旗上绣有班名。一般演员多乘班船前往演出地点，但台柱子和头牌角色通常乘坐特备的乌篷小船，在正本戏其扮演的角色出场前能化好妆到场即可。所以，"突头戏"往往是二流演员"起突头"。

"突头戏"结束后，开始搬演"整本戏"，又称"大戏"，为剧情复杂，人物众多，结构庞杂的长篇大戏。绍兴剧种很多，各有特色。绍剧"整本戏"是"大则夺天下，小则夺老婆"；越剧的"整本戏"是"落难小生中状元，私订终身后花园"；徽班的"整本戏"则是"跌煞、甩煞、筋斗翻煞"。绍剧"整本戏"有《药茶记》《紫霞杯》《贩马记》《倭袍》《龙凤锁》《双合桃》等剧目。《五龙会》演的是后周太祖郭威率兵攻后汉隐帝刘承祐，其军营中有五条龙（指能做皇帝者），即郭威（后汉大都督）、柴荣（后周世宗）、柴宗训（后周恭帝）、赵匡胤（宋太祖）、赵光义（宋太宗）。五龙聚居，为后汉高关守将高行周夜观天象所发觉，知道后汉气数已尽。所谓"六月黄河连底冻，冰冻黄河路路通"。"高怀德（高行周长子）献关；郭威骂关杀刘化王（隐帝）"。历史上确有其人，也确有改朝换代之事，但推敲细节却难以全信。再如《挂玉带》，演"玄武门之变"，唐太宗骨肉相残图谋皇位，说的是"大则夺天下"的事。至于《五美图》，就不是"夺天下"，而是"夺老婆"，"抢姣姣，起祸苗……若有再来犯，变猪变狗变阿猫"。"正本戏"内容丰富，情节曲折，场次较多,可以夜以继日地演上几天几夜,称为"连台本戏",颇得有闲观众青睐。但水乡社戏只演一天,"连台本戏"以剧院演出为主。

最后则是"收尾戏"。收场乃扫尾性的节目,"正本"演完之后,就是社戏演出的程序中的最后一道程序,水乡社戏称为"收尾戏"。演剧必须有"大团圆"的结局,若剧情无大团圆的结尾,被视为不吉利,观众也不肯收场。必须由五旦赶扮新娘,小生扮新郎,一起"拜堂"送客,称为"无名状元拜堂"。至此,一场社戏才圆满结束。观众或兴犹未尽,或尽兴而归,各得其所,其乐无穷。

## 第三节　堕民的戏业教育

从事戏业是堕民最有出息的职业,堕民孩子从小就接受系统的戏业培训。"堕民在幼年时代的生活,上了十一二岁的年纪就得学戏,他们提嗓子,学丝竹锣鼓。整天在家里锣鼓喧天,小堕民大堕民高唱入云,学得一二年后,稍有门径,年长的就得带他们出去实习,数年之后,一切自然都熟手起来了。"[1]无论是进科班,还是拜师学艺,必须写"关书",名曰"三埭半",内容包括立书人姓名、学戏子弟姓名、投班原委、学艺期限,最后还得约法三章:"水火不拒,各从天命,如有盗窃,送官究治,中途退堂,贴赔饭钱。"再由"中人"作保,才可入班。拜师学艺还要举行专门的仪式:"大红斤通蜡烛一对点燃在老郎菩萨前,三叩三跪拜,再向师傅跪拜,然后依次序跪拜各堂师伯们,另有包头食品赠送师父,随班跟从。"[2]先看三天戏,第四天扮皂甲等下手,师傅先教此类小角的名称,如"立出""园场""摆角",再教家丁、报子的简单台词,接着教唱白动作,由粗到细每天教习。小班学戏五年半,再"过堂三年",前后八年半,师傅只给饭钱,不给薪金。许多艺徒在三年后即使能独当一面,也只混个温饱而已。满师后才能到大班排行当,出演正角,俗称"坐门份"。如果是随班学戏,夜以继日演出,稍有空闲还要侍候师父。堕民出身的绍剧老外杨鹤轩回忆:"伢师父教我学戏非常严格,念字不清楚,咬字不准,他就要打,现在新社会教徒弟不兴打了,但我认为老师还是严好,严倒是为你好,虽然挨了打受了痛,可是打了就会长记性,使我念准了台词,至今很受用。"[3]稍有名气的师傅,不少人保守思想严重,担心教会徒弟,饿

---

①　《堕民生活》,《民国绍兴县志资料》第 2 辑第 4 册,广陵书社 2011 年版,第 94 页。

②　十三龄童:《绍剧班社的习俗与班规》,《绍兴戏曲资料汇编》第 10 辑,1985 年,第 89 页。

③　陈顺泰:《梨园名角 谦德可风——追念绍剧老外杨鹤轩》,《绍剧名伶录》,中国戏剧出版社 2016 年版,第 126 页。

死师傅,有空就上茶馆,或者聚赌,传艺时往往留一手,俗称"留酒碗"。

有些堕民乃戏剧世家,代代相传。"过去,凡学戏的,都是些贫苦人家的子弟,他们的祖辈或是堕民,或是无业可操的破落户。因是生计所迫,无奈只得承继祖上的贱业。"①绍剧名丑王茂源原是绍兴钱清的堕民,幼时做过小贩,由兄长带入绍兴乱弹班学艺。王振芳回忆祖父学艺的悲惨经过:"十四岁到调腔班去做学徒,写了三隶半关书(即生死合同),数年后再转入乱弹班,师父是乱弹班里著名的小丑林四海。"王茂源十九岁时倒嗓,悲愤交集,将一块钉板狠狠地砸向自己的头,顷刻血流如注。母亲见状十分痛心,耐心地开导:"你狠棒打自己只能使皮肉受苦,但这不能解决你内心的痛苦的,你眼下应该守心立志,有志则事成,人要宽容大度,时来运转,将来会有好日脚来,眼光要放得远,不要自寻烦恼。"②王茂源内心平静下来,每天下苦功夫练嗓,技艺显著提高,坐了乱弹班小花脸的名分,以"七邑第一丑",响遍浙东水乡农村。王茂源先后收徒七人,言传身教,从不打骂,连"看家戏"也悉心传授,从不为自己"留酒碗"。生于戏剧世家的王振芳,从小就受到祖父王茂源的严格训练。"祖父教戏十分严格,那怕微小的一点动作或唱、念,也不马虎放过。记得我八岁初学戏时,我的启蒙老师就是祖父。天未亮,就叫我起床吊嗓,还叫我头顶一碗水练嗓,教我务必做到'五正',即头正、眼正、口正、脖子正、身子正,作为练嗓的基本规范。还教我月下看着影子练动作,每天连续不断地练绕口令,教我练出'五音'(喉、唇、舌、齿、牙)、'四呼'(开、齐、撮、合)来。"③王振芳在祖父悉心教导下,九岁即踏进戏剧大门。十岁即与祖父同台演出《潞安洲》,王茂源演哈米蚩,王振芳演陆登,台下观众欢声雷动,"爷爷跪在孙子面前"成为戏坛佳话。(图 10.2)

但堕民戏剧世家,大都流行"异子而教"或者他师教子的师徒现象,也就是说父亲很少传艺于自己的儿子,而是为其择师而教。这也符合文化人类学原理。美国学者詹姆斯·休斯·JR 认为姨及叔叔在其外甥女和侄子发展为成功的家族成员过程中至关重要。

> 人类学研究揭示,在部落社会,当一个男孩或者女孩从青春期进入成年,通过由男孩的叔叔和女孩的姨分别监管他们的侄子和外甥女,让他们为其成年人的角色做好准备。这些部落社会,以及我们的现代社会,认识到小孩走向个性化、成人化或独立化时,父母和孩子之间会存在正常的、健

---

① 陶仁坤、罗平、严新民:《绍剧史料初探》,1980 年,第 87 页。

② 王振芳:《绍兴乱弹从艺录》,中国戏剧出版社 2007 年版,第 47 页。

③ 王振芳:《绍剧名丑王茂源》,《绍兴文史资料》第 4 辑,浙江人民出版社 1988 年版,第 113 页。

图 10.2　唐皇街 44 号王茂源故居(陈顺泰供图)

康的冲突。这些冲突使得父母不可能仅靠自己来有效地使孩子准备好胜任他们在社会中的成人角色。部落社会凭自觉知道孩子和姨、叔叔具有血缘关系——毕竟,他们和孩子的父母有着共同的 DNA 来源——这赋予他们强大的粘合力来成功地教导孩子。进一步拓展这个思想,一些生物学家和心理学家相信在姨、叔叔和侄子、外甥女之间的我们称之为利他主义的本能和行为模式与父母和孩子之间是一样强烈的,因为他们在很大程度上共享彼此的基因集合。伴随着这种强烈的生物学联系和类同的心理存在,这就毫不奇怪姨和叔叔能够成功地教导他们的外甥女和侄子了。①

林熙凤出生于绍兴柯山下的堕民戏剧世家,祖父林奎宝乃绍剧文武坤旦,父亲林芳贤也是乱弹班场面旦。父亲双目失明后,十二岁的林熙凤拜绍剧文武坤旦、大伯林芳玉为师。林芳玉每天给林熙凤"下腰""提腿",训练武艺基本功,尤其是旦角的戏。但林熙凤学唱和学戏的脑子不够用,记忆力差,学过就忘,朽木难雕,不是唱戏的料。林芳玉失去信心,以"茭白草的东西不能用",将其打发回家。母亲给林熙凤换衣服时,见其身上多处乌青和伤痕,但丈夫双目失明,自己乃妇道人家,生活没有着落,狠心让儿子再到大伯家学艺。林熙凤被大伯打得吓破了胆,不敢再去。母亲以"与其在家饿死,还不如学戏有一条生路"相勉。正月初一,母亲送 13 岁的林熙凤到林芳玉正在演出的柯桥台基,再三要求大伯严加管教。正月十二,庙台上演"灯头戏",夜戏已开锣,鼓板师傅吩咐林熙凤到班船取钉靴。夜黑大雨,林熙凤不慎跌落河中,差点淹死。林熙凤爬上岸,成了一个落汤鸡。林芳玉获悉林熙凤落水一事,大发雷霆,用板子将其打翻在地。林熙凤在班船睡了两天。第五天,林芳玉以其父就其独子一个,今后若再出事,担负不起,第二次下了逐客令。林熙凤无可奈何,不得不卷起铺盖回家。母亲

---

① ［美］詹姆斯·休斯·JR:《让家族世代兴盛》,清华大学出版社 2006 年版,第 154 页。

胡氏再次恳求林芳玉收下林熙凤为徒。毕竟血浓于水,林芳玉乃请李双喜收林熙凤为徒,并立下关书:"水火各从天命,伤残、病故或突发事件,一律与师无涉,请师父严加管教,如不听从师命,任凭打骂,决无异议。"[①]林熙凤听到关书内容,吓得魂飞魄散,面无血色,连饭也吃不下。李双喜既是严师,又是慈父,林熙凤终于走上艰难地从艺之路。

有些较为富裕的堕民家庭,还直接聘请师傅到家里教育子弟。章益生专门为自己的两个儿子"七龄童"和"六龄童"请了武功师傅"李山东"。李师傅顾名思义是山东人,乃是武术师,成了"七龄童"和"六龄童"的启蒙老师,专教刀枪棍棒等传统武术套路。每逢清晨天尚未亮,上海老闸大戏剧屋顶的阳台上,就出现兄弟俩学艺的身影。"先是学摆'马步',一摆便二十来分钟,双腿酸痛得连走路都不会走了。'李山东'老师天天严厉地督着我俩练,一边说道:'现在吃得起苦,将来才会觉得甜。'我们先用木棒、竹刀练习,过后他就教我俩练真刀真枪了。每天,耀眼的刀光映照着黎明的微熹,棒枪相击的铿锵之声响彻宁静的晨空。我们练的名堂很多,有三节棍、梢子棍、九节鞭、徒手打、棍术、钢叉以及'双刀金枪'等武术套路。李山东个儿大,力气也大,要用好大的劲才能招架住他的来势,这对我们倒是极好的锻炼。加上他操的又是真刀真枪,我们稍一疏忽就会在体肤上留下一道血红的口子。"[②]"七龄童"和"六龄童"经过专门训练,精益求精,成长为著名绍剧演员。

三埭街也出现专门培养戏剧人才的科班,堕民何单夫、张七斤等人创办乱弹小戏班。堕民陈四八于1905年至1922年,先后创办"小鸿寿""小天仙"和"祥金舞台"三副科班,而以"小天仙科班"最为著名。班址就设于绍兴城内的前街与中街相连的街井头二十四号台门,内有三进;门口有三十平方米的一间小屋,摆设六条长桌,用于教唱,阅读剧本;墙四周有毛竹架柱,用于搁脚、练腰,中间乃十八平方米的天井,作为练功的场地;里进正堂住着陈四八班长一家,部分为乡下学生住处。"小天仙科班"于1921年初开业,共招收37名年龄在11岁至17岁的前场(演员)男学徒,除个别来自上虞百官和东关以外,大部分为三埭街唱戏的子弟。小学员先学唱绍兴乱弹"三五七""二凡",聘请徽班文武老生夏桂传授武功。最初学习小戏《庆寿》《小赐福》《掘藏》《全家福》以及武戏《泗洲城》。小学员起得很早,晴天分批在天井练习手、眼、身步法,夏桂师傅喊"一、二、三、四",学员统一步调操练。(图10.3)

---

① 陈顺泰:《红梅傲寒人赞颂——记绍剧旦角林熙凤》,《绍剧名伶录》,中国戏剧出版社2016年版,第246页。

② 六龄童:《取经路上五十年》,上海文艺出版社1988年版,第12页。

图 10.3　小天仙班长陈四八故居暨小天仙班旧址三埭街街井头 24 号（陈顺泰供图）

　　陈四八训练三个月以后，剔去十多个艺术上没有培养前途的孩子，留下其中的二十多人，并于 1921 年 5 月 13 日召集学员家长，签写了学戏"关书"，其内容有四条："一、学徒年限为五年半，中途不得擅自离班，否则要赔偿一切费用；二、学徒期内班长供给伙食、住宅，有病给求医诊治；三、生死各从天命，如果死亡，与班长无关；四、尊敬先生，听从师教，不服管教者开除出班。"①学员为了生计，均刻苦学艺，班长为了尽快让学员登台演出，也催马加鞭，强化训练。农历七月初一，"小天仙科班"即在局弄内的张神殿戏台上首次亮相。二十多名学员穿着红衣红裤排队依次入殿，演出剧目《庆寿》《跳五魁》《跳加官》《小赐福》《全家福》《泗洲城》。"有一个学生名叫福生（文武旦）在《泗洲城》戏中饰演水母娘娘，不但身材苗条，长相出众，而且武艺超群。开打中，他翻的一排'前跷'和二、三十个'鹞子翻身'，博得台下观众长时间的喝彩；耍武旦刀，也颇见功底，一忽儿抛刀加'前跷'，一忽儿'乌龙蛟柱'又耍刀，一人能踢十二支长枪。"②"小天仙科班"的首次演出大获成功，雇请戏班的"头家先生"大喜过望，除付原定戏价三十块大洋外，又增加二十块大洋作为犒赏。（图 10.4—10.5）

---

①　陈顺泰：《小天仙科班》，《绍兴戏曲资料汇编》第 8 辑，1985 年，第 2 页。
②　陈顺泰：《小天仙科班》，《绍兴戏曲资料汇编》第 8 辑，1985 年，第 2 页。

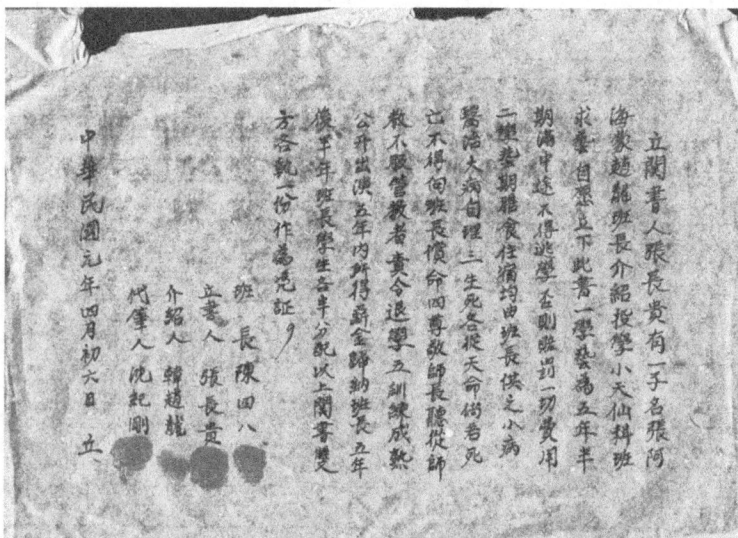

图 10.4　堕民子弟学戏"关书"（陈顺泰仿写）

　　"小天仙科班"培养了一批戏剧人才。"'小天仙'崭露头角的新秀有长靠、短打兼能的武老生阿海，文武皆全的名旦福生，独只手春生，武旦改武老生的霞生，小生炳荣，开口刁夏生，麻油阿贵，大花脸秋毛，翻跌打的宝法、阿兔、赵龙。"[1]陈四八聘请司鼓王六二，琴师有宝和林法荣等人为后场（乐队）。"小天仙"第一年学演乱弹戏《全家福》《凤凰图》《双龙会》《龙凤锁》以及武戏《泗洲城》。第二年，陈四八与夏贵师傅商量后，将乱弹班改为徽班，取名"天仙第一台"，排演《大劈棺》《新安驿》《打樱桃》等戏。又从外地聘请杭州的施长生（武生）、安昌的爱爱（老生）、宁波的三木（小生）、海宁的筱胜奎（长靠武生）以及绍兴的连芳（小生）和贵生（大面）、武教师"大炮"阿老等徽班演员一起同班演出。"天仙第一台"在湖州、嘉兴、嘉善、安吉、寿丰、于潜、昌化、诸暨、义乌等地巡回演出，小学员一边演出一边排练，如岳飞吊寿青松岭、曹操逼宫汉献帝、诸葛有意摆门城等剧目。每场戏价由三十块大洋增加到二三百块大洋。

　　绍剧在上海演出后，堕民艺人也在上海创办绍剧艺员培训班。1939 年，绍剧名伶林玉麟策划和倡议，由上海戏迷票友刘志芳、陈渭堂、杜润鳌等人大力协助，在上海原英租界教堂街教会大道的和兴大厦，创办了"和兴"绍兴乱弹培训班。由林玉麟任班主任，聘请绍剧著名小生陈素云任班主任，筱芳锦、陈鹤皋为唱腔老师，招收年龄在 12 至 15 岁之间的少年学生 20 余名，有林玉麟女儿林杏

---

[1]　陈顺泰：《小天仙科班》，《绍兴戏曲资料汇编》第 8 辑，1985 年，第 2 页。

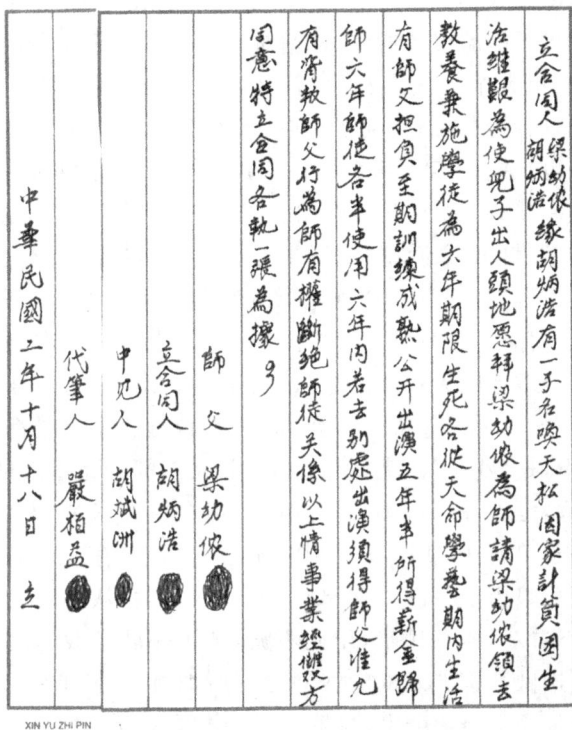

立合同人胡炳浩有一子名唤天松因家计艰因生

立合同人梁幼依缘胡炳浩

沍维艰为使兜子出人頭地恳拜梁幼依为師请梁幼依领去

教養兼施学徒为六年期限生死各听天命学費期内生活

有師父担负至期訓练成熟公开出演五年半所得薪金歸

師六年師徒各半使用六年内若去別處出演須得師父惟允

有齐教師父行为師有擅断绝師徒关係以上情事業经双方

同意特立合同各執一張为掾 9

師　父　梁幼依 ⊙

立合同人　胡炳浩 ⊙

中见人　胡斌洲 ⊙

代笔人　嚴栢益 ⊙

中華民國二年十月十八日　立

XIN YU ZHI PIN

图 10.5　堕民子弟学戏"关书"（陈顺泰仿写）

仁和儿子林越胜,绍剧泰斗老生梁幼依外甥女张爱仙,大都为绍班名伶以及票友子女,生、旦、净、丑行当齐全。学员在一起住宿,冬天一身青布棉袄裤,夏天一身青蓝色生丝衣裤,胸前佩戴白底蓝字"和兴绍兴戏培训班"徽章。老师精心传艺,学生潜心学习,经过两年多时间的学习和排练,艺员脱颖而出,在上海曹家渡环圈五角场"奥飞姆"剧场首次登台,演出两场,一炮打响。林玉麟长女林杏仁,艺名筱玉麟,挂牌演出《九曲桥》中饰寇承御以及《龙凤锁·哭箱诉舅》中饰金凤,演得惟妙惟肖,唱做俱佳。演出掌声不断,深得宁绍戏迷和票友的一致佳评。可惜好景不长,受到抗战烽火影响,"和兴"绍剧培训班被迫于 1941 年停办。①

　　凡学戏者,都是贫苦人家的子弟,其祖辈不是堕民,就是无业可操的破落户,乃为生计所迫,无奈只得继承祖上的"贱业"。许多后来功成名就的绍剧演

---

　　① 　陈顺泰、林越胜:《绍剧大家 林氏门宗——记绍剧名伶玉麟馆家史艺术》,2016 年 5 月 26 日,陈顺泰提供。

员,曾提及自己的家人不愿其学戏。"十三龄童"王振芳回忆自己第一次提出欲学戏时,祖父王茂源的脸涨得通红,神情难看,骂他"是个不争气的东西"。王茂源沉痛地说:"当年有个大庆大花脸,曾经唱得很红很红,结果到老年,唱不动了,谁也看不起,以后倒在庙角死了,连一床草荐都没有着落,还有许多同样的子弟,结果下场也是差不多。爷爷从小家境贫寒,为了糊口,也走被人瞧不起的路,我若活着有一口气,总不想再让你去吃这口戏饭,想不到你竟然这么没志气,也想吃戏饭。"①王茂源说过"戏饭不是人吃的",曾发誓再也不能让孙子吃"戏饭"。然而,由于王振芳从小"痴迷"绍剧,堕民不吃"戏饭",还能吃什么饭?王茂源不得不教"孙子"吃"戏饭"的技艺。章益生虽然对绍剧极为痴迷,也是同春戏班的班长,上海老闸大戏院的老板,更不同意儿子"七龄童"和"六龄童"学戏。"六小龄童"如是说:"爷爷、奶奶当时并不希望两个孩子都学戏,因为在当时演员地位低下,是'戏子'。老话说'戏子无义',那都是骂人的话。但凡还有别的生路的家庭,是不会让子弟去学戏的。现在祖父当了'老板',家庭经济富裕,当然不希望子弟还在'贱民'职业中打转。"②"六龄童"是章益生最小的儿子,绍谚云"婆惜长孙娘惜小",深得父母疼爱。"六龄童"从小对社戏情有独钟,经常到僻远的乡下看戏,通宵达旦,乐此不疲,装了一肚子戏,各色人物经常在脑子里腾云驾雾,连做梦也被刀枪的铮铮之声所惊醒,企望有一位"大将"将其收为徒弟,有朝一日穿上金盔金甲,与番兵敌将厮杀一场。"七龄童"七岁成名,让小三岁的弟弟"六龄童"羡慕不已。"但章益生、周凤仙夫妇不同意他唱戏,因为在旧社会,唱戏被人瞧不起,被称作'戏子',是最下层的人,况且已有一个儿子在唱戏了。"③然而,章益生夫妇最终拗不过六龄童的"纠缠",最后还是同意其学戏,并告诫其应像"七龄童"那样出类拔萃,成为中国剧坛的"南猴王"。

## 第四节　著名堕民戏班与名伶

绍兴乱弹的班社,无论是演员,还是乐师,大都出身于堕民。"据说占到班社人数的百分之八、九十。他们一代继着一代,专以演戏为业,继承和发展着绍兴乱弹的艺术传统。可以这样说,过去绍剧的戏曲舞台,自堕民加入以来,一直

---

① 王振芳:《绍兴乱弹丛艺录》,中国戏剧出版社 2007 年版,第 21 页。
② 六小龄童:《猴缘》,京华出版社 2004 年版,第 23 页。
③ 小七龄童:《"活八戒"七龄童"南猴王"六龄童》,浙江人民出版社 2007 年版,第 6 页。

是由他们撑持着,借此养家糊口,并且施展着他们的艺术身手。"①清代早期绍兴乱弹戏班,有五福、长春、保和三个戏班,均以"吉庆祥瑞"作为班名,成为其惯例。究其原因,"由于堕民的地位较低,路上遇上四民总是送上良好的祝福,吉庆之语整天挂在嘴上,他们欲以此取得四民的欢心,这在他们取的班社名称上也有所反映"②。艺人追忆以"吉庆"为名的乱弹班最多,有百阳新吉庆、平安吉庆、连升吉庆、连朝吉庆、老双鱼吉庆、新双鱼吉庆、老长安吉庆、双鱼新吉庆、双和新吉庆、荣寿新吉庆、文明吉庆、文明新吉庆、日月新吉庆、长安新吉庆、广宁吉庆、锦秀吉庆、老鸿秀吉庆、如意吉庆。而以"霞庆"为班名的乱弹班也不少,如老霞庆、荣华大霞庆、长安霞庆、大官霞庆、福寿霞庆、文明霞庆、文明新霞庆、景泰霞庆、财源霞庆、四季霞庆。以"鸿福"为班名的乱弹戏班有文鸿福、景鸿福、新鸿福茂记、新大鸿福、银鸿福。此外,还有"双鱼景福""富贵荣华""天禄春阳台""新双和(茂记)""时庆丰""钱鸿禧""老天荣"等绍兴乱弹戏班,不胜枚举。一个"吉庆福瑞"的乱弹班名,对于堕民招揽社戏,乃必不可少。

老长安吉庆,为绍剧著名班社,约成立于 1894 年,班长为陈连生,因其手指多生一枚,故称"六枚班长",住三埭街永福街 61 号。该班在观众中享有较高声誉,擅长的剧目有《大缘球》《玉龙球》《太师图》《金鸡图》,艺人称为"两球""两图",为每到一地必演剧目。《后朱砂》《三奏本》《凤凰图》《轩辕镜》等,也是老长安吉庆的常演剧目。1935 年,老长安吉庆演出绍剧第一个现代戏《大战白洋湖》,讲述 1902 年上虞白洋湖(白马湖)十里湖面被赵奆大地主赵宝昌霸占,立牌禁湖,禁止农民捞水草积肥,许多农船被扣罚款。忍无可忍的农民纠集四方乡邻大闹白洋湖,自发地与赵宝昌进行斗争。经过官府协调,农民大获全胜。《大战白洋湖》虽属现代戏,但演员仍着古装戏服,靠蟒盔甲。该剧在上虞崧厦演出后,引起农民的轰动,交口称赞。

老长安吉庆班有老生陈连生、老外陈瑞生、小丑阿根、老生张富、二面筱五三、小生凤来、花旦培锦俉、小生连芳等主要演员。老长安吉庆的台风严谨,演出认真,每当戏演到半夜,班长陈连生亲自登台演出,唱腔多直声呼喊,然发音高亢,传送甚远,吐字清晰,对《忠岳传》《天缘球》等剧有纯熟的做功。观众有"老长安吉庆,做戏最顶真"的评语。因此,各村凡有迎神赛会、喜庆寿诞、祠堂祭坛,欲演戏者必请老长安吉庆。老长安吉庆还有严格班规,立下三不准规则:"不准艺人赌博,不准艺人调戏妇女,不准在河里大小便。"③艺人每月所得包钿

---

① 陶仁坤、罗平、严新民:《绍剧史料初探》,1980 年,第 12 页。

② 朱恒夫:《浙东堕民与戏曲》,《民族艺术》2009 年第 1 期。

③ 严新民:《老长安吉庆》,《绍兴戏曲资料汇编》第 1 辑,1985 年,第 23 页。

仅发给演员少量零用钱,其余均交给家属。且按时付钱,从不拖欠。许多艺人及其家属都愿意加入老长安吉庆,演员安心,家属放心,人员也较为固定。抗战全面爆发后,社会动荡不安,戏班无法演出,加上班长陈连生年事颇高,已近古稀,后继乏人,老长安吉庆遂散班。

20世纪初,上海以及杭嘉湖的戏班纷纷改名为"舞台"。绍兴乱弹戏班也打入上海,有了相对固定的演出场所,进行营业性的卖座演出,也以"舞台"作为班名。绍剧还涌现一批以唱"海底翻"而具有个人演唱特色的著名演员,纷纷置办或租赁戏衣戏具,自任班长,组合以自己名字或艺名为班名的戏班。如泉源第一舞台,班长林泉源;同春舞台,班长章益生;苏桂舞台,班长为小生筱苏桂;纪发舞台,班长为老生王纪发;友生舞台,班长为小生林友生;玉麟舞台,班长为花旦林玉麟;柏龄舞台,班长为小生筱柏龄;素云舞台,班长为小生陈素云;桂发舞台,班长为小生王桂发;运来舞台,班长为老生盖昌顺(运来);昌顺舞台,班长为小生筱昌顺;继生舞台,班长为大花脸胡继生;奎锦舞台,班长为二花脸汪筱奎、老生筱芳锦;玲珑顺舞台,班长为花旦筱玲珑、老生吴昌顺。这些以"舞台"之前冠于艺人名字而称的戏班,仍然为酬神报赛活动等演出,其演出习俗、程序与原先并无差异,但以知名演员作为戏班名称,相较于"吉庆祥瑞"之辞为名的戏班演出,颇具号召力,更具有商业性质。

"泉源第一舞台"成立于1943年,班长林泉源,住唐皇街52号。该班几经演变,数易其名。早在1918年,17岁的林泉源就开始带班,最早为"碧霞轩",继而改名为"正风台",名旦筱玲珑加入后,改为"玲珑舞台"。后来,又有著名老生吴昌顺搭班,改为"玲珑顺舞台"。抗战全面爆发后,绍兴民众教育馆组织艺人进行集训,宣传抗日。集训结束后,改为"第四舞台",因该名观众陌生,遂改为"泉源舞台"。该班演员阵营整齐,观众称赞其演技可数第一,故于1943年左右改为"泉源第一舞台"。其主要演员先后有老生筱凤彩、吴昌顺、筱芳锦、筱昌顺、陈鹤皋、张天;老外陆长胜、杨鹤轩;花旦筱玲珑、章艳秋、筱月英、筱兰英、孟玲珑;武生赖国友;二面汪筱奎;大面蔡宝裕、筱扬松、胡继生;小生孟月楼;小丑孟茂元等。均为绍剧著名演员,名家云集,各有自己擅长的剧目和表演技艺。

"泉源第一舞台"崇尚新戏,颇具特色,常演《牧羊卷》《四进士》《一棒雪》《新龙凤锁》《新钓金龟》《红鬃烈马》《金玉奴》《穆柯寨》《大劈棺》《天雨花》《谢阁佬》《打半山》《投河法场》等剧目。这些剧目有的移自京剧,有的是艺人改编。为了配合抗日宣传,该班还演出《死里逃生》《反省鉴》《扫社》等现代戏。该班演出台风严谨,一丝不苟。若有差错,班长自动提出降价。班长林泉源也十分爱惜演员,演员在台上表现出色,格外受到尊重。林泉源也颇有组班经验,有三条组班规则:"第一要讲名声,把多数名角儿聚集在一起,无有名角儿不演出;第二演戏讲究质量,服装道具新颖,演员上台整齐,严肃认真,扮相从不马虎,从不敷衍塞责;第三条讲信誉,订好合同说到做到,不失约不违约。"①由于剧目新颖,演技精湛,在观众中享有较高声誉。"农村中凡有庙会演戏,均争聘'泉源第一舞台',故该班不愁没戏演,只愁演不转,这种情况,在当时众多的绍剧班社中是少见的。他们农闲在农村,农忙在城镇,绍兴觉民舞台是该班经常演出的基地。"②中华人民共和国成立初期,班长林泉源身染肺病,无力维持,"泉源第一舞台"遂告散班。

绍剧名伶辈出,群星灿烂。晚清时期,就有"上灶阿毛",因家住平水上灶,故有此诨名。阿毛从小喜欢唱绍剧,因家道贫寒,十多岁即投班学艺,成为二丑之魁,在《斗姆阁》中饰张琦,身材高大,英姿勃勃,声音特别洪亮,能传二里之遥。在《打半山》中,表演上山寻找公子的急切心情,模拟山里人爬山姿态,上山步以三步跨满台,创造了新的戏曲形式。他不仅擅演二丑正角戏,而且也擅演二丑滑稽戏,扮演丑角,满脸滑稽相,登台就让观众发噱。他是早期老玉成班的台柱,红极一时。

梁幼农,又称"阿乜先生",老生,被誉为"绍兴的谭鑫培"。其11岁即入"清音班"学艺;最擅长《散潼关》;唱腔华丽婉转,声韵纯真,吐字清晰,字重腔轻,淳厚质朴,刚柔相济。梁幼农喜演老旦,唱做兼长,场上掌声不断。在《双金锭》中,扮演老猴,也栩栩如生。"阿乜先生"喜好杯中之物,经常一醉方休,常因此误戏。好几次锣鼓已响,他仍忘形纵酒,待匆促上场,一步三晃。有次酒后演出,竟栽倒在台下。

筱凤彩,老生,原名张锦奎,祖籍三埭街街井头,13岁开始学艺。在《潼关》《高关》和《三奏本》中,饰演高赢州和李光等角色,为同行所莫及。绍剧唱腔原来比较平直,润腔不多,拖腔也不甚丰富,自从筱凤彩登台以后,独树一帜,在原来唱腔的基础上,突破老调的格律,创一派新腔异声。其特点为长腔委婉,淳厚质朴,花腔缠绵,圆美传情,这种缠绵委婉的花音长腔被称为"海底翻",听之耐人寻味,观众喻为犹如喝加饭老酒,甘顺醇厚,力道长久。筱凤彩在《斩经堂》中饰演吴汉,有一段表现奉母亲之命斩妻的彷徨犹豫之情的唱腔,干净利落,气势雄壮,壮中寓柔。"据说,小凤彩每到一地演出,都以这折戏作为压台,这已成为惯例,观众无有不晓,无不喝彩。竟有这样的情况,当班船开到某一大庄,人们就争先恐后拥到岸边,其中就有人大声问道:'小凤彩来勿来?'回答说:'来哉!'于是,大家就帮着搬运班箱。要是说:'凤彩老生不来。'岸上的人就气恼地喝

---

① 王振芳:《绍兴乱弹从艺录》,中国戏剧出版社2007年版,第67页。
② 严新民:《泉源第一舞台》,《绍兴戏曲资料汇编》第6辑,1985年,第51页

道:'船不用靠岸,回去,回去!'"①筱凤彩乃创立绍剧新腔的鼻祖,对发展和丰富绍剧的唱腔有一定的贡献。

筱芳锦,原名陈灿齐,字彩亭,出生于戏曲世家。1921年,拜舅父林芳锦为师,从师习艺。林芳锦去世后,即以"筱芳锦"作为艺名,加入"蕊芝长春"戏班任老生演员。30年代,进入上海的蓬莱大戏院演出。筱芳锦以饰演包公、关公、济公三个戏剧人物闻名,称为"三公先生"。在《雌雄鞭·王家庄》《轩辕镜·寿堂》中饰演包拯,风趣幽默,言辞犀利,别具一格。在《斩貂》《水淹七军》等剧中饰演关羽,功架老到,气势雄浑,十分传神。40年代,加入"同春舞台",在连本台戏《济公传》中饰演济公,亦庄亦谐,生动活泼。筱芳锦以"怪喉"演唱,唱腔挺拔清越,铿锵入耳,颇有特色。1949年,筱芳锦与汪筱奎联合组建"奎锦舞台"。(图10.6)

图10.6　学士街76号筱芳锦故居(陈顺泰供图)

汪筱奎,本名玉兔。1912年,入"镜花缘"戏班从艺。1916年,拜二面小五九为师,应工二面,声名日著。30年代,加入上海"越舞台",以精湛戏艺,享誉沪上,称为"二面大王"。以二面行当的演员而成为戏班,戏院的"头牌",为绍兴乱弹二面艺人中的第一人。汪筱奎擅长的戏很多,在《打金冠·打太庙》中饰演薛刚,在《斗姆阁·打半山》中饰演张岐,在《倭袍·逼反》中饰演唐云豹,在《五龙会·骂关》中饰演郭颜威,在《四国齐·哭殿》中饰演齐王,唱做俱佳,有口皆碑。在"滑白戏"中,其表演也极为出色,在《龙凤锁》中饰演骆得胥,《双剪发》中饰演苏孔友,《紫玉壶》中饰演赵天龙,《五美图·游园吊打》中饰演丁奉,《闹沧州》中

---

① 陶仁坤、罗平、严新民:《绍剧史料初探》,1980年,第101页。

饰演钱三等,所刻画的清客帮闲,赌徒酒鬼,地痞恶棍,栩栩如生,入木三分。使用真嗓演唱,嗓音清越响亮,运腔流畅圆润。30年代,汪筱奎组建"共舞台"。1949年,又与筱芳锦联手,组建"奎锦舞台"。

王茂源,艺名"茂源小花脸"。"其人为堕民出身,从小做戏,后投新玉成班,拜名丑林四海为师。"[①]在上虞演出时,40多句台词一气唱完,且自弹自唱,艺惊四座,被赠为"七邑第一小丑"。有的地方观众表示:"茂源小花脸勿来,伢勿要看。"王茂源后来赴沪,在"镜花缘""越舞台"演出。30年代后,在天香剧院等处演出。他不仅擅长"长短衫花脸戏",也擅长"靠把戏",在《药茶记·浪子起解》中饰演浪子,在《钓金龟》中饰演张义,在《倭袍·操琴》中饰演王文,在《卖酒》中饰演焦光普,在《龙虎斗》中饰演呼延三赞,在《南唐》《扬七郎招亲》)中饰演杨七郎,技艺过人,脍炙人口。以假嗓演唱,嗓音明亮圆润,唱腔刚柔相济。1942年,王茂源在上海病逝,身后萧条。

筱玲珑,出身于戏曲世家,原名陈元相,小名阿大,人称"大倌",因其身材小巧,演艺生动,观众赠予"小巧玲珑"的匾额,从此以"筱(小)玲珑"为其艺名。1916年,入"庆华台"戏班习艺,师承小毛倌、东林倌、方玉倌。1919年,入"双鱼新吉庆"戏班,应工花旦,初露头角,声名大噪。20年代末,赴上海搭班演戏。上海沦陷后,蓄须明志,脱离戏班,以经营小烟纸店为生。40年代初复出,搭"同春舞台"在老闸大戏院演出。筱玲珑在《宝莲灯·训子》中饰演王桂英,在《倭袍·操琴》中饰演刁刘氏,在《龙凤锁·哭箱诉舅》中饰演豆腐店主金三之女金凤,表演细腻,惟妙惟肖。以假嗓演唱,唱做兼长,扮相俊美,被誉为"绍兴梅兰芳"。

胡福奎出身于堕民戏曲世家。1902年,从四爷胡岳春习艺,应工大面,饰演《三官堂》中的包公,《五龙会·骂关》中的郭彦威,《雌雄鞭·教场会》中的尉迟恭,《宝莲灯·摘星》中的杨戬,演艺以唱功见长。其唱腔刚劲挺拔,韵味醇厚,为绍兴乱弹的四大著名大面"七(张阿七)、福(胡福奎)、扬(筱扬松)、宝(蔡宝裕)"之一。胡福奎组建"新同福"戏班,自任班长。1935年,胡福奎率戏班远赴汉口演出,因人生地疏,未获成功。

筱扬松也是绍剧四大著名大面之一,原名王祥德,家住学士街29号。1904年,筱扬松拜周胡宝为师。1906年,年仅十二岁即在周胡宝为班长的"蕊芝长春"戏班唱戏,应工大面。筱扬松饰演《高平关·借头》中的赵匡胤,《宝莲灯·摘星》中的杨戬,《龙虎斗·屈斩》中的欧阳方,《三官堂》中的包公以及《打花鼓》中的卖艺人。擅演蟒靠戏,功架大方周到,颇有气势,唱腔豪迈高亢,粗犷

---

① 　陶仁坤、罗平、严新民:《绍剧史料初探》,1980年,第102页。

有力,成为绍兴乱弹大面的佼佼者。

王桂发,出身于绍兴戏曲世家,父亲为绍兴"坐唱班"班长,掌鼓板兼唱大花脸。1915年,入小天仙科班学艺,习小生。1926年,入绍剧"蕊芝长春"戏班,唱小生。先后在小天仙、文武紫阳、新发舞台等戏班搭班演出。王桂发的演艺文武兼长,在《斩李广》中饰演厉王,《斗姆阁》中饰演金台,《凤凰阁》中饰演白林郎,《朱砂球》中饰演滕春,《罗成叫关》中饰演罗成,《落绣鞋》中饰演石秀。王桂发身段功架潇洒俊逸,在全本《三国演义》中饰演周瑜,最负时誉,称为"活周瑜"。王桂发以假嗓(子喉)演唱,嗓音清亮宽厚,运腔起伏有致。

章艳秋为绍剧第一个女性旦脚演员。章艳秋出生于绍兴陶堰一个家境贫寒的家庭,小名"大毛(猫)"。父母很早离异,母亲带着女儿迁入三埭街,自落贱籍。1935年,章艳秋入"苏桂舞台",从知名老生筱锦芳学习,初习小生,旋改旦脚。"女角登上乱弹的戏台,不但受到一些观众的非议,更是受到男旦演员的竭力抵制。他们为了不断绝自己的生计,竟相互串连,私下里约定,不收女弟子,不给女旦传授技艺。"①1941年,章艳秋"挂牌"演出,在《斩经堂》中饰演王玉英,《宝莲灯·二堂训子》中饰演王桂英,《贩马记·回衙写状》中饰演李桂芝,《龙凤锁》中饰演金凤,《龙虎斗》中饰演施氏等角色。章艳秋的演唱,无论是咬字、润腔以及运用"海底翻"长腔,声情并茂,具有鲜明的个人演唱特色,为后辈女性旦脚所效法。(图10.7)

图10.7 学士街章艳秋故居(陈顺泰供图)

绍剧著名艺人还有林方锦、林方玉、胡廿七、张长富、陈传忠、陈连生、小春生、高阿炳、林四海、筱凤仪、张阿七、蔡宝裕、汪森桂、胡凤林以及"猴王世家"的"七龄童"和"六龄童"。

---

① 严新民:《一支红杏出墙来——绍剧第一女花旦章艳秋》,《乱弹杂咏》,中国戏剧出版社2011年版,第98页。

## 第五节　堕民猴王世家

堕民世代以唱戏为业,形成许多戏曲世家,以"猴王世家"章氏最为典型。父艺子承、衣钵相传,乃天经地义。"第一代章廷椿(艺名'活猴章')演猴王是穿草鞋戴木脸的;第二代章益生(艺名'赛活猴')是穿布鞋戴布脸的;第三代章宗义(艺名'六龄童')是穿高靴画油彩的;到了章金莱(艺名'六小龄童')这代'美猴王',行头则换成了毛套和软牛皮。章家四代美猴王书写了中国猴戏的历史。"①章家原是上虞道墟的一个村民,世代擅长演出"猴戏","猴王世家"第一代传人是章廷椿,经常在田间地头,戴上木刻的孙悟空脸谱,光着脚扮演孙悟空,因擅长演出"猴戏",有着"活猴章"的美誉。"道墟章氏历史上实际是蒙古人后裔,元朝灭亡明朝建立后,他们被贬为堕民,来绍兴一带居住。堕民是一个特殊人群,他们只能从事演艺、手工业等行业,不许耕读工商。到清朝时限制有所放宽,但大部分堕民还是从事所谓的低贱行业。百年前的道墟有个叫章廷椿的人,很会演猴戏,得了个'活猴章'的名号,那个人就是六小龄童的曾祖父。"②六小龄童家门厅墙上,悬挂一块匾额,有谢冰心题写的四个大字——"猴王世家"。六小龄童回忆:"从曾祖父开始,我们家演猴戏便有了些名气,那个时候曾祖父章廷椿还有个'活猴章'的名号,农闲时喜欢穿草鞋戴木脸耍耍猴戏。而真正把猴戏发扬光大的则是祖父了。我的祖父名叫章益生,是浙江绍兴上虞道墟镇的一个村民,除了在田里辛勤耕耘以外,还经营着一家小灯笼铺。但他在农闲、逢年过节的时候都会参与演戏,演得最多的就是猴,以至于到后来他有了'赛活猴'的名号,也算是地方上一个名角了。"③"猴王世家"的第二传人章益生,生肖属猴,在绍兴乡间庙会高跷队中扮演孙悟空,并形成自己独特的"猴戏"表演风格,赢得"赛活猴"的美誉,成为绍兴名角。然而,天有不测风云,在一次表演中不慎摔伤了腿,从此再也不能登上舞台,他从自娱自乐的社戏中受到启发,遂向邻居借了五块银洋,闯荡上海滩,将大城市的服装、道具以及水绉纱、马鞭等戏剧用品贩卖到绍兴,赚得第一桶金。(图10.8)

1930年,余姚人孙梅庆和杜阿鹤在上海建造老闸大戏院。章益生经过多年

---

① 何文杰、何家炜:《上虞名贤名人》,西泠印社出版社2011年版,第421页。

② 徐文华、魏国剑主编:《江南水乡 有道之墟(道墟卷)》,大众文艺出版社2011年版,第114页。

③ 六小龄童:《猴缘》,京华出版社2004年版,第13页。

图 10.8　猴王世家的第一代传人——"活猴章"章廷椿(六小龄童供图)

经营,积累了一些资金,接管了老闸大戏院,成为绍兴乱弹在上海的主要演出场地。同春舞台原是赵春阿大在 20 年代初组建的戏班,在绍兴一带流动演出。1928 年,改由章益生领班,后来成为老闸大戏院中绍兴乱弹的基本班子,许多绍兴乱弹的知名演员,均先后应同春舞台的聘约,搭班在老闸大戏院演出,老生如梁幼侬、筱凤彩、林芳锦、吴昌顺、筱芳锦、筱昌顺、陈鹤皋等,武生如裘涌棠、赖国友等,老外如陆长胜、杨鹤轩等,小生如王桂发、筱柏龄、筱月楼等,花旦如筱玲珑、筱月英、章艳秋等,花脸如汪筱奎、盖玉兔(二花脸)、筱扬松、彭沛霖(大花脸)等。"当时绍兴乱弹的著名演员,大多数都曾在同春舞台搭班演出,使同春舞台成为名角荟萃、剧艺精湛、影响深广、知名度最高的绍兴乱弹戏班。"[1]同春舞台所演剧目,既有传统剧作,也有移植剧作,还有新编"连台本剧"。40 年代较有影响的"连台本戏"就有《济公传》和《西游记》。1952 年,章益生患高血压医治无效逝世,享年 68 岁。(图 10.9)

老闸大戏院的同春舞台,培养了"猴王世家"的第三代传人——"活八戒""七龄童"和"南猴王""六龄童"。"七龄童"原名章宗信,又名鹤鸣,为章益生四子,生于 1921 年,为绍剧著名演员。"七龄童"七岁即在上海登台演出,在《寿堂》中饰包拯,在《后朱砂》中饰刘成美,在《龙凤锁》中饰何廷忠,在《高平关》中饰高行周等角色,嗓音清亮,扮相俊美,观众为之倾倒,赞誉"七龄童"为"神童老生"。"七龄童"生于戏曲世家,耳濡目染,博采众长,他应工老生,表演上不拘一

---

[1]　罗萍:《绍剧发展史》,中国戏剧出版社 1996 年版,第 261 页。

图 10.9　猴王世家的第二代传人——"赛活猴"章益生(小七龄童供图)

格,善于从人物出发,塑造动人的艺术形象。在《清官册》中饰演的寇准,表演稳重精炼,唱腔起伏有致,审潘洪罪行的长段道白,响亮清楚,一气呵成,斩钉截铁,字字分明,激愤之情溢于辞色,使奸臣潘洪为之气夺。在《炼印》中饰演杨传,机警灵活,生动活泼,毫不为传统老生的表演程式所束缚。在《小刀会》中饰演刘丽川,在《社长的女儿》中饰演社长,自出新意,别具一格。"七龄童"的戏路很宽,反串丑、净角色,也能神形酷肖。如在《打銮驾》中反串丑角饰演范仲华,得心应手,挥洒自如,表现范仲华朴实厚道的性格,未见世面的神貌,恰到好处,令人叫绝。在《血泪荡》中饰演"笑面虎",在《智取威虎山》中饰演"座山雕",都给人留下深刻印象。特别是在《调无常》中饰演的无常,一连串韵白,念得如行云流水,身段功架别具特色,具有浓郁的乡土风味,唱腔如咏如叹,表演亦庄亦谐,生动地塑造了这个情而理,既可怖又可亲的艺术形象。

　　"七龄童"在绍剧"悟空戏"中饰演的猪八戒,被誉为"活八戒"。他在《孙悟空三打白骨精》中饰演猪八戒,以浓厚的喜剧色彩,刻画猪八戒纯朴憨厚,乐观诙谐的性格,入木三分。当唐僧在天王寺束手就缚后,他硬着头皮到花果山向孙悟空告急,最后与白骨精搏斗时,大打出手,立下功劳,令人喜爱。但他爱卖弄小聪明,扯谎,懒惰,在妖怪的变幻面前迷惑难辨,善恶不分,险些闯下大祸。"七龄童"以"笨扮巧演"的手法饰演猪八戒,善于运用准确、生动、富有感染力的形体动作,以体现猪八戒的性格和感情。猪八戒头戴面具,喜怒哀乐均不能通过面部表演,只能依靠身段动作予以补救。"比如表演'动脑筋,想法子',他把头一歪,手脚并用,以食指往太阳穴上一指,像一个锥子,使劲地钻进去,又用一只脚，后跟着地，脚尖翘起，左右摇摆，配以鼓板的节奏，'的笃的笃'的动作起来，使人一看就知内在的含义。再如，他在《三打》中，第一次遇上'村姑'，村姑见其容貌丑陋，故作惊慌。八戒即用手遮住鼻子，接着讲了耳朵大、鼻子长的好处，说是一脸孔的'福相'。"①他的表演巧妙地吸收喜剧大师卓别林的演技，结合剧情、人物、性格、情绪，灵活运用，严丝密缝，不留痕迹。其举手投足之间，皆能传情达意，诸如步法就有"踮步""叉步""拱步""窜步""编步"之类。"七龄童"的道白，采用绍兴方言，精确幽默，寓意深长，具有强烈的喜剧效果。这种方言道白，继承传统"活白二花脸"道白的艺术，结合猪八戒的人物性格，进一步予以发展和创造。罗萍高度评价七龄童"笨扮巧演"猪八戒："他的'笨扮'，是指以头套遮掩眼神、脸相，穿着胖袄，挺着个大肚子，那是形象上的猪相；所谓'巧演'，则是指以准确、生动、富有感染力的形体动作，来刻画猪八戒的性格、感情。七龄童演猪八戒，以各种形体动作取胜，无论一耸肩、一摆腰、一弓背、一屈膝，无不细致入微，深合剧情。他的唱腔，清亮润净，高亢激越，在绍剧老生一行中，别具风格韵味。"其饰演的猪八戒颇富有人情味，给人以诙谐幽默之趣，也使人倍感亲切。

"七龄童"集编、导、演于一身，在上海编演幕表戏三十六本《西游记》、七十二本《济公传》，优秀神话剧《孙悟空三打白骨精》即源于幕表戏《西游记》，于1957年浙江省第二届戏曲观摩会演，获剧本二等奖，其饰演的猪八戒获演员二等奖。1960年，由《孙悟空三打白骨精》整理改编小组整理改编后，摄制成彩色电影。50年代初，"七龄童"出任同春绍剧团团长。1953年，由"七龄童"倡议和发起，各绍剧团义演筹资，创办首期"绍兴市绍剧训练班"，由"七龄童"任班主任，培养急需的绍剧人才。50年代末，由于"左"倾思潮泛滥，"七龄童"深受其害。"文化大革命"爆发后，"七龄童"又横遭批判，于1967年9月28日被迫害致死，年仅47岁。1979年，组织上为"七龄童"平反昭雪，称赞其为著名的"绍剧表演艺术家"。（图10.10）

"六龄童"章宗义为章益生的小儿子，小名鹤皋。六小龄童回忆："1924年，父亲出生在绍兴学士街这条专为'堕民'安排的街上。"②六岁开始学艺，以演猴戏著称的武生，其舞台生涯达五十年之久，被称为"江南美猴王"。"六龄童"自幼跟随同春舞台学艺，酷爱猴戏，在上海老闸大戏院演出时，经常到京剧戏班，观摩《西游记》，请教过扮演"公猴"的郑法祥，师从张翼鹏演出"美猴"。"六龄童"初次演出孙悟空并不成功，乃上街到处看猴子变把戏，观看别人打猴拳，后

① 陶仁坤、罗平、严新民：《绍剧史料初探》，1980年，第111页。

② 六小龄童：《猴缘》，京华出版社2004年版，第20页。

图 10.10　猴王世家的第三代传人——扮演猪八戒的七龄童的剧照（小七龄童供图）

来，干脆买来一只猴子，形影不离地养了两年，仔细观察猴子的一举一动，将猴子喜、怒、哀、乐的种种表情模仿得惟妙惟肖，为造型舞台形象打下了基础。"六龄童"得到著名京剧武生盖叫天和张翼鹏父子的直接指点，懂得"神似必须胜过形似"的学艺之道，探索了全新的"南猴戏"，与饰演猪八戒的胞兄"七龄童"在绍兴乱弹的"悟空戏"的表演艺术，堪称双璧。

为体察猴形猴相，我确实动了不少脑筋。开始时，我想找一条捷径，便想到了猴拳。于是，我就常到公园去看人们打猴拳，但看来看去，总觉得这只是一种摹拟猴形的武术动作，还不足以用来表现孙悟空的舞台形象。不久，我干脆自己养了一只小猴子，因为我听人说，小猴子比较灵活，猴子老了就同人一样，也变得笨手笨脚。这样，我就慢慢地观察猴子的生活习性，并且对着镜子学它的各种动作，剧团流动演出时，我也把猴子带在身边。猴子虽说是异常机灵好动的，但它也有动中取静的时刻。每当这时，我总能从它的眼神里发现一种潜在的力量。有时，我故意逗它，引其发怒，方知它有着毫不相让、越斗越勇的脾性。久而久之，我终于探测到了猴子喜、怒、哀、乐的丰富表情,并把这一连串外形动作加以融会贯通,结合角色的内心活动,进行美化和改造,运用于孙悟空形象的塑造。①

"六龄童"的猴戏表演艺术,通过三十六本"连台本戏"《西游记》的演出实践逐步形成。在三十六本《西游记》中,不少戏在同春舞台单独演出,如《闹天宫》《闹地府》《五行山》《平顶山》《通天河》《黑风怪》《金钱豹》《万年青》《双星斗》《罗阴女》《三打白骨精》《三盗芭蕉扇》等。《西游记》从《猴王出世》到《大闹天宫》,演的全是"幕表戏","六龄童"以猴形猴相在舞台上即兴表演。《猴王出世》由电粉炸开宝山,雷霆万钧,飞沙走石,孙悟空在裂开的宝山肚抱头缩成一团。随后,孙悟空滚下山坡,软软地抬起手来,又无力地落下,提腿,又落下,再支撑地站立起来,有点儿摇摇晃晃,表现初生石猴孱弱而又顽强的情态。接着的《飘海学艺》,也表现了猴子的性格,孙悟空连撑竹篙,苦作行舟之状,时而额手远眺茫茫大海,时而耍弄手中的竹竿,表现其迫切登岸又毫不气馁的意志和决心。《闹龙宫》《闹地府》《闹天宫》三场以武戏为主。《闹龙宫》为孙悟空向东海龙王借宝,"六龄童"借鉴张翼鹏的耍鞭,采用鞭顶鞭、鞭调鞭、鞭托塔、托塔调头等表现手法,并运用转鞭动作,以小手指顶着鞭,使之旋转,颇受观众欢迎。"六龄童"在《闹地府》中运用不少猴形动作,以刻画孙悟空天不怕地不怕,以及对森严地府也若无其事的天真和勇猛的性格,加强其鄙视阎王和群鬼的戏剧效果。孙悟空闯入森罗殿后,为了强调"闹"字,"六龄童"连用"抢背""扑虎""吊毛""壳子"等四样"毯子功",接着跳上阎王案几,居高临下,威慑群鬼,拿起阎王的大印,随手放在屁股下面当凳坐。孙悟空将阎王的生死簿撕个粉碎,拿起千钧棒,追打阎王和群鬼到丰都城,将地府阴曹悉数荡涤。《闹天宫》乃《西游记》的高潮,也是孙悟空反抗精神的强烈体现。"六龄童"也将戏设置一个"闹"字上。但是,"闹"要有对手,而"大闹"则要组织群戏。于是,同春舞台邀请上海四大舞台的京班武戏演员协助演出,这些演员个个身怀绝技,"毯子功""把子功"样样娴熟,台上立即变得生气勃勃,"大闹"显得格外"闹猛"。(图10.11)

"六龄童"还在《十字坡》《快活林》中饰演武松,在《三盗九龙杯》中饰演杨香武(反串武丑),均表演出色。特别是在传统老戏《龙虎斗》中反串饰演小花脸应工的呼延三赞,在《骂关》《大斗》诸场中,唱腔激昂慷慨,别具特色,功架精到威武,极见功力,倍受观众赞赏。"六龄童"以"武戏文演"见长,敢于标新立异,其亮相漂亮,动作利索,不论长靠短打,或是翻滚腾扑,技术娴熟,对于丰富绍剧艺术有重要贡献,受到周恩来和毛泽东的赞赏。"六龄童"主演的《孙悟空三打白骨精》被拍成彩色电影,脍炙人口,至今仍常演不衰。"六龄童"是全国政协委

---

① 六龄童:《取经路上五十年》,上海文艺出版社1988年版,第60页。

图 10.11　猴王世家的第三代传人——六龄童饰演孙悟空

员、浙江绍剧团团长、国家一级演员、绍剧著名表演艺术家。2011 年,获中国剧协颁发的"突出贡献奖"。2013 年,第十三届中国戏剧节授予其"终身成就奖"。2014 年 1 月 31 日,"六龄童"在绍兴病逝,享年 90 岁。

　　"猴王世家"的第四代传人有"七龄童"的两个儿子,艺名"七小龄童"的长子章金元和"小七龄童"章金云,在浙江绍剧团中分别扮演孙悟空和猪八戒。还有"六龄童"的两个儿子,艺名"小六龄童"的次子章金星和"六小龄童"的五子章金莱。"小六龄童"从小酷爱演戏,3 岁即入同春绍剧团,跟随父亲"六龄童"专攻武生,兼学二面,尽管没有上过学,却是个文至唱、做、念、白,武至翻、滚、打、斗件件俱佳的演员。出演过绍剧《秦香莲》中的鹦哥,《齐王哭殿》中的齐王,《打半山》中的张歧,《龙虎斗》中的小呼延赞,《调无常》中的阿林,《闹天宫》中的罗猴,特别是在《孙悟空三打白骨精》中饰演传令猴,被誉为"传令神猴"。1957 年 12 月 15 日,周恩来在上海观看绍剧《大闹天宫》,抱起年仅八岁的"小六龄童"合影留念。(图 10.12)1960 年 10 月 10 日,毛泽东、刘少奇、邓小平等党和国家领导人在中南海怀仁堂观看《孙悟空三打白骨精》，"小六龄童"饰演罗猴，毛泽东六次鼓掌并挥手致意。"小六龄童"参加上海拍摄的彩色戏曲电影片《孙悟空三打白骨精》，并受到郭沫若、许广平、周信芳等亲切接见。1966 年，"小六龄童"因患白血病而英年早逝，年仅 17 岁。1993 年，中央电视台和中国儿童电影制片厂根据其人生经历拍摄 8 集电视连续剧《猴娃》，并出版其传记《猴娃》。

图 10.12　周恩来抱着猴王世家的第四代传人——"小六龄童"章金星合影（小七龄童供图）

　　"六小龄童"章金莱在"非常时期"接受父亲"南猴王"授艺。"文化大革命"开始后，"六龄童"遭到批斗，受到隔离审查，但他仍在思考如何将中国"猴戏"延续下去。"六龄童"拉木头去锯板厂锯板的间隙，从锯板厂捡了根细木条作为金箍棒，手把手地向"六小龄童"传授"南猴王"的技艺，此时，"六小龄童"年仅 12 岁。由于造反派对"六龄童"的折磨变本加厉，没有条件教儿子学艺。于是，"六龄童"介绍儿子去上海找自己的老师、上海戏剧学校的薛德春，"六小龄童"成了其关门弟子。薛德春教了父子两代"美猴王"，成为艺坛的一代佳话。"六小龄童"乃是"戏霸""黑五类"的孩子，无权学艺。薛德春和"六小龄童"只得凌晨五点到上海人民广场一个偏僻的角落，雨天就在上海服装公司前廊的一个自行车棚里。1971年,毛泽东点名将"六龄童"从五行山下解放出来,"六小龄童"再次回到绍兴,由父亲指点学艺。"六小龄童"起初把家当成练功房,后来又将越王台作为练功地,但遇上刮风下雨有诸多不便,亟盼能到正规的练功房练习。"六小龄童"鼓起勇气,来到浙江绍剧练功房,这位前团长的儿子受到出人意料之外的欢迎。为了不影响浙江绍剧团演员的正常练习,"六小龄童"每天五点就去练功,演员上班后才离去。(图10.13)

图10.13 "猴王世家"的第三代传人"南猴王"六龄童和
第四代传人"美猴王""六小龄童"

"六小龄童"高中毕业后,希望能当一名演员。但是,遭到母亲的坚决反对,"六龄童"虽然希望有衣钵传人将中国"猴戏"发扬光大,可自己被打成"戏霸"和"牛鬼蛇神",也犹豫不决。但"六小龄童"态度却非常坚决,一定要演"美猴王",一定要做孙悟空。"文化大革命"结束后,"六龄童"虽然复任浙江绍剧团团长,但绍剧团却不招艺人弟子。"六小龄童"遂于1978年报考浙江昆剧团。1981年,浙江昆剧团做出决定,让"六小龄童"开演猴戏《三借芭蕉扇》,由"六龄童"教授。三个月后,浙江昆剧团的《三借芭蕉扇》在浙江人民大会堂首演成功。著名京昆艺术大师俞振飞挥毫题词,称赞"六小龄童"的演出"形神兼备"。浙江昆剧团决定在十年之内,将《西游记》主要故事改编成昆剧"猴戏"。

然而,中央电视台的一个电话,改变了"六小龄童"的命运。1981年,中央电视台决定拍摄电视连续剧《西游记》,由杨洁执导。主创人员认为要拍好《西游记》,孙悟空的人选是关键。杨洁打电话给"六龄童"求助,"六龄童"推荐了儿子"六小龄童"。1982年,"六小龄童"来到北京,导演安排其前往北京法源寺剃光头当了一段时间和尚,又去北京白云观当了一段时间道士。还观摩北京演出的一些猴戏,专门到北京体育学院随夏柏华教授学习武术。到了剧组以后,又如饥似渴地捧起了小说《西游记》,看完后仔细推敲,并记下读书笔记。要演活猴王,莫过于直接向猴子学习,以研究猴子的习性和动作。于是,每天案头工作结束后,"六小龄童"都要来到北京动物园的猴山,向自己的"师父"——真正的猴子求教。他一看见猴子就不再挪步,一瞧就是大半天,有时看着竟情不自禁地笑出声来。每当兜里有好吃的东西,就毫不吝惜地分发给众猴儿。他还用照相机抓拍猴子的瞬间动作,带回宿舍仔细品味。观察猴子让他颇受启发:

> 一次在动物园猴山前,他看到一只猴儿正在追赶蝴蝶,只见它在没有抓到蝴蝶前,蹲在草地上,盯着一只飞来飞去的花蝴蝶,突然,他一伸爪子抓住了那只蝴蝶,然而,抓到手了,它却并不马上就吃,而是捏在手里揍到鼻子下面反复嗅着,似乎在揣摩:这是什么东西?能吃吗?放进嘴里尝一尝,似乎味道还不错,这才吃掉。这个细微的动作,后来被六小龄童运用到电视剧里。在孙悟空偷吃仙丹、偷吃蟠桃时,他想到了这个细节。只见他伸手摘过蟠桃,并不马上吃掉,而是看了又看,闻了又闻,似乎心里在寻思,这桃吃了真能长生不老吗?瞧上去也没有什么异样感觉,待我老孙尝尝,接着一边吃一边吐皮。①

后来,剧组干脆买了一只猴子,"六小龄童"与之朝夕相处。他发现猴子闲不住,总是蹦蹦跳跳,并非其不舒服或者要讨吃,完全是下意识,搔痒也是如此。他将这些心得运用到表演中,对塑造孙悟空这个艺术形象起了至关重要的作用。

"六小龄童"的"取经之路"并不顺利,拍摄这部电视连续剧的跨度竟达17年之久。《西游记》的前25集花了六年时间,直到1988年才拍完。等待10年之久后,"六小龄童"又于1998年参加中央电视台对《西游记》后16集的补拍,1999年拍完。2000年,41集《西游记》与观众见面,获得巨大成功。全国评选2000年度中央电视台的"十佳"男女演员,"六小龄童"名列前茅。(图10.14)

## 第六节　堕民对绍剧的贡献

堕民在"万年台"展现其唱、做、念、打的表演艺术,欣赏者大都是农民、手工业者和城市平民劳动者。即使进入绍兴和上海的舞台,观众仍是锡箔业、酒酱业、染织业以及所谓的卖浆贩卒者。堕民艺人面对成千上万的观众,全靠演员

---

① 六小龄童:《猴缘》,京华出版社2004年版,第80页。

图 10.14　"六小龄童"扮演孙悟空的经典剧照（"六小龄童"供图）

的嗓子演唱。绍剧唱腔虽以慷慨激昂见长，但仅靠嗓子，毕竟较为平直。老生筱凤彩在《散潼关》中，开创了绍剧"海底翻"的先河，即先抑后扬，造成飞流直泻的效果。筱凤彩在《散潼关》中最有名的一段唱腔为"二次奉了娘亲命，来到经堂斩玉英。上门叩着一声响，微风吹动佛前灯"。王玉英乃王莽的女儿，吴汉的妻子。筱凤彩饰演吴汉，内心充满矛盾和痛苦，母亲命令将王玉英杀掉，母命难违，但妻子并无过错，仅凭王莽之女就将其杀掉，于心不忍。因此，其唱腔刚中见缓，跨入经堂，看见妻子烧香祈求丈夫和婆婆，不得不将利刃停在鞘口，以极其顿挫的行腔唱出最后一句——"全家福禄有救星"，将"禄"升到高音处，然后又在"有"字处疾速收起，并随即进入低回悠转，慢慢地拖长并渐向上叠升，直到将最后的"救星"唱出，仿佛突然从万丈深渊处翻起，犹如巨浪排空，以不可抗拒的力量卷向礁石，从而激起万丈水花。这时，观众响起排山倒海的掌声。绍剧老艺人回忆："凤彩老生每每唱到这里，不管是山里、海里，或平原地区的戏台，一定喝彩，保险喝彩。"①一大批堕民艺人以唱"海底翻"蜚声艺坛。筱芳锦以擅演"三公"（关公、包公、济公）戏驰名于时，其唱腔贴切，善于做工。老外胡念七，饰演《双玉燕》中的李忠，"求乞"一场悲怆凄楚，哀语悯声，字正腔圆。王茂源称为"七邑第一丑"，在《卖酒》中饰演焦光普，手捧琵琶，40多句唱腔一气呵成。"二面大王"汪筱奎有"绍剧金少山"之称，唱的是"肉里喉"，不借助于假嗓，完全靠实打实的真嗓，其嗓音特色是"堂"和"亮"，醇厚酣畅，宛转清扬。

绍兴乱弹的表演艺术粗犷豪放，激情澎湃，感情充沛，具有独特的艺术风格。鲁迅在《社戏》中称赞："中国戏是大敲、大叫、大跳，使看客头脑昏眩，很不

① 谢涌涛、高军：《绍兴古戏台》，上海社会科学院出版社2000年版，第73页。

适于剧场,但在野外散漫的所在,远远地看起来,也自有他的风致。"①绍兴乱弹长期在"万年台"上演出,形成了一套独特的表演艺术。绍剧传统表演中的"三出场",颇能发挥演员表演个性。"三出场"有穿箭衣的"三出场",有短打的"三出场",也有穿靠子的"三出场",动作大同小异,但气派颇不一样,如《龙虎斗》中呼延三赞的"三出场",在哑子开口后的第一次亮相,在锣鼓声中,呼延三赞倒退出场,至九龙口,突然一个转身亮相,一脸虎形,其虎视眈眈的形体,观众震惊不已。穿箭衣的探子"三出场"则有所不同。探子出场时,将马鞭插在腰里,一上来就拉山膀,快步至下场门台口亮相,再转身至上场门口,左右护腕,转身,至上场门台口亮相,至台中转身亮相念白。这一组连续的动作,一气呵成,表现打听军情,"人鬼也不知"的探子急切心情,专为探子出场设的一套程式动作。绍兴乱弹名丑"上灶阿毛",幼时在山区砍樵,结合山区民众爬山过岭的切身体验,在《斗姆阁·打半山》中,以上山"三步跨满台"的形式创造该剧新的戏曲程式,成为典型的"万年台"步伐。其传人二面汪筱奎继承这一动作。汪筱奎在《斗姆阁·打半山》中,扮演侠士张歧赴半山寺探视,他脚蹬草鞋,心急如焚,"三大步"形象地表演从平地登攀高山的姿态。"第一步是踮足远望,昂头引颈瞩目高岗,然后抬腿高过膝盖,一步跨向前方,接着,再作爬坡之势,多跨一步。第三步是竭尽全力,俯冲而上,动作缓慢而有劲,稳实而雄健,在舞台上只跨三大步,便从一端跨到另一端,称'三步走满台'。"②艺人依据生活创造,利用艺术夸张手法,形象地表现了大步登山的情景。

乱弹戏的"男吊"与"女吊",也颇具特色。"男吊"与"女吊"虽然均源于《目连戏》,但却是两种完全不同的表演形式。不仅前者是男性,后者是女性。前者实质上是杂技表演,而后者则是故事性和唱做并重的单体表演。"男吊"重在形体的翻滚、攀缘、腾纵、蹬扑等动作,利用一匹长约六七丈的白布,像猿猴一样作悬空的徒手表演,极为惊险。"男吊"有七十二个动作,故又称"七十二吊"。"男吊"扮演者饰"男吊"脸谱,上身赤膊,下身仅穿一红色短裤,不着拖鞋,在凄厉的目连号声中上场,令人毛骨悚然。先是吊下身部,如单锤、双锤、脱靴、金钩钓鱼、双弯钩、单弯钩、双脱靴、倒种荷花。接着吊腰身部,如蛟龙困浅滩、鸳鸯戏水、左右开弓、童子拜观音、闻窗夜读、孔雀开屏、凤凰耍衣、拍大字等。吊完上身和腰部后,接着上梁,如倒挂紫金钟、蜘蛛放丝、金线钓蛤蟆、梁上眠、僵尸拜月、挺尸跌、卧鱼。吊到"节外生枝"时为分线做准备,待"垂柳倒挂"后,就开始分线。分线后再进入第三阶段的吊法,如前龙头、后龙头、困尸、咬线、鲤鱼跳龙

①  鲁迅:《社戏》,《鲁迅全集》(第 1 卷),人民文学出版社 1998 年版,第 561 页。
②  严新民:《绍兴乱弹史料发微》,《乱弹杂咏》,中国戏剧出版社 2011 年版,第 291 页。

门、游水、钻狗洞、落山虎、绕线。接着全身绕布转动，也有各种不同名称，如一支笔转、蜂窝转、螺旋转、挺尸转、二龙出水转等。在快转时，突然将两只脚伸进吊布圈内，双手放开，人身倒挂，快速飞转，成为二龙出水状。还有虾公转、蚯蚓转，等等。接着就是三扑，双脚背钩住吊布，人身倒悬，腾空跃起，向台面前去。此后，又上布坐下，还是在两个布圈里做动作，如前十字架、后十字架、朝天困、金蝉脱壳、刘海戏金钱等。又拼吊布成一线状，再作结尾动作，如五官吊，直放双手倒悬布上形成垂直线。稍作停顿，再向上翻，如猢狲偷桃，再翻下来，后脑挂于布上，双脚双手全放直，这是最后一吊，即"悬梁自缢"。接着双手攀绳，身子再向上一提，下吊布，双脚落地，七十二吊全部结束。"男吊"实际上是体操加舞蹈的形体造型，借助于白布作纵向上下的脚悬空表演。

　　　台上吹起悲凉的喇叭来，中央的横梁上，原有一团布，也在这时放下，长约戏台高度的五分之二。看客们都屏住气，台上就闯出一个不穿衣裤，只有一条犊鼻裈，面施几笔粉墨的男人，他就是"男吊"。一登台，径奔悬布，像蜘蛛的死守着蛛丝，也如结网，在这上面钻，挂。他用布吊着各处：腰，胁，胯下，肘弯，腿弯，后颈窝……一共七七四十九处。最后才是脖子，但是并不真套进去的，两手扳着布，将颈子一伸，就跳下，走掉了。①

　　"女吊"不同于"男吊"，属于另一种表演形式。"女吊"乃妓女死后带着复仇心理向世人控诉的戏。"自然先有悲凉的喇叭；少顷，门幕一掀，她出场了。大红衫子，黑色长背心，长发蓬松，颈挂两条纸锭，垂头，垂手，弯弯曲曲地走一个前台，内行人说：这就是走了一个心字。"②在目连号头吹奏下并辅之以烟火，男旦女吊扮相，黑唇拖舌，七孔流血，眼窝涂蓝色以示乌青瘀血，脸颊灰白，两鬓挂纸银锭一对，颈挂吊死绳，穿女红官衣并黑背心，白裙，脚踏绣花鞋。演出时手不露袖，垂肩移步，迷信色彩极为浓厚，加上悲凉的号声，阴森可怖。男旦的女吊走时两手成"人"字形，立时双脚成"丁"字形，甩发依次作"心"字式。上台时蓬发掩面，疾速快步到台前，俯身以五指按台板，用头颈功甩发亮相，然后垂肩移步到台心，并以"心"字形依次甩发，两眼不时瞪视，喷发愤怒和复仇的眼光。

　　绍剧武班的特技，堪称"绝技"。诸如"打大桩"，又名"叠罗汉"，吸收了民间武技表演，进行加工提炼而成。先由彪形大汉上场"打桩"，左右两臂各缠二人，骑到肩上，叠起二人，另来一人用脚向后横跨打桩人的腰部并作钩挽，双手合十，昂头直颈，面向观众，再在这人肩上直立一人，共计九人，称为"九鳌头石行

---

　　①　鲁迅：《女吊》，《鲁迅全集》第6卷，人民文学出版社1998年版，第617页。
　　②　鲁迅：《女吊》，《鲁迅全集》第6卷，人民文学出版社1998年版，第617页。

牌"。搭成以后,还要四角走动。还有"七鳌头""五鳌头""长三人""双仙桥""踏荷花""调龙"等套式。"所谓叠罗汉就是光头和尚耍杂技做游戏。人与人搭起'行牌',有一号行牌直搭到五号头,五号行牌有十数个人搭成称之为大行牌。打底的'主心骨'要有力气较大的武功演员担任,以前有个绰号'大炮'阿龙的,专门由他来担当'主心骨'。叠罗汉有好多名称:串刀串火、种荷花转磨盘、立荷花拗荷花、割麦田等,最后人叠人搭成一条长龙。"[①]另一武班特技为"推车筋斗"。先由一人小翻上场,站立台中。另有一人大翻过其头顶,用双手托住对方的腰部,向前推变"前扑",称"前推车",向后推变出场,称"后推车"。翻者经对方顺势一推,超过头顶,高达数尺,翻者接踵上来,顺流不息。推者摆开马步,逐一应对,多至近百个筋斗,天花乱坠,目不暇接。这是一种高精尖的特技,推重或推轻都会危及演员的生命安全。

  堕民颇有艺术修养,以音乐、戏剧为最。"越曲"是他们常唱的曲子,男女多操戏曲业,上海挂牌绍剧名角如汪筱奎等在当时都是非常有名的人物。当时演出的主要剧目,有《松鹰图》《轩辕镜》等,有时再演几只短剧,谓之插戏,如《三本铁公鸡》《关公显圣》等,至半夜则演窜刀窜火,人从刀尖及火把上通过,再加上"拗荷花"——一人居中,四面呈环形,以是抵此人之腰臀,手相连接,周围倒卧下来,像一朵莲花,剧中人手与手相联。或演"造牌坊"——一人居下,其肩上踏立两人,再踏四人,上面再踏两人,最上一人。下面一人力气最大,可以绕着台一周,凡此居中居下之人,块头气力最大,全由堕民担任。[②]

"调无常"也是绍剧的特色。也源于调腔,为绍兴《目连戏》中常演剧目。无常又称"白神",扮相为白布大袖大衫,手持一把破芭蕉扇,头戴纸糊高帽,一书"一见生财"之类的谐语。在目连号头的吹奏中,无常以扇遮脸,躬身屈背趋步至台口,露脸亮相,急转身踏上台中木椅,然后,一个大跳落地,再作自我介绍。介绍自我扮相,接着乃自我解嘲并讽刺世俗的一大段自白,风趣幽默。无常因同情一个"远房阿侄",让其暂时还阳半刻,受到阎王惩处,决定"痛改前非",不管是"爹亲娘眷",还是"皇亲国戚",决不"私情卖放"。"调无常"之"调",就是利用舞台空间,为无常"慨叹"世事,揭露人间阴暗面作种种形象地描绘,并充分发挥其表演上的动态效能,通过不断变换方法和角度,采用朗朗的俚语,形象地送达观众的视听。他一会儿用左脚直跳至右台角,右脚提起似独立金鸡,一会儿

---

①  王振芳:《绍兴乱弹从艺录》,中国戏剧出版社 2007 年版,第 39 页。
②  郑公盾:《浙东堕民采访记》,《浙江学刊》1986 年第 6 期。

又左手直指前方,右手拿着蒲扇,拉开架子,唱出"看你再逍遥,人死难把臭名消",在骂守财奴、恶讼师等时,运用"鹤形台步""车水跳步""老鹰扑鸡""背牵台步"和"水浪式""跳绳式"等身段和步法。"调无常"应是源于农民、手工业工人中的古老舞蹈,成为绍剧脍炙人口,盛演不衰的剧目。

乱弹戏中"悟空戏"的表演,也与众不同,别具一格。"七龄童"和"六龄童"开创乱弹"猴戏",自辟蹊径,集昆曲、京剧、乱弹的"猴戏"于一体,溶人、神、猴于一炉,博采众长,大胆创新,以"武戏文演"为其特色,孙悟空的表演虽仍有跌、打、翻、扑以及手上功夫,但注重人物感情,并不卖弄技巧,讲究内容与形式的统一。以《三打白骨精》为例,第一场孙悟空上场,先是环顾四周,额手远眺,凭着火眼金睛以及敏锐的嗅觉,观察一草一木。然后,挥动金箍棒,披荆斩棘,为师父前行开路。他边走边舞棍,以探山内容来设计,亮出几个猴相,显露猴子本色,表现其乐观勇敢的性格。"悟空戏"注重人物感情变化,随着剧情发展,在对妖怪打与不打的问题上,孙悟空与唐僧产生严重分歧。唐僧怒不可遏,先以念紧箍咒以示惩罚,但未能奏效,不得不使出最后一招,将其逐出师门。孙悟空临行前,向师父道别,字字凄楚,声声泣泪。"徒儿实指望保护师父,同往西天,共取真经,谁知你今日将我贬走,如今我只得走了,徒儿攻打的是人是妖,日后你自会明白。师父请上,受徒儿一拜——"在铿锵的锣鼓和唢呐牌子声中,孙悟空向唐僧叩行"五心朝天拜"的大礼。这种大礼,孙悟空只行过二次,一次是辞别教他七十二变、十万八千里筋斗云的第一任师父须菩提,第二次则是辞别唐僧。"五心朝天拜"动作幅度大,为跳跃式跪拜,是一个夸张而高难度的动作。孙悟空临走时,还祝愿师父西去路上多保重。观众至此,早已热泪盈眶。(图10.15)

## 第七节　堕民"生就讨饭坯"的戏班生活

学戏虽是堕民最好的职业,但对大多数堕民演员而言,这种"开口饭"并不好吃。戏班演出,长年不断,艺人没有假期,正月初一即出发,到年底才"封箱"。艺人此时为来年生计心神不定,如果继续留用,班长就会发一笔"伙斋",作为定洋。如果不付,那就是"另请高明"。堕民艺人终年过着漂泊不定的生活,谈不上有一个"家",班船乃是他们长年累月的栖身之所。绍兴乃是水乡,所有戏班都有"班船",这种"班船"与一般船有所不同,方头长身,六扇乌篷,俗称"六扇头"。分上下两层,上层演员乐队睡,下层为艺徒和杂务睡,统铺划为"前九""后十一",共二十人。中间盖篷的地方称为"大王舱",两边为"口铺",往里称为"状

图 10.15　绍剧《西游记》剧照,七龄童饰猪八戒,六龄童饰孙悟空(1949 年拍摄)。

元铺",这是主要演员铺位。船头铺位名之曰"珠帘铺",风和日丽没有"珠帘",唯有下雨有雨水或船篷檐水流下来,状若"珠帘",名副其实。船尾有"尾标"(青龙牌),写有班名。有的还在船头插一张班旗,绣出班名,俗称"青龙旗"。班船供二三流角色以及跑龙套者乘坐,如是名角则另有单独的"包船",为"乌篷脚划船",一个角儿一只。"班船"成了艺人流动的家。(图 10.16—10.17)如果戏班到山区演出,情况更加糟糕。每天翻山越岭,晚上睡破庙宿祠堂乃家常便饭。班里一天只烧两餐白饭,小菜需各人自备,俗称"扁担饭"。有的艺人无钱买菜,只得向山里乡亲讨点干菜和咸菜下饭。"六龄童"对戏班的辛酸水上生活刻骨铭心:

　　孩提时,常看戏班演社戏,眼红得很。二十年后的今天,自己也居然成了漂泊水乡的行头班之一员。但先前我只羡慕艺人袍笏登场时的威武荣耀,却不知道他们颠沛流离,饱经生活之苦。后来我才明白,到乡下演社戏,那是为了使肚子不唱"空城计",所以甘愿起早摸黑,奔走西东。那时,戏班下乡总是晚上下船,各人手提一盏纸糊灯笼,一只帐篮,带上一包香糕,一束霉干菜,冬天还得夹上一个铺盖卷。班船多为白篷船,后艄用两支

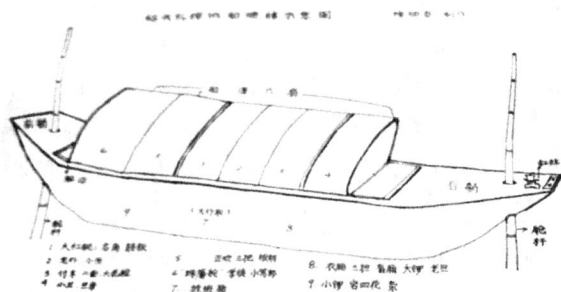

图 10.16 堕民演员的"班船"(陈顺泰供图)

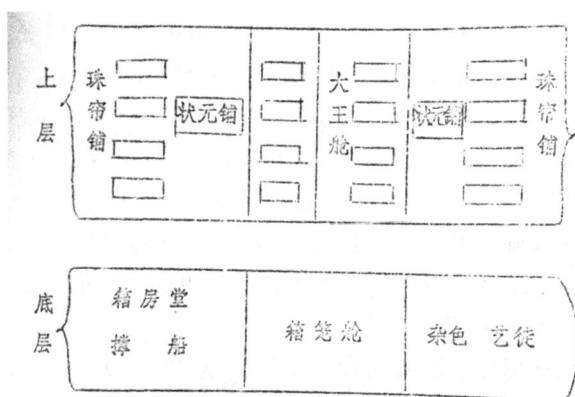

图 10.17 王振芳手绘绍剧演员班船铺位

撸摇。舱内十分拥挤,安的是上下铺,人在舱内已抬不起头,上床也只好躬
着背。夏天,又闷又热,水雾蒸腾,人像在蒸笼里一般,许多艺人身上长着
白虱,背上脚上生起疥癞疮,一坐下就东抓西搔。只是有一点小名气的演
员,能够睡"船头铺",这算是特殊待遇了。①

乡间演出的台基,艺人戏称为"风波亭"。寒冬腊月,北风呼啸,顶上的帐篷
刮得七零八落,演员衣着单薄,冻得浑身打抖。演出稍有不慎,台下有人起哄,
或扔石子,或扔甘蔗头,甚至上台扯下桌围,夺走铜锣。王振芳回忆冬季在绍兴
东湖绕岷山演出社戏的辛酸。东湖村民以采石为业,每年都有开石料而伤亡的
人。每年要演两场戏,七月十三中元节演"平安大戏",以超度亡灵;冬至前后上
演"还愿戏",以封山谢神保太平。每次上演社戏,都有善男信女从四面八方赶

---

① 六龄童:《取经路上五十年》,上海文艺出版社 1988 年版,第 42 页。

来，以求神拜佛还愿，社戏必须演到天亮，中间不能停歇。冬天晚上气温很低，观众也稀稀拉拉，但戏还得认真地演。绕岷山搭的是三面空荡荡的串台，朝西方向，西北风迎面扑来，乃是名副其实的"串台"。狂风"穿台"而过，演员在台上表演，西北风呼啸袭来。后场堂（乐队）坐在台上冻得手脚冰冷，日场演出勉强能够应付过去，太阳一落山就寒气袭人。到了后半夜气温骤然降至零下，化妆的颜料也被冻结，得用热水解冻后才能往脸上涂抹。所穿服饰则更加难受，脱掉暖烘烘的衣裳，换上冰冷的戏服。即使这样寒冷的天气，也照样要演到天亮。晚上演出"突头戏"《英烈传》《双金锭》《白虎关》，后半夜开始演出长本戏《玉麒麟》《五虎平西》，由狄青做寿开始，到黄胖申冤为止。半夜三点，包公上场，正是煞霜时候，寒风咧咧逼人，扑面吹来，戴在嘴上的胡须被风吹起粘在脸上，西北风吹得蟒袍飞舞不停，蟒袍的两只水袖也不听使唤。"时至深更半夜，我唱得非常起劲，唱腔高亢有力。突然，一节甘蔗梢头从台下掷来，我一惊，竟把台词唱错了，再往下继续唱，又是一节长甘蔗梢头丢上台来，目标往后场堂飞去。当我回过头去看时，原来是琴师在打瞌睡，琴声时断时续，看戏的人恼火了，就用这种粗鲁的举动对待琴师。第一根梢头没有击中，第二根梢头追袭上来，正好往我身边擦过，击中琴师的额上，突然被惊醒，吓得琴师睁眼抬头，手忙脚乱，下面还骂声不绝。"[1]艺人流传一首歌谣："困个六扇头，吃个两餐头，演戏演到天亮头，还有甘蔗老头当枭头。"

三伏天气，演员仍穿着厚实的戏服。即使是 38 度以上的高温，演员也得在简陋狭窄的小剧场演出，因做剧酷热中暑而死者，也屡见不鲜。青年演员毛友，因炎热中暑，高烧不退。同班艺人为之"扭痧"，以为扭过痧就能退热。但这种土办法无济于事，高烧仍未退去，反而更加严重。毛友身边又无亲人，又无钱买药、看病医治，延误了治疗时间，不到一周就断了气。死后葬于上海"普善山庄"，艺友为毛友在长乐戏院后台厢房画了一块"神牌"，以示悼念亡灵。

堕民艺人有戏演还能勉强苟活，戏子最怕没有戏演。抗日战争全面爆发后，戏班停演散伙，艺人穷困潦倒。"抗日战争时，戏班子散了，三埭街里吃戏饭的都饿得直壁立，那时的'金元券''储备钞'一日三变，米价涨得吓煞人。"[2]即使是著名的绍剧演员王茂源，也逃脱不了饥饿而死的悲惨命运。王茂源被观众称为"七邑第一丑"的小花脸，于 1933 年借了 3000 元创办"纪发舞台"，但天有不测风云，遇上旱灾，生意清淡而被迫停业。王茂源父子被迫逃到上海躲债。1942 年，王茂源贫病交加，客死上海。王振芳回忆："因为去挨户口米，饿着肚

---

① 王振芳：《绍兴乱弹从艺录》，中国戏剧出版社 2007 年版，第 77 页。
② 赵锐勇：《中国的吉普赛人——来自堕民后裔的报告》，《野草》1988 年第 1 期。

子,拥挤不堪,爷爷无力支撑,被挤倒在地,好心的邻居把他送回家。"王茂源早已口吐鲜血,不省人事,请来医生诊断,因内脏挤伤,第二天就去世了。正在苏州演出的儿子向班主借了路费赶回上海,却连一口白皮棺材也买不起,幸好绍兴大班的爱好者杜润鳖慷慨解囊,资助一笔丧葬费用,得于买来棺木盛殓,安放于上海的"绍兴殡仪会馆"。1942年上海《越剧日报》登载《王茂源逝世》的消息:"一代艺人,身后萧条。王茂源的小丑,在乱弹班中是可以数数的了,他是浙沪闻名,享誉30余年了,就是在天香演唱的时候,他的年事虽高已近花甲,但是他的一副嗓子,始终不变与昔无二,不过在舞台上有点龙钟之态。与后辈小丑较之,还是他的戏有味,总言之,他是不贪懒、不马虎,这就是他能享誉30余年。自天香辍演后,留居沪上,兹得噩耗传来,王茂源不幸于前日与世长辞,其长、次子继发、继棠均在苏州出演。身后甚萧条,而一代艺人,身后景况如此,令人叹惜也。王伶平时克俭克劳者,至暮年终老,一无积蓄,此亦乱弹从艺者待遇不良所致,无怪无人再习此吃不饱,饿不死的玩艺儿。"①享誉30余年的绍剧著名演员王茂源晚景尚且如此凄凉,其他艺人则可想而知。绍兴戚墅村堕民、著名的"科把""大炮阿龙"也因抗战没有戏演被活活饿死。

如果堕民艺人在演出途中突然得病去世,或演武戏不慎跌死,不是将其尸骨运回家安葬,就是就地安葬。许多艺人演出的后厢房墙上,画有死去的艺人神主牌位,牌位上用毛笔或刀刻画死者姓名、性别、年龄、籍贯、出生年月、寿终时间、担任行当、班社名称以及死亡原因,旁边注有:"过路戏班同行讨水酒一杯。"凡到这里演出的戏班同行,都要摆上水酒,供上香烛祭奠,祭奠死去的同行,俗称拜"老先生"。"以前的班子到此做戏文,突然暴死在这里,尸体搬不回家,就在当地埋掉,为了纪念这些死在外地的同行,就在后台壁上画一块神位,以示悼念亡灵,大家都叫'老先生'。"②"泉源第一舞台"来到绍兴王化宋家店的祠堂"万年台"演出,墙上有名有姓的神牌共有五块。20世纪30年代,绍兴乱弹明星筱月英率领戏班到余姚会龙堰演出。该区正流行"瘟螺痧",村中感染瘟疫者甚多,家家户户的大门板都钉了棺材。"当时出于迷信,认为演戏祭神可以赶走瘟疫,结果,戏班艺人一夜死了三个,一个是二花面张兰生(名生筱凤彩第二个儿子),另外两人是乐队人员。凡遇此类情况,厢房墙上就得画上三块神主牌位,对戏班来说是够惨的。"③"瘟螺痧"乃霍乱,应立即隔离,旧社会迷信盛行,这是时代的悲哀,也是艺人的悲哀。1915年,"天仙第一台"在江苏南桥演出,传染

---

① 王振芳:《绍兴乱弹从艺录》,中国戏剧出版社2007年版,第50页。

② 王振芳:《绍兴乱弹从艺录》,中国戏剧出版社2007年版,第84页。

③ 高军:《守望者说》,上海社会科学院出版社2002年版,第180页。

霍乱,十多人罹难,不得不返回绍兴,班长向死者家属一一作了赔偿。

堕民艺人当牛做马,任人宰割,晚年更是穷困潦倒,家徒四壁,俗语云"演戏演到老,不值一根草",为其悲惨一生的真实写照。陈顺泰如是说:

> 旧社会三埭街有些无妻室无子女的孤寡艺人,年老艺衰,穷困潦倒,身患重病却无钱医治,虽有几位好心人出于恻隐之心给予一点帮助与布施,那也是杯水车薪,最终畏缩在庙角,冻饿而死,不计其数,三埭街人拼拼凑凑,为死者买口薄棺材(称之为"赊棺材"),将尸体埋葬于唐皇街东首祝家园的乱坟岗。①

唱戏乃"下九流"的贱业,中国传统四大贱民"娼优皂隶",唱戏的尚排在妓女之后。梨园弟子无奈地自嘲:"咱们管窑姐儿还得叫声姨儿哪!"越地顺口溜云:"十个叫化子,八只破箱子,几两薄银子,请副好班子。"艺人的地位极其低下,沦为平民所不齿的"戏子"。"旧社会戏班子有一种褒贬之词:'神仙、老虎、狗。'热爱艺人奉为上宾者赛似神仙;锣鼓喧天,台上威风凛凛,出将入相赛似老虎;眼光私利的看不起艺人,对艺人任意侮辱,鄙视为'堕民',大概这就是狗的待遇了。不管怎样,唱戏的总是低人一等的。"②越谚云:"头戴纸糊盔,锣鼓当虎威;吃酒喝空杯,骑马敲脚背;金线包穷骨,生就讨饭坯。"这是堕民"戏子"社会地位的真实写照。(图 10.18)

图 10.18　陈国兴爷爷留下的绍剧班箱(2016 年陈国兴提供,汪晓华拍摄)

---

①　访问陈顺泰,2017 年 3 月 16 日。

②　王振芳:《绍兴乱弹从艺录》,中国戏剧出版社 2007 年版,第 77 页。

# 第十一章　人生礼俗中的女堕民

女堕民在平民的人生礼俗中扮演什么角色?[①] 女堕民眼观八路,耳听四方,信息极为灵敏,以其能说会道的口才,撮合平民青年男女缔结婚姻;甚至未成年的男女夭折,也为之配"阴婚"。女主顾因男主人不在家而寂寞难耐,女堕民偷偷地为其请"角先生"。新生儿举行诞生礼,女堕民负责主持剃头仪式,剃去胎发。堕民因其卑贱,有的平民也让孩子认为干亲。女堕民也帮助主顾料理丧事,成为丧礼的顾问,负责丧服的制作。主顾家有宴会,女堕民充当招待角色,倒茶剃毛巾,贺客开心,称为"煽茶老嫚"。

## 第一节　做　媒

做媒是女堕民的行当之一。嘉靖《山阴县志》载堕民"妇人尤贪黔而妄邪,往来良人家作媒保"[②]。徐渭在《青藤书屋文集》谈到堕民"妇则习媒"[③]。清代,老嫚曾有逼女嫁权贵的事例。"金贞女,庠生金镕女,名满愿,七岁能读父书。邻童吴登请婚,父许之,而未聘也。白头兵起,燔登家,登无生计,绘纨扇得钱度日。会女父死,女亦绘扇养母。康熙改元,侍郎王君祭禹陵,谕丐妇欲买姣好女,酬金二十斤。丐妇持金至女家者再,女拒之。既而受其金,约以日。至日,登过,送之,且以幡言责女。女曰:吾筹之矣,非金无以养吾母子,无虑,吾固有以处之也。是夕,遂经死,年十七。后登迎其母养之。"[④]老嫚逼婚致死的案例,应属极端。

---

①　学界除了涉及女堕民参加平民婚礼之外,有关做媒、诞生礼、丧礼以及招待,尚无专文予以探讨。

②　(明)许东望、张天复等纂修:《山阴县志·风俗志》,嘉靖三十年刊本。

③　徐渭:《徐文长集》卷之十八《风俗论》,明刻本。

④　(清)李亨特总裁,平恕撰:《绍兴府志》卷之六十五《人物志二十五·列女中》,乾隆五十七年刊本。

　　绍兴老嫚拥有广泛的社会关系,熟悉各户的家庭背景、性情品格,平时十分留意当婚的"小官人"(绍人对未婚男子的称呼),以及当嫁的"驮姑娘"(绍人对未婚女子的俗称),遇到年龄、财产相近的门当户对的对象,便开始在男女双方进行游说。主顾也愿意托老嫚做媒,特别是主顾看见某家对象时,相信老嫚能说会道的口才。"媒婆(三姑六婆之一)之糊口伎俩,专以撮合男女为其营业的唯一宗旨,凡旧家庭的男子到了十六七岁的年纪,想要物色一位妻子,必须托她代寻门当户对的女子,一经双方满意,就要做第二步工作。"①为了说成一桩婚事,老嫚常常不厌其烦地来回说合,非将对方说动不可。《富盛镇志》载:

　　　旧时,富盛有一批以做媒为业的中老年妇女,俗称"媒婆",列在"三姑六婆"之中,多由女性堕民充任,"大媒太太"算是对她们的尊称。有男性媒人,富盛人则称"媒公""大媒先生"。因为做媒的工作量大,所以又有男媒和女媒之分。媒人十分留意当婚当嫁的小官人、大姑娘,遇有年龄、财产相匹配的对象(即门当户对),便开始在男女双方游说活动。媒人主要目的是赚钱,花言巧语,移花接木等手段都用上,故有"无骗不成媒"之俗谚。②

　　旧时男女青年不能私自往来,否则遭人非议。由于盛行早婚,双方世事未谙,加上受到礼教束缚,婚姻大事都是父母之命,媒妁之言。老嫚穿梭于未婚子女之家,鼓动如簧之舌,极尽撮合之能事,以赚取"谢媒钱"。绍兴广为流传能说会道的老嫚说服两位残疾男女青年结为夫妻的故事。据说以前有户人家的儿子天生是个驼背,另一户人家的女儿天生为兔唇。春去秋来,年复一年,双方都到了谈婚论嫁的年龄,可终身大事却没有着落,两户人家的父母急如星火。于是,老嫚遂充当了为两位残疾人说媒的艰苦工作。老嫚向女方介绍"小官人"(小伙子)聪明能干,每天都"背只镬"四处奔波。女方以为"小官人"从事修缸补镬行当,也未在意。老嫚向男方介绍"驮姑娘"(大姑娘)皮肤雪白,身材高挑,只是生她时多出"一路风"。男方并未在意多出"一路风"是何意。双方听说对方条件很好,遂应允了这门亲事。直到结婚揭开红盖头,西洋镜被戳穿,新郎和新娘才发现对方的天生缺陷。双方都责怪老嫚当初隐瞒真情,闹着要求退婚,自然给老嫚的媒钱也必须退还。但老嫚却淡定自若地说:"我不是话的'蛮灵清'的嘛,小官人一天到晚背只'镬',背只'镬'嘛就是'驼背'嘛;女方生出来的时候多出'一路风',多出'一路风'就是'兔唇'嘛。是你们自己事情没搞清楚就同意

---

①　《风俗》,《民国绍兴县志资料》第2辑第4册,广陵书社2011年版,第131页。

②　《富盛镇志》编辑委员会编:《富盛镇志》,中华书局2013年版,第926页。

这门亲事,怎么现在怨到我头上来了呢?"老嫚一番话,说得男女双方哑口无言。老嫚遂因势利导,以双方都有缺点,也不想对方十全十美,现在酒也办了,客也请了,还不如做一对恩爱夫妻。双方想想也有道理,也只能如此。而老嫚正是用三寸不烂之舌,成为游说男女双方结成夫妻的职业"媒婆"。绍兴漓渚有"轿前媒人轿后狗"的谚语以贬损老嫚。新人结婚时,媒婆雄赳赳喜洋洋地走在迎亲队伍的最前面,将迎亲的"行郎"带到新娘家。此时媒婆还是"轿前媒人"。新娘上轿后,迎亲队伍敲锣打鼓返回新郎家,媒婆走在花轿后面。此时,媒婆为"轿后媒人"。新娘到了新郎家,新郎及其父母则将媒婆冷落,媒婆只能落寞地坐着,此时的媒婆成为"轿后狗",没人理睬。

　　然而,绍兴最大的堕民聚居区三埭街的老嫚仅为堕民做媒,并不为平民做媒。"三埭街的老嫚,从来不给'外街人'做媒,因而也没有专职的媒婆。因为历代封建统治者严格规定,不允许堕民与外界平民通婚,只能在堕民圈内结亲,自我繁殖,三埭街人也不例外。"老嫚牵线搭桥,促成堕民与堕民之间的联姻,主要有三种形式:一是三埭街的姑娘嫁与其他地方的男堕民,或者其他地方的姑娘,介绍给三埭街的男孩;媒人由两人担任,即男方的男媒和女方的女媒,老嫚无须往返奔波,因为世代居住在三埭街,彼此都非常熟悉,即使是其他地方的堕民,也因经常在"好日人家"碰见,相互间较为熟悉和了解。只要双方父母同意,聘礼合适,就能将亲事定下来。"举行一次订婚仪式,两家各办几桌酒席,请一些亲朋好友来喝订婚酒,也等于做出公示:某家的女儿已经许配给某家的儿子。订婚那天,媒人担当起'双手托两家'的职责,手拎'拜匣',内藏男方的聘金(金银饰品)、彩礼钱、新郎倌的生辰八字等送到女家,再把女家的'回礼'(子孙钱)、姑娘的生辰八字反馈给男方,这个媒便算大功告成。"(图11.1)越俗订婚日子由女方决定,结婚日子由男方做主,由男家持男女双方的生辰八字,请算命先生或专门择日的店家,排算出结婚日子。二是双方家长均已谈妥婚事,乃请个现成媒人,此种方式称为"坐媒"。三为"老亲结亲"。"过去不讲科学,不懂得其后患,大多数人喜欢近亲结婚。因为双方的家长认为大家知根知底,今后不会产生口角。小两口青梅竹马,两小无猜,婚后感情必定和睦。于是,娘舅表兄妹结婚、姨表兄妹结合极为盛行。有的贫富相济,还有一种碍于情面。家长一时目光短浅,顾此失彼,不知葬送多少青年男女的幸福生活,害了多少无辜的孩子!"①堕民喜欢"亲上结亲",不仅仅是因为愚昧无知,乃是因为堕民不得与平民通婚,贫困的堕民择偶困难,迫不得已而为之。

　　上虞老嫚承担已届婚龄的大姑娘和小伙子说亲的责任,她们走村串户,熟

① 访问周春香,2016年9月17日。

图 11.1　老嫚将内藏男方的聘金（金银饰品）、
彩礼钱的"拜匣"送往女方（周春香提供）

悉各家情况，能说会道，成为天生的媒婆。百官老嫚最擅长做媒，凭借其如簧之舌，到处为已届婚龄的男女说媒撮合，姻缘一旦说成，将获得主人各种赏赐。她们以此谋生，乐此不疲。"说得'白鲞会游，死人会走'，也因此多被家境不好，或者娶亲有困难的人家请托，她们不论贫富贵贱，总是尽力而为。"①道墟老嫚承包服役主顾范围内的大姑娘和小伙子的做媒说亲，每当"邻家有女初长成"，女堕民都会瞪大眼睛紧盯，唯恐失去这"大笔生意"。"在道墟一带，老嫚似乎便是媒婆的别称。这些老嫚，走东家，串西家，眼观四路，耳听八方，巧舌如簧，口绽莲花，个个都是'巧嘴妇'。"②"媒婆"竟然成了道墟女堕民的代名词。

　　嵊州的旧式婚姻，也是凭父母之命，媒妁之言。嵊州婚嫁谚语云："天上无云不下雨，地上无媒不成婚。"嵊州以前有三种人充当媒人角色。一为男方有声望的绅士或老板前去已物色好的女方家提亲，称为"大媒"或"月老"；也有专职为媒者，以女性居多，称为"媒婆"；"还有一种是兼职做媒的轿夫、轿夫婆。"③轿夫和轿夫婆经常行走于邻近乡村，四处打探消息，将符合婚嫁年龄的少男少女的家庭情况记在心里，或者写在称为"经折"的小册子上，成为"做媒"的档案。若遇人托媒，则凭三寸不烂之舌，以说服双方，成人之美。一旦男女双方互摸家底，认为门当户对，人品及生辰八字均相合，男方乃正式托轿夫或轿夫婆提亲。

　　萧山民国时期有专门替人说合婚姻的中老年妇女，以老嫚为多。主顾家如有十多岁的姑娘，老嫚则会额外送上一份称为"姑娘糖"（"堕民糖"）的饴糖。在萧山的临浦，老嫚经常用有盖"食篮"送"堕民糖"来看望主顾家的大姑

---

①　范国海、夏万士主编：《老渡口　新商都（百官卷）》，大众文艺出版社 2013 年版，第 53 页。

②　徐文华、魏国剑主编：《江南水乡　有道之墟（道墟卷）》，大众文艺出版社 2013 年版，第 115 页。

③　厉小平：《婚嫁习俗》，《嵊州市崇仁镇非物质文化遗产普查汇编》，2008 年，第 250 页。

娘,俗称"望姑娘"。"门眷中有姑娘长到十来岁时,作为伴娘的堕民就要经常上门望姑娘,这人便称为'伴送老娘'。'伴送老娘'是一种职业,当面要叫她们的名字的,如'阿千老娘''阿福嫂',而姑娘则可以叫她们'婆婆'或'娘娘'。当然'伴送老娘'来看姑娘不能空手去的,她们有一种特制的椭圆形竹篮,这竹篮底下就放着一种用饴糖做的扯白糖,也叫'线板糖',这种糖见风就会烊(融化),所以要焐在砻糠中的。'伴送老娘'的竹篮底下就铺着砻糠,砻糠里就焐着扯白糖。而来看姑娘就送给姑娘吃这种糖,走几家分几家。"①因为"老嫚早早在所属地域摸底,哪家姑娘长到十六七岁,然后挎着有盖的食篮,上门将一红花碗麦芽糖放在桌上,叫'送姑娘',这是培育希望。男子将到结婚年龄,也是如此"②。凡是到了婚娶年龄的儿子,父母不管有无看中的女家,都会请老嫚托媒提亲。也有老嫚主动游说,见有年龄相仿,门当户对的青年男女,予以撮合。老嫚说成一桩婚事,可以得到一笔不菲的"谢媒礼"。从提亲到成婚,老嫚在男女两家多次请吃,俗称吃"十八顿半",故"十八顿"几成媒人的代称。老嫚能说会道,口吐莲花。有的老嫚收受其中一方额外钱财,昧着良心欺骗另一方,酿成婚姻悲剧。

宁波女堕民又称"送娘"或"送娘子",顾名思义,所送乃"新娘子"。宁波鄞县"东西城皆有乐户,其妇多奔走大家为媒氏,所谓堕民者也"③。旧时婚俗作兴"父母之命,媒妁之言","送娘"从小练就如簧巧舌,做媒成了其"第一专业"。"媒做成了才有婚嫁,接着便有换帖子、送彩礼、陪嫁妆、接新娘、回娘家等等环节,每个环节都少不了送娘子的身影。她们心明眼尖、婉转圆滑、八面玲珑,千方百计讨好男女双方,使双方都有面子,皆大欢喜。"④宁波传教士戈柏氏对宁波的特殊群体堕民特别关注,对"送娘"做媒颇感兴趣。戈柏氏撰写的英文著作《中国人的自画像》(*Pictures of the Chinese*, *Drawn by Themselves*),不仅可读性强,且配有大量插图,再现了十九世纪中期中国人的生活方式。其中就有关于送娘做媒的生动形象地描述:

> 对于那些熟知中国习俗的人来说,已经很熟悉了中国的女孩子们是没有独身不嫁这样的机会的,她们的命运在人生之初就被决定了。在中国,除了那些需要尊奉清规戒律的尼姑和道姑外,所有年龄大于20岁的女性都已经嫁为人妇了,甚至还有一些早早地做了母亲。两家人通过姻亲结

---

① 朱冠右口述,吴桑梓整理:《小上海——临浦旧事》,方志出版社 2004 年版,第 158 页。
② 《传统婚礼中的堕民》,《民俗风情》,西泠印社出版社 2007 年版,第 106 页。
③ (清)全祖望:《续耆旧》卷八十八《国初诸绅诗之一·洪程乡图光》,槎湖草堂抄本。
④ 江一羽:《送娘子》,《宁波晚报》2006 年 2 月 11 日。

盟,也即谚语所说的天作之合。他们不会因为一些偶然性的事件来影响和决定终身大事。那些恋人间的传情达意,百转柔肠,温言软语和微妙情愫于之中国的少年男女,尚属懵懂之间未能明了之事。媒人是一桩极其重要的职业,或承担着中国社会关系中的一个特殊职能。所有的初期沟通都通过两家人之间的一个共同的朋友(媒人),或者一个有特许权的人物(送娘)来进行。在我们(洋人)对所有真实的中国社会生活所抱有的好奇之中,这些职业媒人和她们起到的作用绝对吸引了我们不少注意力。在中国,只有在某些特定的地区才能找到这些从事媒人行业的女性,你在钱塘江以北是找不到她们的,即便在浙江省全省也没有。有个没有以正史记载,但却在民间广泛流传的说法解释了它的历史渊源。据说,大约四个世纪以前,一支叫做 do-he 的族裔(巧合的是,印度有一支低种姓也有这个同样的名字)的祖先因对抗地方统治阶层而遭惩罚,整个族裔社会地位因此遭到谪贬降级。这支族裔后人的仕途之路就从此断送,他们不被允许参加每年定期举行的文化考试,也无权自由选择行业和职业。挑夫走卒,理发戏子这些行当是他们谋生的仅有选择。他们族内通婚,而他们的妻子们,因被这个国家的主流社会所排斥从而不能将女儿嫁给族外的人家,却因而迫使她们从另一个领域发现了自己无与伦比的价值:即在族内的不同家庭间斡旋沟通青年男女的姻缘安排。

这样的关系是非常令人放心的,因为她们彼此之间不存在什么谋求个别家庭的利益问题。她们做这些事情所期望得到的,无非是一笔可观的收入。中国的艺术家在他们的作品中惟妙惟肖的刻画出了媒人的形象。她们通常穿得朴素整洁,甚至有不少女性漂亮美貌,但这丝毫无助于她们品德的彰显。她们的脚也都按照当时流行时尚的要求裹成三寸金莲。尽管为了做媒常常暴露与风吹日晒下,她们却从来不戴帽子或其他种类的头饰,仅仅是用一种有光泽的蝴蝶翅膀样的发夹把乌黑的长发固定于脑后。无论晴天雨天,她们必定都携带着一把伞出门。伞柄很长,因而除了遮雨还可以用作拐杖。一小扎蓝白花格子包袱里装着替换的鞋子,或者饰品等小物件,以及所有其他的行头。媒人们,不管是按照法律或者参考风俗,都在当地具有非同凡响的影响力。她可以在一定时间里四处拜访,并尽力地撮合她所拜访的那些家庭。通常,有意向结亲的家庭都是在媒人介入之前就基本确定态度了,这种情形下,媒人只需要在婚姻定下的前前后后花几天时间,给新娘子和新郎在拜堂之前做些帮助,或者帮助接受来参加婚礼的亲朋的贺礼,或按照地方风俗的要求,做女傧相陪伴新娘子,并代表新娘向满屋子的客人们答谢。如果还有人会认为,中国女性缠足而不会正常走路的话,那就请他来看看这副生动的场景吧,准保会改变他的看法。

这些女人,缠着时兴的三寸金莲,却能每天奔波在撮合说媒的路途上。毫无疑问,她们走起路来肯定有所不便,特别是对于那些不太适应走远路的女性来说。但我们对于缠足这种罪恶行为的原因猜测却也往往太夸大了。如果我们猜测正确的话,应该是当初那些身为父亲和丈夫的人们,为了阻止妻女出门闲逛才想出了这么一个办法,那么根据我们今天所亲眼看到的,他们的企图无疑是失败了。节日里,那些挤在寺庙里的万千女性,或者那些负责做朝圣和献祭的女性们,她们走路所用的身体部位实际上就靠她们的十个脚趾头,而且,其中八个脚趾头是被折断后压在脚底下的。我们如此一番描述,并不代表着我们是站在为之辩护的立场上的。我们也不是这种缠足、修前额和小蛮腰风尚的拥趸,尽管我们知道这些习惯在一些半开化的社会里仍然广为流行。对于中国的女孩子来说,只有这种从帝王后宫里流传并盛行起来的野蛮习俗被迅速禁止,才会有益于她们的身心。当前,这种不文明的时尚却仍然在中国社会上大行其道,以至于送娘们发现基本上不可能为一个天足的待嫁女子找到郎君。

尽管一个女孩子或许相貌标致,但世人对于这种鄙俗的热捧仍然将会是影响到她幸福婚姻的一条鸿沟。不缠足的女孩子会被视为来自于下等家庭,或者有曾被父母抛弃的命运。欧洲对中国的影响或许是中国形成此风尚的原因,或者这种现象与宗教上对尼姑的歧视有关。中国的社会生活中,媒人代表了一种多么令人讶异的现象啊!中国之社会形成与西方社会之形成该有多大不同,乃至差异如斯!倘若有一位年轻的英国绅士偶然遭遇到一位刚从邻居家走出来的中国媒人,他会用多么惊异的眼光来看她呢?或许,我们这位英国先生会被姻缘天注定,一辈子的生活被预先圈定的前景吓坏!然而,中国的年轻人却少有反抗社会生活中专制独裁法令的意识。他遵循所应当遵守的社会规范,接受他的婚姻安排,并以此作为他履行职责的内容之一。而当因为害羞或者其他原因导致未有生育,使他面临长辈的"不孝有三,无后为大"的指责时,媒人还会上门给他帮助,以解脱不生育的困境。没有人对这个体制所导致的结果有过任何质疑。这是一个内部纷争不断的地方。除了少数几个特别的案例,人与人之间的情绪没有和谐统一的状态,丈夫和妻子之间也缺乏基于甜蜜感情上的平等关系。然而,只要不改变女子不受教育的状态,这种现象势必长期存在下去,作为妻子,她将永远不会被视为与丈夫互补的亲密伙伴,也不可能成为丈夫的参谋。唯一能够把送娘现象从城市到乡村彻底驱逐的力量,(我们希望是)来自于对于女性的品性和责任感的高估。小说当中的中国人往往具有如此特点:他们在基督教义的教导下学习和掌握了生活常识,但却没有学习到罗曼蒂克的性情和精神。[①]

慈溪旧时男女十六岁以后,就要托媒人说亲。男方首先挽女堕民到女方家说媒提亲。如果女方对送娘所介绍的男方的情况有意,男方即托送娘去女家索取庚帖,内容包括女方父亲姓名,女子在兄弟姐妹中的排行、出生年月、生辰八字等。也有男女双方通过媒人相互交换庚帖。媒人一般由"堕民嫂"担任,多为中年妇女,亦称"媒婆"。"堕民嫂"平时比较关注小官人(未婚男子)和大姑娘(未婚女子),见有门当户对的未婚男女,即上门游说。"堕民嫂"先到男家试探着说:"我向某某小官人讨杯糖茶吃吃。"主人如果有意,即泡杯糖茶招待,"堕民嫂"乃送上媒条,内写"某某老爷令郎某某名某某岁大吉"字样,这就是"六礼"的"纳采"。慈城婚礼讲究"九礼",即经过说媒定亲、换帖纳彩、回奉、送彩礼、踩花、过嫁妆、嫁娶、闹房和回门九个程序。"如果说一桩亲事是由送娘子说的媒,那么送娘子就得参与这桩婚事的全过程。"[②]旧时盛行"婚嫁论财",但许多人家,特别是大户人家,也讲究"拣亲择媒",不愿雇送娘为媒。但东家在定亲之后,均雇用送娘作为伴娘。慈溪有一首描写送娘做媒的儿歌云:"天要落雨娘要嫁,蛤蚆娘子(捕蛙堕民的妻子)自来话(替女孩作伐),一话话到好人家,磨砖地、石明堂(形容男家的富有),来转(转身也)就是姑娘房,大桶置(音举,盛也)黄糖,小桶置糖霜,公一碗,婆一碗,姑娘小叔并一碗,喜房娘子括面碗。"[③]女堕民牵线搭桥对年轻男女缔结婚姻至关重要,其作用不容小觑。

家住慈溪三七市的徐氏年仅 15 岁就有送娘提亲,母亲希望到城里找户人家,节头节尾好到城里走一走亲戚。送娘按照其母亲的要求,很快就找到了一户各方面都符合条件的人家。送娘说得天花乱坠:"小官人相貌好、本事大;家里没有公婆没有负担不说,重要的是嫁过去的姑娘不用受婆婆的气。"旧家庭四代同堂,媳妇对公婆言听计从,有"廿年媳妇熬成婆"之说,农村姑娘愿意嫁给没有婆婆的后生。"那人家家境也好,有田有屋不说,金银财宝也不少。"送娘还递上一枚红宝石戒指。送娘凭着三寸不烂之舌,说得徐氏母亲心花怒放,恨不得即刻将女儿嫁过去。然而,新婚第三天,就有人将新房的用品搬走一空,连徐氏手中的红宝石戒指也被勒走。原来徐氏嫁的人家是堕民,就住在慈城最大的堕民聚居区天门下,家里空无一物。"做媒时,媒婆所说的屋是租的,所说的田原

①　龚维琳、许燕:《一个外国传教士眼中的宁波女堕民》,《绍兴文理学院报》2014 年 11 月 5 日。

②　王静:《"堕民"——婚礼的司仪》,《留住慈城》,上海远东出版社 2004 年版,第 111 页。

③　陈志良:《浙江的堕民》,《旅行杂志》1951 年第 6 期。

来是堕民的'脚埭'的'埭'的谐音,'脚埭'是堕民服务东家的范围,家里唯一值钱的只是一块铺板。"徐氏偷偷跑回娘家,向母亲哭诉。母女俩以泪洗面,母亲哀怨自己选错人家,吃过午饭就送徐氏到慈城,让女儿自己走回天门下。母亲无奈地告诫:"你必须从一而终,一根烂稻草到头。否则,要让乡邻们戳脊梁骨不说,还要让族长太公作家法处置的,这样的台我家塌不起。再说将来你弟弟还要娶媳妇的,你逃回娘家的事一出,败坏了门风,谁家姑娘愿意进我家的门呢?为了一家人的面子,你就吃点苦吧,这也是你的命呀!"①送娘凭着三寸不烂之舌,将平民出身的徐氏嫁于堕民男子为妻,徐氏也因此沦为堕民。

乐清男女联姻必须由人从中撮合,否则就被视为违礼悖俗,为人所不齿。这种从中撮合的人,被称为"媒人",男的称为"媒公",女的称为"媒婆"。乐清方言"媒"与"霉"同音,含有晦气、糟糕之意,故媒人谈话往往忌讳。乐清从事媒婆工作者,称其为"媒娘"或"媒孽";属于半职业性质,多为中年女堕民。"媒娘在西乡多聚居于荷堡和彭桥两村。乐城镇的媒孽巷,顾名思义,过去无非也是媒娘聚居之地。据说媒娘的夫家老祖宗为人奴仆,子孙不得参加科举考试,不得封官赐爵,只能从事所谓卑贱职业。"②媒娘并非专门做媒,主要在婚礼中为新娘"开额",即女子第一次"开脸",第二次则称为"绞额头"或"夹额头""捻额头"。媒娘平时分管各村"夹额头",到晚稻登场,背着苎布袋去收稻谷作为报酬。民国时期,盛行西洋婚礼,俗称"文明结婚",在知识界推行,媒人也改称"介绍人"。做媒并非社会法定正式职业,没有法定正式酬金。男女结婚后,男方酬以猪肉、松糕等四样或六样礼品,女方则酬以被单、衣料等礼物,俗称"谢媒"。

## 第二节　做阴配

旧中国实行一夫多妻制,大户人家的男人三妻四妾。有的女主顾也想有婚外刺激,女堕民也尽量予以满足。明代袁枚在《子不语》中,提及绍兴女堕民,为少妇安排与少年公子幽会。"有某公子者,少年好狎邪游。一日其素所匿喜婆来告:'某日郎可至我家,当治具相待。'公子如期往,则曰:'请俟之,尚有佳境。'公子未解也,谓是狎语耳。少顷,有舆女客至门,入见之,则少艳也。衣饰整丽,

① 王静:《中国的吉普赛人——慈城堕民田野调查》,宁波出版社2006年版,第135—137页。

② 南伟然:《乐清婚姻旧俗》,《箫台清音——乐清人文集羽》,线装书局2001年版,第677页。

年二十三四。喜婆旁通言语,坐定进茶具。喜婆出,反扃户去。公子喻意,乃近少艳。不峻拒也。欢毕,问姓与住处皆不答。求再约,则曰:'视缘尽未耳!'启帏出,则喜婆已启扃入矣,为整妆拥之登舆去。公子固问喜婆以少艳姓氏,则亦坚不可泄也。后一年,公子观水嬉,则画船中其人在焉,珠翠满头,婢媪侍侧,喻意以目。无何,舷摩桨击,一见而散,不可复识矣。"①公子欲打听少妇姓名,却吃了"喜婆"的闭门羹。

过去男人寿命也短,寡妇相对较多,从慈城东门进城,沿途有许多贞节牌坊。男主顾长年在外为官,数年难得一回。有些男主顾出门做生意,一走也是三四年,特别是大户人家的男主顾,长期在上海等大城市开店坐庄。在家的女主顾有性需求无法得到满足,女堕民遂想方设法予以解决。女主顾顾及名声,以免秽声四播,有的悄悄请"角先生"以自慰,这行当也由女堕民承担。"堕贫嫂还有个暗行当,也可以说是无法公开的行当,那就是替人请'角先生'。'角先生'是一种口忌的俗称,而不是指称长角的男人。'角先生'是物,是状似男性生殖器的人造物,用现在的话讲,是一种女性自慰工具。"②(图11.2)女主顾有性的需求,有需求自然就有市场,慈城滋生了出售或出租"角先生"的小店。"堕贫嫂"经常到女主顾家提供家政服务,善于察言观色的"堕贫嫂"边"绞脸"边拐弯抹角地探听各种信息。每当遇见女主人心情郁闷,必定询问晚上是否睡得安稳。若是女主人不否认,就贴近耳根笑嘻嘻地探问是不是想男人?要不要请角先生?如果女主人仍不吭声,"堕贫嫂"随即挽着提桶出门,来到请"角先生"的小店,将提桶放在柜台。"堕贫嫂"不用言语,店老板见其进门,就知道来意,心里有数。于是,老板打开桶盖,取出里面的钱,再放入"角先生"。"堕贫嫂"合上桶盖,提起就走。(图11.3)虽说饮食男女乃人之常情,但过去谈性色变,大户人家更是道貌岸然,装得一本正经。"堕贫嫂"请"角先生"自然格外隐秘,常常从后门进去,入房门后将"角先生"藏好。第二天一早,再到老地方取出,还回原先的小店。

"堕贫嫂"还回"角先生"时,老板百般套问"堕贫嫂"的闲话,询问东家是否满意。但无论其如何挑逗,"堕贫嫂"均守口如瓶。如果涉世不深或经不起诱惑的"堕贫嫂"不小心泄密,暴露自己所服务的女主顾,有些有邪念的男人就会乘虚而入。有的会男扮女装,有的干脆大模大样过去,想占便宜,甚至劫财劫色。"过去,阿拉村里有户人家,男人抬了三个女人。平时他带着三姨太住在上海长

① (清)袁枚:《子不语全集(续子不语)》卷七《喜婆》,《笔记小说大观》第20册,广陵古籍刻印社1984年版,第210页。

② 王静:《中国的吉普赛人——慈城堕民田野调查》,宁波出版社2006年版,第205页。

图 11.2 "堕贫嫂"为女主顾请的"角先生"（王静供图）

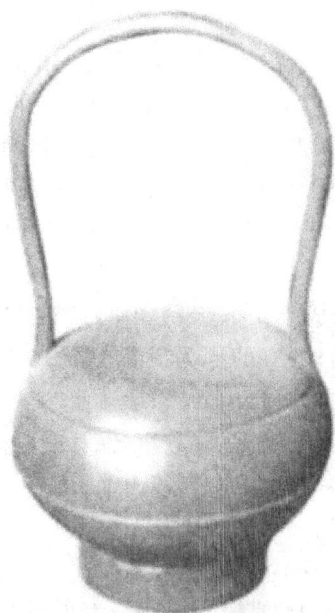

图 11.3 "送娘"请"角先生"的提桶（王静供图）

期不回家，大太太在世时，这里倒还太平。后来，大太太死了，不到而立之年的二姨太就是因为请'角先生'而被小店的老板盯牢招来麻烦。傍晚，老板就上门来，问她：'昨晚的这位丈夫可好？'一句话问得她无地自容。老板又使坏心，迫她一步步就范，寂寞的她顺水推舟，两人遂相通奸，姘居一段时间后，这个老板索性打起她家财产的主意，结果将其家细软席卷一空。"①虽说请"角先生"并非光彩之事，但有些大户人家，特别是守着数目颇大家财的寡妇，年老的婆婆却暗中替媳妇请"角先生"，防其产生改嫁念头，以免肥水流入外人田。

_____

① 王静：《中国的吉普赛人——慈城堕民田野调查》，宁波出版社 2006 年版，第 207 页。

　　从事做媒工作的女堕民又名"喜婆"，也为寻花问柳的富家公子引诱良家妇女。清代就记载了《喜婆引诱良家妇女案》。据传浙江某公子喜欢狎妓饮宴的狭邪之游，厌倦了逢场作戏的妓女，遂找到邻里相识的喜婆，请求物色佳丽，并许以千金相报。喜婆物色之后，约公子到自家与女子相会。公子如约而至，果见一位十七八岁的女子，姿容艳丽，目所未睹。喜婆引导公子和女子进房后，略作介绍，就反锁房门而去。公子遂与女子戏谑。之后，喜婆开锁进房。女子登轿而去时，公子询问姓氏，女子坚不肯告。公子又以后会之期相约，也未同意。一年后，公子迎娶同城某富绅的一位千金，洞房花烛夜，揭开新娘红盖头。果然花容月貌，却似曾相识。公子一再逼问，竟是以前喜婆家中所遇佳人。公子勃然大怒，立即写下休书一封。新娘无地自容，乃上吊自杀。新娘母亲不知何故，遂告到衙门。公子到庭侃侃而述。承审者不信，传喜婆逼问。喜婆遭到拷打，不得不如实相告。"原来喜婆受公子嘱托后，遍觅佳丽不可得，只有素来与她亲近的某富绅之女倒是长相十分标致。这位喜婆为贪得厚利，就百计勾引，遂成私合，不料后来竟为公子之妻。"①案件得以真相大白，贪财的喜婆受到应得之刑。

　　过去不少青年男女未成年夭折，到了阴间只能做"小鬼"。"堕贫嫂"除了为已届婚龄的青年男女做媒外，有的还为夭折的人做"阴配"。"慈城有死人两亲成亲习俗，堕民们消息灵通也有给死人介绍对象的，叫'阴配'。做坟择日、擦腊子(拾尸骨)等，他们能提供'一包总'(方言，意为包揽)的服务。"②"阴配"，又称冥婚，民众受灵魂不死的封建思想影响，"阴配"持久不衰，而浙东著名的梁祝故事，乃是"阴配"的千古绝唱。民间曲艺唱新闻云："相公觅菜子小命，卿卿草假人拜亲。"特指死人配婚之事。

　　慈城的"阴配"，主要为未婚男女夭折后，男鬼与女鬼的"天作之合"。"天门下的堕民在其中扮演了重要的角色，她们几乎参与了提媒、定亲、择日、婚礼到最终合葬一穴的全过程。成亲的黄道吉日由清道观道士选定。这一天，彩堂布置充满喜庆，色彩以暖色的红黄为主调，堂壁会挂上绘有三老的'中堂'，左右配以百年好合的对联，大红喜字成双贴在格窗上，檐头也挂起了大红灯笼。男方要参照活人的那一套来遵礼迎娶，女边也会按习俗收受聘金和折妆钿。司仪大多由能值堂的堕民担当。仪式开始后，吹手执唢呐吹'婚礼曲'，送娘子搀扶着稻草扎成的'姑娘'，完成拜天地、拜高堂及夫妻对拜。假人新娘手脚能动，着彩纸糊的花袄，头盖戴头篷，身后的坐椅上插有一缕小幡，据说能与新郎对眼睛，

---

　　①　王礼贤、王定一编著：《清朝奇案大观》，黄山书社1997年版，第48页。

　　②　王静：《中国的吉普赛人——慈城堕民田野调查》，宁波出版社2006年版，第84页。

一派魏晋遗风样子。待牵入洞房后，送娘子会将女边母亲捎带过来的一小包姑娘身上之物（主要是剪下的指甲和头发），转交给婆家，并说上一些托付之类的话。最后稻草新郎新娘连同纸箱、纸被、纸马等象征性的嫁妆，悉数在祠外的河边烧掉（如果当天能移合葬的，也有敲着阴锣抬到墓地后再付之一炬）。"①至此，男方父亲心里的一块石头总算落地，自己的儿子成了"大鬼"，在本姓祠堂也有了名分。而慈城的"义火祠"则专门提供举行"阴配"仪式的服务。

宁波镇海籍作家鲁彦撰写的小说《菊英的出嫁》，为夭折的女孩配"阴婚"的典范。作家以如椽之笔，展现"送嫂"为菊英出嫁，举行阴配的壮观场面。菊英是个只有八岁阳寿的女孩，病逝十多年以后，菊英母亲认为女儿已到适婚年龄，请"送嫂"定了一门"阴亲"，并倾其所能置办丰厚的嫁妆，吹吹打打、热热闹闹地将菊英嫁了过去。

> 最先走过的是两个送嫂。她们的背上各斜披着一幅大红绫子，送嫂约过去有半里远近，队伍就到了。为首的是两盏红字的大灯笼。灯笼后八面旗子，八个吹手。随后便是一长排精制的，逼真的，各色纸童，纸婢，纸马，纸轿，纸桌，纸椅，纸箱，纸屋，以及许多纸做的器具。后面一顶鼓阁两扛纸铺陈，两扛真铺陈。铺陈后一顶香亭，香亭后才是菊英的轿子，这轿子与平常的花轿不同，不是红色，却是青色，四维着彩。轿后十几个人抬着一口十分沉重的棺材，这就是菊英的灵柩。棺材在一套呆大的格子架中，架上盖着红色的绒毡，四面结着彩，后面跟着两个坐轿的，和许多预备在中途折回的，步行的孩子。②

舟山岱山的"堕民嫂"信息灵通，能说会道，也从事说媒的行当。"常常是张家的儿子到了娶媳妇的年龄，李家的女儿待字闺中，'堕民嫂'都一清二楚。于是跑到主人家，讲这桩婚姻若成，该是如何的门当户对、天作之合。说一桩婚事常常抱着非把对方说动了心不可的决心，来回跑上几十趟。人们常说说媒的人有'三寸不烂之舌'。其实，照现在看来，做'堕民嫂'也非易事，她要有吃苦耐劳的精神，有应对自如的口才，要信息灵通，要有不达目的不罢休的韧性，还要有坦然面对别人奚落、白眼的胸怀。"③"堕民嫂"之所以忍辱负重，成人之美，乃是利之所在，其收益有谚语曰："一个姑娘一亩田。"

---

①　袁昂：《义和祠旧事》，《慈城：中国古县城标本》，宁波出版社 2007 年版，第 538 页。
②　鲁彦：《菊英的出嫁》，《鲁彦精品集》，世界图书广东出版公司 2010 年版，第 76 页。
③　《堕民嫂》，《数瀛洲巾帼风流》，浙江人民出版社 2013 年版，第 135 页。

# 第三节　诞生礼

越俗剃满月头的礼俗异常隆重,为诞生礼的高潮,例由老嬷剃头。"婴儿弥月,需要她们去剃弥月头。凡是男孩她们都称为捉鲤鱼,凡是女的都叫鳗,因为人家大都喜欢男孩,多赏给他们几个喜封,于是就叫鲤鱼,女孩总是比较少给她们一点,所以叫鳗。在弥月剃头那天,她们总是很早起来。预先安排好她们应做的事,然而请'斋寿星'。过后就是剃头,剃好头她们就抱着小孩拜长辈,接下去就是讨喜封。凡是小孩的长辈受小孩拜过的人,她们都可以去讨喜封,在小孩的父母方面更可以拿到不少的米,还可以带着一家大小去吃上几顿。"[1]老嬷剃满月头,被喻为其"第一种进益"。

绍兴老嬷给满月婴儿剃头时,婴儿全身穿戴外婆家置办的新装。母亲也盛装打扮,双手抱着婴儿给亲朋好友观看婴儿容貌。八仙桌上"状元烛"或"一品凤烛"高烧,铺有红毡的桌面上,供有"满月面""满月馒头""什锦糖果""花式糕饼"(男婴为状元糕等十盘头)。剃头吉辰一至,初为人母的"产妇娘"(指第一胎)抱着婴儿坐在椅子上,脱下婴儿戴的帽子,由请来的老嬷给婴儿剃胎发。剃胎发为最难做的活计,婴儿头皮很薄,头发又软又稀,必须百倍小心,剃头刀也要磨得锋利,下手要轻,移动要把握分寸。润胎发应以酒代水,忌用冷水或热水。剃胎发无论男女,胎发均一样处理。先用剃刀轻轻剃一圈,头顶要留一块瓦片型的胎发,以保护正中的"囟门",俗称"孝顺发"。后脑部分按"产妇娘"要求,留一个"鸭尾巴"似的"胎发束",这种头型称为"瓦片头",至少留三年才可剃去。婴儿剃完满月头后,接着祀神祭祖。祭桌除了三牲外,还有四色水果、三茶六酒,另有一条鲜活的鲤鱼,脊翅上穿着红头绳,挂在木制的龙门架上,象征孩子长大后能够"鲤鱼跳龙门"。祀神后鲤鱼放生。祭祖要摆"全堂"场面,用两张八仙桌连接起来,摆上二十四副盅筷,系上"桌围",称为"全堂羹饭",表示祭祀本家列祖列宗,求列祖列宗庇佑这个新生的孩子。外婆家早有备好给老嬷的红包封赏。红包大致为十倍于平时的理发价,另外,一条新的剃头毛巾,包括供在桌上的"十盘头",照例也归老嬷所有。

上虞满月的剃头仪式例由"剃头娘"(老嬷)主持。"小孩满月置办剃头酒时,剃胎头以及办酒时的许多习俗,都要由老嬷来完成。"[2]婴儿剃满月头前,老

---

①　朱虹:《浙东的堕民嫂》,《妇女杂志》1948 年第 3 期。

②　陈永林:《上虞民风习俗》,西泠印社出版社 2011 年版,第 281 页。

嫚要在大门外请"寿星菩萨",桌上点燃香烛,摆上寿果、寿面、茶食水果、素食小盘、元宝等。堂前另摆一张桌子,放上剃头糕、米胖、玉米胖等共五盘,供剃头时,由小孩抢食,人越多哄抢越好。再摆一个麻结,表示下代如麻发。摆两根连根的葱,剃完胎发以后,还要拿到坛里去种,"葱"喻义"宗",以示传宗接代,香火不断。婴儿出生后一月第一次剃头,也称剃"胎头",未剃过胎头的婴儿,不能随便进入他人门槛,即使婴儿得病要看郎中,也只能抱着站在门外,因为未剃过"胎头"不干净,进入别人家不吉利。万一进入就要请灶司菩萨,少则香烛、元宝,多则酒果、蔬菜、茶饭供奉,意为"去污"。婴儿出生三十日,称为"满月剃";六十日称为"双月剃"。婴儿出生满月或双满月,上虞民间例有"满月礼",又称"弥月礼"。旧时有请菩萨、祭祖、拜天神、土地神、剃胎发、移窠,吃满月酒等仪式,以示庆贺。如果第一胎是男孩,仪式更加隆重。按照习俗,外公外婆要送"盘担",也称"满月担",以祭天敬神。盘担中有纸元宝、红烛、活鲤鱼、公母鸡、鸡蛋、馒头、印糕、虎头帽、虎头鞋、抱裙、披风、文房四宝。主人家于厅堂设桌,点燃"状元红烛",摆上"十碗头",请过菩萨。祭祀时,活鲤鱼用线吊在桌档上,剃发后放回江河之中,寓意"鲤鱼跳龙门"。老嫚以绿茶水为婴儿润发,一边剃头,一边念着彩头。"然后,用剃刀轻轻刮去胎发,并在囟脑门四周和后脑勺各保留一片胎发。囟脑门处留胎发称'留聪明发',俗称'瓦片头',象征聪明人'凡事留一手';后脑勺处留胎发称蓄'压根发',俗称'鸭尾巴',寓意像鸭一样好养。"①母亲或外婆要将胎发收集起来,用红线扎好挂在床上,以驱妖避魔,一直保留到孩子长大。有的将胎发用红纸包好,放入小孩枕内,以避邪镇魔。"几乎世界各地都有这样的观念,认为人可能因自身剪下的头发、指甲或其他任何东西而受到巫术法力的影响。"保存胎发的习俗,上虞至今仍然流传。"这种迷信思想在于它认定人和曾经长在他身上或与他有过任何密切关系的东西具有交感关系。"②婴儿剃满月头,项颈、手腕、脚脖挂套金银锁、关公刀,点上朱砂印,俗称"点红",然后举行"移窠仪式"。"移窠"又称"走满月""过满月""搬满月""叫满月",俗称"满月游走"。民间俗规,"月里毛头"和坐月子的"舍母娘"一样,不能随便抱出门并走动,只有满月时才允许。为了增强婴儿对外界的适应能力,有的人家还有"练胆"之俗。有的由老嫚抱着婴儿游走于附近道路和石桥,如果近山近水,还要登一段山路,或走一圈船檐,在河边还要让小鲤鱼放生,喻义孩子将来"跳龙门",一路上老嫚都要说健康长寿的吉利话。婴儿"移窠"时,外婆

---

① 陈永林:《上虞民风习俗》,西泠印社出版社2011年版,第312页。

② [英]弗雷泽著,徐育新、汪培基、张泽石译:《金枝》,新世界出版社2006年版,第229页。

或奶奶给邻居和在场的人分剃头麦馃或米胖豆。"移篥"完毕,按俗置办"剃头酒",开席前先祀神灵和祖先,再宴请亲朋好友。凡吃"剃头酒"的人,都要给婴儿送红包,俗称"百岁钿"。婴儿由其母亲或奶奶抱着,向送红包者拜三拜,以示感谢。老嫚的剃头酬金要加倍,并包成"红包",再一起吃"剃头酒";祭过菩萨的"十碗头",依例倒入"老嫚篮",由老嫚带走。主顾家除了给赏钱外,还要另给一升米,这升米俗称"管子管孙",绍兴量米器具用竹管制成,故有此彩头。

上虞崧厦老嫚剃满月头的仪式,更是别具一格,颇有特色。徐家林如是说:

> 崧厦有个习俗,小孩出生满月时要办"满月酒",同时,还要由老嫚为新生儿剃去胎发——"剃胎头",不论贫富都要尽可能办得隆重一些。"剃胎头"时还必须祭祖。老嫚要帮东家做些该做的事。先进产房(也称"暗房")为小孩穿好新衣服,打扮得漂漂亮亮。进"暗房"前,东家要给老嫚一个"红包"(也称"纸包"),多则数元,少则几角。老嫚接过红包,犒赏多少就心中有数。祭祖的祭桌摆在堂前正中,桌上摆香烛外,还有"五牲"或"三牲"。"五牲"为牛、羊、猪、鹅等;"三牲"则为鱼、鹅(或鸡)、猪肉(一方条肉)。祭桌左右各放一盆"葱"(喻意"聪明智慧"),一盆"万年青"(喻意"长命百岁"),桌下置一大水盆,放养一条"鲤鱼"(一斤左右,放生用),意思为"鲤鱼跳龙门",长大后有出息,可进仕途。家中长辈首先坐在祭桌上方一把椅子上,点上香烛,由老嫚将穿戴好的小孩抱到长辈前,长辈为小孩戴上长命锁(一般为银制品),后抱在怀里,放炮开拜。然后,由老嫚用剃刀剃去胎发,并念念有词。东家的红包钱多,则大声念道:"绫罗帐子银扎钩,抱起官人来剃头,头一刀,状元头。"东家十分刻薄,纸包里没有几角钱的,那只有轻声念道:"麻布帐子柴扎钩,抱起小鬼(念"主")来剃头,头一刀,盛大篥。"崧厦习俗,小孩死后是用篥装,扔入"千人坑"。[1]

上虞有的平民孩子,认堕民为干亲。"也有的民众将自己的孩子认堕民为干爹干娘的,这里面虽有趋吉避祸的意思,总归含有尊重的成分。"[2]堕民乃贱民,贱人命贱,孩子容易长大。虞达人认为平民将自己的孩子认堕民为"干亲",有着尊重堕民之意,可能言过其实。

余姚"堕民嫂"参加主顾家的"点香火"礼仪,高唱《香火歌》。余姚妇女结婚后怀孕称为"有喜",以家族为主,进行庆贺。妇女怀孕五个月左右,公婆择吉日四处串门,传播媳妇有喜消息:"阿拉媳妇有得生哉!"家中置办两桌丰盛的酒

---

① 崧厦访问"菊花老人"徐家林,2014 年 11 月 8 日。

② 虞达人:《上虞堕民》,《上虞史志》2010 年第 1 期。

席,以示庆贺。其中一桌称为"孙子饭",请族中房头的叔伯兄弟,以男性为主,向新郎道喜,预祝生个儿子传宗接代。并举行简单的点香火仪式,由新郎父亲点火焚香,交给儿子、媳妇拜祖宗,请来的"堕民嫂"站在屋檐下唱《香火歌》:"贺喜贺喜续香火,×家祖宗堂前坐,香火拜一拜,火头旺一旺,一拜菩萨显灵光,二拜观音来帮忙,三拜列位祖宗福气好,早生麟子出东方,快哉快哉快降生,香火接出小倌郎。"①另一桌为"双喜酒",请来女方娘家嫂子弟媳妇、姐妹娘亲、伯姑姨,以女性为主,欢欢喜喜庆贺"有喜",问候新娘:"侬肚皮介争气!"叮嘱注意事项:"少出门,走路要小心!""河埠头、庙里、山里勿要去。"

余姚小孩出生后,接生婆首先向家中辈分最高的人报喜讯。接到报喜后,祖父或父亲要在堂前点燃香烛,祭拜祖宗。"婴孩祖父要到祠堂,族长家报喜,领回一串铜钱,由族长传口讯给堕民嫂,告诉××家生孩子日脚,使之婴孩满月时来剃满月头。"②余姚男孩出生"正一个月",女孩出生"正一个月缺一天"行"剃头礼",又称"喝剃头酒"。必须置办隆重酒席,亲朋好友拎着贺品、贺礼前来恭贺,礼物以馒头、烧饼、爆米花、糕果、小孩衣服为主。外婆家须备礼婿家,多为鞋帽、抱裙、"一口钟"以及馒头、面条、爆竹之类。中堂置一张八仙桌,桌面铺上红毡,点燃"状元红烛",放一碗清水、一支毛笔、一盘铜板,由家中祖父或村族长老怀抱小孩,端坐太师椅上,抱小孩者称为"全福人"。由"堕民嫂"前来剃胎毛,谚语云:"堕民跨进门,忙煞下等人,端水奉茶忙,主人做上宾。"余姚剃头的"堕民嫂"称为"剃头堕民嫂"。"女堕民出门提一只方底圆盖竹篮,内盛剃刀、羊胆石、余姚老布。"③女堕民穿一双小孩家送的新鞋,着蓝色竹布裙,恭恭敬敬地拜小孩,口称:"拜新主人!""剃头堕民嫂"口唱《莲花落》:"今朝喜鹊绕堂门,阿拉主人坐堂门,挂起红灯满天红,早早来拜新大人。"④

"剃头堕民嫂"唱完后,以白酒代水为婴儿润发,手执剃刀,众人凝神观看,旁边有两位姑娘端着木盘接发,每剃一刀,轻说一声:"剃一剃,发一发。""剃头堕民嫂"常说一套吉利语,称为"四言八句":"剃去胎发,越剃越发,人财两旺,金玉满堂。""麒麟送子到府庭,朝中又添新贵人。状元及第登皇榜,禄位高升喜满门。"先剃去囟门四周胎发,俗称"剃瓦片头"。最后留下头顶和脑后二处胎毛,脑后一处称为"聪明发财头",头顶一处称为"冲天救命发",胎毛由红纸包裹,用布缝制,丝线束扎,挂于床头避邪。余姚的梨州街道,满月头的式样有"和尚头"

①　余姚市政协文史资料委员会编:《姚江风情》,中华书局2001年版,第262页。
②　余姚市政协文史资料委员会编:《姚江风情》,中华书局2001年版,第265页。
③　姚鹏飞、鲁永平主编:《姚江风俗》,浙江古籍出版社2011年版,第119页。
④　杨鹏飞讲述,周孝堂记录:《满月剃头习俗》,《甬上风物——宁波市非物质文化遗产田野调查(余姚市马渚镇)》,宁波出版社2010年版,第132页。

"桃子头"(右半边留一点)、"长寿头"(头顶脑门留一点)、"木梳头"(两边都留一点)、"鸭屁股"(脑后留一点)。也有留头顶和脑后两处胎发,称"冲天救命发""聪明智慧发"。剃完满月头后,燃放爆竹,众客人观看小孩,在道地抢食糕果。东家至少支付双倍工钱或外加一块银圆的报酬。"剃头堕民嫂"还要带回酒席上的剩余酒菜,一套新衣、两块手巾以及半篮馒头作为酬劳。

余姚小孩周岁时,还要"继拜",即认"干亲"。一般选择门当户对的亲朋邻舍作为"继拜"对象,家境贫寒人家,也有拜和尚、道姑、老光棍为干亲,也有认物、认神拜干亲。"更有不少东家喜欢把自己的孩子拜惰贫嫂为干娘。"①父母选择吉日,挑上一担礼物,带上小孩,上门"继拜"。"干亲"家要举行"结干亲"礼仪,置办酒席,邀请亲朋好友前来贺喜。由干亲家辈分最高的人主持,采取"顺势巫术"方式举行仪式。"如果你扮演一次假装的活动,使一个孩子甚至使一个大胡子男人降生人世,那么,即使他的血管中没有你的一滴血,从原始的法律和哲理看来,他实际上就真的就是你的儿子了。狄奥多拉斯告诉我们,当宙斯说服了他的好嫉妒的妻子去收养赫拉克勒斯时,女神便躺在床上,把这位魁伟英雄抱在怀里,并推着他通过她的衣裙掉下地来以模拟一次真的降生。而这位哲学家还补充说,到了他的时代,在野蛮人中仍然用这种方式来收养孩子。"②"干娘"穿上由孩子父母做的开裆大裤,躺到床上,将孩子藏到裤裆。"干爹"在天井道地焚香后,手持神符进入房内,"干娘"作孕妇状生孩子,将孩子从干娘裤裆拉出,抱起孩子到堂前与亲朋好友见面。"干爹""干娘"端坐堂前,接受孩子叩拜。"干爹""干娘"给孩子挂锁,即长命锁。长命锁由银匠、铜匠打制,多为银项链或银项圈下挂缀一锁形银牌。种类有项圈锁、挂链锁、肚脐锁。寓意保佑儿童健康成长,故称"长命锁"。有的附有钥匙可以开锁,也有较为单薄的银锁片。"长命锁"正面镂有"长命富贵""长命百岁""玉堂富贵"等吉语,背面雕有"麒麟送子""五子登科"等图案,或者嵌玉镶玉。古代科学落后,婴幼儿死亡率高,儿童认"干亲",以求平安长大。"堕贫嫂"乃是贱民,余姚民俗认为"干亲"家命贱,孩子平安无事,远离病魔,能够长命百岁。

余姚堕民妇还要帮助主顾家的孩子"渡关煞"。姚江两岸农村盛行小孩"渡关煞习俗",小孩长到 3 岁、6 岁、9 岁和 12 岁,都是难过的"关口",要请道士或巫婆进行"渡关",例请"堕民嫂"协助。所谓"关煞",包括"四季关、四柱关、夜哭关、百日关、阴锁关、水火关、阎王关、鬼门关",等等。小孩 3 岁、6 岁和 9 岁,称

---

① 余姚市政协文史资料委员会编:《姚江风情》,中华书局 2001 年版,第 299 页。

② [英]弗雷泽著,徐育新、汪培基、张泽石译:《金枝》,新世界出版社 2006 年版,第 18 页。狄奥多拉斯,公元前 4 世纪希腊哲学家。赫拉克勒斯,希腊神话中最著名的英雄。

为"渡小关",生日前后举行,程序极为复杂,要向左邻右舍讨集布角,缝制"百家衣";请银匠或铜匠打制长命锁;向村邻讨百家米。举行渡关仪式时,在堂前放置一张八仙桌,供奉三牲,桌上供一碗米,米上放置一尊"太上老君菩萨",牌前供一杯清茶,清茶两边各放一杯黄酒,供上三炷檀香,请道士或巫婆做法事,主要是念咒诵经,咒语曰:"奉神设供,祝祥保吉。某某渡关男(女)孩,命有关煞,今求大仙保佑,攘关避煞,无病无灾,聪明健康,跪拜!"小孩向"太上老君菩萨"叩头。小孩再"走桥",桥搭于堂前地上,放在两条凳子中间,桥上摆上讨来的一碗"百家米",木板左右两边,分别放上土地公公和土地婆婆,祈求土地菩萨保佑,最后由道士或巫婆祭神、送神。左右邻居均赠送鞋、袜和钱等礼物。孩子到了12岁,需要"渡大关",又称"童子关"。仪式也颇为讲究,供桌后边设有"神帐",设有"司命神位",桥搭在两张八仙桌上,孩子"过桥"所穿行头颇有特色,身着百家衣,脚穿旧鞋,肩背内放邻居和亲友赠送的衣服的大布包。道士则头戴方巾,身穿黑色道袍,挥着桃木宝剑,摇铃作法,口诵道经:"念请功曹:启奏,瑶池仙界,保佑万民,今某某省某某市某某村某某,在某某地界,某某信士叩请,天地大德沐,日月照临。"再请天地阴阳四菩萨。"渡关"当日堕民嫂还要替男孩剃光头。

慈城婴儿的满月头也分"双满月"和"单满月",均需剃满月头,例由送娘来剃。送娘还未进门,就已传来祝语:"一进大门步步宽,脚下踏着紫金砖;紫金砖上生莲子,莲子上面落凤凰;凤凰不落咣宝地,状元是你少东家,来,来,介难看,介难看,嫂嫂头剃剃。"如果生的是女婴,最后两句则改为"凤凰不落咣宝地,嫁个官爷是状元;子孙满堂步步高,子孙满堂步步高"。送娘边说边踩着花步,越说越开心。送娘见到"少东家",马上说"介难看的少东家",旧俗认为说"介难看",将来会越长越好看。送娘剃的满月头也是"毛毛草草",旧俗认为剃"毛毛头"的孩子容易长大。主人也不以为怪,照样支付工钿。如果是男孩则剃"孝子头",就是后脑勺留一撮。送娘以"古有董孝子,现有小官人"讨彩头。送娘剃完满月头,又抱着孩子向长辈讨赏,边说边鞠躬。长辈摸出早已准备的红包递上,送娘毫不客气地收下。

舟山妇女产后三天,要请"堕民嫂"为婴儿沐浴,供祭"床公床婆",称为"解床",并送"相谅盏"(糖果糕饼等物)给邻居幼童分食。舟山也有由"堕民嫂"剃满月头的习俗。待婴儿满月,外婆家以衣饰、食物等相赠,亲朋好友也贺以饰物彩线或钱币,家内设祭享神祀祖,并盛宴款待送礼嘉宾,俗称"满月酒"。以外孙为重,外孙女为轻,以头胎为重,二胎次之,以下逐渐递减。将长辈相赠的彩线挂于婴儿项上,俗称"挂长命线"。"接着请堕民剃去婴儿胎发,穿戴外婆家送来的狗头帽、一口钟、虎头鞋和绣花肚兜。"①再由长辈抱着,撑着凉伞,穿街走巷,兜上一圈,男孩谓之"寻老婆",女孩称为"寻老公"。

兰溪虽说小孩满月周岁,不必请用"轿夫",但主顾习惯认"轿夫"为"干亲"。女埠镇焦石村的不少主顾,将子女寄养在童公山的"轿夫"家中。除了担心小孩养不大寄养在"轿夫"家中以外,也有许多有钱人因为不愿抚养女儿而想早断奶早生贵子。"轿夫"命贱,孩子容易养大。焦石村的主顾有钱人多,需要寄养的孩子也多,而童公山村距离又近,原来也是侍候自己的"轿夫"。② 所以,堕民聚居的童公山村成了最好的寄养地。

## 第四节 丧 礼

女堕民在平民的丧事中,也有她们活跃的身影。余姚"惰民有着处理婚丧大事的专门经验,非惰民插手难于办妥"③。宁波主顾家有丧事,"路近者即派堕民挟一把倒头雨伞,行至门前,将伞柄朝下放置门外,以示凶信。报丧人吃点心后,告知入殓日子即走,主人将其用过的茶碗连同瓦片弃于门外"④。堕民倒披雨伞,伞柄朝前,匆匆低头上路,路上不与人打招呼。路人见此标志,也会急急让路,知其有急事。相传伞就是一匹马,伞头就是马头,亡魂是骑着马去老亲家。合拢的伞可躲阴间的鬼魂,也是报丧的标志。堕民到所报人家"报死讯",足不入户,仅在门口将伞朝下靠放,然后高叫一声,屋内有人听到答应。此举为免丧家将厄运延至亲朋。堕民吃过点心,亲朋将其用过的碗碟打碎,以示"倒运破财",表示应受厄运已经承担。"碎"与"岁"谐音,也取"岁岁平安"之意。另为发出一个信号,以免阿声恸哭以惊动周围鬼神。实为向周围邻居发出一个丧讯,免得成人突然恸号悲切,引起不必要的惊慌和猜疑。

平民丧事例由女堕民料理。"不幸人家死了人照例悲号之声溢于室外,沉痛非常,那时她可不必跨入人家门槛去了,但是通俗惯例,她也挤在里面,东跑西窜,忙碌地干着琐碎事务,在斋间,儿女成行,舒齐地坐了一桌,吃了个大饱,心里还不足,还要收拾他桌剩余之羹汤,满盛在提桶内,带回到家里去。"⑤上虞

---

① 浙江民俗学会编:《浙江风俗简志》,浙江人民出版社 1986 年版,第 616 页。

② 俞婉君:《兰溪童公山村轿夫对其主顾依附关系特点考》,《浙江师范大学学报》2002年第 4 期。

③ 余姚市政协文史资料委员会编:《姚江风情》,中华书局 2001 年版,第 302 页。

④ 河头村志编委会编著:《河头村志》,黄山书社 2007 年版,第 185 页。

⑤ 钱苕香:《谈谈宁波的堕民》,《浙江青年》第 3 卷,1936 年第 1 期。

操办丧事,老嫚为丧礼主要顾问。女堕民"对于婚丧习俗、礼仪,非常内行熟悉,事实上也少不了他们的"①。老人逝世后,老嫚指导丧家点一支香跪在床前,并齐声哭喊,随后拆去帐子,意为让亡魂出去。然后,将尸体头脚转换,表示转世投胎。擦拭尸体,换上寿衣、寿裤、寿鞋,此时要及时摆正头部,理直肢体,以免尸体僵硬后难于"体尸"。然而是做"起床羹饭",再移尸至堂前木板上"体尸",俗称"挺板头"。最后是子孙戴孝,送无常,烧草鞋、雨伞、包袱、香纸、锡箔,抛丢一张瓦片,并到土地庙烧纸,俗谓"送盘缠"。传说无常穿草鞋,所以人死后要烧一双草鞋给无常。同时,将原先床上的草席、枕头拿去烧掉。抛瓦片则表示房屋已换,告诫无常不要再来缠人。老嫚替死者穿衣梳头,并轻声祈祝"一路好走"或"往生西方"。老嫚的祝语不同,语音不同,带着哭泣音调,劝慰东家节哀顺变。舟山部分有钱人家少亲人啼哭致哀,须花钱雇人代哭,哭娘一般由女堕民担任。

民国时期,女堕民参与平民的丧事,例为其除剃满月头,做喜娘之外的第三大收入。"堕民嫂第三种进益就是悲伤她们进账的事——丧事。她们最重要的是陪女孝子,当人将死,她们第一件事是替孝子们剃头(在孝堂内剃,称为孝头)。剃完孝头,她们就做'三梁冠','独梁冠'(皁绳做的帽子),及女孝子的'孝斗'。出丧的时候,她们就陪伴着女孝子。虽然是死人的时候,她们还有好口彩,如'早登仙府','阳上官官万万代'。"②绍俗治丧时,家里女眷由老嫚分别梳头。"媳妇梳'朝前髻'(形状和大小极似一只镂空的袜底而是直戳向前装着的,'老瞒'梳的也是这种样式,不过她是全黑这是全面用白头绳扎转罢了),女儿梳'乱蠢头'(发用白头绳遍扎挽一朝上的小环,小环之上再加挽一个大环以套其上),其余妇女则视服的轻重,分别梳:'平头扎发线'和'扎发钱'不等。"③堕民收住往日的笑脸,神情凝重,好像失去自己的亲人。上虞平民家有老人去世,老嫚要去为丧家"剃孝头",给所有送葬男子剃头称为"剃晦气头",给媳妇则扎"矫健笄",又称"朝天笄",也称"太婆头"。"丧事:老嫚主要职责是剃孝头,为孝子孝孙剃个光头。"④绍兴丧礼中有一种头饰,凡是公婆去世,媳妇头上都要梳"矫健笄"。用竹制成高高的笄架,缠上白头绳,当中横插一支玉簪,将内外两圈贯穿起来,一大一小插在脑后,远望似后脑耸立一座白色的小山头,又称"太婆头"

① 《浙江省操舟业·堕民·畬民·门图》,《中国民俗搜奇》第1辑,金文图书有限公司1977年版,第139页。

② 朱虹:《浙东的堕民嫂》,《妇女杂志》1948年第3期。

③ 周冠五:《绍兴的风俗习尚》,《鲁迅家庭家族和当年绍兴民俗》,上海文化出版社2006年版,第163页。

④ 2014年11月8日,访问徐家林。

"前朝头",为清代以前流行的发式。"公婆死了,把头发梳成二个叠起来的圈,在小圈的中央有一小束头发露出来,其余的头发圈上都扎上了头绳,这种头叫'桥全结'。"①女儿以及侄女的头发则梳成"懒惰头",将整绺长发裹上白头绳,梳成盘头,再往上面竖起一个白色的小圈。(图 11.4)

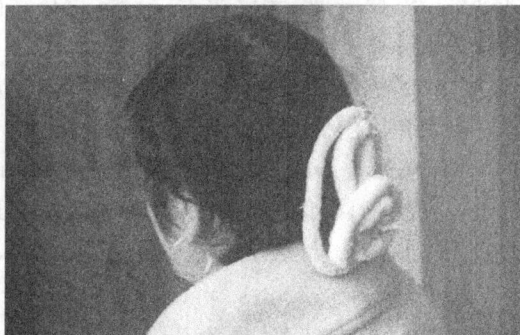

图 11.4　老嬷为死去公婆的媳妇扎"朝前髻"(沈青松供图)

老嬷负责丧家所需丧服的制作。"绍兴习俗一经死人,丧家的事就特别多,凡要带孝的人,不论男女大小的鞋子都得一双双的蒙上白布,头上扎的头绳一根根地用棉纱纡起来。这两件就要两三个妇女专职处理,还有所谓'孝抖''梁冠'等并须招'老瞒'经制,并须为死者赶制'十三件头'的殓衣,至少七副的'被褥',给孝眷等赶制素服,举凡需要带孝穿素的子、孙、侄、婿、甥及妻、女、媳等都是丧家的负担。"②孝子穿"大蓬"外加"束腰裙",孝孙仅穿"大蓬",胞侄为白布长袍缀毛边,胞兄弟和同堂侄为白布长衫光边,同堂弟为漂白长衫光边,头上一律包白帕,帕上加"梁冠"缀球,孝子"三梁冠"加三颗白色棉花球,孙为"单梁冠"一颗白球,胞侄也是"单梁冠"一颗白球,女婿、外甥、内侄、堂侄均"单梁冠"一颗红球,外孙为"单梁冠"一颗黄球。媳妇穿"生苎"乃厚麻布做的衣裙,加外"束腰裙",头套乃装粮食的羊毛袋做的"麻袋",女儿及侄媳穿薄麻布做的衣裙——"同板",加外"麻兜"套头,孙女、侄女和侄媳妇一律穿漂亮衫裤。

上虞丧家的"阳冠"也是老嬷制作。"老嬷不仅在葬礼期间在主家帮忙,迎来送往,端茶送水,指导各项礼仪,而且上虞地区在葬礼中的一些特殊风俗也与堕民老嬷有关。在上虞习俗中,死者的子孙要头戴特殊的帽子——'三梁冠''双梁冠''单梁冠';脚穿麻绳草鞋;这些冠帽、草鞋都是由老嬷编织准备的。"③

① 《绍兴堕民简况》,《绍兴概况调查》,1949 年 6 月 2 日,第 126 页。
② 周冠五:《鲁迅家庭家族和当年绍兴民俗》,上海文化出版社 2006 年版,第 166 页。
③ 郑建庆、方新德主编:《上虞文化史》,浙江出版社 2012 年版,第 260 页。

吊孝俗称"穿素",乃悼念死者的一种方式。而为死者眷属裁制孝服,谓之"破孝"。给来吊唁亲眷裁制孝服或分白布,谓之"散白"。上虞民间对丧服有着十分规范和严格的规定。儿子孝服为麻衫白裤,腰系左手搓的稻草绳,头戴稻草编的"梁冠"。大儿子戴"独梁冠",二儿子戴"二梁冠",三儿子戴"三梁冠",以此类推。有的地方却与此相反,即大儿子戴"三梁冠",二儿子戴"二梁冠",三儿子戴"独梁冠"。有的地方则是大儿子戴"三梁冠",其他兄弟戴"二梁冠",孙子戴"独梁冠"。此外,头颈还要挂麻绳,脚穿白鞋。女儿、媳妇则穿麻衣麻裤,头戴耗帽,颈挂麻绳,腰系白布条,俗称"腰白",并穿白鞋。女婿身穿白长衫,头戴耗帽,颈挂白棉绳,腰系白布条。其他晚辈则头戴耗帽,颈挂白棉绳,腰系白布条,脚穿半包白鞋。耗帽制作也有规定,如果父母健在或者各有一人健在,耗帽上要各贴上一块方形的纸条。孝服用白坯布当场制作,唯有白鞋为用穿着的布鞋外面缝上白布,脚后跟再缝一小块红布,也称"满鞋"。鞋分为全满、半满和小满,子女儿媳满白,女婿半满,侄辈小满。旧时,儿子、女儿和媳妇的吊孝要穿到"断七",过后也不能马上穿红着绿,不能穿黑裤,如果穿乌裤,据说死者在黄泉路上看不清路。孝服于"断七"祭拜后才能烧掉,白鞋则到"断七"过后再拆除。

　　丧家"做七",旧俗也称为"斋七""烧七""作七""七七"等,人死后的第一个至第七个"第七日",丧家在家中祭祀。"七七"以后,不再逢七祭奠。到死后第一百日做"百日",再祭一次。死亡的第一、二、三周年纪念日各祭一次,以后纳入正常祭祀。宁波的"堕贫嫂"于"老人去世后做七满百帮忙等"①。据说死者在阴曹地府四十九日之内,由阎罗大王用锁链锁着吊着,由活无常看管,最为受罪也最不自由。所以,必须"做七"祭奠。"做七"礼仪繁多,各地各有不同。"做七"一般由死者的媳妇为主,没有媳妇则由女儿做。没有女儿的由侄女或侄孙女做。女堕民协助"女孝人"完成"做七"的祭奠。其中"头七""五七""断七(七七)"为"大七",也有逢单作"大七"。外嫁女儿或媳妇,每人各提一个灯笼,在规定的时间内奔跑,争取最先跑回家,丧俗以为死者的灵魂以此能得到庇佑。"头七"为两碗蔬菜,"二七"四碗,以后每七增加一碗。另加两条凳子、两双筷子、两盅酒、两碗饭,上横头坐着死者亡灵,左边坐着活无常。女堕民陪着媳妇或女儿披麻戴孝,称为"侑食"。"侑食"时,还要向活无常敬酒,请求关照死者,再哭几声,最后焚烧经佛,表示死后有香火。撤去祭桌时,要用手抹一下桌脚,以示解开亡灵的锁链,亡灵能够得到自由,不再受到煎熬。

　　民间认为死者要用四十九天走完黄泉路,其中"五七"时到达"望乡台",回

① 谢振岳:《鄞县堕民》,《鄞县史志》1993年第1期。

头眺望故乡,想吃家乡饭,必须由出嫁女儿准备。宁波的"堕贫嫂"也要帮"女孝子"完成"五七"祭奠。冥冥世界,家在何方? 如果这天找不到家,死者就会变成孤魂野鬼,不能转世投胎。所以,死者"五七不吃自家饭",例由出嫁女儿女婿祭奠。出嫁女儿带上些大米,以迎接亡灵进屋。是晚子夜时分,家人与亲戚每人手持一根香,在门口站好,要将梯子放墙头。亲人依次爬上三档,朝外喊亲人回到屋里。五六分钟后迎灵进屋,将香插入香炉,再哭泣几分钟,然后跪拜。约一小时后焚烧经佛,祭奠结束。"五七"时,由"堕贫嫂"剃过"孝子头"的儿子可以解忌再剃,俗称"五七头"。"七七"又称"尽七""满七""断七",应将吊唁的所用物品焚烧给死者。

丧家"做百日",也称"百日祭",俗称"过百日",即死者去世一百天时进行祭奠。"堕贫嫂"也会过来帮忙。"做百日"乃丧俗中比较重要的日子,无论贵贱均要举行祭奠仪式。"做百日"时,"堕贫嫂"协助丧家儿女在死者坟前和家里木主、灵屋前举行烧香、焚纸、烧灵、拾魂等仪式。死者的主要亲友和邻里都要前来参加祭奠活动,并将放在神位前的灵屋拿到坟前烧化。丧家置办酒席,以示谢忱。此后对生者守孝的束缚相对放松,死者家属基本可以恢复正常生活。

苏州的丐妇也参与"大出丧","轿盘头"找来专业的"哭丧婆",穿着专门的服装,戴着孝帽,手持棍子,号啕大哭。顾笃璜如是说:

> 比如"大出丧",家庭人不够,很多需要多人参与的队伍,就增加了很多假扮的身份,就是"轿盘头"找来的人。这里面就有丐户,当然主家也要付钱。他们戴帽子,拿棍子,衣服自备,而且有自己的服装。这些在(全面)抗战以前有,以后就没有了。我幼年的时候,祖母出丧,我参加过行走。用白布围起来,孝子、孝孙就在白布围中,打白布的就是丐户。还有一种人是专门为人哭的,叫"哭丧婆",也是丐户里面的,因为丧事要哀,不哭的话就意味着死去的人是不受尊重的,但是哭不动,就需要有人代哭。吊孝的时候,掌礼的就向里面说:外面客人来了,女太太们哭起来了,里面就哇哇地哭。我当时还研究:怎么一喊就能哭? 看看地上也没有泪水。其实她们都是唱歌的。[1]

---

① 王馗访问顾笃璜,2006 年 7 月。《雍正解放贱民令与中国戏曲发展》,《解行集》,北京时代华文书局 2015 年版,第 34 页。

# 第五节　招　待

　　女堕民为主顾提供全方位的家政服务,经常为主顾接待客人,以增加喜庆气氛,称为"煽茶老嫚"。有时"主顾老嫚"和"送嫁老嫚"兼任了"煽茶老嫚"之责,大户人家为了将婚礼办得喜庆热闹,往往聘请一位专业的"煽茶老嫚",专门负责端茶送水,贺客开心,还要做啄燕窝,发白木耳,制杏酪,剥莲子桂圆,洗涤茶具等工作。"煽茶老嫚"一般由年轻媳妇担任,如果没有年轻媳妇,也会指派自己的女儿。年轻老嫚又称"鳗线",因"鳗鱼如鳝鱼而色白,初生幼鳗其细如线,此盖假名以喻纤细"[①]。"煽茶老嫚"负责烧水,给前来贺喜的客人倒茶,视其地位高低贵贱,分别泡上桂圆茶、莲子茶,或高档茶与普通茶。尊卑不同,待遇有异,应予以区别。"煽茶老嫚"滔滔不绝地说着吉利话,宾客悠闲地喝着茶,心情极外舒畅。客人用过餐后,"煽茶老嫚"还要绞毛巾递给客人揩脸。嵊县接待客人的毛巾,由"轿夫婆"自己从家中带来。客人接受服务后,必须给予一定的赏金,相当于一天小工钱,给不起赏金的尊长不得不避开该项服务,以免难堪。

　　"煽茶老嫚"对活跃婚礼气氛起了至关重要的作用。俗语云:"老嫚进门,好话不断。"老嫚因此又被称为"甜嘴老嫚"。"煽茶老嫚"对主顾以及前来的客人,热情招呼,不时听到"老爷""少爷""太太""小姐"的称呼,特别是对有钱的尊长,更是甜言蜜语,奉承话不绝,如"健康长寿""好福气""多子多孙",并不时扶持一把,博得客人心花怒放。年轻的鳗线,常常成为宾客调笑的对象,绍兴对此习以为常,见怪不怪。"煽茶老嫚"也不会恼怒,嬉笑应对,以贺客开心。"如果有客人不小心说些不吉利的话和做些不吉利的事,老嫚会马上说些'化凶为吉'的吉利话。如果有客人打破了碗,这被视为不吉之事,老鳗会以'落地生花,开花结果,明年定生个大胖小子'等彩头来化解。"[②]有钱人家的女儿出嫁,还会选派一位比较年轻的"鳗线"陪伴前往夫家伺候几天,甚至陪到新娘满月,直到适应婆家生活才回家。

　　"老嫚"一进好日人家的大门,首先就亮开了嗓门,向主人家的长辈、新郎官及前来喝喜酒的堂、表兄弟、七大姑、八大姨等亲亲眷眷们,给他们一一"道喜";"哈哈哈,老爷、太太:恭喜、恭喜呀!看你俩红光满面的,真是人

---

　　① 秦人:《杭甬段沿线的特殊民族》,《民国绍兴县志资料》第 2 辑第 4 册,广陵书社 2011 年版,第 92 页。

　　② 俞婉君:《绍兴堕民》,人民出版社 2008 年版,第 92 页。

逢喜事精神爽啊！伢少爷今年结婚，明年就拨侬抱上小阿倌（男孩）哈哈哈……"她这一套开场白，马上渲染了现场的气氛，逗得新娘的公公、婆婆"交关"开心，立即获得了老两口的"道喜封筒"（即红包）；而且，她好像走进了自己的家一样，熟门熟路，有条不紊地操持起她的职责来；因"好日人家"来喝喜酒的人多，人来客往的茶水，专门由老嫚负责，她先把铜茶壶加满水，生起柴灶风炉开始煽茶，把所有的热水瓶都灌满。此时，来喝喜酒的客人络绎不绝地来到了"好日人家"，她就把热水瓶送往客厅，嘴上一边讲着吉利话讨"彩头"，一边殷勤地给来宾点燃香烟、倒水奉茶；令客人们开心，都会纷纷拿出红包来赏赐她；她的一张嘴巴生得非常活络，更像是抹满了蜜糖，无论是对老人、中青年男女，甚至对一群调皮淘气的孩子们，皆可摆平。未曾开言，脸上挂满了笑，口边常挂着：老爷、太太、少爷、少奶奶、姑娘、阿倌等亲切的尊称，哄得他们十分高兴满意。情不自禁地会与她拉近关系，把她视作自家的一分子，大家相处得亲密无间，有时看见老嫚做事一时忙不过来之际，都能主动帮她做事。[①]

娶亲的"好日"人家第一天的午餐被称为"便菜饭"，菜肴也相当丰盛。男主人、长辈以及新郎一桌称为"主桌"，老嫚在旁边侍候，为他们斟酒盛饭，递上热乎乎的毛巾，让他们揩脸擦手。老嫚如此殷勤的服务，自然能得到丰厚的回报，获得不少红包。而且这一桌的剩菜，俗称"阿垅"，例归老嫚所有，她将剩菜倒入自备的木制小桶，带回家里，将此大杂烩在镬里重新煮一下，别有风味。老嫚侍候好主人，杂在女眷桌里，匆匆吃完中饭，以便做发轿的准备。花轿发往女家后，老嫚仍忙个不停，她要搓"吞吞"，即小汤圆，作为晚上的夜宵，还要剥桂圆、莲子，以备晚上招待女方陪嫁的舅老爷和姑娘等客人。老嫚自己忙不过来，脑子灵活的老嫚就发动群众，说出一连串逗人高兴的吉利话，俗话说"麻油夹头浇"，让手脚干净的老年妇女、大姑娘、小媳妇，请她们一齐来搓"吞吞"，剥桂圆。老嫚这时成了"孩儿王"，只需一声呼唤："蛮乖个阿倌们：快来帮我剥莲子哦！莲子圆圆，你们将来必中状元，莲子、莲子，以后结婚连生倪子！"仅仅几句奉承话，孩子就个个听其调动，七手八脚地帮忙剥起莲子，再也不去调皮捣蛋。家长见状，颇为怪异："老嫚，偌嗰一招真当灵，嗰个小花蛋伢个说话都勿听，奈嗰偏偏会听偌个说话呢？"老嫚张罗完摆设嫁妆的场地，尚可暂时歇一下，与太太、小媳妇聊一聊。内容无非是张家长李家短，但老嫚可以从中获得一些有用的信息。诸如某家闺女要许人家，哪位少爷准备订婚，某老爷某太太正在打算做寿，哪份人家已添了个男丁，啥时要办满月酒，等等。老嫚心中有数，这些人家也会

---

① 访问周春香,2016 年 7 月 14 日。

来同老嫚约定日期,届时前来服务。①

　　吃过夜酒后,老嫚又要做晚上做亲的准备。老嫚将桂圆、荔枝、红枣、红花生(俗称"喜果")、红蛋、喜糖等装入"双联荷包",待新人同拜花烛时,别在新郎衣襟上,以喻义新婚夫妇永远和睦恩爱,心心相印,形影相随。再在柴灶风炉上煽满茶后,着手炖桂圆汤和莲子茶。陪嫁过来的舅爷、姑娘们,乃是男家的上宾,必须以隆重的礼节接待。烧好这些茶汤以后,将锅子放进保温木桶备用。并将盛茶汤的瓷盂碗和茶匙调羹清洗干净,这些乃专用的"好日"器皿,比普通的碗和调羹约小一半。花轿到达男家,女家陪客被迎入客堂,陪同过来的女家舅爷乃是婚礼中最尊贵的客人,礼遇最为隆重。首先就是待茶。老嫚早就在客堂正中布置八仙桌,席前系好桌围,摆上五事。桌上摆上"九云罗",所谓"九云罗",乃是九只锡制的高脚盘,每只沿盘边平铺一层干果,中间用白米填实,加上一层锡制镂花圆圈,同样以干果干点铺边,白米充实。共叠四圈,计五层,成尖塔形,三盘一行摆放。盘上的果点不但不能吃,动一动也会倒塌,仅仅装装样子,俗称"张弄堂",却成为待客中最高的礼节。老嫚先后送上五道茶,如杏酪、燕窝、白木耳、参汤等。最后一道乃清茶,这茶可以饮用。

　　"好口"人家的第二天午餐,称为"晏酒",乃是喜筵中最隆重、也最丰盛的筵席,场面也极为热闹。门前车水马龙,厅内高朋满座。"老嫚穿梭似地在客厅来回走动,一忽儿给这位来宾送茶,一转身又向那位客人敬烟,继而为这位老爷敬酒,口中滔滔不绝地说着吉利话:'某老爷,来来来,多喝几杯喜酒,喜事冲冲,增福又增寿个。'随即转向女眷一桌,嘴巴甜蜜地叫嚷道:'太太你真好福气,儿媳孝顺,子孙满堂,偌同伢老爷两个人,真是福寿双全啊!少奶奶:一转眼之间,阿倌、姑娘们都长这么大了,祝你早做阿婆,早当外婆,长命百岁做太婆!'"②老嫚所付出殷勤的侍候,也得到客人丰厚的奖赏。

　　俗话说"喜事多口","好日"人家人来人往,事务繁多,招待客人难免顾此失彼,少不了一些"小插曲",特别是一些原来对主顾家怀有成见的亲戚,借此寻衅滋事,闹得"好日"不开心的事也时有发生。"每当这时,老嫚都会施展其才能,来个'豆腐薄刀两面光'的方法,两边用好言劝慰,经过其巧妙的周旋,将原本争得面红耳赤的纠纷,马上摆弄得风平浪静,这不能不令人佩服!"③周春香提及曾随二嫂到王家村附近的葛家娄村做"煽茶老嫚",一个婚礼上闹事的"小伙子"被二嫂说得心悦诚服的案例。

---

①　访问周春香,2016 年 7 月 14 日。

②　访问周春香,2016 年 7 月 14 日。

③　访问周春香,2016 年 7 月 14 日。

　　周春香侄女云珍尚在吃奶，母亲让周春香随同二嫂抱小孩。姑嫂抱着侄女到了女家，主人倒也没嫌弃她们，却遭到一个毛头小伙子的敌视。小伙子满是风凉话："你们自己还是黄毛未退，乳臭未干，还拖带一个小孩，怎么好来做老嫚？是来侍候人家？还是让人家来侍候你们？"当时周春香二嫂只有19岁，周春香也只有11岁。二嫂听了不屑一顾，马上予以回敬："你不要以貌取人，常言道'小小刀叫快，小小人叫哇（只要强的意思）'，我未做事，你怎知我不行？这样吧，此事你能否做得了主？如果你说我不行，那我马上走人。"二嫂说着就要带周春香离开。新娘的父亲立即予以劝阻："你这个小爹爹，做做好事，别再添乱了好不好？今朝乃'好日'人家，你无缘无故到伢屋里来寻事头，还要说三道四，介个'大好日'（指结婚人家很多），你把她们回掉，我一时到哪里去找老嫚？难道让你来做不成？"主人一顿抢白，毛头小伙被噎得无话可说，脸也涨得通红。小伙子觉得失了面子，就暗地里捣鬼，柴风炉本来火生得挺旺，他却用水将其浇灭。周春香明明将东西放在桌子上，一转眼就不见了。小侄女本来睡得很熟，他却故意大声将她吵醒。

　　二嫂忍无可忍，乃背地里与他闲谈，何故与她们作对？原来他是个孤儿，今年十六岁，父母四年前相继去世，与新娘父亲乃叔侄关系，叔叔根本就不关心，有时问他借点米，也被一口回绝，即便自己生病，也让他一个困在眠床，饥一顿饱一顿，不闻不问。叔叔家这次嫁囡，也是他父亲生前给堂姐做的媒，现在乃是以"媒子媒孙"的身份让他过来喝喜酒，故此愤愤不平，遂将怨气发到"煽茶老嫚"头上。二嫂听了其不幸的遭遇，流下了同情的眼泪，并以好言相劝："你要放开胸怀，做人要有志气，常言说得好：靠亲不富，对食不饱。要为父母争口气，活出个人样来，凭自己的力气养活自己，好在你已长大成人，苦日子也已苦到头，以后还要结婚生子，从今以后要成熟一些，平时做事千万不可意气用事，更不可以破罐破摔，要不然，就会被人家永远看不起。"二嫂的一席话，不仅化解了叔侄之间积怨已深的矛盾，且说得他心悦诚服，破涕为笑，两人甚至认了干姐弟。

　　小伙子自此来了一个一百八十度的大转弯，主动帮助二嫂做事。新娘送到清水闸男家后，小伙子以媒人和舅爷的双重身份更加照顾她们。喜事圆满落幕后，二嫂向新郎家结算工钱，男家主人只肯付三块钱，小伙子开口说话了。"你们喜酒都办得介靠究，难道还在乎几个钱？依我话，凡事要图个吉利，给她们六块钱吧，大家来个六六顺风、六六大顺。"舅爷一发话，新郎马上拿出六块钱给二嫂。周春香姑嫂辞别男家，准备起身回家，小伙子送她们到门口，看见姑嫂满斗桶"阿垅"，还抱着一个孩子，立即表示送她们一程。姑嫂乃求之不得，从清水闸到三埭街，大约二十里路，还要经过许多田埂。那时交通落后，既没有埠船，也没有公共汽车，只能靠双脚走路，小伙子能主动相送，姑嫂俩感激不尽。小伙子拿来一根扁担，一头挂斗桶，一头挑着田斗篮与包裹在前面走，姑嫂俩人轮流抱着孩子在后面赶。途中休息时，二嫂以做老嫚只有三块工钱，现在因为小伙说合，主人才多给了三块，乃拿出三块钱要给小伙子表示感谢。但小伙子却不肯收下，以如果认这个阿弟的话，就将钱收回，算做舅舅给外甥女买件新衣裳，再说自己现在也有力气干活挣钱。小伙子一直送到上大路口，二嫂请其到家稍息一下，小伙子再三推辞。

有时，主顾碰上忧虑不决之事，难于定夺，也会找老嫚商量。老嫚则根据具体情况，帮助主顾出谋划策，提供一些建设性意见以供参考。主顾往往接受老嫚建议，且连声称赞："老嫚，偌噶个主意出得好，偌才实伢自家人！"①

请用老嫚接待客人的越地风俗，中华人民共和国成立后仍然盛行。周春香回忆自己未婚前唯一的一次做"煽茶老嫚"经历。（图11.5）1962年，二嫂因患伤寒症，撇下一双年幼的儿女，撒手人寰。周家斗门沙地洑同时有两份主顾人家要婚嫁，母亲分身无术，硬要已18岁的阿香前去做老嫚。阿香读过小学四年级，也有一定的文化，深知堕民地位低微，备受社会歧视。且居委会也经常教导三埭街人，不要再去做老嫚和吹叭先生，以免自受其辱。但三埭街的老辈人却不以为然，认为这不关地位高低之事，乃是其行当落在其中，为自己的主顾服务理所当然，谈不上地位低微，如果说有高低之分，也不过称呼几声老爷、太太罢了。而且在主顾家有得吃有得捞，何乐而不为？再说，主顾乃上代祖宗传给后代的遗产，应该视作"契花"（财产）。主顾乃是取之不尽，用之不竭的"衣食父母"。母亲也是顽固不化，阿香被逼无奈，勉为其难地应承，但有条件，只此一次，下不为例。

> 到了婚期，我娘去做"送嫁老嫚"，我做"主顾老嫚"，兼"煽茶老嫚"，因为她送的新娘要嫁到别村去，她也知道一向自尊心极强的我，不会轻易俯首听命，乃暗地拜托几个要好的老人，请她们多多关照。我到了娶亲人家。首先就不肯向他们道喜，只朝他们笑笑，他们也不与我计较，仍主动拿出红包，算作"道喜封筒"。我依照惯例做了一些"主顾老嫚"兼"煽茶老嫚"应尽的职责，该做的事一件也未漏掉。曾经一起和我玩过的一些男青年取笑我，不停地叫嚷："小老嫚，小老嫚快来给我们筛茶呀。"我不吭声，故意用茶壶水冲向他们的新衣，将行郎的衣服淋得十分狼狈，令他们哭笑不得。主家老太太出面帮我说话："你们这班小花蛋，不要欺负她，更不许叫她小老嫚，她叫阿香，要不是我家的面子大，伢老嫚怎舍得她的独养女儿来给我家做老嫚？你们要再胡闹，当心我对你们不客气噢！"新郎官对我似兄长一

---

① 访问周春香，2016年7月14日。

图 11.5　十八岁的周春香代母亲做过一次老嫚，
也是唯一一次"做老嫚"（周春香供图）

般，十分客气，也很配合，这次喜事办得很顺利，没有出什么差错，主人家也给了我最高的工钱与奖赏。这次"做老嫚"，是我平生第一次，也是我最后一次。我的老伴陈顺泰也是堕民，我俩谈恋爱时，就与他约法在先，嫁入陈家以后，决不"做老嫚"，母子俩竟满口答应。①

宁波主顾家婚礼聘请招待客人的送娘，被称为"喜娘"，又称"传席"。"女的惰民这时的身份就是喜娘，女客临门，由喜娘代表女主人招待，少奶奶长，老太太短，小姐长得真齐整……句句不使人讨厌。在酒籣人寂之后，她们就有女客们掏出的红纸包儿，纸包里面大概有四毛、六毛钱，一次所得，也不下五六元。在喜庆人家充招待的'喜娘'，叫做'传席'，而专门服侍新娘的'喜娘'，叫做'伴

---

① 访问周春香，2016 年 7 月 14 日。

送',她们除女客有钱赏给她们,还可向主人要钱。"①奉化送娘在红白喜事时与绍兴老嫚招待客人不一样,绍兴老嫚有司茶之责,但奉化送娘仅为女客捧茶,司茶另有专人负责。"奉化的'走脚堠'者有邀请女客的责任,因为奉化习俗凡有喜庆,大事除发帖相邀外,尚须于入席前,派人至客人府上去挨家央请,否则,便要被旁人认为不敬。"②请男客用"值堂",请女客则用"传席"。

婴儿满月要做"满月酒",也有女堕民前来招待客人,增添喜庆色彩。绍兴婴儿出生满月,外婆要为外孙(外孙女)办"剃头酒",婴儿要第一次理发。为了置办"剃头酒",外婆家要送来菜肴、"满月面""满月馒头"、爆仗以及"斤统大红烛"。亲朋好友馈赠婴儿穿戴的衣饰鞋帽,要有"提前量",即长到半岁或一周岁还能穿戴。也有的送金银饰物如挂件之类。绍俗一般平民做"满月酒"并不请用老嫚作"煽茶老嫚"。但大户人家为了显示其地位和身份,也会邀请"煽茶老嫚"前来帮忙。"煽茶老嫚"擅长招待客人,也善于讨彩头。雇请"煽茶老嫚"的费用比雇工要高,唯有有钱人家才能雇用。"煽茶老嫚"仅在满月酒当天,才登主顾家门。"老嫚进门后彩头讨个没完,恭喜主家有后,祝愿婴儿健康成长,长大后有出息,如'今早难得咯,恭喜恭喜,小少爷连大大的大'。"③"煽茶老嫚"主要职责乃是端茶倒水,招待贺客。举行满月仪式时,"煽茶老嫚"还要讨各种彩头。如果家长抱着婴儿,"煽茶老嫚"会说:"像太公太婆咯,托太公太婆的福。"

主顾家的寿辰、周岁等人生礼仪,甚至贵客临门,有钱人家讲究排场,也会雇请"煽茶老嫚"端水倒茶,招待客人。"堕民婆自老至幼,都是口齿伶俐,说话技巧,纵你怒发冲冠的时候,经过她们说这个长说那个短,嘻嘻哈哈,相公、阿官、奶奶、太太,这样的口甜如蜜地说个不休,所以她们多能达到要求的目的。"④"煽茶老嫚"能说会道,服务到位,礼节周全,特别善于调节气氛,出口成章地讨着各种彩头,将东家的喜庆氛围渲染得淋漓尽致,皆大欢喜。如果经济条件允许,主顾一般愿意雇请"煽茶老嫚"待客。但这并非老嫚所属的"主顾"特权,因为费用较高,有时主顾也会请邻居相助。"煽茶老嫚"总是挖空心思向主顾和客人讨赏,并非所有家庭都能承受。杨琼霖回忆余姚的"大贫嫂"殷勤招待的情况:

　　"大贫嫂"不同于侍候老爷夫人身边的丫鬟,有别陪伴女子出嫁的喜嫂。每逢中上等人家男婚女嫁,长者寿庆、小孩生日剃头,她不用召唤,总

---

① 何汝松:《浙江之惰民》,《绸缪月刊》1935年第2期。
② 越人:《奉化的堕民》,《京沪沪杭甬铁路日刊》1937年第1917期。
③ 俞婉君:《绍兴堕民》,人民出版社2008年版,第94页。
④ 华祖荫:《绍兴的惰民》,《浙江青年》1936年第7期。

会准时准点出现在这户人家。"大贫嫂"把一户家庭人口、生辰八字、红白喜事等信息掌管得一清二楚。久而久之,户主把"大贫嫂"当作本家亲戚看待,见她来了,长辈以她居住的地名称她为"曹家人",晚辈亲昵地叫她"曹家姆妈"。她一进门,从招待客人、宴请来客到送别宾客,整套顺序都会有条不紊由她操作完成,不用主人插手费心。据我了解,镇上有户富裕人家曾经有一位本地固定的"大贫嫂",定期上门为二奶"打脸"。旧社会名门望族的良家妇女循规蹈矩,不便轻易出门,梳理修脸都在家里进行。"大贫嫂"从提篮抽盒中取出"打脸"用品,在她脸上略施粉黛,然后双手将一根打圈的棉线撑开,形成一个交叉夹角,慢条斯理地在她脸面上下夹打,把长在脸上的汗毛轻轻夹去。站在一旁看稀奇的长子其龙,文质彬彬,鼻梁笔挺,一表人才;而另一边的长女雯嬿,美丽端庄,婉约文雅,楚楚动人。"大贫嫂"看到二个金童玉女,灵光一闪,恰到好处地叫了起来,"啊呀! 一个是龙相公,一个是嬿姑娘"。听到"大贫嫂"对一双儿女赞誉有加,她抚摸着光亮的脸面,心花怒放,眉开眼笑,喜出望外地应答:"好咯! 好咯! 吃饭哉!"随即,"大贫嫂"手脚利索,很快将厨房菜肴端上桌面,碗筷碟子放好,引导大小辈分先后入座就餐。二爷二奶刚吃完放下碗筷,她不失时机地送上热毛巾,让二位抹抹嘴擦擦手离席休息。餐后收拾完毕,"大贫嫂"敬上两杯热茶,向坐在太师椅上的二奶奶来一个双手抚腹、侧身微躬、弯腰作揖的优雅姿势,并柔情似水、大方得体地说道"二奶奶吃西瓜"(意为赏赐红包),二奶奶心领神会,从怀里取出一个早已准备的喜封放到她的手里。这仅仅是"大贫嫂"工作范围的冰山一角。要是遇上主人家婚丧大事,她与丈夫"大贫"同时登场,各司其职,繁琐纷杂的礼数举不胜举。"大贫嫂"的户主还可以转让,如果不再继续从业,按主人家地位定价,主人家越富,转让价格越高。[①]

女堕民主要职责乃是为主顾的人生礼俗提供优质的家政服务,此乃伺候人的行当,颇为平民所不齿。以说合婚姻为职业的妇女被称为"媒婆",为古代中国妇女重要职业。《仪礼·士婚礼》规定中的成婚程序有采纳、问名、纳吉、纳征、请期、婚礼,每一个环节都离不开媒人。然而,媒婆原本成人之美,却备受歧视。绍兴常将巧舌如簧的人称为"老嫚嘴",形容其能使"火腿会走,白鲞会游"。媒人自白云:"我做媒婆,两脚搬家,蛮说得男方家事大,女方嫁资多,勿管伊跷脚驼背,癞头婆!"[②]宁波谚语云"草子开花红彤彤,外婆做媒也要哄";"十个赌棍

---

① 杨琼霖:《大贫嫂》,《余姚日报》2015 年 1 月 22 日。
② 《媒婆自白》,《越歌百曲》,天马图书有限公司 2017 年版,第 151 页。

九个穷,十个媒婆九个哄"。而余姚乡谚曰:"车船店脚牙,无罪都该杀。""车"为车夫,"船"指艄公,"店"为旅店老板,"脚"为脚夫伙计,"牙"指中介、二道贩子和媒婆。"媒婆必备的条件是一张左右逢源、能说会道、瞒天过海、弄假成真的好嘴。找媒婆说亲的人不敢怠慢,而且还要送可观的'媒礼'。如果婆家、娘家任何一方得罪了媒婆,她可就能三言两语,把一桩好婚给搅散了。所以媒婆的原则是'只包入房,不包一世'。"①媒婆被列入"三姑六婆"之列。"三姑"为尼姑、道姑、卦姑,"六婆"为牙婆、媒婆、师婆、虔婆、药婆、稳婆,原为中国古代女性的九种职业,为发挥女性天生优势的职业。然而,李汝珍却在《镜花缘》中曰"三姑六婆","一经招引入门,妇女无知,往往为其所害,或哄骗银钱,或拐带衣物"。②"三姑六婆"原意乃职业女骗子。故明代有谚语云"东家走,西家走,两脚奔波气常吼。牵三带四有商量,走进人家不怕狗。前街某,后街某,指长话短舒开手。一家有事百家知,何曾留下隔宿口?要骗茶,要吃酒,脸皮三寸三分厚。若还羡他说作高,拌干涎沫七八斗"③。形象地形容媒婆伶牙俐齿,搬弄是非,这也是社会对女堕民的贬损。正如宁波俚语所言:"送娘卵孵,一世孬好。"绍兴作家宋志坚对人生礼俗中老嫚的评价,颇具代表性。

> 我以为"老嫚"的本领,可以用两个字来归纳:凑趣。首先是愿意凑趣,谁家有红白喜事,"老嫚"是一定要去的,或是给主妇净面、梳头,或是陪新娘拜堂、进房。你不要她干,她也硬是要干。同时,"老嫚"也善于凑趣。大凡"老嫚",似乎都有如簧之舌,口齿伶俐,能将无能说成忠厚,能将粗鲁说成爽直,当媒婆是最好没有的。所以绍兴人似也几乎将媒婆等同于"老嫚"。至于男女成亲之日,"如意郎""美姣娘"之类的溢美之词,更会从"老嫚"口中源源而出。大概是职业使然,已成套式,即使新郎是瞎子,新娘是麻脸,"老嫚"也依然如法炮制,因此常招来旁人的白眼,他们却并不在乎。④

①　姚鹏飞、鲁永平主编:《姚江风俗》,中华书局2011年版,第276页。
②　(清)李汝珍:《镜花缘》,吉林文史出版社1995年版,第64页。
③　(明)冯梦龙:《喻世明言》,华夏出版社2013年版,第313页。
④　宋志坚:《鉴湖情书新编》,海峡文艺出版社2011年版,第35页。

# 第十二章　婚礼中的女堕民

　　女堕民在婚礼中扮演什么角色？[①]　女堕民在婚礼中扮演重要的角色。浙东俗语云"办喜事是堕民老嫚的市面；办丧事是和尚道士的市面"，说明女堕民在平民婚礼中几乎排他性的服务地位。女堕民为婚礼中最忙碌的人，负责操持婚礼，侍候新人，指教新人，保护新人，将伴娘的角色演绎得淋漓尽致。女堕民乃平民婚礼中不可或缺的角色，也从中获得丰厚的回报，有"嫁个姑娘买亩田"之说，但有时需索无度，也讨人生厌。

## 第一节　绍兴婚礼中的"主顾老嫚"

　　堕民在平民婚礼中异常活跃，男家会请堕民吹唱班敲打，大户人家则请清音班奏乐。"越郡城有惰民巷者，居方里，男为乐户，女为喜婆。民间婚嫁，则其男歌唱，其妇扶侍新娘梳妆拜谒，立侍房闼如婢，新娘就寝始出，谓之喜婆。能迎合人，男女各遂其欢心。"[②]绍兴老嫚最重要的职业，毫无疑问是在婚礼中做"伴娘"，绍兴人称为"做老嫚"。堕民女孩自出生后懂事起，就随着母亲去"赶好日""做老嫚"，从小亲身经历，耳濡目染，自然就学会"做老嫚"的一整套娴熟的技巧。未出嫁的堕民姑娘"做老嫚"，俗称"嫚线"，乃小鳗之意，"嫚"与鳗同音。出嫁后再"赶好日""做老嫚"，则称为"老嫚"。后来，堕民妇女概称其为"老嫚"。周春香如是说："别看她们没有多少文化，也没有受过高等教育，可是做起老嫚来，却思路清晰，手脚勤快，做事利索，有条不紊，能说会道，说话的'套头'和'彩

---

　　①　关于女堕民在婚礼中的研究，俞婉君撰写的《绍兴伴娘——老嫚》，对绍兴的老嫚做了个案研究，对老嫚在整个婚礼中的作用做了淋漓尽致地描述。谢振岳撰写的《鄞县堕民》，也提及宁波的送娘在婚礼中有三大任务：指导备办嫁妆，指导姑娘新婚礼俗，代娘亲送姑娘过门。但对乐清婚礼中的媒娘尚无专文予以论述。

　　②　（清）袁枚：《子不语全集·续子不语》卷七《喜婆》，《笔记小说大观》第20册，广陵古籍刻印社1984年版，第210页。

头'一套接一套,且左右逢源,眼观八路,耳听四方,言行举止面面俱到,以现代的话来说,就像《沙家浜》中的阿庆嫂式的人物。"①堕民虽然备受社会的歧视,但在主顾的眼中,老嫚乃是一群"香馞馞",非但身份不低微,反而受到相当的尊重。凡主顾家的婚嫁喜事,主顾会提前一个月主动派人或者亲自上门与老嫚约定婚期,如果是娶亲,还得约请男堕民前去做"吹鼓手",也称"吹叭先生"。主顾家的婚嫁喜庆,老嫚乃不可或缺的角色。

"好日"人家多在冬季,成为堕民最忙碌的季节,故绍兴俗语云:"春瞎子,夏郎中,秋道士,冬堕民。"老嫚不仅在自己主顾家"做老嫚",有时碰上"大好日",结婚人家众多,自己忙不过来,也会邀请他人代替,俗称为"客使老嫚"。老嫚只要交代结婚日期、某地某村某户人家,属于娶亲还是嫁女。周春香回忆邻居惠友母亲曾请自己的二嫂到王家村附近的葛家娄做"客使老嫚"。男家结算工钱时,破例地给了双倍。"老实的二嫂回家后,将六块钱如数地交给了惠友母亲。惠友母亲感到十分惊讶,她原本心理盘算,如果有三块钱的收入,已经是'婆婆万福(心满意足)'了。那时,有一条不成文的规矩,凡'客使老嫚'得来的工钱与封筒,必须全部上交给'主顾老嫚'(但也可以私下截留部分红包作为小费),再由'主顾老嫚'付给'客使老嫚'工钱。这次惠友妈十分慷慨,竟然付给二嫂三块钱的工钱,二嫂高兴了好几天。"②女堕民"做老嫚",又有"主顾老嫚"与"送嫁嫚老嫚"的区别,凡是主顾家的男青年娶亲,称作"主顾老嫚",简称为"接老嫚";主顾家的女孩子出嫁,则称为"送嫁老嫚",简称为"送老嫚"。无论是"主顾老嫚",还是"送嫁老嫚",女堕民均能胜任,只是身份和职务各不相同而已。

堕民到主顾家服务,一般在婚礼举行前一天。大户人家的婚事往往提前三天,堕民一直忙到婚礼结束。服务堕民人数的多少,依主顾家讲究的排场而定。但"主顾老嫚"和"送嫁老嫚"则必不可少。老嫚前往主顾家服务,必须带齐一套"行头"。"主顾老嫚"则必提方底圆盖由褚色桐油漆过的竹制提篮——"田斗篮",也称"老嫚篮",篮内有隔层,一张"三星像"(即福星、禄星和寿星);一个木质菩萨,七八寸左右,着红衣绿裤,四肢活动,实为梨园始祖"老郎菩萨",在婚礼中作为"开脸菩萨"和"送子菩萨";内盛老嫚的伞、鞋等生活用品。

男堕民一进门,就将"三星像"挂于厅堂正中。"主顾老嫚"主持"祝喜福"仪式,祭祖俗称"做全堂羹饭",大厅摆放八仙桌,供上三碗茶、三盅酒和三盘水果,点上三柱香烛,堕民吹敲三遍。全新打扮的新郎侍立一旁,男主人身穿绸缎长衫、马褂,头戴秋帽,足蹬新鞋,"致敬尽礼",分别向"三星像"、菩萨和祖宗四跪

---

① 访问周春香,2016 年 7 月 14 日。

② 访问周春香,2016 年 7 月 14 日。

四拜,向他们通报喜讯,请他们来喝喜酒,祈求"三星菩萨"和祖宗保佑新人幸福美满。"主顾老嫚"在旁帮主人撩袍,伴随主人起和跪,但老嫚不能拜。主人拜毕,新郎接着拜,新郎不会拜,由管家教拜,"主顾老嫚"也在旁边帮助撩袍,俗称"教拜"。婚礼结束后,堕民回家时取走"三星像"。(图12.1—12.3)

图12.1 三星像(陈顺泰提供)

越俗新婚新郎要剃头,新娘要"开脸"。"主顾老嫚"为新郎举行"剃头"仪式。新郎剃头颇有讲究,正厅摆放"开脸菩萨",点燃香烛,供上茶食。"理发时,口念'七子保团圆'或'十全如意',拔下新郎头上七根或十根长发,挽成花结,送

图 12.2　厅堂正中悬挂福、禄、寿三星画(陈顺泰供图)

图 12.3　男家请菩萨(陈顺泰供图)

到女家去。"①"主顾老嫚"在大厅八仙桌上摆上供食,点上香烛,一边讨着"七子保团圆"或"十全如意"的彩头,一边剃头。"主顾老嫚"还要拔下如数的头发挽成花髻,送往女家与新娘"合髻"之用。

———————————

① 浙江民俗学会编:《浙江风俗简志》,浙江人民出版社 1986 年版,第 243 页。

绍俗迎亲在晚上,由堕民吹鼓手或清音班迎娶新娘。男家发轿前,须行"搜轿礼"。将已装饰的花轿抬到厅堂。花轿装有锡制锃亮的"五岳朝天",相传为宋朝皇太后、皇后坐的"銮舆"装饰,源出南宋高宗为报"越女"舍身救命之恩,特诏浙东姑娘出嫁可用"半副銮驾",礼仪等同皇后,花轿可装"五岳朝天",不论姑娘是否有"品位",可戴凤冠,披霞帔,执事可用宫灯,提香炉,鸣锣开道。男堕民吹奏音乐,由"主顾老嫚"将一只点燃的蜡烛台和一面铜镜,递交给"接媳妇奶奶"。"接媳妇奶奶"一只手持点燃的蜡烛,另一只手则持铜镜,在轿内周围徉照,再以满燃檀香的熨斗熏轿,以搜索轿内是否有暗器或异物,以驱凶避邪。另一位"接媳妇奶奶"将动作再重复一次。据说源出北宋初,赵匡胤听信奸臣欧阳昉,怂恿其儿子逼婚忠臣之女,军师苗训能使唤"星宿",在欧阳家来迎娶的花轿之内,将"丧门吊客"装扮成新娘,让星君大闹欧阳家喜堂的传说。也有说是搜索隐藏轿内的"花煞"。口中念念有词:"东南西北中花䄂神君。轿前轿后之䄂,屋前屋后之䄂,转弯抹色之䄂,河边桥墩之䄂,祈求路神杀清,一路顺行。""主顾老嫚"扶"接媳妇奶奶"退入后堂,新郎关上轿门后,插上铜销,"搜轿"仪式结束,花轿起轿出发。

"主顾老嫚"接着张罗摆设嫁妆的场地,用二顶或四顶其至六顶八仙桌拼成大台面,铺上红台毯,等待摆放新娘家发来的嫁妆,俗称"摆堂"。大约下午二时,女家发来两至四船嫁妆,在鼓手欢快的吹奏声中,由"主顾老嫚"在前堂指挥,请行郎小心翼翼地搬进家,先将硬木等家具搬进新房,放置妥当;再将瓷器、锡器等易碎易损器皿,摆放堂前的台面上展示。新娘嫁过来的诸多被褥、衣箱搁置一旁,让众多的宾客、邻居前来观赏评论。展览完毕,"主顾老嫚"指挥行郎将这些嫁妆搬入新房,请两位"接媳妇奶奶"捧着被褥,铺好新床。

花轿到了女家,男家带来"主顾老嫚",称为"领轿"。"主顾老嫚"先到新娘房间恭喜,再向新娘长辈恭喜,并得到"喜封"。随后,就吩咐男堕民吹奏催促起轿。"主顾老嫚"第二次到新娘房间催轿时,新娘兄弟为新娘准备行装。"主顾老嫚"第三次催轿后,上轿吉时已到,新娘由兄弟抱上花轿。(图12.4)

越俗"娶之日,不亲迎,用乐妇扶掖成婚,杂用踏藁、牵红、传席、交杯诸仪"①。花轿船摇到"好日"人家河埠头,"做亲"时刻未到,让新娘在花轿船"坐稻篷"。据说新娘"坐稻篷"时间越久,将来的涵养越高。再由行郎将迎亲花轿抬进大门,进入喜堂,轿门朝里。越俗公婆必须回避,婆婆要躲入菜园,婆媳才能

---

① (明)萧良干修,张元忭撰:《绍兴府志》卷之十二《风俗志》,明万历十五年刻本。

图 12.4 绍兴迎娶新娘的花轿,轿前摆有一盆炭火,新娘步出花
轿后必跨过炭火,取其人财两旺之意(裘士雄供图)。

融洽圆满。"乐妇扶掖出轿,请长辈齿德兼隆者祝寿。"①"主顾老嫚"在轿前以五
谷撒地,袚除不详,并为新娘下轿讨"三堂送子"的口彩。"男家所雇老嫚代婆母
向轿内的新娘献上三道茶。"②"主顾老嫚"代表婆婆给未过门的新娘献上三道
茶,即桂圆茶、枣子茶、茶叶茶,一碗碗端给花轿中的新娘喝,并依据茶的特征讨
出彩头,送桂圆茶说"富贵团圆";送枣子茶说"早生贵子";送茶叶茶说"亲亲热
热""亲热亲热"。在男家具有半个主人身份的"主顾老嫚",会主动招呼"送嫁老
嫚",无论熟悉与不熟,都会显得格外热情和客气。

举行拜堂仪式时,"主顾老嫚"和"送嫁老嫚"都紧张地站稳马步,扶好新
人,尽量帮自己的新人多占位置,不让对方多占。"主顾老嫚"和"送嫁老嫚"
无须多说,各自心中有数,双方配合默契,各占一半,这样公平合理,平分秋
色,皆大欢喜。新郎和新娘在"三星像"前恭立,先向外拜天地,再向内拜"三

①　(清)王元臣修,董钦德撰:《会稽县志》卷七《风俗志》,民国二十五年绍兴县修志委
员会校排印本。

②　任桂全主编:《绍兴市志》第五册,浙江人民出版社 1996 年版,第 2898 页。

星",最后为交拜礼。拜堂时,"主顾老嫚"为新郎撩袍,"送嫁老嫚"则扶着新娘,用掌扇伴拜。

接着给新人举行"合卺酒"和"撒帐"仪式。"合卺酒"又称"交杯酒"。"乐妇进'合欢杯',曰'交杯酒'。"①"主顾老嫚"先给新人喂十颗汤圆,俗称"喂子孙汤圆"或"坐堂圆圆",由糯米制成,比空心汤圆小。每喂一颗即讨一句数字彩头:"一见倾心""两相和好""三星在户""四季平安""五福临门""六六顺风""七巧玲珑""八仙过海""九九长寿""十全如意"。有的地方虽不用数字讨彩头,但表示夫妻恩爱、幸福美满、多子多寿之意不变。如"珠罗宝帐挂两旁,锦绸绣被铺满床。高杯共饮合卺酒,举案齐眉共敬筯。互敬互爱同欢乐,宜子宜孙代代芳,敬长育幼和邻里,夫唱妻随百年长。"②喂完汤圆,"主顾老嫚"斟满两盅花雕酒,先让新郎和新娘各呷一口,两小盅混合后再一分为二,让新郎、新娘喝完,讨"我中有你,你中有我"的彩头,又称"交心酒"。饮后将杯掷于床下,一仰一合,意为夫妻恩爱,合而为一。余姚"合卺酒"则以一个瓠分成两个半瓢,也就是"卺",筛酒给新郎和新娘,夫妻对饮,此仪式称为"合卺"。新昌、嵊州和诸暨则让新人食糖拌饭和团圆果。

新人喝完"交杯酒","主顾老嫚"举行"撒帐"仪式。"主顾老嫚"先念撒帐词,其词曰:"重重叠叠上瑶台,天上神仙送子来,撒帐撒过东,麒麟送子喜冲冲。美才子巧佳人,一株梅花一放翁;撒帐撒过南,麒麟送子喜冲冲。送子张仙送百子,早生贵子合家欢。撒帐撒过西,红梅添竹过芳菲。两个周年多一口,鸳鸯少年配夫妻,撒帐撒过北,观音送子忙碌碌。枣子莲子加青子,多子多孙多福禄,东南西北都撒到,夫妇百年同偕老。""主顾老嫚"念完后,将一杆秤交给新郎,让新郎将新娘的盖头袄和花冠挑起,抛到床顶,取意"称心如意",婚后应有分寸地对待丈夫,凡事掂掂斤两。旧婚礼乃包办婚姻,新郎和新娘婚前并未谋面,新郎现在可以一睹新娘的芳容,然而,碍于旧俗的束缚,新郎此时并不敢正眼看新娘,总是别过头去揭,按迷信说法,热脸相冲,将使今后夫妻失和。"送嫁老嫚迅即放下帐门,以防热脸冲热脸。"③新郎和新娘仅隔着薄帐。"'撒帐',《桃花女》命撒碎草米谷,染五色钱,解鬼金羊、昂日鸡之厄。即撒帐钱之缘起。俗于方斗置米,并有编钱结帐额者,惟撒帐则用五色果。"④女方的陪嫁,马桶必不可少,又称"子孙桶"。女方家长往往预先准备枣子(寓"早"之意)、桂圆(寓"贵"之意)、

---

① (清)唐煦春修,朱士黻撰:《上虞县志》卷三十八《杂志·风俗》,清光绪十七年刊本。

② 俞婉君:《绍兴堕民》,人民出版社 2008 年版,第 88 页。

③ 任桂全主编:《绍兴市志》第 5 册,浙江人民出版社 1996 年版,第 2899 页。

④ 郑永禧纂修:《衢县志》卷八《风俗志·礼仪》,民国二十六年铅印本。

荔枝(寓"子"之意),以求"早生贵子"。在贫困的农村,还放上一包花生,两个半生不熟的红鸡蛋,均取其"生"之意,寓意"早日生育"。民间对花生的寓意,除祈求人生长寿康健,将其称为"长生果"外,还取其谐音"化生",化化生生,既能生男,又能生女。"主顾老嬷"还要在陪嫁来的"子孙桶"(即马桶)边念些吉利话:"子孙桶,子孙桶,代代子孙做状元;红花生,红花生,人丁兴旺满堂红。"①家中有儿女,儿媳女婿,各有生育,三代见面喻为"满堂红"。

第二天早上吃过"头聚饭"后,"食桶先生"带着新郎和新娘以及部分亲戚,循例去土谷祠(即土地庙)和宗庙朝拜,俗称"上庙"。"主顾老嬷"腋下夹着红地毯,由"吹叭先生"奏乐伴送。到达庙里,给各尊菩萨点上蜡烛,摆上供品,"主顾老嬷"铺好红地毯,指导新人双双"大拜",祈求神灵保佑夫妻恩爱,白头偕老。"送嫁老嬷"和"主顾老嬷"陪同指导新人礼数,"吹叭先生"则吹奏音乐伴送,以祈求神灵护佑。拜毕回家,新人到厨房祭拜"灶神"。厅堂上佣人用两张八仙桌拼成供桌,摆满丰盛的荤素菜肴,乐队伴奏《拜蝶》曲牌,新人先拜过祖宗,随后为本家众亲,接辈分大小,"轮大落下",一一参拜,俗称"拜三朝"。

喝完"正酒"后,越俗举行"临门送子"仪式。越中竹枝词云:"镜为花妆向晚开,翠翘珠花满头堆。一声蓦地闻箫鼓,报道张仙送子来。"②有的是吃过"头聚饭"后,有的则在闹房后,各地有所不同。男家堕民送来"送子菩萨"。"主顾老嬷"接过装有"送子菩萨"的茶匙桶盘,伴随"吹叭先生"的吹打声,步入新房。将"送子菩萨"置入床正中,作面朝外端坐状,然而点上香,扶新郎和新娘跪拜。新人一边跪拜,"主顾老嬷"则讨着口彩。"姑奶奶,祝你来年添个小宝宝,将来要么发财赚元宝,要么读书赶考当个状元郎。"男堕民放着鞭炮,绍俗鞭炮为"百子炮仗",此举为讨多子多福的彩头,誉为"麒麟送子"。周冠五回忆:"天甫破晓,新娘盥洗方毕,老嬷手托一只红漆方盘,盘内置一木制红衣绿裤小人儿,燃一对小红烛,由吹手奏着细乐,送至新房门口,吹手站在门外唱吉词,老嬷把小木人儿端进新房摆于新娘床上,说:'官官来了!'一面向新娘道喜,讨赏封,叫作'送子'。"③有的地方将"送子菩萨"塞入被窝,以喻"早生贵子"之意。上虞也称为"麒麟送子",男家必须准备糕点和干果。糕点倒不讲究,干果则有严格规定,必须是花生、红枣、桂圆和荔枝,名之曰"早生贵子"。老嬷将"老郎菩萨"放在新床上,点燃蜡烛,然后奏乐。再将四式干果放入新

① 陈永林:《上虞民风习俗》,西泠印社出版社 2011 年版,第 288 页。

② (清)章履安:《会稽花烛谣五十首》,《越中竹枝词》,西泠印社出版社 2008 年版,第226 页。

③ 周冠五:《绍兴的风俗习尚》,《鲁迅家庭家族和当年绍兴民俗》,上海文化出版社 2006 年版,第 154 页。

床棉被,糕点作为点心。老嫚再从棉被取出"被里果子",将红鸡蛋、红枣、花生顺大床滚到床榻,边滚边说:"快生快养!""早生贵子早得福!"并将糖果撒向贺客。

> 绍属各县之旧式婚俗,花样至繁,男宅娶亲于结婚之次日,例有执役唱戏之堕民,届时将一尺长之小木偶,俗称"送子菩萨",送入洞房内,置于床上,焚香烛,奏乐,祝祷,谓之"送子"。此小木偶之送子菩萨,通称亦曰老郎菩萨,盖即戏班演戏时,置于后台者。相传即为首创梨园之唐明皇。至有指为张仙送子者,详见金台纪闻所载,考其语实为花蕊夫人假托,后人不察,即以讹传讹,作求子之祀,故逢娶亲喜事,亦每以此搏鑫斯衍庆之彩头语。①

丹麦学者 Anders Hansson 对此送子风俗颇为不解。"难于理解的是,堕民还把老郎视作送子神,伴娘在婚礼后把老郎尊放在洞房。"②最让人感到困惑的是,竟然"有夫妇未曾同床,老嫚先来送子等趣事"③。堕民于新人结婚时"送子习俗",三埭街传说唐代有六姓梨园子弟陪"千秋太子"读书,倚势享有新娘的"初夜权"。"不肖之徒乘机勾引良家妇女,为所欲为,一直发展到新婚之妇,必先与之同房,然后才可与新郎同房。百姓慑于梨园子弟系太子近侍,只得忍辱依从。"④另传为蒙古人享有新娘"初夜权"的遗风。东关传说"元朝入侵中国以后,蹂躏汉人令人发指,据说被安插在汉人聚居处的元人甚至对出嫁女子保有初夜权"⑤。杭州也有类似传说。"故老相传,元人既得杭州,既以蒙古兵及西域兵前来驻扎,令汉人五家合养一兵。此一兵对此五家,为所欲为,无敢抗者。甚或谓男女结婚,第一夜之新郎,亦须由此兵充之,是否确有此事,不可知也。杭州临街房屋,例有短门,谓避窃门,以防窃盗,然或谓避觑门。此等兵在此五家之中,无恶不作,行路人见之,殊属难堪,故作此短门以使人不见。其后汉人纷起亡元,五家养一兵,变为五家杀一人。杭人有'关门杀家鞑子'之谚,即指此事而言。蒙古人畏死,多哀求,而杭人信佛心慈,亦多赦免,逐之出境,而流落于宁

---

① 贻爱草堂主:《送子菩萨》,《民国绍兴县志资料》第2辑第4册,广陵书社2011年版,第137页。

② [丹麦]Anders Hansson:《中国的贱民——堕民》,《绍兴学刊》1999年第4期。

③ 《堕民生活》,《民国绍兴县志资料》第2辑第4册,广陵书社2011年版,第94页。

④ 赵锐勇:《别了,中国的吉普赛人——来自堕民后裔的报告》,《野草》1988年第1期。

⑤ 王德江:《银东关春秋》,浙江文艺出版社2014年版,第122页。

绍一带,是谓堕民。"①诸暨也有类似传说,诸暨端午节举烟火为号,共起击杀"鞑子","鞑子"求饶,沦为堕民。朱元璋建立明朝后,将"鞑子"贬为"丐户",喜庆婚丧,为平民服役。但洞房"送子习俗",乃隐其"初夜权"之名而加以美化而已。

　　元氏入帝中国,令富户家养鞑子一人,贫户三家一人,供以粱肉,衣以锦绣。鞑子恃骄索责,骎骎占人妇女,有新婚者,不得洞房,大败中国礼法。比里愤激,端午日,阳为分符箓,阴戒各家午时举烟火同时杀戮。今端午编蒲为剑,杂采蒿艾,同苍术、白芷焚之,犹其遗风。是时,鞑子之稍循谨者,乞为仆佣,怜而宥之。年久家衰,因令别居,有喜庆婚丧,仍招致为役。此说于书无征,而情理甚洽。上自金衢,下自杭嘉,传说皆同。或曰:今婚娶洞房之夕,送子为贺,实美其名以隐之耳。按《元朝秘史》卷十五《太宗纪》云:"一百姓行分与他地方做营盘住,其分派之人,可以各千户内选人教做。"顺德李文田注曰:"兵志曰:元初用兵征讨,海内既一,于是内而各卫,外而行省,皆立屯田,以资军饷,由是而天下无不可屯之兵。"是太宗时,曾分兵于各行省,一如清时之驻兵,其为民祸患亦与清初旗兵,强占民田、民屋同。清康熙初年,谕旨严禁,惟元不闻禁令牟。至掠降民为家奴,本古时北方夷俗,依其道而报之,亦事理之常。《文献通考·户口考》引洪容斋氏《随笔》曰:"元魏破江陵,尽以所俘士民为奴,无问贵贱,盖北方夷俗然也。自靖康之后,陷于金虏者,帝王子孙、官门仕族之家,尽没为奴婢,使供作务,每人一月稗子五斗,令自舂为米,得一斗八升,用为糇粮;岁支麻五把,令绩为裘,此外更无一钱一帛之入。男子不能绩者,则终岁裸体,虏或哀之,则使执爨,则时负火执暖气,然才出外取柴归,再坐火边,皮肉脱落,不日辄死。惟喜有手艺,如医人、绣工之类,寻常只围坐地上,以败席或芦籍衬之。遇客至开筵,引能乐者,使奏伎,酒阑客散,各复其初,依旧环坐刺绣,任其生死,视如草芥"云。今日待堕民者,曾不异此。元代阿里海牙用兵荆南、江西、广西、海南,掠降民为家奴,以千万计,及其既败,故降之为堕民。特江南民俗稍厚,不至残酷如元魏时耳。明祖因扁其户曰"丐",丐者,元氏分民为十等,一官二吏三僧四道五医六工七匠八娼九儒十丐,丐其最下等也,非必真为丐,贱之之意。②

正日中午的"正酒",为男家正式"喜酒"。堕民在廊下吹打助兴。每上一道菜,堕民即吹打一小曲,第十碗即最后一碗菜上桌时,往往吹打《十全大福》。

　　① 　钟毓龙、钟肇恒:《说杭州》,《西湖文献集成·民国史志西湖文献专集》第11集,杭州出版社2004年版,第321页。

　　② 　《诸暨社会现象》,《诸暨民报五周年纪念册》,1924年,第5页。

"送嫁老嫚"和"主顾老嫚"要边吃饭,边给新人夹菜,并不断说出成套彩头,以讨吉利。上第二道菜时,新娘开始"脱通换通",脱去一件外衣,另外换穿一件。上第九道菜时,"主顾老嫚"和"送嫁老嫚"要扶着新郎和新娘从东边第一桌至西边末一桌,向尊长、宾客一一敬酒。敬酒时,"送嫁老嫚"不忘以新娘娘家人身份,拜托新郎尊长以后多多关照新娘,并代新娘喝酒。各位尊长给新娘红包时,也给"老嫚"一份。新娘敬酒为夜酒的高潮,赴宴的亲戚朋友,都会出节目为难新娘,有的乃善意,纯属搞笑;有的则是恶意,存心为难新娘。如果新娘拙于应对,或者心情欠佳,对难度不大,即使善意的节目也不配合,俗称"倒霉",又称"捺乌鼻头",可能形成僵局。每当遇到这种情况,新郎不得帮助新娘,全靠老嫚善与周旋,化解危机。

一般较为经济的人家,两位老嫚算是基本完成使命,可以结账回家。但是,也有经济较为富裕的人家,不在乎多留一天须多付一天的工钱,要留老嫚等到新人洞房后的第二天才让她们回家。这是因为夜酒过后,还有一番更热闹的"吵房"活动。像这样的场面,还非得老嫚不可。常言道"吵房之中无大小",无论辈分长幼、男女老少,均可用各种逗笑乃至滑稽的言行与手段,捉弄和取笑一对新人,千方百计欲博得美人一笑。而此时的新娘,脸上却要装得较为稳重,文质彬彬,不苟言笑,任客人如何调侃,决不能轻易露笑。据说新房越闹越吵,将来小日子就会越红火越发迹。"主顾老嫚"频繁地递烟送茶,热情招待"吵房"的客人。"送嫁老嫚"拿出新娘家带来的"喜果",分给客人品尝,希望其注意分寸,言行不可鲁莽。等"吵房"的人筋疲办尽,无计可施时,"送嫁老嫚"就把握时机,暗示新娘笑一笑,"吵房"仪式至此圆满结束。①

晚上,按俗"闹新房"。民间认为"越吵越发",如果没人或很少人来吵房,会被认为男家没有地位,家庭也不富裕,被至亲视为"小器房",讥为"桃树门槛",喻义鬼神都难于进入。客人千方百计捉弄新人。"宁绍一带的闹新房相当凶狠的,有了干练的送娘子,可以得到不少照顾。"②吵房有"文吵"与"武吵"之分,"文吵"为以言语挑逗新人,让新人难于启齿。"武吵"有时动手动脚,让人难堪,甚至造成人身伤害。"傍晚,男家的'好日'也进入尾声,留下吃夜酒的,除了帮忙的,还有血亲挚友,吃夜酒新娘子上桌相陪,由主顾老嫚照应给在座的挨个儿斟酒,'吵房'也就开始了。酒席上大家不分尊卑、辈分大小、男女性别,都可以对

---

① 访问周春香,2016 年 7 月 14 日。
② 陈志良:《浙江的堕民》,《旅行杂志》1951 年第 6 期。

新娘倍加调笑,百般胡闹,而新娘子既不能怯场,也不能开口露齿嬉笑,要恰到好处全仗老嫚事先调教。亲朋好友帮了三天忙连日辛苦,为了解乏就对新娘戏耍不止,此时只由婆婆选择适当时机出面陪话,但不能扫大家的兴,亲友才肯罢休,否则可以闹到天亮,故意恶作剧不让新婚夫妇小登科。"①新房套间摆有长桌、椅凳、茶点、水果。新娘端坐上首,"送嫁老嫚"陪坐一侧,亲友或坐或站,济济一堂,随意讲各种笑话,或做各种滑稽动作,千方百计逗引新娘发笑。只要新娘微露笑容,闹房即可结束。但这是对新娘是否庄重的一次考验,要学和尚参禅,视若无物。

"送嫁老嫚"和"主顾老嫚"必须帮助新人巧妙应对,委婉制止粗鲁言行,引导闹房的热闹气氛。"送嫁老嫚"替新娘拿出喜果招待宾客。越俗粗鲁的"闹新房",据传为元时蒙古贵族对汉族新娘"初夜权"的遗风。"唯传说元人对于汉族施行此权。"周作人如是说:"又浙中有闹房之俗,新婚的首两夜,夫属的亲族男子群集新房,对于新妇得尽情调笑,无所禁忌,虽云在赚新人一笑,盖系后来饰词,实为蛮风之遗留,即初夜权之一变相。"②并引用范寅的《越谚》所载童谣:"低叭低叭(唢呐声),新人留牙,安牙过夜,明朝还俉乃。"此乃"宋末元初之谣"③。而绍兴县视学陈曰淀则述说德政乡谣为:"地带地带,新人留牙,借我一夜,明朝还乃。"蒋岸桥曾有恶少啸集,凡新妇过此,必劫留一宿。知县执杀数人后,此风始息。越俗"闹房"确有古代蛮风遗迹,对新娘尽情调笑,百般戏谑,对新郎施予种种恶作剧。清代山阴人俞蛟在《梦厂杂著》中,记述了两起"闹房毙命"案,一新郎被闹房者缚住手脚用被裹着,抬出新房游街,抬归后竟失去了头颅;另一新郎则被闹房者缚于屋后山林,被老虎衔食。两起闹房命案皆因闹房者艳羡新娘美貌所致。

"主顾老嫚"除了护卫新郎之外,还要依靠自己的聪明才智,处理一些不可预见的"突发事件",乃至人命关天的大事。旧式婚姻乃包办婚姻,青年男女必须听从父母之命,媒妁之言。青年男女婚姻不能自由,乃至婚前从未谋面。周春香回忆王家村一户主顾人家娶媳妇,自己跟着母亲前去做"主顾老嫚",新郎和新娘拜过花烛,新郎在新房给新娘揭过红盖头,因烛光昏暗,新郎根本看不清新娘长啥模样,也碍于旧俗,新郎不敢正眼瞧新娘,就匆匆出了新房。几个油腔滑调的男青年,喝醉了酒,非要闯进新房看新娘子不可,被"送嫁老嫚"百般劝阻,才悻悻而去。谁知第二天一早,这几个男青年大为不满,立即跑到新郎面前

---

① 王德江:《银东关春秋》,浙江文艺出版社 2014 年版,第 157 页。
② 周作人:《初夜权序言》,《周作人文选》,启智书局 1936 年版,第 199 页。
③ 范寅:《越谚》卷上《孩语孺歌之谚第十七》,清光绪八年刻本。

挑拨,新娘丑陋无比,要趁早退回娘家。新郎闻言,如雷轰顶,万念俱灰,竟信以为真,立即跑到河埠头纵身一跃,欲投河自尽。这边早酒已开宴,马上就要吃"头聚饭","主顾老嫚"却找不到新郎,急得团团转。周春香站在河边,看见宽阔的河面上有一个东西在上下窜动,连忙招呼大家来看。大人们跑过来,发现是一个人,几个水性好的男人,不由分说跳下河,将那人拉上来,竟然是新郎本人。大家七嘴八舌地追问原因,得知是一班男青年的恶作剧。"主顾老嫚"连忙找来干净衣裤让新郎换上,但头发已经湿淋淋的,不停地滴着水珠,她连忙找来毛巾帮他擦干。新郎坐在新娘对面,看了一眼新娘,其实长得十分漂亮,发觉自己上了当。新娘为顾及大家颜面,当场没有发作。等"头聚饭"吃完回到新房,新娘立即吩咐打道回府。昨晚随轿来的舅爷知道真相后,也要接妹妹回家。如此一来,"好日"人家乱成一锅粥,公公、婆婆和新郎不断赔礼道歉,众多亲朋好友也来劝解,新娘仍不肯善罢甘休。后来,请来"家长太公"出面讲和,并叫来几个"罪魁祸首"向新娘家人赔礼,事情才算平息,但新娘仍不依不饶。"主顾老嫚"和"送嫁老嫚"巧舌如簧,好言相劝,新娘这才平息怒气。新娘为了争个面子,罚新郎一个月不准进入洞房。①

## 第二节　绍兴婚礼中的"送嫁老嫚"

平民举行订婚庆典时,老嫚就开始参与婚事。"主顾老嫚"和"送嫁老嫚"都前来端茶倒水,招呼客人。如果订婚后,男方父母病重,男方可以要求"准新娘"探望。"准新娘"在"送嫁老嫚"的陪同下,到婆家举行"送茶"仪式。"准新娘"由"送嫁老嫚"扶持,端茶给病中的公婆,并第一次开口称公婆。民间认为,"送茶"仪式将使病中的公婆脱去晦气,早日康复。

主顾家有女儿出嫁,"送嫁老嫚"照例也在婚前一天上午到达女家。"送嫁老嫚"向主顾家人一一道喜之后,忙着进行出嫁准备。"送嫁老嫚"在"田斗篮"也放置备用物件,如"绞脸簪""绞脸线""鹅蛋粉""双联荷包"(长约五寸、宽约四寸的红色布袋),一张"三星像"(即福星、禄星和寿星)。还着有"孝夫饼",为煎饼型的堕民糖,取"出嫁从夫""夫妻甜美"的彩头。还有"花冠",冠上满缀纸花小泥人,俗称"花冠菩萨",供于香案桌上,民国后流行"花冠"。还有老嫚的伞、鞋等生活用品。

姑娘出嫁,也得举行像新郎一样请菩萨、拜祖宗的仪式,"送嫁老嫚"也有

---

① 访问周春香,2016 年 7 月 14 日。

"教拜"新娘的责任。新娘穿上喜庆的红衣红裤,请上菩萨,祭过祖宗后,"送嫁老嫚"要主持新娘的沐浴仪式,又称"浧浴"。在"吹叭先生"的吹打声中,"送嫁老嫚"念着多子多孙之类的吉语,一手拿筶筛,上放染红的荔枝、桂圆、胡桃、枣子、松子、梧桐子、栗子、花生、绿豆等喜果和鸭蛋,下接红色浴盆,另一手用热水从筶筛淋到脚盆,再用脚盆水绞毛巾让新娘揩拭,连续三次。"新娘必须洗澡,在洗澡的时候,堕民嫂要去抛果子,如枣子、花生、莲子。"①喻义新娘嫁入男家后早得贵子。"'双喜筛',《桃花女》用千只眼避日游神,持筛先行。俗乃有母猪入苙之说,为其一胎能育多子也。"②新娘洗澡时,"送嫁老嫚"在旁扶持念叨:"清清白白,恩恩爱爱。""浧浴"喻义新娘脱胎换骨,重新做人。新娘更衣后,还要闭上眼睛在圆盘上摸果子,据说摸到桂圆会生女儿,摸到枣子则生儿子。经温水淋过的喜果,俗称"浧浴果",分送亲友邻居,喻义新娘到夫家早生贵子。(图12.5)

新娘还要举行"开脸"仪式,也由"送嫁老嫚"主持。《越谚》"绞脸"云:"妇人整容,线除其毛,嫚晡为之。"③大姑娘出嫁"绞脸",称为"开脸"。"绍兴以为处女是毛脸,女子婚后应常用线绞除脸上的汗毛以保持光洁。嫁前是第一次绞脸,为避讳改称'开脸'。"④旧时习俗,大姑娘未嫁前不能修脸,谓之"黄毛丫头"。"送嫁老嫚"先在正厅摆上"开脸菩萨",中堂摆上香案,点上香烛,再请出穿全新红衣红裤的新娘。堕民吹打班吹奏音乐,"送嫁老嫚"扶着新娘参拜"开脸菩萨"。参拜完毕,新娘端坐大厅正中,端出男方送来的装有红绿颜色的两个鸡蛋以及红绿丝线、鹅蛋粉、胭脂粉等化妆品的"开脸盆"(为圆木盘)。"送嫁老嫚"先用红绿鸡蛋在新娘脸面左右上下各滚三次,口中念念有词"白白嫩嫩,白里透红,白璧无瑕,年轻漂亮,公喜欢,婆中意,老公看得笑眯眯"等吉语,使脸生成红晕,艳若桃花。"新娘未嫁前一日,须宜开脸,叫小姑娘二人,拿红鸭蛋二个,向新人脸上滚一滚,谓像鸭蛋光。"⑤然后,再在新娘脸上均匀地抹上一层厚厚的水粉,使汗毛容易显露出来。随后利索地取出两根红绿棉索,绞成十字形,由嘴衔住一头,左手捏一头,左手拇指和小指头各缠一个,右手掌张开,一张一合,绞掉前额、左右面颊的汗毛。经过纵横的刨削以及水粉的润滑作用,新娘的脸蛋变得像煮熟剥壳的鸡蛋那样光滑细腻。然后,再用小竹篾青片与其大拇指甲撮牢夹住,将散开的眉毛画成淑女型的"卧眉月"。用眉笔还可以将眉毛画成淑女型、清秀型以及温柔型。再用小镊子将耳朵外边的杂毛夹掉,将脸部清理得干干净

---

① 朱虹:《浙东的堕民嫂》,《妇女杂志》1948年第3期。
② 郑永禧纂修:《衢县志》卷八《风俗志·礼仪》,民国二十六年铅印本。
③ (清)范寅:《越谚》卷中《身体》,清光绪八年刻本。
④ 浙江民俗学会编:《浙江风俗简志》,浙江人民出版社1986年版,第243页。
⑤ (清)金明全:《绍兴风俗志·补遗》,光绪二十三年刊本,存杭州图书馆古籍部。

图 12.5　2009 年绍兴安昌腊月风情节中的"送嫁老嫚"手持"老嫚篮"
伴送新娘

净。最后用扑粉胭脂化妆。

　　"送嫁老嫚"还要为新娘梳理头发。"老嫚在替新娘开脸时,在新娘头上拔
七根长发,与新郎的长发混合搓成线,供新娘扎发髻用。这发线是结发夫妻的
信物,也是妇女们最珍贵的东西。"①"送嫁老嫚"取下新娘头上的七根或十根头
发,与新郎的头发一起搓成"发线",并用此"发线"为新娘扎成"发髻",意为"结
发夫妻"。"送嫁老嫚"在新娘的后脑勺接近头顶处,用红头绳扎紧,将原来的一
条大辫子,改梳成一个髻,这个髻俗称"太婆头",而且要越高越好,越高表示越
是长福长寿。"其实,这纯粹是一个善良的谎言,因为凤冠后面有两根打结的绳
子,如果髻梳在后脑勺处,绳子就无法系住,这无非是戴凤冠时贪图方便而

──────────

　　① 浙江民俗学会编:《浙江风俗简志》,浙江人民出版社 1986 年版,第 243 页。

已。"①新娘举行"开面"仪式后，就不再从事家务劳动。越地俗语云："红裤红棉袄，坐坐等花轿。"周冠五回忆鲁迅家"老瞒"给新娘"开脸"的详情：

> 绍俗已婚妇女为要头面光洁，经常需要"绞脸"，处女是称作"毛脸"的，不到婚期是不可以"绞脸"的，"开脸"也就是"绞脸"的又一名称，但只可用之于将婚的处女，因为是第一次的"绞脸"，"绞"有犯忌讳，所以不说"绞"而叫作"开"。开罢脸以后，同样也得梳头，在梳头的时候也和新郎一样拔"七根"或"十根"最长的头发下来，和男家送来的"新郎头发"混合起来，搓成一根"发线"，给新娘扎"发髻"的发根，这就叫"结发夫妻"，这根发线是很严重而又宝贵的东西，新娘自从扎上以后无论如何原因，不可以把它换掉，那怕年深月久，发线渐渐地断、短，总还得动脑筋想办法来把它支持地扎到最后的一刹那。所以在绍兴遇到夫妻相骂，常常可以听到妇女在哭喊着说："我是结过发的结发夫妻！"足见妇女们对这一事情的重视。②

清代"送嫁老嫚"还要进行"送喜蛋"仪式。"会稽有一种人，男曰堕民，女曰老嫚，相传宋时焦光瓒部曲，以降金故锢之，使自为婚姻，不得与齐民齿。凡遇嫁之家，男充乐户，女充妇役，专以甘言饵人，所得工值赡其食用。在新婚之前日，男女各香汤沐浴，老嫚侍焉。是日复遣老嫚以红鸭蛋分饷亲邻，谓之喜蛋。"③相传该习俗源于三国时期，东吴都督周瑜拟以招亲之计，将刘备诱骗到东吴，以便迫其交出荆州。但被诸葛亮看穿，让刘备派发红蛋，上至朝中高官，下至宫廷外的百姓，都拿到红喜蛋，致使刘备与孙尚香结婚的消息，妇孺皆知。最后，弄假成真，刘备抱得美人归，孙权则"赔了夫人又折兵"。但"送喜蛋"习俗乃原始社会人类生殖崇拜的产物，喻义"早得贵子"。越中竹枝词云："老嫚好话说连篇，来比行郎更向前。整整安排红鸡蛋，炊炉还把茶汤煎。"④但民国已不见记载。

女家发轿前，也有"摆堂"仪式，用两至六张八仙桌拼成一个大展台，上盖红色台毯。心灵手巧的"送嫁老嫚"将所有陪嫁的铜、锡、瓷器等器皿，在盖头或者环头处，用红绿丝线，每件系上个双全结，用红纸剪成"囍"字，贴在嫁妆上，增加

---

① 访问周春香，2016 年 7 月 14 日。

② 周冠五：《绍兴的风俗习尚》，《鲁迅家庭家族和当年绍兴民俗》，上海文化出版社 2006 年版，第 143 页。

③ （清）章履安：《会稽花烛谣五十首》，《越中竹枝词》，西泠印社出版社 2008 年版，第 228 页。

④ （清）章履安：《会稽花烛谣五十首》，《越中竹枝词》，西泠印社出版社 2008 年版，第 228 页。

喜庆色彩。两副夫妻碗筷调羹,用红头绳扎实扎紧,被褥里放进两包新包裹好的喜果,也缀上红绿丝线。金银饰品以及房屋、田地契约等贵重物品,用红绿丝线一件件缀在较厚实的大红纸板上,放进账篮。新娘嫁过去的马桶,又称"子孙桶"。桶里有数目不菲的红包和喜果,该马桶与账篮一起随花轿同行,账篮内的贵重物品,由"送嫁老嫚"随身保管,当面向男家公婆点交。新娘的嫁妆让所有亲朋好友、左邻右舍观赏后,将嫁妆移往边厅,等候男家的行郎前来搬运。(图12.6—12.7)

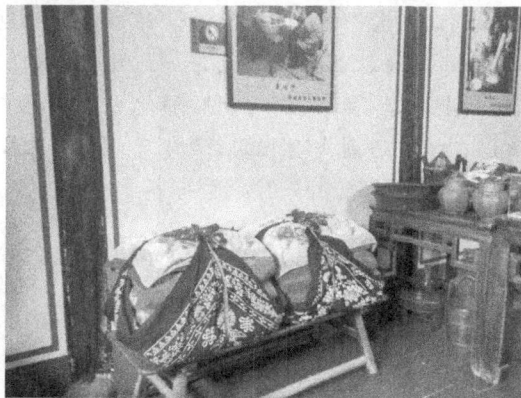

图 12.6 "送嫁老嫚"布置"摆堂"仪式(陈顺泰供图)

女家吃过"晏酒",撤去筵席后,远远就传来男家迎亲的锣鼓声和鞭炮声。"送嫁老嫚"立即吩咐新娘躲进眠床,并站立在眠床正中。越俗认为将来新娘生孩子做产,会生得顺畅。而新娘母亲则躲入自己的房间"哭肉",亲生女儿即将远离,自然难舍亲情。花轿抬进大门,停放大厅正中,媒人、行郎以及吹叭先生吃过盘头点心,略作休息,行郎们就在"吹叭先生"的吹奏声中,搬取嫁妆,运到男家后再返回女家"吃夜酒"。

新娘上轿时间,按婚期择日时排定,也有时辰规定,一般在半夜"子时"方能上轿,因为"子时"以前,属于"单日",过了"子时"后,属于第二天,也属"双日","好日"人家均选取逢双日为吉利。吃过夜酒后,只能等待上轿时间到来,尤其是冬天,确实令人难耐。"送嫁老嫚"则一刻没有闲着,正紧张地做着发轿前的准备。吹叭先生在廊下狂敲大锣,催促新娘上轿。敲头遍时,谓之"催妆","送嫁老嫚"回到房间,扶新娘拜别祖先神像,父母和亲朋。"送嫁老嫚"为新娘化妆,双联荷包内放上红枣、莲子、桂圆、红花生、松子、红蛋等喜果,别在霞帔的衣襟上,给新娘换上"红罗大袖"、全红太婆衣、戴上"花冠",头盖红绸布,扎"兜脚绸",打扮成死人的模样。"新娘化装成吊死鬼模样,红衣白裙黑背心,头戴纸扎

图 12.7　子孙桶(陈顺泰供图)

大花冠,冠上缀满称为花冠菩萨的小泥人,罩住整个脸部,说是花煞神最怕吊死鬼,以此可以吓退花煞。"①此乃袁天罡与桃花女斗法遗风。相传隋末唐初的玄学家袁天罡,其法术屡被桃花女所挫败。桃花女出嫁时,袁天罡蓄意谋害她,以为做了新娘,任人摆布,哪有不输之理。桃花女乃灵机一动,立即穿上太婆衣,头盖红布,扮成死尸的模样。袁天罡见桃花女这个样子,也就作罢,遮过了其耳目,得以过关。从此相沿成俗。又传为桃花女与周公斗法。"兜脚被,红绸絮棉如孩衲,临嫁必抱,以此兜脚。俗传桃花女见忌周公,嫁期克杀之女作殓形,自魇解厄,故送嫁必哭。"②另说为"相传旧多山魈,每遇娶妇群聚夺去,故用红罗大袖以厌之,今相沿成俗。"③也有传为唐明皇李隆基为了标新立异,指令宫女以"透额罗"罩头。嵊县山区新娘素服上轿,到夫家换成吉服,以示从一而终。女家开始"放吞吞"。敲二遍时,一碗热气腾腾的"吞吞"已搬上桌面,大家开始吃"上轿吞吞"。"送嫁老嫚为新娘梳太婆头,穿耳嵌等,此举均须伴以吉语。"④"送嫁老嫚"已为新娘打扮完毕。

上轿吉辰已到,锣敲三篇,又快又紧又长又响,行郎们恐误了"做亲"吉时,

---

① 单文吉:《绍兴婚嫁旧俗》,《绍兴文史资料》第 10 辑,1996 年,第 191 页。

② (清)范寅:《越谚》卷中《服饰》,清光绪八年刻本。

③ (清)黄钰修:《萧山县志》卷十七《风俗》,清乾隆十六年刻本。

④ 任桂全主编:《绍兴市志》第 5 册,浙江人民出版社 1996 年版,第 2898 页。

锣鼓连敲不断,被称为"逼上轿","说话听音,锣鼓听声"。"送嫁老嫚"在家长公公"搜轿"后,再用照妖镜(实为铜镜)在轿内照一下,口念"多福多寿多子孙,越富越贵越康宁"等彩头。另外放入花轿两节甘蔗。新娘不得携带剪刀之类的快口,以免冲撞"轿蝌",招来不测之祸。"送嫁老嫚"扶新娘走出房门,坐在大门口。此时,"送嫁老嫚"举行"溜怀"仪式,用两只红蛋在新娘怀里上下滚动几下,口中喃喃自语:"快生快养!快生快养!"男家此时须给"送嫁老嫚"红包,如果不给,"送嫁老嫚"可以阻止新娘上轿。新娘兄弟抱新娘上花轿,"送嫁老嫚"拆下"兜脚绸",再换上新鞋,拆时老嫚还要不停地讨着彩头:"会做媳妇两面光,管了娘家管夫家,娘家夫家都要管。"①新娘脚不能踩地,俗信"土能生万物,地可产黄金",喻义新娘不要将娘家的财气带走。"送嫁老嫚"置入火熜轿内,内装炭火的铜制暖炉,可供新娘取暖,也可用于小解,其喻义为夫妻亲亲热热。到了男家,再将从女家带来的火熜放到男家的灶肚里,放入一些炭火,称为"和火"。"主顾老嫚"在前面领轿,还要背着"子孙桶"。"送嫁老嫚"随后,称为"送轿"。(图12.8)

图 12.8　2009 年安昌腊月风情节的"送嫁老嫚"陪伴新娘

　　花轿在原地连绕三个圆圈,俗称"望娘湾",再泼一碗水,寓意"嫁出了囡,泼出了水",男家娶到一位从一而终的女子。花轿按原路返回,中途不得停顿,新娘不能下轿。如果新娘中途下轿,意味着不能从一而终,有改嫁可能。改嫁或再醮之妇不得坐花轿,故女人一生只能坐一次花轿。男堕民转弯时必鸣锣,过桥时必放铳,原先欢快的乐曲改为两对对锣,间歇地鸣敲着"白生——白养"略带悲腔的哭嫁调,以此回避路上邪气煞神的侵扰。花轿到达男家,"送嫁老嫚"在轿前将新娘携带的细软如金戒指、珍珠发夹等,当着舅爷的面,交给婆婆,俗

---

　　①　来载璋:《传统婚礼中的堕民》,《民俗风情》,西泠印社出版社 2007 年版,第 101 页。

称"献妆"。女儿出嫁必须带些细软,贫困的家庭置办不起,也会暂借充数。这些细软事先由"送嫁老嫚"用红丝线系在红纸板上,主妇过目后,放入"老嫚篮"内。主顾对堕民的"诚实不偷"深信不疑,上虞崧厦就流传一个悲情故事:"某财主结婚时一时找不到贵重皮马甲,冤枉他家堕民偷窃并加以殴打,事后该堕民竟穿着麻衫在寺庙跪拜了 49 天,乞求上天主持公道惩罚该财主,财主自知理亏而无可奈何,新娘子吓得不满 49 天就死了。"①堕民对主顾的忠诚,视作"妇人的贞节"和"商人的信誉"。

绍兴良辰一至,礼生请新娘三次"出舆"后,"送嫁老嫚"扶持新娘出轿,步入正厅拜堂,行"合卺"礼。新郎新娘交拜天地,新郎必须四跪四拜,新娘由"送嫁老嫚"扶持,跪拜时微微颔首即可。特别是新娘人生地不熟,下轿后头上还遮着一块红绸子,何时下跪何时起立,拜几下跪几下,朝着什么方向,完全依仗"送嫁老嫚"在耳边指点,"送嫁老嫚"的嘴巴与新娘的耳朵,时刻保持一个很近距离。"老嫚扶新娘下轿后,就有了新娘母亲的地位,可以摆起架子来了。新娘的一举一动,都要由老嫚发话。否则,新娘是不能轻举妄动的。因为此时老嫚代替的是新娘的母亲,是陪着'我家姑娘'(相当于女儿)来的,所以特别有架子。新娘下轿后,老嫚就实行'全天候'的服务:先由老嫚领着给新娘洗脸,据说叫'洗毛脸'。原先女子出嫁时,从衣到鞋,由内而外,全部要换新的(甚至出嫁前一天要洗澡),意是从此后就不再是娘家的人了。所以进男方家门前,也要洗脸,这样就真的不带女方家的任何东西了,可以干干净净进男方的家了。"②新娘迈过门槛时,"送嫁老嫚"应坚定地维护新娘的利益。"据说新娘进夫家大门时,踏门槛可以把小叔小姑踏死,喻意小叔小姑日后不敢欺辱新娘。有些新娘入嫁小叔小姑多的家庭,就会有意识地踏着门槛。也有些公婆对新郎的嫂嫂虐待新娘,也会有意思地踏门槛,表示警告。"③新娘进门踏门槛源于浙东地区的民间故事。据传,从前一户人家有两个儿子,大儿子娶了贫民姑娘,婆母是个悍妇,有着"雌老虎"的外号,对大媳妇极为刻薄,做有份吃无份,稍不顺眼,非打即骂,丈夫慑于母亲的淫威,敢怒而不敢言。二儿子勤劳厚道,通情达理,对母亲对待嫂子的所作所为看不惯。二儿子订婚的姑娘性格刚强,了解到未来婆母甚悍,但无所畏惧。二媳妇坐花轿进门时,本应由"送嫁老嫚"搀扶出轿,但她自己走出轿门,三步两步不跨门槛,在门槛上一站。此举让所有的人惊得目瞪口呆,尤其是其

① 俞婉君:《绍兴堕民》,人民出版社 2008 年版,第 131 页。
② 茹杏珍、包德康口述,蒋爱娟记录:《老嫚与婚俗》,《绍兴村落文化全书·漓渚卷》,中国文联出版社 2010 年版,第 73 页。
③ 来载璋:《传统婚礼中的堕民》,《民俗风情》,西泠印社出版社 2007 年版,第 105 页。

婆母几乎失了魂。站门槛对任何人都是大忌,何况是刚进门的新娘。婆母思忖新媳妇不好对付,不容小觑,对大媳妇的态度也有所转变。所以,新娘踏门槛时,"送嫁老嫚"会配合提起新娘衣裙,让旁人毫不察觉。

"送嫁老嫚"也要防止婆家采用"暗镇",俗称"阴阳法",以打压新媳妇。封建社会接受教育有限,知识浅薄而低下,封建迷信思想根深蒂固,陈规陋习猖獗一时,害人害己。比如,婆婆为了防止新媳妇骑到自己头上作威作福,事先在新房暗藏制服对方的"暗镇",这种"暗镇"五花八门,诸如在新眠床的天花板上搁置一根扁担,称为"压得媳妇扁扁服";床褥下垫一张席子,取"服服帖帖"之意。"送嫁老嫚"应仔细检查,及时发现,并通报送舅爷,由送舅爷趁簇拥新人入洞房之际,迅速将新房门卸下,予以破解。此"暗镇"还较为温和。有些较为厉害的婆家,因双方在联姻过程中产生口角,如女方所索礼金过高而女方陪嫁过少,两家为此争多论少,也有不情愿结亲,心想悔婚又顾及面子,乃采取各种刁钻古怪的方法,以迫使新媳妇降服。有些"暗镇"较为隐秘,"送嫁老嫚"难于察觉。据传有一份人家,有兄弟仨人,大哥二哥早已结婚生子。俗话说"娘惜小,婆惜长孙",父母平时对小儿子极为疼爱,遭到两位媳妇的嫉妒。小儿子结婚时,婆婆嘱咐二位妯娌缝新婚之夜新人盖的"当家被"。二位妯娌为泄私愤,商量给未过门的妯娌做个"暗镇",以使小叔子夫妻不和。起初,两人拟用两枚缝衣针插入被芯,但考虑缝衣针过于尖锐,容易露出马脚。乃取来两根鱼刺,交叉插入棉胎中心,外有绸缎被面包裹,难于露出破绽。小叔结婚后,夫妻貌合神离,也怀不上孩子。后来,两妯娌因闹意见,互相指责对方设计陷害小叔夫妻。婆婆闻言,不动声色拆开被芯,抽出鱼骨。果然小夫妻如胶似漆,很快就怀上孩子。

有时双方采用"暗镇"过分,导致双方婚姻破裂,不欢而散。据说绍兴有户人家,生有一女,天姿国色,十里八乡前来求婚的男子几乎"踏破了门槛"。姑娘的父亲贪得无厌,为了给女儿找一位如意郎君,也为自家找一颗摇钱树,乃东挑西拣。女家千挑万拣,终于找到一户家境殷实的人家,遂趁订婚之际,向男方漫天要价,又以逢年过节为由,索取财物礼品,以便采取"仙(阉)鸡调鹅"的手法,用嫁女的彩礼,作为两个儿子娶妻的费用。新娘也因属于买卖婚姻,双方从未谋面,也无感情而言,更不体恤男方,对于父母的所作所为,也听之任之。男方父母为了儿子的婚事,也委曲求全以满足女方的无厌索求,但两年下来原来小康人家渐渐入不敷出,骑虎难下,欲罢不能,只得咬紧牙关借贷以填此无底洞。盼星星盼月亮终于盼来了婚期,男家以为女方收了这么多财礼,嫁妆必定非常丰盛,派了四只船去女家搬嫁妆,准知一只船也装不满,其他三只不得不空载而归。男家及其亲戚怒不可遏,欲予以下马威,以煞煞女家的威风。但女家早有防备,派来几位悍妇作为伴娘,还有几位身强力壮的大汉陪舅爷。当花轿抬到大门口时，男方"家长太公"下令让新娘出轿步行到喜堂，并在喜堂摆设一个火盆，让新娘直接从火盆上跨过去。绍兴婚俗唯有再嫁妇（二婚头或寡妇）跨火盆。新娘也不是省油的灯，她一把扯下遮在头上的盖头红，一脚踢翻了火盆，顿时火花四溅，围观者避让不及。新娘趁此混乱之际，就势似"金鸡独立"立在门槛，向男家公然示威。绍俗"踏门槛"，据迷信说法乃破败男家财运，将会导致家破人亡。新娘此举，激怒了男方在场亲戚，纷纷指责新娘虽然漂亮却形同泼妇。双方互相指责，大打出手，拳脚相加，一场婚事转眼成为闹剧。最后闹到官府，法官了解事情的来龙去脉，做出判决：一、双方解除婚约，自此而后，各不相干；二、彩礼交付纯属你情我愿，不必退还；三、双方群殴伤者，由各方自理。双方为此付出惨重代价，女方丑态毕露，臭名远扬，再也无人前来说媒。直到三十岁才嫁与一个小商人为妾，成为四个孩子的"晚娘"，其生活质量可想而知。而人财两空的男方也只能自认晦气，因发泄一时之气，强迫新娘跨越火盆，新郎后来竟娶了一位寡妇为妻。作为"送嫁老嫚"，应避免导致婚姻破裂的不幸事件发生。[1]

新人拜过天地，鞭炮齐鸣，鼓声大作，即行"牵红"礼。（图12.9）两位"接媳妇奶奶"各手持一只蜡台在前面引路，新郎牵着新娘进入洞房。新人至新房途

图12.9　鲁迅纪念馆蜡像（耳鬓戴红花的就是"主顾老嫚"和"送嫁老嫚"）

中，"主顾老嫚"持七只麻袋交替铺地，让新娘行走在麻袋上，新娘行过，再将麻袋拿起，越过新娘头顶，又铺放于前面地上，让新娘走过，七只麻袋次第传送，喻义"七子八孙""传宗接代"，"袋"与"代"谐音。"'传代'，桃花女以席贴地倒卷，避黑道杀。俗以米袋杂红毡氍传换而行，谓之'传代'。用席者，称'传袭'。"[2]漓

---

① 访问周春香，2017年8月13日。
② 郑永禧纂修：《衢县志》卷八《风俗志·礼仪》，民国二十六年铅印本。

渚地区的传宗接代,"从'道地里'(屋前的一片空地叫道地)新郎家的'堂前间'(正屋),这一段路是用麻袋铺成的,意思是'传袋'(传代),由老嫚扶着新娘一步一步走。进入堂前拜天地,也需老嫚在旁边陪着,意味着新娘完全属于男方的家人了。"①"主顾老嫚"与"送嫁老嫚"照顾两位新人缓步走向洞房。"在传代仪式时,如果'代'与'代'连接不到位,'送老嫚'有权阻止新娘迈步,一定要'代'与'代'衔接,才让新娘迈步。"②新娘双手牵拉红绸,两脚不是往后移步,就是被"兜脚绸"络住,视线还被挡住,还有"传宗接代"仪式,几乎寸步难行,全赖"送嫁老嫚"引导。

新娘被送入洞房后,"送嫁老嫚"将所有人赶出,关好门窗,新娘略作修整后,"送嫁老嫚"为新娘补补妆,有的还需要换衣。随后,"送嫁老嫚"将洞房门打开,举行"坐床"仪式,也颇有讲究。"越地坐床也有两种乡风,一种是新郎坐在床的左边,新娘坐在床的右边;还有一种是新娘跟随马桶的方向坐,马桶放在哪边,新娘就坐在靠马桶的一方。坐床时新郎和新娘只能各坐床沿一半的位置,这意味着今后夫妻在日常生活中'掌权',双方能够平等。若是哪一方坐多了,会认为以后谁的主意(权力)大,双方就有口舌之争。要是新郎坐多了,女方送过来的'送舅爷'和陪娘等,就会当场交涉和评理,同时这也应了'喜字多口'之中的一段小插曲。也有一些修养较好的'送舅爷',虽然当场不会发作,回家之后禀告父母,待新郎'三朝回门'时,岳父母就要给新姑爷脸色看了。"③民间认为谁拜堂时多占位置,婚后谁的权力就大。"这可难为了'送老嫚',因为新郎方的伴郎会明目张胆地把新郎推向新娘方,以达到新郎多占位的目的。如果'送老嫚'弱小,新娘甚至有被推倒的可能。一旦发生这种情况,被视为"送老嫚"的失职,她将无法向新娘家交代。"④"坐床"必须均等,一方占的位置多,意味着日后处于主导地位。"夫妻结婚交拜之后在坐床时候,男人坐着女人衣襟之一角,说以后便能征服妻子。反之,丈夫便要被妻子征服。"⑤一般新郎具有优势,"送嫁老嫚"定会劝解"少爷解让,少爷解让"。"进入洞房,'扶郎''舅爷'须帮新郎、新娘抢坐新床。俗谓占坐位置多者,日后在家权力亦大。此外,新郎须设法将衣襟覆盖于新娘衣襟之上,以示权力大于妻。"⑥于是,舅爷一到床前,将新娘推向

---

① 茹杏珍、包德康口述,蒋爱娟记录:《绍兴村落文化全书·漓渚卷》,中国文联出版社2010年版,第73页。

② 来载璋:《传统婚礼中的堕民》,《民俗风情》,西泠印社出版社2007年版,第105页。

③ 访问周春香,2016年9月16日。

④ 来载璋:《传统婚礼中的堕民》,《民俗风情》,西泠印社出版社2007年版,第105页。

⑤ (清)金明全:《绍兴风俗志·补遗》,光绪二十三年刊本,存杭州图书馆古籍部。

⑥ 任桂全主编:《绍兴市志》第5册,浙江人民出版社1996年版,第2899页。

床的中间位置。男方兄弟也不甘示弱,也将新郎推向床的中间。嵊州也有类似风俗。"新娘下轿在'轿夫婆'陪同下进洞房,坐的位置不能超过,否则女方的权柄太大,男方权小了,往往为此,男方争座,而越坐越紧,如不和谐的话会造成口舌争端。"①"主顾老嬷"和"送嫁老嬷"要检查新郎和新娘坐的位置相当,没有被对方压着衣角。

"主顾老嬷"和"送嫁老嬷"因分别代表男家利益和女家利益,常常为此产生矛盾。"按传统风俗,绍兴人相信,坐床仪式时,多占床位的新人婚后权力大,老嬷必须使双方占位相等。为了让自己的子女婚后能压服对方,主顾往往会串通自家的老嬷多占些位置。这方老嬷需要事先与对家老嬷私下协商好,并分给一定的好处费才行。如事先未商量好,或双方受托想多占床位,两位老嬷就会闹起矛盾。如三埭街张炳荣妻子做'送老嬷'因事先没有与对方的'主顾老嬷'协商好,扶新娘坐床时多占了床位,两人就吵了嘴,回家后还为此吵个不休。"但双方老嬷虽因此有了意见,但不愿因吵架破坏主顾的喜庆气氛,往往会不露愠色地用堕民暗语怒斥对方,如让对方滚蛋就说"喇叭直声喊哉"。②

新娘到男家后,"主顾老嬷"陪着"送嫁老嬷"举行"献妆"仪式。"送嫁老嬷献妆:向男家点交新娘首饰等物。"③"送嫁老嬷"托着账篮盒,将新娘嫁过来的金银细软、田契、房契等贵重陪嫁,一一向公婆以及长辈展示,以表示新娘嫁妆丰厚。(图12.10—12.11)晚上,新郎不得入洞房,由"送嫁老嬷"陪新娘过第一夜。"洞房花烛第一夜由送嫁老嬷陪睡,这一天晚上她会向新娘讲别人难以启齿也不易听到的那些令人害羞的话。"④"廿岁不嫁人,少生两个人。"以前,姑娘一般16岁出嫁,俗语云"二八妙龄"。16岁的姑娘对于新婚后即将开始的新生活,完全一无所知。老嬷负有教导新娘的重要责任,从孝敬公婆,尊敬丈夫,与叔伯姑妯和睦相处,以及吃、住、行、睡等种种礼节,"笑不露齿,行不动裙",乃至房事秘诀,均由其谆谆教导。是夜,老嬷为新娘即将开始的新婚性生活进行启蒙教育,则是必不可少的一课。

第二天,为男家的正日,堕民忙个不停。所有仪式结束后,如果天尚未亮,"送嫁老嬷"可略微休息。倘若已天亮,"送嫁老嬷"必须马上给新娘打扮。早上六点,"吹叭先生"就会到新房门口吹奏乐曲,俗名"催妆"。"起来洗面时,老嬷须要禀知新娘的母亲:'太太,我们大小姐要化妆了,洗面用帐子洗? 还是用衬

---

① 翁均岳讲述,余晋澜整理:《拜堂成婚几点讲究》,《嵊州市黄泽镇非物质文化遗产普查汇编本》,2008年,第356页。

② 俞婉君:《绍兴堕民》,人民出版社2008年版,第64页。

③ 任桂全主编:《绍兴市志》第5册,浙江人民出版社1996年版,第2898页。

④ 王德江:《银东关春秋》,浙江文艺出版社2014年版,第124页。

图 12.10 "送嫁老嬷"保管的陪嫁贵重金银细软、田契、房契的"账篮盒"（陈顺泰供图）

图 12.11 "送嫁老嬷"保管的陪嫁贵重金银细软、田契、房契的"账篮盒"（陈顺泰提供）

衫洗？'新郎的母亲必要说用衬衫洗或用帐子洗。据老年人说，用帐子洗，新郎将来必定发达；用衬衫洗，新娘子将来对公婆非常的孝顺。若是用帐子洗的，伴娘回到新房，把新床上的帐子门给新娘面上作洗面状，并不用水，手续完毕，才用毛巾在水盆内洗面。若是衬衫洗的，新郎的母亲即将身上所穿的衬衫（即小衫)脱下来,交给伴娘,如上法洗面。"①该仪式结束后,"送嫁老嫚"给新娘穿戴好凤冠霞帔,涂脂抹粉。新娘今天要见公婆和客人,"送嫁老嫚"要将新娘打扮得格外妩媚动人,如果公婆看见新媳妇标致漂亮,欢天喜地,送给"送嫁老嫚"的红包也格外丰厚。

新娘出大厅堂与婆家人第一次共进早餐,大厅上方摆有一张主桌,俗称"头聚饭"。"送嫁老嫚"扶着新娘走出新房,来到大厅,坐在八仙桌的右首,与新郎面对面,这是两位新人第一次见面,但新娘因为羞涩,还是不敢抬头看新郎。筵席上首和下首,坐着媒人和挚亲。新娘那碗饭堆得近尺高,四周放满红枣、莲子、桂圆、花生、松子,还插有鹅腿,上面竟然还插着一朵花,俗称"开心花"。但新娘仅象征性地吃几口,越谚云:"新媳妇吃鹅腿——头一遭。"男女老少都会争相目睹新娘的芳容,新娘低着头,不得斜视或东张西望,否则,会被认为骨头轻,不够庄重。"主顾老嫚"站在新郎边侍候,不时给主人们殷勤斟酒。"送嫁老嫚"也站在新娘身边。按照越地婚俗,每上一道菜,新娘必须起立一次,"送嫁老嫚"也得起身扶住凤冠。"主顾老嫚"将"头聚饭"的剩菜倒入新娘嫁过来的"新斗桶"(即木水桶),然后送到新房,交给"送嫁老嫚"。依照堕民习俗,"头聚饭"的菜肴,全部归"送嫁老嫚"所有。"送嫁老嫚"带回家祭祖,据说为答谢祖上留下的这份"主顾"之恩。"头聚饭"散席后,"送嫁老嫚"扶着新娘回转新房。"送嫁老嫚"陪新娘到新房吃早餐。早餐的小菜必须是家禽的内脏,据说新娘吃了这盘内脏菜,将来的"肚里功夫"会更好,意即涵养。(图 12.12)

男家吃过"晏酒"后,越地有乘船"回门"习俗。前头乃鼓手船,"吹叭先生"一路吹吹打打,媒人与新人坐在后船,"主顾老嫚"和"送嫁老嫚"各自陪侍在新郎和新娘旁边。"回门船一到女方家,女家要搬出许多盘头点心招待上门的新姑爷,吃点心期间,那就是'送老嫚'的'市面',她以女家'半个主人'的身份,领引'接老嫚'向女方长辈、亲戚一一道喜,两个老嫚各自在女家和男家唱'双簧',互相之间讲许多好话,开口代讨'封筒'(红包),老嫚在女家也收获颇丰,以她们的话说:我们讨赏有度,也是主顾乐意赏赐,伢抈得他们开心,抈得他们万万叫个有!"②女家接待新姑爷犹如男家接待舅爷一样的规格。丈母娘要将新姑爷叫进房里,说"十八句半"体己话。"回门"仅仅具有象征意义,新人在女家略坐片刻就打道回府。

第三天,是为"正三朝"。早上,"主顾老嫚"上门祝贺,说些吉利言语,请新娘吃早饭,新郎与新娘同桌,新娘坐上席,新郎屈居下位,新娘只吃半餐,等"稻

---

① 《风俗·婚礼》,《民国绍兴县志资料》第 2 辑第 4 册,广陵书社 2011 年版,第 134 页。
② 访问周春香,2016 年 7 月 14 日。

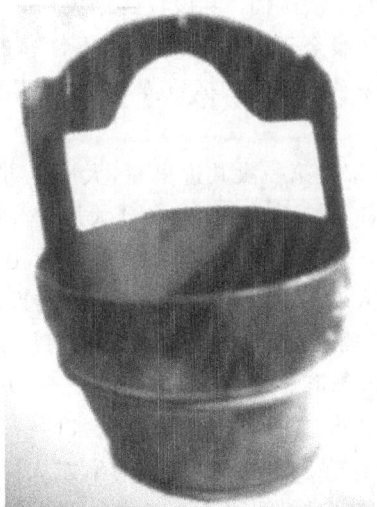

图 12.12 "送嫁老嫚"用新娘嫁过来的水桶盛吃剩的"头聚饭"（陈顺泰供图）

篷饭"（用蜜饯、百果制成的"八宝饭"）送到，新娘即让位给婆婆，此谓"婆媳相让"。婆婆坐下后，随手从盘中取出一只用红线扎缚的鹅脚，给新媳妇吃，俗称"开稻篷"。上午，新人要拜见公婆和本家各位长辈，是为"受拜"，新人对长辈跪拜时，铺上红毡，"主顾老嫚"为新郎撩袍，"送嫁老嫚"搀扶新娘，此乃"扶摆老嫚"的由来。聚族而居的世家大族，长辈众多，新人跪得两腿疼痛。"老嫚与新娘用过点心后，老嫚就领着新娘挨个向男方家的长辈行见面礼了，这叫'开金口'。由老嫚介绍一下，新娘喊一声长辈，如果碰到连老嫚也不认识的长辈，则她可以事先向男方的家人请教，免得出现'意外'。长辈在此时给新娘贺礼或礼品。"①新娘第一次对长辈称呼，俗话为"开金口"。按照传统称呼，新娘比新郎要小一个辈分，新娘按将来出生孩子的辈分称呼。"新郎的父母，新娘就得叫：爷爷、娘娘，新郎的舅舅、舅母，她就得叫舅公、舅婆……依此排次论辈。"②新娘对公婆孝敬靴鞋，对其他长辈孝敬绣品。公婆及长辈还以礼仪，拿出红包，分给新郎新娘作为见面礼。新娘还在"送嫁老嫚"的搀扶下，前往邻家见礼。由本家亲戚引见和介绍，新娘对邻居"开金口"，一一见礼，新娘以此熟悉周围环境和人际关系。

此日夜酒，称为"正三朝落"，亦称"洗厨"。民间俗语云："某某讨老婆，叫我

---

① 茹杏珍、包德康口述，蒋爱娟记录：《老嫚与婚俗》，《绍兴村落文化全书·漓渚卷》，中国文联出版社 2010 年版，第 74 页。

② 访问周春香，2016 年 7 月 14 日。

来帮忙,我要'落厨'吃起,吃到'正三朝落'来。"待夜酒吃好,"好日"人家便把"三星"画卸下,一场热热闹闹的喜事,就此圆满结束。"到了晚上,老嫚到洞房陪新郎、新娘喝'暖房酒',祝福新人洞房花烛、白头偕老、早生贵子。喝酒完毕,老嫚可以'吃不了,兜着走',即把用过的糕点、水果、菜肴一股脑儿带走。用什么装呢? 别发愁,她可以在新娘家拿一只水桶来装,过几天归还便是了。"①晚上,在新房摆上十盘点心,有瓜子、花生、糕点、咸盘、菜肴等,还烫上一壶酒,让新郎新娘喝,称为"暖房酒",又称"合欢酒"。老嫚口中念念有词:"天赐良缘成偕偶,互敬互爱结鸳俦,今夜同饮合欢酒,恩爱夫妻到白头。"自成亲以来,新郎和新娘虽近在咫尺,也总是在热闹喧哗的场合相处相随,却从未说过一句话。"主顾老嫚"和"送嫁老嫚"为新人铺好床衾,悄悄退出新房,新郎和新娘同床共枕,是为"洞房花烛夜"。

"送嫁老嫚"的工作至此结束,但如果有特别需要,仍然必须留下。俞婉君外婆回忆:"因算命者认为她的命太强,在洞房红烛夜请了个未婚壮男同床以压服她的阴气。这可苦了老嫚,不仅无法及时回家,还得继续熬夜坚守在床旁以防陪男的不轨行为。"②如果女方家要求俗称"鳗线"的小老嫚陪伴新娘适应婆家生活,"鳗线"也得留下来,一般以一个月为限。"送嫁老嫚"返回女家,大略说些男家的情形,无非是"姑爷怎样能干,人才一表非凡"之类。说得女家喜上眉梢,可多得几个赏钱。

> 老嫚的唯一正业是替婚丧喜庆的主顾侍应宾客。要是嫚女,她们又一变为新嫁娘的贴身护兵。一到了男宅,凡是新嫁娘的面汤茶食,以及其他,均由她们张罗照应。闹新房时宾客的恶作剧,如果有了干练的老嫚,新嫁娘是安如磐石,一些不会受窘的,这很像刘玄德的到东吴求婚,周瑜虽然屡次想下毒手,但是刘备的身边,紧随着一位当阳鏖战的虎将赵子龙,结果是白费了心思,枉用了诈计。她们的口才委实是惊人,新嫁娘妆奁丰富,男宅账房打送老嫚工资——由女家伴送新嫁娘到男宅的老嫚叫"送老嫚"——如果开销的钱不多,她便说我们什么东西都陪嫁,什么东西都不缺。听她们的口气,新嫁娘的妆奁,完全是由老嫚买送,要求增加铜钱;要是新嫁娘面貌出色,她们便又说得怎样好看,怎样伶俐;如果妆奁不好,面孔又生得难看,她们便掉转唇枪,说什么我们姑娘命运好,箱里衣裳穿不完,箱外衣裳着不尽;什么娶妻娶德,娶妾娶色,厚福的人多是不漂亮,自古红颜多薄

---

① 茹杏珍、包德康口述,蒋爱娟记录:《老嫚与婚俗》,《绍兴村落文化全书·漓渚卷》,中国文联出版社 2010 年版,第 74 页。

② 俞婉君:《绍兴堕民》,人民出版社 2008 年版,第 91 页。

命……她们宛然是个军事家,惯于藏己之短,用己所长;又好像是个文学家、诗人,善用美妙的句子,形容一切事物。①

绍兴还有特别的婚俗,即"豁亲",乃"临时娶亲"之意,也少不了"送嫁老嫚"。如果男方父母患了很危险的病,据说其子娶亲前来"冲喜",则会不治而愈。"豁亲"不用花轿,犹如抢亲;也有仍用花轿娶亲,并无硬性规定。"如果那个新娘子进了门来,患病的果然痊愈了,算是新娘子的幸运;假使这个病人到了娶亲这天死了,只好停办喜事,等到新娘子开金口这天,先唤一人躲在死者的床背后,由老嫚领了新娘子到死者的房中,叫一声某某病好了吗?躲在床背后的人回说是好了,这样新娘子就要哭泣出来。"②于是,喜庆的婚礼改成了孝堂,新娘子换上满身孝服,仍穿着一双鸳鸯鞋。明代徐渭曾参加这种冲喜式"豁亲",并赋诗称赞:"白帷红烛两辉煌,无常月老共举觞。今日逢凶偏化吉,满堂吊客贺新郎。"

老嫚为浙东婚礼中最忙碌的人,越谚却云"扶拜老嫚勿是真东家",点出其实质。但老嫚从婚礼中所得的收入却相当可观。除了婚礼结束时,从主顾处获得的作为劳动报酬的赏钱外,还能得到名目繁多的赏钱赏物,所赏的名目越多,给赏的人也就越多。"如新娘的兄弟陪送(称舅爷),倒杯茶,递块毛巾等,都要给赏钱。这些赏钱赏物约定俗成而付,是老嫚的特权,'送老嫚'如觉得男方给的'梳妆钱'太少,竟有权阻止新娘下花轿。"旧时嫁妆以棉被计算,一般为两条、四条、八条、十六条、廿四条,棉被越多,说明新娘的嫁妆越多,"送嫁老嫚"要的价钱也就越高。"更有意思的是,平民不办婚礼也要给老嫚名为'子孙钱'的赏钱,还得赔上些'经济条件不允许,办不起婚礼'等辩解的话。"③婚礼中也有两种不用老嫚的例外:"一是穷人结婚,俗话说:'一口一口,背得就走。'也就是说,嫁妆很少,只有一口箱子,一口小柜,背了就可走,用不着行郎和堕民老嫚,如没有嫁妆,就更不用了。二是抢亲不用行郎、堕民老嫚。旧时习俗,三盘不发就抢亲,抢亲是不需要堕民老嫚的。"④

民国以后,出现了西式婚礼,不再聘请老嫚作"伴娘",但老嫚仍可以在其婚后讨些"子孙钱"。20世纪50年代,颁布了新婚姻法,实行新式婚礼,新娘不坐轿,也不乘船,步行至夫家,用腰鼓队、秧歌迎亲。1952年至1961年,新娘用一

---

① 周锦涛:《绍兴的老嫚和一般妇女生活——被贬削的一群民族》,《申报月刊》(中)1935年第7号。

② 《豁亲》,《民国绍兴县志资料》第2辑第4册,广陵书社2011年版,第138页。

③ 来载璋:《传统婚礼中的堕民》,《民俗风情》,西泠印社出版社2007年版,第105页。

④ 俞日霞主编:《南岸村志》,浙江人民出版社2008年版,第268页。

把大椅子,绷上彩色篷布,以代替花轿,用乌篷船装载,由村坊能敲锣打鼓的人（或俱乐部人员）,敲锣打鼓迎娶新娘。1962 年至 1964 年,恢复传统婚礼,请用堕民和老嫚,新娘坐花轿,凤冠霞帔,花衫网袍也重新穿戴。直至"社会主义教育运动"开始,旧式婚礼于"四清"中彻底铲除。

绍兴老嫚时常带着年轻漂亮的媳妇和女儿执业,往往遭到客人调戏。"老嫚有随带少年媳妇者,常为贺客开心,或吊客大悦的资料,俗呼'鳗线'。绍兴有鳗鱼如鳝鱼而色白,初生幼鳗其细如线,此盖假名,以喻纤细。"[1]年轻漂亮的女堕民在婚礼上"做老嫚",遭到戏弄乃司空见惯。"闹房时候,喜娘当众周旋。客劝新娘饮,引杯代盏之;客观新娘面,掩袂遮搁之。故作轻颦嫣笑,不啻魂受神与,翻弄簧舌,卖弄风情,任人调戏,不以为忤,借此聊博浮浪子弟之欢,稍解娇怯新人之辱。客见喜娘可喜,往往闹定思闹,一宵不足,闹到三朝。以一少妇而当无数恶勇,虽仅口手迎拒之劳,然心身亦疲惫不堪。恃此以谋衣食,诚女人之悲哀也。"[2]绍兴的"三姑事件",则是典型的"嫚线"遭到戏弄。美貌的堕民姑娘三姑做伴娘,被新郎所勾引,不慎怀孕。家人迫使其堕胎。"且姑已罗敷有夫,婿家索返聘金,谋退婚。三姑不能忍,抑郁而死。"[3]未婚夫闻此丑闻欲予以退婚,三姑最终抑郁而亡。

## 第三节 宁波婚礼中的送娘

宁波陪送新娘的出嫁的女堕民被称为"送娘"或"送娘子",有的则称"送娘伴""送嫂",为堕民之妻,因陪送"新娘"而得名。"宁波有送娘子者,与绍兴之喜婆同,亦堕民也,其髻异于齐民,出行辄持伞,不问晴雨,盖以为标识也,衣裙皆黑色。"[4]镇海婚礼"侍女以乐户为之,曰'送娘子',良家曰'随嫁嫂',司新妇之衣饰唯谨,或为客所摄,则计物索钱,非倾囊不能赎也。"[5]宁波标准的送娘应长相标致,能说会道,逢场作戏,好话连篇,见风使舵,粗细能干。陪送新娘是其专业,送娘的东家为嫁囡人家,一旦受聘应完成三项任务:"指导备办嫁妆;指导姑娘新婚礼俗;代娘亲送新娘过门。"其聘期视东家经济条件而定,短则三四天,有

---

① 秦人:《杭甬段沿线的特殊民族——堕民》,《京沪沪杭甬铁路日刊》1937 年第 1914 期。

② 《喜娘送嫁》,《中央日报》1948 年 2 月 4 日。

③ 《越国春秋》1933 年 10 月 25 日。

④ 徐珂编:《奴婢类·送娘子》,《清稗类钞》第 11 册,中华书局 2010 年版,第 5288 页。

⑤ 洪锡范、盛鸿焘修:《镇海县志》卷四十一《风俗》,民国二十年上海蔚文印刷局铅印本。

的长达月余。旧时士大夫和官宦之家嫁囡，约聘送娘帮忙长达月余。送娘与裁缝于婚前同时进门，裁缝负责做衣服，送娘代表东家谋划筹办嫁妆，指挥家丁买物备料，奔走于姑娘和裁缝之间，为姑娘策划衣料与款式，向裁缝传达姑娘意见，直到嫁妆齐备。"她从备办嫁妆开始，到辞亲、拜堂、拜见公婆、见大小、洞房交杯酒、泻茶、小满月过门、下厨等，无不进行礼俗指导。"[①]送娘提供的优质服务，贯穿整个婚礼全程。

> "送娘子"别名甚多，惰民嫂、送嫂、喜娘、伴娘是也。昔日婚丧喜庆，"送娘子"为必不可少的人物，引领女眷行礼入席，井井有条，尤其是新娘出阁，更不可缺，盖当时风气未开，岛娘怕羞，交拜天地，合卺洞房，全由"送娘子"指挥，新娘作一个傀儡而已。"送娘子"须具特种口才，喜庆人家，当然满口吉庆话，丧事人家也要说得非常得体，晴天说晴好，雨天说雨好，足未进大门，声已达内室，好在这项职业，是世袭的，家学渊源，自能应付裕如。婚丧喜庆人家的总管先生，在开发工资时，最伤脑筋就是"送娘子"，因为她们除应得本分外，一而再，再而三，讨取额外赏赐，马屁乱拍，高帽乱戴，弄得总管先生啼笑皆非。因此，乡谚对于贪而无厌的人，就赐予"送娘子"的雅号。[②]

宁波"搬嫁妆阶段，送娘是娘家、夫家间的联系人和代理人。在搬嫁妆前夕，送娘把所有嫁妆按清单逐一清点。搬嫁妆时，送娘与裁缝共抬一杠铺陈去夫家，指挥家丁、丫环布置新房，一应箱笼器皿放置有序，做到心中有数，等新娘过门后交割"[③]。慈城民间将马桶作为"当家人"看，所以，堕民抬的夜桶总是跑前打头阵，第二位才是被头，其余则不讲究。路上，扛箱、夹罗、元宝篮成了长遛排，颇为壮观。每个挑夫都会收到一份红包，称为"折扛钿"，主人还设宴款待。故民谣云："嘎几嘎几送，堕民抬夜桶，抬到吃肉肉，袋里有铜铜。"余姚有"掏箱"习俗，嫁妆搬到男方，"送嫂"（即送娘子）把钥匙交给婆婆，由婆婆开箱，供众人观看。

宁波旧式婚俗，结婚之日，新郎要"剃头"，新娘也要"开面"。余姚结婚之日的清晨，男方以全猪、全羊、全鱼、果品祭神谢祖，谓之"享先"。再请送娘为新郎剃头，剃头椅两旁各置茶几一张，一张放银圆两枚，另一张放五色果包一个，新毛巾一包，内裹银圆两枚，为送娘剃头的报酬。送娘剃头时，拔下新郎头上的七根或十根长发，挽成花结，送往女家，与新娘的头发会合，意为白头偕老。送娘拔头发时，口中念念有词："七仙过海保平安，十全十美，十全如意。"

---

① 谢振岳：《鄞县堕民》，《鄞县史志》1993年第1期。
② 汤强：《宁波乡谚浅解》，1972年，第58页。
③ 谢振岳：《鄞县堕民》，《鄞县史志》1993年第1期。

送娘用棉线绞去新娘脸上的汗毛,俗称"开面"。慈城俚语曰:"小姑开面头一桩,嫂嫂绞面月一次。"大姑娘第一次"绞面"被称为"开面",为旧时姑娘变为媳妇的标志。为了图吉祥,送娘先用红蛋按在姑娘的上额,自上而下地擂到下巴,再用棉纱线在额头、左右面颊,各绞三把,一边绞一边口诵吉语。慈城女堕民"双手绷住四根棉纱线,另有一根用牙咬住,开始在新娘的左右面额、额头等面上各个部位操作。双手十指灵活地左右交替,棉纱线不住地绞住汗毛,嘴上的一根纱线一紧一松,汗毛随之去除。此活俗称'绞面'。据说送娘子在给新娘子绞面时还念祝语'抬去哄哄响',当绞后颈发脚时,祝语则是'享后福'"①。送娘给姑娘绞面时,口诵吉语:"抬去哄哄响,两家和发财。姑娘后福享不尽。""一梳金,二梳银,三梳子孙一大群。"宁波北仑区新碶街道,新娘"开面"后,"再由送嫂陪到床上睡一觉,被子要盖过头,使其出汗,送嫂来床旁边坐着,过一会叫一声:'某某人不要睡着哦!'叫了约一个小时后,姑娘伸出头,面孔就显得白嫩"②。姑娘第一次"绞脸"乃出嫁之日,又称"开面",故吃女方家的喜酒称为"开面酒",而吃男方家的酒为"好日酒"。(图12.13)

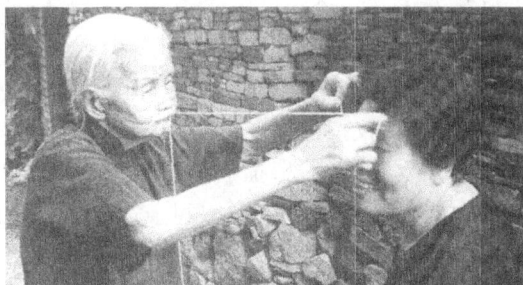

图12.13　送娘开面(王静供图)

送娘给新娘子"绞脸",相传为避邪,奉化流传周公与桃花女的故事,就有桃花女出嫁的情节。"挽面(绞脸),是旧时风俗习惯。姑娘未结婚前不绞脸,只有在结婚的前夕,也就是在'上头戴髻'之前,才能开始人生的第一次挽面。正因为是第一次挽面,所以特称'开面'。其原来的意义是为了辟邪,欺骗魔鬼,此人已经上吊了,快快走开。"③据说桃花女破了周公的法,周公极为愤怒,以为此女

---

① 　顾信其口述,陈善年整理:《绞面习俗》,《甬上风物——宁波市非物质文化遗产田野调查(江北区·慈城镇)》,宁波出版社2010年版,第133页。

② 　胡亚美口述,赵旭飞整理:《绞面(开面)习俗》,《甬上风物——宁波市非物质文化遗产田野调查(北仑区·新碶街道)》,宁波出版社2009年版,第117页。

③ 　江圣彪讲述,张嘉国记录:《挽面与上红盖头习俗》,《甬上风物——宁波市非物质文化遗产田野调查(奉化市·锦屏街道)》,宁波出版社2009年版,第105页。

不除,无法在行中立足。遂以娶桃花女为妻作为诱饵,欲置之于死地。"第一次,周公派吊死鬼去索桃花女的命。桃花女早已算准,出嫁日'势头低',恶鬼可以近身,便做了一切应急准备。她见吊死鬼来了,立即让送嫂娘子用麻线在自己脸上绞,吊死鬼远远看到一个女鬼已经用麻绳吊住了桃花女,以为自己来迟了,就索然而返。周公知道上当,第二次派出花粉色鬼去取魂,桃花女命送嫂娘子在自己脸上拍粉,花粉色鬼误以为有鬼捷足先登而退。周公第三次派去的是火烧鬼,打算用火烧死桃花女,谁知火烧鬼看到桃花女穿着红背单,以为已经是同类了,也就放过了她;周公又派出专门拘人魂灵的黑白无常,黑白无常见桃花女被人抱着,后面还有人哭得伤心,以为已经死了,无功而返;周公派去河沙鬼,想拖桃花女入水淹死,被火熜里的烟一熏,避之不及;最后,周公急了,派五伤恶鬼全部出动,正逢轿夫们在踏八卦,无法靠近。"[1]桃花女最后战胜了周公,而其"斗鬼法"则在民间婚俗中保留下来。

行完"开面"仪式后,送娘还要帮新娘穿袄着裙、吃上轿饭、护着新娘辞别双亲。送娘喂上轿饭时,先在鱼碗里装一装,口中念道:"鱼吃一点,鱼会游水,有财有势。"送娘接着在鸭碗里装一装,口中念道:"全鸭吃一筷,全鸭全鸡,全福全。"又在芋艿碗里装一装,口中念道:"一只芋艿多少子,子子孙孙数勿清,新娘日后好福气。""上轿饭"乃娘家专门为新娘预备,但新娘几乎一口都不吃,这一桌四大碗丰盛的鸡鸭鱼肉,仅仅摆摆样子,全由送娘倒回家去。象山"婚前喜日上轿前先由堕民嫂给出嫁女涂脂抹粉,描眉画唇,穿戴凤冠后,喂食'蚕饭'。由堕民嫂喂食'蚕饭'三口,每吃一口吐出一口,剩余饭食放到米缸边,意在娘家有吃有余,米粮满仓。"[2]宁波新娘上轿时,例由兄弟抱上轿,以免新娘双脚踏地带走娘家风水。如果步行上轿,地上必须铺上红毯,有的不铺地毯而是新娘在新鞋上再套一双旧鞋,待上轿后由送娘将旧鞋脱回。"由堕民嫂抱出火熜一只,放在轿内,把新娘双脚搁在火熜上面,然后关上轿门。"[3]余姚花轿转数圈,"堕民撒把米,泼碗水,俗称'嫁出去囝,泼出去水'"[4]。花轿出门后,鄞县送娘就手挈提桶,腋挟草席、布袋,跟着花轿去夫家。慈城送娘也手挈提桶,肩背红灯笼去男家。提桶即"便桶",又称"半夜要紧桶"。此时桶内装有红蛋、花生和包子。有

---

① 王月曦:《奉化民间鬼魂信仰与禁忌》,《中国民间文化——上海民俗研究》第 3 辑,1991 年。

② 史奇文讲述,励金良整理:《婚嫁习俗》,《甬上风物——宁波市非物质文化遗产田野调查(象山县·新桥镇)》,宁波出版社 2009 年版,第 135 页。

③ 黄福安讲述,袁清江记录:《新娘出嫁习俗》,《甬上风物——宁波市非物质文化遗产田野调查(象山县·晓塘乡)》,宁波出版社 2009 年版,第 145 页。

④ 余姚市地方志编纂委员会编:《余姚市志》,浙江人民出版社 1993 年版,第 1002 页。

时路途较远,背红灯笼太重,习俗也允许送娘用红绸花球替代灯笼。(图12.14)

图12.14　宁波婚礼中的送娘(周尧根画)

　　花轿到达男家后,鞭炮齐鸣,鼓乐喧天,男方敲"铜喜鹊"于房帏之上,取《召南·鹊巢》之意。"堕民中的女性,俗称'送娘子(伴娘)'。旧式婚礼姑娘出嫁时,照例由她们陪伴到男方去。封建礼教下的新娘,婚时会受到许多拘束,到了男方就是直着身子不讲话。"①象山迎亲轿抵男方大门时,送娘要向轿顶播撒盐米,以示洁净。花轿停于堂前,轿夫打开轿门,送娘奉上镴壶,由一盛装五六岁幼女上前行礼后,取壶内香粉在新娘脸上略扑一下,谓之"补妆"。再曳新娘出轿,举行拜堂仪式。尔后由两位陪郎手捧花烛引导新郎新娘从铺在地面的布袋上步入洞房,布袋共有五只,每行一袋,送娘即移置于前接上,谓之"传代入房",意为"一代传一代",喻为"五世同堂"。送娘一边传袋一边唱:"一袋传一袋,代代发大财;一代接一代,明年官官来。"

　　拜堂俗称"拜天地",乃古代建立夫妻关系最隆重的仪式之一,该仪式举行后,才确立正式的夫妻关系。新郎闻花轿进门,乃佯装躲往别处,由"捧花烛小僮"(小男孩)请回,立于喜堂左侧位置,新娘由送娘扶着立于喜堂右侧。拜过天地,由新郎引导新娘入洞房。新人并坐床沿,新郎用寓意称心如意的红木秤杆挑起盖头布抛向床顶。送娘则象征性地给新娘洗把脸,并协助新娘卸冠换装。这佯装一下的洗脸巾,常常会在不知不觉中被人藏走,据说患眼疾时,能够"一揩就灵"。如果时间来得及,也可以在新房中拜见各位长辈,俗称"泻茶",闷碗里均是寓意生活甜蜜的糖茶或桂圆莲子汤之类。依亲疏远近,辈分大小依次进行。新娘仅仅叩拜和称呼,茶则由送娘一一递上,每位受拜者都要双手接奉,再

①　《宁波的堕民(丙亥拾遗)》,《宁波报》1957年9月21日。

往茶盘上摆进一个红包,此乃"见面钱",亦称"茶钱"。(图 12.15)

图 12.15　宁波新人拜堂

当晚,主婚人与新郎恭候大门口迎送宾客,乐队奏迎宾曲,宴会中吹奏龙凤呈祥等乐曲。宴厅上设新娘专席,择未婚姑娘四人侑酒。新娘上坐,面向宾客。每上一道热菜,送娘陪新娘回洞房换一套新衣,再扶回席上向宾客施礼说:"众位先生们,姑娘在此换汤作揖。"最后一次说:"姑娘在此谢汤作揖。"谓之"侍筵"。新娘羞于启口,不善喝酒,碰到难缠的客人,容许送娘代饮。出色的送娘巧舌如簧,能屈能伸,酒量惊人,不仅能为新娘解围,还能讨好客人,让人捧腹大笑,喜宴的气氛也因此格外活跃。

喜宴后,亲朋簇拥新人入洞房。新娘坐床沿,客人喝茶,送娘就唱新房《泻茶歌》:"正月梅花二月杏,三月桃花四月杨,五月石榴结金猛,早生贵子做阿娘。""房门关拢笑嘻嘻,奴解裙带郎脱衣,夫妻并坐床头边,胭脂花粉多香气。恃起香气有情义,恃起情义要做戏,戏文会做《龙凤记》,城里城外做勿迟。这剧戏文多吉利,早生贵子做状元。"[1]洞房花烛夜,置有一果盘,陈有桂圆、荔枝、花生、红枣、橘子等。新人喝过交杯酒后,取盘中果各两颗分给新人,并口诵吉语。旧俗新娘第一天不开口,宾客必百般逗引新娘说话。午夜十二点钟声一响,宾客退出,新郎也随出。送娘整理卧具,侍候新娘卸装换服。新郎遍谢婚事襄办人员再回房。送娘取黑枣嵌胡桃给新人分食数枚。又取床头果一包给新娘。新娘赠以红包。"送嫂揭看红包,若嫌少,则站立不动,等加足赏银,才举步出房,并招呼新娘关上房门。"[2]新娘关门,与新郎共吃"床头果"后,共度良宵。宁

---

[1]　谢振岳:《新房吃茶歌》,《嵩江风情》,宁波出版社 2012 年版,第 135 页。

[2]　浙江民俗学会编:《浙江风俗简志》,浙江人民出版社 1986 年版,第 155 页。

波的送娘在新人同房时,还必须在新房外搭铺过夜,以排除吵房的干扰,确保新人欢度良辰吉时,以便早生贵子。新娘即将开始婚后性生活,送娘负有教导新娘的责任,做嫁妆的胭脂粉盒里也有些春宫图,内房大床也会绘些或雕些春宫图。

余姚婚礼也有"迎娶,以堕民妇为女侍,多者列侍成群"①。"当天吃好夜酒后,新娘在剃头大妈(一般是专司此责的堕民嫂担任)的引领下,向长辈小辈一一敬茶,而且要用白糖茶,根据辈分逐个称呼。"②不论辈分大小都可以为难新娘,称为"七天之内无大小",或"敲竹杠"。敬过茶后,分香烟点火,开始吃吵房酒,新郎新娘都要敬酒。这时已是深夜,由表兄弟或堂兄弟两人送新郎新娘入洞房,新房还要吃茶食水果和酒等。酒后还要闹新房,让新郎新娘猜谜,合吃一样食品,讲笑话故事,唱一段戏或歌,如果新人被难倒,就要新郎新娘破费点才能过关。如果能把新郎新娘的物品偷拿出新房而不让新郎新娘知晓,还可以敲竹杠,要求以糖烟赎回。新郎新娘不能恼火。虽说闹房可持续七天,只是后几天一般不太有人来闹。民国时期,堕民虽已除籍,但其贱民地位并未改变。民间婚礼仍"用堕民妇伴送",虽然"今堕民脱籍,犹沿用之"③。余姚还有能说会道的人,唱《闹房歌》,以烘托气氛:

> 若要发,我看新娘青丝发,弯上前三鬓,
> 我看新娘头上珠花齐不齐,金钗银钗金头簪。
> 送嫂戴花巧手段,戴出一对金鸡一对凤。
> 我看新娘一双眼,画眉眼睛水淋淋。
> 眼角传神珠花开,有情闺女真聪明。
> 我看新娘鼻头梁,长长中唇对中央,
> 福禄寿喜乐融融,富贵荣华来日长。
> 我看新娘杏桃嘴,笑开满口尽白牙,
> 白牙如玉洁无瑕,口齿伶俐好当家。
> 我看新娘两耳朵,一副耳环闪金花,
> 碧绿翡翠作耳坠,盈盈摇摇真风采。
> 我看新娘衣和衫,绫罗绸缎簇新崭。
> 上下合身俊又美,好似天仙下了凡。

---

① (清)邵友濂撰,孙德祖等纂:《余姚县志》卷五《风俗》,清光绪二十五年刊本。

② 邵伯厚讲述,陈春晓记录:《闹洞房习俗》,《甬上风物——宁波市非物质文化遗产田野调查(余姚市·郎霞街道)》,宁波出版社2010年版,第80页。

③ 杨积芳、张宝琛:《余姚六仓志》卷十八《风俗》,民国九年铅印本。

若要富,我看新娘衬里裤,送嫂即忙来拦住。

哪好去看衬衣裤,分明是俅花头多。

新娘衬里裤,总是布,送嫂话仔好算数。

我看新娘一双手,十指尖尖似春笋。

我看新娘一双脚,长裙拖地看不着。

三寸金莲惹人爱,看不着,无办法。

巧手能绣龙和凤,巧手飞针跳龙门,

我看新娘从头看到脚,五世其昌代代发。①

《闹房歌》既称赞女堕民即"送嫂"对新娘的打扮,"送嫂"也要及时阻止"闹房"宾客要看新娘"衬里裤"的粗俗举动。"旧婚礼还有吵房的俗套,会用各种恶作剧来作弄新娘,而新娘则拘于礼教,不能表示什么,那时,她们就在新娘与贺客之间居中周旋、排介、应付。"②闹房"撒喜床"野气百出,要看新娘花袄的纽扣有几颗,是否五子登科;看新娘的鞋是大脚还是小脚,更放肆的还会拉起新娘花裙看脚踝头,看像不像老寿星;还有要新人共吃香蕉,共咬吊吊糖,同身舔瓶中筷。女堕民若未能妥善处理"闹房"的粗暴举动,可能酿成严重事故。《申报》报道因宁波男客要看新娘"抹胸",引起新娘不满,送娘也失声惊叫,未能圆满处置,差点闹出人命的极端事例。

宁波杨家弄应、朱两姓同室而居,素相亲睦,朱弟乙年逾弱冠,觅配甚殷。应为执柯聘余氏女,于上月二十五日迎新妇,貌甚美,亲友啧啧称羡。应有族弟丙者向有心疾,时发时愈,因族兄而得交朱,故亦执礼道贺。是夕席散,丙已醉,闯入洞房。宁有看娶抹胸之风,此原恶习,但不准动手。讵丙以酒后无德,竟施轻薄,新娘在叫,送娘在旁亦叫,亲友闻者咸集大斥其非。丙尚不服,对骂房中,人声鼎沸,新郎亦至,愤甚,举手便打,丙亦回去,适中新郎鼻梁,血流满面,众皆不平,拳足交下,丙受大伤,气填胸意,登时旧疾复发,眼眨白而口角流涎。亲友不知其病,各纷纷散去,未几,应亦至,急致信其家,丙妇号啕而来,并大声曰:"杀我夫不休也",直入洞房在新床乱滚乱闹。此时幸应姓族兄将丙抬送回家,一面劝慰丙妇救治,并力保如竟不活愿甘同罪,方能暂去。然而天已发明,新夫妇误却良宵也。丙以酒醉气郁被殴,此次发病较平时更剧,直至二十七日早起始能平复,然未能强健如初也。现在聚议纷纷,索朱养病之费,朱许以二十元,丙妇尚未首肯,

① 余姚市政协文史资料委员会编:《姚江风情》,中华书局 2001 年版,第 259 页。

② 《宁波的堕民(丙亥拾遗)》,《宁波报》1957 年 9 月 21 日。

不识作何了结,但朱姓已骚扰不堪矣。①

宁波送娘陪伴新娘,成为名副其实的"保镖",不能让新娘有任何失礼。"这种女性的堕民,通常命名为'送娘子';一家姑娘出嫁了,她必须伴着这位姑娘一同到男方去,姑娘至新地,自然羞答答的不讲话,于是她就很灵巧地在中间斡旋,使笑闹新娘的喜客,不至索然乏味;于是,无形中便把新娘和喜客间联系成一条谈话的阵线。这样新娘所不便答复的话语,或窘碍难行的玩意,'送娘子'便可代她应付过去。因此,她真是新娘的极好护身符。"②宁波还有专门捉弄新娘的"摸泥鳅"游戏,送娘应巧妙地帮助新娘过关。(图 12.16)

> 伴娘遇到这样的日子,满口吉利话,会说得比谁都好。结婚三天闹新房,其中有嬉弄新娘的活动,叫"摸泥鳅",是将事先准备好的小泥鳅放到水深及腰的水缸里,要新娘挽起袖子把它摸出来。伴娘在此时就会使出浑身解数,帮助新娘过关。伴娘一面劝说嬉闹的年轻人,一面趁人不备,在水缸里放上一把盐,盐当然是事先放在袖管里的。这样,泥鳅就呆了,而新娘大抵在做姑娘见得多了,她们就势用手将水搅出一个几乎可以见底的大旋涡,小泥鳅沿缸边漂浮上来时,就赶紧用手掌抛出缸外。③

闹过洞房的翌日清晨,余姚也有送娘的"送子"仪式。"老嫚登门送子,即将一红衣绿裤木制'小人'送入洞房,置于床上,焚香烛奏乐祝祷。"④余姚原属绍兴府管辖,其"送子"仪式与绍兴的"送子"仪式如出一辙。

新人"回门时",娘家人常常捉弄新郎,送娘也有"保护"新郎的责任。"在给新郎递烟前塞入一个小鞭炮或几支短梗火柴,新郎一吸烟,火柴头便会突然烧着,小鞭炮也会啪然炸响,精明的送娘子早就在嘻嘻哈哈、真真假假中把烟卷调了包,或无形中给新郎提个醒,让新郎只把点着的香烟拿在手里白白烧掉,即使炸响也有惊无险,哈哈一笑而已。"⑤送娘的"保镖"工作,伴随整个婚礼过程。

第三天早晨,新娘在送娘的陪同下,前往河埠头洗一条鱼、一块肉,讨一个"富足有余,有头有尾"的口彩,称为"出厨"。或者新娘由婆婆领着,送娘陪同,前往厨房。送娘边走边说:"婆婆前,婆婆后,跟着婆婆走。"

慈城送娘在婚姻礼俗中,实际上成了婚礼的"司仪"。送娘为两亲家的联系

---

① 《闹房滋事》,《申报》1878 年 11 月 5 日。

② 钱笪香:《谈谈宁波的堕民》,《浙江青年》第 3 卷,1936 年第 1 期。

③ 沈烈懋:《浙东的堕民》,《宁波日报》1990 年 11 月 8 日。

④ 杨鹏飞、鲁永平:《姚江风俗》,浙江古籍出版社 2011 年版,第 37 页。

⑤ 江一羽:《送娘子》,《宁波晚报》2006 年 2 月 11 日。

图 12.16　宁波堕贫嫂在迎亲现场（宁波市文化广电新闻出版局供图）

人和代理人,除媒婆外,送娘为夫家了解女家的第一人,其言行举止直接影响两亲家日后的和睦。慈城有位长相清秀,口齿伶俐,手脚利索,粗细能干,善于见风使舵的阿根嫂。夫家稍有不满意的神色,都逃不过其眼睛,她会千方百计从中斡旋,以减少两亲家的疙瘩。槐花树门头的冯家嫁囡,专门雇用阿根嫂。嫁娶为婚姻中最重要的一部分,嫁娶那天,从早到晚,各种礼仪层出不穷,送娘成为这些礼仪的"司仪",直到闹洞房的宾客散尽,才算完成使命。"虽说嫁娶三天没大小,但在家族制、封建官僚制度统治影响了一千多年的慈城,越是大场面越是讲究礼仪。作为婚礼的司仪,送娘子的作用就越显得举足轻重了。为了讨东家欢喜,送娘子要将整个婚礼安排得井然有序,不能出一点差错,以免留下被人说三道四的遗憾。"①在婚礼的高潮闹房的哄闹声中,送娘既要制造喜庆气氛,又不能有损宾客颜面,还要趁宾客捧腹大笑之际,不知不觉地替备受捉弄的新娘解围,其高超的艺术,令人叹为观止。(图12.17)

　　送娘在普通人家做伴娘,长相标致的送娘常遭夫家帮忙人的戏弄,诸如给送娘出难题,往往予以罚唱和罚酒,乃至以猪油调镀煤,将送娘的脸涂似包公一

① 王静:《"堕民"——婚礼的司仪》,《留住慈城》,上海远东出版社 2004 年版,第 112 页。

样,送娘还必须逆来顺受,不能恼怒。作家王静曾目睹送娘遭客人调笑。"儿时,我跟外婆去她的故乡,看到了送娘子。那时我才七八岁,什么都不懂,只觉得送娘子很好笑。大人们有的在取笑,有的拼命地往她身边挤,一些男人还起哄:'谁敢摸她的屁股?'当时,是满堂的笑声。"①王静幼时到外婆家参加婚宴,看见新娘背后紧跟打扮怪异的"送娘子"。男宾予以百般戏弄,"送娘子"却不恼不怒,仍笑着为新娘张罗,王静颇感诧异。

图 12.17　慈城旧俗——十里红妆

## 第四节　舟山婚礼中的堕婢嫂

舟山平民婚礼有"堕婢嫂",也讹称"佗平嫂",方志解释:"旧时庙行里专门给妇女绞面,要给做新娘的姑娘开面,给刚满月的婴儿剃满月头,新娘子拜堂时伴新娘作揖的妇女。"②"堕婢嫂"专门"为人家剃女面毛,良家嫁女令送之,身缠红布,为嫁女扶拜、换妆、梳发,俗称送娘,亦曰送嫂"③。新娘脸颊各个部分不平,"开脸"是难度较大而又费时的美容。新娘第一次"开脸",难免有疼痛感。整个过程历时一小时左右。"绞面习俗大概与旧时不提倡女孩子社交有关,少女均'养在深闺人未识'。在她们出嫁前,家长不希望她们抛头露面与男子交往,当然就不希望她们打扮得太漂亮,只有等到出嫁的那一天,才雇请堕婢嫂,进行精心打扮,绞去脸上的汗毛,使容颜光彩照人。"④"堕婢嫂"为新娘"开脸",加笄、礼拜祖宗,当晚女方所办酒席就称为"开脸酒"。主顾除给"堕婢嫂""开脸

---

① 王静:《中国的吉普赛人——慈城堕民田野调查》,宁波出版社 2006 年版,第 139 页。

② 《北蝉乡志》编辑委员会编:《北蝉乡志》,2015 年,第 465 页。

③ 陈训正、马瀛等纂修:《定海县志》册五《方俗志》,民国十三年铅印本。

④ 张坚:《新娘出阁先绞面》,《舟山民俗大观》,远方出版社 1999 年版,第 70 页。

钱"外,"开面"盘上的蛋、糖以及鹅蛋粉也归其所有。

舟山迎亲时,由"堕婢嫂"准备花轿,花轿少有两人抬的小轿,也有八人抬的大轿,多为四人抬的花轿,花轿披红结彩,装饰金碧辉煌,并代雇轿夫,均为"堕婢嫂"的丈夫"轿堕婢",也代为聘请鼓乐队。男方发轿迎娶新娘前,凌晨五更时就要敬祀"喜神",俗称"享喜"。"婿不亲迎,用堕民为使者赍名帖,导彩舆至女家。女家闭门,使者以钱馈门者三,乃启,谓之开门钱。舆入,使者催妆再三,女戴巾衣帔,其兄弟抱以登舆,谓之抱上轿。"[1]新娘上轿前,"堕婢嫂"要陪新娘吃"上轿饭",第一口吐回床头,乃"反哺"之意,以回报父母养育之恩,之后全部咽下,意为去老公家有饭有肉吃,终身幸福。"堕婢嫂"身披红布,肩背"子孙桶",伴着花轿到男家。到男家的中途,"堕婢嫂"要将轿内新娘搁脚火熜的灰揭开,倒一点火熜灰。火熜里生着火,乃"一路哄哄响",此乃发财之意。花轿到达男家,由童女请新娘出轿,由"堕婢嫂"绞来一把热毛巾,象征性一按面部,以示改换门庭给面子,以后和家人也不会红脸。新娘要先过马鞍,为木匠劳作用的三脚凳,称为"跨鞍入马",由"堕婢嫂"引导。

新郎和新娘拜堂时,堂前横摆两张八仙桌,用漂亮台布盖好,上放花烛,中间放一束鲜花,一盆"拜堂果",新郎故意避走,找不到人,意即新郎原不愿意,乃新娘找上门来,留下以后压制和驾驭女人的男权思想。三请新郎,新郎才入华堂,新人向天地、外客来宾三鞠躬;向列祖列宗、高堂大人三鞠躬;新人行平礼,夫妻对拜,再三鞠躬。整个仪式,"堕婢嫂"都帮新娘作礼。"用堕民妇为女侍者,布袋于地,二客捧烛导婿及女入房,由袋上行,婿及妇经过一袋,女侍者又易于前接之,谓之'传代'。"[2]"见家礼"也在华堂举行,由"堕婢嫂"泡好糖茶,新人点三支香、三茶杯拜祖宗,再拜祖父母、父母大人,再依次拜见。新娘稍加梳理,即由"堕婢嫂"陪同前往厨房,亲自动手割一块肉,以供祭祖宗,并将自己身上的新围巾布兜解下送给厨师,请代为厨师。行过祭祖礼,就是开筵请客,俗称"吃拜堂酒"。新郎替长辈和宾客敬酒,新娘由"堕婢嫂"协助,多次换装,频向宾客行礼筛酒。91岁的刘翠娟老人回忆嫁入舟山展茅柴家做媳妇,吃喜酒时,她换了7套衣服,有7个"堕民嫂"为其换装,每个"堕婢嫂"的报酬是一桌酒席。"堕婢嫂"出门均带着一只水桶,待婚事办完之后,将残羹剩饭倒回,称为"闯羹桶",谚语曰:"堕婢嫂,样样要,马桶盖里翻根倒,一样不拿到,流泪要流燥。"

舟山闹洞房称为"贺郎",乃是舟山渔村特有的风俗。"堕婢嫂"要唱诵《贺郎调》。"'堕婢嫂'善唱流行于舟山民间的'贺郎调',此风俗至今在我市渔农村

---

① 陈训正、马瀛等纂修:《民国定海县志》册五《方俗志》,民国十三年铅印本。
② 陈训正、马瀛等纂修:《民国定海县志》册五《方俗志》,民国十三年铅印本。

青年妇女结婚时也可见,与当时'堕婢嫂'传唱张扬当有一定关系。"①新房红烛高烧,陈设各种糖果,亲朋好友围着新人坐于四旁。"堕婢嫂"开始唱祝酒词:"日落西山月东升,新郎新娘上位坐。长生喜果摆满桌,红绿纱灯挂四面。第一杯酒敬新郎,尝在嘴里甜在心。第二杯酒敬新娘,夫妻恩爱到白头。第三杯酒甜又香,阿哥枸鱼妹晒鯗。今晚厅堂贺新人,众位亲朋两厢登。龙凤花烛放光明,新郎新娘笑盈盈。新郎开口把酒尝,知心人儿配成双。新娘接酒喜洋洋,美满姻缘赛鸳鸯。夫妻和睦幸福长,妻做衣裳夫抱郎。"唱词根据房中摆设,桌上喜果,新人穿戴以及在场的亲族朋友,即景编词,随唱随编,自由发挥,词句诙谐有趣,逗人发笑。最后煞尾则唱:"今夜新人进洞房,明年怀抱小儿郎。红蛋喜果准备好,众位亲朋再来闹。""堕婢嫂"唱完,捧起桌上剩下的喜果抛向在场客人,以示庆贺。新人向亲朋好友奉上糖茶,表示感谢。闹洞房在《贺郎调》的余韵中结束。第二天中午前,送礼物往馈娘家,俗称"望娘盘"。

　　晚上,亲戚散去,新娘向帮办喜事的邻里敬茶送果,以致酬谢。邻居推能歌善唱的妇女,以唱代询,看新娘的颜容和服饰,由"堕婢嫂"帮着新娘一一答复,称为"看新娘子",又称"看袄"。旧时海岛文艺生活极度贫乏,除了看庙会外,"看新娘子"的仪式尤其吸引人,特别是尚未娶亲的小伙子和大姑娘。《贺郎曲》开篇曰"日落西山暗岑岑,吃了夜饭就动身",四村八岙均有人上门凑热闹。"堕婢嫂"将新娘从洞房扶出大堂,由一人作为"郎头柄"唱曲,另外两人各持一小烛台围着新娘插科打诨,逗乐说笑。看客被惹得兴味盎然,"堕婢嫂"则百般为新娘打掩护。所谓"看袄"乃"从头看到脚,从里看到外",从服装首饰到四肢器官,每看一样都要唱出带有祝颂和称赞的歌词。"要看新人眼眉毛,眉毛弯弯分八彩。立时三刻子花开,开得子花嫩嗳嗳。嗳嗳读书中秀才,新科状元捷报来。"新娘的服饰从外套层层看到内衣内裤,器官则从头发、眼睛、嘴巴直到乳胸、肚脐乃至阴部。唱词颇具色情色彩,自然不会真让人看,"堕婢嫂"会及时搪塞过去,仅仅具有象征意义,唱曲者也会转入下一内容。青年人仅仅欲听具有色情内容的唱词,以引起哄堂大笑。

## 第五节　乐清婚礼中的媒娘

　　乐清婚礼中陪伴新郎和新娘的女堕民称为"媒娘"。媒娘是结婚仪式中不可或缺的人物。"媒娘备有一套礼仪的行当,如花轿、彩旗、纱灯、凤冠、霞帔等,

---

① 阿能:《也说堕民》,《舟山文史资料》第7辑,北京文津出版社2001年版,第344页。

媒娘的丈夫一般都是吹打、轿夫一类的角色（据说这些人原是堕民的后裔，社会地位比平民较低）。因而媒娘调度聘请抬轿、吹班子较为方便。"结婚时，男女双方各有一位媒娘。乐清新娘被称为"新孺人"，婚礼日五更，新孺人即起，穿戴珠冠蟒袍，坐在谷桶上，足踏米筛，由一位未婚女伴帮助缝制花鞋，俗称"上轿鞋"，赶在天亮前完成。天亮后，新孺人请媒娘"开额"。"开额是媒娘双手持苎线，以网状来回交叉，绞去脸上软毛，使其光洁润滑，同时把眉毛修得整齐得犹如柳叶，乡间叫捻额头。"①女方家必须给媒娘红包。过去没有美容院，只有依靠媒娘的土办法美容。媒娘也在反复的实践中，练就了修眉绞脸的娴熟技巧。

此时男方花轿已上门。"结婚那天，新郎方的媒娘更为忙碌。她率新郎、陪郎、掌轿和抬轿、吹打、挑嫁妆的班子来到新娘家里。待新娘上轿后，浩浩荡荡地似将军得胜回朝。"②新孺人在闺中沐浴更衣，梳妆傅粉。新孺人一出闺房，母女俩哭泣作声，以示不忍离别之情，据说还可退凶星。若新孺人父母不全或兄弟不全，则哭得更伤心。在场的人也为之泪下。新孺人即将离别自己的父母，日夜相伴的亲人和伙伴，以及生于斯、长于斯的田园村舍，依恋之情油然而生。上轿之前，眼含泪花，哽咽失声。"这时，媒娘在一旁帮腔，以流利的口语，唱起离别词，道出了浓浓的亲情，假如新娘实在娇羞得哭不出声，媒娘为其代哭，增强难于离别的气氛。"③这时，堂上已燃起杉树枝叶，撒上食盐，火势旺盛，噼啪作响，俗称"炙红"。"新孺人在中堂由媒娘执手导拜，即向外拜天，向内拜地。"④行郎趋前启开轿门，媒娘与新孺人的兄弟一起搀扶新孺人上轿。乐清乐成镇习俗，新孺人临上轿前要喝一杯红茶，轿中再放进一只鞋篮，鞋篮内放稻秆桩两个，瓦两张，碗两只。待花轿回到男方，媒娘用红布袋装鞋篮，放在洞房床下，七日后撤去。

花轿起升后，双方都燃放花炮、百子炮，并撒茶叶米以退煞。花轿抬出后，女方随即关闭台门，俗称"关风水"。路上彩旗招展，纱灯灼灼，唢呐声脆，鼓乐震天。有钱人家，新郎和陪郎也坐轿，极少数新郎骑马。遇上拦路嬉闹的人，媒娘伸向手中的红袋子，摸出一把大米和茶叶撒出去，表示吉祥。新娘也会将花生、瓜子抛出花轿。习俗以新孺人的装扮形同祝庙内的娘娘，若开口骂人，被咒者必定大祸临头。因此，新孺人对任何恶作剧必需容忍，不得"口轻"。

花轿进入男家大门，堂上早已摆设喜案迎接。鸣双声炮和百子炮，继以"炙

① 许宗斌主编：《箫台清音——乐清人文集羽》，线装书局2001年版，第784页。
② 许宗斌主编：《箫台清音——乐清人文集羽》，线装书局2001年版，第784页。
③ 许宗斌主编：《箫台清音——乐清人文集羽》，线装书局2001年版，第784页。
④ 南伟然：《婚姻习俗》，《乐清文史资料》第9辑，1991年，第172页。

红"。俗传新孺人带"轿煞",凡是孕妇以及生肖相冲的人必须回避,厨师也要把菜刀砸入砧板后退出。新郎出洞房来到中堂,行郎趋前启轿门,媒娘扶新孺人出轿。新郎官和新孺人到堂上并肩站立拜天地。进入洞房后,媒娘请新郎官和新孺人行对拜礼,然后在床上并肩而坐,俗称"坐床杠"。"新郎官故意迟坐,以便暗中拉坐新孺人的袍角,说今后不至于有河东狮吼之虞。有的新孺人也不让步,经媒娘再三规劝,才勉强先行就座。接着,利市婆进汤圆,新孺人由媒娘代接。媒娘用调羹兜了两个,从遮头红下送到新孺人唇边,然后又为新夫妇互换两个,俗称结缘。圆、缘同音。"此时,中堂大量供应汤圆,主人出来招呼所有的人吃"新孺人圆"。"夜宴开始后,媒娘也从窗下桌屉中取出盛在高脚朱红碗中的十样菜肴(简称十碗),连同一壶酒、两个杯、两碗饭、两双箸,一起摆到桌面上,请新夫妇在向窗的一方并肩就坐。媒娘斟酒,口中念念有词,代新孺人举杯向新郎官示意互敬。然后,从遮头红下送到新孺人唇边一沾。媒娘又代新孺人举箸夹菜,先在鲫鱼(县西习俗须有两尾鲫鱼)上一点,向新郎官示意共同取食,再从遮头红下送到新孺人的唇边。"[①]媒娘如此这般将所有的菜一一点过,俗称吃"和同饭"。吃毕,新夫妇回坐床杠。

夜宴结束,不少青少年客人纷纷进入洞房,也有年纪较大的同辈客人甚至年老客人进来,俗语曰:"洞房间里无老嫩。"媒娘代新孺人泡茶,由新孺人端去饮客,俗称"喝新孺人茶"。客人饮毕,新孺人前去收杯。客人故作刁难之态,执杯不还,要新孺人先行回答自己所提问题,或教她诵读戏谑性俚句。倘如新孺人为有新学问的女性,则要她赋诗作对。但不论读书与否,均含羞不语。相持既久,形成僵局,要由媒娘从旁打圆场,以食品包或生果子串等换回茶杯。这种在婚礼中向新孺人打趣取乐的习惯,俗称"闹洞房"。通常闹得很迟,经媒娘再三规劝,才勉强离去。有的客人离去时,还顺手带走一些重要物品,以待次日"勒赎"。新夫妇吃过"夜厨",撒帐就睡,但洞房花烛通宵不灭。新孺人入睡前,由媒娘帮助卸下珠冠蟒袍,并把珠冠放在"升"上,俗称"升冠"。"冠"与"官"同音,寓意早生贵子,升官发财。

第二天清晨,新郎官在行郎的陪同下,向父母跪拜或拱拜,感谢父亲的养育、教训和娶室之恩。新孺人吃过早饭,仍然是珠冠蟒袍打扮,端坐洞房。女宾进来贺喜,孩子进来讨生果子吃。新孺人蟒袍内左右腋下红绿苎麻袋,内装红绿黄诸色的生果子。孩子们伸手来讨,媒娘即从袋中抓起一一递授,此起彼落,应接不暇。

上午,举行拜堂仪式,俗称"相见"。中堂直排八仙桌两张,上供猪肉、长寿

---

① 许宗斌主编:《箫台清音——乐清人文集羽》,线装书局 2001 年版,第 684 页。

面、果点等礼品。前桌置锡烛台一对,围以角栏,并披有锦帏。后桌置米斗一个,插香以代祖宗灵位。上首设两个座位,下首地上铺两个棉垫。豪绅巨族还在堂上设锦屏,横悬锦幢。仪式开始,鸣花炮和百子炮,若聘请吹打班,还要奏乐。由媒娘兼司仪。新夫妇并肩反身站在锦垫前,先拜六神,即灶神、财神、檐神、井神、白虎神、土地神,中堂长桌上各设有香炉作为神位。再拜本家祖先,以木斗插香代替。拜毕,再请父母坐上位,敬天地酒,接受跪拜。然后,再依次拜祖父母、干父母、舅父母、姑父母、伯叔父母。上述父母,如果因故不能到位,也必须虚位以拜,俗称"定位拜"。若新郎官是读书君子,必须尊师重道,也请蒙师受拜。所有受拜人都要赏赐新孺人偶数红包,俗称"相见包"。"相见包"写上受拜者称谓,并在仪式开始前放进堂上特设的红漆礼盘中。拜堂时,新孺人和新郎官忽跪忽立,忽进忽退。新孺人自始至终由媒娘在旁执手导拜。俗称做事外行,一举一动须要别人指导为"新孺人拜堂"。仪式结束后,新孺人退入洞房。

是日中午,第三次设宴,新孺人仍以珠冠蟒袍打扮,坐女宾席首位,但不举杯箸,仅作奉陪,俗称"新孺人坐筵"。宴至"菜"出毕,堂前燃放花炮、百子炮,新孺人离席和新郎官一起,将两只置于茶盘中的酒杯,由媒娘作陪端至第一桌敬酒。敬酒毕,新孺人退入洞房,卸去珠冠蟒袍和遮头红,换作裙袄、珠翠、钗钏打扮,再重回筵席,与女宾共同用餐。宴毕,新孺人遣媒娘向"代家娘"(婆婆)了解轻重盂的担数,以便准备馈赠的礼物,俗称"分上下",即分馈上辈亲戚和下辈亲戚。按照习俗,分配礼物的样数要与喜礼的样数相符,即重盂六样、轻盂四样。分上下的礼物有被单、衣料裤子、帽、鞋、袜、面巾、脚布、手巾、鞋面布、油皂等。

第三日上午,媒娘引新孺人出洞房跟家人一一见面,并引导她到"镬灶间"(厨房)拿起厨刀试切松糕,继又拿起火管向灶洞作吹火之状,俗称"试厨"。媒娘至此完成任务,新孺人赏她日用品和"利市包",新郎官赏他松糕、猪肉等食品,包括吃"和同饭"剩下的"十碗"和"利市包"。

## 第六节　苏州婚礼中的伴娘

苏州有属于"六局"的赞礼、茶担、伴娘、轿杠、仵作以及乐优为平民婚丧礼仪服务,均为丐户所垄断,"伴娘"即属于"六局"之一,由女丐户担任。伴娘主要为新娘装扮和辅导婚礼中的动作并作为其代言人,一般由四五十岁的妇女担任,她们精通礼仪,专门负责伴随新娘,指点礼仪。(图12.18)迎娶的轿子一到,新娘要行"开面礼",供设天地纸马,鼓吹奏乐。"开面"手续极为简单,由伴娘剃除新娘的面额汗毛,新娘的父亲要行跪拜大礼。新娘花轿到达男宅,鼓乐声起,伴娘搀扶新娘出轿,抬轿人将轿子微微前倾。宾客都挤到堂前观看,分站两旁,不敢面对轿门,谨防碰到"花粉煞"。新夫妇送入洞房,脚踏红绿布袋,名为"传代"。男女相对走,男倒退,借红绿巾牵引新娘。送入洞房时,花筵红烛四支,由男青年四人各执一支相送。新夫妇并坐床沿,伴娘下帐幕,称"坐床撒帐"。坐床不宜争先,男先"怕老婆",女先则"怕丈夫"。必待伴娘唱出:"和合成双,两不相亏,白头到老。"①然后,新夫妇再一起坐下。新娘揭过"方巾"后,再揭花髻,换上珠冠,名为"上冠"。将除下的花髻,盛以朱漆木盘,由伴娘捧着遍送男女亲长观赏,称为"相髻"。伴娘再以熏青豆、梧桐子泡一大壶糖茶,随带盘盏,里里外外跑一圈,不论男女老少,逢人便送一盏汤,称其为"和气汤"。多数贺客,特别是女性的太太、奶奶,喝过汤后,照例必须赏用红纸包裹的喜封一份。晚上用过喜筵,新娘回到新房,再坐筵席,新夫妇并坐,并无陪客,唯有伴娘陪着连说喜庆话,此乃古礼"合卺",俗称"团圆夜饭"。女宅也备有饭碗一对,中盛米饭,口与口对合。外加千年菖、吉祥草、安息香、草发绿等,由伴娘捧送礼堂,称为"送万年粮"。伴娘在婚礼中是一个开口"吉祥"闭口"富贵",必须善颂善祷,口齿活络,能够应对八方。吴景澜在《吴郡岁华纪丽》的"送嫁娘"诗中,有过形象地描绘:"迎人先作叩头虫,指点门楣夸富贵。揄扬传粉郎,称美闺房秀。彩舆装点伴新娘,礼文娴习无遗漏。……酬应毕,求赏钱,男家施金钏,女家给宝钿。"伴娘从事陪伴新娘的工作,收入颇丰。

清代常熟著名"伴娘"为"草头娘",居于县署后小巷,体态丰满,姿容秀媚,喜欢吹箫鼓琴,工于博戏,能诵善吟,熟悉二十一史,精于弹词,擅长书画,不逊于易牙。曾随母亲出入于大家,尚未出嫁,不少浪荡公子就与之有染。出嫁之后,专职"伴娘",不屑从事他业。"邑中承平几三十载,竞尚繁华好胜之举,日新月异。凡嫁女之家,非得草头娘不足耀婚礼之盛。或召他妇,旁观窃非笑曰:枉费财,伴娘乃寻常物色耳。以至亲戚邻友之来贺者,倘草头娘不在,则举席为之不欢。故嫁女之家,恐其他往,必先期订之以金,至则人人色喜。"②"草头娘"艳名远播,婚礼喜宴,必邀之相陪,举座皆欢,否则,宾客食之无味。

常熟结婚之日称为"正日","正日"前一天为"前三朝",后一天为"后三朝"。婚礼一般三天,"正日"最为热闹和隆重。常熟乃江南水乡,迎亲非得用船不可。迎亲船打扮华丽,有两只橹划动,船头还挑出二支,比一般船较快,故称"快船""塘船"。新郎沐浴装扮,带着迎亲队,包括鼓吹乐队,一路吹打而来。新郎迎亲

① 瞿风:《苏州封建婚姻的繁文缛礼》,《苏州文史资料选辑》第5辑,1990年,第401页。

② (清)瀛若氏:《三风十愆记·记色荒》,《丛书集成续编》第224册,新文丰出版公司1978年版,第397页。

图 12.18　苏州婚礼中的伴娘

船到了女家,伴娘(又称"喜客人")才开始为新娘梳妆打扮,"开面"乃重要一环。"按照旧式风俗习惯,妇女除非结婚,绝对不可以剃掉脸上的汗毛。开面的方法是由一位有经验的妇女(一般伴娘),用一根坚韧的细线,两手使线呈交叉状,紧贴在出嫁女子的面部,然后将手一弛一张,就可以拔掉脸部的茸毛,使脸部光彩明净。"①"开面"结束后,必须赠予伴娘"谢礼"。伴娘给新娘梳发,头戴凤冠霞帔,身穿大红花衫花裙,足着洒花大红绒球鞋,襟系洒花大红绸缎手帕,最后头上盖上大红方巾,发插翡翠、玉簪,耳戴金环,指套金戒,臂戴玉镯,颈挂(金或珠)项链,妆饰得如同仙女一般。新娘上轿时哭哭啼啼,新娘母亲也哭哭啼啼,称为"哭嫁囡",俗称越哭越发,大吉大利,哭得越响,婆家越有财。伴娘在不停地说着吉利话,进上美言,予以安慰。新娘在伴娘的劝慰下,拭干眼泪,轻移莲步,由伴娘搀扶出房间。茶担高呼"千金上轿",由新娘兄长背或抱上花轿,新郎须付"抱舅钿"。伴娘将火盆拎进轿内,放在新娘脚边,称为"旺盆"(火盆乃用炭生的脚炉)。

　　水乡的花轿仅有象征意义,花轿上船后,新娘由伴娘搀扶坐进舱内,花轿置于船头。花轿船离开时,必须一篙子撑到河当中,不能有二篙子,篙子也不得带水,意为"嫁鸡随鸡,嫁狗随狗"。娘家人要泼一盆水,喻义"嫁出去的囡,泼出去

---

①　徐耀良:《沙家浜水乡婚俗》,《常熟文史》第38辑,2007年,第76页。

的水"。新娘花轿到了男家，花轿停在墙门外，由轿夫抽轿杠，四位轿夫掘四角抓住轿耳，将花轿抬进中堂。花轿进门时，"老相公""老娘娘"（新郎父母）要到厨房回避。厨师用菜刀根砍在砧板上避邪。所有亲眷小孩均不得站在门槛或立在墙头。俗话说："棺材面前有三喜，轿子面前有三鬼。"传说"三鬼"都是瞎子，顶着门槛站立，摸着墙头行走。如果不避开就要触霉头。新娘花轿到中堂后，轿帘不能马上揭开，新娘更不能马上走出来。先由伴娘献上一盘糕、一盘花生、一盘枣子，让新娘在轿内尝一尝，然后由伴娘将新娘扶出轿。新娘出轿时，茶担高喊："好亲好眷，有缺陷的请离场。"所谓缺陷乃头上戴孝，夫妻并非原配，他们若在场将冲喜，对新人不利。茶担高喊"新娘出轿"，伴娘连忙揭开轿帘，搀扶新娘出轿，莲步轻移步入大厅。

茶担宣布新人举行拜堂仪式。新人拜堂时，新郎新娘朝外站立，茶担高喊"一拜天地"；新郎新娘一齐跪拜。茶担又喊"二拜高堂"，新郎新娘向父母拜谢；新人由朝内转而朝外，茶担高喊"夫妻对拜，成双成对"，新郎和新娘互拜。茶担高喊："女拜男身！"伴娘接口："伴老终身！"伴娘又说："男拜女身！"茶担接口："多子多生！"堂名鼓手演奏喜庆乐曲，婚礼进入高潮。

新人入洞房时，要红绿牵巾，新郎和新娘各抓一头。茶担高喊："红绿牵巾六尺长，两头一对好鸳鸯。当中挽个同心结，明年手抱小儿郎。"两位夫妻双全的妇女各持一烛引路，不得倾倒，否则视为不祥之兆。童男用袋铺地，新人踩袋而过，新郎在前，新娘在后，新郎在前面退着走，一只接一只，前后相传，喻义传宗接代，早生贵子，后继有人。伴娘高喊："新小姐做新娘，踏生地，进新房，居新床，鸳鸯共枕，双燕同舞，凤欢龙腾，千秋万代。"一直喊到入洞房止。若遇有门槛，伴娘要及时提醒新娘："请新娘步步高。"新娘一步跨过门槛，不得脚踏门槛，否则视为不详。据说："踏了中堂门槛冲公婆，踏了洞房门槛冲小官人。"进洞房后，一对新人坐在床沿，新郎在东，新娘在西，称为"坐床沿"。新郎为新娘挑盖头，挑盖头必须用秤挑，意为"称心如意"。伴娘敬酒，称"交杯酒"。新房里准备一桌菜，有鱼、有肉、有蛋、有鸡、有肚子、有肠子、各式小菜齐备。伴娘给新郎和新娘各盛一碗饭，并给新人搛菜，搛得满碗都是，请新人吃饭，新人不能吃光，称为"有吃有余"。新郎和新娘各准备一个红包，赏给伴娘，称为"吃花烛"。因为桌上有一对花烛，故称"花烛夫妻"，即为正式夫妻。

接着为"见公婆大人"。茶担已将三亲六眷中的长辈邀入中堂，按长辈次序一一排列整齐，待新娘出来"照应"。伴娘扶着新娘来到中堂。在中堂朝南放两把椅子，新郎新娘朝内而立，先敬新郎父母。"老相公""老娘娘"朝南而坐。伴娘高喊："拜见老相公、老娘娘！"新郎和新娘一齐向父母跪拜。接着论资排辈，一对一对前来，新郎新娘一一拜见。新人拜见时，长辈早已准备见面礼塞给新娘,红包一般由伴娘代接。最后是新郎新娘对拜,再回洞房。

男家一般设有"花宴","老相公""老娘娘"朝南而坐,新郎新娘朝内站立,茶担拿出一只托盘,盘内有六样菜:鸡、鱼、肉、皮蛋、芹菜、肚丝,两只酒杯,两双筷子,新郎新娘敬双亲吃菜喝酒,伴娘不停地说着吉利话。吃肉时,伴娘说:"美美肉肉(玉玉),肉(玉)堂富贵,府上出状元。"吃鸡时,伴娘说:"凤凰双飞!"吃鱼时,伴娘说:"吃块鱼块,养个宝贝。"吃皮蛋时,伴娘说:"代代(蛋蛋)相传!"吃芹菜时,伴娘说:"勤奋好学!"吃肚丝时,伴娘则说:"多生贵子!"[①]新郎父母若不是原配,"花宴"则免做。

"花宴"结束后,则是"待新娘",为"女酒"。设宴款待新娘,大厅餐桌排似梅花状,故称"梅花桌"。中堂四角放四张八仙桌,中间放一张八仙桌,外拼上一个半桌。六人一席,中间正桌供斤通红烛大香案外,其余四桌为中香案,每桌均系椅子,由茶担系上椅披和台帏。新娘由伴娘陪同,坐在中间桌上,其余都是陪新娘来的女眷。按照水乡习俗,北面两桌为祖母、婆母、姑妈、舅妈和兄嫂及姨妈等长辈席,外角两桌为依次的长辈,陪同小姐也可一同入席。其余女眷可择桌另开,并无规定。茶担高喊:"待新娘开始,请新娘在新郎陪同下入席。"新娘在新郎及伴娘和贴身小姐陪同下,敬酒敬烟。各席推派代表向新娘回敬。新娘在陪同小姐陪伴下散发糖果。席间,围观者甚众,大都是男方的亲戚和乡邻,不断嬉谑调侃,对新娘品头论足,说些"长得多漂亮""脸似鹅蛋""樱桃小嘴"等赞美之辞。新娘羞羞答答,不敢随便动筷吃菜、举杯喝酒。"待新娘"结束时,新娘碗中要盛满饭,碗内放鱼、鸡、肉等,有吃有剩,这碗饭菜放到第二天早上,再加上一些饭菜炒一下,全家人共吃,誉为"吉利饭""富贵饭"。

众亲眷酒足饭饱之后要"闹新房",讨喜烟、讨喜酒、讨喜钿,称其为"一闹三讨"。新娘装着无奈样子,请新郎发香烟,伴娘发喜糖,贴身小姐发铜钿、铜板或钱。"闹新房"一般是小青年,带着几分醉意,讨要喜烟和喜糖,有的则动手动脚满房乱翻乱找,并做出各恶作剧来戏谑新娘,甚至将一只蛤蟆放在新娘的被子里,有的闹得太凶,新娘被迫逃到外房。儿童也来嬉闹,要点红糖和花生等实物。大家边抽烟吃糖,边嬉闹"吃发禄""道喜福"。有的闹到午夜,乃至天明。新婚之夜,好事小青年还要"听壁角",躲在新房外面,偷听新人的柔情蜜语,发生性行为的声音,第二天将所听各类话语,向众人宣布,以此取笑新人。闹新房时,婚家要百般容忍,听其所为,以为愈闹愈发,不闹不发。茶担对此"一闹三讨"也有口彩曰:"大闹花烛夜,子孙万代兴。"伴娘要掌控"闹新房"局面,既要热闹,又要适可而止。

---

① 徐耀良:《沙家浜水乡婚礼》,《常熟文史》第 38 辑,2007 年,第 76 页。

绍兴女堕民"做老嫚"特指"主顾老嫚"指导新郎以及"送嫁老嫚"指导新娘婚姻礼俗,绍兴乃以此称呼为"老嫚"。宁波"送娘"或"送娘子",顾名思义,乃是女堕民充当陪送新娘出嫁之职,也成了宁波女堕民的称呼。常熟也有伴娘,也是女堕民充当"伴娘"之职。女堕民以其语言天赋,活跃婚礼的喜庆气氛,妥善处理一些突发事件,却被视为巧言诓骗,百般需索。绍兴将油腔滑调、巧舌如簧的人,称为"老嫚嘴"。老嫚将婚礼中的残羹剩菜打包回家,绍兴谚语讥为"堕民老婆打秋风",喻义贪得无厌。乐清媒娘不断地要这要那,讨价还价,民间称为"媒娘端"。宁波女堕民在花轿后面背马桶至男家,被讥为专图饱食与赏钱。宁波谚语云:"嘎击嘎击送,堕贫抬夜桶,抬到吃肉肉,袋里有铜铜。"舟山的"堕婢嫂"出门带着提桶,收集婚事宴席的残羹剩饭,谚语曰:"堕婢嫂,样样要,马桶盖里翻根倒,一样不拿到,流泪要流燥。"稍有姿色的女堕民,成为参加婚礼的宾客嘲笑和戏弄的对象,还要强颜欢笑,也只能忍气吞声,乃至被主人所侮辱,发生诱骗失身而亡的悲剧。

# 第十三章　女堕民的行当

女堕民究竟从事哪些行当？不同地域的女堕民是否从事一样的职业？[①] 女堕民的主业除了在平民人生礼俗活动中的执业活动外，平时也为女主顾提供全方位的家政服务。女堕民定期为女主顾理发，有的也为男主顾理发，将捡来的废旧物品分类整理，制作一些手工制品。不同地域的女堕民从业习惯不尽一致，有的从事详梦，有的捉牙虫，也有的暗中从事妓业。

## 第一节　分捡破烂

堕民将兑来或捡来的破旧物品分类整理。女堕民勤劳俭朴，废品一经其手，变废为宝，成为日常生活必需品。绍兴城区堕民聚居区三埭街，乃是堕民商业大本营，尘土飞扬，臭气四溢。"每到傍晚时分，男当家就挑着满满一担收购来的废品回家，她们就分门别类地进行拣挑一番后，再卖给废品店，让这些废品变废为宝，再度利用。还能缝制麻袋、糊布箔（做布鞋的里膀），置'方把'（将小块白布置叠成一尺半长、一尺宽，高达一尺八寸的长方块，叠得四角平整，做此活难度极大）。"[②]堕民一家老小，忙个不停，从破烂货中披沙铄金。"商店中最多的是'破布业'。搜来的破布由家中的妻小们一一分门别类：整块的、稍破的、破烂不堪的，再经过蒸、洗、漂、晾四大步骤后，再打成一捆，分大件、小件，按质量的优劣，用秤称其重量，以作批售。这些是制造鞋底、鞋面、衬布、打布草鞋、拖

---

①　关于女堕民的行当，除了人生礼俗中的执业活动外，其他鲜有涉及。经君健在《清代社会的贱民等级》中认为堕民女子主要为平民内宅服务，平时业栉工、采购以及说媒。俞婉君在《绍兴堕民》中提及老嫚副业为主顾提供服务，充当女主顾美容师，出售脂粉，也担任妇科病顾问。谢振岳在《鄞县堕民》中除了提及女堕民在婚礼中充当"送娘"外，其他则为主顾家女性"绞面"。

②　访问周春香，2016 年 7 月 14 日。

地板的布帚、制造毛毯等材料,销行于闽赣各地。"①破布经过特殊处理,用糨糊一层一层糊成方块,俗称"布箔",贴晒在屋壁、路边石板上,干燥后打包出售,成为布鞋里外厾间的衬层,或垫成鞋底,有的用来扎拖把,远售闽赣地区;或外销沪杭,用作造纸、做揩机布等。"利用布头条巾,打编成草鞋,让一帮拉车夫、挑夫、摇船头脑等干苦力的劳动者,穿上松软轻便且经久耐磨的布草鞋,走起路来脚步更加快捷。"②收购废弃的旧棉花,将旧棉絮弹成棉被,卖给贫民御寒;或将旧棉絮漂白,掺进新棉花,俗称"还魂花",捆成大包,运往沪杭,卖给工厂作为制药和制纸的原料。

周春香对绍兴民间用不堪入耳的话"烂眼大贫嫂,看见样样要",以形容和贬低老嫚贪财如命的卑劣丑态,侮辱"老嫚"颇为不满。她对此有截然不同的看法和理解,"看见东西样样要",应该以一分为二的科学态度予以分析和理解,如果放在物尽其用,变废为宝的事上,就较为贴切。因为勤俭节约乃是中华儿女的一种传统美德,中国古人有句格言曰:"人尽其才,物尽其用。"由此,爱惜人才与节约资源相提并论,处于同等重要地位。绍兴还有一句谚言:"烂泥糊壁洞,砻糠种(纵)火鐷(过去用以取暖的铜制手炉)。"同样说明过日子就要精打细算,能省则省,可用即用,不要白白浪费尚有利用价值的物品。而三埭街的老嫚熟识和掌握了废物利用的窍门,在处理废品过程中尽可能物尽其用。以一件破衣服为例,她们用拆刀将破衣服拆开后,将大、中块的布片用糨糊糊成"布箔"出售,如果是白布,小块布片还可以纳鞋底或叠成"方把"销往外地,袖口和衣襟边条则做布头草鞋或扎成拖把,仅仅一件破衣服就能将其"四分五裂",做到物尽其用。周春香以老嫚具有独到眼光,"看见东西样样要",披沙择金,充分利用和节约资源而自诩。

至于鸡翎鹅毛,经翻晒整理后,较长的鸡毛制成鸡毛掸帚,鹅毛制造羽扇出售。其余销往沪杭的毛骨店,大都输出国外,作为毛毯的原料。(图13.1)曾从事羽毛加工二十多年的周春香如是说:

> 三埭街的大姑娘和小媳妇还有一种专门手艺,就是整理鸡毛。先在杂乱的鸡毛中,拣出可以利用的鸡毛"一把抓",挑拣后的鸡毛卖给农民作为田肥。精选的"一把抓"根据不同颜色与形状以及长在身上的部分予以分项归类,诸如长在公鸡颈部的称为"项毛",长在鸡翅膀上的称为"肩毛",临近鸡尾几根柔软的毛为"泳子",鸡尾部较硬的黑色鸡毛称为"尾毛",母鸡毛则统称为"婆毛"。按照由长至短,用针线将它们一根根顺序地串成一长

---

① 郑公盾:《浙东堕民采访记》,《浙江学刊》1986年第6期。
② 访问周春香,2016年7月14日。

图 13.1　晒鹅毛的彭家堰老嫚（俞婉君供图）

条,制成鸡毛掸帚,作为清洁工具,用此掸帚掸除灰尘。中华人民共和国成立后,这鸡毛的利用价值以及身价倍增,居然还能出口国外。一批从事羽毛加工的女工,依照中华人民共和国畜产品进出口公司上海分公司所提供的各种规格与品种要求,从项毛、肩毛等各项品种中,根据不同颜色分别归类加工成出口产品,同时进行不断地改革与创新,经过她们的不懈努力,将原本仅能制作单一鸡毛掸帚的原材料,竟然加工出许多新产品和新品种。其中一种"芦花鸡"的鸡毛,其羽毛的花色品种色彩斑斓,花样繁多。心灵手巧的姑娘,用两种不同颜色的羽毛,以长短及重量按比例镶嵌点缀相配合,精心研制成一种称为"三红两花"的新产品。她们有一条共同的信念"只问何人做,不问几工磨",将羽毛串了拆,拆了又串,不厌其烦,孜孜不倦加以研究,终于打出绍兴的新品牌。由于绍兴羽毛产品质量好,品种多,深受外国商人青睐,外国商人认准绍兴出产的羽毛制品,订单纷至沓来,售销量大,供不应求。有时为了能够及时交货,羽毛场发动女工加班加点,乃至开夜工赶制。那时属于多劳多得的计件工资制,女工为了多赚点工钱,劳动热情自然高涨。据上海畜产品进出口公司业务员介绍,外国将此鸡毛制品买回国后,精工制作成高档服装和头饰,以此显示其身价和富有。西方某一国家还将黑色尾毛作为识别官兵军衔级别高低的标志,世界之大,无奇不有。常人瞧不起的鸡毛,为国家创造了许多外汇,曾为我国建设事业起了重要的作用,为建设繁荣昌盛的新中国添砖加瓦,做出了她们应有的贡献。①

---

① 访问周春香,2017 年 5 月 6 日。

　　堕民将收集的杂乱无章的头发,以长短分类,整理得有条不紊。"女人梳髻梳脱的头发收去洗净理好,长的做假头发,卖给头发稀少的女人,去做添发,短一点的织成发袜,供给船夫渔子冬令御寒的用。"[1]长发编成女用假发以及戏班中用的假发与胡子,短发则制造发袜,供水乡农民、渔民、船民冬天干活时穿用。(图13.2)冬令即将到来时节,三埭街老嫚用丈夫挑"换糖担"收购或从别的换糖客人那儿买来的头发,将其逐一扯松,打成很细的线,两股合拢似田丝绳一般粗细。发线不能用两只发车合拢,只能用五寸长钉,分别钉在约十米距离的柱子上,把两只发车以同等的宽度和长度合并来回绷在两枚钉子之间,约13至15个来回,然后用一只发车系住发线另一端,要打活结,以便合拢后从发车上顺利脱出。右手持发车,左手以顺时针拨动发车,将发线合二为一打成发线,发线脱离发车后扎成团状备用。用四根竹筷,每根筷子的一头削成钩子变成钩签,每根钩签将发线起头25针,三根总共75至80针,绕成圆形,犹如结绒线衫一样。右手持钩签,左手拉发线,依顺序编织至一尺八寸长时收口。再用狭长木板插

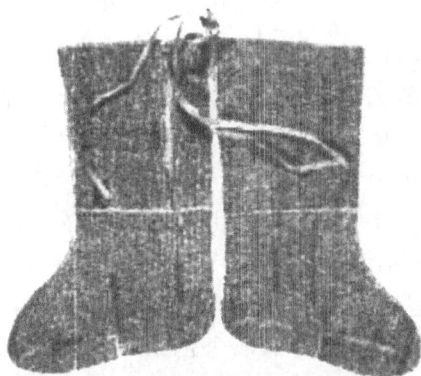

图13.2　绍兴老嫚制作的发袜

入发袜定型,喷上清水至第二天发袜就编织而成。一个妇女编织一只发袜,大约须花二天时间才能完成。她们将一双双发袜挂在自家门口,待价而沽。穿发袜配草鞋,既保暖又不怕湿,乃冬季外出劳作的高档"工作袜"。渔民穿着发袜下河捕鱼,农民则穿着发袜到冰冷的冬田劳作。心灵手巧的老嫚还能织"发纲"。"女子则将头发结成发纲,其手术与用绒绳结手套一样,此发纲专售与一般渔户、商民,获利也极可观。"[2]"发纲"为罩头发的"头纲罩"。短杂发则直接论

　　① 秦人:《杭甬段沿线的特殊民族》,《京沪沪杭甬铁路日刊》,1937年第1913期。
　　② 何汝松:《浙江之惰民》,《绸缪月刊》1935年第2期。

斤卖给农民作肥料壅田。

　　她们除为主顾侍应宾客外,平日的副业,便是结发袜、理鸡毛、拣破布、做鸡毛帚。原来绍兴的收买破布、鸡毛、头发者,都是堕民。堕民既不得与汉族通婚姻,他们的内助者,自然只好向自己的同族中寻求,无疑的,老嫚便是他们的妻室了。妻子自古得去帮助男子做事的,老嫚又何能例外呢?她们在未出阁以前,是帮助父母,既出嫁以后,便得帮助丈夫。她们的丈夫除去少数做伶人,唱绍兴高调以外,其余的多以做吹手——又名鼓吹手,专门替婚丧人家击鼓吹梅花(是管乐器)助乐助哀——和收买破布、鸡毛和头发为职业,他们零星地买进,整批地卖给上海的出口洋行。这中间须得经过拣选和分类的手续,她们便是最合适而为义不容辞的工人。她们会把收进紊乱无比的头发,整理成有条不紊;而且打成发袜或做辫。会把鸡毛扎成帚,一批一批地卖给附近的县城去拂尘。又会把破布打成硬衬,拣不中用的一类才卖给外国做纸去。要是丈夫的收买量大一些,开着一爿行,那么她们便放弃琐细的拣布等等工作而去主持员工的饭茶。①

　　收购的破蓑衣,经过拆拣,制成渔民用的箔丝绳、农民用的田丝绳、民众用的棕垫。并将收购的新棕,掺入适量的旧棕,捻成上等棕绳,出售棕棚店,制作棕棚。捻棕绳需要两只发车,将拆拣清爽的棕丝压在一块石板下,发车捻住棕丝,不停地顺转,根据其使用要求,捻制各种粗细的绞形线,然后,再将两根综丝合二为一,捻成棕绳。三埭街老嫚将大批破损的蓑衣和旧棕棚,逐一拆成棕丝,再打成棕绳,卖给水乡渔民围鱼塘拦竹舍。家住三埭街学士街的周春香父兄除了为主顾做"吹叭先生",母亲除了做老嫚之外,一家老小都打棕绳,成为主要的家庭副业。周春香回忆:"我从小很听爹的话,七八岁的我,每年在完成父母派给我的任务——革五绞绳(每绞十支,每支十三米长左右,父母一天中打出来的棕线,全由我一个人革拢),做好后才可以出去同小伙伴玩。"②周春香从小就学做打棕绳,度过了辛酸的童年,但晚年留下的却是关于童年的美好回忆。绍兴城乡将以打棕绳、捻发线的女堕民,称为"捻线老嫚"。(图13.3—13.4)

　　有的老嫚也砑锡箔纸。"伢到纸店里去领锡箔坯子,先要'笃只笃只'甩过,再一张张砑好,砑好后再送到纸店里领回一点工钱。锡箔纸是做迷信用品,银元宝银锭。"③锡箔纸乃绍兴特有的一种手工业产品,用以制作冥钱以祭祀鬼神。

────────────

① 周锦涛:《绍兴的老嫚和一般妇女生活——被贬削的一群民族》,《申报月刊》(中)1935年第7号。

② 访问周春香,2016年7月14日。

③ 赵锐勇:《别了,中国的吉普赛人——来自堕民后裔的报告》,《野草》1988年第1期。

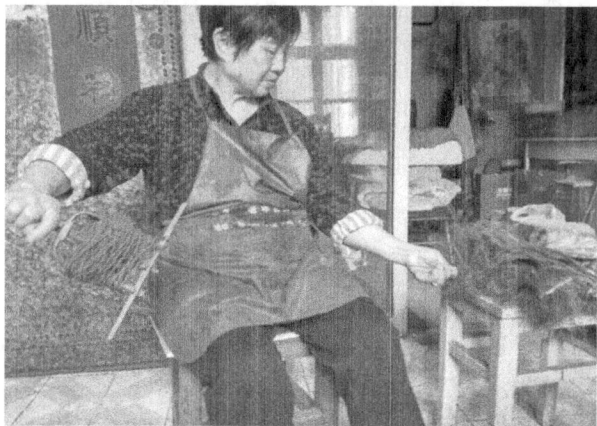

图 13.3　2017 年周春香示范打棕线（周春香供图）

图 13.4　2017 年周春香示范革棕绳（周春香供图）

锡箔纸的形状为长方形或正方形，薄纸片状。颜色为银白色，焚烧成金黄色。

　　女堕民还从事"倒马子"的行当。宋朝赵彦卫《云麓漫钞》云："马子，溲便之器也。本名虎子，唐人讳虎，始改为马。""马子"原意为"尿壶"，相传飞将军李广射杀猛虎，嘱制成虎形铜质溺具，以示对猛虎的蔑视，遂称为"虎子"。唐时李渊父亲名李虎，遂避讳改称"兽子"或"马子"。"女人的职业，都是剃头匠、'喜娘''倒马子'等等。"①民国时期，堕民也到杭州"倒马子"。每天一大早，男堕民拉着

---

　　①　君实：《亡元的遗产——浙东惰民今昔》，《三六九画报》1940 年第 16 期。

装有铁轮子的大粪车,"忽隆,忽隆"地走在杭州的大街小巷,到各自约定的人家收集粪便。身穿黑色衣服的女堕民轻手轻脚、小心翼翼、熟门熟路地到各个房间拎出马桶,提到大门外,递给候在门外的男堕民,极小心地浸入大粪车内。女堕民再用马桶刷子将马桶清洗干净,"哗,哗"的声音响彻四邻。再将干净的马桶送回各自的房间,绝不会出错。到了过年,堕民会送上一些自制的年糕、堕民糖向东家拜年,东家也会送些散钱回赠。农民种田全靠粪肥,男堕民将装满的粪肥车拉到京杭大运河南端的终点——杭州拱宸桥码头,那里泊有专门的大船,俗称"污坑船",收买堕民运来的粪便,然后再运往萧山、绍兴等地农村。"倒马子"的堕民和东家虽然没有签约,却是约定俗成,不会轻易变动。一旦失去一位主顾,再想续约相当困难。

## 第二节 绞 面

绍兴老嫚除了为新娘"开脸"外,平时也要为女主顾绞面。女堕民手提一只盒子篮,内放线、剪刀、碗、几块水粉、篾青小竹片、小镊子。老嫚动作娴熟,富有节奏感,如琴师拨弄琴弦。作家唐弢对女堕民的修面技艺,赞不绝口。"她们完全象男人一样,替妇孺们担任修面一类的工作,她们不用别的工具,只是一条棉纱线,用手和嘴牵住,缓缓地,像削草机一般在面上擦过,又简单,又爽利,真够原始艺术的意味。"[1]"绞面"乃老嫚的绝活,仅仅一根二尺左右长的棉纱线,用两手的指头绷上不规则的几何图,再用一定速度滚动几下,就能绞去脸上的汗毛,脸色也如出水芙蓉。"绞面"具有美容和按摩的双重功能,有的老嫚还能将眉毛绞得细如柳叶。有的女主顾嫌自己辫子粗难看,有的则嫌自己头发少辫子像老鼠尾巴,女堕民心灵手巧,能将粗的打得小巧玲珑,细的添上头发或用黑线叠进,辫子打得油光水滑。只要注意日常梳妆、护理、打扮,脸部的美容效果一般可保持两个月。"每月她们必须拿着篮子到东家那里去一趟,替东家剃头与修面,以棉纱线为女东家修面。"[2]"绞面"分为包月和临时二种,诸如一月上门服务一次。偶尔去烧香拜佛,走亲访友,也临时召唤一次。"绞面"并不当场收钱,一般年终结算;没钱的平民,也可以粮食结算。余姚谚语云:"堕贫嫂,屙瘴呒,草子地里翻筋倒。捡到一把剪头刀,嗖格嗖格刮卵毛。"[3]"绞面"与今天的美容面

---

① 唐弢:《堕民》,华夏出版社 2008 年版,第 34 页。

② 朱虹:《浙东的堕民嫂》,《妇女杂志》1948 年第 3 期。

③ 钱百治、金钟海整理:《堕贫嫂》,《余姚民间歌谣》,2012 年,第 27 页。

膜有异曲同工之妙。绞面习俗随着堕民群体的消失,其技巧也随之失传。

宁波除剃满月头以外,孩子的理发,例由"送娘"负责。慈溪坎墩的"堕婢嫂"出门提着盛剃刀的方底圆竹篮,后来改成藤篮。剃头热水由主人自己准备。"堕婢嫂"剃头便宜,对象是小男孩,她们的刀一刮,孩子头皮并不舒服,害怕剃头。"堕婢嫂"就哄孩子,下次带只红蛋来。"坎墩乡情,堕婢嫂催生用红蛋。于是,孩子就心甘情愿上当了。不过,精光发亮的头长出来的头发又粗又硬,根根挺立,看上去不错。"①后来,剃头的堕民开设了店铺,堕民的剃头担也消失了,唯有"堕婢嫂"仍在穿街走巷理发。"堕贫嫂"挑着剃头担子,走街串巷理发,曾经是慈城一道独特的风景线。王静记录了"堕贫嫂"为孩子理发的口述资料:

> 我说的第一位剃头师傅是个女人,是挑着剃头担子穿街走巷的"堕贫嫂"。在慈城,与我同龄人的冠男,差不多都由这样的"堕贫嫂"剃头。我家住在冯宅,剃头师傅每隔一段时间来一趟。每次只要听到声音,不用看到她的担子,我就要开始逃了,想逃到母亲找不到的旮旯。可能人小腿短,不管逃到哪儿总能让母亲找到。母亲把我捉回来,我就只好乖乖地被押上剃头椅子。"堕贫嫂"是用夹刀剃头,动作倒也利索,围好挡布后从头颈开始往头顶推,三下五除二,没几下,长发就变成短发。这样的头,我不知剃了多少次,印象最深的是,每次剃完后,浑身是碎头发,触人辣煞的。夏天还好,卜咚一声,跳进河里,与伙伴打几招水仗,碎发也打完。冬天就难受死了,厚笃笃的棉袄领里,总有拍不完的碎头发。剃头师傅的担子一头是煤炉,一头是脸盆架,她还替我们洗头。她能说会道,话柄也很长,从放落担子开始一直到挑担离开,她的话柄似乎不会断。具体说些什么,我也记不清了,反正说的全是好话。看到我们为碎头发皱眉头时,剃头师傅就眉开眼笑地说:"来来,小弟弟我帮你拍拍。"但不管她怎么拍,钻进衣领子的碎发总拍不完的。我记得有一次,她的煤球风炉被一个小伙伴故意浇灭。她发现了也不恼,只是一劲地说:"水不太热,还好,天不冷天不冷。"像在安慰自己,又像在解释,其实她完全可以骂一句:"哪个小赤佬干的!"可她没有骂。她剃头收费很低,先是三五分钱一个头,后来涨到一角一只头。当时理发店的价钿是剃一回需三角钱。因为如此,我很想进门口转着花鼓筒的理发店,可母亲就是不带我去。后来不知是"堕贫嫂"病了还是啥原因,就没再见到她上门,母亲只好带我上理发店去了。②

①　方柏令主编:《十里长街——坎墩》,新华出版社 2006 年版,第 20 页。

②　王静:《中国的吉普赛人——慈城堕民田野调查》,宁波出版社 2006 年版,第 213—214 页。

余姚理发也是堕民专职之一,从业者大都是女堕民,以家族或联户人家为单位,有固定的服务对象,称为"绕脚埭",即"理发的地盘"。乡间称理发者为"剃头堕民嫂",俚语云:"堕民嫂,样样要,吃了要,还要讨。""堕民嫂"肩上挎一只黑漆描金小箱,有的则手拎一只方型藤篮,山区则为竹篮,内置剃刀、梳箆、磨刀石、挖耳朵用的小竹筒、土布毛巾、胭脂香花粉(膏)。她们见人就使用尊称如老爷、太太、相公、少爷(小倌人)、小囡囡。她们还使用理发暗语,称呼一至十为牛、月、汪、则、中、辰、星、张、崖、足。如有人问起"侬今天理了多少"?堕民嫂答曰"中崖几",即五元九角。男性发式有西洋发、和尚头、板刷头,还要修脸、剃胡子。女性多为修发,也修脸,又称"绞脸"。她们有拿手好戏——推拿,又称舒筋、捶背。不管是睡觉落枕痛、感冒头痛,乃至劳累腰疼痛,经过堕民嫂的敲、拍、揉、搓、推、拿、端等,立竿见影,颇见效果。她们推拿"落枕"时,让人坐在凳子上,先提肩、揉手臂、头颈、推松臂筋,再左手托着下巴,右手托着后脑,将头左右转摇几下,猛然用闪劲把头往上一提,只听"擦"的一声,脑袋即能转动自如。她们的挖耳朵技术也颇为娴熟,小竹筒装有各式竹挖耳,大小绒毛扫、铜丝弹条、铰耳小刀、小铜起子、夹子等小工具。先用铰耳刀铰去耳朵汗毛,再用挖耳细挖,再用小夹夹出耳屑,用起子将薄皮夹出,用铜丝弹条在耳朵一弹,弹得耳朵嗡嗡作响,最后用绒扫扫净,使人全身舒麻,有人竟在掏耳时沉沉入睡。堕民嫂要进行"特殊理发",即剃胎发和剃死人头。堕民嫂给死人剃头,东家须付十倍的理发钱,用红纸包好,以示吉利。

女堕民为女主顾提供美容美发服务时,还穿珠花,做卖婆,称作"卖珠娘"。"有的因为亲近多是富户的小姐、奶奶,还做一些卖珠宝的生意。"[①]大户人家妇女,往往大门不出,二门不迈,胭脂花粉之类的化妆品不易得到。女堕民"绞面"时,往往进行推销。女堕民"又为妇贸,便见窃攘,尤善为流言,乱是非,间人骨肉"[②]。女堕民能够随意出入富家妇女房闱,传播坊间的信息,加上贪图小利,常被认为乘机偷窃,诈骗,或者传播流言蜚语,制造谣言,甚至离间其亲属之间的感情,造成骨肉相残。

## 第三节 详 梦

详梦,又称"圆梦",乃慈城堕民,特别是女堕民季节性的特殊行当,也是他

---

① 周锦涛:《绍兴的老嫚和一般妇女生活——被贬削的一群民族》,《申报月刊》(中)1935 年第 7 号。

② 徐渭:《青藤书屋文集》卷十八《风俗论》,中华书局 1985 年版,第 240 页。

们区别于其他地区堕民的一种行当。"旧时,慈城的清道观闻名江南,每年的冬至夜,人们选择清道观静坐求梦,祈求来年的好运。(图13.5)住在天门下的堕民近水楼台,借机替人详梦,久而久之,便成了慈城堕民特有的行当。"①慈城的清道观闻名浙东,妇孺皆知。道教尊崇老子,早在唐天宝八年(749),就在龙山山脉的南端,建造了清道观。南宋绍兴三十年(1160),道士叶景虚重建。1887年最后一次修建。惜于十年浩劫中被毁,2007年重建。清道观成为道教文化的重要圣地,香火旺盛,历久不衰。古城东南角的护城河畔,有两座牌坊,一为"父子进士牌坊",一为清道观牌坊。进入清道观牌坊,两旁为参天的百余米柏树坡道,往南拐弯复行数十步,到达百步阶,拾级而上有凉亭,古称"云亭"。极目远望,北面群山环抱,峰峦叠嶂,南面的慈江,犹如一条白练,自东而西横贯。再拾级而上,到达清道观第一道山门,供奉身着黄衣的朱天君,两旁矗立四大元帅,朱天君后面为王灵官殿。进入第二道山门,为二十四间走马楼,四周供奉各种神像,进香的善男信女顶礼膜拜,祈求神灵保佑。出走马楼,前面建有戏台,每年六月二十四日雷祖诞辰日,必有戏班演戏,香烟缭绕,熙熙攘攘,热闹非凡。由此而上,还有五六层殿堂,分别是东岳殿、太乙殿、雷祖殿、玉皇殿、三清殿,塑有不同神像。太上老君乃《道德经》作者老子,为道教创始人,太上老君为其化身,受到信徒虔诚供奉。戏台两旁还有关岳殿、小洞天和文昌阁。后面东边有十王殿,即阴间十殿阎王殿。清道观最引人注目的是一只铜铸大钟和一只会旋转的"经幢"。铸造大钟时,善男信女争相将身上佩带的金银饰物投入其中,以示"功德",所以撞击时,钟声清脆嘹亮,远及方圆二十里,此乃清道观"一绝"。诗曰:"晚钟破岩腹,荡出四天惊。"清道观另一绝为"经幢",为陀螺形,中间有轴,雕刻无数神像以及飞禽走兽,十分精致,四周嵌有木档,走在木档中,推动经幢旋转。清道观雄伟绝伦,飞檐雕栋,美轮美奂,烟云缭绕,恰似天庭仙境。

　　道教神仙五花八门,无所不有。佛教来自印度,所崇拜的佛和菩萨来自异邦。但道教乃中国土生土长,各种民间传说、神话故事以及历史故事中的人物,均可作为神仙,供人膜拜。老子被尊称为太上老君,供奉在清道观三清殿,吕洞宾尊称为北宗祖师,关云长尊称为关圣帝,清道观将明末崇祯皇帝立为朱天君。佛教只问来世,不问今世。但人间有许多今世问题需要解决,道教有许多神仙分管此事。统管天上人间一切祸福因果的是玉皇大帝。有天、地、水三官,天官赐福,地官赦罪,水官解厄。有保一方平安的城隍,朱元璋封城隍为显佑伯,官位四品,比七品芝麻官的县令高出三级,新官上任要参拜城隍。天旱下雨,必须祈求龙王爷,要天晴出太阳,则祈求太阳神。要发财,拜赵公元帅,要进学中举,

---

①　《江北堕民》,《宁波市江北区志》,浙江人民出版社2015年版,第1818页。

图 13.5　1930 年的清道观（王静供图）

求文昌君。找对象,求"月下老人"。求子,找"送子娘"。有病痛,则找"痘疹娘"
"肚痛娘"。人间一切祸福悲喜,生老病死,都能在道教那里得到神的启示与保
佑。道教也融合佛教,清道观修了阎王殿,有阎王、判官、黑白无常、牛头马面、
勾魂鬼卒,还有"下油锅""过刀山"等惨烈场景,令人毛骨悚然。传说人间为善,
死后升入天堂;人间为非作歹,死后打入地狱,以惩恶扬善。"每遇岁首伏腊月
朔,士民骈肩倒足,叩坛以占吉凶,声若聚雷,莫不满意而去。"①每年六月二十四
日雷祖诞生日和冬至夜,前往清道观夜宿求梦的人携被挈枕,络绎不绝,以求神
仙庇佑。诗云:"五重巨钟精木幢,一方空地万人梦。""慈城人称占梦为详梦,过
去送娘子(堕民嫂)会替人详梦。她们根据来人的脸色和口述梦境,揣摸对方心
思,然后运用拆字法、象征法、圆梦法、谐音法等多种方法为其详梦。其间或迎
合奉承,多讲好话,或模棱两可,不言吉凶,最后还要讲得求梦人口服心服,乖乖
地拿出详梦酬金。"②慈城堕民聚居区天门下与清道观仅一步之遥,近水楼台先
得月,送娘早早恭候求梦者的来临。

　　清道观的山脚下,有一个属堕民聚住的小村。堕民是出现在元末明初

---

　　①　王叔龙:《慈湖清道观》,《京沪沪杭甬铁路日刊》1934 年第 938—962 期。

　　②　张宝才口述,陈善年整理:《占梦》,《甬上风物——宁波市非物质文化遗产田野调查
(江北区慈城镇)》,宁波出版社 2010 年版,第 173 页。

历史上的一个非常突然而奇特的社会阶层。他们的产生和流落有种种说法。堕民的社会地位极低,比社会地位最低的还要低,低到了无。他们没有任何社会权利可以享受,有的,只是种种社会对他们预设的强制的制约。他们不在"人"的行列,他们是可以使唤的牛或者马。但事情却另有蹊跷的一面,聚居在东门外天门下村的堕民,虽说干的是社会最底层的活,而他们居然也涉足在圆梦的队伍里。在大量关于清道观圆梦的传说故事里,堕民们的身影总是穿插其中,他们替著名人物严嵩解过梦,替赵文华解过梦,都给人们留下了他们以巧取胜的不凡能力。天门下村的堕民无论男女老幼,几乎人人都是详梦的能手。他们出没在前来求梦的人们当中,他们察言观色,他们花言巧语,他们掌握的本事使得他们总能有好的报酬。当他们干着这个营生的时候他们才像模像样,才享有权威,觉得与人们同样享有尊严,甚至更高。在慈城,人们普遍看不起堕民,堕民与非堕民的分界线犹如泾渭。但令人费解的是在圆梦这件事上,许多非堕民还是会听信堕民的详解。要知道,圆梦是一件多么重大的人生之事,人们怎会轻易把自己命运的走势让堕民来说三道四呢?

以我推测,原因依然在堕民是堕民上。堕民既然不在我们正常人群之列,那么他们就应该有不同寻常人的能量。梦,是一种昭示。要揭示这种人与灵之间的关系,只有具有特殊神通,特殊能量的"人",道士们就是这样的能够在人与神灵之间穿梭往来的"人",他们在两个世界里往返,并且传达着相互的信息,因此他们是圆梦的终结者。而现在堕民们也是。接下来的问题是堕民们圆梦的本事来自何处? 他们对梦所涉及的大量社会的、自然的、人的知识是怎么掌握的。一个最显然的答案是因为他们的住所与道观邻近。因为他们虽然与城里的人们也住得不远,但事实上他们与城里的生活永远隔着"鸿沟",他们在再细小的生活环节上都不能与城里人相容。相反,在清道观那里,在道士们那里,他们一定就没有这种人为的距离了。他们都是在"城外",都是在人们的世俗生活之外,虽然一个是主动与人们保持距离,一个是被迫接受人们的一种强权,但境遇总是有相同之处的。所以,耳濡目染,或者直接源于道士们的指点,这就非常可信了。如此,从另一个侧面可见清道观道士们人性的一面。慈城堕民的这一现象,应该说是慈城文化的一大异彩;同样也是我国道家文化史上的一个奇异现象。①

据说,慈城送娘从事详梦行当与明代权臣严嵩有关。严嵩擅专国政达二十

---

① 王振:《梦里梦外清道观》,《慈城:中国古县城标本》,宁波出版社 2007 年版,第242—243 页。

余年,累进史部尚书、谨身殿大学士、少傅兼太子太师、少师、华盖殿大学士,为中国历史上著名权臣之一。相传,严嵩原在福建为人测字看相,小有名气。朱厚熜也来到其摊前看相,严嵩见年青后生双手过膝,两耳垂肩,眉宇间轩昂不俗,神态肃穆神圣,掐指算来,非同小可。严嵩恭敬有加,告知将来定做皇帝。朱厚熜确系贵为王子,但明朝宫廷倾轧,明争暗斗,朱厚熜颇感落寞胆怯,骤听此言,大感意外,乃信口开河承诺,若做皇帝,将聘严嵩为宰相。严嵩乃扑地伏身拜谢。正德皇帝驾崩后,朱厚熜继位做了皇帝,是为嘉靖皇帝。严嵩盼星星盼月亮,却不见嘉靖皇帝召见。严嵩急不可待,乃从福建起程,前往京城向皇帝讨要宰相,他路过宁波,遂到清道观求梦,以预卜此行吉凶。当天夜里,严嵩果然得了一梦,只是十分凶险。严嵩梦见自己被众人无端绑上殿柱,有人伸长两根手指,指甲又尖又长,利如尖刀,抖抖擅擅朝其迎面伸来。眼看即将触及双眼,忙将头朝后避让,无奈后为殿柱,无处避让,只得紧闭双眼。"啊"的一声,顿时鲜血迸溅,手指"唰"的一声刺进眼眶,又狠狠一抠,两只眼珠被抠了出来,后面还拖着两条长长的血筋,来回荡了几荡,又向梁上一抛手,眼珠似一根线上的铃铛,挂在悬梁之上,悬空荡来荡去。严嵩醒来,天已大亮,回想昨夜噩梦,仍心有余悸,思量良久,仍不得其解,询问仙道老丈,无人可解。严嵩也自愧以看相算命为业,却难解自己一梦,想必此血腥噩梦,定是大凶大险。严嵩失魂落魄地从清道观的百步阶下来,半路遇上守候多时的送娘。善于察言观色的送娘解释:"屋柱为木,眼又为目,木目为相,东家以后是朝中宰相。"柱上为栋梁,此乃众人奉其为"朝中栋梁";双眼挂于梁上,梁乃木,双眼也是目,两字相合成"相",来日必在朝中拜相。严嵩经此一说,突然清醒过来,大喝一声:"大胆贱人,谁让出口狂言。"[1]严嵩不相信送娘所言,以蛊惑人心为借口欲拆除清道观。严嵩到京后,果然出任宰相,可惜其宰相来路不正,且又不务正业,成了人人唾骂的老奸臣。堕民详梦甚准,送娘的偶尔所言,却为慈城堕民找到了新的行当。

详梦乃是一件难事,需要摸透求梦者的心理,随机应变。堕民擅长说奉承话,尤其送娘是天生的详梦者。(图 13.6)堕民聚居的天门下位于清道观的山脚,而清道观则位于天门下的山顶。每年雷祖诞辰日和冬至日的翌日早晨,送娘早早恭候在半山腰。据说民国年间,宁波南门外余回生堂的袁老板因梦见自己戴着头枷上刑场而垂头丧气。等候在百步阶的送娘看见袁老板一身富贵打扮,乃上前搭讪:"东家,你为何'吞庄庄?'(方言,意为心情不好)昨夜梦见啥嘞?"袁老板有气无力地述说戴着头枷上刑场的梦魇。送娘一听,连声称赞:"好梦! 好梦!"不停地向袁老板道喜。面色苍白的袁老板丈二和尚摸不着头脑,看

---

① 王静:《中国的吉普赛人——慈城堕民田野调查》,宁波出版社 2006 年版,第 80 页。

着送娘喜气洋洋的神情,连忙从怀里掏出钞票递上。袁老板将信将疑:"喜从何来?"送娘回答:"东家将来能成头一家,这不是桩喜事吗?"①送娘详细的解释,头栅者,喻义为第一家也,袁老板将来会成为南门第一家,此乃大喜之事。袁老板转忧为喜,兴冲冲地离去。果然,正如送娘所言,袁老板的生意兴隆,名冠四方,成了南门第一首富,应验了送娘所说的"头一家"。据传,袁老板还专程到天门下答谢送娘的详梦。而送娘则将谢款作为盘缠送儿子到上海学做生意。

图 13.6　送娘等候从清道观百步阶下来的客人详梦(王静供图)

慈城还有俞家因"堕民嫂"详梦而发家致富的传说。俞家大宅相传乃冯氏不肖子孙败落祖宗财产而出卖于俞家。由于年久失修,俞家买入已是几间破屋,称为"倒墙窟"。"有意思的是,俞家人买进破屋后,有人接二连三地梦见破屋里满地铺的都是黄金。聪明的俞家人去了趟天门下,让堕民嫂解梦,答案是挖地三尺。不挖不知道,一挖吓一跳,地下果然暗藏几甏银子。俞家人的聪明还在于不是将银子先用来享受,而是置下了大片大片的良田,并在太湖路边开了一家大同米行,诚信买卖,做了工商大地主。"②另一个也是因听信"堕民嫂"详梦而发财的故事。清嘉庆年间,镇海柏墅人方介堂年轻时想到上海创业,也到清道观夜宿求梦。晚上梦见一只大鹰俯冲下来,将其头啄去。方介堂梦醒时浑身冒着冷汗,闷声不响地往家赶。路过离柏墅不远的路头堕民村,巧遇在自家

① 王静:《中国的吉普赛人——慈城堕民田野调查》,宁波出版社 2006 年版,第 81 页。
② 王静:《俞家谷的猜想》,《留住慈城》,上海远东出版社 2004 年版,第 39 页。

长年做脚婢的"堕民嫂"询问:"方先生,老早天亮为何脸色介难看?"方介堂乃将清道观求梦的遭遇一五一十地叙述一番。"堕民嫂"听完后,立即拱手作贺:"恭喜恭喜,方先生。你求到了大吉大利之梦,方字去掉头,你将有万两黄金、万贯家产、万人之上……"①方介堂听完"堕民嫂"的详梦,顿时热血沸腾,信心百倍,从此离开宁波到上海创业,成了远近闻名的大富豪。

前来清道观求梦的人各有所求,有的求官运亨通,有的求财源滚滚,也有的求姻缘美满。如果有人夜宿清道观梦见姻缘不幸,送娘还要兼职媒婆,牵线搭桥,以成人之美。详梦自然是个好行当,天门下有个称为"乌大门"的墙门,乃是天门下唯一的一个墙门,据说建造墙门的堕民因详梦而发财。详梦无须用力还能赚大钱,散居慈城其他地区的堕民也向天门下的堕民习"详梦",学得最好的莫过于城外卢头村的堕民。那村一个堕民的一句话,竟然造就了一个商业村。原来卢头村的一个村民,听信了堕民的详梦语,到上海谋生发了大财,并将小村愿意到上海谋生的男人介绍过去,昔日穿草鞋的农民换上了皮鞋。但堕民没有多少文化,尽管能说会道,难于成为所有堕民的一个行当,出手大方的袁老板之流,也是可遇不可求,仅有极少数堕民偶尔为之。

## 第四节　捉牙虫

女堕民也从事捉牙虫的行当。古代因受医药水平所限,饱受牙痛之苦的古人想法极为简单,以为是牙中有牙虫。隋代医学家巢元方所撰的我国第一部病因学专著《诸病源候论》就有关于牙虫的记载,牙痛的病因有两种,一为"髓气不足,阳明脉虚";二为因牙虫而引起,"牙齿根有孔,虫居其内,食牙尽,又度食余牙齿"。② 前者采用针灸治疗,后者以药物杀虫。牙痛乃牙虫所致,捕杀牙虫为治疗牙痛的关键。治牙虫的方法很多,有药物、熏烫、针灸和巫术。三国名医华佗也留下治疗牙痛的要诀:"一撮花椒小一盅,细辛白芷与防风,浓煎漱齿三更后,不怕牙痛风火虫。"今天药店仍能找到含有细辛的牙痛药。明代李时珍的《本草纲目》收录治牙科虫的药方,"用天仙子一撮,入小口瓶内烧烟,竹筒引烟入虫孔内,熏之即死,永不发"③。唐代"药王"孙思邈在《千金翼方》中,还推荐几

---

① 钱文华:《老慈城的岁时习俗》,《慈城:中国古县城标本》,宁波出版社2007年版,第499页。

② (隋)巢元方:《诸病源候总论》,人民卫生出版社1980年版,第605页。

③ (明)李时珍:《本草纲目》卷十七上,中国书店出版社1988年版,第21页。

种治牙虫的符咒。其中有"人定后,向北斗咒曰:北斗七星,三台尚书,某甲患断断,若是风断闭门户,若是虫断尽收取,急急如律令。"[1]但估计疗效甚微,仅仅心理安慰而已。

最为直接的办法自然是将牙虫活捉出来,即"捉牙虫",又称"撬牙虫"。明代杨慎的《升庵外集》用虎须剔除蛀虫的方法,"凡虎须拔得者,将剔牙虫,无复疼痛"。民间流行"捉牙虫"的行业,执业者多为中年妇女,又称"牙虫婆",清人褚人获的《坚瓠集》云:"药婆,今捉牙虫,卖安胎、堕胎药之类。"[2]"牙虫婆"捉牙虫时,先在患者口中滴上几滴药水,然后用骨针、竹片之类的工具,在患者口中拨弄几下,挑出几条米粒大小不停蠕动的小白虫。"宁波绍兴等处,则有女堕民替人捉牙虫,修面,做女仆等。"[3]宁绍地区的女堕民,"捉牙虫"也成为其谋生的行当之一。

女堕民从事捉牙虫的资料极为稀少,鸦片战争以后,来到宁波的外国传教士,留下了一些较为珍贵的女堕民捉牙虫的记载。较为重要的有英国传教士戈柏氏的著作《中国人的生活自画图》。书中有《有效的疗法》,专门讲述女堕民捉牙虫。"牙痛是一种常见病,世界上大小国家莫不有医牙痛的'偏方',但要说起治疗的别出心裁和效果,中国人的偏方恐要令别国相形见绌。在中国,就有借'特技'替人除牙疼为业的江湖郎中,且全为女性。"女堕民认为"牙疼通常是由一种小虫引起的,这种虫子生长在牙根下面的牙床里,如果能够把它们驱赶或者引诱出来,牙痛就会立刻停止"[4]。至于如何驱赶或者诱骗牙虫出来,则是这一行业的"秘密",严格限制在同行之中,外人不得而知。

戈柏氏(Robert Henry Cobbold)为英国安立甘会的一名牧师,于1848年到达上海,转赴宁波。戈柏氏于1851年返回英国,两年后偕夫人再次来到宁波。1856年2月,戈柏氏被委任为宁波会吏长,后来成为副主教。直到1857年才与家人一起离华返英。戈柏氏为宁波方言拼音方案的推行者之一,除了撰写《中文摘要》等中文著作外,还出版英文著作《中国人的自画像》(*Pictures of the Chinese, Drawn by Themselves*)。戈柏氏刚来到宁波,就听说女堕民捉牙虫及其绝技之事。生活在宁波的传教士以及外交官对此产生了浓厚的兴趣,甚至出现了激烈的争论。戈柏氏的一位朋友对此提出质疑,认为这是江湖骗术,西方牙医检查成千上万的口腔和牙齿,经验极为丰富,却从未发现牙齿或牙床有虫

---

①　(唐)孙思邈:《千金翼方》,第二中医大学出版社2008年版,第254页。

②　(清)褚人获:《坚瓠集》六集卷四,康熙刻本。

③　何汝松:《浙江之惰民》,《绸缪月刊》1935年第2期。

④　龚维琳、许燕:《一个外国传教士眼中的宁波女堕民》,《绍兴文理学院报》2014年11月5日。

子,除非目睹虫子从牙床里爬出来。戈柏氏对此也是半信半疑。"我不是一个怀疑论者,如果我当真看到了,并且确信没有预谋的话,我会相信我所看到的。再说,一些重大发现(听到这里我的朋友笑起来)往往被埋没很久之后,才出人意料的被世人了解。不然,仅在宁波一地怎么会有约 2000 名女性从事这个行当?难道大家都是傻瓜,牙不疼的时候也去麻烦她们吗?人们情愿拿着心肝宝贝一样的金钱去换回对自己毫无益处的东西吗?"①戈柏氏与之争论不休,但谁也不能说服谁。

外国人由怀疑转而请女堕民捉牙虫,以验证其真伪。一位外国妇女长期受到牙痛的折磨,曾就诊于英国皇家军舰的大夫,却无任何疗效。就在其极度沮丧之时,听到关于女堕民捉牙虫的传闻。于是,她邀请女堕民到府上为其医治。仅仅数分钟,女堕民就取出数只牙虫,放在一只红酒怀里。更为惊奇的是,从此告别了困扰其多年的牙痛。女堕民捉牙虫的奇迹在外国人中一传十,十传百。外国人在好奇心的驱使下,也假装牙痛,邀请女堕民前来医治。女堕民来者不拒,乐得赚个盆满钵满。女堕民从一位商船船长的口中,搜出至少二十条牙虫,这位船长嚼了一辈子硬饼干,牙齿还像十多岁的孩子那样健康。女堕民听说其从来没有过牙痛,没有丝毫惊慌,并巧妙转换话题,以不管牙齿是否被腐蚀,都有牙虫寄居其中。为了防止将来出现牙痛,最好现在就将牙虫取出。为了防止女堕民以欺骗方式诊治病人,女堕民被允许一次只能进去一位,并且由外国妇女对其进行全身检查之后,才可以登堂入室。女堕民行医时,也被要求将袖子卷到肘部,对双手进行彻底清洗。即便如此,女堕民仍然轻易地将牙虫剔了出来。有位学医的外国人挑选了几只取出的牙虫标本,小心翼翼地放到酒精中浸泡,准备送往美国做进一步检查,放入博物馆进行展览。据说英国女王的一位顾问断言,此事千真万确,此乃其亲眼所见。然而,戈柏氏的朋友仍拒不相信。戈柏氏在《中国人的生活自画图》中,详细的记述了一次女堕民捉牙虫的亲身经历:

> 某日,我们对坐于家中,在令人敬重的汉学专家们(中国人称其为"先生")的陪伴下,正在学习着令人困惑的中国文化中复杂晦涩的象征意义,就在此时,我们听到了那道如雷贯耳的女声……"捉——牙——虫,捉——牙——虫"……我立刻对仆人下令,"把她叫进来"我们很兴奋地把书扔到一边,欢天喜地的迎接一场测试。因为在此之前我们从未亲见捉牙虫的过程。第一个被医治的是一位教师,他此时正患眼疾,据说正是那种导致牙

① 龚维琳、许燕:《一个外国传教士眼中的宁波女堕民》,《绍兴文理学院报》2014 年 11 月 5 日。

疼的小虫,也会引起眼睛的炎症。我和朋友对女郎中说:"这位尊敬的教师,希望向您求诊。看看他的眼睛……你知道是什么引起了炎症吗?""知道,是虫子!""您能治愈他吗?""能!"教师坐下来,那位女郎中从头发上取下一支有大号织针大小的,亮晃晃的钢制大头针,并从厨房借了一双寻常的竹筷,就开始治疗了。我们紧张地注视着她的医治过程。的确,我和朋友对这一过程有着特别浓厚的兴趣。一方面是因为我们希望借此平息两人对捉牙虫真伪的争执,另一方也因为我们向女郎中慷慨承诺了为每只取出来的小虫支付三便士的报酬。只见她先用一只竹筷按住眼角,然后用另一只轻轻点按,间或变动一下筷子的位置。几秒钟之后,她发出的那声非常有名的"呶"强烈的揪住了我们的注意力,她用钢针把眼睑反过来,然后胜利地取下一只肥肥的小生物,大概有酪蝇大小。我承认,我们的观察远不能令人满意。我本来期望能够看到这个小生物从肉体里面往外出的情形,而不是现在这样安静地出现在眼球上。如果小虫本来就是死的,自然它是不会动的。

这时,我的朋友开始抱怨他有满口坏牙,想知道自己是否适宜成为女郎中的病人接受医治。她说"那当然,你的牙坏的可不轻"。朋友坐下后,我密切注视着女郎中的一举一动。当她把一只筷子放在朋友的牙齿上,用另外一只筷子轻轻敲击它的时候,我忽然想起小时候找鱼虫的经历来。我那时就发现,只需把铁锹深深插在土中,迅速的前后掀动,那么方圆一码的地里的虫子,都会从洞里爬到地面上来,这样我就可以不费吹灰之力的抓到鱼虫。就在这时,也就半分钟的功夫,那声熟悉的"呶"再度响起,这次,她从我朋友的口腔里清除出了两只牙虫。女郎中生意兴隆。现在,轮到我了。我张开嘴让竹筷和钢针在里面工作,我的朋友就站在一旁观察。他的眼神还没有我的好,又是"呶"的一声,表示虫子已经取出来了。我的朋友现在几乎是绝望了,可能就是在这种绝望的心理支配下,他睁大了警惕的眼睛注视着筷子或针头的动作,用一块手帕细心地擦拭女郎中每一次换下来的工具。他如此执拗地擦拭,甚至含有些挑衅的意味在里面。特别是当女郎中在一连串轮换的敲打之后,试图再次使用刚用过的工具时,我的朋友坚持要先擦拭过之后再使用,并执着到确实再也找不到虫子为止。

女郎中站起身,很有权威做出结论,"这位先生现在没有虫子了"。"的确",我掩饰道,"我刚才只是想给你多一些挣钱的机会"。我们徒劳地劝说她再给其他人治疗,但她毫不动摇地拒绝了。对她来说,那块手帕一定是产生了不小的威胁。她坚持说我们的牙齿以后不会再有疾患,并且也将终生不会有牙痛。但是现在,她要求我们得按照承诺付给她报酬,玻璃杯里的每条虫子值三便士。我想玻璃杯里应该有四条的,包括教师的一条眼虫,我朋友的两条牙虫,和我自己的一条牙虫。但是,杯子里不是四条,却是六条!看到我们生气了,女郎中却甚是得意于所挣的这笔先令。她语气坚决地宣称,有两次是两只虫子一起被拿出来的,只不过我们没有注意到而已。

女堕民拿钱离开以后,无论戈柏氏如何邀请,不再有女堕民上门捉牙虫,可能是怕露馅。后来,戈柏氏遇见一位双目失明的老堕民,原先也是从事捉牙虫的"女郎中"。失明女堕民笨手笨脚,终于露出了马脚。女堕民灰溜溜地离开,不停地绞着双手,嘟嘟囔囔,自嘲老眼昏花。戈柏氏彻底明白,所谓的捉牙虫,乃是一场骗局。并急忙写信到美国,让博物馆不要展出已经寄出的牙虫。

宁波民谣《火莹头》曰:"火莹头,夜夜红,阿公挑担卖碗葱,新妇织麻糊灯笼,阿婆箍牌捉牙虫,儿子看鸭撩屙虫。"戈柏氏在《中国人的生活自画图》中,绘制了一幅惟妙惟肖的女堕民捉牙虫的画,肩扛一柄长长的雨伞,裹着小脚,发式整洁。如果遇到别人暴力攻击时,擅长自我防护,其畸形的脚上穿着一双很重的鞋,能将侵害她们的男人踢晕后滚到街的另一边。(图13.7)

绍兴也有民谣《火莹虫》曰:"火莹虫,夜夜红,公公挑菜卖胡葱,婆婆织布糊灯笼,倪子开店做郎中,新妇抽牌捉牙虫,一石米桶吃勿穷。"[1]作家孙席珍对此有专门的解释:"'抽牌捉牙虫'是一种江湖女人的职业,专为人捉蛀牙的虫。据说非常灵验,无论怎样剧烈的牙痛,只要经他们一捉,都马上能见痊止痛。她们也兼营一种和测字卜易差不多的抽牌的事,为人定吉凶休咎。"[2]嵊州的"轿夫婆"从事媒婆之余,也兼营捉牙虫,成为其副业,被称为"牙婆"。以前没有牙医,凡有蛀牙,均以为乃牙虫作祟,遂兴起捉牙虫之业。嵊州的"牙婆"用一根白丝线在牙齿间来回搅动,以造成有牙虫的假象。"牙婆"搅动丝线时,将事先藏在指甲里的白泥粉弹进嘴里。白泥粉粘上丝线后,硬吉吉,亮晶晶,酷似小虫。牙虫捉得多,报酬自然也多。虽说并无所谓牙虫,但这是人类最早的洗牙术,也能去除牙垢,清理口腔。女堕民捉牙虫早已成为历史,这是古人为医治牙痛所做的努力,也反映了贱民生活的艰辛与苦涩。

女堕民兼为主顾家的孩子和女眷治病。明代常熟的堕民,男以结草绳和麻绳为业,"女则为伴媵、卖珠娘、为小儿医,常以一人而营数业,以一人而应数

---

① (清)范寅:《越谚》卷上《谣谚之谚第七》,光绪八年刻本。
② 孙席珍:《绍兴歌谣》,《文学周报》1929年第7辑。

图 13.7 戈柏氏（Robert Henry Cobbold）在其著作《中国人的生活自画图》（*Pictures of the Chinese，Drawn by Themselves*）中所绘的女堕民捉牙虫画（龚维琳供图）

家"①。女堕民也要为女主顾"扭痧"。萧山临浦的老嫚"还有为主家扭痧，临浦人习俗，人发了痧只要在背上扭肌肉，将肌肉扭得发紫就会好的，而扭痧是个力气活，所以也由他们来做的"②。绍兴县杨汛桥镇展望村坍石下堕民"为中暑的

---

① （清）瀛若氏：《三风十愆记·记色荒》，《丛书集成续编》第 224 册，新文丰出版公司 1978 年版，第 397 页。

② 朱冠右、吴桑梓：《堕民和临浦》，《小上海——临浦旧事》，方志出版社 2004 年版，第 157 页。

人扭痧和刮痧等"①。

女堕民也是女主顾的妇科病顾问。女堕民也是女主顾性生活的启蒙者,姑娘新婚时,女堕民负有指导新娘性生活的职责。"洞房花烛第一夜由'送嫁老嫚'伴睡,这一天晚上她会向新娘讲别人难于启齿也不易听到的那些令人害羞的话。"②妇女结婚以后,与女堕民接触较多,女主顾有难于启齿的妇科病,也向女堕民倾诉或者请教,代请医生或代购妇科用品。

## 第五节　妓　业

女堕民是否从事妓业,学界有不同看法。明代的祝允明在《猥谈》提及奉化堕民"妇女稍妆泽,业枕席"③。明代的王士性在《广志绎》记载堕民"妇女卖私窝,侍席行酒与官妓等"④。明代成化《新昌县志》记载:"土人为乐户,有隶教坊者,凡十余家,自相婚配。富家婚姻,则用以为行礼扶掖之助,或平居宴饮,亦用之歌舞,或遇晚留宿,亦不拒焉。"⑤丹麦学者 Anders Hansson 对此持否定看法。"祝允明曾说堕民妇女'业枕席',王士性也称堕民女侍席行酒。但徐渭和沈德符并不认为堕民妇女是娼妓,后来的地方志亦如此认为。因此祝(允明)和王(士性)可能言过其实,亦可能沿袭了在 16 世纪不再是事实的一些说法。地方志的编者一般不会给读者一个有利于堕民的印象。徐(渭)认为他们有着邪恶的风俗,不名一文,'夫人身之有瘤也,俗亦有瘤,俗之瘤则有丐'。要是后者有堕民妇女为娼的充分资料,不可能会忽视记述的。"⑥但证诸史料,丹麦学者的意见,显然站不住脚。"老嫚是贱者,这在不熟悉掌故的人,也会望文而意会。查字典'嫚'音'慢',谏韵,与'慢'同,易侮也。老嫚就是从小到老,一直可以被人侮慢的女人。"⑦明代女堕民从事妓业较为普遍,清代江苏等局部地区仍较盛

① 陈平儿、徐木兴、孙长耕:《绍兴县杨汛桥镇展望村农民文化生活田野调查》,《浙江省新农村文化报告——来自 118 个行政村农民文化生活田野调查》(上),中国美术学院出版社 2007 年版,第 418 页。

② 王德江:《银东关春秋》,浙江文艺出版社 2014 年版,第 124 页。

③ 祝允明:《猥谈》,《古今说部丛书》第 5 集第 2 册,中国图书公司和记 1915 年版,第 6 页。

④ (明)王士性:《广志绎》卷之四《江南诸省》,中华书局 1981 年版,第 72 页。

⑤ (明)李楫、莫旦纂修:《新昌县志》卷四《风俗》,成化二十一年刻本。

⑥ [丹麦]Anders Hansson:《中国的贱民——堕民》,《绍兴学刊》1999 年第 4 期。

⑦ 周锦涛:《绍兴的老嫚和一般妇女的生活——被贬削的一群民族》,《申报月刊》1935 年第 7 号。

行，民国则偶尔为之。丹麦学者 Anders Hansson 对此不以为然，显与史实不符。

历代俘虏和罪人妻女被籍没为官妓者比比皆是。朱元璋将征服的蒙古统治者，贬为堕民，女眷则以色娱人。清代瀛若氏所撰《三风十愆记》记载："明灭元，凡蒙古部落子孙流寓中国者，令所在编入户籍。其在京省，谓之乐户。在州邑，谓之丐户。"①《魏书·刑法志》："凡强盗杀人者，首从皆斩，妻子及同籍，配为乐户。其不杀人，赃不满五匹，魁首斩，从者死，妻子亦为乐户。小盗赃十匹以上，魁首死，妻子配驿，从者流。"此"乐户"乃妓女代称。朱元璋将俘获张士诚部下"吴士卒物故者，其妻悉属别营，凡数万人，阴气郁结"②。凡是吴国投降的将士，均编入军户；吴国战死军士的女眷，编为特别的"妇女营"。堕民来源有"蒙古后裔"和"反抗洪武的忠臣义士"说，朱元璋将其妻女籍没为官妓。

朱棣发动"靖难之役"，将建文帝的忠臣义士妻女发配教坊为官妓。《国朝典故》亦云："铁铉妻杨氏年三十五，送教坊司；茅大方妻张氏，年五十六，送教坊司，张氏旋故。教坊司安政于奉天门奏：奉圣旨分付上元县抬出门去，着狗吃了，钦此。"③明仁宗即位，铁铉的两个女儿被释放，嫁于当朝的官员。其长女诗曰："教坊脂粉洗铅华，一片闲心对落花。旧曲听来犹有恨，故园归去已无家。云鬟半绾临妆镜，雨泪空流湿绛纱。今日相逢白马君，樽前重与诉琵琶。"《南京司法记》云："永乐二年十二月教坊司题，卓敬女杨奴、牛景先妻刘氏合无照，依谢氏妻韩氏例，送洪国公转营奸宿。又永乐十一年正月十一日教坊司于右顺门口奏：齐泰妇及外甥媳妇，又黄子澄妹四个妇人，每一日夜二十余条汉子看守着，年少的都有身孕，除生子令作小龟子，又有三岁女子，奏请圣旨，奉钦依由他。小的不到长大便是个淫贱材儿。"④清代史学家章学诚在《妇学》中感叹："前朝虐政，凡缙绅籍没波及妻孥，以致诗礼之家多沦北里。"⑤明代盛行官妓，南京建有十四楼，为官妓汇集之地。凡士大夫官吏饮宴，即由官妓前来答应侑觞。由国家征收娼妓税，曰"脂粉钱"，即后来的"花捐"。明代的祝允明在《猥谈》中提到奉化的堕民妇女卖淫，"其始皆宦家，以罪杀其人而籍其牝。官榖之而征其

①　（清）瀛若氏：《三风十愆记·记色荒》，《丛书集成续编》第 224 册，新文丰出版公司 1978 年版，第 397 页。

②　（清）张廷玉等撰：《明史》卷一二八《刘基传》，乾隆武英殿刻本。

③　（明）邓士龙：《国朝典故》卷三十三《野记三》，北京图书馆藏明钞本。

④　笠堪：《谈明代的妓女》，《古今月刊》1942 年第 2 期。

⑤　（清）章学诚：《妇学》，中华书局 1991 年版，第 11 页。

淫贿,以迄今也。金陵教坊称十八家者亦然。"①"反抗永乐的忠臣义士",也是堕民来源之一,建文帝的忠臣义士妻女成为官妓在劫难逃。

清代有些地区的女堕民在为四民从事常规服务时,也兼营妓业。《三风十愆记》记载常熟的男堕民称为"贫子",女堕民为"贫婆"。"贫子"以编草绳和麻绳为业,难以自给。而"贫婆"则"习浆锦缝纫",在富贵之家服务,所获超过"贫子"百倍,形成"司晨之势",积重难返,由来已久。后来,家计日足,"贫子"不再从事工作,衣冠楚楚,过着衣来伸手,饭来张口的生活。"贫婆"担任伴媵、卖珠娘、儿科医生,一人兼营数业,仆仆风尘。"贫婆"有事外出时,其夫或携小囊或负小筐相随于后。道遇熟人,"贫婆"趋前招呼,欢声笑语,丈夫则侍立道旁,不敢与之招手,也不知此为何人。到了大户人家,"贫婆"直入内室,与主人谈笑宴饮。天色已晚,"贫婆"未出,其夫仍在外等候,不敢远离,也不敢催促。必候"贫婆"出来,才一起回家。岁时糕粽,喜庆酒肉,给赏丰厚,饱食终日,均为"贫婆"之赐。

常熟著名的"贫婆"乃"草头娘"。"夏姬再世,大类人妖,列之淫风以实十愆中之一事。""草头娘"初嫁叶某,叶死后再嫁徐四。徐四死后,乃择中意者招之为"假夫"。"假夫者,仅以给应门之役,听指使,供买办,名为夫,实则不之夫也。稍失其意,辄逐之。复招他人,故自壮至老,屈指多人。"因其初嫁夫为叶某,故称"叶家娘"。后来,因名震遐迩,轻薄子弟因其叶字有"草"(叶),遂称为"草头娘"。"草头娘"未嫁前,就与不少浪荡公子有染。出嫁后,专以"伴娘"为业,婚礼喜庆之家,以聘请"草头娘"为荣。"遇嘉宴,虽贵客亦与同席。为酒正,律若商君,其令新巧,出人意表。坐客醉,辄与之挨枕挡秘,无所不至。席间遇所欢,辄与订私会期,毫无顾忌。乐安氏以过昵而患消渴,天水氏以结想而病癫痫。更可笑者,爵尊乡老,亦慕其名,令侍寝一夕,捐以廿金。未几遂成痿痹之疾。其蛊人毒人如此,而名反益噪甚。"②"草头娘"艳名远播,宴席上还订立私会之期,肆无忌惮。

人到中年以后,"草头娘"不再从事"伴娘"之职,而是专辟一轩,高挂艳帜,洒扫清洁,幽竹数杆,盆花数种,几榻器皿,布置清雅,亲治酒肴,乐在其中。即使寻常肴品,一经其手调治,美味可口,如赏佳肴,人争慕之。邑中豪富势宦,常令肩舆邀"草头娘"到家中治庖,呼朋群饮,轮流坐庄,名曰"车盘会"。计肴一簋,须值一金。佳肴整治停当,"草头娘"打扮时尚,头插茉莉,花团锦簇,摇曳而

① (明)祝允明:《猥谈》,《古今说部丛书》第5集第2册,中国图书公司和记1915年版,第6页。

② (清)瀛若氏:《三风十愆记·记色荒》,《丛书集成续编》第224册,新文丰出版公司1978年版,第397页。

出，入座衣香袭人，吐音娇细，客未饮而人已醉。席间喜与客人辩论逸事，见解独到。客言近日西山土人掘地得瓦缶数千，似养蟋蟀器皿。打开一看，每缶均置一骷髅，众人茫然不知何故。草头娘回答，此乃倭寇杀邑人首级欲献功，故聚于此。后来，倭寇退走，邑人怜而安葬，而棺木不够，死人太多，故以此缶器盛葬。众人将信将疑，证之倭寇日记，果不其然。客人又诟言以瓦砾之砾作外铄之铄，"草头娘"回复，翻砾作铄，也将翻瓦作砖。于是，风雅之士闻其谈吐不凡，莫不心仪。堕其罗网者，数不胜数。年逾五十，"草头娘"愈加放荡不羁。恶少也争相与狎，门庭若市，乃至大打出手，有的伤目，有的伤指。

"草头娘"惊恐万状，闭门谢客，以示矜持，避过风头。"而贪其色者，如蝇慕膻，卒依恋不舍。潜窥窃视，踵趾相接于户外。至有父子而迭相来觊其门，聚尘为乐者，群恶少鼓噪逐之，乃去。""草头娘"闻言，愈加惶恐，深匿不出，如是者三四月。马妪乃"草头娘"邻居，与之亲如姐妹，凡马妪所言，"草头娘"莫不言听计从。"草头娘"闭门谢客时，富家宦户肩舆数邀，欲招之外出，她却固辞不往。获悉马妪为其知己，遂许以重金，嘱令怂恿其外出。马妪受人之托，予以规劝，素与之相好，何必与之绝交。"草头娘"遂答应相见，嘱"假夫"严守门庭，淡妆幽雅，绰约登舆，由女仆一二跟随。至了大户人家，或侍候酒席，或参与赌博。"有力者恐其复沮，群议聚饮则一日酬五两，留宿则倍，竞以娼家用缠头钱例。"邑中传言："要认县背后，只跟马脚走。要见娘家好，老马先喂饱。"于是，恶少乃弹冠相庆，有径可通。凡马妪说合一次，给予若干酬金。恶少与"草头娘"相会，收费与富豪势宦相同。马妪受贿后，立即给予安排。一旦"草头娘"有空，马妪优先安排恶少。马妪因此得以温饱，而"草头娘"所积也以千计。"草头娘"无子，遂出其所积斋僧饭尼，乐施放生，被乡老誉为"善缘领袖"，一掷千金，挥霍无度。"草头娘"向马妪坦言："吾所以不惜耻者，欲舍生作善事，为来生福耳。"[1]邑中传为笑柄。

常熟豪宦赵某喜冶游，曾邀"草头娘"侍其宅眷抵郡赏桂。自己则与郡子弟另坐一舟紧随。到达目的地后，两舟并至一处。时郡中"废绅"时某，与赵某为宿好，小妾刚刚去世，也坐画舫前来解闷。一见赵某即邀之过舫，时某招来郡中颇有名气的乐女徐鸿鸿侑酒，但徐鸿鸿入席不善饮，也不擅长酒令，颇失主人心意。于是，赵某建议由自己内眷舟中的"草头娘"前来侑酒。时某大喜，遂令"草头娘"速来。"草头娘"已与赵某眷属喝的微醺，乃乘舆而至。赵某行酒令，以古诗中字为饮数。赵某举杯云："铜雀春深锁二乔。"客饮二杯。"草头娘"也举杯云："五云深处是三台。"各饮八杯，举座喧笑。时某大喜，得知"草头娘"未再婚，

①　（清）瀛若氏：《三风十愆记·记色荒》，《丛书集成续编》第 224 册，新文丰出版公司 1978 年版，第 398 页。

欲纳为妾。赵某为之说合,"草头娘"以时某有盛名,欣然同意。然诸宦中素与"草头娘"相狎者,竭力从中阻挠。佯称与"草头娘"欢爱时,其神态情状,时某惧而中止。"草头娘"闻言,怏怏不乐,从此与此宦断绝往来。"草头娘"晚年依然如故,选择美貌少年,往来不绝。为竟日欢,为长夜饮,丝毫不减当年。每月费诸少费用,几及中人十家之产。"一士人家本素封,因狎草头娘五六年而家产荡然。其友遇诸途,悯其饥,挈至家饮食之,酒后戏诘之曰:人狎少妇,亦情之常。彼年已六十余,子有何乐而狎之?乃自令若是。士人曰:子非我,安知我之乐也。彼年虽老,然发黑如膝,容然淡若,又通体肉胜于骨,肌肤柔滑如凝脂。情之所钟,正在我辈。安得不尔?其友大笑复戏问曰:外此得无悦子媚子者乎?士人不觉拍案起曰:有之,但此际非亲昵之不能知,即知之也难于明言。友复大笑。"[1]于此观之,应验欧阳之所言:"妖娆女态,老有余妍者。"确为夏姬再世,类如人妖。妖由人兴,人心所好,遂成风尚。

清末,宁波有的女堕民也从事妓业,《申报》有《人财两失》的报道:

> 宁有所谓堕民者,相传元季之蒙古驻防兵骚扰闾阎,无恶不作,百姓衔恨切齿。至明初,将群起而杀之,再四乞哀,始贷一死,勒令世世子孙为贱役,不得与于考试,欲其堕落不振,故曰堕民。由是数百年来浸成风俗,堕民之男者只习优伶、吹鼓手等业,其妇女不为娼则作佣仆。尤奇者,宁人呼男堕民曰"虾",盖谓婚丧礼节由彼指引,不至失仪,取水母曰虾之义。至大家如出嫁,其作送娘子者亦系堕民,必择年轻貌美者当之。缘宁俗闹房,好作恶剧,尽有不闹新妇而闹送嫁娘者,而送嫁娘亦齿牙伶俐,眉目清扬,善承意旨,故人更乐与之昵。上年有某"虾"以戏累过多,不得已与妻商定,暂至江东岸做卖笑生涯,俟积逋清偿,仍返原璧。现在债已还清,"虾"索妇归,而妇转与鱼龙为伍,不复念长须奴矣,而又恐缠扰生事,私间计于西门内某孝廉,许以重谢。孝廉利其财,令呼己为父,传"虾"至,逼写离书,与以洋银百元,否则将送官治,以奴欺主之罚。"虾"初不允,继畏孝廉声势,遂照稿誊写画押,及向领身价银。孝廉谓尔妻前欠鸨母银若干,我为中证者若干,及在我家数日饭房钱若干,照数扣除,净存洋银二十八元,可即取去。"虾"爽然若失,哭拜于地,至颡破流血。孝廉老羞变怒,饬干仆披之出,不使复返,"虾"乃饮恨吞声而去。夫"虾"固不足惜,特不解某孝廉何如是之利令智昏耶。[2]

---

① (清)瀛若氏:《三风十愆记·记色荒》,《丛书集成续编》第224册,新文丰出版公司1978年版,第398页。

② 《人财两失》,《申报》1878年7月16日。

《申报》还报道清末另一女堕民因嫌弃夫家贫困，而潜往宁波从事妓业。"定海某丐户之妇名桂姐，厌夫家贫，屡次反目，于乙酉年随同姨母来甬作皮肉生涯，改名莲庆，后被本夫寻获，当嫁山东人高某为妾，寓居大沙泥街。无如高尚俭朴，妇性奢华，不能任意挥霍，依然不安于室，每日浓妆艳服，倚门卖笑。后与醋务桥某大绅之子通，而高不知也。忽于上月某日，更深人静时，某乘高他出，席卷所有而逃，妆厨木器等物，亦搬取一空，将妇匿于附近之谢姓家，妇遂拜谢为义父。迨高闻知，本意禀官请究，转念财势两空，非彼之敌，只得忍气吞声而罢。该妇出身卑贱，固不足惜，所惜者，大绅之子作此不法事，岂不为士林所窃笑，乡党所不齿乎。"①这一女堕民从事妓业的个案，说明有的女堕民出身卑贱，暗中从事妓业，也见怪不怪。

民国时期，也有女堕民兼营妓业。周作人提到："他们的职业，男的做戏子吹手、收鸡毛、换糖（用麦糖或炒豆换破布），女的称老嫚（Laumoen），有喜丧等事时为人家服务，近来更业卖笑，浪子社会称之曰'鳗线'。"②开化的妓女，也为女堕民的行当。"本区小姓是指首经卖身为奴者。因犯族规而被谱上除名者也为小姓。除此，世称九流即做戏、裁衣、剃头、抬轿、更夫、妓女、叫化、游民、无业者也列入小姓之列。"③特别是抗日战争全面爆发后，主顾尚且流离失所，依靠主顾为生的堕民更是无以为生，有的女堕民被迫沦落风尘。"战时和战后，随着一般生活的下降，堕民们能够作为财源的东家越来越少了。她们的生活也比以前更惨多了。听说她们有的能吃点苦的都到城里做剃头匠，有的还留在乡下迎接着来往的部队，操作卖淫生活。而大多数，却都改行了，因为寄生者现在是在大部分没落中，而作为寄生的寄生者的她们，是更没有前途了。"④女堕民是被侮辱的对象，其苦难与酸楚难于尽言。

陈延生也谈到民国时期，社会风气败坏，绍兴的"堕民巷"成了有钱人的"玩乐巷"。老嫚除侍候新郎新娘以及一切亲朋来宾外，有关婚丧喜庆的仪式和礼节，以自己丰富的经验，提供积极性建议，供主顾参考。老嫚年纪越大经验就越丰富，主顾多喜欢雇请体力强健，特别是老于世故者。"但到国民党统治时期，则情形大变，老的喜娘除尚可役于一般乡下人家外，在地主阶级和资产阶级的一些人家，根本不吃香了。他们有权可以任意点名，要叫堕民的青年女儿或青年媳妇来服役，作取乐开玩笑的对象。其中也有不少的青年女喜娘，受金钱

---

① 《四明杂记》，《申报》1888年4月28日。
② 周作人：《徐文长的故事》，《周作人散文全集》第3集，广西师范大学出版社2009年版，第443页。
③ 姚志元、马雪雄：《开化风俗志》，1984年，第68页。
④ 朱虹：《浙东的堕民嫂》，《妇女杂志》1948年第3期。

诱惑而失身的。但女喜娘的父母,有碍体面,不敢声张,主人可以随便跑到堕民家中去玩,侮辱青年'老嫚'的事情则更多,到国民党统治末年,这种风气更盛。"①石童曾是元明以来邻接三埭街的坊巷名。绍兴俗谚云"石童庙里使铜钱",即用来讽刺到三埭街的暗娼馆寻欢作乐。②

女堕民勤劳、能干而又贤惠。封建社会男尊女卑,妇女地位低微,她们除了教敬公婆,相夫教子,操持家务,也从事一些家庭副业,以增加一定的经济收入。周春香如是说:"三埭街人邻里之间的关系较好,基本上没有听到过什么口舌相争。因为男当家一早就出门做生意去了,守在家里的妇女们,只顾自己埋头干活忙于赚钱,根本没有空闲工夫去做搬弄是非的长舌妇,左邻右舍当然就会相安无事,和平相处。但偶尔也有小孩子争吵,各家大人显示出高姿态,把自己的小孩叫回家就'万事大吉'了。借她们的话说:'小孩子是帐子脸,上上下下很便当,如果大人参与进去的话,事情就闹大了,大人们一旦发生过争吵,一时半刻不会和解,而小人们吵过架当即就会和好如初,又混在一起玩耍了。'生活中一贯勤俭节约的她们,不辞劳苦,与丈夫同心同德,共同撑着一个家。"③绍兴有《老嫚十二个月歌》,形象地描绘老嫚一年四季为生活而忙碌的身影:

> 正月里,回门船里去戴花,
> 鲞冻肉饭吃得油罗罗,
> 年糕粽子有得折④,
> 红纸封筒有得拓。
> 二月里,烧香船里做头家,
> 伴着一班老公公夹老婆婆,
> 东兜化来西兜化⑤,
> 多来铜钱去做人家。
> 三月里,上坟人家来讴我,
> 讴我抱抱小娃娃,
> 船头里,坐格坐,
> 外加煽煽炊壶茶。

---

① 陈延生:《绍兴堕民被压迫和斗争生活片断》,《文史资料选辑》第 3 期,1960 年,第 91 页。
② [日]木山英雄:《绍兴"三埭街"》,《文学复古与文学革命——木山英雄中国现代文学思想论集》,北京大学出版社 2004 年版,第 165 页。
③ 访问周春香,2016 年 7 月 14 日。
④ 折:把归己之物带回家去。
⑤ 兜化:募化。

四月里，蚕车船里扮艄婆，
茶叶行里拣拣茶。
五月里，黄胖大头实在多①，
拕得香篮做炙婆。
六月里，天时暖呵呵，
走来落起勿便可，
起早头，卖卖豆板夹豆芽，
到晏来，大树底下卖西瓜，
夜里还要卖艾把。
七月里，新花起，
纺花椅子辍一把，
廊檐下，坐格坐，
嘟拉嘟拉纺棉花。
八月里，中秋时节凉沙沙，
庵堂寺院摘桂花，
小和尚，看见我，
声声讴我老外婆。
九月里，生意来得花，
背起包裹做卖婆，
金银首饰夹花朵，
胭脂水粉夹刨花②。
十月里，稻市起，
外甥再三来讴我，
我帮伊拖稻把，
三顿菜饭由我做。
十一月里，事体格外多，
东也讨老婆，
西也许人家，
赶来落去做喜婆。
十二月里年底下，
年糕粽子拨俚做得多，

---

① 黄胖大头：水肿病人。
② 刨花：指荆柳花树的刨花，用来泡水搽头。

带便做做帮嬷嬷，

行当勾得多，

吮米落淘箩。①

女堕民分捡破旧物品，臭气四溢，尘土飞扬，为人不齿。剃头也是贱业之一，余姚有谚语予以讽刺："堕贫嫂，屙痨虺，草子地里翻筋倒。捡到一把剪头刀，嗖格嗖格刮卵毛。"详梦乃花言巧语，诓骗钱财。为主顾的孩子治病，是女主顾的妇科顾问，也从事捉牙虫行当，属于明清小说中经常出现的"三姑六婆"中的"药婆"。而"三姑六婆"被喻为"三刑六害"，属于严禁入门之人。女堕民向女主顾兜售化妆用品，出售珠宝，成为"卖珠娘"，乃贪图蝇头小利，搬弄是非，离间骨肉亲情。有的女堕民沦落风尘，而妓女属于"娼优皂隶"的全国性贱民之例，被列入"下九流"。女堕民从事的行当均为"下役"，备受歧视。

① 高明青口述，夏介青整理：《老嬷十二个月歌》，《浙江省民间文学集成（绍兴市歌谣卷）》，浙江文艺出版社 1990 年版，第 27 页。

# 第十四章　堕民的祖师崇拜

　　堕民信仰哪些行业祖师？堕民艺人所信奉的老郎菩萨特指何人？堕民建立了哪些老郎庙？堕民如何祭拜老郎菩萨？堕民艺人为何将老郎菩萨附会为帝王乃至天神？[①] 堕民又称"乐户"，以演奏音乐和演唱戏剧为业。梨园弟子以老郎菩萨为祖师爷，演剧及奏乐的堕民也尊崇老郎菩萨。绍兴堕民聚居区三埭街乃绍兴戏窝，建有专门的老郎殿，老郎菩萨诞辰日，梨园弟子均手持香烛，前来恭拜老郎菩萨。宁波堕民聚居的盘诘坊以及慈溪堕民聚居的天门下，也建有老郎殿，凡老郎菩萨诞辰日，吹行堕民均要演戏娱神。苏州也是堕民聚居区，也建有老郎庙，昆剧艺人以及从事戏业的堕民也信奉老郎菩萨。金华小姓从事吹打，则以孔子作为行业祖师。苏州堕民从事掌礼业和茶担业，奉周公为"掌礼祖师"和叔孙通为"礼茶祖师"。宁绍从事阉鸡和阉猪的行当的堕民，则以华佗为行业祖师。苏州"轿盘头"信奉"上天王"和关帝。

## 第一节　老郎菩萨其人

　　老郎菩萨既是中国戏剧之神，也为从事戏剧表演的堕民艺人信奉为行业祖师。（图14.1）堕民信仰老郎菩萨，老郎说法不一，绍兴均特指唐玄宗李隆基。"惰民皆信祠山大帝，俗称老郎菩萨。凡关于若辈之财运、流年、祸福，莫不至祠山大帝前祈祷之，传大帝为创办梨园，发明霓裳羽衣曲之唐明皇，故尊之为剧中开山鼻祖也。"[②] 老郎既是中国戏剧之神，也为堕民，特别是吹行堕民所信奉。《越谚》称堕民崇拜"乐户菩萨，堕贫奉祀之神名，或曰即唐明王"[③]。《新唐

---

① 关于堕民行业祖师的信仰，俞婉君在《绍兴堕民》中提及堕民信仰戏业神老郎菩萨以及三茅神。王静也在《中国的吉普赛人——慈城堕民田野调查》提及堕民的老郎菩萨信仰，惜未深入探讨。

② 李振茂：《浙省特殊民族》，《浙江青年》1937年第4期。

③ （清）范寅：《越谚》卷中《不齿人》，清光绪八年刻本。

书·礼乐志》曰:"玄宗既知音律,又酷爱法曲,选坐部伎子弟三百教于梨园,声有误者,帝必觉而正之,号'皇帝梨园弟子'。宫女数百,亦为梨园弟子,居宜春北院,更置小部音声三十余人。"为了提高音乐水平,唐玄宗于 714 年设立左右教坊,教授俗乐。两个教坊职责略有所不同,右教坊偏重歌,左教坊偏重舞。唐玄宗又挑选音乐素质较好的乐工数百人,在禁苑的梨园进行训练,称为皇帝梨园弟子。听政之余,亲自教授他们音乐法则。唐玄宗精晓音律,乐感灵敏,梨园弟子合奏时音乐齐发,即使有一声之误,也能及时予以纠正。天宝年间,唐玄宗挑选宫女数百人为梨园弟子,居于宜春北院。著名音乐家马仙期、李龟年、贺怀智也云集于此。其中,李龟年善歌,还擅长羯鼓、觱篥,还能自己作曲,宫中许多歌舞曲目均出自其手。梨园也集中了一批少数民族以及亚洲国家的音乐世家。唐玄宗利用宫中的优越条件,为乐工、歌舞宫女提供专门的训练场地,培养了一批音乐人才。

图 14.1　绍兴堕民崇拜的老郎菩萨(严新民供图)

　　唐玄宗擅长作曲,亲自教授宫女,编制了四十多首新曲。相传《霓裳羽衣曲》也由其改编。有关的版本颇多,最为流行的说法为道人罗公远于中秋月夜斫取月宫桂树的一根枝条,抛向空中,化作一条长长的银桥。罗公远陪唐玄宗沿桥步行到月宫,目睹数百仙人在广庭起舞。唐玄宗询问曲名,道人回复《霓裳羽衣曲》。唐玄宗默记其曲调,回宫后写出《霓裳羽衣曲》。实际上,唐玄宗是根据西凉节度使杨敬述带来的《婆罗门曲》改编而成。唐玄宗创作的曲子,见于史载的还有《紫云》和《凌波曲》。据说唐玄宗坐朝听政,不断用手反复上下按摩腹部。高力士退朝后询问是否圣体不适? 唐玄宗回复为昨夜梦游月宫,众仙用上清之乐招待,乐声流亮清越,非人间所能听见。众仙合奏清乐,送其返回人间,曲调凄楚动人,杳杳在耳。刚才坐朝,身怀玉笛,寻找曲子的音调。高力士恭维其又创作了一首动听的《紫云》曲。唐玄宗在东都洛阳时,白天梦见一位容貌艳丽的女子,拜伏床前,自称龙女,听说唐玄宗通晓音乐,乞求赐奏一曲,以光耀族类。唐玄宗在梦中弹奏胡琴,龙女拜别而去。唐玄宗将梦中曲调记下,遂创作了《凌波曲》。

　　唐玄宗不仅有高超的作曲能力,还能演奏各种乐器,包括胡琴、琵琶、笛子等,尤其偏爱羯鼓,为击羯鼓高手。羯鼓由西域传入,为一种圆形小鼓,用两小杖击打,所以又称两杖鼓,颇为流行,龟兹、高昌、疏乐等乐都要使用羯鼓。他爱不释手,誉为"八音领袖"。唐玄宗十分喜爱舞蹈,对《霓裳羽衣舞》更是痴迷。杨贵妃擅长此舞,成为唐玄宗音乐舞蹈方面的知音。杨贵妃姿质丰艳,能歌善舞。每当杨贵妃独舞《霓裳羽衣》时,唐玄宗都操鼓击节,如醉如痴,似乎进入月宫,观看仙女飘逸优美的舞蹈。唐玄宗具有极高的音乐修养,大力培养音乐舞蹈人员,后代梨园弟子奉为祖师爷也是理所当然。

　　相传唐明皇曾亲自扮演小丑,粉墨登场。据清代黄旛绰的《梨园原》记载:"老郎神即唐明皇,逢梨园演戏,明皇亦扮演登场,掩其本来面目,惟串演之下,不便称君臣,而关于体统,故尊为老郎之称。今遗有唐帽,谓之老郎盔,即此义也。"[1]戏曲行当角色中,有生、旦、净、末、丑,尽管丑排在最后,其地位不能小觑。戏班有规定,开演之前,不管扮演小丑者有戏没戏,先得由他用白粉在鼻子上涂上一笔,其他演员才能进行化妆。"据说以前唐明皇演小花脸,这个规矩为尊敬老郎菩萨。"[2]唐明皇曾扮演丑角,故而角色以丑角为尊。"旧时戏班后台,都供着一尊老郎菩萨,据传老郎菩萨就是唐明皇,唐明皇在游月宫时,带来了'霓裳羽衣曲',带来了演戏的模式,回宫后,在宫内的教坊中排练。唐明皇自演小丑,戏剧的雏形就这样形成了,以致发扬光大。人们为了纪念这位戏剧鼻祖,奉为老郎菩萨,点烛焚香,顶礼膜拜,故小丑为大。"[3]浙东地区相传唐明皇游月宫,创建梨园扮演戏文,亲自演小丑的角色。

　　　唐明皇是个风流皇帝,经常喜欢在悦来殿和朝臣观赏歌舞。一天,他在悦来殿观赏了霓裳曲,龙心大悦,边观赏边饮酒,因多饮了几杯西域朝贡的佳酿,回养心殿时,已昏昏然,只觉得神志恍惚。后来不知为何,信步跨

①　黄旛绰:《梨园原》,《中国古典戏曲论著集成》第9集,中国戏剧出版社1959年版,第9页。

②　十三龄童:《绍剧班社的习俗和班规》,《绍兴戏曲资料汇编》第10辑,1985年,第86页。

③　严新民:《但教心似金钿坚——记绍剧著名小丑杜鸿发》,《绍剧名伶录》,中国戏剧出版社2016年版,第379页。

入了御花园内。奇怪,白天还是骄阳似火,大地冒烟,而这时的亭台水榭,却是白雪皑皑,银装素裹,千姿百态,分外妖娆。正在惊骇之时,猛听得"啪"的一声,从空中抛下一样东西。近前一看,却是一把汉白玉制成的素白宝椅:扶手双龙飞翔,靠背龙蟠狮舞,精雕细刻,巧夺天工。不觉龙心大悦,就坐了上去。刚上座,宝椅竟拔地而起,飘飘然冉冉上升,耳边风声呼呼,连忙闭上眼睛。不一会,他睁眼一看,只见前面有座壮丽宏伟的宫殿,殿门的匾额上写着"广寒清虚府"五个篆字,金光闪闪。近前忽听里面传来管弦丝竹之声,清脆悦耳,不同凡响。他乐于此道,竟忘乎所以,贸然而入。他见里面设有演台,台上有班人穿红着绿,载歌载舞,有说有唱,台旁还有人在伴奏,琴弦丝竹,笙笛锣钹,随着演出情节变换各种曲调,声情并茂,婉转动听,有时声泪俱下,有时诙谐滑稽,有时翻滚跌打,有时男欢女乐,窃窃私语,演出情节跌宕,高潮迭起。看着看着,觉得新鲜有趣,既可娱乐,又可寓教,比自己宫里的歌舞高明得多。看到妙处,竟情不自禁,手舞足蹈地喊起"好"来。正如醉如痴的时候,身后有人喊道:"龙君,你看演得如何?"回头一瞧,却是个美妙绝伦的女子。连忙答道:"好极了!好极了!比我宫里的歌舞要高明得多,真有天渊之别啊!我想把这里的情景带回宫廷去效仿,定会使人大大欢喜!"那女子又说:"好!不枉请龙君一行了。"唐明皇一听,暗吃一惊,问道:"啊!是你请我来的吗?!这里莫非是——"那女子嫣然一笑说:"广寒宫嘛!"唐明皇才恍然,刚要问"莫非你是嫦娥仙子"时,不觉向后一仰,脚下一滑,跌倒在地,吓出一身冷汗。睁眼一看,原来自己卧在假山石旁,却是一梦。唐明皇游月宫后,决定在宫廷中特辟一个梨园角,将有演艺的太监、宫女召集起来,扮演如月宫一样有唱有做的戏文。据说,他还亲自演过小丑哩!从此以后,梨园戏班都尊唐明皇为祖师爷。演剧时都要供奉唐明皇。有趣的是,因唐明皇演过小丑,戏班扮演丑角的可以坐笼箱,其他演员不能占座,祭请时也以丑角为主。①

绍兴还有另一种版本的老郎菩萨传说,堕民大都以唱戏为业,信奉"祠山大帝",俗称"老郎菩萨",据传就是梨园教授《霓裳羽衣曲》的唐明皇,又称"唐皇菩萨"。演戏的堕民奉为始祖。相传戏曲由老狼所传,唐明皇培养梨园弟子,故将其附会为"老郎"。

绍剧也和其他剧种一样,尊唐明皇菩萨为祖师。但绍剧却称之为"老郎菩萨"。其实这是口传中的附会。传说当年唐明皇从民间招来一班童男

---

① 来小钦:《唐明皇游月宫》,《民俗风情》,西泠印社出版社 2007 年版,第 49—51 页。

童女,让他们在宫中唱歌跳舞。有一次,他来到梨园,见其中有个打鼓的童子为他所不识,便上前询问,结果把大家吓傻了,那个鼓手丢下鼓便跑进假山洞。原来他是一只通身灰白的老狼。传说古代之"戏"是老狼传的。因而敬狼为神,传为"老郎神"。又因唐明皇支持演戏,故也受到艺人崇敬,久之,便把他附会成老郎了。①

绍兴堕民的大本营乃三埭街,即唐皇街、学士街和永福街,与绍剧有密切关系,以前绍剧演员大都为三埭街居民。三埭街也与唐明皇有着千丝万缕的联系。"唐明皇在皇宫创梨园教习歌舞,后世称演员为梨园子弟,戏剧界就认他为创业的祖师爷。这条街叫唐皇街的意义也就很明白了。"②唐皇街乃以唐玄宗得名。沈季刚如是说:

> 笔者年轻时有一年的正月十五(元宵节),曾去参观,见全班演员莫不喜气洋洋,如逢喜庆节日,各人都拈香燃烛,毕恭毕敬地跪拜。据说这个尺许木偶就代表了戏剧界的祖师爷,但为什么又用娃娃一样的小木偶来代表一代至尊的李隆基呢? 当时我十分诧异,问一位老艺人,经他指明才知道这尺许木偶是"千秋太子襁褓时代的替身"。原来千秋太子是唐明皇为太子时的尊号。由此而见当时绍剧戏班迷信色彩相当浓厚。③

不仅堕民戏剧艺人均信奉老郎菩萨为祖师爷,而且从事吹打的宁绍堕民也信奉老郎菩萨。绍兴三埭街每家乐户,都有一尊老郎菩萨,形似小木偶,头戴小唐盔,身穿小黄袍,腰系玉带。凡是出去做鼓手或清音班,都必须携带。每当为主顾吹奏之前,先要将老郎菩萨供于桌子中央,上香敬供,再开箱摆放乐器,乐师依次入座,开始吹奏。堕民参与主顾的婚礼时,老郎菩萨又被作为"送子菩萨"。

> 绍属各县之旧式婚俗,花样至繁,男宅娶亲于结婚之次日,例有执役唱戏之堕民,届时将一尺长之小木偶,俗称"送子菩萨",送入洞房内,置于床上,焚香烛,奏乐,祝祷,谓之"送子",此小木偶之"送子菩萨",通称亦曰"老郎菩萨",盖戏班演戏时,置于后台者,相传即为首创梨园之唐明皇。至有指为张仙送子者,详见《金台纪闻》所载,考其语实为花蕊夫人假托,后人不

---

①　王振芳:《绍剧班规》,《绍兴百俗图赞》,百花文艺出版社1997年版,第225页。

②　沈季刚:《绍剧史片断及绍剧部分名艺人史略》,《绍兴文史资料选辑》第1辑,1983年,第216页。

③　沈季刚:《绍剧史片断及绍剧部分名艺人史略》,《绍兴文史资料选辑》第1辑,1983年,第216页。

察，即以讹传讹，作求子之祀，故逢娶亲喜事，亦每以此搏螽斯衍庆之彩头语。①

堕民吹吹打打，举行"送子菩萨"的仪式。"主顾老嬷"接过男家堕民的"老郎菩萨"，送入新房，扶持新郎和新娘跪拜，祈求早生贵子。三埭街堕民认为自己乃唐代乐工后裔，唐明皇乃其行业祖师。

鄞县艺人堕民所信奉的老郎说法不一。"老郎殿，德聚镇效实巷，祀汉耿弇，旧例六月一日起十一日止演戏，此庙下户口多为堕民。"②有的认为是汉光武帝时的开国功臣耿弇，有的说是翼宿星君。"唐明皇时代，戏曲非常兴盛。有一天，许多梨园伶工在排演戏文，怎么也排不好。忽然不知从什么地方来了一个小孩子，指出应该怎样排演，立刻剧情连贯，衔接起来，可是孩子不见了。大家说：这个孩子虽然年纪小，戏却'老'得很，'老'字是懂得多的代名词；'郎'是指小孩儿的通称，所以称他为'老郎神'。"③宁昆艺人传说老郎乃唐明皇时代的一位小艺人，故称"郎"。因其兼长百戏，无所不通，所以冠之于"老"。"老"乃古代的尊称，具有经验丰富之意。宁波戏班有句俗话："如果你能唱别人不会唱的戏，就被称为'老郎神'。"也有的说是唐明皇。"老郎神即唐明皇。旧日梨园演戏，唐明皇常常掩其面目，粉墨登场，只因场上不便称作君臣，故尊为老郎神也。"④慈溪天门下的堕民艺人所信奉的老郎菩萨也是唐明皇。"原来老郎殿内供奉的老郎菩萨是唐明皇李隆基的化身。唐明皇喜欢戏剧，为梨园弟子所崇拜，故伶人奉其为祖师。而堕民，尤其是吹行堕民一概崇拜唐明皇。"⑤慈溪吹行堕民崇奉唐明皇。

余姚堕民演唱滩簧，也信奉创造滩簧的祖师爷——唐明皇。相传由"唐明皇创造戏文，娘娘创造滩簧"。凡滩簧演出时，舞台上旦角必坐上位，说是"娘娘"为争女权而这样安排，也是戏剧舞台上对男尊女卑封建礼制的一种抗衡。滩簧艺人演出时，也供奉老郎菩萨。学徒学习滩簧的第一个剧目就是《小唐皇》。"相传该剧目为唐明皇所作，而代表唐明皇的即老郎神。"然而，作为争取女权的"娘娘"，却又定下藐视皇上的两项规定，显露出对老郎神的大不敬。"一是将老郎神当道具，演出《大闹花灯》《捉蛇》等传统剧目时，都将老郎神当作婴

---

① 贻爱草堂主：《送子菩萨》，《民国绍兴县志资料》第 2 辑第 4 册，广陵书社 2011 年版，第 137 页。

② 张传保修，陈训正、马瀛纂：《鄞县通志·社庙》，上海书店出版社 1993 年版。

③ 苏州市文化广播电视管理局编：《宁波昆剧老艺人回忆录》，2002 年，第 17 页。

④ 孙仰芳：《老郎神崇拜》，《宁波日报》1998 年 6 月 4 日。

⑤ 王静：《中国的吉普赛人——慈城堕民田野调查》，宁波出版社 2006 年版，第 97 页。

孩抱上舞台嬉耍。二是换台基装箱时，将老郎神从戏服缝隙中倒置直插箱底，取意为'不让他坐享供奉，叫他去钻台基，为演出效劳'。"①滩簧艺人为了抬高剧种地位，将其渊源假托唐明皇所为。

　　苏州梨园由昆剧独霸，苏州也是堕民聚居区，苏州堕民也演唱昆剧。昆剧著名表演艺术家周传瑛就是苏州人，自称出身于"小百姓"——堕民。昆剧艺人信奉老郎菩萨，苏州老郎庙乃昆剧一家的戏神庙。(图14.2)昆剧艺人所信奉的老郎菩萨说法不一，一说为唐明皇李隆基。据说李隆基在位时酷爱扮剧，工于丑行，擅长司鼓，故被梨园弟子奉为戏神。"庙在镇抚司前，梨园子弟祀之。其

图14.2　苏州老郎神像(顾聆森供图)

神白面，相传为明皇。因明皇兴梨园故也。"②二说为唐元宗时的耿光。勒石于苏州老郎庙的《吴郡老郎神庙之记》云："相传唐元宗时耿令公之子名光者，雅善霓裳羽衣舞，赐姓李氏，恩养宫中，教其子弟。"③耿光嗜梨，遍植梨树，故名"梨园"，后代奉为"乐工祖师"。三说为总司天乐的南宫朱鸟二十八宿之翼宫第二十二星，故该庙又称"翼宿星君祠"。"苏之以伶为业者，旧有庙，以祀司乐之神。相沿曰老郎庙。其名不知何所出，其塑像服饰亦不典。近适有重修之役，予为

---

①　蒋中崎、黄韶、严亚国：《姚剧发展简史》，百花文艺出版社1994年版，第8页。

②　(清)钱思元：《吴门补乘》，嘉庆二十五年吴门钱氏刻本。

③　《吴郡老郎神庙之记》，《戏曲文物丛考》，中国戏剧出版社1986年版，第133页。

易其祀曰翼宿之神。星之精,各有所司。而翼天之乐府也,诸杂祀皆于其始作之人,以云报也。"①四为长翅膀的飞蛇——神龙。昆剧艺人周传瑛声称:"我们苏州老郎庙祀的戏神老郎菩萨又叫'翼宿星君'。"②昆剧艺人声称自己乃吃"天王饭的人",老郎神乃长翅膀的飞蛇——神龙。苏州昆班不少艺人投奔过太平军,洪秀全也被昆剧艺人称为"祖公公"。堕民昆剧艺人周传瑛如是说:

> 前清康熙皇帝看重昆剧,把我们苏州昆班请到京城做内廷供奉。到他末年,原打算传位十四子,写了传位诏放在皇宫正殿"正大光明"匾后面。可是他的第四子、阴险恶毒的胤禛买通了管事的大太监,偷出了康熙的传位诏,把"十"字加了一划,变成了"传位于四子"。于是,他篡了皇位,谋害了康熙,杀了许多皇子皇孙和忠良老臣,成了雍正皇帝。我们苏州昆班在皇宫里本来就住不惯,老是想回家来。那时就专门唱《八义图》《渔家乐》的《相梁·刺梁》等讽刺昏君谋王篡位的戏。雍正狠心起来,下令把梨园子弟统统杀光。梨园子弟就拿起做戏的刀枪拼打,可是被雍正的亲信提了御剑,堵住了大门,冲不出去。正在这紧要关头,突然飞下来一条长翅膀的飞蛇——神龙,是"翼宿星君"的化身,直扑那个将领。在那将领和神龙厮打的时候,我们梨园子弟冲出了险境,但是神龙却被御剑斩了十三段。梨园子弟回到南方,就投奔太平军,拜见天王洪秀全。天王正要开饭,见了唱戏的人,马上亲热地说:"来得好,来得好。我们是一家人,快坐下吃饭,吃饭。"因此说,我们唱昆剧的是吃"天王饭"的。由于"翼宿星君"被斩成十三段,洪秀全也就做了十三年天王。所以,我们苏州老郎庙祀的戏神老郎菩萨又叫"翼宿星君"。③

无论是堕民戏剧演员,还是从事吹打的堕民乐手,均将老郎菩萨作为戏剧和音乐的祖师爷,至于特指何人,说法不一,有的说是唐明皇,有的说是汉光武帝时的开国功臣耿弇,有的说是翼宿星君,也有老狼之说,乃至长翅膀的飞蛇——神龙。但普遍的说法乃九五之尊的唐明皇。

## 第二节　堕民创建的老郎庙

清初,绍剧堕民艺人以戢山书院作为老郎庙,供奉唐明皇。康熙五十五年

---

① 《翼宿神祠碑记》,《中国戏曲志(江苏卷)》,中国 ISBN 中心 1992 年版,第 999 页。
② 周传瑛:《昆剧生涯六十年》,上海文艺出版社 1988 年版,第 14 页。
③ 周传瑛:《昆剧生涯六十年》,上海文艺出版社 1988 年版,第 13—14 页。

(1716)改为书院,老郎庙废,后建老郎殿于三埭街。"蕺山书院,在蕺山戒珠寺后,明末刘念台讲学于此。后为优人所居,供唐明皇于中,号老郎庙。康熙五十五年,郡守俞卿召优人,捐俸赎之,创为书院,延师聚徒,复置田亩,岁收以供饩廪,每科策名者,常十余人。"[1]绍兴大善塔东首,斜桥直街,有"E"字形的三条小街,即前街、中街和后街。明末清初改名为学士街、唐皇街、永福街,统称"三埭街"。因前街有座明真观,相传为学士贺知章曾于此教育唐玄宗之子,观内塑有贺知章神像,故名"学士街"。中街有座老郎殿,老郎实乃唐明皇李隆基。"三埭街梨园弟子历代相传,他们的祖先是唐明皇宫廷内善弄弦乐、歌舞的乐工,他们称唐明皇为祖师爷。"[2]据传,钱宝等集资在中街建造了一座老郎殿,此街因此改名为唐皇街,沿用至今。老郎殿位于唐皇街 37 号对面,原"后庙玄坛殿"以及"家定庵"隔壁,建殿经费由堕民筹集。三埭街内的老郎殿建于何年,已无历史记载可查。

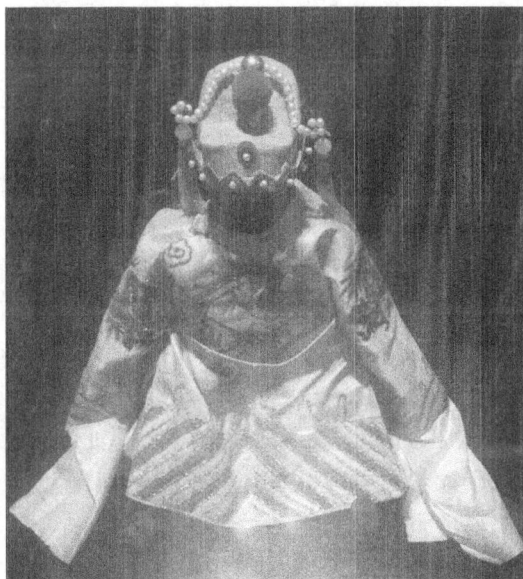

图 14.3　老郎菩萨(绍剧艺术研究院提供)

老郎殿坐南朝北,建筑面积一百四十多平方米。大门前面有五档石阶梯,进入大门为四十多平方米的天井,左右两边是草坪。正殿朱门四扇,两旁有木栅栏,殿呈长方形,阔约十米,进深六米,殿中央筑有一米五左右的石垒高台,长

---

① 悔堂老人:《越中杂识》上卷《学校》,浙江人民出版社 1983 年版,第 19 页。
② 绍剧艺术研究院访问陈顺泰,2014 年 11 月 17 日。(图 14.3)

两米多,阔约一米半,高台上摆着一米多宽的椅子,椅子上坐着彩色木雕泥塑的唐明皇李隆基,头戴老郎盔(唐盔),身穿蟠龙黄蟒,腰系玉带,脚穿朝靴,白面无须,两耳垂肩,双手过膝,栩栩如生。石台前有一长桌,桌上摆着香烛与贡品。"老郎殿不知为什么在1931年前后迁至井旁小屋来了。这以前则在唐皇街更靠东边,也就是属于现在劳动路小学园内的位置上。140平方米左右的用地中有一定规模的小庙宇,即经过3米宽的石阶三阶和两扇对开的正门,至四扇门的正堂。没有说明创建的年代,原来的庙宇本身也不像是那么古老的东西。可是,迁移后的遭遇仿佛是这样的:1950年随着这个场地要设置永福居民委员会,老郎菩萨被迁到永福庵,1954年,借建造居民食堂之机,则与那里的神像一起被全部捣毁了。"①1950年,原老郎殿改设唐皇街居民委员会办公场地,内设大会堂、正副主任办公室,以及冬防办公室和三堧街内读不起书的堕民开设"夜校"学习班,老郎菩萨迁往永福庵。1954年,因堕民子弟学校学士街小学扩建,原老郎殿的老郎菩萨、明真观内的唐肃宗李亨和贺知章神像全部拆毁。原老郎殿划入学士街小学。

宁波许多堕民从事演戏行当。宁波"戏班有昆班、徽班、绍兴班、台州班之别,昆班邑中堕民为之。徽班则天津人为之,杂以新昌嵊县人,绍台两班则自绍台两属而来。其所唱之曲调,昆班最雅,徽班次之,绍台班又次之。其班有班主,管理全班之事,俗称行头主。旧时堕民之有资产者为之。"②宁波堕民演员也信奉老郎菩萨,堕民聚居区建有老郎庙。宁波老郎庙坐落于西门口盘诘巷(今效实中学内),庙前竖有碑记,详载兴建历史,前后两进,五间开面的木结构建筑,大殿宽阔,中央供奉老郎神塑像,高约三尺,蟒袍玉带,威风凛凛。神座前祭桌上供有一对铜烛台,有一人高,重达二三百斤以上。香炉比八仙桌还大,老郎殿拥有不少动产和不动产,仅仅房租一项就有几百元收入。殿前供奉的四喜头等点铜供器,价值数千元。殿里有很大的戏台,场子能容纳一千多人,进行戏剧演出时,搭起帆布制成的五色漫天帐。行头主周阿虎因负累累,私自串通管理老郎殿的宝森,将殿里许多珍贵的动产,如"四喜头"等拿去质当,得款数千元。虽经行头主戴金官出面交涉,向法院起诉,勉强收回几件,但许多贵重物品未能归还。

1927年以后,宁波老郎殿演戏酬神习俗逐步革除,行会维持艰难。京戏艺人陈鹤峰到宁波经营剧院,请其代管老郎殿。陈鹤峰四处演出,请京剧艺人凤

① [日]木山英雄:《绍兴三堧街——历史与传说》,《文学复古与文学革命——木山英雄中国现代文学思想论集》,北京大学出版社2004年版,第167页。

② 张传保修,陈训正、马瀛纂:《鄞县通志·演剧》,上海书店出版社1993年版。

宝代理。凤宝品质恶劣，许多庙产被盗卖。1936年敦请上海伶界联合会负责人周信芳主持。后来，又委托周信芳艺徒陈鹤峰主持会务。随后，由老大鸿寿京戏班艺人陈洪葆管理。终因戏班衰落，管理不善，于全面抗日战争期间无形解体。抗日战争全面爆发后，老郎殿的所有房屋，供效实中学使用，但供奉的神像照旧未动。1949年，仅剩有庙屋，也不再从事祭祀活动，遂被废弃。1984年，老郎殿址拆建为效实中学校舍。

慈溪天门下堕民历经数年，才建起老郎殿。慈溪"老郎殿"是一座类似于庙堂的房子，四周都有围墙。围墙门朝西，内有一座朝南大殿，大殿东西两侧各有一排小屋，大约各是三间。大殿上坐着面带笑容的"老郎菩萨"，看起来很年轻，光头，没有胡须，穿着一身黄衣。相传以前慈溪天门下还没有老郎殿，老郎菩萨一直保佑吃开口饭的堕民，却没有一个纪念的场所。于是，堕民相约建造一座老郎殿，以供奉菩萨，造福子孙后代。可是，建造这样一所大殿所费其巨，而天门下的堕民又非常贫困，即使吃开口饭稍富一点的人，也不可能承担全部建殿塑像的费用。天门下堕民决定将每年赚的钱全部积攒起来。可是，造好大殿，塑完菩萨，钱已用完。堕民认为老郎殿有了戏台就十全十美，又相约从每年的收入中抽一点钱，作为造戏台资金。每年积蓄的钱仍由保管造殿塑菩萨的人保管。以前造大殿前，大家对保管人不放心，经常进行查问，并未发现钱被挪用。后来，保管人的钱越来越多，但查问的人却越来越少。大约过了十年，造戏台的钱已经足够，遂准备破土动工。但管钱人却请来风水先生，声称："今年不宜动土，造戏台要等明年。若是今年造，冲犯了老郎菩萨，大家要倒霉的。轻的是倒嗓子，重的要出人命。"①吃开口饭的堕民最忌讳倒嗓子，而出人命则更让人恐惧。然而，意料之外的是，管钱的人自己挪用了那笔钱，自家造起了新房。堕民想召集起来讨说法，但没有几人参加。后来，管钱人一天到晚在清道观的山坡上蓬头垢面，念念有词，疯疯癫癫。第二年，在河边发现他的尸体，据说老郎菩萨显灵，予以严惩，罪有应得。宁波盘诘巷的老郎殿被称为"大庙"，慈城的老郎殿则被称为"小庙"。

苏州老郎庙，也称"翼宿神祠""翼宿星君庙"，乃供奉戏神老郎菩萨的祠庙。该庙位于郡庙（城隍庙）旁，初名"喜神庙"，始建于雍正十二年（1734）以前，乾隆元年（1736）移建于苏州镇抚司前，老郎菩萨乃白面少年。新建老郎庙乃是有相当规模的建筑群，不仅有代奉祖师神像的大殿，还有可供演出的戏台，大殿背后也有数十间连成一排的楼房，可供昆剧戏班封箱歇夏时，以及无家可归的艺人居住。乾隆四十八年（1783），苏州织造四德发动艺人捐款重修，改名为"翼宿神

---

① 王静：《中国的吉普赛人——慈城堕民田野调查》，宁波出版社2006年版，第154页。

祠",但昆剧艺人仍称其为"老郎神庙"。老郎菩萨像为香樟木雕,大小与人相同,眉目清秀,无须,身穿锦龙袍,手足关节活动自如。咸丰十年(1860)太平军攻克苏州,因遭受战乱洗劫,老郎庙残破不堪。光绪七年(1881)艺人集资重建。20世纪40年代末,尚留存碑石四十多座。(图14.4—14.5)

图14.4 苏州老郎庙(翼宿星君庙)门楼(顾聆森供图)

图14.5 苏州老郎庙模型照片(翼宿星君庙)(顾聆森供图)

常熟老郎庙被称为"喜神堂",位于慧日寺旁,始建于乾隆七年(1742),乃倪松涛于慧日寺旁购的一块空地所募建。昔日萍踪无定,浪迹江湖的优伶,为感谢倪松涛的恩德,特请邑人蒋傅撰文纪念并勒石于喜神堂内。"梨园一业,洵可为讽世之一助也。所业维何?以史书所载圣贤忠孝节义者之言行,演而习之,即世之所谓优伶也。业贱而贫,欲求一地舍为梨园而不可得。邑人倪松涛,慷慨出钱，为之购其地五弓，横六弓，在虞城适中之所，慧日寺旁，并为募建其舍，计三楹，颜其额曰喜神堂。"①昆山城区也建有老郎庙，原址在清真观桥堍，塑有老郎菩萨以及乐师塑像各一尊。

所有堕民聚居区，均建有标志性建筑——老郎庙，以寄托堕民的虔诚信仰。堕民乃弱势群体，过着饥寒交迫的生活。从艺乃堕民收入较高的职业，也是朝不保夕。但堕民仍然尽其所能，聚沙成塔，集资建造老郎殿，塑上老郎菩萨的神像。即便老郎庙遭受战火的摧残，堕民也一再重建。老郎庙建有专门戏台，以艺娱神，祈求神灵保佑身份卑微的堕民。老郎庙却因堕民信仰而遭到平民鄙视。宁波城内的寺庙，区分为富贵贫贱。"宁波城内有四庙焉，曰富曰贵曰贫曰贱，贵神庙在东上桥，自壬子年章采南修撰及第后，每科乡试从未脱榜，此信而有征焉。其贱者，人因命名不雅，就所祀之神而呼之曰老郎庙。在西门巷子里，各戏班于六月散班之际，于庙内演戏酬答梨园之祖，每年约有全月演唱。六月二十四日为老郎神诞日，各伶争奇斗胜，陈设格外华丽，惜平人不屑往观。然贱庙之名实非因伶人而起，缘是庙合境之内，皆为元季惰民聚族而世居于此，优伶而外，女为送娘子，男名虾以及剃头、抬轿等共有十八行，伊等自呼曰'里十八'，均隶老郎庙境，故有贱民。此庙为外省所无，特书之，以广见闻也。"②堕民所信奉的老郎菩萨，其庙因建于堕民聚居区，故遭到平民的歧视，贬称为"贱庙"。

## 第三节　堕民对老郎菩萨的祭祀

绍兴三埭街的老郎殿每年都有堕民戏班捐献专门的祭礼经费。"老郎殿不像乡下村落、族姓的祠堂，每年有一定的经济收入或田产。而老郎殿的经济来源来自：一、由每副戏班的班长自愿捐助；二、三埭街有三四十副调腔班、高调班（文乱弹）和武班（乱弹班）即绍剧，各班轮流值年作为老郎殿当年的主管侍主，负责经济账目和支付结算，年终张榜公布全年的收支情况。"③绍兴每年农历正月十五日，为老郎菩萨诞辰日。三埭街的"子弟"自正月十二始，就手捧香烛，前来恭拜"老郎菩萨"。老郎殿内香火鼎盛，热闹非凡，鞭炮齐鸣，锣鼓喧天，人来人往，熙熙攘攘。先由班长行香礼拜毕，依次为"白脸堂""花脸堂""旦堂"跪拜。

---

① 苏州市文化局、苏州戏曲志编辑委员会编：《苏州戏曲志》，古吴轩出版社1998年版，第343页。

② 《宁郡杂闻》，《申报》1877年8月8日。

③ 绍剧艺术研究院访问陈顺泰，2014年11月17日。

再由大面行当的演员给神像象征性地洗脸,再用清洁羊毫笔渗吸生鹅血给老郎菩萨的眉、眼画几笔,算是"开光"。接着,鼓乐齐鸣,子弟向老郎菩萨神像恭拜。"大面"再用渗透鹅血的羊毫笔在每一个演员的喉结、眉、眼睛涂上一笔,以示"老郎菩萨"保佑每一位子弟眼目清亮,嗓音勃发。清代乾隆十七年会稽鲁忠赓的《鉴湖竹枝词》云:"子弟清音选教坊,玉箫金管度宫商。开元法曲梨园遍,元夜灯花供老郎。"①祭拜仪式结束后,子弟将三牲福礼分而食之,鹅头依例由"大面"享用。一年一度的供奉老郎菩萨仪式十分隆重。绍剧在嵊县和新昌的分支——紫云班,也信仰老郎菩萨,也是正月十五元宵佳节为其生日。届时,艺人点烛焚香,顶礼膜拜,恭祭祖师。

绍剧班社的对老郎菩萨的祭祀也极为隆重,按照惯例,绍剧班长正月初一就启程。班主先请出老郎盔(唐盔),再把四个小太监帽挂在老郎盔左右,接着拿出凤凰卷挂于老郎盔前面的第二档中间,然后再把各种盔帽按次序排整齐,俨然金銮殿排列程序。让大家喝"元宝茶",预祝一路顺风,生意兴隆。船到目的地启箱之前,先开盔头箱,首挂"老郎盔"(唐盔)和四顶太监帽,然后取出一个木制傀儡,即老郎菩萨,随后叠好行头。老郎安坐在行头两端的中间弄里,并点燃香烛,先由班长拜老郎,再由梨园子弟一一朝拜。演出结束收起行头,再将老郎菩萨放在第一只箱内仰面而卧,不能俯放。

宁波老郎殿每逢六月老郎神生日殿里演戏,从门口到大殿,灯烛辉煌,如同白昼。悬挂的灯就有二三十堂,名目繁多,有宫灯、明角灯、玻璃灯、长方灯、珠灯,制作精致,价格昂贵,均由庙里自办。还有许多名贵的字画和工具。神前摆上三牲福礼和"五副头",艺人们扮成王母娘娘和八仙,依次到老郎神前点燃香烛,斟酒敬神,各家戏班轮流演戏。清末民初,宁波老郎庙由戏班轮流按年掌管,称为"司年"。每年老郎神诞辰次日或第三日,上一任司年,在殿内当众举行移交仪式,称为"交司年"。移交接管之前,四处敲锣,广而告之。办理移交手续时,摩肩接踵,热闹非凡。上一任"司年"将一应账册、器具、房屋以及结余款项移交时,当场检查,如有损坏或不实之处,立即修理追查。宁波各戏班都有老郎神塑像,随戏班携带供奉。塑像为木雕坐式,高一尺余,外配玻璃龛,置于行头箱"四担"内。戏班到达演出地点,请出供在后台。艺人每场演出前,必须向老郎神祭拜。初二、十六是"烧牙日",要供三牲,集体行礼。

元宵节的祭礼,更为隆重,摆二十四副酒盅、筷子,用鸭、鹅、猪肉、鱼、蛋五牲。干果、水果、蜜饯、茶食等果盘,共四十余盘,还要摆列"五副头"——送子头、麒麟头、和合头、鹤头、鹿头供器,每个头上各燃红烛一对,祭盘由戏班主花

---

① (清)鲁忠赓:《鉴湖竹枝词》,《越中竹枝词》,西泠印社出版社2008年版,第65页。

钱购买。"五副头"为铜制上供祭器,重数百斤,价值颇巨。正月十三上灯,戏班举行灯节祭祖,祭品极为丰富,费用由艺人公摊。祭祀完毕,艺人聚餐,分食祭品和糕点。戏班欢度元宵节,向老郎上供设祭,称为"摆灯台",日期各班不一,有正月十三至十六,也有十四至十七,各戏班忙于演出,仅在戏班上供,由演员自行购买祭物。按照惯例,猪肉由花面行当中八个角色置办,两尾大鱼则归天地牌船的老大出资购置,其余行当没有硬性规定。每逢节日,如中秋节、重阳节等,都要向老郎上供设祭,费用则在"财包"项下支付。

宁波老郎神的生日有两个,农历六月十一日为正生日,十一月十一日为副生日。例应向老郎神上供庆寿,演戏酬神。从六月一日起开始演戏,迄六月十一日止,共演戏十一天。各戏班轮流演出,戏目由"司年"排定,均为各戏班名角的拿手节目,艺人也竭尽所能,大显身手。开锣前,先派人到各大街小巷敲锣,广而告之。酬神戏不收钱,戏又精彩,观众摩肩接踵,异常拥挤,艺人家属也前来助阵,观看自己亲人和同道的表演。老郎神诞辰日,艺人虔诚庆祝,在供桌上燃起二到五斤的大蜡烛,日夜焚烧檀香,上供三牲福礼,糕果茶食。先一天就由年齿较长的艺人烧香点烛,上供敬酒,然后演《叠寿》,扮成八仙和王母,共有九个演员,两人一排分成四行,王母走在后面,吹吹唱唱,直到神前,由蓝采和燃香点烛,何仙姑斟酒敬神,称为"落地盘"。演完《扫花》《三醉》《仙园》三出头,一路吹打走出大殿,谓之"暖寿"。然后是正戏开场。有些艺人为了安排庆寿,甚至彻夜不眠。老郎神诞辰日,向有同行演员集会习俗,有老生会、旦角会、花脸会,演员各自欢聚畅谈,并集资聚餐。六月十一日庆祝老郎诞辰花费巨大,均动用"财包"。"财包"为平时"拓花"积攒起来的资金。农历十一月十一日老郎副生日,戏班均在外地演出,艺人向携带的老郎神塑像上供设祭,不再演戏酬神,费用也从"拓花"累积金中开支。

慈溪堕民参拜老郎菩萨大都在拜师日或者老郎菩萨生日,老郎菩萨生日是农历六月。祭拜老郎菩萨很简单,烧几支高香就行。主要是吃开口饭的堕民还要向老郎菩萨演一台戏,老郎殿经常演戏,却没有一个戏台。艺人终年外出演戏,六月十一日老郎生日又集中在宁波"大庙"设祭,所以,慈城的"小庙"终年异常冷清。余姚堕民滩簧艺人于元宵节和八月半举行祭拜老郎菩萨仪式。"因此各班社每逢正月半、八月半都要拜老郎神,进行'敬茶',并在'敬茶'仪式上演出《小唐皇》。"[①]堕民艺人举行"敬茶"仪式,并演出滩簧戏以娱神。

苏州老郎庙的活动经费,除由苏州织造府提供之外,主要来源于昆曲戏曲班社和艺人的历年捐献。老郎庙也有专人管理,最后一代经管人为苏州昆剧传

---

① 蒋中崎、黄韶、严亚国:《姚剧发展简史》,百花文艺出版社1994年版,第8—9页。

习所传字辈演员沈传芷和苏州昆剧全福班旦角演员曾长生。苏州老郎庙供奉的老郎菩萨也有两个生日,即六月十一日和十一月十一日,一个为正生日,另一个为副生日。老郎菩萨生日那天,昆剧艺人都要带上香烛、钱粮(黄表纸)、元宝(锡箔纸锭),聚集苏州老郎庙,向老郎菩萨烧香叩头拜寿,各班演员在公厅会串演唱。上午四出,午后再唱几出。班社多时连唱两天,少时一个上午结束。每位演员都要出五六角的礼份,可入庆寿筵席"聚餐"。到了十一月十一日,昆剧艺人再次到老郎庙聚会。并在苏州城里唱上一个月,十二月初便歇锣封箱。祭祀老郎菩萨需要许多费用,这些费用均由昆班老板筹措。演员在此期间,也要演"帮忙戏",以资助班主祭祀费用。"一般昆班,每年农历六月初一至初四,十一月初一至十五,这十九天演出的收入,全部归戏班主,称帮忙戏。这是帮助戏班主在定戏少时渡过经济困难,艺人仅享大锅饭。其中六月初一、初二和十一月十六、十七这四天收入全部作老郎神诞酬神费用。"[1]堕民艺人周传瑛如是说:"到老郎生日那天,大家集会,在老郎庙里烧香,凑份子吃一顿——聚餐,清唱一天,互相聊聊各地情况讲行情。"[2]农历七月十五前后,昆剧艺人也择日演戏酬神,称为"青龙戏",一直延续到深秋增演灯戏。"中元前后,择日祀神演戏,谓之'青龙戏'。迤逦深秋,增演灯戏。灯戏出场,先有坐灯,彩画台阁人物故事,驾山倒海而来,锣鼓敲动,鱼龙曼衍,辉煌灯烛,一片琉璃。盖金阊戏园不下十余处,居人有宴会,皆入戏园,为待客之便。击牲烹鲜,宾朋满座。栏外观者,亦累足骈肩,俗目之为'看闲戏'。"[3]昆剧艺人平时演戏,老郎菩萨也随戏班而行。老郎菩萨置于大衣箱中,箱上放置横板一块,演员进后台先向老郎菩萨作揖。每逢夏历初二、十六,班主出资以鸡、鱼、肉三牲供奉老郎菩萨。旦角更衣坐在衣箱上,须在老郎菩萨请出以后。每场戏演出之前,演员都要在老郎菩萨前叩拜,以示虔诚。

昆山每年祖师公诞,艺人都要出"公份"在老郎庙聚餐,公会为了照顾农村艺人亦农亦艺的特点,特别避开农村大忙季节,将祖师诞辰的纪念提前一月举行。

堕民对老郎菩萨的祭祀,极为隆重。堕民均于老郎菩萨的生日,举行隆重的祭祀仪式。绍兴老郎菩萨的生日是正月十五,宁波和苏州则有两个生日,一个是正生日农历六月十一,另一个是副生日十一月十一日,堕民艺人均要点烛焚香,虔诚叩拜。堕民艺人还要无偿地献出自己的拿手好戏,演戏酬神。老郎

---

①　《帮忙戏》,《中国戏曲志(江苏卷)》,中国 ISBN 中心 1996 年版,第 794 页。

②　周传瑛:《昆剧生涯六十年》,上海文艺出版社 1988 年版,第 84 页。

③　(清)顾禄:《清嘉录》卷七《青龙戏》,道光刻本。

菩萨生日的祭祀费用,由戏班班主负责;其他重要节日,由堕民艺人自发聚资,举行各种形式的祭拜活动,以示堕民的崇敬之情。

## 第四节 老郎乃堕民艺人的保护神

老郎菩萨乃堕民艺人的保护神。"惰民平素均信仰'祠山大帝',又叫'老郎菩萨',凡关于彼等之财运、流年或唱戏上之种种祸福,便都向这位菩萨面前去祈求或许愿。但普通庙宇内,大概无此神像,彼等尝自己集资,塑像供奉。"①每年正月十五日,绍兴堕民艺人由班长带领,前往三埭街老郎殿向老郎菩萨虔诚叩拜。"这一天供老郎时有许多仪式,香烛灯火点燃,设摆三牲福礼,有大面行当的演员给老郎洗脸(象征性),再用清洁羊毫笔一支,渗吸生鹅血给老郎菩萨的眉、眼画几笔(象征性),算是'开光',接着大家鼓乐齐奏,向老郎恭拜,此后大面拿着鹅血渗透的羊毫笔,向各堂演员的喉结上、眉、眼上划几笔,可保佑在这一年内喉咙响亮,万事如意。"②堕民艺人相信,老郎菩萨能够保佐演出顺利。绍剧剧场有"九龙口",位于上场门前约一米的地方,演员从上场门出场,走上数步稍停,掸袖、整冠或亮相,演员在此初显风貌,也是鼓板师傅所坐位置,相传唐玄宗曾坐此位击羯鼓而得名。"或艺人外出,遭受厄难,衣食无着者,当可投当地任何班社,跪在'老郎'面前,唱一折《庆寿》,即被视为同行,解囊相助,亲朋相待,一宿二餐,馈以路费。"③因此,艺人入籍,学的第一出戏就是《庆寿》,他们会背得滚瓜烂熟,以便在落魄之时,祈求"老郎菩萨"救助。

昆剧艺人也祈求老郎菩萨保佑演出成功。"演员上下场都要向老郎神作揖。俗话说:'上台不拜老郎神,装什么不像什么。'当然这是胡说。不过在上场前定定神,酝酿一下剧中人感情,别慌里慌张手忙脚乱出错,很必要。"④昆剧演出后台就供奉老郎菩萨,堕民艺人认为"强盗见了戏班一般不来惹,说是戏船里菩萨、阎王、皇帝、鬼等等统统都有,惹了要沾祸祟的"⑤。强盗之所以对戏船没有兴趣,乃是艺人吃了上顿没下顿,如同"叫化子",无钱可劫,并非老郎菩萨保佑,但堕民艺人却以为乃老郎菩萨的庇护。昆剧艺人家寒身故,也有老郎庙提供的微薄的棺椁茔葬之费。

---

① 阿刘:《浙江的惰民生活》,《社会杂志》1931年第6期。
② 十三龄童:《绍剧班社的习俗与班规》,《绍兴戏曲资料汇编》第10辑,1985年,第87页。
③ 陶仁坤、罗平、严新民:《绍兴史料初探》,1980年,第89页。
④ 韩世昌:《我的昆曲艺术生活》,《梨园往事》,北京出版社2000年版,第560页。
⑤ 周传瑛:《昆剧生涯六十年》,上海文艺出版社1988年版,第68页。

慈溪的吹行堕民也相信老郎菩萨也保佑演出成功。"一般堕民的宗教信仰与四民相同。但吹行堕民还信奉老郎菩萨。每次排演新戏要登台演出前,吹行堕民都要在老郎殿点香祭拜老郎菩萨。小堕民入吹行之前,也要先祭拜殿内的老郎菩萨,以免日后登台演唱时的昏场忘词。"①为了求得"老郎菩萨"的保佑,天门下吃开口饭的堕民,每次演出前都要拜一拜"老郎菩萨"。宁波昆剧戏班出海到金塘等地演出,船到海口,必须将老郎菩萨塑像的帽子取下,将神像身上穿的箭衣敞开,露出金身,以免海龙王劫走老郎菩萨去演戏,招致覆船之灾。宁波艺人因故死在外地,班主则在老郎菩萨前面摆上小木盆,众人捐钱买一口薄皮棺材草草下葬。

旧时戏班艺人死在祠堂、破庙、凉亭、戏船或者摔死在戏台上,班主多在"朝笏"上写着"随缘乐助"四个字,摆在"老郎菩萨"偶像前面,旁边设一个小木盆,称"出朝笏"。艺人们见了,知道某人死了,但忌说死,要说"老先生"了。各人捐钱放在木盆里,为亡故弟兄买一口薄皮棺材,也有由班主出钱购买的。死者若有家,戏班派"杂务",俗称"多人",照当地风俗持倒头伞去死者家中报丧,家属备"元宝篮",来把死者遗体抬回去。当抬到门前时,家人故意砸碎一口碗或一个甏,说是"破煞"。但棺材必须摆在露天,不许进屋,客死异乡,"天外落材"。"老先生"如没有家,戏班备床席,一床纸褙的"重被",也叫"情被",一口薄皮棺材就地埋葬。入殓时,把死者生前用过的生活用品纳入棺材,但灵柩不能摆在演出的庙殿或异乡的祠堂,同样只能搁在露天,用篾篁或破席遮掩,然后葬在义冢地,有的掘地土葬,有的盖上草荐,叫"草荐棺材"。出殡时,戏班弟兄抬着死者灵柩到墓地,大家跟着去送葬,在简单祭奠仪式上,祝告说:"xxx,你在这里安息吧。我们就要走了,下次戏班到此,再来拜你。你知道我们都是出门人,请你把大家千斤百担都带去,保佐戏班太太平平……"葬毕,艺人们就在演出祠庙化妆室或歇息厢房墙壁上用毛笔或刀子刻画亡故艺人的"神主牌",也有用木头制作的。写着死者姓名、性别、籍贯、出生年月、寿终时间、担任行当、班社名称及何故死亡等,并在旁边注着:"……来往班社,羹饭一桌,赐以香纸。"岁月悠悠,戏班这班去了那班来,祠庙墙壁上刻满"神主牌",故戏班进台多由小花脸带领点香烛拜"老先生",祭祀一桌羹饭。②

堕民艺人以老郎菩萨名义,建立行业规范,调解戏班暨艺人之间的矛盾和

① 《江北堕民》,《宁波市江北区志》,浙江人民出版社 2015 年版,第 1818 页。
② 赵士旺:《宁波戏曲艺人的葬俗》,《浙江民俗大观》(下),当代中国出版社 1998 年版,第 224 页。

纠纷,形成良好的演艺秩序。绍剧演员化妆前忌穿戏服,违者要在"老郎菩萨"前请罪受罚。平时,若有艺人违犯班规,如演员打架、争吵以及在外有偷盗、触犯神灵等不端行为,班长都要罚在老郎菩萨前点大红斤通蜡烛一对,并跪拜忏悔,严重者称为"犯堂众介头",则要办酒谢众。"半个世纪前,绍兴戏班中都供奉一个尺许木偶,称为'老郎菩萨',木偶旁置有木棒叫'老郎棒',这是处罚犯规演员的刑具。每当年头岁尾,开箱封箱,都要隆重享祭。"①小学员不听使唤,也得跪在"老郎菩萨"前请罪。这尊小小的偶像,成为绍剧艺人心目中至高无上的权威。抗战时期,同春舞台在上海滩待不下去,被迫返回绍兴演出,却与伪绍兴侦缉队长周明德控制的"老大红寿"发生纠纷。周明德盛气凌人地要求同春舞台演三天白戏以"慰劳地方",自然被同春舞台断然拒绝。周明德恼羞成怒,暗中唆使暴徒将七龄童和六龄童痛殴。七龄童不服,欲到警察局报警。"那狡猾的周明德早有预谋,已抢先一步在警察所门口布下天罗地网,让一个打手满脸红糊糊的坐倒在那里,喊冤叫屈地诬告我们先动手。先发制人,倒打一耙。还是我们吃亏,此状告不成,反要我们在唐明皇像前点蜡烛(艺人赔礼的最高形式)。"②宁波艺人拜师学艺,也要拜老郎菩萨。徒弟择日到师傅家里,正中设有老郎菩萨神位,神前点一对一斤重的大红烛,一炷大红香,供上三牲和茶果。先由师傅朝祖师爷行三跪九叩首礼,嘴里喃喃祷告,均为保佑收徒学艺顺利的祷词。接着,由徒弟向老郎菩萨跪拜,再向师傅师母行拜师礼,对师兄弟则拱手作揖。礼毕,将供奉老郎菩萨前的三牲烹成菜肴,用以祭祀师傅的祖先,徒弟也跟着一起跪拜。

老郎庙均建有堕民艺人的行业组织,以协调艺人之间的矛盾。宁波老郎庙为民国戏曲艺人行会所在地,甬上优伶聚会研事奉祀之所。"殿内祀老郎菩萨。梨园子弟一律登记入会。行会设有司事,订有行规,按年轮值,负责主持祀典演戏。并借此宴请研事。"③苏州昆剧艺人的行会组织设于老郎庙内,清初原称为"梨园总局",清末民初改称为"梨园公所"。清代苏州老郎庙乃官府承认的管理梨园戏班和宫廷选拔优秀艺人的机构,也是调解戏班和艺人之间矛盾和纠纷的组织。苏州老郎庙不仅是苏州昆曲艺人的公所,也是其他各地昆曲戏曲艺人彼此联系的中心,被视为戏剧行业的共同祖师。"即凡是苏州昆曲艺人、班社,必须首先到老郎庙登记注册,方可在城内或外地演出。外地的昆曲艺人、班社,来

①　沈季刚:《绍剧史片断及绍剧部分名艺人史略》,《绍兴文史资料选辑》第1辑,1983年,第216页。

②　六龄童:《取经路上五十年》,上海文艺出版社1988年版,第51页。

③　谢振岳主编:《鄞县文化广播志》,1992年,第49页。

苏州先至老郎庙联系、祷祀,谓之挂牌,然后才可以演唱,谓之挂衣。"①苏州老郎庙不仅是昆曲艺人的聚议之所,也是其自设的管理机构。苏州老郎庙直属苏州织造府管辖,代表清政府对苏州的文化艺术思想进行监管。嘉庆三年的《钦奉谕旨绘示碑》声言:"除昆弋两腔仍照旧准其演唱,一切乱弹、梆子、弦索、秦腔等戏,概不准再行演唱。"并传谕江苏巡抚、苏州织造、两淮盐政,严行查禁。如有违者,"均照违警律,一体治罪"。明令驱逐乱弹等在苏州的演出,明确苏州乃昆曲的绝对势力范围,其他地方戏曲剧种不得进入。

昆剧艺人违犯班规,诸如不肯上台演出,行话云"开弓不放箭",以及生活上的错误,影响戏班声誉,就要举行"评理"。"评理"的方法是请祖师开公堂,公堂往往借祠堂或庙宇大殿,中间置桌椅各一张,上罩帔围,点燃蜡烛。两边有席位(俗称铺位)共有四张,上首第一铺乃文武老生席,下首第一铺乃跌掼花脸席;上首第二铺是大面席,下首第二铺是旦行席,统称为公堂铺。由老生行演员代表祖师问供,评定是非和处罚办法。戏班主坐在旁边不能说话,其实早已暗中商定。最重的处罚乃驱逐出班,其次为罚打屁股十下,由掌菜刀的厨师(行话乃"当刀佬")用皂隶板执法。只是昆剧戏班开公堂之事,极为罕见。

常熟的喜神堂也设有"梨园公所",成为优伶祭祀集会之所。昆山城区的老郎庙内设有"乐业公会",乃堂名班子同业之间协调关系以及维护本行业利益的组织。"如堂名班子之间发生纠纷或班子内部有何瓜葛时,公会均可出面调处。平时会内无人办公,有事须商议或进行什么活动时,由公会负责人临时通知召集,其活动费由各堂名班分担。"②每年夏季,"乐业公会"又成为艺人切磋技艺、提高技艺的场所。彼此进行艺术交流,聆听技艺高超、造诣较深的艺人教诲,以提高业务水平。

堕民艺人信奉老郎神,乃是为了提高自身的卑贱地位,以发展戏曲事业。宁波堕民艺人所敬奉的老郎庙,因贱民信奉而被视为贱庙。"宁城内有四庙焉,曰富曰贵曰贫曰贱,贵神庙在东上桥,自壬子年章采南修撰及第后,每科乡试从未脱榜,此信而有征也。其贱者,人因命名不雅,就所祀之神而呼之曰老郎庙。在西门巷子里,各戏班于六月散班之际,于庙内演戏酬答梨园之祖,每年约有全月演唱。六月二十四日为老郎神诞日,各伶争奇斗胜,陈设格外华丽,惜平人不屑往观,然贱庙之名实非因优伶而起,缘是庙合境之内皆为元季惰民聚族而世居于此,优伶而外,女为送娘子,男名虾以及剃头、抬轿等共有十八行,伊等自呼

---

① 《苏州老郎庙》,《苏州文史资料》第24辑,1999年,第38页。
② 黄国杰:《昆剧故地堂名活动续谈》,《昆山文史》第6辑,1987年,第137页。

曰'里十八',均隶老郎庙境,故有贱名。"①封建社会的戏剧演员地位低下,艺人供奉老郎神,乃是借助神灵以提高自己的社会地位。四德于乾隆四十八年为苏州老郎庙撰写的碑文云:"自吹竹定律以来,制乐者,即一讴一歌。善于其业者,皆不乏人。然而托之圣贤则已贬,炫之名位则已诬,必指其人以实之,则已凿。钧天之乐,翼实尺之。通之于精灵,推之于本始。兵家祭蚩尤,文章家祭文昌,马祭天驷,车祭轸,蚕祭房。此物此志也。崇廊复宇以宫之,繁会乐康以迎之,缓节安歌以飨之。以福其人而昌其业。"②封建社会每一行业都有自己的行业祖师,戏曲演员为了提高自己的社会地位,使自己的行业更加繁荣昌盛,也特意制造神灵来供奉。

## 第五节　堕民艺人的"三茅"信仰

绍剧戏班建有"三茅神会",信仰"三茅神",每年定期举行祭祀。"迎三茅会是绍剧演员的一种风俗。"③"三茅神"的说法不一,绍兴堕民艺人传说"三茅神是河水鬼的头头"④。另说为汉代的"茅氏三兄弟"⑤。据《辞海》记载:"茅盈(公元145—?),道教茅山派所奉祖师。汉景帝时咸阳人,字叔申,传说十八岁弃家入恒山修道,后隐居句曲山,边修炼边采药为人治病。其弟茅固、茅衷弃官寻之,均得道成仙。"⑥世称"三茅真君",后人将江苏句曲山改名为"三茅山",简称"茅山"。《三教源流搜神大全》卷二记载有关于"三茅神"的详细介绍:

> 真人姓茅,咸阳南关人。圣祖讳喜,字拱伦,仕秦庄襄王,为广信侯。其父乃广信侯第六子,讳祚,字彦英;有三子,长子讳盈,字叔申。次子讳固,字季伟。小子讳衷,字思和。盈年十八,弃家恒山,读老子书及周易传,采取山术而饵服之。积六年,夜梦太玄玉女把玉札而携之曰:"西城王君得真道,可为师矣。"明晨敬到西城,斋戒三月,卒见王君驾神龙之骈,翔翔于秀岩之阴。于是,越艰难绝阻,不觉以前。君乃使卫官见摄将远王君洞台

---

① 《宁郡杂闻》,《申报》1877年8月8日。

② 《翼宿神祠碑记》,《中国戏曲志(江苏卷)》,中国ISBN中心1996年版,第999页。

③ 阮庆祥等编纂:《绍兴风俗简志》,1985年,第180页。

④ 十三龄童:《绍剧班社的习俗与班规》,《绍兴戏曲资料汇编》第10辑,1985年,第88页。

⑤ 阮庆祥等编纂:《绍兴风俗简志》,1985年,第180页。

⑥ 夏征农、陈至立主编:《辞海》,上海辞书出版社2010年版,第2654页。

之中,亲侍旦夕,执巾履之役。如是十七日,王君见君谨密,使主领衣,书神箓之章。复三年,乃命驾造白玉龟山,请王母于清琳宫,君时从焉。西王母曰:"总真心乃挟肉人以登灵台,不亦劳乎?"王君笑而不答,因目君起再拜自陈,愿赐长生之术。王母曰:"吾昔先师元始天王及扶桑大帝君时乃闲居于希林之台,积霄之房,说玄玄之道,见遗以要言,所谓玉佩金铛之道,太极玄真之经也。"君拜受所言。王母敕王君一一解释玄玄之经,又自敕出金铛之文,以口告于君也。受命言讫,王君将初归西城,按而行之,三年之中,色如女子,目有流光,面生玉泽。王君又赐君九转还丹二剂及神方一首,告之曰:"道已成,可以反也。复百年,求我于南岳,将授予汝仙在于吴越。"于是辞师乃归,时年四十九。君父母尚在,见之大怒,曰:"为子不孝,不亲供养,寻逐妖亡,流走四方!"君长跪谢曰:"盈受命应当得道,今道已成,不可击杖,恐三官考察,非小故也。"父不信,于是操杖向君,适欲举杖,杖即摧折成数段,数段皆发扬如弓矢之发,中壁壁穿,中柱柱陷。父悟,不敢打,怒乃止。父又曰:"汝言得道,能起死人否?"君曰:"死人有罪,重积恶,不可复生。有天寿短折者,则可令起矣。"乃召社公,问此村中已死者谁可召还,促约所关由使发遣之。至日入之后,社公来白事,云:"某甲已决了,使可发出。"于是掘地发棺,举而出之,三日能坐,语言了了。如此发数人家,皆遂生活,乡里远近,咸称神明之君。后十余年,君父母俱死,行丧如礼。中弟固,汉景帝时举孝廉,累迁至武威太守。弟衷少以节行显名,从梁国为孝王上宾。宣帝地节二年迁洛阳令,后拜为五更大夫,转西河太守。[①]

"三茅"乃是三位茅姓同胞兄弟,即茅盈、茅固、茅衷,汉景帝时陕西咸阳人。相传老大茅盈十八岁弃家入恒山修道,研读《老子道德经》和《周易传》,采食山术。又拜"西城真人"王远(王方平)为师,并由王远引荐,得到西王母授的《太极玄真经》,隐居江苏句容句曲山修炼,采药为人治病,得道成仙。后来,弟弟茅固和茅衷也弃官不做,四处寻访哥哥,找到隐居句曲山的茅盈,也随兄修炼,得道成仙。兄弟三人均被太上老君授为"真君",世称"三茅真君",句容山也改称"三茅山",简称"茅山"。(图14.6—14.7)

江苏句容的茅山,建有"九霄万福宫"。茅山为道教茅山派的发源地,也是道教传说中第一福地,第八洞天。该道观始建于西汉,唐、宋、元最盛,宫、观、庵、院林立,最多时达5000间。后来,遭兵火毁坏,清末尚存三宫五观。"三宫"乃崇禧万寿宫、元符万宁宫、九霄万福宫;五观为德佑观、仁佑观、玉晨观、乾元

---

① 叶德辉辑:《郋园全书》第109册,《三教搜神大全》卷二《三茅真君》,民国二十四年刊本。

图 14.6　茅氏三兄弟

观、白云观。元符万宁宫始建于唐代,宋哲宗时因该处道士刘混康受皇帝宠信,得御赐"九龙仙都印"等藏于万宁宫,故该宫又称"印宫"。宫墙上嵌有"第一福地,第八洞天"的石刻大字。"九霄万福宫"始建于东汉永平二年(59),位于茅山大茅峰顶,俗称"顶宫"。明万历二十六年改为"九霄宫"。该宫屹立在高高的山顶,东有抱朴峰,相传为晋代著名道学家抱洪在此修身并著《抱朴子》。壮丽的赭色宫殿犹如缥缈在云雾之中,太元殿内供奉"三茅真君",院内珍藏宋哲宗御赐的玉印、玉圭、呵观、玉符等四宝。

　　杭州西湖也建有"三茅观"。明代张岱在《西湖梦寻》记载:"三茅观在吴山西南。三茅者,兄弟三人,长曰盈,次曰固,季曰衷,秦初咸阳人也。得道成仙,

图 14.7　茅氏三兄弟

自汉以来即崇祀之。第观中三像，一立，一坐，一卧，不知何说。以意度之，或以行立坐卧皆是修炼功夫，教人不可蹉过耳。宋绍兴二十年，因东京旧名，赐额曰'宁寿观'。元至元间毁，明洪武初重建。成化十年，建昊天阁；嘉靖三十五年，总制胡宗宪以平岛夷功，奏建真武殿；万历二十一年，司礼孙隆重修，并建钟翠亭、三义阁。相传观中有褚遂良小楷《阴符经》墨迹。景定庚申，宋理宗以贾似道有江汉功，赐金帛钜万，不受，诏就本观取《阴符经》，以酬其功。此事殊韵，第不应以贾似道当之耳。余尝谓曹操、贾似道千古奸雄，乃诗文中有曹孟德，书画中有贾秋壑，觉其罪业滔天，减却一半。方晓诗文书画，乃能忏悔恶人如此。凡人一窍尚通，可不加意诗文，留心书画哉？"①三茅观建于杭州吴山，始建于宋，元时被毁，明代重建，抗战时被日军拆毁，沦为民居。2008 年，进行考古发掘与清理，建成遗址公园。

　　堕民没有固定祭祀"三茅神"的庙宇和地点，艺人祭祀极为虔诚。阴历三月十八日有夜祭。"十三龄童"王振芳回忆："旧戏班有'三茅神会'，每年阴历三月十八日后半夜，由大花脸领头去河埠头请三茅神，到了埠头，大花脸还要念一段词：'浙江省 XX 县 XX 班，敬请三茅爷爷入位'……此后纸钱焚化，众人把神牌（神牌用黄纸糊折成）接到班内后台，供祭三天，至第三天后半夜黄纸神牌火化送上天，供品大家分而食之，算是一年一度的祈祷。"②农历六七月戏班空闲时，

---

①　（明）张岱：《陶庵梦忆·西湖梦寻》，浙江古籍出版社 2012 年版，第 254 页。

②　十三龄童：《绍剧班社的习俗与班规》，《绍兴戏曲资料汇编》第 10 辑，1985 年，第 88 页。

也到江边祭祀,请求"三茅神"保佑艺人。绍剧艺人王桂芳回忆:"通常是在六七月间,演出空档,由戏班班主商定,就地请'三茅菩萨'。先在一块木头牌位上写上'三茅菩萨'字样,由班主率领全体演员来到江湖边,供好木牌,进行跪拜,请'菩萨'上岸。随后由一人捧木牌走在前面,一路上敲锣打鼓将'菩萨'请进附近庙宇。将神位供好,接着由各戏班轮流在神位前演戏,演的都是'全家福''掘藏'等吉利戏。"①演员将染成各种颜色的米,放在纸板上粘出如意花盆等各种花色敬神,以示赎罪之意。绍剧乐师陈顺泰回忆:"三月里还演'三茅会'会戏,戏台搭在东郭门外渡东桥,来看戏的人,真乃人山人海,热闹非凡。"②祭祀"三茅神"的会戏热闹异常,熙熙攘攘。

堕民崇拜"三茅神"的原因在于,绍剧班社大都是草台班,多至五六十班,终年在乡村赶会市,演平安戏。堕民艺人在绍兴水乡出巡,以船为主要交通工具,也是戏班演出期间的生活休息场所。王振芳如是说:"'六扇头'即乌篷船或白篷船的简称,农村做水路班社戏必用此船,演员食宿均在船内,全船共容纳不到卅人,分上下两层,上层演员乐队睡,下层艺徒、杂务睡,统铺划为前九、后十一,名称甚雅:大王舱、口铺、状元铺、珠帘铺。当家生净睡大王舱、口铺等,主要生、旦睡状元铺,五旦、老旦、宕四花睡珠帘铺等。所谓珠帘铺是指下雨时,雨水顺流而下,似珠帘一样。"③堕民艺人终年在水上漂泊,在船上吃喝拉撒睡,河道成了艺人的"天然厕所",此乃亵渎神灵。"供祭的理由是因为班社常年活动于水乡,演职员晚上拉尿拉屎在河里,为消灾脱孽,故此向三茅神请罪谢罪。"④尽管堕民艺人过着颠沛流离的水乡生活,但他们仍不忘向神灵祈求赎罪。

## 第六节　堕民对千秋太子老师贺知章的信仰

贺知章被堕民认为是"千秋太子"唐玄宗三太子李亨的老师。贺知章,字季真,初唐的著名诗人,自号"四明狂客",越州永兴人。进士及第,历官太常少卿、礼部侍郎、集贤学士、太子右庶子兼皇太子侍读、检校工部侍郎,迁秘书监、太子宾客、庆王侍读。"少以文词知名",后以"性放旷,善谈笑"为人所仰慕。贺知章好饮酒,位列杜甫"饮中八仙"的第一位"酒仙"。文思敏捷,才华豪放,一生作品

---

① 阮庆祥:《绍剧戏班的三茅会》,《浙江民俗大观》(下),当代中国出版社1998年版,第403页。

② 访问陈顺泰,2016年6月15日。

③ 十三龄童:《绍剧班社的习俗与班规》,《绍兴戏曲资料汇编》第10辑,1985年,第85页。

④ 十三龄童:《绍剧班社的习俗与班规》,《绍兴戏曲资料汇编》第10辑,1985年,第88页。

其多,现存有二十余首。也工草书和隶书,曾与"狂草之圣"张旭等人结为"吴中四士"。贺知章与李白相交甚厚,常常饮酒赋诗,切磋诗艺。744 年,85 岁的贺知章上书告老还乡,欲剃度为道士,以鉴湖"剡川一曲"为放生池。唐玄宗御制诗以赠,皇太子率百官饯行。贺知章回山阴五云门外道士庄,入居"千秋观",建"一曲亭"自娱。写下千古传诵的《回乡偶书》:"少小离家老大回,乡音无改鬓毛衰。儿童相见不相识,笑问客从何处来。"贺知章旋即病逝,享年 86 岁。

绍兴原留有"降诏弄""至诏弄",两条南北向平行小弄,南起永福街,北至斜桥河沿,宽 2 米,长 100 余米。光绪《绍兴府城衢路图》及民国《绍兴县县中都地籍一览图》均称其为"猪爪湾"和"缸灶弄"。(图 14.8)据传唐天宝年间,贺知章请道士,降诏准许,以千秋观为其宅。贺知章闻讯后,率家人前来接诏。持诏登岸河湾故名"降诏弄",衍称"缸灶弄"。该弄不宽,笔直规整,极为气派;两边乃整齐的石小墙,颇具明清建筑风格。弄中央还有一个骑马楼横跨,弄西原是一个麻袋厂,因火灾焚成一片废墟。1989 年因建胜利东路而拆毁,现为皇朝大酒店停车场位置。贺知章接诏小弄为"至诏弄",衍称"猪爪湾"。其原址尚在,河湾口原是绍兴一个最大的煤球厂,船埠停靠着原料船和煤球船,整个埠头黑乎乎的一片,下雨时行人无处下脚。现在位于金鑫大厦北侧,宋梅桥西南侧的一个湾口。现堤沿整齐,踏道宽畅,绿荫掩映。贺知章任过"礼部侍郎兼集贤院学士",贺知章行馆所在的街道,西起新建北路,东至保佐桥直街,街长 115 米,遂被命名为"学士街"。三埭街仍留有重建的"贺秘监祠",位于学士街 49 号,由崇贤堂、千秋楼和怀贺亭等一组仿古建筑组成。(图 14.9)

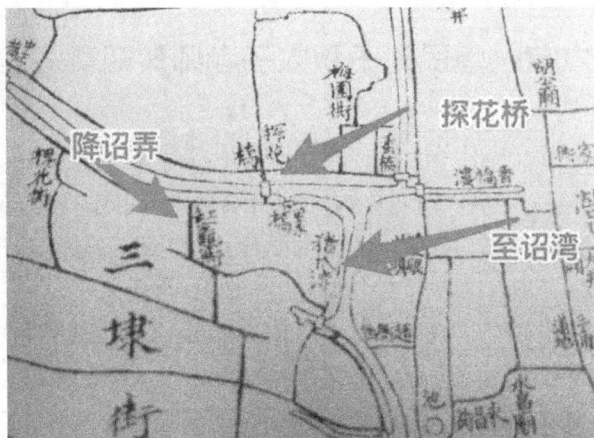

图 14.8　清光绪壬辰(1892)《绍兴府城衢路图》

三埭街堕民传说贺知章乃"千秋太子"的老师,唐时建有贺知章祠堂,原是

图 14.9　贺秘监祠(2015 年汪晓华摄)

其行馆，称为"千秋观"，后改"天长观"，宋改"鸿禧观"，明改"明真观"，又称"道士庄"。"明真观"也称"贺秘监祠"，位于三埭街的前街(学士街)，坐北朝南，左边紧邻前庙，右边乃三埭街的唯一子弟学校——同仁学堂。观宽约三十米，外有围墙，正中为两扇厚实木制大门，入门约有一百多平方米的空地，沿着左右两边走廊，均设有四米的长排小殿堂，里面坐着诸多菩萨。正中央乃大厅，全是光滑的水泥板铺成，大厅宽约二十余米，深约十五米，厅内有四根粗壮的石柱，上面雕刻蟠龙；两边的墙壁上，雕刻许多彩色图案；大厅稍后的中央，筑有一米多高，四米多宽的石台，台上设有一佛龛，龙椅上端坐着唐玄宗李隆基。绍剧戏班均有随身携带的"尺许木偶"唐明皇。"据说这尺许木偶就代表了戏剧界的祖师爷，但为什么又用娃娃样的小木偶来代表一代至尊的李隆基呢？问一位老艺人，经他指明才知道这尺许木偶是'千秋太子褴褓时代的替身'。原来千秋太子是唐明皇为太子时的尊号。"[①]李隆基头戴平天冠，身塑龙袍，腰系玉带，脚穿绣龙朝靴，脸色全红。

另传该塑像为"千秋太子"乃李隆基三子李亨。(图 14.10)"明真观乃是学

---

① 沈季刚：《绍剧史片断及绍剧部分名艺人史略》，《绍兴文史资料选辑》第 1 辑，1983年，第 216 页。

图 14.10 唐肃宗李亨(711—762)

士贺知章教育唐玄宗李隆基儿子李亨(千秋太子)之处。"①唐肃宗原是小白脸,在明真观跟随贺知章读书时,夜晚有一形似大鹏鸟的"訾神"闯入,抓破了其书本。"千秋太子"怒不可遏,将其逐出门去,却不慎被"訾神"抓破了脸。"千秋太子"因此由白脸变成了红脸。

　　唐天宝年间,贺知章避居在"三埭街"明真观,请回道士,为玄宗皇帝的"千秋太子"李亨传学。有一天晚上,太子李亨在书房攻读诗书,一只訾神(形似大鹏鸟)飞入明真观,来到太子书房,骚扰李亨的学习,还用利爪抓破了他的书本,太子将它驱赶出书房时,不慎又被抓破了脸,一时血流满面,顿时,把一个白面书生变成了血脸(因而,端坐在明真观正厅佛龛内的千秋太子,是红脸)。太子十分气愤,怒斥訾神:"从今以后,不准你再来此地!"那訾神情知自己闯下了大祸,从此果然不敢飞入"三埭街"。所以,"三埭

--------

街"里如果死了人,就不用"转肯"的。以上所述,虽是一种带有迷信色彩的传说,但确是从"三埭街"耆老们一辈传一辈,代代相传至今的一桩轶事。①

从大厅两边进入,通往后殿两旁设有游人休息的场所,摆有长板椅,椅背上雕有花纹;跨进后殿,面积与前厅相仿,也由青石板铺地。殿中央建有一个宽大的石台,台上设有佛龛,椅子上坐着学士贺知章,白净面孔,嘴上有三绺须,身穿深色对披,脚穿朝靴,双手捧着朝笏。两旁也供着许多菩萨。后殿顶上,有一座大楼房,木扶梯设在石台背后,楼上窗明几净,十分宽畅。(图14.11)

图14.11　贺秘监祠内的贺知章像(2015年汪晓华摄)

民国时期,"明真观"设有剧场,即"千秋模范剧场"。"北伐后,学士街里开设过千秋模范剧场,场址在明真观,即是贺秘监祠。贺知章在唐玄宗时做过秘书监,年老致仕,回绍兴故乡,在明真观做道士,这个道观是玄宗为他建造的,学

--------

① 访问陈顺泰,2016年9月16日。

士街的命名也同戏剧界的祖师爷有关。"①1927 年秋,唐皇街居民"馒头阿三"和嵊县人张庆标筹建"模范剧场",地点即在"明真观"(道士观),为一座能容四百余人的砖木结构的小剧场。"1927 年本地的绍剧和本世纪诞生于相邻嵊县的笃戏两方面有关人员建起了千秋模范剧场。据说这个剧场名来自敬那个千秋太子为模范的意思,小屋子可容纳四百人左右,三年头上,演出中戏台坍塌造成人身事故,而终至于被查封。如此观之,让人们有明真观旧址乃三埭街的广场之感。"②进入"明真观"两扇铁门,有一屏风,屏风后就是戏台,戏台坐南朝北,面向佛厅,观众厅处于戏台与佛台之间,后来才成为露天空地。观众厅摆着可坐五人一条的长板背靠椅,直行可排放到佛厅,两旁是通道,可容纳两三百人看戏。"由于当时学士街、唐皇街周围的居民不少是文乱弹(绍剧)的演员、音乐组(后场)等剧务从业人员,这部分居民彼此间互称是'吃戏饭'的'子弟'。相传唐明皇的儿子千秋太子曾在皇宫后院'梨园'培养演戏人才叫做'梨园子弟',从而乱弹班演员一贯把千秋太子认作是戏剧的创始人。'馒头阿三'标榜剧场要培养梨园子弟,就抬出千秋太子来作为模范,因此起了这个名称。"③绍剧乱弹班组成后,先在"千秋模范剧场"扬台,再开往他处寻找演出的场地。"'三埭街'内各副绍班,如泉源第一舞台、天荣舞台、祥金舞台、森贵舞台及调腔班、小歌班(越剧)等,经常售票业务演出,当年红极一时的'三花一娟'(即施银花、赵瑞花、屠杏花和姚水娟),崭露头角的竺水招、徐玉兰等诸多著名演员,都曾在明贞观'千秋模范剧场'登台献艺。"④1929 年秋,"模范剧场"正在上演越剧,观众济济一堂。由于建造剧场的承包商偷工减料,建筑质量低劣,剧场满座后不堪重负,右首的一间楼座突然坍陷,观众死伤多人。此后上座率一落千丈,剧场门可罗雀。抗战全面爆发后,国土沦陷,严禁娱乐,剧场被拆成了空地。中华人民共和国成立后,三埭街堕民翻身做主人,受到绍兴市人民政府的关怀和重视,为了让更多的三埭街堕民子弟能够接受教育,经绍兴市文教局批准,将同仁小学扩建,明真观内的菩萨被毁掉,并入同仁学堂,正式改名为"学士街小学"。(图 14.12)

---

① 沈季刚:《绍剧史片断及绍剧部分名艺人史略》,《绍兴文史资料选辑》第 1 辑,1983年,第 216 页。

② [日]木山英雄:《绍兴三埭街——历史与传说》,《文学复古与文学革命——木山英雄中国现代文学思想论集》,北京大学出版社 2004 年版,第 169 页。

③ 陈济璨:《民国时期绍兴的戏院》,《绍兴文史资料》第 3 辑,浙江人民出版社 1987 年版,第 158 页。

④ 绍剧艺术研究院访问陈顺泰,2015 年 3 月 21 日。

图 14.12　贺秘监祠内的千秋楼(2015 年汪晓华摄)

## 第七节　堕民对周公和叔孙通的信仰

苏州旧有的掌礼业和茶担业,为平民婚丧喜庆服务,均为堕民行当。掌礼业在婚丧喜庆中负责礼俗。平民的婚丧喜庆,礼仪烦琐,非有懂行者主持不可,从事该行当的堕民又称"掌礼"。茶担业则负责平民婚丧喜庆的茶水服务,安排酒筵,自有一套茶酒筵席器皿以供租赁。掌礼业与茶担业关系密切,统称为"礼茶业"。清代苏州礼茶业建有"掌礼通业公所"和"礼茶公所"。建有供奉周公和叔孙通的神殿,周公被奉为"掌礼祖师",叔孙通被奉为"礼茶祖师"。清道光十七年(1837),苏州创建"茶礼公所",公所内建有供奉叔孙通、陆羽、宋礼的神殿。清顾震涛《吴门表隐》卷七载:"茶礼公所在社坛巷,祀叔孙通、陆羽、宋礼。道光十七年,呈官公建。掌礼同业奉香火。旧例,茶房多掌礼人兼之。"[1]咸丰十年(1860),苏州茶礼公所曾被毁。同治五年(1866),苏州再次重建礼茶公所,在苏州富仁坊七号"礼茶公所"立有"重建礼茶公所碑记",碑高 30 厘米,宽 73.5 厘米。(图 14.13)碑记云:

> 周公姓姬,讳旦,周武王之弟,成王之叔,制礼作乐,辅相王朝。厥后周衰礼废,宣圣孔子问礼于老聃,然后定礼正乐,以补其失。是时周礼在鲁,

---

① (清)顾震涛:《吴门表隐》卷七道光刻本。

图 14.13 重建礼茶公所碑记

复遭秦火，篇帙仅存，至前汉太常叔孙讳通，采访考订，增修旧制，始定百职朝仪，颁行天下，其礼大备；鸣赞之礼，由斯而起。吾等世传是业，理宜敬奉。

礼茶祖师向在长邑高二图社坛巷内，向有礼茶公所；庚申兵燹被毁，尚未兴造。克复苏垣之后，重复公捐，自于同治五年十月，价买陈默卿房屋一所，坐落长邑元一图富仁坊巷东口，坐南朝北平屋四间，披厢两个，基地四间两披厢，天井三方，过路一条，绝价纹银五十两正。当收裴朱氏善后局印照齐字第一千六百六十四号。嗣后改作礼茶公所，抽捐重建。兹于隙地增造殿宇四间，披厢两个，供奉周公、叔孙二神位，以垂永久，庶不负礼茶二业崇奉师宗之至意。应用公料漆黝以及添备器皿什物，均皆量力捐输，随心乐助，并未苛派。同业所有收付，一概登于后，以昭征信。

时维

丙辰年仲冬月日立。

司事：成教堂曹、顺德堂陆、庆春堂钱、树本堂胡、

二铭堂张、鸿庆堂许、双桂堂赵、大树堂冯、

有怡堂徐、大雅堂应 公启。[①]

---

① 《重建礼茶公所碑记》，《明清苏州工商业碑刻集》，江苏人民出版社 1981 年版，第362 页。

掌礼通业即整个掌礼业,"通"乃"通联"。咸丰二年(1852),苏州建"掌礼通业公所",公所内建有供奉周公和叔孙通的神殿,立于苏州富仁坊巷的《掌礼通业公所基地文契碑》云:

> 立掌礼通业公产房屋基地文契沈宏远、林鉴文、陈聚乐、周旭徽等,曾于道光十五年分凭中施宏才、冯嘉祥寺,用价足钱二十四千文,契得夏载光隙地破房一所,坐落长邑半十九都亨二图社坛巷内,朝东门面出入。此房系夏载光曾祖遗产,供奉宋相神像。因年久失修,坍塌不堪。同业不能坐视,情愿捐资绝买,建造掌礼通业公所,供设周公、叔孙祖师神位。大殿厢房,公估时值房价曹平元银二十四两整。修理完竣,庙宇重新。如制以昭诚敬,始能通业永远恪遵。欲后有凭,立此掌礼通业公产房屋基地文契存照。
>
> 计收上首老红契一纸,夏姓白契一纸
>
> 施宏才担代一纸
>
> 计开四至:
>
> 南至东岳殿墙;北至郑公祠墙;
>
> 西至本殿后墙;东乃出入门面计一丈四尺阔。
>
> 咸丰二年九月　日立,掌礼通业公产房屋基地文契
>
> 沈宏远、陈聚乐、林鉴文、
>
> 周旭徽、叶玉芳、施宏才、
>
> 余玉[①]

礼茶业之奉周公、叔孙通为祖师,乃是周公制作周礼,叔孙通制作汉礼。周公、叔孙通均为中国历史上的著名人物。周公为周文王之子,周武王之弟,因其采邑在周,故称周公,名姬旦,又称叔旦,为西周初期政治家。周公乃西周著名政治家,相传其制定了一套礼乐制度,即周礼。"周公制礼"始见于《左传》:"先君周公制周礼。"汉朝伏胜也在《尚书大传》云:"周公摄政,一年救乱,二年克殷,三年践奄,四年建侯卫,五年营成周,六年制礼作乐,七年致政成王。"《礼记》也说:"武王崩,成幼弱,周公践天子之位以治天下。六年,朝诸侯于明堂,制礼作乐,颁度量,而天下大服。"礼的本质为差异,以确定社会各等级之间的特殊行为规范,以显示贵贱、尊卑、长幼以及亲疏之间的差异。礼规定君臣、父子、兄弟、夫妇、朋友之间上下尊卑关系,不得逾越。周礼十分繁烦,据传有五类,吉礼(祭

① 《掌礼通业公所基地文契碑》,《明清苏州工商业碑刻集》,江苏人民出版社1981年版,第361页。

祀)、凶礼(丧葬)、宾礼(交际)、军礼(征战)、嘉礼(吉庆)。士大夫从出生、婚嫁到死亡,都有相应的礼仪。男子长大到青年,应举行象征成年的冠礼。冠礼中要加冠三次,初加缁布冠,象征将涉入治理人事的事务,即拥有人治权。再加皮弁,象征将介入兵事,拥有兵权;三加爵弁,拥有祭祀权,即为社会地位的最高层次。婚礼乃生命礼仪,先是订婚,男子用雁纳采,然后是问名、纳吉、纳征、请期。丧礼乃是极其复杂的礼仪。丧礼的等级因亲疏远近而有严格的区别。

乐与礼相辅相成,礼讲差异,乐讲和同。《乐记》云:"乐在宗庙之中,君臣上下同听之,则莫不和敬;在族长乡里之中,长幼同听之,则莫不和顺;在闺门之内,父母兄弟同听之,则莫不和亲。故乐者,所以崇和顺,比物饰节,节奏合以成文,所以和合父子君臣,附亲万民也。"乐维系社会的团结。礼与乐二者不可或缺,否则社会就会失衡。故《乐记》云:"同则相亲,异则相敬……礼义立则贵贱等矣,乐文同则上下和矣……乐至则无怨,礼至则不争。"武王即位,命周公作《大武》。《大武》乐舞乃《诗经·周颂》一部分。《大武》有舞有歌,舞分六场,歌分六章。舞的内容,第一场象征武王带兵出征,第二场象征武王灭商,第三场象征进军南国,第四场象征平服南国,第五场象征周公统治东方,第六场象征班师还朝。分别是《诗经·周颂》中《我将》《武》《赍》《桓》《般》《酌》。《诗经·周颂》属于神巫舞乐,创作者乃周公。周公制礼作乐,才有传世的礼乐文明。(图 14.14)

图 14.14　曲阜周公庙建有制礼作乐坊(李乔供图)

叔孙通为汉初薛国(今滕州)人,秦末参加项梁起义军。公元前 205 年,叔孙通在彭城率儒生弟子百余人归顺刘邦,深得刘邦赏识。刘邦统一天下后,叔孙通制定种种礼仪称号。刘邦将秦朝的种种苛法除去,以简便为原则。随刘邦打天下的臣子,多喝了几杯,有的狂叫,有的以刀击庭柱。刘邦为此伤透脑筋。

于是，叔孙通到鲁国召集三十多名儒生，加上自己的学生一百余人，在野外订起木桩，拉上绳索，画地为宫，设起堂阶，练起礼仪。刘邦看过以后，颇为满意，便让群臣熟悉。"汉七年，长乐宫成，诸侯群臣皆朝十月。仪：先平明，谒者治礼，引以次入殿门。廷中陈车骑步卒卫宫，设兵张旗志。传言'趋'。殿下郎中侠陛，陛数百人。功臣列侯诸将军军吏以次陈西方，东乡；文官丞相以下陈东方，西乡。大行设九宾，胪句传。于是皇帝辇出房，百官执职传警。引诸侯王以下至吏六百石以次奉贺。自诸侯王以下莫不振恐肃敬。至礼毕，复置法酒。诸侍坐殿上皆伏抑首，以尊卑次起上寿。觞九行，谒者言'罢酒'。御史执法，举不如仪者，辄引去。竟朝置酒，无敢欢哗失礼者。于是高帝曰：'吾乃今日知为皇帝之贵也。'乃拜叔孙通为太常，赐金五百斤。"[1]叔孙通参照周朝和秦朝的礼仪，结合汉初的实际，制定汉代的朝仪。孝文帝时，叔孙通任奉常，制定宗庙仪法。叔孙通不仅协助刘邦整顿朝纲，而且制定汉代的政治礼仪制度，为汉朝的建立和巩固做出了贡献，司马迁称颂其为"汉家儒宗"。

礼茶业乃婚丧喜庆的服务业，婚丧礼仪极为烦琐，茶水奉送，宴席设置，乃至器皿租赁，颇为讲究。礼茶业乃掌"鸣赞之礼"的行业，而"鸣赞之礼"乃周公、叔孙通制礼而起，所以，礼茶业乃世传的周公、叔孙通之业，故苏州堕民奉周公、叔孙通作为祖师爷。

金华的轿夫也从事为平民婚丧嫁娶的吹打行当，将孔子奉为行业祖师。孔子3岁就死了父亲，家境贫寒，青少年也做过一些自认"卑贱"之事，他当过吹鼓手，做过管牛羊的"乘田吏"和记账的"委吏"。孔子在《论语·子罕》曰："吾少也贱，故多能鄙事。"小姓又名轿夫，从业时向主人无厌索求，被讥为"轿夫相"，颇让人讨厌。但小姓以"既然自己沦为小姓，索性就按照孔子所讲的'小人于利'办事，但用小姓人自己的话说，他们的祖师是孔子，能拿就拿，能要则要，不拿白不拿，不要白不要，他们讲的是不要虚荣，讲究实惠，在政治上受歧视，在经济方面不能吃亏。"方言曰："是当破缸撞。"[2]小姓以儒教圣人孔子年轻时也曾担任过为人司乐的"吹鼓手"，干过"下贱"的行当而自诩。苏州的吹鼓手恭奉师旷、孔子和韩湘子等祖师。

苏州"轿盘头"从事抬轿行当，信奉"上天王"和关帝（羽）。苏州的桃花桥建有神庙，位于阊门西街北端的桃花桥，跨越第一横河。嘉庆十七年（1812）重建，民国三十四年（1945）重修，原系石板桥，桥东侧有过河房，内供上天王神像，为"轿盘头"聚集的场所。阊门下塘街中段的虹桥，横跨中市河，系拱式石板桥。

---

① （汉）司马迁：《史记》卷九十九《刘敬叔孙通列传第三十九》，清乾隆武英殿刻本。

② 贾沧斌：《佛堂古镇的民风民俗》，中国文史出版社2008年版，第194页。

道光二年(1822)重修。桥西南河面上,建有桥亭,类似过街楼,亭内供关帝像,也是"轿盘头"聚集之地,每年阴历五月十三和九月十三,均要请堂名唱戏。无家可归的轿夫,晚上只能留宿破庙。

宁绍堕民从事阉割禽兽行当时,均高声呼喊"哗",相传乃纪念阉割的祖师爷华佗。堕民的阉割行当据说为三国时的名医华佗所传。利用具有麻醉作用的药品作为麻醉剂,在华佗之前就有人使用,有的用于战争,有的用于暗杀,真正用于手术则没有。华佗发明酒服麻沸散的麻醉术,正式用于医学,大大提高了外科手术的技术和疗效,并扩大了手术治疗的范围。凡是针灸、汤药不能病愈的腹疾,就让病人用酒冲服麻沸散,等病人麻醉没有知觉时,施以外科手术,破剖腹背,割除发病部位。若病在肠胃,则割开洗涤,再加以缝合,涂上膏药。四五天伤口就能愈合,一个月病能痊愈。"相传余姚堕民阉割技术为名医华佗所创。当年华佗为曹操医治脑病,建议劈开头颅,曹操认为要谋害他,杀了华佗。华佗死前托妻子把家藏医书赠予徒弟。其妻恨丈夫医术虽高却被曹操杀死,焚书解恨。待徒弟赶到,只抢出阉割术几页,即阉鸡、猪、狗、牛等,后被宁波、绍兴两府堕民继承。为纪念华佗先师,堕民在接鸡时,高呼:'哗',意思为华佗的技术。"[1]时曹操染上"头风眩病",闻知华佗医术高明,遂派人招来医治。华佗认为曹操得了"偏头风",采用针刺疗法,病情得到缓解,但无法断根,仍不时发作。曹操询问治愈医术,华佗建议进行开颅手术,遂被怀疑企图谋杀。后来,华佗以妻子有病为借口,返回故乡谯县,迟迟不归。曹操大怒,将华佗捕入许昌狱中,予以加害。史传华佗遇难前,将其医书烧毁。尽管华佗医书未能流传,但其医术却在民间广为流传,其事迹也在民间广为传诵。堕民阉割术由华佗所传,故阉割禽兽的堕民以华佗为行业祖师。

"娼优皂隶"乃全国性贱民,堕民乃区域性贱民,从事唱戏、奏乐、掌礼、礼茶、阉割等贱业,堕民所供奉的老郎菩萨、周公、孔子、叔孙通、华佗作为祖师爷,地位崇高,欲以此抬高其卑贱地位。北京梨园会馆的主神——喜神,其原型传为浙江堕民的老郎菩萨。"在该信仰的传播过程中,为了增加神灵的权威色彩,才逐步补充加入唐明皇和翼宿星君的身份地位,使之成为会馆日常生活秩序确凿无疑的规定者和裁决者。从另一种意义上说,借帝王、天神以自重的现象也反映出封建国家中伶人社会地位的卑微。在传统士农工商的社会中,他们只是在该社会结构的夹缝中讨生活。因此,在日常社会秩序中找不到尊严的他们,

---

① 杨鹏飞、鲁永平主编:《姚江风俗》,浙江古籍出版社 2011 年版,第 119 页。

只有在自己的另一个世界中寻求心理补偿。"①堕民及伶人乃贱民,以乐娱人和以艺娱人,伺候他人,均为贱业,为抬高自身低下地位,将其祖师爷附会为周公、孙子、叔孙通、华佗、上天王、关帝、唐明皇或翼宿星君等行业祖师,欲假借帝王乃至天神以自重。

---

① 张涛、王永芬:《清代会馆祭礼制度研究》,《北京档案史料》2003 年第 2 期,新华出版社 2003 年版,第 253 页。

# 第十五章　堕民艺术的复兴

堕民艺术是否因堕民群体的消亡而消失,回答是否定的。中华人民共和国成立后,绍剧经过"改戏、改人、改制",由祀神祭祖的社戏演出及商业性演出,改造为"团结人民,教育人民,打击敌人,消灭敌人的有力武器",成为"革命的齿轮和螺丝钉"。各地的昆曲演员被安排到各个文艺团体,古老的昆曲艺术再次获得了新生。绍兴堕民清音班,仍活跃在民间婚寿喜庆活动,重现其昔日风采。金华由"轿夫班"衍化而来的"画溪民乐队",其演奏的《水波浪》,成为难得的"雅乐"。直接传承于堕民的奉化吹打,由汪裕章发扬光大。高如兴将"高家小唱班"发展为"舟山锣鼓",由乡村走上舞台,从业余走向专业,从国内走向国外。舟山原先堕民腊月祭灶的"跳灶舞",衍化为舟山民众所喜闻乐见的"跳蚤舞"。新中国不仅使堕民获得了新生,堕民艺术也焕发新的生机。

## 第一节　绍剧的发展

中华人民共和国成立后,对绍兴大班的从业人员而言,可谓喜忧参半。喜的是从此从贱民阶层解放出来,可以按照自己意愿选择职业,即使重操旧业,其地位也有质的区别,不再视为令人不齿的"戏子"。忧的是旧剧目与演技不适应新时代需要,许多演员面临失业的危机。人民政府及时开展对绍剧的"改戏、改人、改制"的"三改"运动。"改戏"乃清除戏曲剧本和戏曲舞台上的有害因素。绍剧传统剧目,有相当一部分戏有较为浓厚的封建糟粕,许多旧戏宣传神仙道化和因果报应等封建迷信,至于"剥削有理""反抗有罪",以及不分是非的"江湖义气"和"愚忠愚孝"更是随戏可见。"上演的剧目,只要能迎合观众的口味,根本不分优劣,也不问好坏,有的还充斥了色情、凶杀、迷信等情节,庸俗和低级的噱头也比比皆是。"[①]这些戏与新中国正在开展的"土改""肃反""三反五反",抗

---

①　六龄童:《取经路上五十年》,上海文艺出版社 1988 年版,第 69 页。

446

美援朝，以及新《婚姻法》的贯彻宣传等政治运动，格格不入。绍兴戏改部门，按照"百花齐放、推陈出新"和"文艺为社会主义政治服务"的方针，组织力量，整理和改编原绍兴乱弹的传统剧目，从老艺人口中和家藏的手抄本中，整理和汇编出书面资料，编辑《浙江戏曲传统剧目（绍剧）》十二集，五百万字。另外，还请剧作家改编成具有新形式和新内容的新传统剧目，五十年代改编的著名绍剧传统戏有《龙虎斗》《后朱砂》《香罗带》《双阳公主追狄青》《三打白骨精》《无常》《女吊》等，深受观众欢迎。

"改人"乃是帮助艺人改造思想，提高政治觉悟和文化业务水平。"三改"中，最重要的还是改造艺人的思想，唯有改造艺人的思想，"改戏"和"改制"工作才能顺利进行。"在旧社会，多数艺人演戏的目的首先是为混饭吃，因此到了台上你管你做，我归我演，根本不讲互相配合，有时甚至还明争暗斗，争名夺利。"六龄童参加在杭州青年路青年会三楼举办的第一期杭州戏曲讲习班，受益匪浅。"讲习班确实给我们上了生动的一课，使我慢慢地从过去的朦胧之中变得清醒起来了。我还常反躬自问：在台上演戏究竟是为了什么？后来这答案终于从反面回答了我。那是因为讲习班采取自我教育的办法，将一些旧戏搬出来内部演了一遍，让大家来分析和鉴别。记得当时由我演了《伐子都》，京剧团的郑立恒演了《九更天》《探阴山》等。通过对这几出戏的具体剖析，使大家看清了其中的糟粕和不健康成分。"①作为新时代的演员，应该抵制封建糟粕，尽量多演优秀的传统戏。

"改制"乃改革旧戏班中不合理的"班社制"，以"剧团制"取而代之。剧团演职人员按照粗略分工或工作性质不同，分成白脸组、花脸组、旦堂组、音乐组和舞美组。白脸组、花脸组、旦堂组的每个演员，虽然仍然沿袭"十三先生"的演艺和名称，但没有以副末、四花脸、五旦等脚色自任；对演员个人而言，并无"坐名分"的确定，演员饰演剧中人物，由剧团艺术委员会指定。音乐组较旧戏的后场，无论编制，还是乐器均有所增加，乐队人员所奏乐器，有与个人专长相应的分工，但无"坐名分"时兼带乐器的规定。舞美组包括设计、绘景、装置、灯光、服装等，剧团中的会计、文书及编导等人，也编入该组。剧团设立团委会以及艺委会，管理和安排剧团的日常工作。团委会由团长、副团长及若干委员组成。团长和副团长通常由文化主管部门任命，委员大都是各组的行政组长。团长、副团长分工合作，负责安排、管理剧团日常行政、经济事宜。艺委会由主任、副主任及若干委员组成，其成员大都为剧团的编剧、导演、演员、音乐、舞美各个部门的创作人员或艺术骨干。艺委会计划、组织、实施剧团的排练、演出工作。为了

---

① 　六龄童：《取经路上五十年》，上海文艺出版社1988年版，第69页。

加强党对剧团的领导,确保党的方针政策的贯彻执行,对剧团人员进行思想政治教育,绍兴文化主管部门通常向剧团派驻一名政治干部,称为"政治辅导员",在剧团建立党支部,出任剧团党支部书记。50年代,绍剧实行剧团制,既是党对戏曲事业的需要,也是整个社会所有制变革所决定。绍剧艺人的旧习气得到改造,思想觉悟和文化水平有所提高,从原先处于社会最底层、备受歧视的"戏子",逐渐成为"人民演员",演戏不再是"贱业",许多非"堕民"出身的演员,也纷纷加入新兴乱弹的演出行列。旧的演出体制得到彻底改造,"班社制"被"剧团所"取代。"堕民"艺人脱胎换骨,成为"人民艺术工作者"。

1960年,绍剧《孙悟空三打白骨精》被拍成彩色电影,红遍大江南北,使绍剧达到红极一时的巅峰时期。1961年,浙江绍剧团决定第二次晋京演出,向毛泽东主席汇报,六龄童、七龄童、筱昌顺、陈鹤皋、章艳秋、筱芳锦、汪筱奎及十三龄童均随团北上。10月10日,浙江绍剧团在中南海怀仁堂为毛泽东、刘少奇、董必武等党和国家领导人演出《孙悟空三打白骨精》。"毛主席对这出戏很有兴致,先后六次鼓掌。当猪八戒从天王寺脱逃,现出疲于奔命的狼狈相时,主席哈哈大笑,其后看到悟空幻化成老妖,做出各种滑稽动作时,主席又笑了。"[①]堕民老艺人感慨地说:"以前我们唱戏的人,被人看不起,是贱业,今天我竟然能见到毛主席,这是我做梦也想不到的,我知足了,我要教育我的子子孙孙,不要忘记1961年10月10日这个日子。"[②]10月24日,浙江绍剧团在中国科学院演出《孙悟空三打白骨精》。10月25日,郭沫若院长挥毫为该剧题写七律一首《看孙悟空三打白骨精》:"人妖颠倒是非淆,对敌慈悲对友刁。咒念金箍闻万遍,精逃白骨累三遭。千万当剐唐僧肉,一拔何亏大圣毛。教育及时堪赞赏,猪犹智慧胜汝曹。"[③]落款为"书赠浙江绍兴剧团"。

1961年11月17日,毛泽东读了郭沫若的诗词,诗兴即起,欣然命笔,也撰写了七律一首《和郭沫若同志》:"一从大地起风雷,便有精生白骨精。僧是愚氓犹可训,妖为鬼蜮必成灾。金猴奋起千钧棒,玉宇澄清万里埃。今日欢呼孙大圣,只缘妖雾又重来。"12月29日,董必武副主席看了郭沫若和毛泽东的诗,也诗兴大发,赋诗赞扬《三打白骨精》:"骨精现世隐原形,火眼金睛认得清。三打纵能装假死,一呵何故昧前生。是非颠倒狐僧相,贪妄翻腾八戒情。毕竟心猿持正气,神针高举孽妖平。"1962年1月6日,郭沫若在广州读到毛泽东的和诗,觉得自己的诗过于片面,对唐僧的批判欠妥,唐僧乃受白骨精的欺骗,而将人妖

---

① 六龄童:《取经路上五十年》,上海文艺出版社1988年版,第80页。
② 严新民:《毛主席两次看绍剧》,《乱弹杂咏》,中国戏剧出版社2011年版,第5页。
③ 严新民:《毛主席两次看绍剧》,《乱弹杂咏》,中国戏剧出版社2011年版,第5页。

颠倒，乃依照毛泽东的韵脚，又写了七律一首《再赞三打白骨精》："赖有晴空霹雳雷，不教迷雾聚成堆。九天四海澄迷雾，八十一番弥大灾。僧受折磨知悔恨，猪期振奋报涓埃。金睛火眼无容赦，哪怕妖精亿度来。"1月12日，毛泽东致信称赞郭沫若的"和诗"："和诗好，不要千刀当剐唐僧肉了，对中间派采取了统一战线政策，这就好了。"①1971年9月4日，时隔十年后，毛泽东第二次在杭州观看绍剧《智取威虎山》，并指示绍剧要改革，要推陈出新，改革后还要像绍剧。绍剧《孙悟空三打白骨精》受到党和国家领导人如此关注与重视，党中央主席、国家副主席和全国人大常委会副委员长先后四次题诗盛赞，这在中国戏曲史上也绝无仅有，这是绍剧的荣誉，也是绍剧演员的荣誉。1975年春，毛泽东在杭州通过闭路电视，再次观看了绍剧《孙悟空三打白骨精》。

图15.1　唐僧（筱昌顺饰演）、孙悟空（六龄童饰演）、猪八戒（七龄童饰演）师徒四人西天取经，路过妖魔出没的宛子山

1978年，结束了十年"文化大革命"，正式恢复浙江绍剧团，六龄童任团长，刘显扬任党支部书记。1984年，成立浙江绍剧院，六龄童任院长，十三龄童任副院长，下设一团、二团以及绍剧艺术培训班。1992年撤院并团。1979年9月，浙江绍剧团参加庆祝中华人民共和国成立三十周年庆典，演出《于谦》。1996年3月，进京演出《大禹治水》；2001年5月，晋京演出《咫尺灵山》。2004年7月，进京参加"北京·绍兴文化周"，演出《真假悟空》。2008年3月，赴京为全国"两

---

① 　严新民：《毛主席两次看绍剧》，《乱弹杂咏》，中国戏剧出版社2011年版，第6页。

会"代表献演《秋瑾》和"折子戏专场"。2009年8月,晋京演出《生命的飞翔》。2011年9月,为纪念辛亥革命100周年在国家大剧院演出《秋瑾》。2012年7月,再次进国家大剧院演出《孙悟空三打白骨精》。党和国家领导人江泽民、朱镕基、尉健行、李岚清、曾培炎、习近平、陈至立等多次观看绍剧演出。

绍剧也走出大陆,走进港台,走向国外。1991年,浙江绍剧团赴香港演出《孙悟空三打白骨精》《相国志》。1992年,赴日本演出《孙悟空三打白骨精》。1994年,赴丹麦演出《孙悟空大战红孩儿》《龙宫借宝》《三借芭蕉扇》等折子戏。2001年5月,赴日本参加福光町五十周年庆典活动,演出《龙宫借宝》《三岔口》《九曲桥》等折子戏。2002年7月,赴台湾参加"两岸戏曲大展暨学术研讨会",演出《霍光废帝·告天》《斗姆阁·打半山》《女吊》《调无常》等折子戏。2005年1月,赴香港参加"香港·浙江文化周"活动,演出《真假悟空》。2008年9月,参加香港康乐及文化行政署主办的"中国地方戏曲展演",演出《孙悟空三打白骨精》及两场折子戏专场《龙虎斗·大斗》《相国志·家祭》《孙悟空大战红孩儿》《打太庙》《斩经堂》等。2009年11月,在台北市文艺活动中心演出《秋瑾》。

绍剧在省级比赛中屡获大奖。1981年,《烈火真金》参加浙江省现代剧调演,获剧本三等奖、作曲奖、优秀表演奖、表演奖、主胡奖、司鼓奖。1983年,《火焰山》参演浙江省第一届戏剧节,获剧目奖、优秀演出奖。1985年,浙江省举办第二届戏剧节,参演剧作《相国志》,获演出奖、剧本一等奖、导演二等奖、音乐设计奖、舞美设计奖、集体武功。参演剧作《霍光废帝》,获演出奖,剧本、导演、作曲、舞美设计二等奖。1987年,浙江省举办第三届戏剧节,参演剧作《大闹乾坤》,获集体演出奖、剧本三等奖、导演二等奖、音乐三等奖、舞美设计二等奖。参演剧作《定国公挂帅》,获优秀演出奖,剧本、导演、作曲、舞美设计二等奖。1989年,浙江省举办第四届戏剧节,参演剧作《渭水之战》,获演出奖、剧本三等奖、导演奖、舞美设计奖、作曲奖。参演剧作《长河送嫁》,获演出奖、剧本三等奖,导演、作曲、舞美设计奖。1995年,浙江省举办第六届戏剧节,参演剧作《大禹治水》,获特设大奖、优秀演出奖、优秀剧本奖、优秀导演奖、优秀音乐奖、优秀舞美设计奖。1997年,浙江省举办第七届戏剧节,参演剧作《葫芦案》,获优秀新剧目奖、剧作奖、导演奖、优秀音乐创作奖、优秀表演奖、表演奖。1999年,浙江省举办第八届戏剧节,参演剧作《咫尺灵山》,获优秀演出奖、编剧奖、优秀导演奖、优秀音乐设计奖、优秀舞美设计奖、化妆造型设计奖、道具设计奖、优秀表演奖、表演奖、演奏奖。2002年,浙江省举办第九届戏剧节,参演剧作《真假悟空》,获优秀新剧目奖、编剧奖、导演奖、舞美设计奖、唱腔设计奖、优秀表演奖、表演奖。2007年,浙江省举办第十届戏剧节,参演剧作《秋瑾》,获剧目大奖、优秀音乐设计奖、优秀舞美设计奖、优秀化妆造型设计奖、优秀演员奖。2010年,浙江省举办第十一届戏剧节，参演剧作《八戒别传》，获新剧目大奖、表演大奖、优秀编剧奖、优秀导演奖、优秀唱腔设计奖、优秀舞美设计奖、优秀表演奖。参演剧作《生命的飞翔》，获优秀新剧目奖、优秀作曲奖、优秀唱腔设计奖、优秀舞美设计奖、优秀表演奖、演奏奖。2007年，《稽山魂》荣获浙江省委宣传部精神文明建设"五个一工程"奖。

绍剧也屡获国家级奖励。1979年，《于谦》获文化部颁发的演出一等奖、剧本二等奖。1996年，《大禹治水》获中宣部"五个一工程"奖，文化部文华新剧目奖、文华导演奖、文华作曲奖、文华表演奖。2002年，《咫尺灵山》获上海戏剧奖。2005年，《真假悟空》参加第七届中国艺术节，获文化部文华大奖特别奖、七艺节观众最喜爱剧目奖、文华表演奖。2010年，《生命的飞翔》获第三届中国戏剧奖·曹禺剧本奖。1998年，绍剧演员赵秀治获第九届上海白玉兰戏剧表演艺术奖主角奖，姚百青获配角奖。1999年，赵秀治获第十六届戏剧"梅花奖"。2001年，绍剧演员马超英获第十二届上海白玉兰戏剧表演艺术奖配角奖。2004年，绍剧演员章劼获第十五届上海白玉兰戏剧表演艺术奖新人配角奖。[①] 2008年，绍剧被列入国家非物质文化遗产保护名录，绍剧与时俱进，名伶辈出，后继有人，剧目推陈出新，扎根古越大地，焕发新的青春。

## 第二节　昆曲的振兴

中华人民共和国成立后，古老的昆剧艺术也枯木逢春，再次获得了新生。1951年4月，毛泽东为中国戏曲研究院题词"百花齐放，推陈出新"，当代戏曲由此进入全面发展改革和创新阶段，戏曲改革围绕"改戏、改人、改制"进行。1951年7月，中央文化部批复上海市文化局关于禁演《全部钟馗》的文件中，曾特别指出："唯昆曲《嫁妹》，其中毒素较少。且富有舞蹈因素，不宜与京剧《全部钟馗》同样处理，应予保留。其内容有不恰当之处，可酌加修改。"[②]在停演和禁演风波中，对昆曲演员乃是一种鼓励。周传瑛所在的戏班在嘉善演出根据民间故事改编的《木兰从军》，新编大型苏剧古装戏《光荣之家》，叙述南宋军民奋起抗金故事，配合正在掀起的抗美援朝运动，获得好评，剧团获准就地登记，隶属嘉兴地区，正式定名为"国风苏昆剧团"。农历中秋节，剧团进入湖州兴业书场，首

---

①　黄芳：《绍剧》，浙江摄影出版社2014年版，第158页。

②　《中央文化部禁演京剧〈全部钟馗〉，昆曲〈嫁妹〉应予保留》，《戏曲工作文献资料汇编》，1984年，第27页。

次演出由周传瑛根据郭沫若的话剧名著编导的大型苏剧《孔雀胆》,大获成功。因苏剧通俗易懂,题材贴近现实生活,颇为观众所喜爱。1953 年 1 月,"国风"参加杭州戏曲会演,演出由周传瑛编导的《牡丹亭》,深受杭州文艺界和观众的赞赏,并得到杭州市文化主管部门的重视,同意剧团在杭州落户,成为该市领导的民间职业剧团之一,并留在杭州人民游艺场演出。周传瑛如是说:"旧社会把我们当棵草,新社会把我们当成宝;旧社会称我们为'戏子',新社会把我们称为人民艺术家;旧社会把我们戏班叫成'叫化子戏剧团',新社会我们变成了国家剧团,我们成了国家的主人。没有共产党就没有我们这些根本变化。"①周传瑛及其"国风苏昆剧团"在党和人民政府的关怀下,结束了"叫化子戏班"的江湖流浪生活。周传瑛的女儿朱雅感慨地说:"新中国给老一辈艺术家们带来了质的改变。他们对此感触最深。由一个艺人变成了文艺工作者。那种感激之情,今天的演员们是很难体会的。"②各地的昆曲演员陆续安排到各文艺团体,各地昆曲人才的聚集,为昆曲重新振兴准备了基础。

1953 年底,华东戏曲研究院在上海筹备成立昆曲班,开始了新中国培养昆曲接班人的宏大工程。1954 年 10 月,第一届华东区戏曲会演在上海举行,国风苏昆剧团参加了会演,上海的"传"字辈演员也参加了演出。在保留昆曲艺术火种方面做出巨大贡献的国风苏昆剧团,一直没有中断昆曲舞台演出,开始显示其巨大的艺术优势。1954 年为纪念文化名人洪升逝世二百五十周年,国风苏昆剧团演出《长生殿》,昆曲在推陈出新方面,迈出了坚实的步伐。1955 年冬,周传瑛参加《十五贯》剧本改编和导演工作,并在剧中饰演主角况钟,一个为民请命、清正廉洁的清官。这台新编昆剧刚一上演,就得到社会各界好评。该剧成为"古为今用""推陈出新"的典范。

1956 年 4 月,国营浙江昆苏剧团成立,由周传瑛担任团长。《十五贯》进京献演,共演出 47 场,观众达七万人次。曾经濒临灭绝的昆曲,因为《十五贯》的演出竟成了万众瞩目的焦点,也成了昆曲复兴的转折点。4 月 17 日和 4 月 25 日,毛泽东先后两次观看昆剧《十五贯》,并指出:"十五贯是个好戏。这个戏要推广,全国各剧种有条件的都要演。这个剧团要奖励。"③并派人到昆剧团传达三条指示:"(一)祝贺《十五贯》的改编和演出,都非常成功;(二)要推广,凡适合

① 周世瑞:《我的父亲周传瑛》,《昆剧一代宗师——周传瑛》,中国书籍出版社 2013 年版,第 34 页。

② 朱雅:《难忘怀,忆往昔——怀念慈父严师周传瑛》,《昆剧一代宗师——周传瑛》,中国书籍出版社 2013 年版,第 262 页。

③ 周传瑛:《昆剧生涯六十年》,上海文艺出版社 1988 年版,第 110 页。

演出的,都可以根据各剧种的特点演出;(三)对剧团要奖励。"①周传瑛百感交集:"我们这些早年流浪在江南农村的'叫化子戏班'里的人,怎么能够想到,有这么一天,能在我国首都,在党中央办公的地方,为毛主席演出。"②周恩来也看望了周传瑛和全团同志,给予高度评价:"你们浙江做了一件好事,一出戏救活了一个剧种。《十五贯》有丰富的人民性和相当高的艺术性。"③"昆曲的改革可以推动全国其他剧种的改革,你们的奋斗可以转变社会风气。《十五贯》的演出,复活了昆曲,为'百花齐放,推陈出新'奠定了基础。"④中央文化部、中国戏剧家协会在中南海紫光阁召开了《十五贯》座谈会,周传瑛向周恩来以及首都二百多文艺界著名人士谈了改编和演出《十五贯》的经过和体会。周传瑛坦言:"我个人有今天,剧团有今天,昆剧有今天,都是由于中国共产党的支持和帮助。"⑤五一国际劳动节,周传瑛等八名主要演职员应邀登上天安门两侧的观礼台,并幸运地见到了毛泽东等党和国家领导人。京城五月出现盛况空前的"满城争说《十五贯》,一票难求看昆曲"的景象。

1956 年 5 月 12 日,文化部下发推荐《十五贯》在全国各戏曲剧种进行上演的通知。"浙江省昆苏剧团最近在北京演出的,经过整理的昆曲传统剧目《十五贯》,是一个思想性和艺术性都很高的、有着深刻的教育意义的优秀剧目。特建议全国各种戏曲剧团尽可能普遍采用演出,并请你局注意协助各个剧团解决采用上演中的困难和问题。"⑥5 月 18 日,《人民日报》发表题为《从"一出戏救活了一个剧种"说起》的社论,高度评价"昆曲《十五贯》的丰富的人民性,相当高的思想性和艺术性,是我国戏曲艺术中的优异成就"周传瑛因成功塑造一位为民请命、刚毅正直、机智干练、又具有书卷气的清官形象而饮誉海内外。周传瑛加入了中国共产党,先后当选为第二、三、四届中国文联委员、中国剧协理事、浙江省政协第三、四届常委和第五届委员、省剧协副主席、名誉主席。1957 年获浙江省劳动模范称号和浙江戏曲会演一等奖;1969 年获文化部颁发的荣誉奖。《十五

---

①　黄源:《毛泽东思想救活了昆曲》,《昆剧一代宗师——周传瑛》,中国书籍出版社 2013 年版,第 199 页。

②　潘伟民:《昆坛周传瑛》,中国戏剧出版社 2013 年版,第 100 页。

③　周恩来:《关于昆剧十五贯的两次讲话》,《戏曲工作文献资料汇编》,1984 年,第 284 页。

④　周恩来:《关于昆曲〈十五贯〉的两次谈话》,《戏曲工作文献资料汇编》,1984 年,第 286 页。

⑤　洛地:《周传瑛传》,《中国现代戏剧电影艺术家传》第 2 辑,江西人民出版社 1984 年版,第 242 页。

⑥　《文化部关于推荐〈十五贯〉在全国各戏曲剧种进行上演的通知》,《戏曲工作文献资料汇编》,1984 年,第 61 页。

贯》演出的巨大的成功,使昆剧这个濒临绝唱的古老剧种获得了新生,北京、上海、南京和湖南等地相继成立了昆剧院团。昆曲事业以惊人的速度迅速恢复元气,昆曲数百年来积累的艺术潜力得到充分的释放,昆曲这个古老的剧种重新焕发其勃勃生机。

然而,由于"鬼戏"李慧娘的演出,致使昆剧遭到沉重打击。"文革"结束后,昆曲的艺术力量才再次集结。1977年,原江苏省苏昆剧团扩充为江苏省昆剧团。1978年,上海昆剧团、浙江昆剧团也相继成立。1979年,北方昆曲剧院恢复,各地曲社也开始活动。1981年,苏州举行"昆剧传习所"成立六十周年纪念活动,上千位来自各地的艺术家参加了这次载入昆曲史的盛会。昆曲的继承和发展问题成为议论的中心话题。1983年,提出了"振兴昆曲"的呼声。政府对昆曲采取重点扶植和发展政策,文化部建立了振兴昆曲指导委员会,中国昆剧研究会等学术研究团体,明确提出抢救、继承、改革、提高的业务指导思想。北方昆曲剧院、江苏省昆剧院、浙江省昆剧团、湖南省湘昆剧团、江苏省苏昆剧团、浙江省永嘉昆剧团等专业剧团,各自拥有一批从事剧本创作的专业人士,深受观众喜爱的知名演员。保留的传统折子戏超过500出,其中传授给青年演员的剧目占三分之二。昆剧的革新也卓有成效,形成一批如《十五贯》《长生殿》《牡丹亭》《雷峰塔》《烂柯山》《西厢记》等经典作品。周传瑛老当益壮,致力于传承昆剧艺术。1988年,周传瑛出版了自传体回忆录《昆剧生涯六十年》。1986年10月,纪念昆剧《十五贯》成功演出三十周年之际,又荣获中国昆剧研究会颁发的表彰信与奖励。

2000年3月31日至4月6日由中华人民共和国文化部、江苏省人民政府、苏州市人民政府主办,文化部振兴昆剧指导委员、江苏省文化厅、苏州市文化局、昆山市人民政府承办,中国首届昆剧艺术节在昆山市和苏州市举办,其宗旨为保存和发展昆剧艺术,增进世界各国昆剧爱好者的沟通。发源于江苏太仓南码头至今已有600多年历史的昆曲被称为"百戏之祖,百戏之师",许多地方剧种,诸如晋剧、蒲剧、上党戏、湘剧、川剧、赣剧、桂剧、邕剧、越剧和广东粤剧、闽剧、婺剧、滇剧,等等,都受到过昆剧艺术多方面的哺育和滋养。2001年5月18日,联合国教科文组织在巴黎宣布第一批将昆曲列入"人类口头和非物质遗产代表作"名单。文化部根据进一步明确提出"保护、继承、革新、发展"昆曲工作的"八字方针",古老的昆曲迎来发展的春天。

## 第三节　吹打乐的复兴

绍兴柯桥的陈志犬世代居住在安昌堕民聚居区彭家溇，原是清音班班主，出身于坐唱（清音班）世家。爷爷乃高腔班花旦，曾组建"茂盛舞台"，有五明瓦、三明瓦和小船等多艘，戏箱十多只，60多个演员，足迹遍及彭家溇以及周边地区，经常通宵达旦地演出。"陈志犬出生于坐唱（清音班）世家，爷爷系高腔班花旦，当时组建茂盛舞台；父亲筱茂源（艺名）更是舞台中精英；他的丈人陈阿秋是'大棚清音'阿秋班的班主。"①陈志犬年仅14岁即在清音班做鼓手，能敲大小鼓，拉二胡，板胡，吹梅花和笛子。学会了生、旦、净、末、丑的表演，能唱调腔、乱弹、滩簧，包括《杨家将》《双龙会》《五美图》《包公寿堂大审》《龙虎斗》《珍珠塔》《吊金龟》《宝莲灯》等十多出戏。每唱一出戏，吐字准确，嗓音洪亮，能唱出戏中人物喜怒哀乐的神韵。2012年，在非物质文化遗产调查中，绍兴安昌的一些清音班老艺人尚能演唱《双龙会》《万里侯》《金玉缘》等角色齐全，人物众多的剧目，演奏《将军令》《得胜鼓》《梅花三弄》等乐曲。2013年，陈志犬已是80高龄，但他老当益壮，仍带着清音班成员，活跃在民间。陈志犬组织爱好坐唱的民间艺人，组建"安昌清音班"，有8名成员，经常应民间喜庆、寿庆、生儿育女的邀请，进行表演。除了安昌以外，还远赴钱清新甸、夏履桥和绍兴市区。（图15.2）

图 15.2　2013年，安昌清音班陈志犬等8位老艺人演奏传统剧目《中岳传》

2013年元月初，安昌举办第十四届腊月风情节，安昌古镇保护与开发管理委员会为挖掘和弘扬这一古老的非物质文化遗产，特请陈志犬的清音班在娄家

① 李贤生：《活跃在民间的安昌清音班或成文化遗产》，《绍兴县报》2013年5月28日。

台门坐唱,获得国内外游客的热捧。6 月 16 日,由绍兴市非物质文化遗产保护中心、绍兴县非物质文化遗产馆举行庆祝第八个文化遗产日系列活动之"与非遗同行"——绍兴地方戏曲展演,在绍兴县非物质文化遗产馆外广场火热开场。在这次戏曲展演中,安昌清音班陈志犬等 8 位老人献上传统剧目《中岳传》,展现大棚清音的独特魅力,也使消失已久的绍兴传统曲艺清音班惊艳亮相。绍兴清音班由 8 至 18 人组成,生、旦、净、末、丑脚色行当齐全,唱本包括宋元杂剧等60 多出戏,为民间婚庆寿喜鼓吹演唱的声乐班,重现其昔日风采。2015 年 11月,绍兴市人民政府将清音班列为第六批绍兴市非物质文化遗产保护名录。2016 年 12 月,又入选第五批浙江省非物质文化遗产代表性名录,清音班成为省级非物质文化遗产。

金华由"轿夫班"衍化而来的"画溪民乐队",主要演奏乐曲有《水波浪》《心响》《地花》《凤加花》《海棠花》《托子陪妻》《凤花》《合阳》《龙花》《山坡羊》《渔家和》《状元花》《平和》《坐南基》《桂胡》《古桂子香》《徽调》《四大景》《分来时》《大开门》《溪翁》《一枝香》《时花》和《鱼鳞》。其演奏的《水波浪》多次参加省市会演,屡次获奖。1956 年,东阳画溪民乐队参加金华专区文艺会演,《水波浪》荣获一等奖。"1957 年,王坎头民间器乐《水波浪》获省第二届民间音乐舞蹈观摩演出一等奖。(图 15.3)中央人民广播电台、省广播电台均录音播放。"[①]著名音乐家、江南笛王赵松庭对《水波浪》予以高度评价。

图 15.3 《水波浪》在浙江省第二届民间音乐舞蹈观摩演出大会荣获一等奖(石龙星供图)

"文化大革命"期间,画溪民乐队因故解散。东阳县文化馆进行民间音乐采

---

① 王庸华主编:《东阳市志》,汉语大词典出版社 1993 年版,第 716 页。

风,老艺人王加模拿出自己历年收集的音乐资料,还亲自演奏全部 60 多支乐曲。尘封的画溪民间音乐宝库重见天日,收集包括《水波浪》在内的画溪民间器乐曲 60 多首,其中 22 首被收入《中国民族民间器乐曲集成(金华分卷)》以及《中国民族民间器乐曲集成(浙江卷)》。画溪民乐数量众多,曲调高雅,为民乐中少有的"雅乐"。

改革开放以后,随着人民生活水平的不断提高,画溪民乐吹打再放光芒。1986 年,乡文化站重组画溪民乐队,起初只有两支乐队,后来增加到六支乐队。因受历史因素影响,年轻人均不愿参加乐队,队员均 50 岁以上。画溪民乐队参加东阳县"声乐器乐大奖赛",《水波浪》荣获大奖。1987 年 11 月,画溪民乐队参加东阳县老年文化体育大奖赛,荣获第二名。1996 年 10 月,画溪组织"百人农民乐队",参加东阳建县 1800 年庆典,《画溪民乐》也在中央电视台三台《东南西北中》栏目播出。1997 年 8 月,画溪民乐队参加"97 金华音舞节",演奏民乐《画溪情》,荣获二等奖,这次音舞节不设一等奖。1998 年 10 月,画溪民乐队参加东阳市首届农民艺术节会演,荣获一等奖。2002 年 11 月,画溪民乐队参加"天台山杯"浙江省首届广场民族民间器乐合奏大赛,荣获银奖。2005 年 9 月,《水波浪》被评为金华市八婺十大民间表演艺术精品项目。2007 年,画溪民乐吹打被列入金华市非物质文化遗产名录。(图 15.4)

图 15.4 画溪民乐吹打(吴旭华 吴笑宇供图)

2014 年 7 月 9 日,金华市文联"走亲连心"文艺志愿服务走进金钱寺社区,金华市民间文艺家协会挑选了画溪民乐队参加。70 岁的王人盛是画溪民乐队中年龄最大的队员,他不无忧虑地坦言:"可以这么说,能把画溪当年流传的 60

多首民乐完整弹奏的人,已经没有了。"①现在画溪民乐队只能弹奏十多首曲子。由于多年没有补充新鲜血液,民乐队老化现象严重,新进队员大都是退休教师,队员中年龄最大已届八十,无法胜任演出任务。许多不常演奏的曲目,随着老队员的逝世,也成了"绝响"。每当有老队员去世,乐队就奏响《心响》,异常凄凉。由"轿夫班"传承的优秀经曲民乐,面临后继乏人的困境。民乐的传播方法有两种,一是无意识地传播,二是有意识地传播。目前拟采取有意识地传播较为切实可行。东阳拟在画溪小学开设民乐课程,从基础器乐开始学习,分年级指定应该掌握的曲目,以便能够演奏《水波浪》这一经典。如表15.1所示。

表 15.1 东阳王坎头民乐队曲目一览表②

| 曲名 | 形式 | 演奏(传谱)者 | 流行地区 |
|------|------|------|------|
| 心响 | 吹打 | 王坎头乡民间乐队 | 东阳 |
| 地花 | 吹打 | 王坎头乡民间乐队 | 东阳 |
| 板唱 | 吹打 | 王坎头乡民间乐队 | 东阳 |
| 凤加花 | 吹打 | 王坎头乡民间乐队 | 东阳 |
| 海棠花 | 吹打 | 王坎头乡民间乐队 | 东阳 |
| 水波浪 | 吹打 | 王坎头乡民间乐队 | 东阳　浦江　磐安 |
| 黄斑菊 | 吹打 | 王坎头乡民间乐队 | 东阳 |
| 时花 | 吹打 | 王坎头乡民间乐队 | 东阳 |
| 托子陪妻 | 吹打 | 王坎头乡民间乐队 | 东阳 |
| 凤花 | 吹打 | 王坎头乡民间乐队 | 东阳 |
| 咪咪笑 | 吹打 | 王坎头乡民间乐队 | 东阳 |
| 黄花女 | 吹打 | 王坎头乡民间乐队 | 东阳 |
| 合阳 | 吹打 | 王坎头乡民间乐队 | 东阳 |
| 龙花 | 吹打 | 王坎头乡民间乐队 | 东阳 |
| 山坡羊 | 吹打 | 王坎头乡民间乐队 | 东阳 |
| 鱼鳞 | 吹打 | 王坎头乡民间乐队 | 东阳 |
| 渔家和 | 吹打 | 王坎头乡民间乐队 | 东阳 |

---

① 吴旭华、吴笑宇:《画溪民乐——正在消失的民间雅乐》,《东阳日报》2014年7月23日。

② 《普查收集曲目一览表》,《中国民族民间器乐曲集成(浙江卷金华分卷)》,1986年,第387页。

| 曲名 | 形式 | 演奏(传谱)者 | 流行地区 |
|---|---|---|---|
| 状元花 | 吹打 | 王坎头乡民间乐队 | 东阳 |
| 春天的快乐 | 吹打 | 王坎头乡民间乐队 | 东阳 |
| 平和 | 吹打 | 王坎头乡民间乐队 | 东阳 |
| 彩阴音 | 吹打 | 王坎头乡民间乐队 | 东阳 |
| 坐南基 | 吹打 | 王坎头乡民间乐队 | 东阳 |
| 桂胡 | 吹打 | 王坎头乡民间乐队 | 东阳 |
| 鱼尾 | 吹打 | 王坎头乡民间乐队 | 东阳 |
| 采莲妇女 | 吹打 | 王坎头乡民间乐队 | 东阳 |
| 倒春雷 | 吹打 | 王坎头乡民间乐队 | 东阳 |
| 望春花 | 吹打 | 王坎头乡民间乐队 | 东阳 |
| 古桂子香 | 吹打 | 王坎头乡民间乐队 | 东阳 |
| 徽调 | 吹打 | 王坎头乡民间乐队 | 东阳 |
| 四大景 | 吹打 | 王坎头乡民间乐队 | 东阳 |
| 清水令 | 吹打 | 王坎头乡民间乐队 | 东阳　义乌 |
| 分来时 | 吹打 | 王坎头乡民间乐队 | 东阳 |
| 大开门 | 吹打 | 王坎头乡民间乐队 | 东阳 |
| 春望归 | 吹打 | 王坎头乡民间乐队 | 东阳 |
| 溪翁 | 吹打 | 王坎头乡民间乐队 | 东阳 |
| 一支花 | 吹打 | 王坎头乡民间乐队 | 东阳　浦江 |
| 桂枝香 | 吹打 | 王坎头乡民间乐队 | 东阳 |
| 梅花三弄 | 吹打 | 王坎头乡民间乐队 | 东阳 |
| 红梅阁 | 吹打 | 王坎头乡民间乐队 | 东阳 |
| 碧莲 | 吹打 | 王坎头乡民间乐队 | 东阳 |
| 八仙 | 吹打 | 王坎头乡民间乐队 | 东阳 |
| 古茶 | 吹打 | 王坎头乡民间乐队 | 东阳 |
| 碧红花 | 吹打 | 王加模 | 东阳 |
| 桂林 | 吹打 | 王加模 | 东阳 |

续表

| 曲名 | 形式 | 演奏（传谱）者 | 流行地区 |
|------|------|----------------|----------|
| 齐龙 | 吹打 | 王加模 | 东阳 |
| 岑班花 | 吹打 | 王加模 | 东阳 |
| 瑶意瑶 | 吹打 | 王加模 | 东阳 |
| 采茶花 | 吹打 | 王加模 | 东阳 |
| 孝阳花 | 吹打 | 王加模 | 东阳 |
| 东国荣 | 吹打 | 王加模 | 东阳 |
| 天女茶 | 吹打 | 王加模 | 东阳 |
| 拾捌对 | 吹打 | 王加模 | 东阳 |
| 水精令 | 吹打 | 王加模 | 东阳 |
| 采茶妇女 | 吹打 | 王加模 | 东阳 |
| 光竹岭 | 吹打 | 王加模 | 东阳 |
| 琴瑟玉 | 吹打 | 王加模 | 东阳 |
| 瑟凤凰 | 吹打 | 王加模 | 东阳 |
| 雪里梅 | 吹打 | 王加模 | 东阳 |
| 精桂花 | 吹打 | 王加模 | 东阳 |

## 第四节　浙东锣鼓的崛起

汪裕章是奉化市萧王庙街道云溪村人，1943 年出生，其父亲办过演奏民间乐曲的"斗班会"，受父亲影响，他从小就喜爱民族乐器。8 岁那年，汪裕章双脚踩在小凳子上，学敲十面锣。后来，因父亲生病，生活困难，家里包括十面锣在内的所有铜质乐器被变卖一空，汪裕章失去了学十面锣的机会。"1986 年 3 月，奉化县开展'三民集成'搜集整理工作，特邀钱小毛前来传经授艺。当时的学员有文化馆音乐干部、乡镇文化干部、民间艺人等 20 多人。至今仍有不少学员在从事奉化吹打，尤其是原乡镇文化干部汪裕章，长期从事奉化吹打的演奏、传承工作。"①1986年,几近没落极具浙东文化特色的奉化吹打,再度枯木逢春,奉化组织了一支民乐队。学员有文化馆音乐干部王建华、陈培华,还有江耀权、戴建良、葛金裕、汪春辉、汪斌等人,王建华负责曲谱记录、校对、整理。时在棠云乡文化站工作的干部汪裕章有幸成为其中的一员,接受了为期58天的奉化吹打系统训练,得到奉化吹打乐著名表演艺术家、堕民钱小毛的亲授。汪裕章极为珍惜这次难得的培训机会,学习十分刻苦,不厌其烦地向钱小毛请教十面锣的敲打艺术,其技艺突飞猛进。

1987年,汪裕章演奏的十面锣《奉帮腾飞》,参加宁波市第三届音乐舞蹈节,荣获二等奖。1992年,由汪裕章组织的小乐队,模仿北京大观园的花轿巡回表演,在溪口博物馆花轿娱乐项目中为游客吹奏。然而,好景不长,旋即取消。汪裕章又转入社会婚庆丧事的民间有偿服务吹奏,以坐花轿和奉化吹打作为特色,生意特别红火,吹打融入民间婚丧嫁娶,有了更强的生命力。"奉化吹打"为浙东锣鼓的主要组成部分之一,汪裕章的坚持有了丰厚的回报,2005年被评为浙江省首批音乐民间类非物质文化遗产。2006年秋,奉化吹打代表作《划船锣鼓》《将军得胜令》在全国民间乐队比赛中,荣获一等奖。2008年7月,奉化市档案馆征集浙江省首批非物质文化遗产"奉化吹打"传承人汪裕章的档案资料,既有实物获奖证书、荣誉证书,又有照片、录音录像资料,特别是保留了奉化吹打《万花灯》《将军得胜令》《划船锣鼓》等四篇奉化"九韶堂"的代表作曲谱,另有汪裕章自己创作的几首奉化吹打曲谱。

由于奉化十面锣演奏的难度很大,想学习的人越来越少,汪裕章有后继无人的忧虑,一直在探索奉化十面锣的传承之路。汪裕章特意前往苏州,花了二千多元,采购一套乐器,在云溪村老家,辟出专门的场地,办起了由其亲自传艺的"玄真小学堂",其弟子包括孙子、外甥在内的几十人。汪裕章又拿出平时积蓄的三万余元,从天津、上海、宁波等地添置了所需的全部乐器和其他软硬件设施,将自设的"玄真小学堂"办得有声有色。2009年,汪裕章所在的萧王庙街道云溪村被宁波市文化广电新闻局命名为"奉化吹打"传承基地。

汪裕章又来到萧王庙街道中心小学,建立十面锣的传承基地。萧王庙中心小学开设器乐课,小学领导专程赴江苏等地采购各类乐器,汪裕章每星期二和星期四为学生授课。中心小学办有唢呐班、锣鼓班、笛子班、二胡班,汪裕章主授唢呐和锣鼓,悉心传艺,组成一支30多人的学生乐队。2009年5月,萧王庙街道中心小学乐队演奏的《划船锣鼓》,参加奉化市中小学乐器比赛,一举夺魁。

---

① 《吹打》,《甬上风华——宁波市非物质文化遗产大观(奉化卷)》,宁波出版社2012年版,第163页。(图15.5)

图 15.5 迎亲队伍中的奉化吹打乐队（宁波市文化广电新闻出版局供图）

汪裕章也将十面锣的技艺传播到农村、渔村、工厂和部队,已培养汪门弟子 160 余人,奉化十面锣后继有人。（图 15.6）

图 15.6 汪裕章指导学生演奏十面锣（宁波市文化广电新闻出版局供图）

　　舟山的锣鼓吹打,或用于婚丧喜庆,或用于行会助兴。舟山因海岛的地理环境以及岛民从事渔业生产的特点,也在船上置有锣鼓打击乐器,或用于船只航行时相互联系,避免碰撞;或用于渔船出洋、拢洋时与岸上亲人呼应,用于"木龙(新船)赴水"的庆典活动。也用于摆渡揽客、海上作业娱乐。海上锣鼓丰富多彩,且固定形成一些节奏套路,如"太平锣""招客锣""船到锣鼓""赴水锣"等海洋特色锣鼓。每逢休渔时节,就与岸上的锣鼓吹打融合,每逢迎神、行会、庆丰、祭龙、求雨,均以鼓乐相伴,并逐渐形成诸如"大跑马""细则"以及后来的"三番锣鼓"等民间乐曲和锣鼓套路组成的吹打曲。堕民在舟山锣鼓的成形、成熟及提高发展中,起了关键性的作用。而出身于堕民世家的高如兴,乃发展舟山锣鼓的佼佼者。

　　舟山在1949年后,党和政府重视民间艺术,高家子女也先后参加工作,高如兴成了白泉乡供销社的工人。工作之余,三代同堂的高家祖孙,总要拿起鼓槌,握起锣锤,吹起唢呐,拉起胡琴,合奏翻身的乐曲。"高家班"加入了白泉业余文工团——"白泉大公社文工团",并成为文工团的骨干力量。(表15.2)

表 15.2　20世纪80年代"高家班"成员①

| 姓名 | 年龄 | 地址 | 职业 | 演奏中担任乐器 |
|---|---|---|---|---|
| 高如兴 | 60岁<br>1926年 | 定海白泉乡 | 退休<br>店员 | 挑鼓 |
| 程庆福 | 40岁<br>1940年 | 定海白泉酒厂 | 工人 | 套锣 |
| 高如明 | 56岁<br>1930年 | 定海白泉乡 | 个体<br>理发 | 唢呐(三弦) |
| 高如丰 | 50岁<br>1936年 | 定海白泉乡 | 职工 | 武锣(小唢呐) |
| 高静文 | 24岁<br>1962年 | 定海白泉乡 | 职工 | 扬琴(盆子) |
| 林忠汝 | 44岁<br>1944年 | 定海白泉乡 | 农民 | 大镲 |
| 章金虎 | 40岁<br>1946年 | 定海白泉乡 | 农民 | 二胡 |
| 虞金花 | 29岁<br>1959年 | 定海白泉乡<br>文化站 | 干部 | 酒盅 |

　　为了使舟山古老的"三番锣鼓"在表现内容、演奏形式、乐器组合方面更加丰富,也更加合理,高生祥和高如兴潜心整理和改编锣鼓曲,使古老的舟山民间艺术不断注入新鲜血液,增添新的活力。特别是高如兴,对发展舟山锣鼓,做出

―――――――――

　　① 何直升:《高家班乐队简介》,《中国民族民间器乐曲集成(浙江卷舟山分卷)》,1987年,第251页。

了杰出贡献。高如兴在艺术上刻苦钻研,精益求精,大胆尝试,勇于改革。"1955年,白泉业余剧团参加省汇演,高如兴看到宁波地区艺人钱小毛敲打民间乐曲《万花灯》,在竖起的长凳子脚上挂了十面锣,他因此受到了启发。"①高如兴探索将十面锣用架子吊起,在十面锣顶端,增吊一面高音"狗叫锣",也称"小当锣",这样,就形成由十一面锣组成的"排锣",改变了原先民间吹打锣鼓中仅用三五面锣的单调局面。鼓也由三只增加到五只,后来,又逐渐增加六只、七只。高如兴同专业音乐工作者一起切磋,从演奏方便与实际效果出发,将"排鼓"的排列最终确定为五只尺寸大小不一的堂鼓,按音调高低顺序,形成"五音排鼓"。经过这些改革,舟山锣鼓的两大主奏乐器——"排锣"与"排鼓",以新的完整面貌问世,为广大专业和业余音乐工作者所接受,并流传于国内外。1957年以后,苏州民族乐器厂生产的行销全国的"定音排鼓"和"定音排锣",就是根据舟山锣鼓的"排鼓"和"排锣"所设计。高如兴整理出传统曲目有祭海谢洋的《三番锣鼓》《将军令》等,还有用于宗教法事的《潮音》《八仙序》《三宝赞》等。

为了丰富小件打击乐器的配色,高如兴增用了发音高亢的高音京锣,以其切分节奏、弱拍填空的演奏特点以及独特的音色,丰富了整个打击乐器的音响。还创编定桩跳击、奔泻式滚击等排鼓演奏新技法。舟山锣鼓最大的特点就是在传统锣鼓的基础上,加入了丝竹乐器。1957年冬汛,高家兄弟与渔民一起出海打鱼,直接下海体验渔民生活,倾听海上摇橹起锚拔网拉缆引吭呼号,汲取民间文化的精华,将民间音乐元素,应用到乐曲中,形成具有鲜明海洋文化印子的锣鼓点子曲调。1958年初,高如兴根据渔民扬帆出海,起网作业,丰收回洋的生产场景,在原有锣鼓点子和民间乐曲的基础上,与专业音乐工作者一起,整理改编了一首直接反映渔民海上生产场面的吹打乐曲——《海上锣鼓》,后来改名为《回洋曲》。高如兴对于自己创作《海上锣鼓》的贡献极为谦虚。"那时,我们白泉大公社文工团的几个人为创作这个节目,几次下渔村采风,回来后大家再商量、讨论,几经反复,最后才搞出这个作品。这是大家的东西,林忠汝就出了许多好点子,还有我父亲也提了不少好建议。"②从而系统地形成了以"排鼓""排锣"为主奏乐器,配以大小镲、狗叫锣、京锣、撞铃、大小南梆、海螺、酒盅、盆子等配色打击乐器,以及由高、中、低唢呐和曲笛、京胡、板胡、二胡、大胡、琵琶、扬琴等吹管丝竹乐器组成的一整套吹、拉、弹、打击乐器编制,旋律中有夹锣鼓的曲式布局,而且主奏队形也有一定的规律,还正式将"三番锣鼓"命名为"舟山锣

① 何直升:《舟山锣鼓著名演奏家高如兴生平简介》,《中国民族民间器乐曲集成(浙江卷舟山分卷)》,1987年,第245页。

② 陆柄森:《我眼中的舟山锣鼓一代宗师高如兴》,《舟山晚报》2013年5月5日。

鼓",成为民族艺苑中的灿烂瑰宝。1959年,由南京部队前线歌舞团收集整理并演奏的《舟山锣鼓》,在奥地利维也纳举办的第七届世界青年联欢节上,获得世界民间音乐比赛区的金质奖章,受到国内外听众的赞美,成为我国民族文化的骄傲。

高家班锣鼓传承谱系

第一代　高孝全

第二代　高生祥

第三代　高如兴　高如明　高如丰

第四代　程清福　高成文　何直升　陶根德　章承奎　曹卫红

　　舟山锣鼓的崛起,也受到国内外艺术团体的关注。吕骥、蔡惠泉、彭修文等音乐家和专业音乐工作者,纷纷到白泉采风学习,对舟山锣鼓进行创作改编。中国艺术团等国家级以及省级艺术团在国内外的巡回演出中,均有舟山锣鼓的曲目登台演奏。舟山锣鼓的足迹遍及芬兰、朝鲜、日本、苏丹、苏联、奥地利等几十个欧亚非国家,并受到当时美国总统尼克松、朝鲜人民民主共和国主席金日成以及英国首相等外宾称赞。舟山锣鼓声震神州,名扬中外。

　　1966年至1976年,民间艺术被列入"四旧",遭到"横扫",舟山锣鼓无人问津,也无人敢敲。艺人转业,班社解体,舟山锣鼓濒临绝响。高家兄弟也不得不另谋生计,重操昔日堕民理发"贱业",走街串巷靠做"剃头匠"谋生。陆柄森回忆,"文革"期间,他在白泉公社繁强大队的一个小理发店,找到正在给顾客剃头的乡村理发师高如兴。"高如兴,中等个,那时四十几岁的样子,一身灰黑中山装,满脸堆着笑容。一双娴熟的操鼓之手,此刻正在顾客项上飞舞,竟也显得如此熟练。"[①]20世纪70年代末,民间艺术开始复苏。1979年,文化部指示抢救民族民间音乐,舟山市群众艺术馆整理编纂《中国民族民间器乐曲集成(浙江卷舟山分卷)》,舟山锣鼓等一批重点民间器乐曲被编入国家艺术科研项目《中国民族民间器乐曲集成(浙江卷)》。高如兴晚年致力舟山锣鼓的传承,不遗余力地对白泉小学、定海城关第二小学学生进行辅导。1990年,由定海区城关第二小学少儿民乐队演奏的舟山锣鼓合奏曲《木龙赴水》,参加浙江省第三届音乐舞蹈节比赛,荣获一等奖。2001年,由定海区海山小学民乐队演奏的舟山锣鼓吹打乐《海娃闹海》,获文化部第二届"蒲公英奖",音乐创作、演奏金奖,以及浙江省少儿音乐节目大赛创作、演奏一等奖。2006年,由普陀区锣鼓队演奏的舟山锣

---

①　陆柄森:《我眼中的舟山锣鼓一代宗师高如兴》,《舟山晚报》2013年5月5日。

鼓打击乐《沸腾的渔港》,荣获在舟山举办的"东方鼓韵"2006年中国锣鼓邀请赛金奖。2007年,定海区海山小学舟山锣鼓队应美国东方艺术基金会、美国国际艺术中心邀请,携带舟山锣鼓赴美国参加"中国奥运之光"儿童精英艺术团巡回演出。舟山市先后有六七支舟山锣鼓演奏团队,多次获得全国和全省大赛金奖,在基层有二十余支锣鼓团体活跃于基层文化活动。高如兴乃舟山锣鼓的领军人物,被授予"浙江省民间音乐家""舟山锣鼓著名演奏家"称号。2003年,又被舟山文联评为"德艺双馨艺术家"。2003年,高如兴逝世后,《舟山日报》以"一代鼓王走了"的醒目标题予以报道。2006年,舟山锣鼓被列入国家级非物质文化遗产名录,高如兴弟弟高如丰获得"国家级非物质文化遗产项目代表性传承人"称号。(图15.7)

图15.7 "高家班"在晒谷场演奏丝竹锣鼓《鱼游春水》(蒋元福摄)

## 第五节　跳蚤舞的创新

　　舟山堕民有"跳灶王"习俗。堕民"立冬胡花帽鬼脸,沿门打鬼,谓之调灶王"①。进而发展为民间舞蹈——"跳蚤舞"。相传该舞产生于乾隆五十五年(1790)前后,与堕民"跳灶王"有关。"每年农历腊月二十三,民间祭灶神仪式舞

---

　　① 陈训正、马瀛等纂修:《定海县志》册五《方俗志》,民国十三年铅印本。

蹈,以示送旧迎新,祈求消灾免祸,故民间又称跳灶会。"①原是堕民"调灶王"所跳的一种舞蹈。"早先舟山一带最崇信灶君菩萨,家家户户都在灶设神龛,叫灶君堂。腊月二十三日是灶君上天言事的日期,每户人家要祭灶,要供果、掸尘。这在新桃换旧符之夜,此舞就作为敬神舞蹈在灶头前跳,祝愿在新的一年中免遭火灾,全家平安。"②因此,舟山民众又称此舞为"跳灶会"。"《跳蚤会》,又称《跳灶舞》,是男女对跳的一种舞蹈,每逢东岳大帝生日(阴历三月十五)举行赛会时,在民间文艺队中沿街兴跳以作欢庆,或在每年除夕前'灶陉(君)菩萨'生日(阴历二十三)在灶头前跳表示送旧迎新,消灾免祸之舞,该舞主要流传在舟山本岛定海县白泉乡、普陀县沈家门一带。"③定海白泉堕民高生祥专门谱有《跳蚤舞乐曲》,为"跳蚤舞"舞蹈伴奏,由两至三支唢呐、笛子配上大鼓、小鼓、柴锣、锣、倾锣。锣鼓点有"三脚鼓点"和"四脚鼓点"。

跳蚤舞原为情绪性舞蹈,既无情节,也无具体人物,由一男一女两人组成(旧时女角男扮)。男角丑扮,头戴稻草圈,手执竹板,脚穿草鞋,腰缠白布,女角则涂脂抹粉,红袄绿裙,一手持花伞,一手执折扇。二人有节奏地不停踏跳,耸肩、扭腰、调情、逗乐。舞蹈以男舞为主,以"八字步半蹲式"踏跳前进,女舞为辅,躲闪、退避,不时夹杂一些不雅动作,以取悦观众。整个舞蹈轻松活泼,富有浓郁的生活气息,夸张、诙谐、节奏强烈的舞蹈,烘托情绪,活跃气氛。"每逢腊月二十三祭灶,敬灶君菩萨,除供上素食、糕点及果品外,还要请人在灶前跳上一段这种舞,以悦灶君使其'上天言好事',祈求消灾免祸,故时称'跳灶舞'。而后更多则在各赛会队伍中出现,尤其众多男舞者的'八字步半蹲式'跳跃酷如只只跳蚤蹦跳不停。"④因此,"跳蚤会""跳蚤舞"之名不胫而走,广为传诵。(图15.8)

定海民间赛会极为盛行,而又以白泉为盛。白泉有"迎白会""白龙会",又称"三月半会",乃定海历史上最为兴盛的庙会。相传白泉的泄潭老龙在大旱之年经民众求雨后普降甘霖。咸丰五年(1855),皇帝准奏在泄潭敕建龙王宫。光绪二十年(1894),皇帝恩准白泉六庄乡民在丰收年景的三月十五日举办祭祀泄潭老龙的"龙神庙会"。大出会七天,小出会三天,最盛时有40多个会社三千人参加。第一天在崇圣宫集中迎神,第二天起各会社分散行会,第五天到乡邻马

① 方长生、俞隐鹤编:《白泉镇志》,中国书籍出版社1996年版,第414页。
② 《跳蚤会》,《中国民族民间舞蹈集成(浙江卷)》,中国舞蹈出版社1990年版,第776页。
③ 《跳蚤舞乐曲》,《中国民族民间器乐曲集成(浙江卷舟山分卷)》,1987年2月,第143页。
④ 陆柄森:《海岛明珠——跳蚤舞》,《定海民俗与民间艺术》,中国文史出版社2008年版,第197页。

图 15.8　舟山祭灶的"跳灶舞"衍化为赛会的"跳蚤舞"（吴顺珠供图）

呑南门集中,第六天到干览乡隆教寺,第七天谢神散会。出会时队伍串乡游行,
蜿蜒数里,民间乐队吹打弹拉,铁铳炮仗频频轰鸣。"跳蚤舞"与其他民俗团队
边游行边表演。行会上的各类技艺演出,必须遵循一条规律,必须是"进行式"
的,一边走一边演,不能停下来专门演上一场,否则就会拖前进队伍的后脚,"跳
蚤舞"也不例外。这时的"跳蚤舞"极为简单,女角由男性扮演,调情时可以"放
开手脚",所表达的主题也十分模糊,也没有实质上的内容,格调也不甚高雅,且
因动作轻佻,形如跳蚤,因而得名"跳蚤舞"。舟山方言有"跳蚤会","侬咋像跳
蚤会一样,一刻不停","该女人轻骨头,跳蚤会"。形容女人轻佻,好动,急性子,
不安分守己,容易招惹是非。说者出于善意,听者也不以为悖,仅作戏谑。

　　1922 年,白泉私塾教师章孝善觉得"跳蚤舞"虽诙谐,但略嫌单调乏味,乃将
流传的民间故事《济公阻火神》的情节编入"跳蚤舞"。"传说阴历六月廿三是火
神娘娘生日。某年那日,赤日炎炎,香客们在南屏山净慈寺祈祷火神不要降火
灾,保佑乡民四季平安。这时寺门口来了一个年轻漂亮、穿红衣裙的小姑娘,手
里拎着一串红红的太宝银锭,撑一把红阳伞,要进寺。济公连忙用一把破蕉扇
挡住她,不让伊进来,小姑娘左躲右闪就是进不去,这时香客都围上来骂济公调
戏小姑娘。寺内方丈出来一看,气得脸都变青了。济公摇摇破蕉扇问方丈:'师
傅侬话有寺好还是无寺好?'方丈正在气头上,接口说:'当然是无事好,快让施
主进来。'济公摇摇破蕉扇说:'那我就不管了。'小姑娘进入寺院不久就着火了,
除济公睡觉的柴房外,整座净慈寺烧得个精光。方丈急得团团转,看到济公却
在柴房里发笑,火冒三丈,骂道:'死活狲,还在笑。'济公摇摇芭蕉扇说:'师傅,
刚才我问你是有寺好还是无寺好,你说无寺好呀! 这个小姑娘是火神娘娘变

的，我不让她进，你还要骂我。'方丈听了后悔莫及。"①而"跳蚤舞"表演的情节正是济公在寺门口阻拦"火神娘娘"的过程。章孝善自编自导出演。男饰"济公"，摇身一变而为俊俏小和尚，身披袈裟，腰系草绳，手持破扇（也有持二捧）。女舞者饰"火神"，变成美貌少妇，红衣绿袄，手持花伞香篮。"火神"欲进寺院纵火，济公则戏之，阻其进入。一进一退，一躲一闪，时进时退，时躲时闪的舞蹈动作非常贴切地溶于情节中，且改先前男进女退为女进男挡。由于内在含意明确，舞蹈词汇丰富，构图及画面也鲜活起来，气氛更加热烈。尤其是阻止"火神"入内的创意，表达了海岛民众驱赶"火神"，祈求平安的美好愿望。

1931年，正在白泉万金湖小学（白泉小学前身）读一年级的何志福，被学校选中排演章孝善的"跳蚤舞"，成为章孝善的"跳蚤舞"传人。何志福与章孝善儿子章新华搭档，何志福扮演"济公"，章新华则扮演"火神娘娘"，经常在白泉、岱山、定海和沈家门等地演出，颇受欢迎。

中华人民共和国成立后，"三月半会"演变为"白泉振兴会"，还有元宵灯会、杨梅节、国庆节等节日，凡有重大庆祝活动，均有"跳蚤舞"表演。1953年，何志福与白泉随同堕民世家出身的高生祥、高如兴等合作，对"跳蚤舞"进行加工润色，配以锣鼓乐曲，节奏感增强，感情更加奔放，跳得更加顺畅。"50年代，定海县白泉乡以高生祥、何志福、高如星（兴）等艺人为首的高家班，又把跳蚤舞编成群舞，由高生祥编了曲，配套他们拿手的舟山锣鼓，节目改掉了济公拦火神的情节，表现渔民庆丰收的欢乐情绪，舞蹈也有些发展。"②"跳蚤舞"应邀在县、乡、村三级礼堂上演出，第一次搬上舞台。随着"跳蚤舞"的知名度越来越高，何志福思考予以创新，舞蹈既然有了固定人物形象，为了保持形象生动逼真，不应再男扮女装，应该尝试男女合舞。男扮女角刚性有余，温柔美感不足。男性表演女角在体力动作上远比女角吃力，且男角始终以"蹲马步"形式进行表演，要求双膝微屈，上身挺直，再加上规定动作，汗流浃背，体力不支。（图15.9）

1955年，为了响应毛泽东"百花齐放，百家争鸣，推陈出新，古为今用"的号召，舟山文化馆领导点名选送"济公阻火神"的"跳蚤舞"参加杭州举行的全省第一届民间古典音乐舞蹈观摩演出。何志福首次将"行进式"改成"舞台式"演出，并不失时机地提出"男女合演"的想法，得到有关领导的支持。沈家门的张雅珠成了何志福的搭档。然而，真正的男女合演毕竟史无前例，何志福既要演男角，又要指导张雅珠的舞蹈动作。"火神娘娘是个'吊脆'（意即女子卖弄风骚，勾引

① 文军：《何志福的"跳蚤舞"人生》，《定海民俗与民间艺术》，中国文史出版社2008年版，第206页。

② 《跳蚤会》，《中国民族民间舞蹈集成（浙江卷）》，中国舞蹈出版社1990年版，第777页。

图 15.9  舟山"跳蚤舞"

男子)的角色,'济公'又是个表情诙谐、嬉耍取乐的角色。过去男男合舞中某些过于轻佻的、夸张的动作要适当收敛,既减轻女角的动作力度和心理压力,又要保持舞蹈主题的原汁原味;既要增强舞蹈的艺术色彩和美的旋律,又要起到雅俗共赏,让舞蹈所要表达的语言直抵观众心灵的效果。"①男舞者饰"济公",身披僧衣僧帽,颈套须珠,腰系草绳,手持破扇(也有手持二棒),一闪左一闪右,阻挡"火神"前进。女舞者一手持花伞,一手持香篮(或一手持手绢),一闪右一闪左,躲着"济公"前进。明快的节奏配上粗犷的舞步,表演时二人的动作体态形成一个对角,眼睛对视,火神是媚笑,济公则是戏笑。整个舞蹈诙谐风趣依然,情节更加生动。经过半个多月的反复改编、加工、磨合、排演,"跳蚤舞"在浙江省人民大会堂演出两场,从六十多个节目中脱颖而出,荣获一等奖。

何志福后来又对"跳蚤舞"进行创新,以便更适宜在舞台上表演,突出主题,增加美感。"济公"服饰增添了酒葫芦、佛珠、木鱼和破扇,在动作上增加原地月板、斜角月板、拱头敲板、跳脚月板、折腰月板、跳脚双手拜、敲木鱼、甩须珠等 8套动作,每套动作都要将舞台的四角兜转一周,这是以前庙会所没有的。"火

---

① 文军:《何志福的"跳蚤舞"人生》,《定海民俗与民间艺术》,中国文史出版社 2008 年版,第 204 页。

神"的动作相对简单、自由，表现女子流畅柔软和灵活多样的动作，添加女子手持花伞、手绢和花伞的旋转。"济公"与"火神"自始至终四目相对，女角的嬉笑、媚笑、挑逗、勾引、色诱、嗔怒、假踉跄，男角的谄笑、傻笑、耸肩、抹脸、挤肩、弄眼等在动作表情中体现。而在形式上，道具拟人化手法表演，演员通过竹板的分合自如、花伞在舞蹈中蕴涵风调雨顺，"庇护"美好生活的寓意，以虚拟写意或虚实结合的手法，巧妙地刻画各种人物形象，抒发细腻的感情变化。

1957 年，"跳蚤舞"与舟山贺郎调、婚礼舞等赴省城参加第二届全省会演，再获嘉奖，上至省市领导，下至百姓群众，均赞誉有加。1982 年，"跳蚤舞"上了舟山电视台的海岛风情节目。1985 年，摄成录像片，编入《全国民族舞蹈集成》。85 岁的何志福被评为定海区十大民间艺人之一，成为"跳蚤舞"的第二代传人。

程福清与何志福比邻而居，成为"跳蚤舞"的第三代传人。程氏全家都会跳"跳蚤舞"，儿子程勇、女儿程琦也痴迷"跳蚤舞"。女儿程琦从 15 岁开始，就耳濡目染，爱上了"跳蚤舞"，并成为"跳蚤舞"的第四代传人。程琦、程勇兄妹，就是一对舞伴，有时人手不够，母子之间和父女之间，也搭档演出。2003 年，程琦在白泉社区南山下创办"新苗幼儿园"，占地 2000 平方米，接纳幼儿 300 多名，拥有 20 多个幼师，成为著名的"跳蚤舞"传承基地。程琦对"跳蚤舞"进行了创新，作为舞台演出的节目，"美"最为重要。"跳蚤舞"已从草野台子走向舞台，在高科技的灯光和音响条件下的舞台演出，应越美越好。"火神"原本盘头发型过于简单，程琦将女角的头饰做了改动，用闪亮的珠子扎成极为亮丽的头饰，并根据"火神"的特点在眉间画上火焰的形状，突出火神的人物特点，又改窄袖为水袖，改手持手绢为彩扇，改"济公"手执破扇为双手执彩绸扎成的短棍。程琦也对配乐进行大胆创新。"跳蚤舞"除了演员的肢体动作以外，舞台上的音响原先只有打击乐，即锣、鼓、呔锣、铍子，根据需要进行增减，击打出不同的乐律，演员据此进行舞蹈动作，不得越雷池一步。由于演员没有台词和对白，更没有唱腔，声音短促的打击乐不免单调，因而整体连贯性不强。程琦试着在打击乐中加入民族乐器唢呐，用高亢的唢呐声串联打击乐的间隙，不但体现喜庆的气氛，而且配乐层次更为丰富雄浑，舞台效果十分显著。美中不足的是，唢呐声在一定程度上掩盖了打击乐的节律，演员若听不清楚，就会造成不合拍。程琦要求演员在表演过程中按步默念节律，以弥补这一不足，这对演员提出了更高要求。程琦还打破以前只有男女二人表演的局限，发展到两对（四人）舞、三对（六人）舞、四对（八人）舞，乃至更多人的集体舞。程琦创办的"新苗幼儿园"成为区级"跳蚤舞"的传承教学基地，并拥有一支由教师和小朋友组合的"跳蚤舞"舞蹈队，也是一支不断进行创新探索尝试的舞蹈队。2009 年，程琦当选为舟山市"群岛丽人"。2010 年荣获首批浙江省"优秀民间文艺人才"称号。

2003 年,舟山市举行大型踩街活动,经过革新的"跳蚤舞"成为踩街活动的亮点,并多次在社区文艺调演中获奖。2005 年,"跳蚤舞"被列入浙江省非物质文化遗产保护名录。2007 年,应邀参加泛太平洋渔歌邀请赛和中国舟山海洋美食文化节演出。脱胎于堕民"跳灶王"的舞蹈"跳蚤舞"声名远扬,成为舟山享有盛名的特色民间艺术作品,也是海岛文艺舞台上一颗永不褪色的明珠。

"跳蚤舞"传至镇海,又称"跳蚤王",属于"大头舞"的另一形式。"表演者扮成济公等形象,表演跳蚤式动作,滑稽风趣。"①1955 年,柴桥镇曹仁昌赴省演出并获奖,现已失传。(图 15.10)

图 15.10  河头"跳蚤会""济公戏火神"(宁波市文化广电新闻出版局供图)

宁波市北仑区也于 20 世纪 50 年代初期,由定海传入"跳蚤舞",由柴桥街道河头村民间艺人曹仁昌发起,多次参加庙会等民间文艺活动,颇受民众好评。20 世纪 60 年代后期,曹仁昌传给郑永良、康德成等村民,并在原来的基础上进行改进,形成风趣幽默,别具一格的"河头跳蚤会"。白峰镇大涂塘村的"跳蚤会",为该村村民刘佐祥学自舟山。该舞蹈过去出现在民间庙会活动中,现在主要在节庆活动中表演。舞蹈源于民间传说"济公戏火神",火神扮成年轻美貌的女香客,肩背黄色进香包,手撑一顶朱红遮阳伞,欲入灵隐寺礼佛。"济公"手摇破蒲扇,疯疯癫癫地从寺内迎出。"火神"左躲右让,"济公"左迎右阻,欲进若退。"济公"乘机从身上搓出一把汗渍臭垢,变化成活蹦乱跳的"跳蚤",塞入"火神"头颈。"火神"浑身抓痒,手舞足蹈,混入人群,逃之夭夭。歌谣云:"天火万

---

① 镇海县志编纂委员会编:《镇海县志》,中国大百科全书出版社 1994 年版,第 753 页。

火行，万人火小心；灵隐要火着，济公早晓得；火神无办法，只好扮香客。"①"火神娘娘"着珠冠红衫，红绿花鞋，右手舞红手帕或敲两块竹板，左手撑朱红阳伞，眉清目秀，粉面桃花。"济公"则鞋破、帽破、袈裟破，拉喳胡子。表演时，"火神"男扮女装，三步一进，挑逗"济公"。"济公"出场时，摇头晃脑，手执破扇，调戏"火神"，动手动脚，举止轻佻，疯疯癫癫，滑稽可笑。"济公"在前，"火神"在后，女进男拦，女退男进，两人一个舞扇子，一个戴洋伞。"河头跳蚤会"基本舞步为"大八字步半蹲跳走式"，"火神"与"济公"时而对舞，时而走圆场，脚步随锣鼓跳跃戏耍。步似跳蚤，转如旋风，锣鼓伴奏。该舞蹈动作主要以扭腰、扭臂为主，较为夸张。"济公"用跳步、扭腰再接以甩念珠，使念珠在头顶上旋转。整个舞蹈动作轻盈、诙谐、灵活，节奏短促，风格独特，喜庆愉悦，风趣幽默，颇具乡土气息。白峰镇和柴桥街道两地对该民间舞蹈进行多次排练，并帮助改进动作，以提高表演水平，且多次参加各级大型民间文艺大巡游活动。2006年，北仑区文化馆派出人员对"跳蚤舞"进行寻访采集，并录制了音像。2006年，大涂塘村"跳蚤会"和河头"跳蚤会"，均被评为第一次北仑区非物质文化遗产名录。

中华人民共和国成立后，堕民原先为人不齿的艺术，焕发了新的生机。改革开放以后，特别是进入21世纪，中国人民过上了富裕的生活，堕民原先受人歧视的艺术，得到人民政府特别的保护和倡导。绍剧拍成彩色电影《孙悟空三打白骨精》，红遍大江南北，绍剧及堕民演员六龄童和七龄童家喻户晓。《十五贯》推陈出新，让濒临灭绝的昆曲得到振兴。绍兴清音班枯木逢春，依然在为民间婚庆寿喜鼓吹演唱。由金华小姓"轿夫班"发展而来的东阳画溪民乐，依然在民间传承优秀的经典乐曲。浙东锣鼓异军突起，乃至走出国门，登上国际舞台。舟山堕民腊月"跳灶王"时所跳的舞蹈——"跳灶舞"衍化为"跳蚤舞"，成为海岛文艺舞台上一颗永不褪色的明珠。昔日堕民的以乐娱人和以艺娱人的低贱技艺，成为人民所喜爱的艺术，被列入非物质文化遗产名录。

---

①　郑永良口述，孙兆钧整理：《河头跳蚤会》，《甬上风物——宁波市非物质文化遗产调查（北仑区柴桥街道）》，宁波出版社2009年版，第40页。

# 第十六章　堕民行当的新生

中华人民共和国成立后,堕民是否不再从事原先贱业?原先贱业是否不复存在?虽然堕民作为一个贱民群体早已不复存在,但原先的堕民行当仍然存在,虽然也有原先的堕民继续从事,但不再被人歧视。江苏丐户的行当"茶担"再次焕发勃勃生机,传承富有民族特色的"跳板茶"。绍兴堕民专门制作和销售的"堕民糖",曾经是堕民的耻辱行当和标志,现在也已成为安昌"腊月风情节"上一道亮丽的风景线。上虞东关彭家堰堕民从收购破烂行当中衍生的玉雕,催生了发家致富的产业。慈溪堕民村——庙山村走出的农民企业家陆汉振,以堕民的行当"放米胖"起步,将村办企业塑料五金厂发展为金轮集团。磐安和武义小姓为平民结婚抬迎的"花轿",衍化为非物质文化遗产项目"四轿八车"和"武义花灯花轿"。原先受人歧视的堕民贱业成了非物质文化遗产,受到人民政府的特别保护和倡导,成为原先堕民及其后裔发家致富的光荣职业。

## 第一节　茶担的风靡

改革开放以后,苏州农村堕民行当茶担再次复兴。王师傅乃远近闻名的茶担师傅,村上办喜事,厨师可外请,但茶担师傅非王师傅莫属。王师傅年轻时过于贫困,入了"六局",做了茶担师傅。"这茶担活是王师傅从小就学来的,开始时也没有什么家担的,只有一个用来烧水的炉子。"茶担师傅在"正日"一早挑着茶担赶到,柴火自己准备。茶担工资固定,喜钱则要自己争取。"旺盆"乃象征今后日子红红火火,也是王师傅攒钱的机会。木柴烧得最旺时,主人和媒婆将脚炉拿过来,王师傅一边往脚炉夹烧得通红的木炭,一边说着祝福的话。"一开始,王师傅是不用开口讨喜钱的,脚炉在他手上,要拿过来就得有红包,媒婆会很主动地把一个红包递上。收好大红包,王师傅就笑着开始讨起小红包来了,好话说了一遍又一遍,红包讨了一只又一只,开心的他这才把旺盆递到同时开心的主人手中。"接下来的红包在擦脸毛巾里面。按照规矩,所有的客人均应洗一次脸。洗脸极为讲究，农村办喜事坐八仙桌。王师傅每桌准备八块新毛巾，用肥皂洗得香气四溢，一起放在一块湿毛巾上，浇上滚烫的开水，然后用湿毛巾包起来快速地拧干。尽管外面看不到热气，里面却十分烫手。王师傅托起这包毛巾，飞快地进入客堂，给客人服务。娘舅吃独桌，"头汤脸"自然要留给娘舅，王师傅冲到娘舅跟前，将一块冒着热气的毛巾递上。娘舅喜笑颜开，一个大红包放在毛巾里递了过去。"当然，新郎新娘的桌子上也少不了有红包的。每桌都要给热毛巾，但是要想多得红包，就得多几次为娘舅和新人服务。"①茶担师傅泡茶的手艺要高，还得有两手绝活。王师傅最擅长翻碗茶，最多时能一手托四个茶盅，随意地绕着腰间翻转，虽说开水滚烫，但滴水不洒，且从未失手。王师傅摇的花船也稳，还会搭木圆房。现在汽车代替了花船，木圆房也不见踪影。

宴会结束后，王师傅成了婚礼的主角。新郎新娘从东西厢房出来，新郎站在米袋上，新娘踏在米糕上，由一根红绸牵着。一拜天地，夫妻对拜，再拜祖宗高堂。新人父母坐在台前的长凳上，等候新人叩拜。新人站定后，茶担师傅就拉起长调"一拜父母生我身"，新人毕恭毕敬地深深一拜；"二拜父母养育恩"，新人又拜；"三拜全家和合欢"，新人再拜。父母下去后，一对新人坐了上去。厨师送来汤圆，王师傅用小汤匙将汤圆往新人嘴边送，边高声说着"第一个汤圆甜又甜，祝新人的感情甜甜蜜"，众人围成一个圈，新人将汤圆咽了下去。"第二个汤圆糯又糯，祝新人日子红红火。"新人又将汤圆咽了下去。"第三个汤圆圆又圆，祝新人明年添个白胖儿。"新人红着脸将汤圆吃了下去。茶担师傅看了下表，良宵已到，开始"移花烛传代"。茶担师傅将早已准备的麻袋取了出来，吩咐铺在新人面前。茶担师傅将大蜡烛插到蜡台上，点燃后由两个年轻人各持一个在前面引路。新人朝新房走时，众人高喊"传代""传代"。从客堂到新房有一段的距离，新人过后，后面的麻袋往前传，铺在新人前面，以象征子孙代代相传。

常熟堕民从事的茶担行当，目前也颇为极为盛行。2014 年 3 月 8 日上午10 时，大义镇村民周永福家操办喜事。整个婚礼的布置、茶水饮食，以至于婚礼司仪，均由茶担师傅徐荣铭一手操办。大门口立着一扇红色气拱门，一条红毡从拱门直通大厅。大厅正中摆放一张方桌，桌上陈列花烛、酒盅和喜毡。厨房也一片忙碌景象，厨师已开始配菜、切菜，跑菜人员也开始行动，摊上桌布、摆上碗筷，置放酒水，井然有序。酒筵过后，进入茶担婚礼的核心环节，喝"跳板茶"和吃"花筵"。"所谓喝跳板茶，就是新人及亲友共品茶水。仪式开始，新郎、新娘及其亲友分为两排，相视而坐。徐荣铭端起茶盘，躬身低头，往前进三步，往后退三步，如此往复，将盘中的茶水分发给新人及亲友。新人喝到的茶水共有

---

① 　朱闻麟：《茶担师傅》，《苏州杂志》2007 年第 5 期。

两碗,第一碗是茶叶水,第二碗是红糖水,寓意先苦后甜。"饮毕,徐荣铭便张罗起"花筵"。如果新人父母不是原配,一般不做"花筵"。吃"花筵"时,新人父母朝南而坐,新郎新娘分立两旁。桌上摆放6道菜:鸡、鱼、肉、蛋、蛋饺和肚丝,还有两盏酒杯、两双筷。新郎新娘敬父母喝酒,喂父母吃菜。而徐荣铭则在旁边唱吉利话。"吃这6道菜也是有讲究的。鸡,有'凤鸾同巢'之意。鱼,是'年年有余(鱼)'。蛋饺,便是财源滚滚。肚丝,则是多子多孙。肉,代表'金玉(肉)满堂'。蛋,是象征着'代代(蛋)相传'。"[①]这不仅仅属于讨口彩,重要的是教导新人,应艰苦奋斗,相互扶持,共创幸福人生。(图16.1)

图 16.1  茶担师傅徐荣铭主持吃"花筵"(李献供图)

昆山乃苏州下辖的县级市,昆山民间艺人将堕民从事茶担行当必跳的"跳板茶",发展为民间舞蹈,又称"茶盘舞"。昆山的结婚仪式中,也有必不可少的"跳板茶"。"茶担最早出现于明代的'贱户'。旧时千灯周边农村属'鱼米之乡',农村比较富裕,每有人家结婚,只要达到一定经济条件,即须邀请'厨师'和'茶担'等两个半专业性的组织帮忙。他们主业种田,有生意就来帮忙务工。'茶担'的地位和吹鼓手差不多,其服务内容有供应茶水、烫酒,以及出租新娘礼服、花轿、酒具、茶具及布置喜堂等项目。其中还有献茶的表演。这种表演,就是跳板茶。"[②]"跳板茶"乃婚礼过程中的一道仪式,由一名男子端起装有茶杯的茶盘,通过转、举、托、扭等系列高难度动作,向宾客献茶,以示敬意。因表演"跳

---

① 邹磊:《探访茶担婚礼》,《常熟日报》2014年3月9日。
② 《千灯跳板茶》,《苏州文化遗产丛书(非物质文化遗产卷)》第1卷,文汇出版社2010年版,第138页。

板茶"需要一定的技巧,特别是手、臂、腰协调旋转的基本功有相当难度,需要专门技艺,所以必须另外收费。旧时表演一次"跳板茶",至少要收费五斗米,一般平民承受不起,唯有富户才能聘请。

"跳板茶"代代相传,茶担为争夺生意,互相竞争,不断吸收戏曲和杂技的技巧,表演水平不断提高,增强了其观赏性和娱乐性。"但是,由于当年茶担地位低下,这个表演只能作为附属于婚礼活动的内容之一,不能登大雅之堂。"①据传昆山"跳板茶"始于清末,1949年以前仍十分盛行,已有100多年历史。1949年以后,因婚礼民俗的革新变化,"茶担"行当萎缩,"跳板茶"也逐渐绝迹。即使个别人家婚礼聘请"茶担"表演,也不够专业水准。1957年,昆山文化部门挖掘整理民间文艺,千灯镇民间艺人谢仁奇重排了"跳板茶",并改名为"茶盘舞",这一传统文化遗产作为民间舞蹈登上群众文艺舞台,编入《中国民族民间舞蹈集成(江苏卷)》。《苏州民间舞蹈志》采集时,恢复"跳板茶"的原名。

"跳板茶"盛行于昆山市南部地区以千灯镇大团村为主以及周边一些乡镇,邻近太仓、常熟也有表演。过去民间举办婚礼,小户需时3至4天,大户长达7天至半个月。婚礼第一天,男方由花轿接来新娘完婚,第三大新娘的兄弟(又称"新阿舅")将新娘接回家,俗称"三朝回门"。新阿舅到男家时,男方要以最隆重的仪式接待。酒宴开始前,先摆上一桌茶点,请新阿舅用茶。此时,茶担入堂献茶,举行"跳板茶"的表演。当新郎陪新娘回门到女方娘家时,女方也要以此给新郎回敬。"茶担"要置高1米多、直径半米的铜炉用于烧茶,备有若干套造型别致的瓷质小茶壶和小茶杯,还有绣有龙凤、花卉图案的大小"堂面",用于装饰婚礼厅堂和桌椅。"茶担"班子配有若干烧水工、配茶工,还有专门表演"跳板茶"的演员。演员多为男性,具备刚柔相济的腰功,翻手自如的腕功,还要有笑容可掬的亲和力,才能赢得满堂喝彩,得到东家的赏赐。

吉日前夕,"茶担"班子到东家布置"堂面",安置铜炉,准备"跳板茶"道具及其他茶具,并在婚礼厅中央摆好表演区。吉日9时,表演者化妆着装,备盘斟茶,等待上场。10时左右,接新娘的快船到达,新郎请阿舅到正厅正桌朝南的位子坐下,双方亲戚坐两旁八仙桌。掌礼站在纵跨门槛的长凳上,宣告"献茶"开始。接新娘回到娘家,向新郎献茶表演的时间为下午4时左右。"跳板茶"表演者手托茶盘上场,通过茶盘的高低、上下、左右翻动和旋转,进行"三拜九叩"。基本舞步为"进三步退一步",往返一次为一程,共做三程,然后"献茶"。因表演者双手托盘,献茶时需请伴娘和二爷帮忙。伴娘和二爷各接一个茶盘,每演一

---

① 《千灯跳板茶》,《苏州文化遗产丛书(非物质文化遗产卷)》第1卷,文汇出版社2010年版,第138页。

程,将茶杯献给阿舅或新郎,再将另一只茶杯放入茶盘。如此重复三次,献茶后阿舅或新郎赏给红包,主客用茶后开宴。"跳板茶"有"圆场""扯旗""云手""仰头望天""探海""托月""迎月""朝天""扬波""踹燕""跆步转身""踏步半蹲"等动作,水平较高的舞者能够吸收戏曲身段和民间杂耍,表演"金鸡独立""鹞子翻身""风摆荷花""花蝶飞舞""仙女散花"和"飞天落地"等高难度动作。整个表演必须"舞不离盘,盘不离手",茶杯不滑落,茶水不外溢。如果博得满堂喝彩,红包将更加丰盛。为了获得更多赏钱,表演者不断精益求精,提高动作难度,将喜庆气氛推向高潮。

表演"跳板茶"一般十分钟左右,没有伴奏音乐。改编为"茶盘舞"后,用江南丝竹《柳青娘》《夜深沉》伴奏。"跳板茶"所用茶盘为红漆木盘,盘边高 8 厘米,上面直径为 15 厘米,底盘直径为 20 厘米。盘内绘有五彩花纹,中心开有一放茶碗底的浅口;围绕盘底挂有黄色小流苏。过去艺人技术娴熟,盘下不带附件,现在为防止失手,盘底安装橡皮带,以扣住手掌。盘中放茶托带盖的彩色茶杯,印有各色吉祥图案,杯里泡有茶水。演员戴青色礼帽,穿青色长衫。改编为"茶盘舞"的传统舞蹈后,表演者由男性改为女性,由单人舞改为群舞。2009 年,千灯镇"跳板茶"入选江苏省非物质文化遗产保护名录。(图 16.2)

上海原来也属于堕民聚居区,也有类似"跳板茶"的舞蹈。嘉定县(今上海市嘉定区)朱家桥乡、外岗乡、曹王乡、娄塘乡、望新乡、徐行乡等地称为"跳茶担",或"茶担舞"。清初"跳茶担"已在嘉定盛行。嘉定地区的"跳板茶",主要用于四种场合。"1.当傧相、媒人入座、新阿舅到女方接引新娘,在喜堂入座后,茶担司就托起茶盘'跳茶担';2.喜庆场面上,茶担司代表东家,向宾客、亲友敬茶点、热毛巾,并舞'跳茶担';3.结婚典礼之后,新娘新郎攀认'过房亲',这时喜堂正中挂起'老寿星'图像,茶担司面对'老寿星'表演一套'梅花拳',然后向众人献茶。有祈求长寿富贵荣华的意思;4.娱乐性场合。当酒宴结束后,东家邀请茶担司作娱乐性表演,以此道谢来宾及亲友。"[①]"跳茶担"在客堂内表演,以单人表演为主,以礼节性动作开始,两手各托一茶盘,每只盘上各置三杯热茶,舞蹈者向四周宾客依次献茶。同样动作依次向五个方位做时,称为"五梅花"。再向四面依次表演。主要动作有"麻雀跳""金鸡独立""踏步蹲""单盘转""双盘转""双托盘""敬茶"等。动作呈半蹲姿势,转时以腰为轴,上下转动手腕始终使茶盘保持平稳,不能将碗中茶水溢出。"敬茶"后是"谢盘",两手将茶盘缓举竖于胸前,以示对宾客尊敬。

青浦赵屯、盈中、大盈也流行"跳板茶",又称"茶担舞"。起源于明嘉靖时

---

① 《跳茶担》,《中华舞蹈志(上海卷)》,学林出版社 2014 年版,第 81 页。

图16.2 由"跳板茶"改编的"茶盘舞"(汤钰林供图)

期,成型于光绪年代。"明嘉靖(1522)年间,朱家角有一富翁与昆山县的一富翁联姻,选择吉日为其子女完婚。这天昆山县有女家新阿舅上船到男家上宅做朝。责备男家主人没有提早等候在岸边,停船时不是横靠岸,而是直靠岸,这样的长跳板搭着才好上岸。这位新阿舅肚中有气,迟迟不肯上岸,于是新郎之父吩咐茶担师傅先送茶上船。茶担师傅人已中年过后,往长跳板上端茶心里发慌,因而嘱其儿子去送。年轻人双手托盘,盘中各有两只茶碗,轻盈地走上跳板。新阿舅见了,心里的气打消了一大半,正准备出舱去接。那知送茶人一见新阿舅朝他走来,心一慌,脚一软,在又长又软的跳板上,身不由己的左右摇摆,前俯后仰,遂赶紧把茶盘夹在腰间。这一动作把新阿舅看得眼花缭乱。送茶人看新阿舅发愣,便急中生智,将茶盘托底忽高忽低、一前一后在船头上向新阿舅送茶,乐得新阿舅心花怒放。"①新阿舅乃是戏迷,又是彩旦票友,送茶人的动作,启发其将戏曲动作搬用进去。这在无意中传为佳话的"跳板茶",也在茶担中流传开来。

———————————

① 《跳板茶》,《中华舞蹈志(上海卷)》,学林出版社2014年版,第82页。

青浦的"跳板茶"表演时,艺人双手各托一只红漆圆盘,盘中各放一块对折毛巾,毛巾上面放一只铜制茶碗垫子,垫子上放一只茶盖碗。茶盖碗数依客人人数而定,有两只、四只、六只之分。艺人先从厅堂大门口矮步晃盘进厅堂送茶,三进三退,在进退中要玩各种技巧动作。送上香茗后,退进后堂时,边舞边退。二进厅堂接茶碗时,又边进边舞,边舞边退下场。在船的跳板上舞时,形式较厅堂简单,仅上下两次。第一次茶盘上各放一块毛巾,先是双手晃盘送上毛巾,再回上岸。第二次上船是盘中放茶碗,双手一上一下晃盘。继而一前一后,一左一右手画圆圈晃盘,送上香茗,接过毛巾和茶碗回岸。"跳板茶"是独舞,无音乐伴奏。民间艺人表演时自己掌握动作节奏,其动作技巧性较高,要求手腕、手臂舞动灵活,步法、腰部、呼吸运用协调。其表演口诀为"双手晃盘、交叉步晃要稳";"单手、双手转盘、跟盘要平稳";"丢盘、翻盘要准足";"手指用劲、手腕圆滑、脚步稳定,要会运气"。演员服饰有两种,可穿长衫,也可穿中式短衫;夏天浅色,冬天深色。脚上一律为黑色小圆口软底布鞋。道具为木制红光漆圆盘,盘面直径七寸半,盘底直径六寸,深口边盘,边高约两寸。"茶担师傅"技艺高超,富户一次可赏五斗米,最多有两至三石米。

松江县(今松江区)的桐泾、泗联、车墩等地也流行"茶担舞",又称"跳板茶"。成形于清末民初,盛于民国,据传秦时即已出现。"当时秦始皇每天五更三时上朝时,先要饮茶一杯。一天,有个姓陆的太监,见皇上心情不佳,想逗他欢心,就趁送茶之际,手托茶盘舞动起来,秦皇观后顿觉心情舒畅,便传旨宫女照此学舞,陪伴君王。之后又从宫廷传到了民间。"①松江的茶担艺人被称为"茶司",专为喜庆人家新阿舅上门,或老年人做寿时烧送香茗,"茶担舞"乃茶司送茶时手托茶盘而舞的一段礼仪性舞蹈。松江乃水网地区,交通工具以船为主,新阿舅初次登门从水道而来,茶司从靠岸船的踏板上送茶,故又被称为"跳板茶"。在地上与跳板上表演的"茶担舞"基本动作相似,只因跳板上难度较大,动作较为简单。

茶司表演时,一人用单手或双手托着放有茶盏的茶盘,做出"凤凰三点头""老鹰插旗""童子拜观音""凤凰展翅""金鸡独立"等各种舞姿。动作幅度大小因人而异,其中"单手托盘""双手托盘""绕盘""手腕转盘"等动作难度较高。茶司身穿中式对襟便衣便裤,脚穿黑色圆口布鞋,一般无音乐伴奏。献舞时偶尔配以优雅而柔情的"紫竹调"等民间乐曲,演出场地视喜庆场所而定,可大可小,既可室内,也可室外,可在厅堂上舞,也可在跳板上舞。舞姿变化随意性强,依茶司自己的创造和发挥,所以各个茶司表演风格并不完全一致。"茶担"原为堕

---

① 《茶担舞》,《中华舞蹈志(上海卷)》,学林出版社 2014 年版,第 84 页。

民服务性行当,故旧时动作有其职业特点,走路、圆场时需要两脚弯曲,上身前倾,多用半蹲或跪脚,以示对客人的尊重。

## 第二节　堕民糖的开发

堕民专门制作和销售"堕民糖",绍兴于中华人民共和国成立后组建绍兴糖果糕饼厂,组成人员大都是原来的堕民。1958 年,糖果厂进行重组,改名为绍兴市食品厂。安昌彭家溇的堕民,做扯白糖挑"换糖担"是他们挣钱维持生活的主要来源,他们以大米、大麦制成饴糖,再用饴糖拉扯白糖,做成秤管糖、捧糖,杂以芝麻、花生、玫瑰、米泡制成糖饼。后来,因制饴糖的大米、大麦紧张,遂用柠檬酸代替饴糖制作扯白糖,香甜可口。扯白糖原是堕民耻辱的行当,现在成了绍兴市非物质文化遗产,堕民也成了该非物质文化遗产的传承人,安昌堕民陈锦水成了远近闻名的"民间艺人"。"'堕民糖'的别样风采,陈锦水做梦也未想到,一手曾经赖以谋生的'堕民糖'绝活,让他在年逾古稀之时成为红人。"[1]从 2000 年 1 月开始,在安昌古镇举行的历届腊月风情节上,陈锦水都应邀到现场表演其制作"堕民糖"的手艺,以展示和传承绍兴乡土的非物质文化遗产。雪白粗大滚烫的糖条在他的手里上下翻飞,手臂一合一抖,犹如绕毛线自如,所有摄像机和游客的目光,都聚焦在陈锦水身上。陈锦水一个人根本忙不过来,儿子和儿媳都赶来帮忙。一家人扯糖、剪糖、包装,分工合作,有条不紊。每包两元钱,每天能收入 1000 余元。风情节火爆的生意,让陈锦水连睡觉都会发出笑声。这是他走村串户挑担卖了半个世纪"堕民糖"从未有过的盛况。

陈锦水出生于绍兴县漓渚镇堕民村——九板桥村,只读了三年书,贱民的身份如影随形,他从不轻易启齿。为了生存,从 11 岁即从事"换糖"这一行当。他至今还记得第一次到诸暨换糖,从绍兴走到璜山,换了三双草鞋,脚底磨出许多血泡,忍不住失声痛哭。中华人民共和国成立后,陈锦水和彭芜荣夫妻并未安排工作,陈锦水进过厂,先后到富阳和桐庐工作,因工资太低难于养家糊口,乃毅然辞职到安昌彭家溇居住,再次挑起"换糖担"兼做"吹叭先生"。"他擅长做收购废品生意,'三年自然灾害'期间收了近一篮古董,玉器就达二三十斤,其中有一件属国家级文物,被转手贩卖到国外而差点坐牢。"[2]陈锦水一度到贵州做过小生意,改革开放后又挑起货郎兼收古玩,其"堕民糖"的制作技术娴熟。

---

[1]　《绍兴"堕民"的 58 年》,《绍兴日报》2007 年 9 月 27 日。

[2]　俞婉君:《绍兴堕民》,人民出版社 2008 年版,第 218 页。

彭芜荣则在家里整理和加工废品，并到市场出售编织的发袜、棕绳和布鞋，并于1955年学做"老嫚"。1984年，彭芜荣被分配到环卫所工作，一干就是13年。早上完成街面清扫工作后，其他时间可以照看五个孩子，整理丈夫收购的废品。夫妻辛勤劳动，将五个子女抚养成人。1999年，安昌首届腊月风情节邀请陈锦水表演制作扯白糖。2000年，67岁的陈锦水在儿女们的再三要求下，终于放下了"换糖担"。然而，让他做梦也未想到的是，"堕民糖"被批准为"绍兴市非物质文化遗产"，陈锦水乃安昌制作技艺最为精湛的"堕民糖"制作人，被推崇为"民间艺人"而备受尊崇。陈锦水至今仍珍藏那副"的笃"担，其价值在他的心目中不可估量。2016年，83岁高龄的陈锦水在第十七届安昌腊月风情节上，现场制作"扯白糖"，在临河的屋柱上，绑上一根光滑的木棍，就地放上一张小板桌，一只小煤炉、一只尺二镬、一把大剪刀、两根长竹筷，成了制作"扯白糖"的工具。陈锦水将白糖在钢锅中加热，加入适量的水和柠檬酸，边煎边搅，待糖水搅成倒出不流淌，稍冷不烫手的金黄色黏稠状，将其抛上木棍，几番进行拉、甩、扯，周而复始，越拉越长，越拉越白，时而变成一条飞舞的白龙，时而又成为一朵雪白的云团，散发渐渐醇香，最终形成直径约1厘米的长圆条，用剪刀剪下寸许，成为鲜透蜜甜的"扯白糖"。仅第十七届安昌腊月风情节，陈锦水和两个女儿出售的"扯白糖"就有1000斤。（图16.3）

图 16.3　2016 年陈锦水在安昌制作"扯白糖"（新华社供图）

以前，安昌彭家溇人在家里拉"扯白糖"，堕民将拉好的"扯白糖"放在两只小竹箩上，用一根扁担挑着，边敲铁器边用地道的安昌口音吆喝："扯白糖好卖！""破布头好换！""扯白糖嘞！"千年古镇安昌流传"扯白糖"来源的传说。相传康熙年间，宫廷流传着一种甜食，就是"扯白糖"。这种"扯白糖"，也只有皇家才能享用。大臣想品尝，也得皇帝高兴，赏上两颗。在衙门办案的著名娄师爷，也是安昌人,对宫廷流传的"扯白糖"非常感兴趣,也学会了拉"扯白糖"。娄师爷回安昌过年,拉了"扯白糖"给老母亲吃。老母亲吃了,也赞赏有加,建议做一些"扯白糖"过年走亲戚。此时,娄师爷有个亲戚胡小三上门借钱,胡小三年已三十,因贫困尚未娶妻,家中还有六十多岁的老母需要赡养,得知娄师爷回安昌过年,特地上门请求借十两银子作为做生意的本钱。娄师爷问想做什么生意,胡小三一时也答不上来。于是,娄师爷决定不借他银子,而是送他十斤白糖,以及一张制糖的配方。胡小三遂按配方制作"扯白糖"。胡小三夜里制糖,白天出售,赚了大钱,还娶了媳妇。胡小三将配方珍藏,直到临终才交给后代。胡家也慢慢富裕起来,"扯白糖"这一绝活也在安昌流传开来。安昌关于皇家喜欢"扯白糖"的传说,应是堕民将低贱的"扯白糖"的行当,拉上一个尊贵的客户,以抬高自己制作"堕民糖"这种行当的社会地位。

中央电视台、浙江电视台、香港凤凰电视台等国内众多电视台,均报道安昌的"扯白糖"。在新加坡等国也有报道。2011年4月21日,安昌古镇"堕民糖"制作技艺传人陈雪萍,在义乌市举行的2011年中国文化产品交易博览会暨中国(浙江)非遗博览会现场表演"堕民糖"制作技艺,并荣获中国非物质文化遗产精品项目活态演示特别演示奖。[①]"扯白糖"拉出了安昌古镇的一道亮丽风景线,在安昌历年的腊月风情节中,现场制作的"扯白糖"吸引了八方游客。安昌镇上的"扯白糖师傅"已增至十余人,濒临失传的"扯白糖"制作技艺后继有人。

## 第三节 玉雕企业的兴办

上虞堕民聚居的彭家堰村,收购破烂乃是其行当之一。彭家堰堕民很少务农,土地很少,"主顾"乃其主要财产,主要工作也是为主顾提供服务。"上虞东关玉雕艺术源远流长,至今已有六七百年的历史。早在南宋时代,由蒙古边陲南迁引入,他们对玉石情有独钟,有一批从事收购生活破烂的小贩,干起了贩卖玉石的行当。特别是以彭家堰村为主体的从事玉石贩卖人员,在掌握了玉石知识和造型艺术的基础上,一部分人从明代开始由贩卖玉石逐步转换为从事简单的手工玉石制作。"[②]彭家堰堕民相传为蒙古人。延及清代,特别是乾隆年间,彭家堰有五分之一的人从事玉石雕刻制作,从北方引进一批形如纺织木机的雕刻

---

① 高洁:《安昌"扯白糖"扯进义乌中国文博会》,《绍兴县报》2011年4月22日。

② 《东关玉雕》,《上虞市非物质文化遗产集锦》,中国文化艺术出版社2010年版,第161页。

机,进行雕刻的细加工,经历了漫长的民间加工制作时期。(图 16.4)

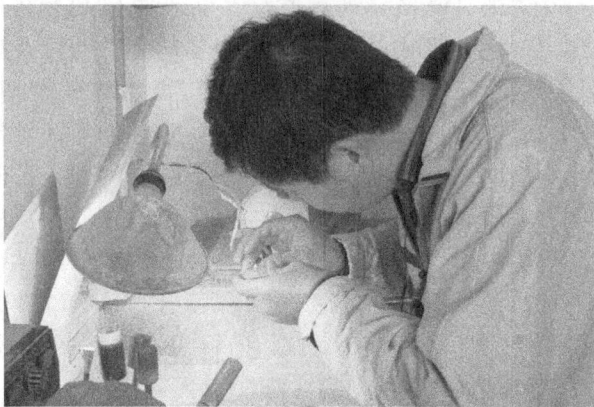

图 16.4　彭家堰的玉器雕刻(上虞区文化馆供图)

中华人民共和国成立后,进行了土地改革,彭家堰从邻村划入土地,粮食生产自给自足,政治上也翻了身,村民不再受到歧视,扬眉吐气。经济活动也不受限制,当吹鼓手、做老嫚、打棕绳、钓田鸡,想从事什么职业,就从事什么职业,不再被人视为贱民。后来,兑鸡毛、鸡胗皮,收破布头,以至于补套鞋,均作为“走资本主义道路”。那时以“阶级斗争为纲”,政治运动不断,每次运动都要抓“活靶子”,但彭家堰村并不搞“阶级斗争”。村民不善耕种,也不可能有地主和富农,甚至连“伪职”“反革命”和“坏分子”也没有一个。“歪头水根”祖父在国民党执政时曾任保长,共产党执政后,水根父亲张云法继任村主任,一直任到“公社化”。每天晚上开会,张老保长都与贫下中农一起,高呼:“狠刹资本主义威风!坚决走社会主义道路!”村民互相告诫,男的不出去收破烂,补套鞋;女的也不再打棕绳,补发袜。“割了资本主义尾巴”,切断了弥补家庭的收入来源,仅仅依靠土改划入的少量土地,要维持一家大小的生活,确实难乎为继。到了 20 世纪七八十年代,村民借改革开放的东风,走南闯北,从事玉石和玉器营销,从中获得丰富的玉石鉴别、玉石雕刻的新技术和新经验,开始引进现代机械进行雕刻制作,从而使玉雕业出现了新的飞跃,形成彭家堰村经济发展的新亮点。(表 16.1)

表 16.1　1995 年彭家堰的玉雕厂①

| 企业名称 | 法人代表 | 经济类型 | 企业规模 | 主要工业产品 |
|---|---|---|---|---|
| 上虞市东关精益玉雕厂 | 李建根 | 个体 | 小型 | 玉雕 |
| 上虞市东关玉雕厂 | 陈关仁 | 个体 | 小型 | 玉雕 |
| 上虞市宝夫玉雕厂 | 陈宝夫 | 个体 | 小型 | 玉雕 |
| 上虞市东关玉石工艺厂 | 丁周庆 | 个体 | 小型 | 玉雕 |
| 上虞市华丰玉雕厂 | 林阿良 | 集体 | 小型 | 玉雕 |
| 上虞市关良玉雕厂 | 陈关良 | 个体 | 小型 | 玉雕 |
| 上虞市东关工艺雕刻厂 | 陈彪 | 个体 | 小型 | 玉雕 |
| 上虞市东关忠意珠宝石器厂 | 李忠意 | 个体 | 小型 | 玉雕 |
| 上虞市东关港口工艺玉雕厂 | 胡关森 | 个体 | 小型 | 玉雕 |
| 上虞市东关群益玉石雕刻厂 | 林小根 | 个体 | 小型 | 玉雕 |
| 上虞市东关玉雕厂 | 胡关林 | 个体 | 小型 | 玉雕 |
| 上虞市东关龙盛玉雕厂 | 陈兴太 | 个体 | 小型 | 玉雕 |
| 上虞市东关荣昌玉雕厂 | 李国成 | 个体 | 小型 | 玉雕 |
| 上虞市东关星光玉雕厂 | 丁国贤 | 个体 | 小型 | 玉雕 |
| 上虞市东关乘益玉石雕刻厂 | 陈国太 | 个体 | 小型 | 玉雕 |
| 上虞市东关长城工艺玉雕厂 | 李忠孝 | 个体 | 小型 | 玉雕 |
| 上虞市东关龙凤玉石雕刻厂 | 李柏良 | 个体 | 小型 | 玉雕 |
| 上虞市东关兴盛玉雕厂 | 李国良 | 个体 | 小型 | 玉雕 |
| 上虞市东关天宫玉雕厂 | 陈国元 | 个体 | 小型 | 玉雕 |
| 上虞市东关星球玉雕厂 | 丁国宝 | 个体 | 小型 | 玉雕 |
| 上虞市东关越车工艺玉雕厂 | 李幼坚 | 个体 | 小型 | 玉雕 |

1978 年,全村有 12 台电动雕刻机,制图和打磨人员有 179 人,以家庭为单位开办了一家家玉雕作坊。1992 年,在党的富民政策鼓励下,村党支部和村委通过增添电机设备,开辟玉石生产基地,鼓励和支持村民创办玉雕厂,该村玉雕

---

① 第三次全国工业普查办公室、中国轻工总会第三次工业普查领导小组办公室编:《中华人民共和国工业企业基本概况(文教体育、工艺美术、杂品业企业名录大全)》(轻工业卷),中国轻工业出版社 1997 年版,第 386 页。

事业迎来新的发展高潮,全村玉雕厂达到 30 余家。VD-1002、1001 型高速雕刻机有 250 台,从业人员达 600 余人,占全村劳动力的一半以上。1995 年第三次全国工业普查时,登记入册的东关玉雕厂就有 21 家。在彭家堰的影响下,玉器加工和营销向周边的前村、马家桥、炼塘、新建庄、王家泾等 12 个村扩展,形成较大规模的玉器块状经济,东关也因此成为全国闻名的"玉雕之乡",彭家堰村也成了全市乃至全省有名的玉雕村。2002 年,电视专题片《走进玉雕村》在中央电视台播放,东关彭家堰村的玉雕艺术更是闻名全国。

　　每逢星期二,一批批操着杭州、南京、上海等地口音的顾客,就会来到上虞市东关街道彭家堰村的收藏品市场,他们穿行在一个个地摊和一家家商店之间,挑选着自己中意的收藏品。彭家堰村是一个只有 800 多人的小村落,但在全国玉雕行业内拥有很高的知名度。早先,这个村村民从事收购破铜烂铁、鹅毛鸭毛的行当,其间也收购一些民间收藏的玉器之类的小物件。20 世纪 80 年代,村民李忠意在苏州看到有人从事玉雕加工,"灵感"一触即发,回到村里马上办起了玉雕加工场。户看户,人带人,彭家堰村很快成了远近闻名的玉雕专业村。如今,村里像模像样的玉雕加工企业就有 20 多家,还在苏、杭、沪等地开设了 10 多家生产企业。玉雕品多了,就得有交易市场。去年,彭家堰村、东关街道和个体户林小根 3 家合作,以股份制形式建起了占地 3.5 亩、以玉雕品交易为主的收藏品市场,彭家堰村因此逐渐成为颇具规模的玉雕品集散地和收藏品信息的交流中心,吸引了来自全国各地的大批客商。玉雕企业的兴办和收藏品市场的建立,有效转移了村里的农业劳动力,为他们增收致富创造了条件。目前,全村约有三分之二的劳动力从事玉雕加工和销售,市场内开设的 40 多家商店可以销售全村三分之一的玉雕品。市场内一家浙东收藏馆的店主张永良告诉我们,他已开设浙东收藏品信托投资商务网,将彭家堰的玉器搬上互联网,销到了国内各地。昔日收破烂的彭家堰人,如今已靠玉雕发家致富。村民年人均收入突破 6000 元。负责收藏品市场经营的林小根表示,市场将通过举办玉雕精品展、玉雕工艺技术比武和收藏品拍卖会等活动,进一步打响"玉雕村"的牌子,让彭家堰人过上更富裕的生活。[1]

　　彭家堰的玉器雕刻业,培养了一批优秀的玉雕大师。林小根、陈新元、陈国泰、李国成等一批玉器行家峥嵘于行内,他们雕刻的"龙凤呈祥""观音赐福""如

---

[1]　单滨新、倪炳林:《浙江上虞市彭家堰村成了"玉雕村"》,《浙江日报》2002 年 7 月 15 日。

意在手""龙腾虎跃"等一批较大的玉雕品,被地方政府选送到省市乃至全国农产品、工艺品展览会上展出。在庆祝新中国成立五十周年市建设成果展览会上,彭家堰选送的二十多件玉雕作品,被一位外地乡贤追购到彭家堰村。一位转道而来的香港同乡,一次订购了50件玉器。2000年7月,浙江省收藏协会以东关彭家堰村为基本组织成员的"玉器委员会"在上虞成立,由玉雕权威陈新元担任主任。彭家堰村有七位玉雕行家成为省市兼职鉴评师,多次被各级文物管理部门特邀前往北京等地参加拍卖和鉴赏活动。"彭家堰是一个玉器产业地,是玉器大师的摇篮,是一块玉质宝地。"①2007年东关玉雕被列入第一批上虞市非物质文化遗产名录。(图16.5)

图16.5　上虞玉雕市场

## 第四节　金轮集团的崛起

慈溪市宗汉街道庙山村,乃浙东姚北远近闻名的堕民村,主要以张、李、黄、顾姓为主,男曰"堕贫",女曰"堕婢(皮)嫂"。堕民世代从事理发、迎亲婚嫁、丧事吹打等服务业,诸如担盘抬轿、剃头绞面、阉鸡阉猪、吹奏音乐、做"送嫂"(伴

———————

① 东关街道文化站:《东关玉雕》,《上虞市非物质文化遗产集锦》,中国文化艺术出版社2010年版,第164页。

娘)之类,包揽了民间理发、婚庆、丧葬、戏曲演唱等杂役。[①] "据历史考证,堕民是元明之际浙江境内受歧视的一部分贫民。据说明朱元璋推翻了元王朝,那些投降了的蒙古兵回不了北方去,按惯例降兵是不能杀害的,于是朱元璋便下了一道圣旨,把这些元兵家属集中在一个区域,收缴他们的武器,男不准读书。不准读书就剥夺了他们上京赶考,当官为吏的政治权利。女不准缠足,不准与平民通婚,不能穿平民常服。堕民世代只能从事剃头、阉鸡、杀猪、接生、收破烂、卖糖球、吹拉弹唱、敲大鼓、编草鞋、当轿夫、抬棺材⋯⋯这类属于民间下贱的营生。"[②]堕民被剥夺了政治权利,南京临时政府成立后,孙中山下令解放贱民,废除"堕民"这个污辱性的称呼,但堕民的贱民地位并未有丝毫改变。庙山史称"乐山",清嘉庆年间(1796—1820)有铸于隋大业四年(608)年隋钟从海上漂来,遂在山上建隋炀帝殿,即海月寺。因建有七进四大殿庵庙寺院,故名"庙山"。行政村以山得名,称"庙山村",20世纪90年代前,全村有3个自然村组成,庙山前村庄曰"庙山前",庙山西村庄曰"庙山西",庙山西北是村委会驻地,曰"五进屋"。庙山上寺院在20世纪50年代被毁,90年代初重建,1993年对外开放,名曰"海月寺"。庙山村是"堕民集中地"。(图16.6)

图 16.6 重建的庙山村海月寺(陈长云供图)

陆汉振的曾祖父陆兰九(1872—约1952),谱名谦,字撝斋,乃清末秀才,余姚自治讲习所毕业。1916年以前,历任余姚高等县学堂、柯东高等小学堂、西湖两等小学堂、咸正两等小学堂、三山两等小学堂、慈溪锦堂中等农业学堂教员,

---

① 慈溪市宗汉街道地方志办公室主任、《慈溪市宗汉街道志》执行主编陈长云提供,2020年2月17日。该节由陈长云先生修订和补充,特致谢意。
② 张坚定、孙群豪:《田野上崛起的绿色王国》,《时代见证——慈溪农民报告》,作家出版社2004年版,第23页。

并被授予数学专门教员最优等,后来赴沪办理工厂数年。1925 年 4 月,增补为柯东乡自治委员。7 月,因热心公益,众望所归,被余姚县议会遴选为余姚县贫民讲习所所长。民国中后期,以律师为业,常为乡民撰写诉状,成为一位颇有名望的地方文化名人。陆汉振的曾祖和祖父在民国时期,开过轿行,家中备有花轿和客轿,以出租轿子为收入,轿夫自然是庙山村的堕民。① 1955 年 4 月出生的陆汉振自称祖先不是堕民。"可陆汉振自己说他的祖先却不是堕民。他说他姓陆的远祖是从北方迁徙而来,世居于此,并非堕民。但他确实是从庙山这个堕民村落中走出来的,虽然他的祖先不是堕民,但他心灵中却早已深深地烙上了堕民苦难的印记。"②陆汉振虽非出生于堕民之家,却与堕民为邻。

陆汉振的祖辈生活在村坊上也属一般以上,等到陆汉振出生时,有四个兄弟姐姐,生活颇为贫困,国家三年暂时经济困难时期,也历经磨难。陆汉振尚未背书包读小学的时候,全村人连饭也吃不饱,许多人只能吃草根、树皮,后来连草根树皮也吃光了,只能吃后海的咸泥土,到南山掘树根充饥。贫困的庙山村民在村后小山上建造了一座庙宇,他们世代烧香祈福,寄希望于菩萨和神灵能保佑后代能吃上一口饱饭,但菩萨带给他们的仍然是贫穷。陆汉振暗自发誓:"我长大一定要赚钱,赚到钱使每个村民都能吃上一口饱饭!"③20 世纪 80 年代末,陆汉振办厂略有起色时,就将昔日农民的旧砖房,建成中西合璧的小洋楼,免费为家家户户装了自来水、电话与闭路电视。

1972 年 7 月,18 岁的陆汉振在东方红公社中学高中毕业后,曾担任过一段时间的民办代课教师,给庙山小学的孩子们授课,仅仅半年就被挤走。陆汉振不得不跟着父亲陆群英,背上锄头参加务农劳动,而生产队定给他的工分值仅为四级劳力,堂堂 18 岁的小青年因为刚刚丢掉书包从学校出来,对好多农业劳动还比较生疏,每天劳动所得仅有 0.48 元。每当秋收空闲时节,利用陆汉振十余岁就读书的空隙,脑筋活络的父亲总会带上陆汉振一人挑着"放米胖"(爆米花)筒子和架子,一人挑着一只风箱和放爆竹箩,出去挨村挣一些副业收入,来补贴家用。这"放米胖"也是堕民祖先遗传的"营生",过去庙山村堕民空闲季节都出门做"手工",诸如理发、接生、抬棺材、放"米胖",均为平民所不屑一顾的贱业,庙山村也被人嬉称为"放爆村"。什么赚钱就干什么,反正已是贫困到底的无产者,也顾不得脸面,只要能赚钱填饱肚子就行。但陆汉振"放米胖"时,却无

---

① 陈长云先生提供,2020 年 2 月 18 日。

② 张坚定、孙群豪:《田野上崛起的绿色王国》,《时代见证——慈溪农民报告》,作家出版社 2004 年版,第 23 页。

③ 张坚定、孙群豪:《田野上崛起的绿色王国》,《时代见证——慈溪农民报告》,作家出版社 2004 年版,第 23 页。

视堕民祖先留下的"规矩"。陆汉振和父亲穿街走巷"放米胖",与旁人不同的是他立马就破坏"祖先"定下来的规矩。他的师傅告诉他传统放米胖 15 分钟为一炮,火必须是"温火"。但陆汉振不以为然,平均 15 分钟放一炮,只收 1 角钱,除掉煤炭等成本,只能赚 7 至 8 分钱净利,似乎太少了一些,一天忙碌下来,父子俩的脸上已是乌煤满脸,也只能赚到 3 至 4 元钱。于是他试着改进"火候",使炮筒子的受火面积增大,试着在 5 分钟放一炮,效率提高三倍。几年后待陆汉振办起了锦纶帘子布厂搞技改的时候,从中受到启发,语重心长地对工程师、技术员们说:"世上有许多事情,只有人想不到。想到了就可以做到,只是一个试验的时间。我们的目标就是压缩有效试验的时间,尽快地使目标得以实现。"①除了"放米胖",陆振汉也曾去过慈溪县后海四灶浦水库厂学过刻模具,做过"模具师傅"。陆汉振还做过生产队会计,后来,被提拔为村出纳会计。

　　1981 年,27 岁的陆汉振经人介绍到庙山村的村办企业塑料五金厂担任助理会计。"在村里,一个村办塑料五金厂的助理会计,已经是贫困村民中的'人上人'了,至少可以放下锄头,改变农民的身份。"②该厂因为资金先天不足,设备简陋,已届瘫痪状态,即便接到"业务",企业也无法生产。陆汉振刚入厂,就想干一番事业,他想用自己的努力,让企业走出困境。20 世纪 80 年代,改革开放的大潮刚刚涌起,陆汉振主动请求当业务员,以发挥自己"放米胖"以及刻模具走街串巷的特长,千方百计从国有企业获得一笔"业务",赚了 1000 多元。这笔钱在"万元户"的时代,已算不小的数目,成为陆汉振人生中赚得的第一桶金。陆汉振有两个选择,要么自己做生意,要么继续投入五金塑料厂。"他当时并不是没有考虑过,但他很快否决了自己的想法。因为这样做不大,做最大也只能成为一溪水,而他的心胸是要能够容纳长江大河、海纳百川。再是这样做法太自私,因为他所在的五金塑料厂没业务快倒闭了。厂倒闭意味着一伙人失业,失业就意味着贫困。陆汉振是想让他的村人都富起来,他不允许他所在的村办五金塑料厂倒闭。"③陆汉振执着地认定"一人富,一家富,不是真的富,全村富,全社会的人都富才算富",他毅然将目光投向濒临倒闭的五金塑料厂。陆汉振承包了这家村办企业。当时该厂只有两间小瓦房,十来台小五金仪表车床,十来名职工,百来元资金,生产仍处于原始状态。陆汉振开始募捐扩大生产,先向父亲筹集了几百元,接着挨家挨户地向村民筹捐,东家一百元,西家几十元,东拼西凑才募集几千元,并立下借契,注明借期一年,将钱用于添置设备。然而,

---

① 张坚定、孙群豪:《时代见证——慈溪农民报告》,作家出版社 2004 年版,第 24 页。
② 张坚定、孙群豪:《时代见证——慈溪农民报告》,作家出版社 2004 年版,第 25 页。
③ 张坚定、孙群豪:《时代见证——慈溪农民报告》,作家出版社 2004 年版,第 26 页。

一年后筹款到期,陆汉振却无力偿还所欠借款,有人找到陆汉振的父亲,父亲将准备盖房的材料卖掉,才凑足 2000 元偿还债务。

1982 年春,陆汉振与几位同事前往一家国有企业参观塑料生产流程,走在厂区的人行道上,突然有一个皮球般的旧塑料尼龙团滚到陆汉振的脚边,他抬脚踢了一下,那球就骨碌碌地弹着滚回去了。陆汉振抬眼望去,道路的墙角边堆放许多这样的废旧塑料,如果将这些旧塑料尼龙丝加工成汽车轮胎生产上紧缺的帘子布,就能变废为宝。其依据有三:一、废旧塑料农村多,成本也低;二、技术不难,容易生产;三、塑料品人人必需,销售也不困难。1984 年,陆汉振经过慎重的市场调查,选准了利用尼龙——6 废丝加工切成粒子,决定立即引进设备,筹建宗汉改性塑料厂。但陆汉振面临的困难巨大,没有设备,没有人才,没有资金。陆汉振遂因陋就简,夜以继日地投入锦纶帘子布的设计研究与产品开发,经过 365 天的持续努力,当年就带领改性塑料厂的 20 名职工,在一穷二白缺少技术设备与资金的情况下,企业创产值 22 万元,利润 33000 元。(图 16.7)

图 16.7　1984 年,陆汉振创办慈溪改性塑料厂(陈长云供图)

1985 年春,慈溪大地涌起个人办厂致富的大潮,刚刚筹办的宗汉改性塑料厂骨干拟将厂分掉,各人自走发财致富之路。但遭到陆汉振的断然拒绝。"贫穷不是社会主义。过去我们为什么穷?是因为社会主义没搞好,乡镇经济弄不清楚姓资还是姓社。我们办厂如果光为了几个人的富裕,仅仅为了自己的安乐,放下集体不管,这不是我的人生观与价值观。我选择的是让庙山村走共同富裕的道路!"陆汉振决定发展集体经济以消灭贫穷,走共同致富之路。陆汉振经过市场调查,利用锦纶废旧再生塑料成批生产帘子布,不但可以填补我国化纤纺织上的一大空白,而且市场紧缺,其开发前景大有作为。1986 年改性塑料厂再创佳绩,创产值 150 万元,利润近 30 万元。陆汉振硬是将视如废物的锦纶下脚料回收再生为成型产品,变不可能为可能。1986 年 10 月,陆汉振决定建造一座建筑面积为 2700 平方米,年产 2000 吨帘子布的锦纶纺丝大楼,总投资达 250 万元,一年内回收投资。并在 1990 年,实现"四个一":产值一个亿,利润 1000 万,固定资产 1000 万,职工 1000 名。

　　1986 年 11 月 15 日,当第一根桩打入宗汉庙山村这块昏睡千年的土地时,庙山村的妇女成群结队地为之烧香。"祈祷陆汉振和企业从此走上'康庄大道',百事平安。因为是陆汉振使这个贫穷落后的'堕民村'改变原来'百户百漏,草舍茅棚'的面貌,他们的子孙从此由'瓦匠耕汉'变成工人,脱离'背负青天,脸对黄土'的生活。这幢大楼的崛起仿佛在这块沉睡的土地上打进一根充满魅力的魔针,使庙山村的二百多户农民看到了希望。"[1]仅仅七个月的时间,一座年产能力达 2000 吨级、约上万平方米的锦纶纺丝大楼,在庙山村这块古老的土地上拔地而起。一厂刚建成,陆汉振又决定集资 2500 万元,上马 5000 吨级的锦纶帘子布二厂。1988 年 10 月,锦纶二厂破土动工。然而,令陆汉振没有想到的是,1988 年至 1989 年间,中国许多企业发展面临困境,锦纶帘子布企业也不例外,销售一度转冷,一厂由此出现局部停产,每月千余职工的工资也是依靠销售款"现收现发"。即便如此,二厂仍如期上马。陆汉振停发职工五个月工资,并集资 720 多万用于生产投入。1989 年 6 月,锦纶二厂如期建成,新建了 5000 吨级浸胶车间和 3950kw 的热电厂。1989 年底,锦纶总厂的产值 6266 万元,利润 1354 万元。接着,锦纶三厂、四厂在 1990 年 9 月和 1991 年分别上马,并成立金轮集团。至 1990 年底,锦纶总厂的厂值为 1.13 亿元,利润 2000 万元,固定资产达 5000 万元,职工为 3800 名,成为宁波市第一家产值超亿元的乡镇企业。

　　1992 年,"宁波金轮集团总公司"组成,总资产 5 亿元,职工总数 7600 余人,年创产值 4.20 亿元,利润 4000 万元,成为全国第二大锦纶帘子布生产基地,浙江省最大乡镇企业。陆汉振提出金轮集团发展思路为 1 厂带 10 厂,从业人员 6000 人,产值 6 亿元,利润 6000 万。新世纪的目标为 10 厂变 100 厂,一年一变,三年大变,建设金轮工业园区。2003 年,企业从业人员 10000 人,产值 15 亿,上交国家税 1.5 亿元。"陆汉振——这个从'堕民村'走出来的中国农民,沐浴着田野上的绿色春风,用自己独特的思维方式,解读着中国现代农民的人生。犹如一个现代夸父,一直在向着光明,向着太阳奔跑。他以他前进的脚印,代表着中国农民走向富裕之路的奋斗精神。尽管这条路并不平坦,但陆汉振却以他的惊人意志力,完成着他所憧憬的目标。"[2]2003 年底,陆汉振进一步阐明了金

---

　　[1]　张坚定、孙群豪:《时代见证——慈溪农民报告》,作家出版社 2004 年版,第 32 页。
　　[2]　张坚定、孙群豪:《时代见证——慈溪农民报告》,作家出版社 2004 年版,第 41 页。

轮集团在新世纪的前进方向,以一业为主,多业开发,创造财富,铸造辉煌。有宁波锦纶股份有限公司、宁波金轮进出口有限公司,慈溪金轮能源发展有限公司,宁波金轮阳光置业有限公司、淮安锦纶化纤有限公司、淮安金轮阳光房地产开发有限公司、涟水金轮房地产开发有限公司,平湖光明房地产有限公司等8家子公司。这位从堕民村走出来的农民企业家,为慈溪经济发展,为中国汽车配件业,撰写了划时代的篇章。(图16.8)

图16.8　金轮集团董事长陆汉振(陈长云供图)

陆汉振从十几岁就以堕民谋生的"放米胖"开始其经商生涯。经营"放米胖"仅需一个小炭炉和一个炮弹似的圆铁筒,70年代以此为生者遍布长城内外,大江南北,但唯有陆汉振对这个简单的谋生工具进行改造。陆汉振由此起步,他走出了一条与堕民祖辈世代依靠主顾施舍,闲时做做小生意的完全不同的致富康庄大道,昔日的堕民村也因此发生翻天覆地的变化。

以陆汉振为领头雁的绵纶厂办得红红火火,闻名省内外。陆厂长致富回报村民,把一个贫穷的小村,改变成全市、甚至全省富民标兵村,那"放炮(爆米花)村""堕皮嫂村"的贬称,已一去不复返了。[1]

---

[1]　陈长云:《庙山与我的缘分》,《宗汉文学》2015年第1期。

## 第五节 "四轿八车"的创新

旧时金华磐安大户人家娶媳嫁女，都要坐由小姓身份的轿夫抬的"仙轿"，现在已衍化为磐安县非物质文化遗产项目"四轿八车"。"四轿以舆夫四人所异之轿，俗呼之'四轿'。前后各二。京官之得用舆者，及外官自藩桌以下，及命妇之得有夫若子之封典者，皆得乘，四周饰以蓝呢。"[①]道具为四把花轿和八部彩车，每轿坐一位漂亮姑娘（代表新娘），新郎在轿前，前后四个轿夫。另有两个丫鬟伴行，还有两个媒人引路，边上还有两人提灯笼。每辆车中同样坐一位姑娘（代表丫鬟），一个车夫在后边推车。一支乐队随行。总共有40余人。表演时，走两步退一步，同走十字步。轿中的新娘，脚向前走，身子做出坐轿的姿势，新娘与轿夫配合默契，媒婆动作滑稽幽默。车夫推车的步伐是进一大步，另一脚跟进一小步，与舞台上的动作相似。表演的阵式为细吹细打，鼓乐喧天，热闹非凡。四轿八车紧随其后，快慢有度，整体向前推进。（图16.9）

图16.9 磐安县深泽乡由轿夫抬"仙轿"衍化的非物质文化遗产"四轿八车"表演

四轿八车路线有两种，在踩街时，沿街向前。广场表演时，一般绕场而行。"主要的剧场动作有上坡、下坡、转弯。表演中遇到风暴，要表演轿子被大风吹得东倒西歪的动作，整轿表演者需先向左碎步跟跄三步，再向右碎步跟跄三步

---

① （清）徐珂：《清稗类钞》第46册，商务印书馆1928年版，第60页。

（或先右后左），同时乐队改变节奏，敲打配合。"①整个表演动作欢快、优美、风趣幽默，生活气息颇为浓厚，将昔日轿夫抬送新娘的动作做了艺术化的加工。该项目乃磐安节庆时节表演的优秀民俗活动，已有300多年的历史。伴随着声声唢呐，出现了一支庞大的迎亲队伍，坐在喜轿上的新娘喜气洋洋，抬着花轿的轿夫也喜上眉梢，而媒婆夸张诙谐的身体语言，更是将婚嫁的喜庆诠释得淋漓尽致。整个表演动作欢快优美、风趣幽默，颇有山乡气息。2009年，四轿八车被列入第三批金华市非物质文化遗产保护名录。

武义小姓轿夫为平民新婚抬花轿衍化为非物质文化遗产——武义花灯花轿。相传起源于大宋皇室，据武义县桐琴镇《赵宅村志》记载，宋魏王赵廷美第七代孙赵保仪，于建炎元年（1127）护驾南下来到临安，后又于绍兴元年（1131）迁到武义桐琴居住。桐琴时兴"迎龙灯、耍狮子、叠罗汉"等民俗活动，赵氏后人乃扎制花灯，并于二月十二迎"七鲜灯"，二月里迎"人物灯"。后来，桐琴人将花灯与时兴的花轿表演糅合在一起，形成特色鲜明的花灯花轿表演。武义花灯花轿再现了轿夫抬轿结婚迎娶新娘的喜庆场面，一乘花轿抬了出来，轿子里坐着一位美貌新娘，她娇滴滴地向观众挥挥手，多种花灯伴随新娘扭起了秧歌，显得风情万种，活灵活现。随着队伍的拉开，一排排花灯俨然成了蠕动的长龙。最令人叫绝的是，花灯与花轿人灯合一，惟妙惟肖。前后抬轿的轿夫各两位，都是灯人。坐轿者乃是真人，人走轿抬，亦步亦趋，达到以假乱真的效果。根据表演的需要，轿里坐的可以是七品县太爷、幽默和尚济公，以及各种各样传说中的人物。（图16.10）

武义花灯花轿地域特色鲜明，1995年中国武义温泉节、1996年杭州中国传统文化节暨民间艺术大串演以及1997年金华市春节联欢晚会，都尽显风采，引起轰动效应。武义花灯花轿还获得省市县民间艺术创作一等奖、优秀作品奖以及中国第二届农民旅游节金奖等多项殊荣，并参加中国传统文化大串演，赴法国文化交流等重要演出活动，颇受国内外观众好评。2008年，武义花灯花轿被列入省级非物质文化遗产名录。②

中华人民共和国成立后，特别是改革开放以后，昔日为人不齿的堕民行当获得了新生。原苏州和常熟丐户的行当茶担及其"跳板茶"再次复兴，昆山衍化为"茶盘舞"，上海衍化为"跳茶担"或"茶担舞"。绍兴堕民制作"堕民糖"，挑"换糖担"以此换破烂，赖以为生的贱业，成为安昌腊月风情节上的保留节目，现场制作的"扯白糖"吸引了来自八方的游客。慈溪堕民村——庙山村走出的农民

① 《磐安四车八轿》，《金华非物质文化遗产大观》（上），线装书局2009年版，第128页。
② 祝晓丽：《武义花灯花轿》，《浙江档案》2012年第7期。

图 16.10　武义花灯花轿（许军 温君凯供图）

企业家陆汉振，创建了金轮集团，成为万人企业、创造上亿利税的董事长，带动整个庙山村脱贫致富。旧时磐安小姓抬"仙轿"发展而来的"四轿八车"，成为节庆时节表演的优秀民俗活动。武义小姓抬花轿发展而来的"武义花灯花轿"表演，深受国内外观众好评。堕民及其后裔尽管依然从事昔日贱业，但新中国只有职业分工不同，没有高低贵贱之分，昔日堕民的贱业获得新生，堕民也获得彻底解放。

# 参考文献

（宋）陈旸：《乐书》,清初抄本。

（宋）吴自牧：《梦粱录》,浙江人民出版社1984年版。

（明）沈德符：《万历野获编》,中华书局1959年版。

（明）田管修：《新昌县志》,上海古籍书店1964年版。

（明）王士性：《广志绎》,中华书局1981年版。

（明）萧良干修,张元忭撰：《绍兴府志》,万历十五年刻本。

（明）徐渭：《青藤书屋文集》,中华书局1985年版。

（明）许东望、张天复等纂修：《山阴县志》,嘉靖三十年刊本。

（明）祝允明：《猥谈》,《古今说部丛书》第5集第2册,中国图书公司和记1915年版。

（清）陈遹声修：《诸暨县志》,宣统二年刊本。

（清）储家藻修,徐致靖纂：《上虞县志校续》,光绪二十五年刊本。

（清）阿桂纂：《大清律例》,天津古籍出版社1993年版。

（清）范寅：《越谚》,上海文艺出版社1987年版。

（清）范祖述：《杭俗遗风》,上海文艺出版社1989年版。

（清）顾禄：《清嘉录》,上海古籍出版社1986年版。

（清）黄钰修：《萧山县志》,乾隆十六年刊本。

（清）金明全：《绍兴风俗志》,光绪二十三年刊本。

（清）李亨特总裁,平恕撰：《绍兴府志》,乾隆五十七年刊本。

（清）刘锦藻：《清朝续文献通考》,民国景十通本。

（清）牛荫麟修,丁谦纂：《嵊县志》上海书店出版社1993年版。

（清）钮琇：《觚賸》卷二《吴觚》,康熙临野堂刻本。

（清）邵友濂撰,孙德祖等纂：《余姚县志》,光绪二十五年刊本。

（清）唐煦春修,朱士黻撰：《上虞县志》,光绪十七年刊本。

（清）王元臣修,董钦德撰：《会稽县志》,民国二十五年绍兴县修志委员会校排印本。

（清）徐珂：《清稗类钞》第 11 册，中华书局 1986 年版。

（清）徐元梅修，朱文翰撰：《山阴县志》，民国二十五年绍兴县修志委员会校排印本。

（清）薛允升撰：《读例存疑》，光绪刊本。

（清）杨开第修，姚光发纂：《重修华亭县志》，光绪四年刊本。

（清）瀛若氏：《三风十愆记》，《丛书集成续编》第 224 册，新文丰出版公司 1978 年版。

（清）袁枚：《子不语全集》，河北人民出版社 2007 年版。

（清）章学诚：《妇学》，中华书局 1991 年版。

（清）赵尔巽撰：《清史稿》，民国十七年清史馆铅印本。

（清）周炳麟修，邵友濂、孙德祖纂：《余姚县志》，光绪二十五年刊本。

（清）诸自谷修，程瑜、李锡龄纂：《义乌县志》，嘉庆七年刊本。

《疯人纵火》，《申报》1891 年 1 月 19 日。

《闹房滋事》，《申报》1878 年 11 月 5 日。

《宁波的堕民》，《宁波报》1957 年 9 月 21 日。

《宁城失火》，《申报》1875 年 2 月 11 日。

《宁郡杂闻》，《申报》1877 年 8 月 8 日。

《钱潭庙》，《奉化文史资料》第 23 辑，2012 年。

《人财两失》，《申报》1878 年 7 月 16 日。

《绍兴"堕民"的 58 年》，《绍兴日报》2007 年 9 月 27 日。

《书汉阳县禁开小押示后》，《申报》1893 年 7 月 5 日。

《四明杂记》，《申报》1888 年 4 月 28 日。

《宋璟白面"跳加官"》，《绍兴戏曲资料汇编》第 4 辑，1985 年。

《越剧由来的一页血泪史》，《申报》1941 年 5 月 15 日。

［丹麦］Anders Hansson：《中国的贱民——堕民》，《绍兴学刊》1999 年第 4 期。

［日］木山英雄：《文学复古与文学革命——木山英雄中国现代文学思想论集》，北京大学出版社 2004 年版。

包天笑：《钏影楼回忆录》，大华出版社 1971 年版。

北蔡镇人民政府编：《北蔡镇志》，1993 年。

卞中恒：《五十春未晚——五味集》，纽约商务出版社 2008 年版。

陈崇仁：《唢呐声声震京城——记民间吹打手王贤龙》，《东阳文史资料》第 11 辑，1992 年。

陈顺泰、严新民：《绍剧名伶录》，中国戏剧出版社 2016 年版。

陈顺泰:《绍兴清音班介绍》,《绍兴戏曲资料汇编》第 6 辑,1985 年。

陈顺泰:《小天仙科班》,《绍兴戏曲资料汇编》第 8 辑,1985 年。

陈训正、马瀛等纂修:《定海县志》,民国十三年铅印本。

陈延生:《绍兴堕民被压迫和斗争的片断》,《文史资料选辑》第 20 期,1962 年。

陈永林:《上虞民风习俗》,西泠印社出版社 2011 年版。

陈源斌主编:《品位温岭》,解放军出版社 2006 年版。

陈志良:《浙江的堕民》,《旅行杂志》1927 年第 6 期。

陈志良:《浙江的堕民》,《旅行杂志》1951 年第 6 期。

尺蠖:《惰民的生活》(二),《宁波大众报》1936 年 12 月 2 日。

岱山县志编纂委员会编:《岱山县志》,浙江人民出版社 1994 年版。

德恩:《鄞南的堕民》,《北新》1928 年第 5 期。

第三次全国工业普查办公室、中国轻工总会第三次工业普查领导小组办公室编:《中华人民共和国工业企业基本概况(轻工业卷)文教体育、工艺美术、杂品业企业名录大全》,中国轻工业出版社 1997 年版。

杜锡瑶主编:《磐安风俗志》,1984 年。

阿能:《也说堕民》,《舟山文史资料》第 7 辑,北京文津出版社 2001 年版。

范国海、夏万土主编:《老渡口 新商都(百官卷)》,大众文艺出版社 2013 年版。

范烟桥:《茶烟歇》,中孚书局 1934 年版。

方柏令主编:《十里长街——坎墩》,新华出版社 2006 年版。

方长生、俞隐鹤编:《白泉镇志》,中国书籍出版社 1996 年版。

富盛镇志编辑委员会编:《富盛镇志》,中华书局 2013 年版。

高洁:《安昌"扯白糖"扯进义乌中国文博会》,《绍兴县报》2011 年 4 月 22 日。

高军:《守望者说》,上海社会科学院出版社 2002 年版。

龚嘉隽修,李榕纂:《杭州府志》,民国十一年铅印本。

龚维琳、许燕:《一位外国传教士眼中的宁波女堕民》,《绍兴文理学院报》2014 年 11 月 5 日。

何梦成:《境岭区民间戏曲普查情况》,《绍兴戏曲资料汇编》第 8 辑,1985 年。

何汝松:《浙省之惰民》,《绸缪月刊》1935 年第 2 期。

何文杰、何家炜:《上虞名贤名人》,西泠印社出版社 2011 年版。

何直升主编:《中国民族民间器乐曲集成(浙江卷舟山分卷)》,1987 年。

河头村志编委会编著:《河头村志》,黄山书社 2007 年版。

贺琛:《民间服饰》,中国社会出版社 2008 年版。

洪锡范,盛鸿焘修:《镇海县志》,民国二十年上海蔚文印刷局铅印本。

胡万春:《苦海小舟》,新蕾出版社 1984 年版。

华祖荫:《绍兴的惰民》,《浙江青年》1936 年第 7 期。

黄泽镇人民政府编:《嵊州市黄泽镇非物质文化遗产普查汇编》,2008 年。

季学源主编:《姚江文化史》,浙江古籍出版社 2006 年版。

贾沧斌:《佛堂古镇的民风民俗》,中国文史出版社 2008 年版。

江一羽:《送娘子》,《宁波晚报》2006 年 2 月 11 日。

姜华敏:《千年礼乐的现代遗存——金华民间礼俗音乐研究》,中国文联出版社 2006 年版。

姜卿云:《浙江新志》,杭州正中书局 1936 年版。

姜兆周:《金华"轿夫曲"探微》,《中国音乐》1994 年第 3 期。

蒋中崎、黄韶、严亚国:《姚剧发展简史》,百花文艺出版社 1994 年版。

金城修,陈畲等纂:《新昌县志》,上海书店出版社 1993 年版。

金文图书公司编辑部编:《中国民俗搜奇》第 1 辑,金文图书有限公司 1977 年版。

君实:《亡元的遗产——浙东惰民今昔》,《三六九画报》1940 年第 16 期。

李成:《堕民与乐户的关系考辨》,《中国音乐》2012 年第 2 期。

李仁娟:《定海名门沧桑录》,中国文史出版社 2008 年版。

李世庭:《定海木偶戏》,《舟山文史资料》第 8 辑,北京文津出版社 2003 年版。

李世庭:《老定海风情》,中国文史出版社 2008 年版。

李贤生:《活跃在民间的安昌清音班或成文化遗产》,《柯桥日报》2013 年 5 月 28 日。

林聚成:《绍兴高腔点滴》,《绍兴戏曲资料汇编》第 10 辑,1985 年。

刘金:《吹沙居乱弹》,学林出版社 1997 年版。

刘金:《马上堕笔》,上海文艺出版社 1983 年版。

刘思维主编:《中国民族民间器乐曲集成(浙江卷宁波分卷)》,1986 年。

六龄童:《取经路上五十年》,上海文艺出版社 1988 年版。

六小龄童:《猴缘》,京华出版社 2004 年版。

楼翠如主编:《衢州风俗志》,1984 年。

鲁迅:《鲁迅全集》第 5 卷,人民文学出版社 1998 年版。

鲁迅:《鲁迅全集》第 6 卷,人民文学出版社 1998 年版。

鲁彦:《鲁彦精品集》,世界图书广东出版公司 2010 年版。

陆柄森:《我眼中的舟山锣鼓一代宗师高如兴》,《舟山晚报》2013 年 5 月 5 日。

陆柄森编著:《定海民俗与民间艺术》,中国文史出版社 2008 年版。

罗萍:《绍剧发展史》,中国戏剧出版社 1996 年版。

吕衷才:《谈余姚的堕民》,《余姚文史资料》第 8 辑,1990 年。

莫高、裘士雄:《浙江惰民小考》,《浙江师范学院学报》1984 年第 3 期。

南伟然:《婚姻习俗》,《乐清文史资料》第 9 辑,1991 年。

宁波市江北区慈城镇文联编:《慈城:中国古县城标本》,宁波出版社 2007 年版。

潘超、丘良任、孙忠铨主编:《中华竹枝词全编》,北京出版社 2007 年版。

潘君明、李炎明:《苏州茶担》,《农业考古》1991 年第 4 期。

彭尚德主编:《上虞市非物质文化遗产集锦》,中国文化艺术出版社 2009 年版。

彭祥霜等编:《百年昌顺》,美猴王文化传播有限公司 2011 年版。

彭延庆修,姚莹俊纂,张宗海续修,杨士龙续纂:《萧山县志稿》,民国二十四年版。

浦江县县志编纂委员会办公室、浦江县文化馆合编:《浦江风俗志》,1984 年。

钱清镇志编纂委员会编:《钱清镇志》,中华书局 2013 年版。

钱茗香:《谈谈宁波的堕民》,《浙江青年》第 3 卷,1936 年第 1 期。

秦人:《杭甬段沿线的特殊民族——堕民》,《京沪沪杭甬铁路日刊》1937 年第 1912 期。

秦人:《杭甬段沿线的特殊民族——堕民》,《京沪沪杭甬铁路日刊》1937 年第 1913 期。

裘士雄、吕山编注:《越中竹枝选》,西泠印社出版社 2008 年版。

瞿风:《苏州封建婚姻的繁文缛礼》,《苏州文史资料选辑》第 5 辑,1990 年。

任桂全主编:《绍兴市志》,浙江人民出版社 1986 年版。

儒岙镇人民政府编:《新昌县儒岙镇非物质文化遗产普查汇编本》,2008 年。

阮庆祥:《荷叶地》,《绍兴文艺》1980 年第 11 期。

阮庆祥等编纂:《绍兴风俗简志》,1985 年。

沙溪镇人民政府编:《新昌县沙溪非物质文化遗产普查汇编本》,2008 年。

沙羽:《浙东的堕民》,《万岁》1943 年第 6 期。

单滨新、倪炳林:《浙江上虞市彭家堰村成了"玉雕村"》,《浙江日报》2002 年

7月15日。

上虞市文化馆编:《上虞市非物质文化遗产普查汇编本(民间文学)》,2008年。

上虞县志编辑委员会编:《上虞县志》,浙江人民出版社1990年版。

绍兴鲁迅纪念馆编:《越中竹枝词选》,上海文艺出版社2011年版。

绍兴市军事委管制委员会编:《绍兴概况》,1949年。

绍兴市民间文学集成办公室编:《浙江省民间文学集成(绍兴市歌谣卷)》,浙江文艺出版社1990年版。

绍兴市民族民间器乐曲集成分卷编委会编:《中国民族民间器乐曲集成(浙江卷绍兴分卷)》,1986年。

绍兴县平水镇人民政府编:《浙江省非物质文化遗产普查成果绍兴县平水镇汇编本》,2008年。

绍兴县齐贤镇人民政府编:《浙江省非物质文化遗产普查成果绍兴县齐贤镇汇编本》,2008年。

沈烈懋:《浙东的惰民》,《宁波日报》1990年11月8日。

沈青松:《沙地风情》,方志出版社2005年版。

十三龄童:《绍剧班社的习俗与班规》,《绍兴戏曲资料汇编》第10辑,1985年。

石元诗:《上虞县民间戏曲班社调查》,《绍兴戏曲资料汇编》第2辑,1985年。

苏州市戏曲研究室编:《宁波昆剧老艺人回忆录》,2002年。

孙席珍:《绍兴歌谣》,《文学周报》第7辑,1929年。

汤强:《宁波乡谚浅解》,1972年。

汤钰林主编:《苏州文化遗产丛书(非物质文化遗产卷)》第1卷,文汇出版社2010年版。

唐桓臻:《武义风俗志》,中国文史出版社2009年版。

唐弢:《堕民》,华夏出版社2008年版。

陶敦镇主编:《兰溪风俗志》,1984年。

陶仁坤、罗平、严新民:《绍剧史料初探》,1980年。

屠尚炎:《旧事杂忆》,《斗门文史》2007年第11期。

汪志铭主编:《甬上风华——宁波市非物质文化遗产大观奉化卷》,宁波出版社2012年版。

汪志铭主编:《甬上风物——宁波市非物质文化遗产田野调查(北仑区白峰镇)》,宁波出版社2009年版。

汪志铭主编:《甬上风物——宁波市非物质文化遗产田野调查(北仑区柴桥街道)》,宁波出版社 2009 年版。

汪志铭主编:《甬上风物——宁波市非物质文化遗产田野调查(北仑区大碶街道)》,宁波出版社 2009 年版。

汪志铭主编:《甬上风物——宁波市非物质文化遗产田野调查(北仑区梅山乡)》,宁波出版社 2009 年版。

汪志铭主编:《甬上风物——宁波市非物质文化遗产田野调查(北仑区新碶街道)》,宁波出版社 2009 年版。

汪志铭主编:《甬上风物——宁波市非物质文化遗产田野调查(奉化市萧王庙街道)》,宁波出版社 2009 年版。

汪志铭主编:《甬上风物——宁波市非物质文化遗产田野调查(江北区慈城镇)》,宁波出版社 2010 年版。

王德江:《银东关春秋》,浙江文艺出版社 2014 年版。

王国平主编:《西湖文献集成》第 11 册,杭州出版社 2004 年版。

王静:《留住慈城》,上海远东出版社 2004 年版。

王静:《浙东堕民揭秘》,《鄞州文史》第 3 辑,2007 年。

王静:《中国的吉普赛人——慈城堕民田野调查》,宁波出版社 2006 年版。

王任叔:《巴人杂文选》,人民文学出版社 1985 年版。

王叔龙:《慈湖清道观》,《京沪沪杭甬铁路日刊》1934 年第 938—962 期。

王晓传辑录:《元明清三代禁毁小说戏曲史料》,作家出版社 1958 年版。

王欣荣:《大众情人传——多视角下的巴人》,上海社会科学院出版社 1990 年版。

王颖、杨光熙主编:《海岛非遗的文化记忆(舟山非物质文化遗产传承人小传)》,浙江工商大学出版社 2014 年版。

王月曦:《奉化民间鬼魂信仰与禁忌》,《中国民间文化——上海民俗研究》第 3 辑,1991 年。

王云根主编:《绍兴村落文化全书(安昌卷)》,中国文联出版社 2010 年版。

王云根主编:《绍兴村落文化全书(湖塘卷)》,中国文联出版社 2010 年版。

王云根主编:《绍兴村落文化全书(柯桥卷)》,中国文联出版社 2010 年版。

王云根主编:《绍兴村落文化全书(漓渚卷)》,中国文联出版社 2010 年版。

王振芳:《绍剧名丑王茂源》,《绍兴文史资料》第 4 辑,浙江人民出版社 1988 年版。

王振芳:《绍兴乱弹从艺录》,中国戏剧出版社 2007 年版。

文载道:《故乡的戏文》,《中艺》1943 年第 2 期。

巫莲莲：《王伯桥："剃头村"的故事》，《鄞州文史》第 4 辑，2007 年。

吴旭华、吴笑宇：《画溪民乐——正在消失的民间雅乐》，《东阳日报》2014 年 7 月 23 日。

夏履镇志编纂委员会：《夏履镇志》，中华书局 2010 年版。

小七龄童：《"活八戒"七龄童"南猴王"六龄童》，浙江人民出版社 2007 年版。

谢涌涛、高军：《绍兴古戏台》，上海社会科学院出版社 2000 年版。

谢振岳：《嵩江风情》，宁波出版社 2012 年版。

谢振岳：《鄞县堕民》，《鄞县史志》1993 年第 1 期。

谢振岳：《鄞县庙会风俗》，1993 年。

徐懋庸：《徐懋庸回忆录》，人民文学出版社 1982 年版。

徐文华、魏国剑主编：《江南水乡 有道之墟（道墟卷）》，大众文艺出版社 2011 年版。

徐玉贵：《封建婚礼中的苏州"六局"》，《苏州文史资料选辑》第 5 辑，1990 年。

许寅：《为昆曲奋斗一生的周传瑛》，《中国戏曲》1988 年第 4 期。

许宗斌主编：《箫台清音——乐清人文集羽》，线装书局 2001 年版。

薛理勇：《花嫁喜事》，上海文化出版社 2011 年版。

严新民：《"紫云班"探胜》，《绍兴戏曲资料汇编》第 8 辑，1985 年。

严新民：《老长安吉庆》，《绍兴戏曲资料汇编》第 1 辑，1985 年。

严新民：《乱弹杂咏》，中国戏剧出版社 2011 年版。

严新民：《泉源第一舞台》，《绍兴戏曲资料汇编》第 6 辑，1985 年。

杨鸽声主编：《金华非物质文化遗产大观》，线装书局 2009 年版。

杨积芳、张宝琛：《余姚六仓志》，民国九年铅印本。

杨鹏飞、鲁永平主编：《姚江风俗》，浙江古籍出版社 2011 年版。

杨琼霖：《大贫嫂》，《余姚日报》2015 年 1 月 22 日。

姚志元、马雪雄等编：《开化风俗志》，1984 年。

叶宏：《茶担谈往》，《常熟文史》第 25 辑，1997 年。

叶久能：《叶久能自选集》，中国国际出版社 2015 年版。

义乌丛书编辑委员会编：《义乌民俗》，上海人民出版社 2011 年版。

义乌县志编纂委员会编：《义乌县志》，浙江人民出版社 1987 年版。

鄞州区集士港镇镇史编纂委员会编：《罂湖沧桑集士港》，宁波出版社 2011 年版。

尹东兴：《也说堕民》，《古镇慈城》第 26 期，2006 年。

永康县文化馆编印：《永康风俗志》，1986 年。

余姚市政协文史资料委员会编：《姚江风情》，中华书局 2001 年版。

俞婉君：《兰溪童公山村轿夫对其主顾依附关系特点考》，《浙江师范大学学报》2002 年第 4 期。

俞婉君：《绍兴堕民》，人民出版社 2008 年版。

俞婉君：《浙江兰溪贱民"轿夫"依附习俗考》，《民俗研究》2002 年第 4 期。

虞达人：《上虞堕民》，《上虞史志》2010 年第 1 期。

虞予：《莫使民乐芳菲尽》，《东阳日报》2014 年 7 月 23 日。

越人：《奉化的堕民》（上），《京沪沪杭甬铁路日刊》1937 年第 1916 期。

越人：《奉化的堕民》（下），《京沪沪杭甬铁路日刊》1937 年第 1917 期。

张传保修，陈训正、马瀛纂：《鄞县通志》，上海书店出版社 1993 年版。

张坚主编：《舟山民俗大观》，远方出版社 1999 年版。

张景青撰：《浦江县志》，民国五年铅印本。

长乐镇志编纂委员会编：《长乐镇志》，浙江人民出版社 1999 年版。

赵任飞主编：《民国绍兴县志资料》第 2 辑，广陵书社 2011 年版。

赵锐勇：《中国的吉普赛人——来自堕民后裔的报告》，《野草》1988 年第 1 期。

浙江民俗学会编：《浙江风俗简志》，浙江人民出版社 1986 年版。

浙江省民间文艺家协会选编：《浙江民俗大观》，当代中国出版社 1998 年版。

浙江省鄞县文化馆编著：《鄞县群众文化志（初稿）》，1990 年。

镇海县志编纂委员会编：《镇海县志》，中国大百科全书出版社 1994 年版。

郑公盾：《浙东堕民采访记》，《浙江学刊》1986 年第 6 期。

郑建庆、方新德主编：《上虞文化史》，浙江出版社 2012 年版。

郑永禧纂修：《衢县志》，民国二十六年铅印本。

中国民族民间舞蹈集成编辑部编：《中国民族民间舞蹈集成（浙江卷）》，中国舞蹈出版社 1990 年版。

中华舞蹈志编辑委员会编：《中华舞蹈志（上海卷）》，学林出版社 2014 年版。

钟叔河编：《周作人文类编》第 6 册，湖南文艺出版社 1998 年版。

周传瑛：《昆剧生涯六十年》，上海文艺出版社 1988 年版。

周冠五：《鲁迅家庭家族和当年绍兴民俗》，上海文化出版社 2006 年版。

周建华、钱百治、寿建立主编：《姚江戏曲》，浙江古籍出版社 2009 年版。

周锦涛：《绍兴的老嫚和一般妇女生活——被贬削的一群民族》，《申报月刊》(中)1935年第7号。

周时奋:《宁波老俗》,宁波出版社2008年版。

周作人:《周作人文选》,启智书局1936年版。

周作人:《周作人散文全集》第3集,广西师范大学出版社2009年版。

朱朝献主编:《中国民族民间器乐曲集成(浙江金华分卷)》,1986年。

朱道初:《堕民的行当》,《宁波晚报》2010年9月5日。

朱冠右、吴桑梓:《小上海——临浦旧事》,方志出版社2004年版。

朱恒夫:《浙东堕民与戏曲》,《民族艺术》2009年第1期。

朱虹:《浙东的堕民嫂》,《妇女杂志》1948年第3期。

朱闻麟:《茶担师傅》,《苏州杂志》2007年第5期。

朱彰年、薛恭穆、周志锋、汪维辉编著:《阿拉宁波话》,华东师范大学出版社1991年版。

诸焕灿:《余姚堕民浅考》,《浙江民俗》1987年第1期。

诸暨市文化广电新闻出版局、诸暨市应店街镇人民政府编:《诸暨市应店街镇非物质文化遗产普查汇编本》,2008年。

诸水康:《说堕民》,《余姚文史资料》第8辑,1990年。

邹磊:《探访茶担婚礼》,《常熟日报》2014年3月9日。

# 后　记

　　我们于 2019 年春出版了《绍兴堕民田野调查报告——三堕街往事》，这是一部由堕民陈顺泰和周春香夫妇自述的有关三堕街的陈年往事。2021 年又出版了《堕民史料选编》，辑录有关堕民的文献、契约、方志、报刊、相关著述、田野调查以及歌谣等史料，为我们研究堕民准备了一些基础。2021 年，我们又将《浙江堕民研究》送往中国社会科学出版社出版，专门探讨堕民的分布、起源、主顾、入籍、脱籍、祠堂、族谱、内婚制与外婚制、日常生活、人生礼俗以及信仰。2020 年，我们将《堕民行当研究》送往浙江大学出版社，以探讨堕民不同于平民的士农工商以外的非主流的贱业。2021 年，我们将《堕民消融研究》送往浙江大学出版社，专门探讨堕民作为一个贱民群体，如何走过两百多年的漫长解放历程，最后融入平民之中。为浙江贱民——堕民编撰系列史料和撰写系列著作，是我们多年来的夙愿，能在退休前结稿，也算我们为越文化研究所尽的绵薄之力。

　　堕民行当的资料同样稀少，除了有限的文献及报刊史料以外，我们使用最多的还是地方文史资料，以及访谈资料。我们几乎走遍了浙江堕民所在的县城，查阅了图书馆的有关资料，实地踏勘了一些著名的堕民聚居区。绍兴原鲁迅纪念馆馆长、研究员裘士雄提供了嵊州轿夫行当资料和图片。世居三堕街的陈顺泰和周春香夫妇为我们提供了翔实的绍兴堕民行当资料，上虞的徐家林和王德江、屠仲道为我们提供了上虞堕民行当史料，郦勇提供了诸暨"轿佬"行当资料。龚维琳和许燕提供了宁波送娘行当资料。慈溪宗汉街道的陈长云提供了慈溪堕民行当材料。由于堕民行当是个贱业，留存下来的史料屈指可数，加上我们才疏学浅，欲作较深入的研究，心有余而力不足。我们一向认为堕民研究和师爷研究，乃越文化研究中两个极为薄弱且极富特色的主题，我们不能说对堕民有如何深入地研究，权作引玉之砖，以便引起更多的同行和专家的关注以及研究。我们特别感谢浙江省哲学社会科学重点研究基地——浙江省越文化传承和创新研究中心将该课题列为中心研究课题，并提供出版资金。